동경대전 2 - 우리가 하느님이다

도올 김용옥 지음

통나무

목차

동경대전 제의
東經大全 題義

　이 책의 제목인 "동경대전"이란 "동학(東)의 경전(經)이 크게(大) 갖추어졌다(全)"라는 뜻이다. 흔히 "대전"이라 하면 "大典"을 생각하기 쉬운데 혼동치 말아 주었으면 한다. 그런데 이 책의 제목은 수운이 직접 지은 것은 아니다. 수운은 가사나 한문문장을 지을 때, 개별작품마다 제목을 붙이기는 했지만 죽기 전에 그 작품전체를 모아 출판한 적이 없었기 때문에 그 전체를 모은 책의 이름은 생각할 겨를이 없었다.

　이 "동경대전"이라는 책제목은 1880년 6월 14일 인제 남면 갑둔리에서 처음 간행될 때 동학의 경전을 다 모아 상재한다는 뜻으로 붙인 이름인데 원래는 문집의 체제로 기획되었던 것이다. 이 사업은 해월이 직접 주도한 것이며, 따라서 이 제명은 해월 최시형과 강시원姜時元, 전시황全時晄 등이 의논하여 결정하였을 것이다. 경진판 간행에 관여한 사람들의 명단은 다음과 같다.

> 도청都廳: 최시형崔時亨.
>
> 감역監役: 강시원姜時元, 전시황全時晄.
>
> 교정校正: 심시정沈時貞, 전시봉全時奉, 유시헌劉時憲.

직일直日: 장도형張道亨, 김문수金文洙, 장병규張炳奎, 이진경李晋慶.

접유사接有司: 김정호金錠浩, 신시영辛時永, 황맹기黃孟基, 조시철趙時哲.

수유사收有司: 한봉진韓鳳辰, 홍시래洪時來, 신시일辛時一, 김진해金鎭海,

　　　　　이정봉李廷鳳.

치판治板: 김관호金錧浩.

침재鋟梓: 심원우沈遠友, 최석하崔錫夏, 전윤권全允權.

운량運糧: 장흥길張興吉, 김인상金寅相, 김효흥金孝興, 이천길李千吉.

서유사書有司: 전세인全世仁.

공궤供饋: 이귀록李貴祿, 강기영姜基永.

　　그런데 오늘날 "동경대전"이라는 이름을 생각해보면 참으로 잘 지은 이름
이라는 생각이 든다. 우선 "동경東經"이라 할 때의 "동東"은 단순히 "동학"의
의미로만 새겨지지는 않는다. "동"이란 본시 "해동"을 의미하며, 조선의 문화
전통 전체를 지칭한다. 허준許浚, 1546~1615이 임란으로 도탄에 빠진 민중의 질
병을 구하기 위하여 14년간의 줄기찬 노력으로 집대성한 『동의보감東醫寶鑑』
의 경우도 그 "동東"에는 조선사람의 질병을 조선사람의 손으로 구한다는 분
명한 의식이 있었다. 그 「집례集例」에 "우리나라는 동쪽에 치우쳐 있지만, 의
약의 도는 면면히 끊이지 않고 이어져 내려왔다. 그러므로 우리나라의 의학을
또한 동의라고 부를 수 있는 것이다. 我國僻在東方, 醫藥之道, 不絶如線, 則我國
之醫, 亦可謂之東醫也。"라고 되어있는 것만 보아도 그 명료한 의식을 규탐할 수
있는 것이다.

　　따라서 "동경東經"은 단순히 "동학의 경전"이라는 뜻에 머물지 않는다. 우
리나라 조선의 땅에서 태어난 조선인에 의한 "조선의 경전"이라는 뜻을 내포
한다. 모든 서양의 바이블이나 고전이 "서경西經"이라고 한다면 이 동학의 경
전이야말로 우리민족 고유의 "동경東經"이 되는 것이다. 여기에 내가 "동경東
經"을 "우리민족의 바이블"이라 칭하는 소이연이 있는 것이다.

다음에 "경經"이라는 제명은 아무 책에나 함부로 붙일 수 없는, 유가전통에서는 금기시 되어온 글자인데, 과감하게 그것을 썼다는 것은 동학을 만들어 간 사람들의 주체의식을 나타내는 것이다. 경經이란 본시 유가에서 공자孔子의 수정手定을 거쳤다고 믿어지는 전적에 한하여 붙여진 이름이며, 경經이라는 뜻은 "천지간의 모든 질서의 벼리"라는 뜻으로, 최고의 권위를 지니는 영원한 책이라는 뜻이다.

그런데 이 경經의 이름이 유가의 전적인 시詩·서書·예禮·악樂·역易·춘추春秋에 붙여지기 시작한 것은 전국말기戰國末期로부터 진초秦初의 시기였다. 십삼경十三經 중에서 경經의 이름이 제일 먼저 붙은 것은 아이러니칼하게도 『효경孝經』이었다. 『효경』의 경經의 의미에 관해서는 여러가지 이론異論이 있으나 그 명칭의 용례가 『여씨춘추呂氏春秋』에 최초로 나오고 있으므로, 그 경으로서의 이름의 권위가 이미 진한지제秦漢之際에는 정착되었다고 보여진다. 그리고 한무제漢武帝 때부터 유교를 국교화하면서 "효孝"라는 덕목을 절대시 함으로써 국가위계질서를 잡아가려는 정치적 의도가 강화되면서 『효경』의 권위는 경經으로서 절대시되었다.

그리고 한대漢代에 경학經學이 정착된 후에는 위진남북조시대로부터 유입된 수트라sūtra(修多羅)를 경經이라 부르게 되어 보편화 되었지만, 경經의 권위는 상실되지 않았다. 경經은 "여시아문如是我聞"으로 시작되어 "환희봉행歡喜奉行"으로 끝나는 형식을 갖추며, 역사적 싯달타의 오리지날한 설법을 구송口誦하여 한 실로 꿰었다는 의미를 지녔다. 따라서 수운의 저작을 "동경東經"이라 하는 것은 매우 정당하다.

유교의 경經은 공자孔子의 수정修訂을 거쳤다는 의미이며, 불교의 경經은 싯달타의 설법이라는 의미이며, 동학의 경經은 역사적 수운 최제우 본인의 저작이라는 뜻이다. 공자와 불타와 수운을 동일한 지평에 놓고 생각하는 매우 주체적인 발상이 반영되어 있는 것이다. 실상 수운의 패러다임은 공자와 불타와 예수를 뛰어넘는 새로운 경經의 패러다임인 것이다(제1권 pp.220~221에 언급된, 수운이 남원의 은적암에 송월당이라는 스님과 나눈 이야기를 상기해볼 것).

다음 "대전大全"이라는 말은, 명백하게 명나라의 대형군주 영락제永樂帝 때 신주新註에 의한 경학經學을 보편화시키기 위하여 만든 삼대전三大全, 즉『오경대전五經大全』,『사서대전四書大全』,『성리대전性理大全』(호광胡廣, 양영楊榮, 김유자金幼孜 등이 봉찬奉撰)의 책명에서 비롯된 것이다. 이 삼대전은 국정교과서로서 과거의 교본이 되었으며, 이 대전大全의 출현으로 사상이 통제되었다고는 하나, 그만큼 학문이 보편화되고, 과거의 응시자 계층이 넓어지는 긍정적 효과가 있었다.

그리고 이 3대전은 우리나라에서도 이미 조선초기부터 매우 포퓰라했고 그만큼 존숭되었다. 세종조 집현전 학사들에게『성리대전』은 필독서였다. 수운의 저작에 "대전大全"이라는 이름을 붙인 것은 수운의 정신세계가 아버지 근암공을 통해 받은 가학, 즉 주퇴정맥朱退正脈의 훌륭한 점을 계승하고 있다는, 그 역사적 연속성을 의식적으로, 혹은 무의식적으로 나타낸 것이다. 물론 "대전大全"이라는 이름은 일차적으로 수운의 저작을 유가전통에 익숙한 조선지식인들에게 권위롭고도 쉽게 다가갈 수 있게 하기 위하여 붙인 이름이다.

내가 역해하는
『동경대전』 텍스트에 관하여

　표영삼 선생님이나 나나 과거에는 『동경대전』 텍스트의 기준을 인제무자계춘판(짧게 무자판, 1888년 3월)으로 삼았다. 그것의 발행소가 인제였고, 최초의 인제경진초판본이 세상에 드러나지 않은 상황에서, 무자판이야말로 경진초판본을 계승한 가장 원본에 가까운 판본이라는 생각을 가지고 있었던 것이다. 그런데 경진초판본이 발견된 후, 나는 무자판이 경진판을 계승한 것이 아니라 경주계미중하판(약칭: 경주판, 중하판, 1883년 5월) 계열의 판본이며, 경진초판본과는 직접적인 연계가 없는 판본이라는 것을 알게 되었다.

　따라서 우리의 『동경대전』 텍스트는 기본적으로 경주판을 모델로 할 것이다. 현재 『동경대전』에 관하여 가장 널리 유포된 것은 경주판이다. 목활자본인데다가 용담연원을 과시한, 가장 공을 들인 판본이었기 때문에 발행부수도 다른 판본보다는 많았을 것이다. 그리고 『동경대전』은 경진판으로부터 목천판, 그리고 경주판에 이르기까지 내용이 충실하게 보완되었다. 물론 이 보완과정도 구술에 의한 것이 아니라 미처 수록하지 못한 문헌이 첨가된 것이다. 그래서 내용상으로 볼 때도 경주판이 가장 완미完美하다고 볼 수 있다. 그러므로 나의 텍스트는 경주판 체제를 따를 것이지만 경진초판과 겹치는 부분들은 모두 경진초판에 준거할 것이다. 문자 그 자체에 관한 한, 고판본이 항상 우위를 갖는다. 자형의 선택에 있어서 후대의 판본보다는 초판본이 더 기준이 된다는 것은 판본학의 상식이다. 옛날의 인쇄에 있어서는 후대의 판형일수록 원양原樣에서 멀어지는 변화가 일어난다. 이러한 문제는 경전에 즉卽하여 앞으로 상세히 논구될 것이다. 경진초판본은 수운이 필사한 수고본手稿本의 존재를 입증할 수 있는 문자상의 모든 정황을 제시하고 있다. 번역이 진행되면서 경진초판본이 지고의 가치를 지닌 문헌이라는 사실이 입증될 것이다.

판본의 문제는 궁극적으로 옳고 그름의 문제가 아니라, 문자의 선택을 지배하고 있는 양식적 구조로부터 우리가 무엇을 읽어내느냐 하는 데 있다. 텍스트 간의 비교연구 결과 경진초판본은 타 본에 비해 움직일 수 없는 우위를 지니는 것으로 나타났다. 따라서 『동경대전』의 이해는 경진초판본을 기준으로 해서 이루어져야 한다. 나의 『동경대전』 역해는 경진초판본의 최초의 번역작업이 될 것이다. 나의 텍스트는 경진초판본을 우선으로 삼고, 전체의 보완된 체제는 경주판을 따르고, 나머지 판본은 대조하는 자료로 사용할 것이다. 그리고 경주판에 수록되지 않은 「검결」을 첨가하였다.

I

포덕문

【布德文】

I

포덕문
布德文

대강大綱 수운은 21세로부터 37세때까지 방황과 구도 끝에 드디어 1860년 음 4월 5일, 구미산 아래 용담정 자택에서 무극대도無極大道를 얻는 체험을 한다. "경신사월 초오일"이라는 시점을 득도得道의 계기로서 본인이 반복적으로 기술하고는 있지만, 그것은 최초의 신비체험의 충격을 극적으로 지칭하는 것이며 득도의 내용이 그날의 짧은 순간에 다 이루어진 것을 의미하는 것은 아니다. 그것은 자기를 초월하고 있는 어쩔 수 없는 힘과의 최초의 대면이었다.

그리고 그것은 서학에 관하여 연구를 해오던 중, 서학의 상제관념으로부터 받은 충격 때문에 그가 갈망해왔던 만남이었던 것이다. 그것은 자기의 의지로도 제어할 수 없는 "몸의 떨림"이었으며, "공중에서 외치는 소리"(공듕의서 외는쇼리, 「안심가」)의 들림이었다. 그 "떨림"과 "외침"의 충격을 범인같으면 쉽사리 자신의 신통神通·도통道通·대각大覺으로 단정지었을 것이다. 그러나 수운에게 깔린 고등한 유교문명의 상식적 훈도는 그에게 그러한 유치한 홍분을 허락치 않았다. 수운은 그러한 신비체험을 반추하고 회의하고 또 반추하기를, 꼬박 1년!

그런데 그는 신비체험 속에서도 "그 체험을 문장으로 기술하여 사람을 가르칠 것"(制其文教人,「東學論」)을 암시받는다. 1860년 4월 5일의 충격의 잔상이 그의 마음을 지배하고 있을 경신 5월, 그러니까 한달 후, 그는 처음으로 「용담가」라는 한글 가사를 짓는다. 그러니까 그가 득도 후에 최초로 지은 문장은 한문이 아닌 한글이었으며, 이론이 아닌 실천이었으며, 선포 아닌 고백이었다.

「용담가」는 득도의 기쁨, 하늘님(=하느님)을 만난 기쁨, 새로운 삶의 의미를 찾은 기쁨, 개벽의 새로운 역사를 맞이하는 성공의 기쁨, 그 모든 것이 처절한 좌절과 고뇌의 실존적 체험의 과정을 통해 이루어진 역설적 환희로서 표현되어 있다. 「용담가」에는 일체 포교적 논설이나 따르는 자들에 대한 훈계, 혹은 역사적 현실에 대한 우려가 포함되어 있지 않다. 그것은 곧 신비체험 한 달 후만 하더라도 수운은 포교할 생각이 없었다는 것을 말해주는 것이다. 다시 말해서 자기의 실존적 체험을 사회화시킬 의도가 없었다.

그러나 「용담가」에 표현되고 있는 수운의 삶의 환희는 "사월 초오일"의 득도의 체험이야말로 참으로 자신의 모든 세계를 개벽하고도 남을 어떤 결정적인 가치전환의 계기를 마련해주었다는 어떤 확신을 우리에게 전달해주고 있다.

이내운수	기장하다	구미산수	좋은승지
무극대도	닦아내니	오만년지	운수로다
만세일지	장부로서	좋을시고	좋을시고
이내신명	좋을시고	구미산수	좋은풍경

이 짧은 구절에서도 우리는 다음 몇 가지의 중요한 메시지를 분석해낼 수 있다. 첫째, 그가 닦아내고 얻어낸 도道는 극이 없는 거대한 도, 무궁한 우주전체로서의 도, 즉 무극대도無極大道라는 것이다.

둘째, 그 득도는 인류역사 오만년 만에 얻어진 운수라는 것이다. 그것은 곧 오만년 전에 인류문명이 개창된 이래, 최초의 근원적인 가치전환이라는 것이다. 다시 말해서 수운은 수운 이전의 인간역사를 단계적으로 바라보는 것이 아니라, "오만년"이라고 하는 하나의 단위 속에서 일률적으로 규정하고 있는 것이다. 여기 「용담가」에 이미 "다시개벽"에 대한 틀이 나타나고 있으며, 이것은 그의 "다시개벽"에 대한 개념적 구상이 사월 초오일 득도 전에 이미 수운에게 있었음을 암시하는 것이다. 그러한 역사적 해석의 틀까지 하느님으로부터 받은 것은 아니다. 그의 득도는 어떤 "근원적 느낌"이었을 뿐이다.

셋째, 무극대도를 닦아낸 자기 자신에 대한 무한한 자부감, 선택받은 자로서의 자신감이 "만년에 한 명이나 있을까 말까한 장부萬世一之丈夫"라는 어귀로 표현되고 있다. 즉 하느님은 전지전능한 하느님이 아니라, "노이무공勞而無功" 하는 즉 고생만 하고 공이 없는 하느님이었는데 수운을 만남으로써 공을 이룰 수 있게 되었다는 것이다.

하늘님	하신말씀	개벽후	오만년에
네가또한	첨이로다	나도또한	개벽후에
노이무공	하다가서	너를만나	성공하니
나도성공	너도득의	너의집안	운수로다

이것은 수운이 선택받은 자로서의 자기 내면의 신령함과 "시간 속에서 노력하는 하느님"과의 해후로써 개벽의 새역사 창조의 가능성이 열렸다는 자부감을 표현한 것이다. 이것은 인간과 하느님과 화해를 뜻하며, 인간의 노력과 하느님의 노력의 상생을 의미하는 것이다.

넷째, "구미산수 좋은승지," "구미산수 좋은풍경," "너의집안 운수로다"와 같은 표현에서 읽을 수 있듯이 최초의 수운의 환희의 표출의 대상은 매우 로칼한 것처럼 보인다. 즉 구미용담이라고 하는 지령地靈, 그리고 정무공 — 근암공으로 이어진 가계에 대한 자부감, 이러한 로칼한 인연으로 해서 자신의 득도가 이루어졌으며, 그러기에 자기집안과 동네가 위대하다는 것을 서슴치 않고 표출하고 있다. 그러나 그가 말하는 경주 용담이라는 로칼리티는 결코 로칼한 것이 아니다. 그것은 신라시대로부터 왕도의 상징이었으며 모든 조선의 문화가 집결되는 상징체였다. 경주 용담이야말로 동학이라는 다시개벽의 계기를 창출해내는 새로운 구심점이 될 수밖에 없는 필연성을 간직하고 있다고 수운은 생각하는 것이다.

이내신명	좋을시고	구미산수	좋은풍경
아무리	좋다해도	나아니면	이러하며
나아니면	이런산수	아동방	있을소냐
나도또한	신선이라	비상천飛上天	한다해도
이내선경	구미용담	다시보기	어렵도다

누구든지 자기가 살고 있는 세계가 있다. 그 세계가 곧 그의 코스모스인 것이다. 득도 시에 수운의 코스모스는 자기 집안과 자기 동네였다. 그것을 "산음"(山蔭: 구미산의 음덕), "수음"(水蔭: 용담수의 음덕)이라 표현하고 있는 것이다. 다시 말해서 「용담가」에 표출된 수운의 코스모스는 허황된 추상적 대천세계가 아니었다. 자기가 태어나고 자라난 세계, 그 세계를 다시 새롭게 인식하는 전환으로부터 그는 우주를 개벽하려고 하였던 것이다. 그러나 이러한 소박한 꿈과 환희에는 또다시 비극적 정조情調가 감돌고 있다. 여기에 수운의 예언자적 통찰력과 문학적 감수성과 현실적 비극성이 있다. 환희에 넘치는 「용담가」의 말구는 매우 애처롭다.

천만년	지내온들	아니잊자	맹서해도
무심한	구미용담	평지되기	애달하다

이 뜻은 이러하다. 천만년이란 한자문화권에서 상투적으로 쓰는 긴 시간이다. 그만큼 기나긴 세월을 아니 잊자고 맹세해도, 구미용담은 무심할 뿐이라는 것이다. 만학천봉 기암괴석의 명승지인 이 구미용담도 또다시 평평한 폐허가 되어버릴 수도 있다는 것이다. "평지되기 애달하다"는 뜻은 평지될까봐 애처롭다는 뜻이다. 다시 말해서 자기의 득도가 이렇게 용담의 산세처럼 의기충천하는 것이지만 결국 인간세의 몰이해 속에 평평하게 묻혀 없어져 버리고 말 수도 있다고 하는 비감悲感을 토로하고 있는 것이다. 여기에 바로 수운의 셰익스피어 문학에나 비견될 수 있는 비극적 정조가 있는 것이다. 수운은 항상 환희와 비애를 동시에 느낀다.

환희와 비감이 교체하는 가운데 1년을 지내고 난 후, 그는 「주문」을 짓는다. 그가 주문을 지었다는 사실은 이미 포덕을 결심했다는 뜻이다. 그가 주문을 지었다는 것은 다음의 몇 가지 주제로 그 함의가 요약될 수 있다.

1) 그는 "귀상歸商의 방랑"시기에 이미 천주교를 심각하게 체험했다(幾至二十歲, 藏弓歸商, 周流八路, 所業交違。제1권, p.97). 그는 천주교집회에도 여러 번 직접 참여했다. 그리고 그는 어떤 제식의 필요성을 절감했다. 제도화된 종교의 본질은 제식에 있다는 것을 그는 절감했던 것이다. 서학에 빠진 조선의 민중에게 막연한 전향을 요구하는 것보다는 그것을 상쇄시킬 수 있는 어떤 새로운 제식이 필요하다고 생각했던 것이다.

2) 그가 말하는 주문은 주술적인 암호가 아니라, 그의 체험과 철학을 압축시킨 상징언어이며, 그것은 구체적으로 하늘님을 지극히 위하는 데 이르게 만드는 글자(至爲天主之字。「동학론」)이다. 따라서 방대한 교리를 제시하는 것보다는 간결한 주문으로써 그의 개벽에 대한 생각의 핵심을 전달하고, 그 주문을 해설하는 것이 오히려 직접적이고 포괄적인 전략이 될 수 있다고 판단했던 것이다.

3) 주문은 물론 그의 새로운 가치체계를 사회화시키는 방편으로 고안된 것이다. 주문과 함께 제식을 만들었다는 것 자체가 수운은 어떤 제도의 틀을 구상했던 것이 분명하다. 그러나 그의 사회화 방안은 적극적인 에반젤리즘 evangelism은 아니었다. 그는 포교할 사람을 찾아다니지 않았다. 그는 사방에서 몰려드는 사람들을 맞아 자기가 깨달은 바를 전했을 뿐이다.『대선생주문집』에도 대구감영 관찰사 서헌순이 묻는 말에, "비아구도인非我求道人, 도인구아道人求我"라고 대답한 수운의 말을 기억할 것이다(제1권, pp.235~240). 그의 포덕 자체가 그의 능동적인 선포였다기 보다는 뜻있는 친구들의 끊임없는 권고에 의한 것이었다.

그는 애초로부터 포교할 마음은 없었으며 오로지 내면의 정성만을 다하는 데 전념할 뿐이었으며 세상사람들이 당연히 걸어가야 할 길을 걸어갈 수 있도록 도와주는 매우 상식적인 가르침을 전했을 뿐이라고 확언한다. 동학은 에반젤리즘으로부터 출발한 운동이 아니라, 인간의 내면적 각성의 감통感通이었을 뿐이다.

그러나 결국 그는 1861년 6월부터 포덕을 시작한다. 그러나 그의 포덕은 곧 어리석은 자들의 시기와 질투와 곡해와 비방에 시달리게 된다. 그래서 한 달포 지난 후에는 수운은 자신의 포덕의 의미를 세상에 알리는 글을 써야 할 필요를 느끼게 된 것이다. 그렇게 해서 1861년 7월 중순경에 지은 글이 바로『동경대전』의 서두를 장식케 된 이「포덕문」이다.

"포덕문布德文"이라는 제목은 수운 본인이 지은 것이다. "포布"는 "깐다," "편다," "베푼다," "알린다," "반포한다"는 뜻이다. "포덕布德"이란 결국 "덕을 널리 편다"는 뜻이다. "포덕문"은 곧 덕을 널리 펴는 글이다. 그런데 왜 수운은 "포교布教" 혹은 "포도布道"라 하지 않고 "포덕布德"이라 했을까? 여기에 바로 수운의 인간주의적 진실성이 있다. 도道는 본시 "하늘의 길"이며, 그것은 그 자체로 스스로 그러한 대로(自然而然) 있는 것이며, 함이 없이 저절로 이루어지는 것이다(無爲而化. 「동학론」). 따라서 그것은 선포의 대상이 아니다.

선포란 인간을 대상으로 하는 것이며, 인간의 수행의 범위에 있는 것을 대상으로 하는 것이다. 따라서 인간이 힘써야 할 것은 도道가 아니요 덕德이다. 덕德이란 인간이 도道로부터 얻어得 축적해나가는 것을 말한다. 『노자』 51장에 보면, "도생지道生之, 덕축지德畜之。"란 말이 있고, 38장 왕필주王弼注에 "덕자德者, 득야得也。"라고 한 것이 바로 이러한 의미맥락을 드러낸 것이다. 물론 수운은 노장철학의 달인이었다. 그가 쓴 문장을 보면 『노자도덕경老子道德經』이 자유롭게 인용되고 있을 뿐 아니라, 그 사상이 깊숙이 배어있다. 그는 정통 유학뿐 아니라 이단사상도 자유롭게 공부한 인물이었다. 그의 사상의 배면에는 노자의 자연주의(스스로 그러함의 철학. "Philosophy of Nature"가 아니라 "Philosophy of What-is-so-of-itself"이다)가 깊숙이 스며있다.

수운에게 있어서 도道는 천도天道였고 덕德은 인덕人德이었다. 그가 펼치려고 한 것은 도道가 아니라 덕德이었던 것이다. 인간이 노력에 의하여 축적해나가는 문명의 새로운 덕德을 펼치려고 하는 것이다.

「포덕문」과 「용담가」를 비교해보면 우선 최초의 득도의 신비체험을 말하고 있는 것은 동일하지만, 「용담가」는 그것을 개인적 실존의 역사 속에서 말하고 있다. 그러나 「포덕문」은 그것을 철저히 그가 새롭게 설정한 개벽의 우주론적 역사관 속에서 말하려 한다. 「용담가」는 실존의 환희를 표현하지만, 「포덕문」은 전환기의 역사에 대한 심각한 우려를 표명한다. 「용담가」로부터 「포덕문」에 이르기까지 약 1년 2개월의 시간이 흘렀다.

이 일년동안 수운의 정신세계는 개인적 실존에서 역사적 광장으로 사회화되었다. 예수는 천국이 가까왔으니 회개하라(μετανοέω)고 외쳤다(막 1:15). 수운은 인성의 타락과 역사의 위기상황을 일깨운다. 그리고 구체적으로는 조선왕조 멸망의 도래를 예언한다. 그리고 인간의 존엄성의 회복을 외치고, 성경誠敬의 자기 성찰을 촉구한다. 수운이 외친 회개는 천국으로의 비상이 아니라 인간 개개인 내면의 진실에로의 회귀였던 것이다.

"포덕"이란 역시 한 종교의 시작을 의미한다. 그것은 인간의 영혼의 구원을 외치거나, 현세에 대한 저주나, 역사의 종말을 외치거나, 환희의 도래를 과시하거나 하게 마련이다. 그러나 이 포덕문의 구조를 보면 그 핵심적 과제가 우리가 당면한 현실에 대한 냉엄한 통찰, 그 통찰도 과거와 현재와 미래라는 통시적 흐름 속에서 이루어지는 매우 비판적이고도 포융包融적인 시각을 전제로 하는 통찰이어야 한다는 것이다. 오늘 우리의 현실에 대한 최종적 분석은 그것이 조선민중이 처한 최악의 상황일 수도 있지만, 그러한 열악한 계기야말로 새로운 도약의 발판이 될 수도 있다는 희망을 포효하고 있는 것이다.

위기에 처한 민중에게 수운은 각성을 요구하고 있다. 그 각성을 위해 사람들은 수운의 깨달음에 대하여 마음을 열고 스스로의 덕을 개척하고 보국안민輔國安民의 새로운 길을 열어야 한다는 것이다. 그의 포덕의 궁극적 관심은 종교의 전도가 아니라, 시운時運의 타개였다. 이제 우리는 역사적 인간 수운의 직언直言 속으로 직입直入해야 한다.

1-1 蓋自上古以來, 春秋迭代, 四時盛衰, 不遷不易, 是
개 자 상 고 이 래   춘 추 질 대   사 시 성 쇠   불 천 불 역   시

亦天主造化之迹, 昭然于天下也。愚夫愚民未知雨
역 천 주 조 화 지 적   소 연 우 천 하 야   우 부 우 민 미 지 우

露之澤, 知其無爲而化矣。
로 지 택   지 기 무 위 이 화 의

국역 대저 아득한 옛날부터 오늘에 이르기까지 봄과 가을이 갈마들고, 봄·여름·가을·겨울의 기운이 성했다가 쇠하곤 하는 변화의 주기가 함부로 움직이고 함부로 바뀌고 하는 법은 없다. 이것은 역시 하느님의 생성과 변화의 자취가 하늘아래 밝게 드러나는 모습이다. 문명이 개화하기 전의 의식 없는 보통 지아비나 보통 백성들은 비와 이슬조차도 다 하느님의 은택이라는 것을 미처 깨닫지 못하였다. 단지 그러한 것이 저절로 그렇게 되어가는 것이라고만 생각하였던 것이다.

옥안 드디어 우여곡절 끝에 우리는 수운 본인의 글에 도달하여 그것을 펼쳐내는 영광스러운 순간을 맞이하게 되었다. 첫 장 첫 단부터 좀 심각한 사람이라면 수운의 문장이 가벼운 내용을 전하고 있지 않다는 것을 감지할 수 있을 것이다. 각자覺者의 지혜가 묻어나는 매우 포괄적인 언설이라는 모종의 중압감을 느낄 수 있을 것이다.

『동경대전』은 『대선생주문집』과는 달리 만인에게 공개되어 있던 글이고, 식자 내음새를 피우고자 하는 사람은 안 건드린 사람이 없을 정도로, 해설본도 헤아릴 수 없이 많다. 그런데 불행한 사실은 그들의 경문 이해가 대부분 천도교라는 종교적 입장을 깔고 있고, 또 한학의 엄밀한 훈련을 거치지 않은 사람들이 상식적으로, 아니 피상적으로 논구한 것이 대부분이래서 이 말 저 말 도무지 가닥을 잡을 수 없는 헛소리들이 연만衍蔓하여 아무 책이나 펼치기만 하면 우선 현기眩氣부터 느끼게 되는 것이다.

나의 책이 그러한 현기증을 유발하는 많은 책 중의 하나로 타기되는 비운을 모면키 위해서는 수운의 언어에 즉하여 오로지 "나의 생각," "나의 느낌"을 써 내려가는 길밖에는 다른 방도가 없다고 생각한다. 이 책은 누구에게도 양보할 수 없는 나 도올의 생각이다.

우선 수운의 문장의 특징은, 고도의 한학적 수련을 거친 사람이기는 하지만, 한문을 쓰는 사람들의 일반적 문장구성방식과는 크게 다르다. 우선 고전의 인용을 통해, 혹은 명문장가의 스타일을 따라, 세련된 레토릭을 구사하는 것이 아니라 곧바로 자기 생각을 고전의 레퍼런스가 없이 투박하게 전개해나간다. 그러기 때문에 수운의 문장은 말하고자 하는 자기 생각의 의미체계가 뚜렷이 있기 때문에 간결하지만 압축적이고, 평이하지만 심오하고, 서설이나 잔소리가 없이 직절直截하다.

많은 사람이 수운의 문장을 사전에 나오는 용례에 따라 수없는 인용을 대가면서 주절주절 해설하는데 참으로 딱한 노릇이 아닐 수 없다. 수운의 언어는 『대한화사전大漢和辭典』을 베껴놓아 해결될 성질의 것이 아니다. 수운이 말하고자 하는 것은 일차적으로 그의 의식 속에서 한국말로 구성된 것이고, 그는 대체로 서재 없이 붓 한 자루와 자기 머리에 의존하여 썼다. 그러한 수운의 문장을 현학적으로 해설한다는 것은 헛수고요, 헛 화양花樣이다. 수운이 가장 싫어하는 것이다.

천주의 표기에 관하여

다음으로 『동경대전』을 번역하는데 있어서 가장 중요한 나의 언어정책을 발표하겠다. 그 요체는 결국 "천주天主"를 어떻게 표기하는가에 관한 것이다. 이미 내가 누누이 이야기했지만 "한울"은 파기되어야 할 운명의 표기이다. "한울님"을 대부분의 동학도들이 별 생각 없이 받아들인 것은 개화기 시대에 "한울님"이라는 발음체계가 하늘님, ᄒᆞ늘님의 사투리 발음체계와 거의 동일한 것으로 받아들여졌기 때문이다(평안도·함경도·강원도·경상도 지역에서는 하늘을 "한울""하늘"로 발음하는 경향이 있었다).

우리 민족은 태고적부터 "ᄒᆞ늘""하늘"을 인격적인 신의 개념으로 사용하였고, 공자 또한 "티엔天"을 인격적인 존재로서 부를 때가 있었다(子曰: "不然!

獲罪於天, 無所禱也。"「팔일」13). "하눌"의 "눌"은 해(日, 太陽)의 의미를 지니며, 우리말의 날(日, 太陽)과 동원어이다. 그러니까 고조선사회의 태양숭배, 하늘제사에 뿌리를 두고 있다고 말할 수 있다. 『계림유사鷄林類事』(1103년 즈음 송나라 봉사고려국신서장관奉使高麗國信書狀官 손목孫穆이 편찬)에도 "천天"은 "한날漢捺"로 표기되어 있다. 조선시대의 "하눌"과 일치되는 것을 보면 하늘은 상당히 태고로부터 올라가는 우리말이고, 최고신앙대상이었음을 알 수 있다.

여러 말 할 것 없이 본서의 번역작업에 있어서 "천天"은 "하늘"로, "천주天主"는 "하느님"으로 일관되게 통일할 것이다. 그 이유는 다음과 같다.

1. 수운 자신이 쓴 표현이 "ㅎ눌님" 또는 "하눌님"이다.
2. "하늘님"은 현대어로 되는 과정에서 ㄹ탈락이 일어나는 것은 자연스러운 음운법칙이다. ㄹ받침이 ㄴ 앞에서 탈락하는 것은 발음의 경제성을 생각할 때 자연스러운 현상이다. 딸이 따님이 되고, 아들이 아드님이 되고, 솔나무가 소나무가 되고, 하늘님이 하느님이 되는 것은 자연스러운 연성법칙이다.
3. "하느님"은 모든 종교에 공통으로 쓰일 수 있는 보편언어이다.
4. 따라서 새로 만든 조어가 아니며 이미 수천수만년 한국인의 심성에 각인된 자연스러운 우리말이다.
5. "자연스러운 우리말"이라는 이 사실 그 자체로부터 우리는 동학을 온 국민에게 새롭게 인식시키는 전략적 우위를 확보할 수 있다.
6. 하느님은 기독교 것이 아니라 "우리 것"이다. 하느님을 기독교의 것으로 오인하고 방기함으로써, 동학은 동학 고유의 아이덴티티를 상실하고 있다. 예를 들면, 우리민족 누구나가 다 아는 애국가의 "하느님이 보우하사 우리나라 만세"라는 구절은 그 작사자가 누구이든지간에(안창호설이 유력) 동학사상의 배경과 분위기를 깔고 있는 것이다. 그러나 천도교가 "한울"에 매달리다 보니까 애국가의 하느님은 기독교의 하나님이 되어버리고

마는 것이다.

7. 천도교는 새로 태어나야 한다. 과거 개화사상의 후진적 외피와 좌우이념의 분열 속에서 우왕좌왕하던 이념적 방황에서 근원적으로 탈피하여 동학고유의 전 인류사적 보편 "하느님"의 새로운 복음, 즉 다시개벽의 무극대도를 선포해야 한다. 『천도교경전』은 "한울"을 벗어나 수운선생님이 말씀하신 "하느님"으로 회귀해야 한다. 천도교는 자신의 종교개혁을 요구하고 있다.

8. 한울은 협애한 과거 천도교 이념의 계승을 표방할 수는 있지만, 보편적 미래의 희망을 선포하지 못한다.

하느님은 보편자이다. 보편자는 존재자가 아니다. 존재자가 아닌 존재 그 자체를 "한울"(한 울타리)이라는 신조어(국부적 개념)로써 이끌고 간다는 것은 동학의 쇠망을 초래할 뿐이다. 생각해보라! "예수"를 "철수"로 "야훼"를 "야한울"이라는 새로운 조어로써 선포한다고 한다면 도대체 어디서 씨알맹이가 멕힐 것인가? 천도교 도유들의 심각한 각성을 촉구한다. 나는 천도교와 동학이 함께 다시 살아나야 한다고 외치는 사람이다. 날 왜곡하지 마라! 뒷켠에서 쑤군거리지 마라! 앞으로 천도교 내에서 개방적이고 올바른 인식체계가 자리잡고, 경전을 새로운 언어로 편찬하고, 한울에서 하느님으로 돌아가는 근원적 혁명이 일어나기를 간구한다. 루터의 종교개혁(Reformation)은 "오직 성서로Sola Scriptura" 돌아가는 운동이었다. 이제 천도교는 오직 『동경대전』으로, 오직 『용담유사』로, 오직 수운Sola Suwun으로 돌아가야 한다!

이 단의 뜻을 해석하기 위해서는 "천주"라는 단어가 모든 문장의 핵심주어로 나오기 때문에 나는 "하느님"을 말하지 않을 수 없었다. 그러나 단지 "하느님"이라는 번역개념의 약속만을 뚜렷이 밝히고, 그 개념의 의미내용에 관해서는 읽어가면서 그 문맥에 따라 독자들이 스스로 터득해야 할 것이다. 단지 "천주天主"라는 협의의 단어 그 자체는 역사적으로 보면 그의 발명품이 아니며, 천주교에서 먼저 쓴 개념이다. 그것은 가톨릭교회에서 동방에 선교를 하면서 "데우스Deus"(희랍의 제우스Zeus, 그리고 페르시아 고어의 데이바이Deivai 즉 디몬 diemon[악마]과 관련 있는 13세기 중반부터 등장한 라틴어. 서양의 신개념은 어원으로부터 이미 이렇게 유치한 실체적 개념이었다. 데우스라는 말은 "무대장치로 걸려있는 신apo mekhanes theos"이라는 희랍어를 번역하면서 생겨난 근대 라틴어 단어이다)를 표현할 고전 중국어로서 "천天"을 찾아내고, 그것을 확고하게 인격화하기 위해서 "주主"를 붙여 합성한 말이다.

그러나 수운은 이 "천주天主"를 내버릴 생각을 하지 않고, 오히려 자신의 체험 속에 받아들여야 할 존재로 생각했다는 데 수운의 개방성과 비범성, 그리고 모험성이 있다. 그러나 수운은 "천주"를 "天主"로 생각한 적이 없으며 그것은 단순히 우리 조선말, 조선민족의 고유의 말인 "하늘님 ⇒ 하느님"의 격의格義(산스크리트어를 중국말로 번역할 때 신조어를 만들지 않고 불교개념의 의미와 상응하는 중국인 고유의 토착적 단어를 선택하는 작업)적 표현으로 받아들였다. 그러니까 수운에게는 "天主"는 문자형상에 불과한 것이고 그것이 진정 우리 실존에 의미하는 것은 "하느님"이다.

"하느님"은 서양에서 건너온 것이 아니라 수만 년 동안 조선인의 심성 속에 내재해 있었던 의미덩어리이자 상징체계였다. 그러니까 수운은 "천주"라는 말에 자극을 받아(을묘천서사건 등) "하느님"을 추구하게 된다. "하느님"이 지시하는 그 모든 존재성과 의미성을 찾아나서게 되는 것이다. 그것은 외로운 투쟁, 구도의 길이었다. 그 구도의 길에서 하느님을 만났고, 대화를 하였고, 계시를 얻었고, 포덕의 명령을 받았고, 자기나름대로 실존적 행위방침에 대한 확신을 얻었다. 그 확신을 최초로 토로한 글이 바로 이 「포덕문」이다.

이 문단 전체를 놓고 보면, 이 문단 대강의 주제는 "천주조화지적天主造化之迹"(후대의 천도교 경전판본에는 "跡"으로 되어있는 것이 있으나, "迹"이 원자原字이다)

이라는 이 한마디에 집약된다. 그런데 "천주조화지적"으로 제시한 것이 "춘추 질대春秋迭代"와 "사시성쇠四時盛衰," 이 두 마디 뿐이다. 그런데 이 춘추질대와 사시성쇠는 주부가 되며, 그 술부에 해당되는 것은 "불천불역不遷不易"이다.

『동경대전』을 주석한 사람들이 대부분은 20세기 개화기를 거친 사람들이고, 서구적 언어에 부지불식간 세뇌되었고, 또 서구적 가치관의 우월성을 신봉하 는 사람들이었기에 "불천불역"(움직이지도 않고 바뀌지도 않는다)과 같은 말을 접 하면 곧바로 "절대불변絕對不變"이라는 단어를 떠올리고, 절대불변의 주체로 서의 "하나님"과 같은 존재를 떠올리게 된다. 이렇게 해석하면 동학의 대전제, 수운대각의 본체를 크게 왜곡하게 된다. 수운에게 "절대불변의 존재자"는 있 을 수도 없고, 있어본 적도 없다.

우선 "춘추질대"는 불변이 아니라 변화이다. 봄과 가을이 갈마드는 것은 불 변이 아니라 변화의 규칙성이다. 이러한 변화의 규칙성을 동방인은 예로부터 "항상성" 즉 "상常"이라고 불러왔다. 도道는 불변의 도가 아니라 항상성의 상 도常道인 것이다. 우리가 일 년을 "하동夏冬"이라 말하지 않고, 춘추라 말하는 것도 봄·가을에 보다 변화를 극적으로 느끼기 때문이다. 춘분과 추분의 갈마 듦으로써 "세歲"를 가늠하는 것이다. 여기 "사시성쇠"라 하는 것도 오행의 기 氣의 성과 쇠의 변화이며, 그 변화는 규칙적 리듬을 갖는다는 것이다. 이 모든 규칙성의 항상성을 "불천불역," 즉 함부로(임의로) 움직이거나 함부로 바뀌지 않는다고 표현한 것이다.

불천불역이야말로 변화의 지속성과 리듬성을 나타내는 것이다. 우리가 배추 를 밭에 심어 초겨울 김장에 대비할 수 있는 것은 오로지 사시四時가 불천불역 한다는 전제로 해서만 가능한 것이다. 가을이 끝나고 갑자기 여름으로 바뀐다 면(易) 김장은 불가능하게 되는 것이다. 수운이 하느님의 조화로 제시한 것은 바로 이 대자연의 조화(=변화)의 항상성이다. 이러한 수운사상의 출발점을 확연하게 인식하지 못하면 처음부터 "예수쟁이 논리"에 빠지게 되고, "서양철학의 아류"가 되거나, 중동의 섭리사관의 노예가 되어 버린다.

서양의 대각자라고 한다면 그의 포덕의 첫마디로써 "춘추질대"와 "사시성쇠"를 하느님 조화의 적迹으로서 표방하지는 않을 것이다. 여기 수운이 말하는 "적迹"은 그림자나 허상이 아닌 리얼리티reality, 즉 실상이다. 그것은 천하에 소연히 드러나는 보편적 실상實相universal reality이다. 이 말 한마디에서 수운은 이미 천주학의 대전제를 뭉개뜨리고 있다.

『천주실의』에서는 이러한 질대와 성쇠는 실상이 아니라 허상이요, 실재하는 것이 아니라 가상적인 것이요, 이성적 진리가 아닌 감각적 허환虛幻이다. 따라서 이러한 현상적 차원의 논의는 천주의 조화의 실상을 드러내는 것이 아니며, 오직 천주의 존재를 드러내기 위한 방편에 불과한 것이다. 다시 말해서 시간속의, 아니, 시간 그 자체를 형성하는 질대迭代와 성쇠盛衰는 데우스라는 실재의 투영에 불과한 허상이다.

벌써 이러한 논의방식으로 서학과 동학은 크게 갈라지게 되는 것이다. 다시 말해서 불천불역하는 춘추질대와 사시성쇠야말로 천주의 조화를 입증하는 시간적 사실이요, 시간적 사실(temporal facts)이야말로 궁극적 진리(ultimate truth)이다.

여기 "상고이래上古以來"라는 말은 수운이 실상實相을 시간 속에서 말하려 한다는 의도를 나타내고 있는 것이다.

많은 주석가들이 "우부우민愚夫愚民"을 어리석은 우중愚衆으로 보아, 미개한 인간으로 치지도외해야 할 것처럼 함부로 주석을 달고 있는데, 수운은 어떠한 경우에도 인간을 그런 방식으로 비하하지는 않는다. 여기 "상고이래上古以

來"라는 말과 "오제지후五帝之後"라는 말이 대비되므로 분명 "우부우민愚夫愚民"은 오제五帝 이전, 그러니까 역사학적 용어를 빌리자면 "선사시대先史時代의 인간들"이라는 뜻이 될 것이다.

그러나 과연 선사시대의 인간들은 다 어리석었나? 나는 결코 인간과 역사를 바라보는 눈이 이렇게 협애해서는 아니 된다고 생각한다. 이러한 외면적인, 피상적인 규정성을 벗어날 때에만 우리는 수운의 인간관, 역사관, 사회개혁관을 올바르게 이해할 수 있다. 기존의 주석들은 대부분 이러한 측면에서 오류를 범하고 있을 뿐 아니라 수운의 사상을 근원적으로 왜곡하고 있다. 그래서 더욱 나의 붓길이 무거워지고 있다. 하찮은 중생들의 언어의 자갈밭을 뒤엎는 공사가 버겁기만 한 것이다. 뻬이후우悲夫!

우선 수운의 글에서 역사적 관점을 나타내는 문장이 나올 때는, 현재의 거의 모든 주석가들이 서슴치 않고 "선천개벽先天開闢"이니 "후천개벽後天開闢"이니 하는 도식적인 개념언어를 마구 써댄다. 그리고 선 · 후천개벽사상의 원조는 수운이라는 것을 자랑스럽게 선양한다. 그러니까 "자상고이래自上古以來"라는 말은 선천개벽시대를 가리키는 것이요, "우부우민愚夫愚民"은 선천개벽시대의 인간을 가리키는 것처럼 해설하고 있는 것이다. 이것은 진실로 넌센스 중의 넌센스이다. 수운의 글을 해석하려면 또다시 이런 두 세기에 걸친 왜곡의 늪을 거쳐가야만 하기 때문에 피곤하고 염번厭煩키 그지없는 것이다.

결론부터 말하자면 수운의 입에서 "선천 · 후천"이라는 말이 나온 적이 없고 그의 사고와 의식의 결 속에서 그러한 개념도식이 구상된 적이 없다. 수운은 "선 · 후천개벽"을 말하지 않았다. 그리고 그것은 수운이 활약한 1850 · 60년대에 조선땅의 사상가들의 의식세계에 자리잡지 않은 생소한 단어들이었다. 수운이 "개벽"이라는 말을 들고나온 것은, 한학의 대가로서 한자의 의미상 조합되는 상식적인 뜻을 표명한 것뿐이며, 그 뜻을 지배하는 전체 역사구도의 연역적 체계를 전제로 한 전문술어적 개념이 아니었다.

모든 사람들이 야뢰 이돈화 같은 이론가의 『인내천요의人乃天要義』(1924)
나 『신인철학新人哲學』(1924)에 의거하여 선·후천개벽을 말하는데, 야뢰가 이
책들을 쓴 때가 1920년대였고 이때는 이미 선천개벽·후천개벽이니 하는 용어
가 종교계의 전문술어로서 매우 보편적으로 상용되던 시기였다. 자그마치 60년
후의 규합적인 개념을 가지고 수운의 원석과도 같은 원전의 언어를 재단한다
는 것은 몰상식의 극치라 아니할 수 없다. 표영삼 선생은 말씀하신다: "선천개
벽이니 후천개벽이니 하는 것은 수운의 사상에 속하지 않소. 그것은 하늘님을
한울이라고 우기는 것과 똑같아요. 수운은 오직 우리의 소박한 정음正音으로
'다시개벽'이라는 말씀만 하셨을 뿐이라오."

이 표 선생님의 말씀은 과연 무엇을 의미하는가? 이 말씀을 제대로 이해하면
19세기, 20세기 조선·한국의 정신사 전체가 명료하게 풀려나간다. 이것은 정
말 중요한 지적이다. 어설픈 세컨 핸드second-hand(원전에 의존하지 않고 개론이나
남의 얘기로 전해 들은) 지식에 준거하지 않고 오직 텍스트에 즉하여 이야기하는
정밀한 지식의 소유자만이 이러한 정론正論을 펼칠 수 있는 것이다.

수운의 저작 중에 한문으로 쓴 글 속에는 "개벽開闢"이라는 단어는 나오지
않는다. 다시 말해서 『동경대전』에는 "개벽"이라는 단어가 나오지 않는다. 주
문 속에도 없고, 수운이 하느님 상제와 만나 나누는 대화 속에도 등장하지 않
는다. 시 속에도 없다. 다시 말해서 수운은 자신의 역사관을 개벽, 특히 선천·
후천의 개벽이라는 개념을 활용하여 표현하는 데 별 취미가 없었다. 다시 말해
서 수운의 사고는 도식적(schematic)이질 않았다는 것이다.

내가 이런 말을 하면 모두 깜짝 놀란다. 그리고 자기들이 여태까지 뱉어온 말
들이 있기 때문에 극심한 불편을 느낀다. 그리고 이런 말을 하는 나를 저주하

고, 불쾌한 말만 골라 하는 놈이라고 돌아서서 욕해댄다. 정면으로 논박할 자신이 없기 때문이다. 아니! 근원적으로 논박할 수가 없기 때문이다. 그리고 자기부정, 자기철회를 할 수 있는 용기가 없기 때문이다. 그러나 그들의 지식은 간접지식이요, 엉터리지식이다. 고전의 세계는 정직해야 한다. 반드시 원전에 즉해서 정밀하게 논해야 한다.

그런데 이런 엉터리논변을 펼치는 사람들은, 20세기 우리나라 정신사를 지배한 총제적인 왜곡에 근원적으로 물들어있는 불쌍한 희생제물에 지나지 않는다. 텍스트의 왜곡은, 반드시 그 왜곡을 정당화시키고 있는 시대정신의 왜곡이 있다. 왜곡이 왜곡이 아닌 것처럼 보이게 만드는 가치관의 뒤틀림 내지 전도가 있는 것이다. 이 뒤틀림은 결국 개화시기를 산 지식인들의 개화콤플렉스와도 관련이 있다. 자아! 이제 이런 에두른 말들을 하지 말고, "개벽"이라는 말의 어의語義로부터 정확하게 따져보기로 하자!

개開라는 말은 "연다"라는 뜻이다. 그런데 벽闢도 닫는다는 뜻이 아니라 "개"와 동일한 "연다"라는 뜻이다. 그러니까 "개벽"은 그냥 "연다"라는 뜻이다. 무엇을 여는가? 닫힌 문을 열 수도 있고, 새 세상으로 나아가기 위해 문을 열 수도 있고, 안 보이던 세계가 새롭게 보인다는 뜻도 있을 수 있다. 그런데 주로 "개벽"이라는 의미는 "혼돈chaos"에서 "질서cosmos"로 변화된다는 의미를 내포한다. 그런데 이 "개벽"이라는 단어는 선진고전문헌에서 거의 찾아볼 수가 없다. 그러니까 중원의 고전에서도 상용하던 개념이 아니었다. 유교경전에는 물론, 『장자』나 『노자』에도 나오지 않는 말이다.

그런데 『열자』라는 문헌의 첫머리에 우주생성을 논하는 문장이 있는데 그곳에 "개벽"의 의미를 말해주는 유명한 글귀가 있다(이 『열자』에도 "개벽"이라는 단어 그 자체는 나오지 않는다).

昔者，聖人因陰陽以統天地。夫有形者生於無形，則天地安從生？故
曰：有太易，有太初，有太始，有太素。太易者，未見氣也；太初者，氣
之始也；太始者，形之始也；太素者，質之始也。氣形質具而未相離，
故曰渾淪。渾淪者，言萬物相渾淪而未相離也。⋯⋯ 一者，形變之始
也。清輕者上爲天，濁重者下爲地，沖和氣者爲人；故天地含精，萬物
化生。

옛부터 성인은 무형의 음양의 변화의 도리를 미루어 유형의 개별화된 천지를 통솔
하였다. 그러므로 형체가 있는 것은 형체가 없는 무형으로부터 생겨나는 것이다.
그렇다면 천지라는 것은 어디로부터 생겨나는 것일까? 그 질문에 답하기 위해서는
다음의 4개념을 알아야 한다: 단계적으로 태역이 있고, 태초가 있고, 태시가 있고,
태소가 있다.

태역太易이란 무엇인가? 그것은 기氣가 아직 드러나지 않은 무극의 상태이다. 태초
太初란 무엇인가? 그것은 기가 드러나는 최초의 단서인 태극과도 같은 상태이다. 태
시太始란 무엇인가? 그것은 형체form가 드러나기 시작하는 상태이다. 태소太素란
무엇인가? 그것은 구체적인 실질contents이 갖추어지기 시작하는 상태이다. 그러
므로 이 4단계를 총괄하여 보자면, 기氣와 형形과 질質이 다 구비되어 서로 분리되
지 않은 상태를 우리가 혼륜(=혼돈) 즉 카오스라고 부르는 것이다. 그러므로 혼륜이
라는 것은 만물이 서로 혼륜되어 개별적으로 분화되지 않은 상태인 것이다. ⋯⋯

일一이라고 하는 것은 형체의 변화의 시작을 의미하는 것이다. 그 변화의 가장 중
요한 계기는 다음과 같은 것이다. 기의 맑고 가벼운 것은 위로 올라가서 하늘天을
이루고, 탁하고 무거운 것은 아래로 가라앉아 땅地을 이룬다. 그리고 그 가운데서
양쪽의 기를 조화시켜 그 양면성을 다 포용하는 존재가 인간이 된다. 그러므로 하
늘과 땅은 생식의 능력을 자체에 가지고 있는 것이며 이로써 만물이 화생化生케
되는 것이다.

이『열자』의 문장은『역위易緯』라는 문헌의「건착도乾鑿度」에도 비슷한 형태로 실려있다. 내용으로 보면 이 글은『노자』이후에 성립한 것은 분명한데,「건착도」와의 관계는 확정짓기 곤란한 텍스트의 오묘한 문제가 많다. 최소한 한漢 초에는 이런 세계관이 성립했다고 볼 수 있다: 혼돈된 하나에서 맑고 가벼운 기가 올라가고, 탁하고 무거운 기가 내려가면서 열리는, 즉 질서의 세계로 분화되는 그 열림을 "개벽"이라고 말한 것이다. "개벽"이라는 단어의 원초적 의미를 말해주는 최초의 용례를 우리는『열자』에서 만나게 된다.

그렇다면 "천지개벽天地開闢"이라는 말은 기철학적 세계관에서는 "천지창조"에 해당되는 것이다. 하늘과 땅이 만들어지는 최초의 열림이다. 그런데 이 열림은 유일신론의 세계관이 주장하는 "무로부터의 창조Creatio ex nihilo"가 아니다. 유일신이라는 것은 깡패의 신이며, 전쟁의 신이며, 로칼한 민족신이다. 그래서 양아치가 쌩으로 없는 데서 돈을 뜯어내듯이 무無에서 유有를 만들어낸다. 그러나 동방의 하느님은 스스로 그러한 신이며, 평화의 신이며, 보편의 신이며, 따라서 갈취함이 없다.

그래서 창조는 무로부터의 창조가 아니라 무형으로부터 유형에로의 전환일 뿐이다. 『노자』25장에도 이런 말이 있다: "유물혼성有物混成, 선천지생先天地生。" 여기서 "혼성"이란 열자가 말하는 "혼륜渾淪"이다. 따라서 천지가 생겨나기 이전에 이미 혼륜이 있었다는 얘기가 되는 것이다. 동방에는 우주창조론이 없고 우주생성론만 있는 것이다.

자아! 이제 장황해지기 쉬운 말들을 끊고 본론으로 돌아가자! 다음 우리가 논의해야만 하는 과제상황은 "선천先天"과 "후천後天"에 관한 것이다. 도대체 선천이 무엇이고 후천이 무엇이냐? 과연 그것은 개벽이라는 말과 결부되어야 할 어떤 필연성이 있는 것일까? 우선 선천, 후천이라고 하면 누구나 그것은 『주역』에서 유래되는 것이라고 생각한다. 그러나『주역』이라는 경전과 "선천,

후천"은 실제로 아무런 연관이 없다. 『주역』이라는 언어를 구성하는데 선천, 후천은 아무런 구조적인 역할을 하지 않는다. 아주 단언하면 『주역』의 본체를 구성하는 경문에는 "선천, 후천"은 존재하지 않는다.

단지 『주역』의 경문에 대한 보조적 설명으로서 십익十翼(열 날개라는 뜻, 즉 경문의 뜻을 펼쳐낸 날개라는 뜻, 역경易經에 대한 역전易傳이라고도 한다: 1)단전상彖傳上 2)단전하彖傳下 3)상전상象傳上 4)상전하象傳下 5)계사전상繫辭傳上 6)계사전하繫辭傳下 7)문언전文言傳 8)서괘전序卦傳 9)설괘전說卦傳 10)잡괘전雜卦傳) 중의 하나인 「문언전文言傳」 속에 "선천"과 "후천"이라는 말이 단 한 줄 나오고 있다. 「문언文言」이라는 것은 『주역』을 구성하는 가장 으뜸가는 두 개의 머리괘, 건괘乾卦 ☰와 곤괘坤卦 ☷의 단전象傳(괘사 관련 설명)과 상전象傳(효사 관련 설명)을 더욱 자세히 부연한 매우 특별한 문헌이다. 그 건문언乾文言(건괘를 설명한 문언) 중 건괘 제5효를 부연설명한 말에 다음과 같은 문구가 들어있다.

夫大人者, 與天地合其德, 與日月合其明, 與四時合其序, 與鬼神合其吉凶。先天而天弗違, 後天而奉天時。天且弗違, 而況於人乎? 況於鬼神乎?

이 문구를 설명하기 전에, 본시 건괘의 제5효는 하괘의 중심인 제2효와 짝을 이루는 것인데, 그 효사가 같은 구조로 되어있다. 제2효는 "현룡재전見龍在田, 리견대인利見大人"으로 되어있고, 제5효는 "비룡재천飛龍在天, 리견대인利見大人"으로 되어있다. 현룡(방금 잠룡의 상태를 벗어난 용)과 비룡(제왕의 위를 얻는데 성공하여 날고 있는 용)이 다르고, 있는 장소 즉 밭(=뭍田)과 하늘(天)이 다르다. 그러나 효사의 핵심인 후반부는 다같이 "리견대인利見大人"이다. 그 뜻인즉, 용이 방금 물속을 벗어났거나 천자天子의 위를 얻어 하늘을 날고 있거나, 그 핵심은 위位를 거부하며 숨어있는 거대한 인격체인 대인大人을 만나야만 그 하고자 하는 일이 성공할 수 있다는 것이다. "리견대인"은 "대인을 만나는 데 리利가 있다"라는 뜻이다.

지금 이「문언전」의 문구는 여기서 말하는 대인이 얼마나 위대한 인격체인가, 비룡의 인간보다도 더 훌륭한 소복素服의 현자를 찬양하는 문구인 것이다. 그만큼 동방의 사상은 "인간과의 만남"을 중시했다. 여러분들의 이해를 돕기 위해서는, 이 구문에 대하여 유현덕(비룡)과 제갈량(대인)을 연상해보라고 하면, 그 뜻이 쉽게 풀릴 것이다.「문언전」의 해석은 다음과 같다:

여기서 대인이라고 표현한 인간은 천지와 더불어 그 덕을 합하였고, 일월과 더불어 그 밝음을 합하였으며, 춘하추동의 사시와 더불어 그 질서를 합하였으며, 천지의 귀신과도 그 길흉의 예언을 합하였다. 천지의 질서와 맞먹는 이 위대한 대인은 하늘보다 앞서가도 하늘이 그를 해치지 않으며, 하늘보다 늦게 가도(뒤따라가도) 하늘의 때를 잘 받들 줄 안다. 하늘도 그를 해치지 않거늘, 하물며 인간이 그를 해치겠는가? 귀신이 그를 해치겠는가?

『주역』한 구절을 번역하려면『주역』전체를 통달해야 한다. 나는 평생『주역』을 수백독은 했다. 동경대학 학위논문, 하바드대학 학위논문이 다『주역』에 관계된 것이다. 그래서 선천, 후천이 나오는 한 줄을 설명하려다보니 이렇게 설명이 길어졌다. 독자들의 양해를 구한다. 그런데 여기 "선천이천불위先天而天弗違"와 "후천이봉천시後天而奉天時"라는 말은 여러분들이 알고있는 선천, 후천과 아무런 관련이 없다. 진실로 우리는 국학을 형성한 언어에 대한 정밀한 인식이 너무도 결여되어 있다.

여기「문언」에 나오는 "선천先天"의 "선"은 출생전이라든가, 선험적이라든가 하는 식의 인식론적 명제와 아무런 관련이 없다. 그리고 그것은 형용사가 아니라 동사이다. 대인의 행위가 하늘을 앞지른다라는 뜻이다. 이것은 뭐 대단히 신비로운 이야기가 아니라, "11월 말에 해야 할 김장을 10월 말에 했다"든가, 제갈량이 누구나 천시로 보면 10월에 했어야 할 공격을 5월에 했다든가 하는 정도의 아주 상식적인 내용의 말이다.

현금의 우리 한국어에서 "선천," "후천"을 말하면 그것은 누구에게든지 곧바로 "선험先驗," "후험後驗"이라는 인식론적 맥락을 의미하게 된다. 하나의 명제가 실제 시공간세계에서 일어나는 사건의 과정에 대한 경험을 거치지 않고 알려질 수 있다면 그것은 선험적 명제, 즉 선천적 명제가 되는 것이다. 선험적으로 알려질 수 없는 모든 명제들은 당연히 후험적 명제가 되는 것이다. 엄밀한 의미에서 과연 선험·후험, 선천·후천이라는 이분법적인 체계가 실제적 의미가 있는가라는 문제까지 제기될 수가 있다. 이것은 서양근세철학에서 영국경험론(Empiricism)과 대륙합리론(Rationalism)이 대립함으로써 생겨난 문제이지 우리의 토착적인 언어가 될 수 있는 개념들이 아니다.

현대어의 선천·후천은 칸트철학의 "아프리오리*a priori*," "아포스테리오리*a posteriori*"와도 같은 개념들이 일본의 송학자들에 의하여 한역되면서 우리말로 유입된 좀 오묘한 말일 뿐이다. 한문경전에는 현대 우리말에서 보편적으로 쓰이고 있는 의미내용으로서의 선천·후천이라는 말은 찾을 수 없다. 더구나 그러한 선천·후천은 『주역』의 경문과는 아무런 관계도 없다. 우리는 이러한 개념의 계보들을 명료히 알아야 한다. 최소한 전공학자들만이라도 바르게 알아야 하는 것이다.

자아! 그렇다면 도대체 선천개벽, 후천개벽이라는 말은 어디서 굴러들어온 것일까? 우선 엄밀히 말해서 "선천개벽," "후천개벽"이라는 말은 중국사람들에게는 존재하지 않는다는 사실을 확연히 인식해야 한다. 현재의 중국인들에게도 과거 고전시대의 중국인들에게도 "선·후천개벽"이라는 말은 의미를 갖지 않는 자형의 조합일 뿐이다. 이 말은 오로지 조선의 민중 속에서만 의미를 갖는 우리 민중의 언어라는 것을 여러분들은 확연히 깨닫고 나의 논의를 따라와야 한다(사실 이런 나의 언명이 많은 사람들에게 충격적일 수 있기 때문에 나는 조심스러울 뿐이다).

우선 "개벽" 즉 "열림"이라는 말은 상식적인 말로서 두 가지 의미의 층차를 지닌다. 우리 일상대화에서 "어허~ 천지개벽할 일이로구만 ……"이라든가, "천지개벽이래 없던 일이여 ……"라고 말하면 그것은 문자 그대로 "하늘과 땅이 생겨난 사건"을 의미한다. 그런데 또 하나의 의미는 "개벽"이란, "문명세계의 시작"을 뜻하기도 한다는 것이다. 역사이전에서 역사세계로의 진입, 문명의 창조를 의미하기도 한다는 것이다. 사실 이 두 가지 층차의 의미는 정확한 구분이 없이 쓰일 때가 많다. 수운은 우리말로, 일상적인 우리 민중의 언어로 "개벽"이라는 말만 썼다. 「용담가」(2회), 「안심가」(2회), 「몽중노소문답가」(1회)에 나오는 가사말들을 분석해보면 "개벽"은 천지개벽, 문명개벽의 두 측면을 모두 포함한다고 여겨진다. 여기 선천이니, 후천이니 하는 말은 도무지 개입될 여지가 없다.

내가 지금 말하고 있는 것이 뭇 사람들에게 너무도 충격적이고, 너무도 알려져 있지 않은 이야기이고, 또 너무도 방대한 주제이기 때문에 나는 이를 이야기함에 있어 너무 고통을 느낀다. 본문에 즉하여 조금씩 이야기하기로 하고 될 수 있는 대로 간결하게 개략적인 이야기만 하겠다.

앞에서 살펴본 대로 선천·후천은 「문언전」에 한 줄 나오기는 하지만 그것은 "대인大人"의 덕을 찬양한 수식어일 뿐 하등의 인식론적인 의미나 『역』에서 말하는 괘효의 구조적 의미와 관련이 없다. 그런데 이 말이 중국사상사에서 등장한 것은 한대漢代의 관방역학官方易學인(맹희孟喜, 초공焦贛, 경방京房으로 대표됨) 상수지학象數之學을 통해서였다. 역易은 본시 상象으로써 시작되었다. 괘상卦象과 효상爻象으로써 우주의 법상法象을 요약적으로 상징화한 것이다.

그런데 역은 또 점占이다. 점을 치는 데는 반드시 수數를 필요로 하게 된다. 49개의 시초를 사용하여 본괘本卦의 변효變爻(설명하기 어려운 서법筮法의 용어)에 도달하는 복잡한 과정 자체가 모두 수數의 개념을 활용하고 있다. 그러기 때문에 이 "상수象數"라는 것은 『역』과 분리될 수 없는 역의 측면이다. 그런데 이 상수는 독자적으로 인간과 우주의 모든 법칙을 상과 수로써 설명하는 일종의 신비주의적인 포괄적 체계로서 발전한다. 그것을 우리가 보통 의리지학義理之學에 대비하여 상수지학象數之學이라고 부르는데, 하여튼 선천·후천의 개념은 한대의 역학에서도 그리 중요한 주제로서 등장하지 않았다.

그런데 송대에 와서 이 상수학은 크게 각광을 받게 된다. 송대의 신유학(Neo-Confucianism) 자체가 상수지학의 한 심볼로부터 출발했다고 말해도 과언이 아닌 것이니, 그 심볼이 바로 송학의 선하 주렴계周濂溪, 1017~1073의 『태극도설太極圖說』이다. 『태극도설』이란, 문자 그대로 "태극도를 해설한 글"이라는 뜻이다. 그 도설이 심오한 의미(의리지학)를 담았다고 하지만 결국 그것은 일차적으로 "태극도"라는 오묘한 도상을 해설한 것이다.

주렴계의 "태극도"는 도교의 『태극선천지도太極先天之圖』와 진단陳搏, 871~989(자 도남圖南, 호 백운선생白雲先生, 북송 도교양생학의 대가)의 『무극도無極圖』의 영향하에서 태어난 것이다. 주렴계의 『태극도설』은 도상에 대하여 우주발생론적인 해석과 그에 따른 우주론―인생론적인 윤리적 가치관을 설파하여 송대의 지식사회에 새로운 패러다임을 제시하였다. 그러나 기실 진단의 『무극도』는 염계의 『태극도설』과 매우 비슷한 도상을 제시하고 있지만, 그것은 실상 내단제련의 과정을 가리키고 있었다.

『태극도설』은 『역』의 상수지학과 도교의 연단술, 그리고 유학의 우주론―심성론적인 가치론을 결합한 명작이라 하겠는데, 그 첫마디가 그 유명한 "무극이태극無極而太極"이고, 그 끝머리가 "위대하도다! 역易이여! 大哉易也, 斯其至矣。"라는 말로 총결된다. 상수지학과 의리지학이 결합되면서 매우 풍요로운 우주론―가치론적인 도식이 제시된 것이다. 그러한 도식을 통하여 불교의 복잡한 초월주의적 인식론에 대항할 수 있는 신유학의 윤리적 세계관을 리클레임하기 시작했던 것이다.

　하도河圖와 낙서洛書의 이야기는(둘을 합해 부르는 말이 "도서圖書"이다), 구체적인 도상은 나타나지 않았어도 그 이야기는 오래 전부터 전설적으로 회자되어 왔다. 우리가 잘 아는 『논어』에도 공자의 탄식으로서 언급되어 있고(『도올논어한글역주』 9-8: 鳳鳥不至, 河不出圖, 吾已矣夫!), 『주역』의 「계사」상11(河出圖, 洛出書, 聖人則之。), 그리고 『상서』 「고명顧命」에도 언급되어 있다. 그러기 때문에 이 하도와 낙서의 구체적인 이미지와 그에 대한 상수학적인 해석을 가하는 작업은 상수학적 마인드를 지닌 사람들에게는 매혹적인 주제였다.

　이러한 상수학의 전통을 집대성한 인물이 바로 신유학의 파운딩 파더 중의 한 사람인 소옹邵雍, 1011~1077(자 요부堯夫, 시호 강절康節. 주렴계, 장횡거, 정호, 정이 형제와 함께 북송오자北宋五子로 불린다)이다. 우리나라 유학이나 도교학문을 수련하는 모든 사람들에게 소강절은 너무도 잘 알려져 있다.

　『주역』의 64괘는 상괘와 하괘를 구성하는 8괘를 바탕으로 하고 있는데 이 8괘라는 기본도상은 다양한 심볼리즘과 결합되어 있다. 그리고 이 8괘를 어떻게 의미부여를 하고 어떻게 배열하는가에 따라 그 심볼리즘의 해석체계가 달라질 수 있다. 아주 간단한 사례를 하나 들어보자!

건乾 ☰	곤坤 ☷	진震 ☳	손巽 ☴	감坎 ☵	리離 ☲	간艮 ☶	태兌 ☱
부 父	모 母	장남 長男	장녀 長女	중남 中男	중녀 中女	소남 少男	소녀 少女

건은 순양純陽(중간이 갈라지지 않은 양효로써만 이루어졌다)이고, 곤은 순음純陰

이므로 우주의 변화를 일으킬 수 없다. 변화라는 것은 반드시 음과 양이 섞여야만 일어나는 것이며 그 섞인 모습이 64괘에서 건·곤 2괘를 제외한 62괘의 모습이 된다. 그러니까 8괘의 심볼에서 건과 곤, 즉 순남자와 순여자가 만나(혼인을 하여), 그 음양이 섞여 나타나는 다양한 모습이 진·손·감·리·간·태가 된다.

그러니까 이것은 부모구존한 3남3녀의 단란한 한 가정의 모습이 된다. 다시 말해서 이것은 매우 수학적인 심볼리즘이지만, 그것에 부여한 의미체계는 우주를 하나의 단란한 가정으로 보는 우주가정(Cosmic Family)의 루트 메타포 Root-Metaphor가 된다.

거대한 우주를 하나의 단란한 가정으로 파악하는 이러한 메타포는 그 자체가 동방인의 가치체계를 여실하게 상징적으로 드러내는 것이다. 생각해보라! 코로나 바이러스도 이 장남·장녀·중남·중녀·소남·소녀 중에 하나일 것이다. 그런데 그가 너무 심하게 구박을 받았다. 그래서 반항하기 시작한다. 가정 자체의 파괴위기까지 생겨난다. 그래서 나머지 아들·딸들이 해결책을 강구하기 시작한다. 다양한 괘변·효변이 일어나게 된다. 삼라만상 우주 전체를 64괘라는 매우 제약된 체제(System) 속에 가두어놓았지만 이 64괘, 384효의 착종변화는 무한히 개방되어 있으므로 그 의미부여는 무진장이 되어간다. 『주역』처럼 인간의 상상력과 호기심을 자극하는, 그러면서 너무도 인간적인 상징체계(Symbolic System)는 두 번 다시 있기 어려울 것이다. 그것은 인간세의 영원한 낭만이요, 영원한 유혹이다.

소강절은 주렴계가 열어놓은 새로운 시대정신의 분위기 속에서 주역의 심볼이 음과 양의 2진법체계($2 \times 2 \times 2 \times 2 \times 2 \times 2$)라는 것에 착안하여 64괘를 2진법적으로 배열하고, 그 배열체계(=64괘 차서지도次序之圖)에 따라 자신의 8괘 방위도를 만들었다(자세한 과정의 내용은 너무 전문적인 것이므로 설명을 약한다).

【복희선천팔괘도】

소강절이 도달한 이 결론은 그 나름대로 매우 아름다운 수학적 결실인데「설 괘」라는『주역』의 문헌이 제시하는 8괘의 방위와는 달랐다. 그런데 이「설괘」 는『주역』십익의 하나로서 권위 있는 공자의 작품으로 신성시되어 온 것이다.

【문왕후천팔괘도】

자아! 이렇게 되면 기존의 공자의 권위를 뭉개뜨릴 수도 없고, 자신의 전 수리적 역학체계의 핵심이 되는 이 8괘방위도를 포기할 수가 없다. 그래서 생각해낸 묘안이 「설괘」가 지정하고 있는 방위도를 "문왕후천8괘도文王後天八卦圖"라 이름하고, 자신이 고안한 방위도를 "복희선천8괘도伏羲先天八卦圖"라고 이름하는 타협안이었다.

우리가 말하는 모든 "선천," "후천"은 바로 이 소옹의 타협안에서 생겨난 조어(coinage)를 기점으로 삼는 것이다.

"문왕후천8괘"라는 것은 공자가 가장 존경하는 사상가, 공자 자신의 생각의 뿌리로 삼는 사람이 바로 문왕이므로 설괘의 방위도를 문왕의 것으로 만들어주고, 자기 것은 그것보다 더 오리지날한 원래의 모습이라고 생각했기 때문에 중국문명의 원조 중의 원조인 복희에다가 소속을 댄 것이다. 자신의 것은 복희의 것이고, 공자의 것은 문왕의 것이니까, 당연히 복희의 것이 문왕의 것보다 새카맣게 앞선다. 그래서 복희의 것을 "선천"이라 하고, 문왕의 것을 "후천"이라 한 것이니, 거기에는 "앞선다" "뒷선다" 하는 것 이외의 하등의 의미가 있을 수 없다(선험·후험 따위의 의미는 전무하다. 그러니까 우리 현대어와 하등의 관련이 없다).

앞선 것, 뒷선 것을 좀 『역』 문헌에 있는 말 중에서 골라 근사하게 말한 것이 선천, 후천일 뿐이다. 당연히 문왕의 체계는 이미 기존의 문헌에 있는 체계이므로 그가 할 일이 별로 없다. 그래서 그는 그의 "선천방위도"의 정당화에 모든 정열을 쏟았다. 그래서 소옹의 상수학을 우리가 "선천학先天學"이라고 부르는 것이다. 그것은 칸트가 말하는 "선험적 오성의 범주"따위와는 아무런 관련이 없는 것이다.

최수운은 이러한 상수학에 근원적으로 관심이 없었고, 오히려 20세 전후에 이미 이런 상수학을 빙자한 예언이나 점술, 기타 술수를 혐오하고 타기한 사람이다. 그러니까 수운은 선천도니 후천도니 하는 것 따위에 아무런 관심이 없던 사람이다. 그러한 수운의 사상을 선천개벽이니 후천개벽이니 하는 말로 도배질 치는 논의는 참으로 구역질 나는 왜곡이다. 이제 우리가 야뢰 이돈화 같은 이들의 콤플렉스 시대정서에서 벗어날 때도 되지 않았는가?

수운은 상식적 의미에서 "개벽"이라는 말만 썼다: **"개벽후 오만년에 네가 또한 첨이로다!"**(용담가). 이 말은 오만년 전 그러니까 새카만 옛날에, 천지(혹은 문명)가 개벽한 이래 나 하느님을 알 만한 인물이 처음 나타났다는 의미인 것이다. 5만년 동안 하느님께서 허탕만 치셨는데(야훼 같은 전쟁신들만 설친 역사) 이제 진정한 내 모습을 드러낼 수 있는 최수운이라는 인물을 만나게 된 기쁨을 하느님께서 토로하시는 말씀인 것이다. 여기에 무슨 선·후천개벽이라는 도식적 사유는 들어갈 구멍이 없다.

그런데 이제 수운을 만났으니 각자위심各自爲心하고 불순천리不順天理하고 불고천명不顧天命하는 이 불행한 시대를 다시개벽 해야만 하는 운세가 도래했다는 것이다. 여기에 "다시개벽"이라는 수운의 당위명제가 드러난다. 그러니까 수운에게 있어서는 "개벽"과 "다시개벽"밖에는 없다. 오만 년 전에 개벽된 세상을 이제 다시개벽 해야만 하는 대혁명의 시대가 도래했다는 선포이다. 수운의 선포는 "다시개벽"이지, "후천개벽"이 아니다.

그러면 독자 중 대부분의 사람들이 이렇게 반문할 것이다. 수운 선생이 일찍이 "개벽―다시개벽"의 프레임을 제시했다고 한다면, 그것이 "선천개벽―후천개벽"의 의미와 대차가 없을 바에, 그까짓 레토릭상의 캄프랏치 정도는 눈감아 줄 수 있는 것 아니겠냐고 ……. 문제가 그렇게 간단하지 않다. "선천개벽―후천개벽"의 논의는 수운과는 다른 또 하나의 거목으로부터 시작된 도도한 물줄기로서 수운의 개벽론과는 혼효되어서는 아니 되는, 그 나름대로 유니크한 가치를 지니는 것이기 때문이다.

앞으로의 논의를 위하여 다시 한 번 반복한다. 수운 최제우는 그의 일평생을 통하여 선천개벽-후천개벽을 입에 담은 적도 없고, 그러한 개념의 프레임을 머릿속에 담은 적이 없다. 그는 오직 상식적이고도 소박한 "개벽-다시개벽"을 말했을 뿐이다. "다시개벽"은 그의 "보국안민輔國安民"의식과 관련된 그의 삶의 체험이 명령하는 당위성이고, 이 "다시개벽"의 외침이 동학혁명의 사상적 기저가 되었다는 것은 재언을 요하지 않는다. 그렇다면 과연 그 "다시개벽"을 "선천개벽-후천개벽"이라는 개념 프레임 속에 담아서는 아니 되는 핵심적 이유는 무엇인가?

"개벽-다시개벽"은 오직 "개벽"이라는 상식적 개념 하나만이 있다. 그리고 "다시Again"라는 상식적 수식어만 하나 첨가되었을 뿐이다. 그러나 "선천개벽-후천개벽"에는 개벽이라는 개념 외로 개벽을 지배하는 "선천-후천"이라는 독특한 개념이 있다. 이 개념이 바로 송대 상수학의 핵심적 주제라는 것은 이미 설파하였다. 다시 말해서 "선천-후천"이라는 말에는 인간과 우주의 시간을 지배하는 총체적 틀이 덮어씌워져 있는데(팔괘방위도는 64괘원도방위도圓圖方位圖, 괘변도卦變圖, 호괘도互卦圖 등과 밀접하게 관계되며 『주역』 경전원리經傳原理를 나타낸다), 소옹은 64괘원도가 대표하는 공식에 따라 우리가 살고있는 이 세계의 연보를 만들었다.

이 연보는 원元·회會·운運·세世로써 구성되어 있는데 1원의 햇수는 129,600년이 된다(1원은 12회, 1회는 30운, 1운은 12세, 1세는 30년. 30×12×30×12=129,600년). 이 1원의 순환은 괘기卦氣의 변화에 따라 설명되는데 1원의 단위로 한 세계가 개벽되고 괴멸壞滅되고 하는 것이다. 그러나 괴멸은 종말이 아니라 새로운 원元의 시작이 되며 다른 세상이 전개되는 것이다. 『주역』「계사」하에 "역은 궁하면 변하고, 변하면 통하고, 통하면 오래간다. 易窮則變, 變則通, 通則久"라는 말이 있는데, 이러한 원元의 무궁한 순환, 즉 무궁한 다시개벽의 역사를 그러한 『역』의 언어를 빌어 정당화시켰다.

우주의 파멸과 우주의 새로운 시작이라는 이론은 중국철학, 특히 선진경학 사상에는 없었던 것이다. 그런데 도교의 양생술이 성행하게 되고, 또 그에 걸맞게 수입되어 들어온 불교이론은 중국인의 사유폭을 거의 무한대로 확장시켰다. 기껏해서 "천년만년 살고지고"를 노래하던 중국인들에게 수십수백 억 겁년의 시간(1칼파*kalpa*는 43억 2천만 년)이라는 것은 도무지 상상을 초월하는 것이다. 그러니까 우리가 "순환"이라는 것을 말할 때에도 그 순환의 단위가 억겁년(백천만억겁의 줄임말)이 되어버리면 순환과 직선의 의미가 실제로 사라져버리게 된다.

순환의 단위가 억겁년이 되면 그 어느 시점에서도 시간의 모습은 결국 직선적 전망을 갖게 되는 것이다. 사실 소강절의 사유는 당대의 화엄종 제5조인 규봉圭峰 종밀宗密, 780~841이 그의 『원인론原人論』에서 『구사론』의 송頌을 인용하여 성成·주住·괴壞·공空의 겁론을 말한 것에 깊은 영향을 받았다. 그러니까 동방의 순환적이고 과정론인 소박한 논의가 불교의 인도·유러피안적인 사유의 틀 속에서 다양한 변주를 일으키게 된 것이다. 내가 지금 말하려고 하는 것은 "선천─후천"이라는 말에는 이미 소박한 한국인 머리에서 나오기 힘든, 결정론적인 사유, 즉 어느 시점의 변화를 필연적인 것으로 만드는 상수학적 사유가 도입되어 있다는 것이다.

수운의 사유에는 선천과 후천을 연결지을 수 있는 상수학적 필연성의 논리가 장착되어 있지 않았다는 의미에서 순결하고 순수하고 순박하다. 그래서 수운의 사유의 독자적인 위대성이 있는 것이다. 그러나 그의 "다시개벽"의 외침은 19세기 중엽의 조선민중을 감복시키기에 충분한 힘이 있었다.

그러나 결국 1890년대에 민중봉기로 일어난 혁명의 사업은 당대 세계사에서 유례를 볼 수 없는 유니크한 인간혁명대업의 성취였음에도 불구하고(사인여천 事人如天의 인간평등관은 프랑스 인권선언Declaration of the Rights of Man and of the Citizen이 표방한 인권의 개념을 뛰어넘는 측면이 있다) 서구시민혁명과 같이 사회제도를 개혁하는 주도권을 장악하지 못했을 뿐 아니라, 외세와 결탁된 지배권력의 폭압에 엄청난 희생을 치루어야만 했다. 그 희생은 조선역사의 저류에 엄청난 원한으로 축적되어갔고, 그 원한은 어떠한 방식으로든지 해원되지 않으면 안되었다.

특히 전라도 지역에는 동학혁명으로 대소가에 목숨을 잃지 아니한 가정이 없었다. 더 격렬한 항거를 통해서라도 피맺힌 원한을 풀어버리려는 과격하거나 신비주의적인 성향의 사람들의 운동이 하나의 흐름을 형성하기도 했고, 정치적인 항거에는 학질을 떼듯 기피하고 일상적 삶과 마음을 바로잡아 체념과 망각, 그리고 평온과 해탈을 추구하는 불교적 마음공부가 또 하나의 추세를 형성하기도 했다. 시대적으로 조금 시차가 있기는 하지만 전자의 흐름을 강일순姜一淳, 1871~1909이라는 종교적 천재가 결속시켰고, 후자의 흐름은 박중빈朴重彬, 1891~1943의 불법연구회운동이 온건하고 상식적인 방향으로 조직화시켜 나갔다.

그러니까 동학이라는 것은 당시 동학도를 혁명의 기수로 바라보든, 『오하기문』을 쓴 매천처럼 "비적匪賊"으로 규정하든, 그것은 민족 전체의 운동이 아닐 수 없었고, 그것은 민족 전체의 항거인 동시에 인류운명의 판도를 바꾸어나간 세계사적 사건이었다. 그러니까 수운의 참수로부터 해월의 교수에 이르기까지 35년의 투쟁의 역사는 우리민족 스스로가 해원하지 않으면 아니 될 희생제물의 피의 역사였다.

그러나 일제강점기 이후의 우리민족의 정신사적 에너지는 "개화"라는 근대화·서구화·서구정신사화의 대세에 영합되어 서양의 학문과 과학과 종교와 사회체제(자본주의)를 흡수하는 데에만 쏠려버렸고 우리 역사에 맺힌 한은 망각되어 갔다. 그러나 대원대한大怨大恨은 결코 망각되지 않는다. 버려지고 짓밟힌 민중은 자기갱생의 길을 스스로 모색해나간다. 그것은 결코 서구적 언어의 세계가 아니었다.

19세기 말기·20세기 초는 우리민족에게는 더 이상의 유례가 없는 대변혁의 시기였다. 오백 년이나 지속된, 임진·병자 양란으로도 무너지지 않은 조선왕조가 파국으로 치달은 대변혁의 시기였다. 조선왕조의 멸망은 그것이 아무리 비극적인 과정이었다 할지라도, 멸망 그 자체로서 하나의 거대한 성취였다. 그 성취를 가능케 한 에너지가 바로 동학이었다.

　동학이라는 민중의 구심체가 없었더라면, 조선왕조가 조선왕조를 끝까지 유지시켜 보려고 노력한 지식인들에 의하여 입헌군주제 정도의 타협안으로 무마되어 스무스하게 진행되었다고 한다면 임시정부와 대한민국의 탄생은 없었을 것이다. 이씨조선은 끝날 수밖에 없는, 끝나야만 하는 죄업의 덩어리였다. 조선의 민중은 혁명을 두려워하지 않는다. 변화를 끊임없이 갈망하고, 천명의 갈림을 수용한다. 혁명이 부재한 일본의 민중과는 다르다.

　그런데 수운의 시대와는 달리, 19세기 말에 이르게 되면 수운이 말한 "다시개벽"의 외침은 너무 평범하고 상식적이고 매가리가 없어 보인다. 그 대격변의 시기에 민중을 움직일 수 있는 힘은 "다시개벽"에서 나오기가 힘들었다. 우선 그들은 동학도들이 무기력하게 쓰러지는 모습을 목도하였다. 그 허망함 속에서 민중은 그들을 새롭게 추동시킬 수 있는 새로운 힘을 갈구하게 된다. 그런데 현실적으로 그러한 힘은 존재하지 않는다. 민중의 편에 있는 "힘Macht"은 없다. 그러나 민중 그 자체의 힘은 궁극적으로 어떠한 힘도 이겨낼 수 있다. 그것이 뚜렷한 비전 하에서 결집이 될 수만 있다면! 그러나 그 결집의 오메가 포인트를 장악하는 것은 관념이다. 민중을 움직일 수 있는 관념을 생산하는 방편이 기실, 철학이요, 종교요, 과학이다.

　"개벽 — 다시개벽"을 "선천개벽 — 후천개벽"의 패러다임으로 쉬프트하는 데는 우주관념의 새로운 오메가 포인트가 요구된다. 그 오메가 포인트를 생산하는 관념적 필연성의 도식이 민중의 언어 속에서는 바로 상수학이었다. 이 상수학적 언어가 기존의 상수학적 결구를 파괴하고 새로운 정합적인 결구를 생산해낼 때 그것은 어느 시점의 폭발적 변화를 필연적인 것으로 만들 수 있다. 수리적인 예언을 가능케 하는 것이다. 주렴계가 도설圖說을 제시하여 신유학을 탄생시켰고, 소옹이 『역』 상수의 기본원리를 활용하여 선천학을 탄생시켰고, 선천8괘도와 후천8괘도를 새로운 대립국면으로 탄생시켰다.

해월과 강수가 수운의 총체적인 문집간행을 기획하고 있을 때(1879년), 충남 연산땅에서(현 논산시 양촌면陽村面 남산리南山里) 전혀 들도 보도 못하던 8괘도의 도상이 안전에 머뭇거려 괴로워하기도 하고, 또 영가무도詠歌舞蹈를 즐기면서 우주적 비전과 씨름하고 있었던 사나이가 있었다. 그는 나 도올과 같은 광김 문중의 사람이며 당시 나이가 이미 54세였다. 그는 수운보다 나이가 두 살밖에 어리지 않지만 득도를 한 것은 환갑에 가까운 나이때였으므로 실상 수운보다 한 세대 늦게 활약한 사람이다. 그의 이름은 김항金恒, 자는 도심道心, 호는 일부一夫이다. 1826년에 구舊 황산향黃山鄕 모곡면茅谷面 담곡리淡谷里 당골에서 태어나, 해월이 처형된 바로 그 해, 1898년 계룡산 국사봉國師峰 아래 다오개 자택에서 숨을 거두었다. 향년 73세였다.

김일부가 1879년에 8괘도상의 이미지가 환영처럼 나타나서 그를 괴롭혔다는 이야기를 나는 황당한 이야기라고 생각하지 않는다. 그 도상은 그가 평생 골몰히 생각해온 상수학적 이치의 자연스러운 귀결이기 때문이다. 그 환영은 계속되었고 1881년에는 「대역서大易序」를 쓴다. 그리고 1884년에 『정역正易』 상편을 쓰고(11월 29일에 서정書正), 1885년에 『정역』 하편을 쓴다(6월 28일 완성). 그러니까 햇수로 거의 7년의 세월을 거쳐 『정역正易』이라는 문헌이 완성된 것이다.

나는 대학생시절에는 『정역』의 존재를 알지 못했다. 그런데 내가 1982년 고려대학교 철학과 교수로 부임한 얼마 후, 우리집으로 만향晚香 김정옥金貞玉, 1912~2004(이화여대 영문학과·교육학과 교수, 학교법인 동구학원 이사장) 선생님께서 놀러오셨는데, 나에게 책을 한 권 건네주시면서 당신 본인이 가지고 있기에는 너무 아까운 책이라 하시면서 아무래도 이 책의 임자는 자신이 아니고 도올 선생일 것 같다고 말씀하시는 것이었다. 꼭 을묘천서를 건네받은 느낌이었는데, 자기는 아무리 봐도 이해가 되지 않는 내용이라며, 비록 자신이 이해는 못했지만 앞으로 크게 빛을 발할, 광김 집안선조의 『정역』에 관한 책이니 그 내용은 꼭 조선사람들이 알아야 할 내용 같다면서, 부디 『정역』을 연구하여 그것을 크게 발양시켜달라고 당부하시는 것이었다.

그 책은 학산鶴山 이정호李正浩, 1913~2004 선생이 김정옥 선생에게 친필로 정성스럽게 싸인해서 드린 당신의 저서, 『학역찬언學易纂言: 한국역학의 새 방향』(서울: 대한교과서주식회사, 1982)이었다. 참으로 기이한 인연이라 하겠는데, 만약 그 책이 한문으로 쓰여진 『정역』 그 자체의 원문을 담고 있었다면(한글번역만 실려있었다) 나는 그 책을 당장에 탐독했을 터이지만 『정역』과 관련된 학산의 엣세이류의 글모음이었기에 크게 나의 관심을 끌지 못했다. 그리고 타 분야 전공자들이 동방의 철리에 관해 쓴 것을 보면 문장의 스타일이 어설픈 측면이 있어, 감동적인 인상을 받기 어렵다. 이정호 교수는 일부의 『정역』을 이 역사에 남기는 데 가장 큰 공헌을 한 훌륭한 학자이다(본시 국어학전공자인데, 충남대학교 총장까지 지냈다).

그러나 그는 매우 결정적인 실수를 저질렀다. 일부를 숭앙하는 것은 좋으나, 일부를 숭앙키 위해 타인을 폄하하는 것은 부끄러운 짓이다. 학산은 일부의 가치를 높이기 위해 일부가 그의 스승 연담蓮潭 이운규李雲圭(본명 수증守曾. 실제로 이운규에 관하여 정확하게 상고할 수 있는 객관적 사료는 희소하다. 보통 남학南學의 조종祖宗으로 간주된다. 강산薑山 이서구李書九[척재惕齋, 1754~1825. 박제가·이덕무·유득공과 함께 한시4대가로 알려짐]의 학통을 이어 천문·역산·역학·시문에 능통하고 지인知人의 능력이 뛰어났다고 한다. 일부의 저작인 『정역』 속에 본인의 말로 36세에 연담 이 선생을 만나 관벽觀碧이라는 호를 받고 시 한 절一絶[5언절구]을 받은 사실을 적어놓고 있기 때문에 이운규와 일부의 관계는 특별한 교감이 있었던 것 같다. 이운규는 서울을 떠나 연산땅 띠울에서 은거하고 있었기 때문에 일정기간 일부와는 지리적으로 가까운 거리에 있었다)에게서 가르침을 받을 때 김광화金光華(나중에 남학계 종교, 광화교光華敎의 교주가 됨, 광화는 그의 호이고 이름은 치인致寅이다)와 최제우가 같이 교훈을 받았으며, 수운은 선도仙道를 대표하고, 광화는 불도佛道를 대표하고, 일부는 유도儒道를 대표하여 각각 그 도를 이어 천시天時를 봉행하라는 명령을 받았다고 한다.

그런데 유독 일부一夫만이 제대로 정진하여 19년 만에 "영동천심월影動天心月"(연담이 일부에게 준 절구의 세 번째 구절)의 오의를 깨달아 득도하였고, 나머지 두 사람은 연담의 교훈을 제대로 실천하지 않고 자의自意대로 행동하다가 필경 최는 갑자년에 대구에서, 김은 갑오년에 전주에서 처형되었다고, 아주 오기傲氣 충천한 기세로 일부 이외의 모든 이들을 깔아뭉개고 있는 것이다.

더구나 최제우의 21자 주문까지도 연담이 그에게 외우라고 숙제로 내준 것처럼 이야기하고 있으니 동학 그 전체를 근본으로부터 멸시하고 부정하고 있는 것이다. 대학교 총장까지 지냈다고 하는 학인이 어찌하여 이토록 무지하고 미신적인 설화를 무슨 악연이 끼었다고 틈나는 대로 열심히 설파하는지 도무지 그 진의를 알 수가 없다. 전혀 사실무근한 이야기라는 것은 누구나 알 수 있고 누구나 인정하는 이야기이나, 내가 지금 이 문제를 지적하지 아니할 수 없는 이유는 학산의 이러한 낭설이 마치 사실인 것처럼 젊은 후학들에게 악영향을 끼치고 있기 때문이다.

나 도올은 말한다. 종교에 무슨 고등종교(Higher Religion)와 저등종교(Lower Religion)의 구분은 있을 수 없다. 고·저를 가지고 이야기한다면 기독교나 유대교, 그리고 이슬람처럼 저등한 사유체계를 찾아보기 힘들다. 보통 고등종교에 물들었다 하는 자들이 민중의 종교현상을 들어, 유사종교니, 토속신앙이니, 민속신앙이니, 신흥종교니, 사이비종교니, 민족종교니, 신화종교니 하곤 말하지만 사실 유대교를 하나 예로 들어보아도, 그것은 철저히 민족신의 종교이요, 민족보위적 토속신앙이요, 문학적 향기는 좀 있으나 철저히 신화적인 종교요, 없는 것을 있는 것처럼 말하는 사이비종교요 예언종교요 유사종교이다. 단지 신흥이 아니라는 것만 다르나, 모든 신흥은 좀 오래되면 구흥이 되는 것이다.

우리나라에 기독교가 대세인 것처럼 생각하지만 실제로 우리종교계에 기독교는 없다. 기독교의 분파만 있는데, 그 분파가 모두 동학보다도 짧은 역사를 갖는 신흥 중의 신흥종교일 뿐이다. 통일교, 전도관, 용문산기도원, 동방교, 천마산기도원, 새일수도원, 세계일가공회, 삼광수도원, 장막성전, 벧엘수도원, 팔영산기도원, 영생교회, 한국기독교에덴성회, 대성교회, 밤빌리아교회, 예루살렘전도단, 성낙교회, 몰몬교, 여호와증인, 중화연합교회, 대한예수교장로회만 해도 개혁, 개혁선교, 개혁합동, 고려연합, 근본, 보수개혁, 보수정통, 보수통합, 보수호헌, 남북, 로고스·선교, 순장, 연합, 연합여목, 통합보수, 합동개혁 등등 등등, 도무지 헤아릴 수 없는 교파들이 모두 상호의 관련성이 없이 독자적인 서낭당처럼 운영되고 있는 것이다. 이 모두가 신흥종교일 뿐이요, 유사종교일 뿐이요, 저등종교일 뿐이다.

우리민족이 단군이래 이토록 많은 신흥종교가 군집하여 공존한 시대는 없었다. 20세기 한국역사는 인류사상 유례를 보기 힘든 신흥종교의 동·서·남·북 총출동 백화점시대였다.

자아! 이제 나의 결론을 간결하게 약술하겠다.

1. 우리가 어느 종교현상이나 종교집단을 평가할 때 외삽적外揷的 기준에 의존해서는 아니 되는 것이다. 즉 갑이라는 종교를 을이라는 종교의 기준에 의하여, 다시 말해서 을이라는 종교가 지향하는 가치체계에 의하여 평가하는 것은 금물이라는 것이다. 내가 지금 동학의 "하느님"을 말하고, 동학의 "다시개벽"을 말하는 것은, 후천개벽을 말하는 종단보다 동학이 더 우수하다는 것을 증명

하려는 노력이 아니라, 그 소박한 원래의 모습을 있는 그대로 드러내려는 데그 소이연이 있는 것이다. 타 종교의 후천개벽적 언어들을 외삽外揷(밖에서부터 찔러넣어)하여 동학이나 수운의 순수한 사유를 개칠해버리는 오류는 불가하다는 것을 역설하고 있는 것이다.

역으로 후천개벽을 말하는 종단들은 그 나름대로 유니크한 시대적 가치를 지니는 것으로 평가되어야 한다. 학산 이정호의 오류는 일부의 『정역』을 신성시한 나머지 여타의 모든 종단의 가치를 훼절毁折하고 폄하했다는 데 있다. 그리고 그의 사유는 지나치게 국수주의적이다. 그러나 『정역』의 오의奧義를 피상적으로 지나치지 않고 그 내면의 의미론적 구조를 상수학적으로 밝힌 공로는 인정해야 한다. 『정역』의 이해는 일차적으로 학산의 작업에 의존치 않을 수 없을 정도로 그의 공로는 크다.

2. 내가 말하려는 것은, 우리나라 역사에서, 아니 인류전체의 정신사적 흐름에 있어서, "선천개벽―후천개벽"의 담론은 일부 김항金恒의 『정역』을 그 효원曉元으로 삼는다는 엄연한 사실을 클레임하려는 것이다. 원불교나 증산계의 사람들이 대체로 자신들의 후천개벽논의를 수운에서부터 시작된 것으로 상식적으로 알고 있는데 그것은 수운의 사상에 대한 몰이해에서 비롯되는 것이다.

동학이 아닌 천도교의 사람들이 증산교의 논의에 영향을 받고 만든 언설을 수운 자신의 논의처럼 착각한 데서 생겨난 오판이다. 그것도 일종의 외삽법外揷法적인 오류이다. 그들이 수운을 끌어들이는 가장 큰 이유는 수운이 이미 역사화되었기 때문에, 너무도 많은 사람이 수운으로 인해 목숨을 잃었고, 수운사상의 진실에 명운을 걸었기 때문에, 수운은 이미 신화神化된 성聖die Heilige이기 때문이다. 그를 걸어 족보를 대는 것이 거룩하고 안전하기 때문이다. 그러나 수운은 수운이다. 역사적 수운(Historical Suwun)은 보존되어야 한다.

3. 나는 나의 생애를 통해 『정역』을 읽은 바 없다. 내가 추구했던 역학이 상

수지학보다는 의리지학을 기반으로 한 것이기 때문에 그 코스몰로지의 전체적 철학적 의미를 추구했지, 상과 수에 얽힌 상징적 계산에 별 취미가 없었다. 그리고 나는 모든 결정론적 사유(deterministic thinking)에 신뢰감을 두지 않는다. 그러나 선천·후천개벽과 관련하여 나는 『정역』을 읽지 않을 수 없었다. 최근 일주일 동안 『정역』을 탐독했다. 내가 일주일 동안 파악한 『정역』의 내용을 독자들에게 전해야만 20세기 우리나라 사상사의 많은 문제들이 정리된다고 생각하지만 나는 그 작업을 할 수가 없다. 지금 우리는 『동경대전』을 역해하고 있는 중이다. 그 대신 나는 독자들에게 말한다. 불원간 나의 손으로 『정역』을 역주하는 작업을 감행하고 싶다고. 현재로서는 그 시점을 확언키 어렵지만, 내가 번역하고 주해하는 『도올 정역』을 통해 김일부라는 한 인간의 고뇌와 비전을 공유해주었으면 한다. 나의 제자들과 우선 세미나를 할 생각이다.

4. 『정역』은 어렵다. 아니 어렵다기보다는 난해難解하다. 그것은 일반에게 친숙하지 않은 수학문제풀이와도 같은 것이다. 모든 언어가 심볼로 구성되어 있지 않은 것이 없다. 그 약속의 공시적, 통시적 구조를 모르면 접근이 되질 않는다. 그런데 그 난해한 상수학을 표현한 양식은 시詩의 형태를 취하고 있다. 하이데가는 철학의 구극적 경지는 시인의 마음으로 세계를 관조하는 것이라고 했는데 『정역』의 저자는 그러한 경지에 도달한 것 같다.

나는 1860년대 초반 수운의 『동경대전』과, 그것과 무관하게 1880년대 초반에 진행된 일부의 상수학적 모색, 『정역』의 출현은 서로가 독자적이고도 독창적인 대각의 열매인 동시에, 19세기 후반, 우리나라가 정치적 운세는 기울었지만 고조선 이래의 우리민족 고유의 창조적 에너지가 분출하는 역동적인 쌍곡선의 이중주가 얼마나 아름다운가 하는 것을 스릴 있게 바라보게 된다. 『정역正易』은 일차적으로 현행의 『역』이 주나라 『역』인 『주역』이라는 사실을 전제로 하여 붙여진 이름이니, 그것은 수운이 자신의 학學을 해동조선의 학이기에 "동학東學"이라 한 것과 일맥상통한다. 주나라 『역』이 아닌, 복희와 문왕의 괘상을 뛰어넘는 원래의 바른 『역』, 그 『역』의 바른 모습이 곧 간방艮方 해동에서 태어난 『정역』이라는 것이다.

일부는 연담이 준 호를 쓰지 않는다. 과연 일부가 연담의 제자인가 하는 것도 재고할 필요가 있다. 김항은 정역팔괘를 확연히 구상하고 난 후에 자신을 "일부一夫"라고 불렀다. 그러니까 그것은 1881년에 지은 호다. "일부"는 "한 지아비"의 뜻처럼 들리지만 "부夫"라는 글자는 사람의 정면을 묘사한 "대大" 위에 하나를 더하면 "하늘 천天"이 되고, 이 하늘 천을 다시 뚫고 올라가면 "부夫"가 된다. 다시 말해서 땅을 딛고 있으면서도 그 머리가 하늘을 뚫고 있는 사나이! 그러면서 모든 것을 하나로 관통시키는 사나이! "일부一夫"는 기실 "하느님"의 별칭인 것이다. 그 일부에게 드러난 『정역』! 그것은 조선의 진정한 후천개벽을 의미하는 것이었다.

5. 일부는 진실로 독창적인 인간이었던 것 같다. 그가 연담에게 배웠다든가, 수운과 동문수학했는데 더 우수했다든가 하는 설담說談은 모두가 후대인들의 콤플렉스에서 나온 무근담이다. 연담에게 배웠다는 것은 헛소리고, 수운 운운은 개소리다. 일부는 진실로 독창적인 사람이다a highly creative man! 그의 상수학은 오로지 한 인간의 집요한 모색에서만 나올 수 있는 개성의 극치이다. 그러나 일부는 오늘날까지도 사람들에게 알려져 있질 않다. 왜 그런가? 아주 단순한 이유 때문이다. 난해하기 때문에, 물리학의 공식이 우리에게 료해되지 않듯이, 극소수의 상수전문가들에게만 의미를 갖기 때문이다. 그럼 일부는 어떻게 사람에게 알려졌는가?

6. 일부의 상수학적인 틀은 매우 난해할 뿐 아니라, 『주역』의 「설괘전說卦傳」을 통달하지 않으면 알 수가 없다. 일부는 「선천8괘도」와 「후천8괘도」와는 다른 일부 자신의 「정역8괘도」를 만들었지만, 그 「정역8괘도」는 비록 상수학적 이미지가 선행한 것임은 분명하지만 동시에 「설괘」 제3장과 제6장의 언

어를 재해석하여 공자도 파악하지 못한 뜻이 일부에게 비로소 드러났다는 것을 주장하고 있는 것이다. 그러므로 일부의 정역은 복희와 문왕에서 곧바로 건너뛰어 조선의 일부에게로 오게 된다. 그의 사상의 파격성, 과격성 때문에 그의 이름이 광산김씨 족보에서 파내어졌다고 하는데 그의『정역』은 그 자체로 우리 조선민족 주체성의 극대치를 과시한 것이다.

그런데 이러한『정역』의 사상을 일반 민중의 언어로 만든 것은 일부나 일부 계열의 사람들이 아니라, 다름 아닌 조선 신명 신끼의 극대치라고 말할 수 있는 못말리는 천재, 강일순姜一淳, 1871~1909(이칭 사옥士玉, 증산甑山, 전라북도 고부군 우덕면優德面 객망리客望里에서 출생, 39세에 김제 구릿골에서 눈을 감다)이었다. 강일순은 27세 되던 1897년에 자기가 선생노릇을 하던 서당을 폐지하고 천하유력天下遊歷의 길을 떠난다. 그 유력의 길은 그가 동학의 좌절로 뼈저리게 사무친 억조창생의 원혼을 가슴에 품고 떠난 길이었다.

그는 그 길을 떠나기 전 1895년 겨울부터 1897년 초까지 약 1년여 기간에 엄청난 독서를 했다. 그리고 이 유력의 과정에서 일부를 만난다. 강증산은 27세, 일부의 나이는 72세, 서거하기 1년 전의 사건이었다. 완숙한 노경의 일부를 만난 강증산은 놀라운 통찰력으로『정역』우주론의 상수학적 변역의 틀을 장악한다. 이 만남은 우리민족사에서 매우 소중한 순간이었다. 기실 일부『정역』의 선천·후천개벽의 틀은 강증산의 "천지공사天地公事"를 통해 민중의 심상 속에 보편적 가치로 전화된 것이다.

7. 20세기 우리민족 종교의 대세를 이룬 "선천개벽 ― 후천개벽"은 그 모두가 수운의 "개벽사상"에 이미 그 원초적 싹은 있었지만, 그것이 만개하게 된 것은 모두 일부와 강증산의 만남을 통하여 이루어진 것이다.

아쉽지만 훗날을 기약하며 나의 "선천·후천개벽"의 논의를 종결한다.

우리는 이제 수운의 시간관에 관하여 적지 않은 통찰과 통시적인 맥락을 파악하였으므로, 손쉽게 수운의 언어의 소박한 의미를 진실되게 파악할 수 있게 되었다. 수운의 언어는 항상 양가적兩價的인 측면을 동시에 내포하는 특성이 있다. 일례를 들면, 그에게 "하느님"이라는 말은 초월적이고 인격적인 내음새를 피우지만 그것은 동시에 자연적이고 비인격적인 이법性理法性의 내면성을 과시하고 있다.

모든 초월은 내재 속의 초월(immanent transcendence)이요, 모든 내재는 초월을 지향하고 포섭한다. 인격성은 초월적 개물에게도 부여되는 동시에 자연적 이법에도 부여될 수 있다. 수운이 표현하는 인격적 존재성을 꼭 그것이 초월적 주재자에게만 부여될 수 있는 것처럼 생각하는 우리의 발상 자체가 서구화된 언어의 폐해이며 우리의 정감을 정확히 표현하는 사유의 논리가 아니다.

한신대 신학자 김경재金敬宰, 1940~ (네덜란드 명문 위트레흐트대학Utrecht University 철학박사. 한신대 신학과 명예교수) 교수가 일찍이(『한국사상』12, 1974) 수운의 신관을 가리켜 "존재로서의 신," "생성으로서의 신," "인격으로서의 신"이라는 개념들이 전혀 서로 상충되지 않는 "범재신론汎在神論Panentheism"이다라고 규정한 적이 있다. 그것은 상대와 절대를 포섭하며, 유신(Theism)과 범신(Pantheism)을 포용하는 새로운 신관이라는 것이다. 매우 적확하고 포괄적인 논변이라 하겠으나 수운의 정신세계는 구태여 그러한 "이즘-ism"으로 규정될 필요조차도 없는 것이다. 범재신론적인 사유가 어색하게 느껴진다면, 그것을 어색하게 느끼는 우리의 사유를 비판해야 한다. 왜냐하면 수운이 말하고 있는 "하느님"은 수운 개인의 발명發明이 아니라 우리 민중의 언어 속에서 숨쉬고 있는 "숨발"이라고 해야 할 것이다.

여기서 문제가 되는 "우부우민愚夫愚民"이나 "무위이화無爲而化"에 대해서도 역대 주석가들은 대체로 모호하게 헷갈리는 발언들을 일삼고 있다는 것이다. 일차적으로 이 단어들을 **부정적인 맥락에서 해석**하기 때문이다. 이 단락을 일단 전체적으로 일별하면 부정적인 의미가 흘러가고 있는 것처럼 보인다. 미개한 시대의 우부우민들의 사물인식방법은 극복되어야 할 저차원의 인식방법으로서 전제하고 있는 듯이 보이고 있기 때문이다. 나도 그러한 외면적 인상을 정면으로 거부하지 않고 "지기무위이화知其無爲而化"를 "단지 그러한 것이 저절로 그렇게 되어가는 것이라고만 생각하였던 것이다"라고 가볍게 번역했다.

그러나 그러한 표면상의 의미체계와는 달리 수운의 언어에서 "무위이화無爲而化"는 그의 사상의 핵심을 형성하는 매우 긍정적인 입론立論이다. 본시 그것은 노자계열의 언어이며, "위무위爲無爲, 즉무불치則無不治"(3장)라든가, "도상무위이무불위道常無爲而無不爲"(37장, 48장)라든가, "아무위이민자화我無爲而民自化"(57장) 등등의 어법을 계승하고 있는 것이다. "무위이화," 즉 "인위적으로 함이 없이 스스로 화化되어 간다"는 것은 노자사상의 핵심명제인 제25장의 "도법자연道法自然"(도는 인위적인 조작에 의하여 운행하거나, 자기가 본받아야 할 도체가 선행하는 것이 아니라 **스스로 그러함을 본받는다**)을 클레임하고 있는 것이다.

신유년(1861) 포덕을 시작하자 주변에 몰려든 사람들이 수운에게 도대체 당신의 도가 어떠한 성격의 것이냐고 질문하는데 답하여 자기가 가르치는 도(=오도吾道)를 단적으로 규정하는 말이 이러하다: "오도吾道는 무위이화의無爲而化矣."(「동학론」). 뿐만 아니라 그의 사상을 요약한 주문에 들어가있는 "조화造化"라는 말을 해설하는 데도 이와같은 표현을 쓴다: "조화자造化者, 무위이화야無爲而化也."(「동학론」).

"오도는 무위이화이다"라는 말은 어떤 의미에서 동학 전체의 성격을 결정짓는 포괄적 언설이다. "나의 도는 함이 없이 화한다," 즉 인위적인 조작이 없이 자연과 인사의 변화를 주도해나간다는 뜻이다. 그리고 "시천주조화정"의 "조화造化"도 결국 "무위이화"일 뿐이다.

다시 말해서 함이 없이 저절로 화化해 가는 것이 조화라는 것이다. 이렇게 보면 그의 하느님은 "조립시화造立施化"(조작하고 세우고 베풀고 변화시킨다. 『노자』제5장 속에 나오는 왕필의 주)하는 하느님이 아니라(기독교의 하나님도 조립시화의 유은유위有恩有爲의 하나님이다) 무위이화無爲而化 하는 하느님이요, 만물을 자상치리自相治理(스스로 서로 질서지우고 조리있게 움직여 나간다) 하도록 만드는 불인不仁한 하느님이다. 하여튼 "무위이화"라는 개념은 수운이 생각하는 하느님, 그리고 그의 도를 규정하는 핵심적인 술어이다. 물론 대긍정의 언사이며 부정적인 뜻을 내포하지 않는다.

이러한 문제 때문에 수운의 이 「포덕문」 첫마디의 해석을 놓고 의견이 분분하게 된다. 그래서 대부분의 타협안이 여기서 말하는 저절로 됨의 "무위이화"와 이후에 수운의 핵심사상으로서 설파되는 "무위이화"는 별개의 의미를 지니는 표현이라고 얼버무린다. 그러나 정확하게 동일한 문자의 표현을 놓고 두 개의 별도의 차원의 의미를 설정한다는 것은 바른 논의방식이 아니다.

여기서 "우부우민"이란 미개하거나 어리석다는 의미만을 부각시키는 말이 아니라, 그냥 특별한 의식이 없이 환경을 인식하는 "보통사람들"이라는 의미가 강하다. 나나 표영삼 선생님이 수운의 시간의식을 개벽 — 다시개벽의 틀로 봐야 한다는 것을 주장하게 되는 이면에는 선천개벽 — 후천개벽의 틀로 보게 되면 너무도 선천세와 후천세의 윤리적 대립성이 도식화되는 우려가 있다는 것을 지적하고 있는 것이다. 선천세 전체가 악이 되고 후천세 전체가 선이 되는 이원성은 복잡한 인간세역사를 바라보는 바른 방식이 아니다.

어느 법전에는 선천을 음시대라 하고, 후천을 양시대라 하는데, 그것은 음·양의 심볼리즘을 총체적으로 구현한 말이라기보다는, 단지 어두운 시대(음시대), 밝은 시대(양시대) 정도의 의미를 나타내기 위하여 차용한 표현일 뿐이다. 이러한 표현이 소기하고 있는 방편적 의미는 충분히 이해되지만 그러한 이원적 대립으로 선천이 전적으로 어두웠고 후천이 전적으로 밝다고 하는 단순한 대립성은 강렬한 메시지를 전하는 효과는 있을지 몰라도 역사인식의 다면성을 전하지는 못한다. 여기서도 "우부우민"은 선천시대의 어둡고 어리석은 인간으로 규정되는 그러한 규합개념성이 수운의 언어 속에는 부재했다는 것이다.

그렇다면 우부우민, 즉 특별한 의식이 없는 보통사람들은 비와 이슬의 내림조차도 하느님 조화의 은택이라고 생각을 하지는 못하였고 그것이 저절로 되어가는 것이라고만 알았다고 하는 구절 속의 "무위이화"는 부정적인 맥락이 아니라 긍정적인 맥락으로 재해석되어야 한다. 즉 우부우민 보통사람들은 비와 이슬의 내림조차도 하느님 조화의 은택이라고 생각하지는 못하였을지라도 그것이 저절로 그렇게 되는 것(무위이화)이라는 것만은 잘 알았다고 해석되어야 한다는 것이다.

다시 말하자면 "무위이화"가 부정적 해석의 대상이 될 수는 없는 것이다. 단지 "무위이화"의 배면에 깔려있는 신령스러움에까지는 미치지 못했다고 하는 것이 이 메시지의 핵심이다. 나는 수운의 "무위이화"를 이해하는데 있어서, 20세기의 사상가 슈바이쳐Albert Schweitzer, 1875~1965가 말하는 "우주생명에 대한 경외감"(Reverence for Life, Ehrfurcht vor dem Leben)을 하나의 레퍼런스로 삼아볼 만하다고 생각한다.

이것은 나의 억지 해석이 아니라 1982년 천도교 중앙총부에서 발행한 『천도교경전요해』<포덕문편>의 해석이다. 참고할 가치가 있다고 생각한다. 어찌 되었든 여기서 말하는 "무위이화無爲而化"에는 가벼운 표면적 의미(surface meaning) 무거운 심층적 의미(deep meaning)가 겹쳐 있다는 것은 확실하다. 수운의 문장은 매우 단순하고 상식적인 것 같으나 엄청나게 복잡한 결구를 포섭하고 있다. 그래서 쉽고도 어렵고, 어렵고도 쉽다고 말할 수 있을 것이다.

自五帝之後, 聖人以生, 日月星辰, 天地度數, 成出
자 오 제 지 후　성 인 이 생　일 월 성 신　천 지 도 수　성 출

文卷, 而以定天道之常然。一動一靜, 一盛一敗, 付
문 권　이 이 정 천 도 지 상 연　일 동 일 정　일 성 일 패　부

之於天命。是敬天命, 而順天理者也。故人成君子,
지 어 천 명　시 경 천 명　이 순 천 리 자 야　고 인 성 군 자

學成道德, 道則天道, 德則天德, 明其道, 而修其德,
학 성 도 덕　도 즉 천 도　덕 즉 천 덕　명 기 도　이 수 기 덕

故乃成君子, 至於至聖。豈不欽歎哉!
고 내 성 군 자　지 어 지 성　기 불 흠 탄 재

국역 오제五帝와도 같은 영웅들이 문명의 세상을 연 이후로 다양한 성인 (문·무·주공·공자와 같은 사람들)들이 태어나 해와 달, 그리고 별들이 움직이는 천지의 도수(법칙체계)를 문자로 적어 그것을 책으로 펴내었다. 이러한 문화적 작업을 통하여 천도(하늘의 길)의 항상 그러함(=상연常然)이 정해지게 되었다. 한 번 움직였다가 다시 고요해지고, 한 번 융성하였다가 다시 쇠락하곤 하는 순환의 이치를 천명(하늘의 명령)에 귀속시켰다. 이것은 진실로 천명을 공경하고 천리(하늘의 이치)를 따를 수 있는 자만이 할 수 있는 일이다.

그러므로 사람은 모름지기 군자됨을 목표로 하고, 그 배움은 도덕(길과 얻음)을 이루니, 도로 말하자면 천도天道요, 덕으로 말해도 천덕天德이다. 그 도를 밝히고 그 덕을 닦아 내 몸속에 축적하여 마침내 군자의 그릇을 이루고, 지극한 성인의 경지에까지 문명의 인간이 도달하게 되었으니, 그 아니 흠탄할 문명의 성취가 아니고 무엇이리오!

옥안 수운은 사마천의 『사기』를 읽었던 것 같다. 『사기』의 「본기本紀」는 「하

본기」에 앞서 「오제본기五帝本紀」로 시작하는데 오제로서 황제黃帝, 전욱顓頊 (고양高陽), 제곡帝嚳(고신高辛), 요堯, 순舜을 들고 있다. 그러나 『제왕세기帝王世 紀』(서진西晉 황보밀皇甫謐이 창작한 사서)에서는 소호少昊, 고양高陽, 고신高辛, 요 堯, 순舜을 말하고, 『주역』「계사」하에서는 복희伏羲(포희包犧), 신농神農, 황제 黃帝, 요堯, 순舜을 말하고 있다.

내가 오제를 "영웅ἥρως"이라고 표현한 것은 신화학의 일반적 개념을 빌 린 것이다. 특정하게는 "문화영웅culture-hero," 혹은 "문화창조영웅culture- bringer"이라는 개념이 잘 통용되고 있는데, 이것은 인간세 문명을 성립시키는 가장 근원적 이기利器를 최초로 발명한 사람이라는 뜻을 내포하고 있다.

자아~ 생각해보자! 인간세의 문명은 어떻게 시작했을까? 불이 없이 문명이 가능할까? 생식生食으로부터 화식火食에로의 전환 없이 문명이 가능할까? 산 불은 가끔 자연적으로 목격되었겠지만 불을 인간의 편의에 따라 만들어내는 기술은 누가 발명했을까? 이 최초의 "작자Maker"를 희랍신화에서 프로메테우 스Prometheus라고 표현했고 동방신화에서는 수인씨燧人氏라고 표현한 것이다. 프로메테우스는 제우스로부터 불을 훔쳐 인간에게 전한 죄로 기둥에 묶여 매 일밤 독수리에게 간을 쪼아멕히는 고통을 당한다(낮이 되면 간은 재생되기 때문에 그 고통은 계속된다. 간은 비교적 재생이 빠른 기관이다. 희랍인들이 이러한 의학상식을 가 지고 있었다는 것은 놀라웁다).

하여튼 프로메테우스의 투화偸火사건은 신과의 대립을 전제로 하고 있으나 우리 동방에는 그런 대립을 전제로 하지 않는다. 신농씨도 우리 인간세에 최초 로 농사법을 가르쳐준 사람일 것이고, 포희씨(복희씨)도 처음으로 주방문화를 도입한 사람일 것이다. 이들이 모두 컬쳐 히어로의 문화적 유형인 것이다. 그러 니까 오제五帝의 등장이라고 하는 것은 문명의 출발, 즉 카오스에서 코스모스 에로의 전환을 의미하는 것이다. 이 사건을 수운은 "개벽"이라고 부르지 않았다.

상식적인 의미에서 개벽이라는 표현을 쓸 수도 있었겠지만 수운은 이러한 사건을 선천·후천의 도식적 틀에 꿰맞추는 것을 싫어한다.

재미있는 사실은 그 다음의 전개가 모두 긍정적인 사태라는 것이다. 개벽 후 오만년의 시대(「용담가」의 표현)가 암흑의 시대가 아니라 찬란한 문화적 성취의 시대라는 것이다. "선·후천"의 틀은 그의 사상에 들어맞지 않는다. 그만큼 그는 철저히 유교적 상식의 틀을 고수하고 있는 것이다. 나는 주자학에 의하여 파멸되어가는 왕조의 명운을 끝내버리는데 가장 크게 공헌한 수운의 정신세계에서 오히려 강고한 주자학의 힘을 발견한다.

"오제" 이후에 등장하는 것이 "성인聖人"이다. 이것은 너무도 정당한 것이다. 오제가 문명의 바탕을 깔았고 그 바탕 위에서 도道와 덕德을 성취하는 최초의 문화인文化人, 이들이 바로 성인인 것이다. 수운의 "성인관聖人觀"은 도가적이라기보다는 유가적이다. 그러나 그의 성인은 유교가 말하는 도덕이상의 구현자가 아니라, 일차적으로 문명의 그래머grammar를 만들고 그것을 문헌화시킨 사람들이다. 문명은 질서(Order)의 체계이다. 그런데 이 질서의 모델은 다름 아닌 천도天道(하늘의 길)이다. 천도라는 것은 다름 아닌 천체의 변화, 즉 해와 달과 별들의 운행이다. 이것을 파악하는 것이 곧 역曆Calender이다. 역曆은 곧 역易이다. 나는 일부 김항의 「대역서大易序」의 이 한마디를 심히 사랑한다.

易者, 曆也。無曆, 無聖。無聖, 無易。
『역』이라고 하는 것은 천지운행도수인 칼렌다이다. 이 칼렌다가 없으면 성인도 존재할 수가 없다. 성인이 존재할 수 없으면 『역』도 있을 수 없다!

그 얼마나 통찰력 있는 심오한 언설인가! 그 일부의 언설의 원형은 모두 일동일정과 일성일패를 천명天命에 부속付屬시키는 수운의 말씀에 내재하고 있는 것이다. "일동일정一動一靜"은 『주역』「계사」의 "일음일양"에서 비롯하여 주렴계의 『태극도설』의 담론이 된 것이고, "일성일패一盛一敗"는 『맹자』의 "일치일란一治一亂"(「등문공」하)을 말한 것이니, 모두 자연계와 인간세의 끊임 없는 순환의 원리를 의미한 것이다. 끊임없는 순환의 항상성(constancy)을 수운 은 "천도지상연天道之常然"(하늘의 길의 늘 그러함)이라 표현했다.

혹자는 아무런 의식이 없이 이러한 표현을 "천도의 변하지 않는 진리"(天道 之常然)라고 번역하고 있는데 이러한 번역이 끼칠 악영향은 참으로 공포스럽 다. 수운에게 "변하지 않는 진리"라는 것은 없다. 수운은 오도吾道(자기의 도)를 "무위이화無爲而化"라고 했는데, 이때의 "화化"는 당연히 "변화Change"이다. 『역』은 "변화의 경전Classic of Change"이며, 인간에게 끊임없이 생성하고 변 화하는 이치를 가르치기 위해 지어진 것이다.

수운이 말하는 "상연常然"이란 "늘 그러함"이다. 변화의 항상성을 말하는 것이지 불변을 말하는 것이 아니다. "변하지 않는 진리"를 사랑하고 신봉하는 사람은 수운을 떠나라! 그리고 말세적 신흥종교인 기독교로 가라! 불변의 천당 을 말하는 예수쟁이들에게 가라! "한울"을 모시고 천당으로 가서 시간이 사라 진 생명력 없는 유리알 같은 후천개벽세를 만들라!

어찌하여 이다지도 무지하단 말인가! 사람이라면 군자됨을 위해 노력해야 할 것이요, 배움이라면 반드시 도덕을 이룩해야 하는 것이니, 도는 천도(하늘의 길)일 수밖에 없고, 덕 또한 천덕(하늘의 덕이 인간의 내면에 쌓여 이루어지는 품성)인 것이다. 이 모든 것이 시공 내의, 변화 속의 노력이요 성취이다. 어찌 "변하지 않는 진리"를 운운한단 말인가!

그 도를 밝게 하고, 그 덕을 닦아 군자가 되고 지극한 성인의 위상位相에까지 인간이 고양되었으니, 그 얼마나 찬란한 문명의 성취인가! 흠탄치 아니할 수 있겠는가!

우리는 알아야 한다. 수운은 후대의 종말론적인 종파들이 말하는 선천개벽세를 오히려 찬란한 문명의 성취로서, 우리 인간이 이 땅에서 노력하여 이룩한 문화적 업적으로서 높게 평가하고 있다. 오늘을 개혁하기 위하여 작금을 낮게 평가하지 않는다. 오늘을 밝게 하기 위해 어제를 어둡게 만들지 않는다. 바로 이 점이 수운을 위대하게 만드는 것이요, 여느 종교가들과 구획되는 특출한 사상가로서 그를 부각시키고 있는 것이다.

오늘 다시개벽을 정당화시키는 것은 일차적으로 오늘의 죄악이다. 오늘의 죄악과 부패와 타락을 직시하지 않고 어제와 미래를 말하는 것은 허환의 가상에 미혹될 수 있다. 지금 여기를 바라보라! 수운의 문제의식은 "지금 여기"에 있었다. 다음 문단을 보라!

1-3 又此挽近以來, 一世之人, 各自爲心, 不順天理, 不
우 차 만 근 이 래   일 세 지 인   각 자 위 심   불 순 천 리   불

顧天命, 心常悚然, 莫知所向矣。
고 천 명   심 상 송 연   막 지 소 향 의

국역 요 근래에 들어 세상사람들이 모두 각기 자기만을 위하는 자세로 마음을 삼고, 천리를 따르지 아니하고, 하늘의 명령은 내팽개쳐버리니, 그들의 마음은 항상 무언가에 캥겨 두려움으로 가득할 뿐이로다. 그들은 어디로 향해야 할지 그 삶의 방향감각을 잃고 만 것이었다.

옥안 이 단락의 문장이 짤막한데도 불구하고 한 문단을 차지하게 된 것은 이 문단의 내용이 매우 중요한 다시개벽의 계기를 총체적으로 논술하고 있기 때문이다. 20세기 우리나라 신종교("신흥종교"라는 말의 부정적 어감 때문에 원광대학교

종교문제연구소는 "신종교"라는 말을 쓰고 있다. 건강한 용어라고 생각된다. 나는 "새종교"라는 용어도 좋다고 생각한다)의 선·후천개벽사상은 대체적으로 선천세와 후천세가 엇갈리는 시점을 말세라는 개념으로 규정한다. 그러니까 말세는 변혁의 시대이며 후천세가 아닌 선천세의 마지막 시기에 해당된다. 말세를 거쳐서 후천세로 넘어가는 것이다.

그런데 우리 신종교의 개벽사상은 서양종교의 아포칼립스와는 사뭇 다르다. 기독교의 말세나 종말관은 시공 속에서의 이 코스모스의 종언을 의미하며 그것은 대재앙, 대파멸을 의미한다. 그 파국을 모면하기 위한 수단으로 교회의 멤버십카드를 획득해야 한다는 것이 길거리 선교사들의 외침이다. 그러나 우리 민족의 신종교는 그러한 파멸, 종언으로서의 개벽을 말하지 않는다. 개벽은 더 나은 세계로의 점프를 말하며, 그 점프는 반드시 시공간 속에서 이루어지는 것이며 시공간 밖에서 이루어지는 것이 아니다. 그것은 현세의 종말이 아니라, 현세의 전혀 새로운 시작인 것이다. 일부는 그 새로운 시작을 정역正易이라고 부르고 있는 것이다.

그러니까 우리나라 신종교의 개벽사상은, 악용의 가능성이 배제된다고 말할 수는 없겠지만, 서양에 뿌리를 둔 말세종교와도 같은 사기성이 별로 없다. 그래도 우리나라 신종교의 개벽사상에 건강한 문법을 제공한 것이 바로 이 문단이라고 말할 수 있다.

앞서 말한 대로 수운은 다시개벽의 당위성, 즉 동학 포덕의 당위성을 과거에 대한 혐오나 미래에 대한 막연한 동경에 두지를 않고 현 시점(우차만근이래又此挽近以來)의 사람들의 일반적 삶의 성향에 두고 있다("우차만근이래"의 "우又"는 사람의 마음이 병든 현상이 과거에도 있었는데 지금이 특별히 심하다는 뜻을 내포하고 있다). 그것을 수운은 일세지인一世之人이 각자위심各自爲心하고 있다고 표현했는데, 이것은 현금의 사람들의 실존實存Existenz 양식이 오로지 자기의 존속만을 우선하는 지극히 개체중심적, 이기주의적 방식으로 흘러갔다는 것이다.

이것은 수운이 살고있던 시대의 시대상과도 같은 관련이 있는데 중화질서의 붕괴(아편전쟁에서 이미 중화제국의 질서는 무기력한 페이퍼 타이거가 되고 말았다. 1842년 8월 29일, 남경조약 체결. 홍콩이 영국에 넘어감)는 중원의 문제로 끝난 것이 아니라, 곧바로 조선민중의 일상생활 속의 실존의 문제로 심오한 영향을 준다.

중화질서의 붕괴는 곧 중화질서를 최후의 보루로 삼고 있던 조선왕조질서의 붕괴를 의미하고, 또 동시에 조선왕조질서를 부지扶持하고 있던 모든 지배체제이념의 패망을 의미한다. 그러한 패망은 결과적으로 조선민중을 의지할 곳 없는 떠돌이로 만들고(『정감록』의 부상) 이념적으로도 신념없는 부랑자로 만들어 버린다.

결론적으로 말하자면 일세지인一世之人(한 세대의 모든 사람들)이 각자위심各自爲心, 즉 오로지 자기만을 생각하는 본능적 이기주의(instinctive individualism)에 빠지고 말았다는 것이다. 이것을 보다 보편적인 언어로 얘기하자면 조선의 민중이 "공동체정신을 상실하게 되었다"는 것이다. 본능적 이기주의의 반대개념이 공동체정신이며, 공동체정신이란 편협한 자아를 극복할 수 있는 도덕주의(moralism)를 의미한다.

이러한 도덕의 붕괴는 결국 형이상학적 이론으로 말하자면 불순천리不順天理요, 불고천명不顧天命이다. 이 불순천리, 불고천명의 결론, 즉 그것이 민중의 심성에 초래하는 현상은 심상송연心常悚然, 즉 두려움이요, 막지소향莫知所向, 즉 어디로 향해야 할지를 모르는 방향감각의 상실이다. 위대한 종교의 사명은 바로 방향을 상실한 민중에게 새로운 방향을 제시하는 것이다.

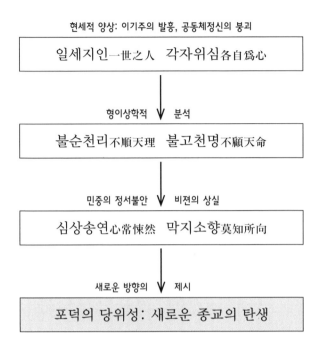

현세적 양상: 이기주의 발흥, 공동체정신의 붕괴

일세지인一世之人 각자위심各自爲心

형이상학적 ↓ 분석

불순천리不順天理 불고천명不顧天命

민중의 정서불안 ↓ 비젼의 상실

심상송연心常悚然 막지소향莫知所向

새로운 방향의 ↓ 제시

포덕의 당위성: 새로운 종교의 탄생

1-4 至於庚申, 傳聞西洋之人, 以爲天主之意, 不取富貴,
지 어 경 신　전 문 서 양 지 인　이 위 천 주 지 의　불 취 부 귀

攻取天下。立其堂, 行其道。故吾亦有其然豈其然
공 취 천 하　입 기 당　행 기 도　고 오 역 유 기 연 기 기 연

之疑。
지 의

국역 경신년(1860)에 이르러 나는 다음과 같은 얘기를 전해듣게 되었다. 평화롭던 동방에 나타난 서양의 사람들은 부귀를 취하지는 않지만 천하를 공격하여 취하는 것이 곧 하나님의 뜻이라고 생각한다는 것이다.

그래서 교회당을 부지런히 세우고 그 하느님의 도를 행한다는 것이다. 그런 얘기를 듣고 보니 나 또한 그럴 수가 있는가, 설마 그럴리야 있겠는가 하고 의심을 품게 되었다.

옥안 수운의 문장은 간결하지만 함축적이고, 논리적으로 빈틈이 없이 일 단계, 일 단계씩 착착 진행되어 나가고 있다. 지금 그는 그의 "대각"을 향해 가고 있는 중이다. 깨달음은 반드시 선행하는 고뇌가 있다. 그 고뇌를 그는 두 종류로 설명하고 있는데, 그 하나는 내우內憂이고, 또 하나는 외환外患인 것이다. 내우라는 것은 일세지인一世之人(조선의 동포들)이 각자위심各自爲心하여 막지소향莫知所向 하고 있다는 것이다. 그리고 이러한 내우에 대하여 외환 또한 있으니 그것은 당시 동방을 침식浸蝕하고 있는 서양西洋이라는 세력의 위세에 관한 것이다.

당대 우리나라 지식인들이 서구열강의 위협성에 관해 전혀 직접적인 느낌조차 감지하지 못하고 있던 시절에, 수운이 "서양지인西洋之人"의 행태에 잠복한 제국주의적 위험성을 갈파하고 명료한 담론을 발하고 있다는 것은 그의 선각자적인 예지를 발견케 하는 것이다. 당대의 의식 있는 지성인들이 서양의 문물을 수용하려는 자세를 취했고 그 배경에 있는 기독교(당시는 천주교)에 대해서도 긍정적인 호기심을 가지고 가슴을 열었다. 특히 남인들은 숙종조 이후로는 조선왕조에서 절망적인 형편에 놓여있었기 때문에 기독교라는 세력에 의지하여 새로운 국면을 개척해보려는 자세가 있었다.

그러나 여기서 말하는 남인이란 기호남인이지, 영남의 토착적 남인이 아니다. 따라서 수운이 성장한 토착적인 지적 풍토는 서학을 백안시하는 배타적인 골수 영남의 주리론적 분위기였다. 이런 분위기 속에서도 수운은 기독교를 편견없이 대하고, 기독교의 장점을 수용하려 했다. 그래서 천막교회에도 나가보고, 또 그들이 말하는 하느님(＝천주天主)을 직접 대면해보려는 기도생활을 했다. 이렇게 긍정적이고도 개방적인 자세 속에서 그가 도달한 결론은 기독교는 하느님의 진정한 면모와 그 복음을 전달할 수 있는 자격을 구비하지 못한 왜곡된, 정치적으로 서양 열강의 하수인 노릇을 하고 있는 그릇된 종교신념이라는 것이었다.

다시 말해서 이러한 수운의 솔직하고, 그 핵을 곧바로 쑤시고 들어가는 직설적인 판단도 그를 대각으로 이끌게 되는 계기였다는 것이다. 대각의 계기로서 그가 분석한 양 측면, 내우와 외환의 문제에 있어서 그는 외환을 단순한 열강의 무력적 침략으로 간주한 것이 아니라, 인류정신사적으로 그것을 간파하였다는 데 그 구원久遠한 의의가 있다. 물리적으로도 수운이 대각을 맞이한 시점이 제2차 아편전쟁이 진행중이었고(1856~1860), 그해 10월 6일에는 영·불연합군의 있을 수 없는 야만적인 원명원圓明園(200여 년에 걸쳐 만든 아름답기 그지없는 황가궁원皇家宮苑, 건축면적 20만 ㎡, 150여경餘景) 틈입闖入이 이루어진다. 이후 끔찍한 약탈이 자행된다.

이 단의 문장구성이 매우 백화적白話的이다. 수운이 백화문을 읽었거나, 나의 가설대로 그가 주류팔로 시절에 중국에도 가서 견문을 넓히면서 중국말을 배웠거나 하는 추론을 전혀 비상식적인 이야기로 만들지 않는다. "전문傳聞"의 위치나, 특히 "이위以爲"라는 용법은 고전한문에서는 있기 어려운 사례이다. "이위以爲"는 문자 그대로는 "… 써 삼는다"는 뜻이지만 그냥 합해서 "생각한다," "간주한다"라는 뜻이 된다.

"전문傳聞"도 "나는 다음과 같은 사실을 전해 들었다"라는 뜻이니, 영어로 말하면, "I heard that ……"의 구도가 된다. "서양지인이위西洋之人以爲"라는 것도 "서양사람들은 다음과 같이 생각한다," 영어로는 "Western people think that ......"이 된다. "that" 이하의 사실은 "천주지의天主之意"를 설명하는 구문이 된다. 즉 "하느님의 의도intention"는 따라오는 두 측면의 사태로 설명된다. 하나는 "불취부귀不取富貴"의 측면이고 하나는 "공취천하攻取天下"의 측면이다. 이 두 측면은 외면적으로 보면 아이러니 즉 궤변을 형성한다. 양립하기 어려운 모순적 사태이다.

그러나 이 두 측면이 알고보면 모두 "서양사람 하느님의 진정한 의도"라는 것이다. "불취부귀不取富貴"는 마태복음 5장에 나오는 산상수훈山上垂訓The Beatitudes과도 같은 복음의 메시지였다. 타인의 부귀를 빼앗지 말라고 하고 교회 오는 사람들에게는 빵과 가난한 자를 위로하는 심령의 메시지를 던진다: "가난한 자는 복이 있나니 천국이 저희 것임이요.Blessed are the poor in spirit, for theirs is the Kingdom of Heaven." 그러니까 불취부귀하는 하느님의 의도는 매우 선량하게 보인다.

그런데 그와 동시에 또 하나의 하느님 의도가 있다. 그것은 부귀는 취하지 말되, 천하天下(인간세상, 국가단위)는 공취攻取하라는 것이다. "공취攻取"라는 것은 무력을 써서라도 취하라는 뜻이다. 원래 "취천하取天下"라는 말은 『노자』 29장에 나오는 말이다. 노자는 천하라는 것은 신기神器(신묘한 기물)래서 근원적으로 취할 수 없는(뺏어 가질 수 없는) 것이라고 말했는데, 서양사람들은 지금 겉으로는 선량한 척 하면서 내면적으로는 천하를 송두리째 집어먹으려 하고 있다는 것이다. 그들은 조선사람들의 부귀를 건드리지 아니하면서 조선이라는

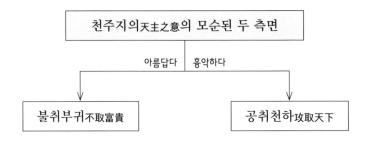

나라는 송두리째 집어 먹으려 하고 있다는 것이다.

수운의 이러한 통찰은 참으로 놀라운 것이다. 종교와 관련된 서구역사의 제국주의적 실상을 이토록 처절하고 적나라하게 폭로한 논리를 억압받는 세계 어느 곳에서도 발견하기 어려울 것이다. 1801년(순조 원년) 9월 제천군 봉양면 산골짜기에서, 자기가 존경하고 사사하던 주문모 신부가 학살당하고 낙담 끝에 쓴 황사영의 백서帛書와 이 수운의 논리를 비교하면 조선의 역사와 민중의 명운을 바라보는 시각이 얼마나 큰 폭으로 회전했는지를 알 수 있다.

황사영은 말한다: "이 나라의 병력은 본래 미약하여 불행한 일이 일어나면 흙더미처럼 와르르 무너질 것입니다. 만약 함선 수백 척과 정병 5~6만 명을 얻어 대포 등 날카로운 무기를 많이 싣고, 겸하여 글 잘하고 사리에 밝은 중국 선비 3・4명을 데리고 바로 이 나라 해변에 이르러 ……"

황사영의 "무력개교武力開敎" 요청이 절박한 상황에 몰린 사람들의 고육계라고 너그럽게 봐준다 할지라도, 과연 자기들의 신앙의 자유를 위해 타국의 무력개입을 요청하는 의타적 자세가 문제해결의 근원적 방략이 될 수 있는지에 관해서는 나는 독자들의 상식적 판단을 요청할 뿐이다.

수운 자신도 이러한 모순된 하느님의 뜻(천주지의天主之意)에 관하여 회의를 품지 않을 수 없었다. 하느님은 천지의 이법과 한 몸을 이루는 보편자적 존재인데 과연 이렇게 흑심을 품고 덤빌 수 있단 말인가? 어찌 이럴 수가 있겠나 하고 의심이 들었다는 것이다. 서학 천주교에 대한 기대와 절망감이 교차하는 가운데 수운의 회의는 깊어만 갔다. 그런데 서양사람들은 하느님의 뜻을 빙자하여 적극적으로 예배당을 세우고, 그 도를 펼치는 활동을 열심히 하고 있었다. 서세동점西勢東漸에 대한 우려가 깊어가는 중에 수운의 대각은 이루어졌다.

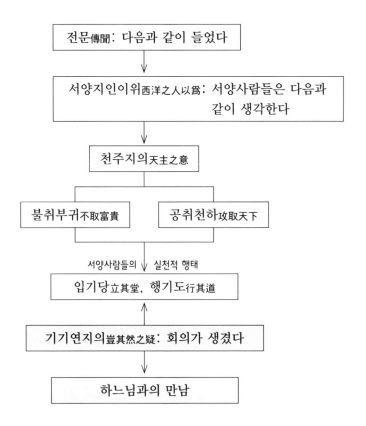

전문傳聞: 다음과 같이 들었다

↓

서양지인이위西洋之人以爲: 서양사람들은 다음과 같이 생각한다

↓

천주지의天主之意

불취부귀不取富貴 ／ 공취천하攻取天下

서양사람들의 실천적 행태

입기당立其堂, 행기도行其道

↑

기기연지의豈其然之疑: 회의가 생겼다

↓

하느님과의 만남

　　수운의 문체는 다양한 문법체계를 구사하고 있기 때문에, 읽어나가는 중에 주석가들이 모호하게 꿰맞추는 경향성이 있다. 그러나 수운의 메시지는 매우 명료하다. 수운의 명료한 생각을 가감 없이 과감하게 드러내야 한다. 20세기를 통하여 오염되고, 이 세력 저 세력의 눈치를 보다가 위축되고 만 주석가들의 논의를 통하여 생동하는 수운의 문의를 흐려버리는 오류를 범해서는 아니 된다.

　　우리는 "기기연지의豈其然之疑"를 말하는 수운의 인품 속에서 진정한 "대인大人"의 풍도를 느낄 수 있다. 그리고 그가 파악하는 기독교의 실상 속에 드러나고 있는 그의 가감 없는 래디칼리즘은 현금 애매하게 살고 있는 많은 사람들에게 섬찟한 날카로움을 던진다. 수운의 생생한 정치의식, 현실감각을 전부 밋

밋하게 만드는 것이 20세기 동학에서 비롯된 종교현상의 대체적 흐름이었다. 독자들은 이제 겨우 명료하게 파악할 수 있을 것이다. 왜 그토록 수운이 자기 자신의 문장을 가감 없이 이 역사에 남기려했는가를. 해월이야말로 그의 언어를 한 자도 틀림없이 이 조선의 대지 위에 새겨놓을 수 있는 유일한 인물이었던 것이다.

1-5 不意四月, 心寒身戰, 疾不得執症, 言不得難狀之
불 의 사 월　심 한 신 전　질 부 득 집 증　언 부 득 난 상 지

際, 有何仙語, 忽入耳中, 驚起探問, 則曰:"勿懼勿
제　유 하 선 어　홀 입 이 중　경 기 탐 문　즉 왈　물 구 물

恐, 世人謂我上帝, 汝不知上帝耶?"問其所然。曰:
공　세 인 위 아 상 제　여 부 지 상 제 야　문 기 소 연　왈

"余亦無功, 故生汝世間, 敎人此法, 勿疑勿疑。"曰:
여 역 무 공　고 생 여 세 간　교 인 차 법　물 의 물 의　왈

"然則西道以敎人乎?"曰:"不然。吾有靈符, 其名
연 즉 서 도 이 교 인 호　왈　불 연　오 유 영 부　기 명

仙藥, 其形太極, 又形弓弓。受我此符, 濟人疾病;
선 약　기 형 태 극　우 형 궁 궁　수 아 차 부　제 인 질 병

受我呪文, 敎人爲我, 則汝亦長生, 布德天下矣。"
수 아 주 문　교 인 위 아　즉 여 역 장 생　포 덕 천 하 의

국역 그해 사월 어느날 생각치도 않았는데, 갑자기 마음이 선득해지고 몸이 떨려 도무지 병이라 하기에는 그 증상을 잡을 길이 없고, 그것을 말로 표현하려 해도 도무지 그 모습을 헤아릴 길이 없었다. 그런데 그 때에 무언가 신선의 말과도 같은 것이 홀연히 내 귓속으로 들어오는 것이었다. 깜짝 놀라 일어나 나는 탐문을 시작했다. 그랬더니 다음과 같이 말하는 것이었다:

"놀라지 말라! 두려워 말라! 세상사람들이 나를 불러 상제上帝(=하느님)라 하느니라. 너는 상제가 누구인지도 모른단 말이냐?"

나는 도대체 나에게 나타난 이유가 무엇인지를 물었다. 그랬더니 상제는 다음과 같이 말하였다:

"내가 천지와 더불어 줄곧 살아왔다마는 나 또한 별다른 공을 이룩하지 못했다. 그리하여 내가 너를 이 세간世間에 태어나게 한 것이니 너는 이 법을 사람들에게 가르치기만 하면 된다. 의심치 말라! 의심치 말라!"

그래서 또 내가 물었다:

"그러하오면 서도西道로써 사람들을 가르치오리이까?"

하느님은 말한다:

"그렇지 아니하다. 나에게는 영부靈符(영험스러운 부적)가 있으니, 그것을 이름하여 선약仙藥이라 하고, 그 형상은 태극과도 같고, 또 그 형상이 궁(弓)자를 연속시키는 모습과도 같다. 나에게서 이 영부를 받아 질병의 도탄에 빠진 사람들을 구하고, 나로부터 또 주문을 받아 사람들로 하여금 각자위심케 하는 것이 아니라 나를 위해 살도록 가르치면, 너 또한 장생長生하고, 천하에 덕을 펼치게(=포덕하게) 되리라."

옥안 수운이 자신의 "대각"의 순간과 그 과정을 묘사한 최초의 한문문장이다.

"한문문장"이라고 말한 것은 그 이전에 쓴 한글가사 「용담가」에 매우 유사한 내용이 실려있기 때문이다. 「용담가」는 경신년(1860년) 4월 5일 대각체험 직후인, 4월 말경, 그러니까 하느님과의 해후가 생생한 느낌으로 남아있던 시점에 그 느낌을 한글가사로 쓴 것이고, 이 「포덕문」의 기술은 1년이 지나면서 많은 사유의 반추를 거치고 또 포덕이라는 사회적 행위의 당위성을 선포하기 위하여 쓴 글이다. 그러니까 전자는 감성적이고 생동하는 실존의 고뇌가 리얼하게 느껴지는 반면, 후자는 개념적이고, 이지적이고, 논리적인 결구結構structure의 전개가 정연하게 느껴진다.

「용담가」는 대각에 도달하는 과정을 1)경주라는 오랜 문화전통을 간직한 고도古都와 구미산 용담의 지세의 걸출한 측면, 2)위국충신爲國忠臣 잠와潛窩 최진립崔震立의 가문에서 태어나 도덕문장이 뛰어났던 산림처사 근암 최옥의 기구한 운명, 3)자신이 불우한 시대환경 속에서 근 40에 이르도록 뜻을 이루지 못하고 지내온 역정, 4)기미 10월에 처자를 거느리고 쓸쓸하게 버려졌던 구미 용담을 찾아들던 처절했던 심경(오작은 날아들어 조롱을 하는듯고 송백은 울울하여 청절을 지켜내니 불효한 이내마음 비감회심 절로 난다. ※이런 대목은 만고의 명문이다)의 순서로 그려내고 있다.

그러니까 「용담가」는 인간 최수운의 비애와, 그 배경에 깔린 자신의 구도를 필연적인 것으로 만들었던 용담연원의 위대함에 대한 자부심을 토로하는 노래이다. 그러나 대각의 장면에 대한 묘사는 「용담가」와 「포덕문」은 놀라운 일치를 보이고 있다.

천은天恩이	망극하여	경신사월	초오일에
글로어찌	기록하며	말로어찌	형언할까
만고萬古없는	무극대도	여몽여각如夢如覺	득도로다
기장하다	기장하다	이내운수	기장하다

하느님	하신말씀	개벽후	오만년에
네가또한	첨이로다	나도또한	개벽이후
노이무공勞而無功	하다가서	너를만나	성공成功하니
나도성공	너도득의得意	너의집안	운수로다
이말씀	들은후에	심독희心獨喜	자부自負로다

이러한 일치는 수운의 체험의 견고성과 사태의 진실성, 그리고 기술의 가감 없는 박소樸素함을 명증하고 있다. 선승이 득도했다고 읊는 게송과는 달리, 수운은 자기의 체험의 스크린에 나타났던 사실들을 소박하게 있는 그대로 그려내고 있는 것이다. 수운의 기술은 윌리엄 제임스가 말한 바, 1)형언불가함Ineffability: 질부득집중疾不得執症, 언부득난상言不得難狀 2)지식의 내용을 갖춤Noetic quality: 알아들을 수 있는 말로써 대화함, 유하선어有何仙語, 홀입이중忽入耳中, 3)잠시성Transiency: 불의사월不意四月 4)수동성Passivity: 일방적으로 수운에게 닥쳐온 사건이었다, 등등의 조건을 다 갖추고 있다.

나는 이 중에서 마지막 조건이 제일 중요하다고 생각한다. 형언할 수 없는 황홀경 속에서 하늘의 소리를 듣는다는 것은 누구든지 어쩌다가 체험할 수도 있는 것이다. 그런데 그것이 내가 의도하는 대로 노력해서 들리는 소리라고 하면, 그것은 종교적 체험이라 말하기 힘들다. 전혀 예기치 않은 상황에서 뜻밖에 일방적으로 들려오는 소리라야 신비체험의 성격을 갖는 것이다. 수운은 근 6년 동안 하느님을 만나보려는 노력을 했다. 그토록 애타게 만나려고 노력했어도 하느님은 그에게 나타나지 않았다. 그런데 6년째 되는 어느날 4월, 문득 나타난 것이다(불의사월不意四月).

바울(사울)은 예수를 히브리인의 정통이념에서 벗어난 이단아로서 저주하던 사람이요, 예수가 죽은 후에도 그를 따르며 순교를 서슴치 않는 멍청한 인간들다 잡아 죽이는 데 혈안이 되었던 다소Tarsus 출신의 유식한 지식인이었고 대제사장의 권한을 받은 관원이었다. 그는 시리아의 다마스커스로까지 가서 예수의 도Way(ὁδός)를 쫓는 사람들을 결박하여 예루살렘으로 잡아오려는 열의에 가득 차있었다. 그래서 그는 다마스커스를 향해 길을 재촉하고 있었다. 다마스커스에 가까이 갔을 때 홀연히 하늘로서 빛이 사울을 둘러 비췬다. 그리고 소리가 들린다:

"사울아, 사울아, 네가 어찌하여 나를 핍박하느냐?"

땅에 엎드린 사울은 그 소리에 대답하여 말한다:

"주여! 뉘시오니이까?"

그러니까 소리는 이와같이 말한다:

"나는 네가 핍박하는 예수라!"

여기 예수를 핍박하던 사울이 예수를 만나고자 했을 리 만무하다. 꿈에서도 만나고 싶어하는 사람은 아니었을 것이다. 그러나 예수는 사울에게 일방적으로 나타났다. 사울은 일방적으로 당했다. 그 어쩔 수 없는 수동성에 의하여 사울은 바울로 회심되었고, 그의 회심이야말로 오늘의 기독교라는 거대종교운동을 탄생시켰다. 이 사도 바울의 회심사건(The Conversion)이 없었더라면 예수교는 기독교가 될 수 없었다는 것이 사계의 공통된 의견이다. 그만큼 한 인간의 실존에 주어지는 계시사건은 중요한 의미를 지닌다. 여러분들은 사도행전 9장의 기술과 여기 「포덕문」의 기술 사이에 언어적 표현과 사유의 심층구조적 유사성이 있다는 것을 강렬하게 느꼈을 것이다.

자아! 이제 이 문단에서 문제되는 것을 차분하게 한마디씩 분석해보기로 하자!

여기 "유하선어有何仙語"(무언가 신선의 말 같은 것이 있어)라고 할 때 "하하何"는 "확실치 않다uncertain"는 뜻인데 우리말적인 표현이다.

수운은 놀라 일어나 탐문한다. 최초로 들려온 하느님의 말씀은 이 한마디였다: "물구물공勿懼勿恐。" 사실 사울에게 예수는 대적적인 관계의 존재였지만 수운에게 하느님은 애초로부터 대적적인 관계로서 설정되지는 않았다. 사울도 하늘로부터 들려오는 소리를 향해 그 아이덴티티를 먼저 확인한다: "뉘시오니이까? Who are you, Lord?"

여기서도 하늘로부터 수운에게 들려오는 소리 또한 자신의 아이덴티티를 밝힌다("탐문探問"이라는 문구가 선행하였으므로, 수운도 하늘의 소리를 향해, "뉘시오니이까?"를 먼저 물었다고 보여진다). 하느님이 자신의 아이덴티티를 밝히는 문장 또한 매우 중층적이고 뜻 또한 절묘하다.

"세인위아상제世人謂我上帝, 여부지상제야汝不知上帝耶?"

하늘의 소리가 자신의 아이덴티티를 밝히는 첫 이름은 다름 아닌 "상제上帝"였다. 마테오 리치는 주자학(신유학)에서 말하는 "태극太極"이나 "리理"는 영성이 없고 지각능력도 없기 때문에 창조주 하느님이 될 수 없다고 강변하면서, 원시유학, 즉 『상서尙書』에서 말하는 "상제上帝"야말로 천주에 해당되는 바른 개념이라고 주장한다. 『상서尙書』(=『서경』)라는 문헌에 "상제"는 총 32회나 나오는데 지고의 존재이며 인간세에 상·벌을 내리는 인격적 존재로 그려져 있다. 그러니까 동방의 민중의 심성에는 인격적 주재자의 관념이나 초월적 인격성에 대한 숭배의식이 없었던 것도 아니다. 공자까지도 인간의 운명을 관장하는 주재자로서의 "하늘天" 관념이 없지 않았다.

그러니까 우리 동방사회의 인문주의 정신도 그것이 본래 인간을 중심으로 천·지를 해석해낸 생득적인 세계관의 소산이 아니라, 오랜 시간을 거치면서 상제적인 세계관으로부터 무모하게 초월적이고, 임의적으로 인격적인 성격을 탈색시켜 천인무간天人無間을 확립하고, 상제의 명을 인간의 마음속에 본래적으로 구유한 성性과 일치시킴으로써 천인합일사상을 창출해낸 결과물인 것이다.

따라서 마테오 리치가 주장하는 상제上帝의 사상은, 천제귀신天帝鬼神의 숭배를 극복하고 인간본위의 사상으로 전환된 인본주의사상을 오히려 고대의 치졸한 신귀숭배神鬼崇拜로 퇴행시키는 논리 이상의 새로운 신념체계라 말하기 어렵다. 하여튼 상제의 숭배는 민중신앙 속에 "옥황상제"(태상노군, 원시천존의 뒤를 이어 6세기경부터 등장한 도교의 최고신)를 비롯하여 온갖 상제들이 자리잡고 있었기 때문에 그리 생소한 신앙형태가 아니었다.

우리의 단군설화에도 환인의 세계는 분명 지상의 인간세와는 구분되는 천상의 세계이다. 그의 아들 환웅이 천하에 뜻을 두고 인세人世를 탐내었으며, 신단수 밑에 홍익인간弘益人間의 뜻을 품고 내려와 곰여자와 혼인하여 단군을 낳았다는 이야기도 어떤 토템민족과의(곰토템부족을 맥족으로 보고 홍산문화와 관련 있는 것으로 본다. 신용하설) 결합을 의미하든지간에 천상과 지상의 이원성과 동시에 소통성을 나타내주고 있다. 하느님의 세계와 인간의 세계는 둘이면서 하나였고, 하나이면서 둘이었다. 이러한 하이어라키는 조선민중의 심성 속에서는 아무런 대립구도를 유발시키지 않는다.

수운에게 나타난 인격적 존재는 자신을 소개하는 데 "상제上帝"라는 말을 썼다. 그런데 내가 보기에 수운이 그 말을 쓴 것은 그의 종교체험의 초기에 한정된 것이며 결코 상제라는 말의 뉘앙스에 깊은 호감을 가지고 있지 않았다. "상제"는 "제帝"라는 초월신을 전제로 한 것이며 "제"라는 글자의 자형(帝)이 신을 제사지낼 때의 제탁祭卓의 형태이다. 은나라 때에는 "제帝"는 신권과 왕권이 결합된 지고의 초월자를 의미했다. 그리고 "상上"이라는 글자도 상하 하이어라키를 전제로 하고 있으며 "민民"에로의 군림을 의미한다. "상제"는 한 마디로 수운의 사상이나 기질과는 잘 들어맞질 않는다.

그러나 득도 초기에 그의 체험을 해설하기 위해서는 상제가 효과적이었던 것 같다. 그것은 민중의 관념 속에서는 쉽게 초월성과 인격성, 그리고 지고함을 나타내기 때문이다. 홍수전이 태평천국을 일으키기 전의 이름도 "배상제회拜上帝會"였다는 것을 생각하면, 수운의 전략을 쉽게 이해할 수 있다. 그러나 수운은 "배상제拜上帝"의 부작용을 누구보다도 더 잘 알고 있었다. 태평천국은 "배상제拜上帝"(상제의 숭배를 빙자한 리더십 내부의 분열)의 부작용으로써 망한 운동이었다.

여기 하늘의 소리가 자기의 아이덴티티를 밝힌 언어는 매우 절묘하다:

世人謂我上帝,

세상사람들이 나를 일러 "상제"라 하나니라.

汝不知上帝耶?

너는 그 상제도 모른단 말이냐?

이러한 표현에서 우리는 수운의 상제에 대한 생각이 백프로 긍정적이지는 않다는 뉘앙스를 읽어낼 수 있다. 하늘의 소리가 자기를 자신 있게 "나는 상제다 This is Shang-di(Sang-je)"라고 말하지 못하고, "세상사람들이 나를 일러 상제라고 한다"라고, 세상사람들의 호칭을 빙자하여 자기의 정체성을 드러내고 있는 것이다. 이것은 이 "상제"의 개념은 수운에게 아직 보류적 상태에 머물러 있었다는 것을 의미한다. 그리고 그것은 당시의 서학이 말하는 "상제"의 개념과의 해후를 의미하기도 하는 것이다. 『동경대전』에서 "상제"라는 표현은 이「포덕문」에 국한되어 있다.

『동경대전』에서 이 구문을 제외하고는 모두 "천주天主"라는 표현을 쓴다. 그러니까 수운에게 있어서 "천주"는 서학의 "천주"가 아니라, 상제上帝를 극복하고 자기 내면화된 "하느님"의 단순한 한문표현에 지나지 않는다. 『용담유사』에서도 "하느님"이란 단어는 24회나 나오지만 "상제"는 3번에 지나지 않는다. 그리고「도덕가」에서는 상제가 천상의 옥경대에 계시다고 떠드는 초월신적 관념은 허무지설虛無之說에 지나지 않는다고 못박아버린다.

하여튼 수운은 득도 초기에 잠시 신호칭神呼稱으로서 "상제"를 썼지만, 곧 그는 그 상제에 담긴 부정적, 협애한 민간신앙적 요소를 근원적으로 탈피하고 새로운 신관을 확립하게 된다. 그러나 이「포덕문」의 상제관은 단순하게 부정적 맥락에서 해석할 것은 아니고, 그의 종교체험의 역정의 초기적 양상을 총체적으로 나타내고 있다고 보아야 할 것이다. 중요한 논의는 그 다음부터 전개된다.

하늘의 소리가 자기는 "상제"라고 그 아이덴티티를 밝힌 이후에, 수운의 첫 반응을 기술한 부분은 다음과 같다:

문기소연問其所然。

여기 "소연所然"이라는 것은 문자 그대로 하면 "그러한 바"의 뜻이다. 그러나 이것은 맥락적으로 상제로서 자기를 찾아온 이유를 물었다는 뜻이다. 상제라 하니, 상제인 것은 알겠는데, 도대체 왜 나에게 나타났느냐고 묻는 것이다. 직역하면 "나타난 바를 물었다"가 될 것이다. 수운은 지성으로 천주 즉 상제를 만날 것을 고대하고 간구했다. 그런데 그 상제가 드디어 나타났다. 심한신전心寒身戰, 자기 몸을 으스스 떨게 만들면서 나타났다. 그러한 상황이라면 보통 그 위력의 존재에게 공구감恐懼感을 가지고 엎드려 "말씀을 잘 받들어 모시겠습니다" 하고 공순해야 할 마당에, 수운은 오히려 따지고 있는 것이다. 그 댓거리가 너무도 당당하고 자신의 이성으로 말해야 할 바를 정확히 말하고 있다.

도대체 그대는 왜 나에게 나타났는가? 나타난 까닭이 무엇인고? 다마스커스 노상에 엎드리는 사울의 자세와는 너무도 다르다. 애초로부터 수운의 존재 감각은 수직적(vertical)이 아니라, 수평적(horizontal)이라는 것을 알 수 있다. 이에 상제는 대답한다. 이 상제의 대답 또한 매우 명쾌하고 정직하다. 서양인의 종교체험에 드리워져 있는 신성함의 권위가 표면에 드러나 있질 않다. 상제는 상제의 입장에서 자기의 신세한탄을 하고 있는 것이다:

余亦無功。여역무공.

이 단에 대한 나의 번역은 「용담가」의 상응구를 참조했다: "개벽후 오만년에 네가또한 첨이로다 나도또한 개벽이후 노이무공 하다가서 너를만나 성공하니 ……"

다시 말해서 "여역무공余亦無功"(나 또한 공이 없어)이라는 말은 「용담가」 상응구 전체를 요약한 말이다. 여기 「용담가」에 "개벽"이라는 말이 두 번이나 나오고 있는데, 중요한 사실은 개벽의 주체로서의 자기존재를 클레임하고 있지는 않다는 것이다. "내가 하늘과 땅을 열어놓은 이후로"라는 식의 창조주로서의 주체성을 강변하고 있지 않다는 것이다. 개벽은 "스스로 그러하게 이루어진 것"이다.

하늘과 땅이 갈라져서 하나의 코스모스(=질서)의 세계를 만든 것은 상제의 작위는 아니다. 상제는 결코 이 우주의 창조주(Creator)가 아니다. 그러나 그 개벽 이후 상제는 줄곧 그 생성과정을 같이했다. 그런데 상제는 그 "같이 함"에 관하여 "노이무공勞而無功"이라는 매우 파격적인 언어를 내뱉는다. 나는 죽도록 노력은 했는데 아무 공이 없었다는 것이다. 세상에 이런 신(God)이 또 있을까?

수운의 신관은 전지전능이니, 절대니, 완전이니, 영원불변이니, 창조니, 종말이니, 하는 따위의 관념적 규정성이 전무한 것이다. 수운의 하나님은 인간과 인간의 언어로써 대화할 수 있는 한에 있어서, 그것은 인간과 똑같이 상식적이고 불완전하며 때로는 무기력하며 실패도 하는(자기의 이상을 온전하게 실현하지 못하는), 그러한 하느님이다. 수운의 하느님은 시공을 초월한 관념적 존재가 아니라 시공과 더불어 살아가는 생성적 존재이다. 수운의 하느님은 절대적 타자(Absolute Other)가 아니라 생성중인 하느님(God in the Making)이다.

노이무공勞而無功, 노이무공이라니, 그렇게 매가리 없이 아무 공도 없는 하느님이라면 과연 무엇 때문에 하느님이 필요한 것인가? 하느님이라는 존재의 가치는 도대체 어디에 있는 것이냐?

개벽 후 오만년에 네가 또한 첨이라고 한다면 비록 오만년 동안 공이 없었다 할지라도, 오만년 후에라도, 아니 오만년 만에라도 너를 만나 성공하는 하느님, 그 하느님은 공이 없는 하느님이 아니라 결국 공이 있는 하느님이다. 오만년만에 공을 이룰 수 있는 너를 만났으니 "나도 성공, 너도 득의得意," 이제 비로소 새세상이 열리겠구나!

물론 이러한 표현의 배경에는 수운의 득도체험을 강조하기 위하여 "오만년"이라는 과장법을 쓰기는 했지만, 하느님이라는 존재의 가치는 결국 공을 이루는 데 있는 것이다. 하느님이라는 것은 인간의 업과 더불어 같이 생성중이기 때문에 끊임없이 실패하고 좌절하고 자기가 소기한 바의 공을 다 이루지 못한다 할지라도 하느님은 미래의 가능성으로 엄존하면서 인간세에 새로움의 계기들을 끊임없이 제공하는 것이다. 하느님이 없이는 생성의 새로움이 있을 수 없다. 하느님의 가치는 "무공無功"에 있는 것이 아니라 "성공成功"에 있는 것이다. 하느님의 성공 또한 완전하지 않다. 그러나 그것은 완전을 향해 끊임없이 지향해가는 이상성을 잃지 않는다.

상제는 말한다: "여태까지 내가 변변한 공을 이루지 못했기 때문에(이상적인 문명의 질서를 만드는 데 계속 실패했다는 뜻) 이제 너를 이 세상에 내보냈으니, 걱정 말고 이 법으로써 사람들을 가르쳐라!"

여기 "교敎"라는 것은 "교화敎化"의 의미이며, 그것은 사람들을 변모시킨다, 새로운 가치관 속으로 다시 태어나게 만든다는 뜻이다.

이에 대한 수운의 대답이 매우 충격적이다:

"然, 則西道以敎人乎?"

그렇다면 서도로써 사람들을 가르치오리이까?

우선 "서도이교인호西道以敎人乎?"라는 표현이 기본적으로 한국인의 언어 구조를 따르고 있다는 것이다. 중국사람들은 기본적으로 "V+O"(동사+목적)의 신택스를 가지고 있는데 반해 한국인은 "O+V"의 신택스를 가지고 있다. 중국인들이라면 "以西道敎人"이라고 쓸 텐데 한국인은 "西道以敎人"이라는 용법을 선호한다. 그것은 중국어로 하면, 서도를 강조형으로 앞에 내놓고 "이 以"의 목적을 이以 다음에 놓고 그것을 생략한 구문이 될 것이다. 즉 "西道以 之敎人"에서 "之"를 생략한 형태가 되는 것이다.

하여튼 여기서 우리가 주목해야만 하는 사실은 수운이 "기독교"라는 생소한 문명의 논리에 대한 압박감에 시달려왔다는 것이다. 수운은 "을묘천서"사건 이후로 계속 기독교교리의 논리에 대하여 판단을 보류하고 있었고, 모종의 콤플렉스를 느끼고 있었다. 이게 도무지 진짜냐 가짜냐? 우리민족이 과연 이것을 받아들여서 구원을 얻을 수 있는가 없는가? 자비와 사랑이 있는 것 같기도 하고, 악랄한 제국주의적 탐욕에 사로잡혀 있는 침략의 화신 같기도 하고 …… 도무지 알 수가 없다.

사실 여기서 중요한 것은 최초로 실존적으로 해후한 하느님에 대하여 수운이 "상제上帝"라는 호칭을 쓴 것은, 그 상제를 기독교적인 "하나님"으로 생각했다는 것을 의미한다. 따라서 그에게 던진 최초의 질문은 이러하다:

"오만년 만에 나를 첨으로 만나 공을 이룰 수 있게 되었다고, 나에게 엄청난 짐을 지워주었는데, 그렇다면 내가 사람들을 서도로써 가르쳐야 하오리까? 다시 말해서 상제님이 전하신다고 하는 기독교를 전파하오리까?"

여기서 만약 상제가 수운에게 "그렇다然"라고 단호하게 말했다면 동학은 탄생되지 않았을 것이다. 최소한 동학은 유사기독교의 어떤 비의적 종교가 되었을지도 모른다. 그런데 뜻밖에도 상제의 반응은 단호하다. 수운이 기독교의 하나님이라고 투사投射했던 상제 본인이 수운에게 예수쟁이 될 생각은 아예 하지도 말라고 단호히 대답하는 것이다:

"不然。"(그렇지 아니하다)

이 "불연"이라는 한마디를 통하여 동학이 탄생되었고, 조화의 찬연한 질서가 새로움을 얻게 되었고, 우리민족에게 새로운 종교의 가능성이 생겨나게 된 것이다.

서도西道로써 사람을 가르친다고 하는 종교적 행위가 차단된 마당에, 수운은 다시 물었을 것이다: "그렇다면 무엇으로써 사람들을 가르치오리까?"

서도가 차단된 마당에, 우리가 상식적으로 기대할 수 있는 것은, 서도가 아닌 동도東道, 어떠한 새로운 이론, 어떠한 새로운 세계관을 암시하는 비전을 제시받게 되었다고 생각하게 된다. 기독교를 초극할 수 있는 새로운 이론, 새로운 비전의 논리가 제시되었으리라는 것은 상식적 기대감각이다. 그러나 수운이 만난 상제는 전혀 우리의 기대와는 다른 엉뚱한 대안을 제시한다.

"나에게 영부靈符가 있고, 또 주문呪文이 있다. 영부로써 사람들을 질병의 도탄에서 구해내고, 주문으로써 교인위아敎人爲我케 하라!"

여기 "교인위아敎人爲我"라는 구문을 대부분의 주석가들이 애매하게 해석하고 넘어간다. 백화적으로 보면 이 "교敎"자는 사역의 의미이다. 그러니까 "가르친다"라는 의미가 아니라 "사인위아使人爲我"의 뜻이다. 그것은 "사람들로 하여금 나를 위하게 하라"는 뜻이 된다. "위아爲我"라는 의미도 "나를 위한다"는 뜻도 있지만 기실 "내가 되도록 만들라"는 해석도 가능하다. 그러나 노골적인 인내천의 사상을 초기문헌에서 논하기 어렵기 때문에 "위爲"는 "위한다to live for me"는 뜻으로 해석하면 족하다.

그러나 "교인위아敎人爲我"는 그냥 직역하여 "사람들을 가르쳐 나를 위하게 한다"라고 해석해도 가可하다.

受我此符, 濟人疾病;
受我呪文, 敎人爲我。

이 양구는 대를 이룬다. 영부는 질병을 구하기 위한 것이고, 주문은 나를 위하게 함이다. 여기 "나를 위한다"의 "나"가 누구인가? 이 "나"는 작은 소체小體로서의 아我가 아니고, 대체大體로서의 하느님이다. 이것은 앞서 대각의 계기로서 수운이 현실을 분석할 때 지적했던 일세지인의 심적 상태, 즉 "각자위심各自爲心"에 반대되는 개념이다. 소아적인 자기만을 위해 사는 것이 아니라 하느님을 위해 사는 사람, 즉 공동체의 대의와 보편적 가치를 위해 사는 사람을 만드는 것이 주문의 공능功能이라는 것이다.

이론을 제시하지 않고 영부와 주문을 제시한 것은, 수운에게 나타난 상제는 민중을 잘 이해하고 있었던, 민중 속에 살아있는 상제였다는 것을 증명하는 것이다. 민중에게 필요한 것은 제인濟人의 영부靈符였고, 위아爲我의 주문이었다. 이로써 동학은 민중 속에 파고들 수 있는 확고한 기반을 확보하게 된 것이다. 수운의 대각은 이론(*theoria*)이 아닌 실천(*praxis*)이었다.

1-6 吾亦感其言, 受其符, 書以吞服, 則潤身差病, 方乃
오 역 감 기 언　수 기 부　서 이 탄 복　즉 윤 신 차 병　방 내

知仙藥矣。到此用病, 則或有差不差。故莫知其端,
지 선 약 의　도 차 용 병　즉 혹 유 차 불 차　고 막 지 기 단

察其所然, 則誠之又誠, 至爲天主者, 每每有中; 不
찰 기 소 연　즉 성 지 우 성　지 위 천 주 자　매 매 유 중　불

順道德者, 一一無驗。此非受人之誠敬耶!
순 도 덕 자　일 일 무 험　차 비 수 인 지 성 경 야

국역 나 또한 상제의 말에 감동을 느끼어 그 영부를 받아 종이에 써서 태워 물에 타 마시었다. 그랬더니 몸에 윤기가 들고 온갖 병중에 차도가 있었다. 이로써 나는 이것이 선약仙藥이라는 것을 확인할 수 있었다.

이렇게 확신이 선 후에 나는 이 영부를 같은 방식으로 찾아오는 사람들의 병중에 써보았다. 그랬더니 어떤 사람은 잘 낫고 어떤 사람에게는 전혀 차도가 없는 것이었다. 나는 도무지 그 연고를 알 길이 없어 왜 그런지를 여러모로 잘 살펴보았다.

그랬더니 우주의 성誠의 기운이 몸에 배여 성실하고 또 성실한 자, 진실로 지극한 마음으로 하느님(여기서는 "상제"가 아니고 "천주天主"라는 표현을 썼다는 것을 유의할 것)을 위하는 자는 영부를 쓸 때마다 백방으로 잘 낫고, 도덕을 따르지 아니하는 자는 하나도 효험이 없었다.

나의 결론은 이러하다: 이것은 영부를 받은 사람 내면에 있는 성誠(우주적 성실성Cosmic Sincerity)과 경敬(공경하는 마음, 진지한 삶의 자세에서 우러나오는 집중력Attentiveness)의 문제가 아니고 또 무엇이겠는가!

沃案 수운의 인품, 즉 그의 인성의 깊이를 나타내는 위대한 문장이다. 하느님과 대면하여 그로부터 직접 영부와 주문을 얻었다고 하는 수운이 결국 영부와 주문의 효험에 관한 미신적 절대성을 선포하지 않고, 누구나 알아들을 수 있는 상식적인 인간의 도덕성에 그 모든 것을 귀결시키는 그의 사유의 소박한 진실성은 진실로 위대하다 말하지 않을 수 없다. 동학은 출발부터 거짓이 없고, 이적에 대한 믿음을 가르침의 본질로 삼지 않았다.

여기 "성誠"이라는 것은 단지 상식적인 성실함에 머무는 것이 아니고, 그가 기나긴 학문의 여정에서 얻은 유학의 본질적 세계관의 핵심을 토로하고 있는 것이다. "성"은 『대학』이나 『역』에도 나오지만, 『중용』 제20장 후반으로부터 본격적인 테마로 등장한다. 성은 우주의 본체로서의 특별한 의미를 지니며, 장쾌한 논리에 의하여 객관적 우주와 주관적 인성의 내면이 하나로 융합되는 그 핵심적 자리에 있게 된다. 성이라는 것 그 자체는 하늘의 도이며(성자誠者, 천지도야天之道也。), 성해지려고 끊임없이 노력하는 것은 사람의 도이다(성지자誠之者, 인지도야人之道也。).

성 그 자체로부터 밝아지는 것은 인간의 본성이며, 밝음으로부터 성을 향해 나아가는 것이 인간의 교육이다(자성명自誠明, 위지성謂之性; 자명성自明誠, 위지교謂之敎). 오직 천하의 지성이래야 자기의 타고난 본성을 온전히 발현할 수 있다(유천하지성唯天下之誠, 위능진기성爲能盡其性). 이러한 『중용』의 언어에서 느낄 수 있는 우주적 논리는 우리의 일상적 삶의 자세와 연계되어 있다. 수운은 도덕을 말하지만, 실상 그는 우주의 본체, 종교적 경지가 도달할 수 있는 궁극을 이야기하고 있는 것이다.

"경敬"이라는 것도 유가경전인 『상서』로부터 『시경』『논어』『맹자』『역경』 등에 나오고, 또 근세유학의 『통서通書』, 『정몽正蒙』에도 중요한 개념으로 등장하지만 "경"의 의미를 명확히 규정한 것은 정이천程伊川, 1033~1107이다. 이천은 "경敬"을 "주일主一"이라 했고, "주일主一"의 "일一"을 가리켜 "무적無適"이라고 했다. "주일"이라는 것은 하나에 모든 것을 집중한다는 것이고, "무적"이란 "정신이 산란되어 여기저기로 흩어짐이 없다"는 뜻이다(일즉무이삼의一則無二三矣). 그러니까 "경敬"은 단순히 "공경한다"는 의미가 아니고 "하나의 대상에 정신을 집중시키는 삶의 자세"를 공경스러운 삶의 자세라 말한 것이다. 부적의 영험스러움에 나의 정신을 집중시켜 흩어지는 생각이 없는 상태, 그러한 집중력을 근세유학자들은 도덕의 본질로 보았다.

동학을 해설하는 자들이 유학의 넓고 큰 뜻, 그 도덕성의 배후에 있는 형이상학적 가치체계와 고전의 철학적 배경을 모르고 그냥 피상적으로 "성誠·경敬·신信" 운운하는 것을 나는 매우 안타깝게 생각한다. 수운 본인과, 수운을 이해하고 해설한다고 하는 학인들 사이에, 너무도 경지의 차이가 크고 언어의 장벽이 높은 것이다. 수운의 언어를 오늘의 상식적 표층언어로 환원시켜 그 의미로 논하는 천박성을 이제는 불식해야 한다. 수운이 기나긴 고전학문적 수련을 통하여 얻은 성과물에 대하여, 독학으로 얻은 한문실력, 그것도 20세기의 서양화된 한국말의 언어환경 속에서 획득한 한문실력으로 혼자 임의로 새기는 오류를 범하면 안된다. 수운의 사상이야말로 조선유학이 우리 민중의 가슴에 심어놓은 건강한 가치관의 총화라고도 말할 수 있는 것이다. 그 문화적 유산, 그 전체를 볼 줄 알아야 하는 것이다. 조선왕조 500년이 동학으로 마무리되었다는 이 사실 하나가 오늘을 살아가는 우리에게 얼마나 심원한 행운인지를 나는 되씹고 되씹게 된다.

1-7 是故我國惡疾滿世, 民無四時之安, 是亦傷害之數
　　　시 고 아 국 오 질 만 세　　민 무 사 시 지 안　　시 역 상 해 지 수

也。西洋戰勝攻取, 無事不成, 而天下盡滅, 亦不無
　야　서 양 전 승 공 취　　무 사 불 성　　이 천 하 진 멸　　역 불 무

脣亡之歎。輔國安民計, 將安出?
　순 망 지 탄　　보 국 안 민 계　　장 안 출

국역 지금 대세를 관망하건대 우리나라는 나쁜 질병이 사회 곳곳에 가득 차서, 백성들이 사시 하루도 편안할 날이 없으니, 이 또한 상처받아 해가 다가오는 운수이니라. 이에 비하면 서양은 전쟁을 일으키면 반드시 이기고, 공격하면 반드시 취하는 운세를 타고 있으니 성공치 아니하는 일이 없다. 이런 추세로 천하가 다 멸망하게 되면(중국중심의 세계 질서가 근원적으로 붕괴되어 버린다), 입술이 없어지면 이빨이 시렵다는, 괵나라·우나라의 고사와도 같은 탄식이 우리나라에도 닥치게 될 것이다. 이런 정황 속에서 나라를 바로잡고 국민을 편안케 할 수 있는 계책이 과연 어디서 나올 수 있단 말인가!

옥안 이 단을 읽으면서 우리는 수운이 단순히 종교적 천재가 아니라, 진정한 역사관, 국가관, 사회적 비전을 보유한 애민애족愛民愛族의 사상가라는 것을 알 수 있다. 그리고 그의 종교적 체험이 매우 상식적인 현실감각, 그리고 날카로운 비판의식, 그리고 또 거시적인 역사의식에서 우러나온 것이라는 사실을

알게 한다. 20세기 우리나라 종교의 역사는 동학혁명의 현실적 괴멸로 인하여 너무도 많은 인명희생을 치른 뒤끝에 일어났기 때문에, 수운의 이러한 날카로운 비판의식을 계승하지 못한 아쉬움이 있다. 천도교, 증산교, 원불교, 대순진리회, 다양한 기독교종파를 막론하고 종교조직의 확대에만 힘쓰고 수운이 말하는 시대적 비판의식을 실천적으로 구현하지는 못했다. 여기 수운의 언어에서 핵심이 되는 말은 "순망지탄脣亡之歎"과 "보국안민輔國安民"이 두 마디이다!

우선 "보국안민"이 한마디부터 살펴보자! 수운은 "보국안민"이라는 말을 쓸 때 반드시 이 "보輔"자를 썼지, 이 "보保"자를 쓰지 않았다. 그런데 후대 천도교 문헌에서 "보保"로 고쳐 쓰는 경향이 두드러졌다(현재 천도교 공식경전에는 다행스럽게 "輔"로 되어있다). 그냥 "보국保國"이라 하면, 나라는 실체적으로 전제되고, 그것을 보호한다, 보위한다는 뜻이 된다. 따라서 보국안민의 뉘앙스가 태극기부대의 극우파적인 논리로 전락하고 만다.

동학혁명은 여기 수운이 「포덕문」에서 말한 "보국안민輔國安民"의 정신을 계승하여 일어난 운동이다. 어찌 그들의 "보국안민"이 태극기부대의 "보국保國"일 수 있겠는가?

"보輔"라는 것은 "보保"와는 전혀 다른 글자이다. "보輔"는 우리말로 하면 "바퀴덧방나무"라는 것으로써 짐을 많이 싣고 장거리를 가는 수레의 바퀴를 강화하기 위하여 바퀏살에 묶는 강하고 반듯한 나무를 가리키는데 곧고 강하다는 특성이 도드라진다. 그러니까 "보국輔國"은 "보국保國"(이 "保"는 금문자형이 어른이 아기를 등에 엎고 있는 모습으로 되어있다. 그러니까 젖먹이 아기를 감싸 보호하듯이 보호한다는 뜻이다)이 아니다.

동학군이 백산에서 깃발에 "보국안민輔國安民"을 써넣을 때 같이 쓴 구문이 "제폭구민除暴救民"이다. 보국은 "나라를 보호한다"는 얘기가 아니고, "나라를 바로잡는다"는 뜻이요, 민중을 괴롭히는 폭력을 제거한다는 뜻이다. "보국輔國"은 나라의 그릇됨을 바로잡는다는 혁명적, 혁신적, 개혁적, 진취적 의미를 내포하는 말이다. 표 선생님은 나와 세미나를 하시면서 이 보국의 의미의 왜곡을 개탄하고 또 개탄하시면서 이렇게 말씀하시었다:

> "보국이 '輔國'이지, 왜 이 '保國'입니까? 나라의 잘못된 것을 바로잡을 때만이 나라를 도울 수 있는 길이 열리는 것이죠. 조선왕조를 절대적인 그 무엇으로 놓고 그것을 보호한다는 생각이 수운에게도 없었고, 동학혁명군의 리더들에게도 없었어요. 어차피 조선왕조는 망하고 있었거든요. 이것을 왜 보호합니까? 이것을 고쳐야지요. 국운을 바꿔야지요. 보국의 보輔는 광정匡正의 의미지 보호가 아니에요. 이런 글자 하나의 왜곡이 수운 선생님의 정신을 근본적으로 망쳐놓는데도, 이런 것은 사소한 일이라 하고 그냥 넘어가려고 해요. 종교정신이 타락하면 편안한 것만 구하게 되죠. 제 주변에는 이런 말을 깊이 있게 나눌 수 있는 사람이 없어요. 답답하지요. 제발 김선생님께서 ……"

나에게 당부하고 또 당부하셨던 선생님의 말씀이 아직도 귓가에 쟁쟁하게 남아있다. 다음으로 우리가 분석해야 할 글자는 "순망치한脣亡齒寒"인데(수운은 "순망지탄脣亡之歎"이라는 표현을 씀), 아마도 중국고전에서 이 말처럼 광범위하게 여기저기 쓰이는 말도 찾아보기 드물다. 내가 찾아본 바,『설원說苑』,『춘추번로春秋繁露』,『잠부론潛夫論』,『묵자墨子』,『문자文子』,『한비자韓非子』,『회남자淮南子』,『사기史記』 등등에 나오는데, 그 가장 최초의 출전은『춘추좌전』희공僖公 5년조에 나오는 것이다. 이것은 강대국인 진晉과 그 주변에 있던 소국, 괵국虢國과 우국虞國, 이 세 나라 사이에서 벌어진 외교전의 사실에 근거하고 있다.

괵국과 우국은 강계가 상련相連할 뿐 아니라 동종동성同宗同姓의 나라로서 서로 의존해야만 존속할 수 있는 나라였다. 그런데 진나라 헌공獻公 22년에 진국은 괵국을 치러 우국의 군주에게 진귀한 예물을 잔뜩 보내면서 가도假道를 요청한다. 우국의 군주는 예물이 탐나서 진국의 가도요청을 받아들이려 한다. 이때 우국의 충신 궁지기宮之奇가 간하는 말 중에 "순망치한"의 얘기가 나온다. 결국 우국의 우군愚君은 궁지기 말을 듣지 않았고, 괵과 우는 다 진국에 병합되고 만다. "순脣"의 정자는 고기육변이 들어간 "脣"이며 입구의 "唇"이 아니다. 오직 경진초판본만이 순의 정자를 쓰고 있다.

"순망치한"은 매우 절묘하게 서양의 열강과 중국과 조선의 관계에 잘 들어 맞을 뿐 아니라, 그것은 조선의 민중들도 쉽게 알아들을 수 있는 고사성어였다. "순망치한"이라는 이 한마디로 당대의 국제정세를 꿰뚫어본 수운은 진실로 시대를 앞선 예언자였다. 내가 생각하기에 수운은 이 고사를 『사기』에서 따왔을 것이다. 수운은 『사기』를 즐겨 읽고, 『사기』에 정통했던 것 같다.

1-8 惜哉! 於今世人, 未知時運, 聞我斯言, 則入則心非,
석재 어금세인 미지시운 문아사언 즉입즉심비

出則巷議, 不順道德, 甚可畏也。賢者聞之, 其或不
출즉항의 불순도덕 심가외야 현자문지 기혹불

然, 而吾將慨歎。世則無奈, 忘略記出, 諭以示之。
연 이오장개탄 세즉무내 망략기출 유이시지

敬受此書, 欽哉訓辭。
경수차서 흠재훈사

국역 안타까워라! 현금現今의 세상사람들은 자기들이 살고 있는 세계가 어떻게 돌아가고 있는지를 전혀 알지 못하니, 나로부터 이런 큰 비젼의 언설을 들으면, 집에 돌아가서는 마음속으로 긴가민가 하고, 밖에 나와서는 길거리에서 모여 쑤군대면서 도道와 덕德을 따르지 아니하니,

심히 걱정스러운 일이로다!

세상에서 현명하다 하는 사람들마저 내 말을 듣고도 자기들의 선견에 가리어 그럴 리 없다고 부정해버리니, 내가 개탄하지 않을 수 없다. 그런데 이 세상 일이야 내 맘대로 할 수가 없는 일이니, 내가 할 수 있는 일이 무엇이 있겠나? 아쉬운 대로 잊기 전에 간략하게라도 내가 생각하는 바를 적어내어 가르쳐 보이노니, 이 글을 진지한 마음으로 받아, 그 교훈의 말씀을 삼가 공경할지어다.

옥안 너무도 솔직하고 정직하고 진지한, 정말 어른스러운 진정성이 느껴지는 문장이다. 사실 수운은 이 글을 쓸 때만 해도 요즈음 형편으로 보자면 30대 후반의 청년이었다. 우리 나이로 38세였다. 그러나 그 어른스러움은 물리적인 나이와는 상관없다. 나만 해도 37세의 나이에 고려대학교 정교수가 되었고, 그때 이미 세상을 호령하는데 별 어색함을 느끼지 않았다. 수운은 세상을 바라보는 시선에 매우 따스한 눈길이 있다. 그 눈길에는 동시대인을 바라보는 연민과 우환의식이 가득 차있다.

「포덕문」은 역시 "포덕布德"(자기의 도를 세상에 선포함)의 정당성을 설명하기 위하여 쓴 글이다. 수운은 생애 마지막에 대구감영 선화당에서의 심문에서도 본인은 도인道人을 구한 적이 없으며, 도인들이 자기를 구求하여 왔다고만 진술하였다. 즉 자기의 깨달음에 타인을 복속시키려고 노력한 에반젤리즘이 전혀 없었다는 얘기다. 그럼에도 불구하고 수운은 포덕을 했다. 여기 이 1-8단에서 수운은 포덕을 하지 않을 수 없었던, 불가피한 안타까운 심정을 토로하고 있다. 수운은 자신의 거대한 비전 속에서, 동포들이 시운時運을 깨닫지 못하고 패망의 구렁텅이로 빠져들어가고 있는 모습을 걱정스럽게 쳐다보지 않을 수 없었다.

여기 "항의巷議"(골목길에서 자기를 비난하면서 쑤근거린다)니, "심비心非"(마음속으로 틀리다고 생각한다)니, "혹불연或不然"(그럴 리 없다)이니 하는 표현을 보면 수운은 찾아오는 손님을 받아들이고서, 순수한 사람도 물론 있었겠지만 많은 사람이 그의 말을 의심하고 냉대하고 왜곡하는 부정否定의 벽을 강하게 느꼈던 것 같다. 이 단의 언사로써 우리는 이 글이 포덕(1861년 6월 1일) 후 한 달 정도 후에 쓰여진 글이라는 것을 추론할 수 있다. 소위 현명하다 하는 지식인들까지도 그들의 기존관념에 가리어 자기를 배척하는 모습을 느끼면서 절망감을 느꼈던 것이다.

그런데 그러한 절망감을 느낀 수운은 그들과 대항하지 않는다. 그는 그들의 이해부족을 단지 우환의식 속에서 바라볼 뿐이다. 그저 "걱정스럽게" 바라보는 것이다. 이 "걱정스러움"이야말로 서구인의 죄의식과는 다른 도덕의식의 원천이며, 이 "우환"에서 우러나오는 것이 "경敬"이요, "천명天命"이다. 서구인의 죄의식에서 생겨나는 것은 "공포"이며, 이 공포는 인성人性의 진실무망한 본체를 거부하고 초월자에로의 복속을 요구한다.

수운은 자신의 우환의식을 "세즉무내世則無奈"라고 표현한다. 이 세상인즉 내가 어찌해볼 도리 없다! 그러나 우환은 계속 해결 안 된 상태로 남는다. 그래서 수운이 취한 해결책은 가장 비전도주의적인 평화로운 작업이었다: "쓰자!" "망략기출忘略記出하여 유이시지諭以示之하노니, 이 말씀을 공경할 줄 아는 사람들이여! 경수敬受하여 흠재欽哉하라!"

예수의 복음서는 예수가 쓴 것이 아니다. 그의 로기온자료가 가장 초기의 그의 언설의 기출記出이라고 하지만, 로기온자료(말씀자료)조차도 그 대부분이 후대의 구성이다. 그러나 수운의 복음서는 수운이 스스로 써서 남긴 로기온자료로써만 구성되어있다. 이토록 진실한 문헌은 세계종교사에서 오직 『동경대전』 하나뿐이다. 우리는 그 위대한 『동경대전』의 첫 편을 탐독한 것이다.

여설餘說 『동경대전』을 주해하는 작업도 내 생애에서 이것이 마지막일 것이라 생각되어, 자세히 떠오르는 대로 다 진지하게 이 글에 담아보았다. 나의 해설은 비단 나의 독창적인 논설일 뿐 아니라, 50여 년에 걸친 수없는 지사들과의 해후를 통하여 나에게 입력된 우리민족사의 진실한 담론체계이다.

「포덕문」을 다 해설하고 난 나의 느낌은, 「포덕문」이야말로, 「동학론」「수덕문」과 함께 『동경대전』의 트리오로 꼽히는 핵심경전 중에서도 가장 분량이 적은 글임에도 불구하고, 가장 포괄적이며 가장 원시적인 느낌이 살아있는 명문이라는 생각이 드는 것이다. 수운은 포덕 후에 자신의 포덕의 당위성을 입증할 필요를 느껴 이 글을 쓸 수밖에 없었다. 그렇지만 그가 「동학론」이나 「수덕문」, 「불연기연」과 같은 여타 문장을 전제로 하여, 그 전체 기획 속에서 「포덕문」을 쓴 것은 아니다.

어쩌면 「포덕문」 하나로써 그 전체를 나타내고자 했을지도 모른다. 그래서 「포덕문」은 디테일은 없지만 그 대강이 매우 생생하게 살아있다. 수운의 글의 특징은 그 전체가 주제별로 안배되고 기획된 것이 아니라 그 당장당장의 필요에 의하여 주제가 확산되어 나간 것이다. 그러기 때문에 경문들 사이에 반복되는 문자도 많고 중복되는 테마도 많다. 그의 논문들은 모두 불가피하게 현장적 요구에 의하여 쓰여진 것이기 때문에, 문자가 좀 거칠기는 하지만 또한 그만큼 생동하는 힘이 있다. 앞으로 해설될 경문들은 이 「포덕문」의 대강 속에서 료해하면 이해가 쉬울 것이다.

II

동 학 론
(논학문論學文)

【東學論】

동학론
東學論

대강大綱 보통 일반인들에게 이 편의 이름은 "논학문論學文"으로 알려져 있다. 그러나 『도원기서』나 『대선생주문집』과 같은 초기기록에 이 경문은 "동학론"으로 나온다. 경진초판본에 이 두 번째 경문이 "동학론"으로 되어있어, 수운의 원고에는 분명 "동학론"으로 되어있다는 사실이 입증된다. 그렇다면 언제 누가 "동학론"을 "논학문"으로 고쳤을까?

물론 그것은 수운 본인이 고친 것일 수는 없다. 그것을 "논학문"으로 고친 것은 목천계미중춘판, 그러니까 1883년 2월에 목천판을 간행할 때 해월이 주재한 편집회의에서 그 결정이 이루어진 것으로 보인다. 해월의 허락 없이 임의적으로 바뀐 것일 수는 없다. 만약 그랬더라면 그해 계속해서 목천에서 목활자본으로 다시 경주판을 찍을 때("계미중하경주개간"의 명목으로 새로 조판한 것이다) "동학론"이라는 제목이 회복되었을 것이다. "동학론"을 "논학문"으로 고친 것은 기본적으로 다음의 두 가지 이유가 동시에 작동했을 것이다.

첫째, 이필제의 영해의거 이래 "동학"이라는 이름은 관에 너무 잘 알려져 있고, 저항단체의 인상을 강하게 풍기므로 그것이 목차에 바로 포덕문과 함께 나오는 것이 이 책의 생명을 위하여 과히 바람직하지 않다는 판단이 있었을 것이다.

둘째, 편집상의 기술적인 이유를 들 수가 있다. 초판본에서는 문집의 형태를 취했기 때문에 권1에 「포덕문」과 「동학론」 두 편만 들어갔다. 그런데 목천중춘판에서는 통째로 경전의 체제를 취하면서 앞의 3편이 나란히 자리잡게 된다. 그래서 문법의 구조를 맞춘 트리오trio로서 이름짓는 것이 좋겠다고 생각했을 것이다. 즉 파라렐리즘parallelism의 미학을 존중하자는 것이다.

동사	목적	······ 하는 글
포布하는	덕德을	문文글
논論하는	학學을	문文글
수修하는	덕德을	문文글

나는 "논학문"이라는 제명을 오랫동안 명확히 이해할 수 없었다. 그런데 경진판의 발견으로 그런 고민이 싹 사라졌다. 나는 "논학문"의 "학學"에 무슨 추상적, 독자적인 의미가 있는 것으로 생각하고, 그 뜻을 정확하게 캐기 위해 많은 고민을 했는데, 그런 고민을 할 필요가 전혀 없는 것이다.

수운 선생의 원래 의도는 "동학을 논함"이다. 이것을 중국말 신택스를 존중하면 "논동학論東學"으로 번역해야 한다. 그러나 목적이 동사보다 먼저 나오는(S+O+V) 우리말의 구조를 따르면 "동학론東學論"이 된다. 그러니까 "논학문"은 별로 특별한 얘기가 아니고, "동학을 논한 글"의 줄임말일 뿐이다. 그러니까 "논학문"의 "학"은 "학學" 그 자체에 관한 추상적 논의가 아니고, 오직 "동학東學"이라는 새로운 사상운동을 가리키고 있는 것이다. 천주교, 기독교, 우리 민족종교를 막론하고 모든 종교운동은 "교敎Religion, *religiun*"임을 표방하고, 일차적으로 교리(Church Dogma)에로의 복속을 요구하는 성향이 강하다. 그러나 수운은 그럴 생각이 없었다. 수운의 종교적 관심은 기본적으로 서학西學에 대한 관심으로부터, 아니 모종의 불안감 내지는 우려로부터 촉발된 것이다. 수운은 서학西學을 좁은 울타리의 종교단체로 생각했다기보다는, 문자 그대로 "서양의 배움" 그 전체를 가리키는 것으로 받아들였다. 서학은 기독교일 뿐 아니라 서양문명 전체를 가리키는 것이었다.

따라서 그의 서학西學에 대한 관념은 항상 긍정과 부정, 수용과 배타, 배움과 극복이라는 양면성을 지니고 있었다. 서학에 대하여 일본이나 중국은 매우 진취적인 자세를 취하고 있었지만 조선은 폐쇄적인 자세만을 고수하고 있었다. 이러한 상황에서는 조선이 서학을 능가하는 새로운 자신의 학 체계, 즉 동학을 창조해내지 못하면 자멸의 위기(순망치한)에 빠지게 되리라는 우려가 그의 우환의식의 전부였다. 이러한 우환의식 속에서 "동학"이라는 말이 자연스럽게 수운의 언어로서 등장하게 된 것이다.

본문에서 상세히 논구하게 되겠지만, 동학은 단순히 서학의 대칭개념이 아니라 "조선의 배움"이라는 주체적 당위에서 나온 이름이었고, 본인은 애초로부터 그의 깨달음을 "무극대도無極大道"라고만 불렀지 "동학"이라 이름하지 않았다. "동학"이라는 이름은 포덕 이후에 현실적인 제반관계 속에서 부득이하게 아폴로지apology의 체계로서 형성되어간 것이다. 재미난 사실은 「포덕문」에 "동학"이라는 개념이 등장하지도 않고 의식화되지도 않는다는 사실이다. 다시 말해서 "포동학布東學"이 아니고 "포덕布德"이었다. 포덕 당시, 수운에게는 동학을 선포한다는 의식이 없었다.

"동학론"이라는 제명은, 수운이 「포덕문」을 쓰고 난 후 한 6개월 후에 「동학론」을 쓰게 되는데 그 6개월 사이에 엄청난 생각의 변화가 일어났다는 것을 방증한다.

수운의 포덕 개시(1861. 6.)는 매우 성공적이었다. 사람들이 엄청 몰려들기 시작했다. "용담골에 최아무개 참 용하다더라 ……" 이런 말이 퍼져나가기 시작하면 그것은 걷잡을 수 없는 회오리바람을 휘몰고 온다. 그만큼 당시 조선 민중은 마른 검불더미처럼 마를 대로 말라있었고, 병마와 기아와 압제에 시달렸다. 불씨 하나가 거대한 평원을 일순간에 불사르는 것은 일도 아니었다.

그럴수록 기존의 세력은 이러한 움직임을 공포심을 가지고서 대하지 아니할 수 없었다. 용담에 모여드는 인파를 저지시킬 수 있는 음해를 생각해내지 않으면 아니 된다.

애달哀怛하다	애달하다
너희음해	애달하다
우리야	저럴진대
멀잖은	세월에도
괴질바랄	정情이없다
뛰고보고	죽고보세
요악妖惡한	고인물이
할말이	바이없어
서학西學이라	이름하고
온동리	외는말이
사망邪妄한	저인물이
서학西學에나	싸잡힐까

(「안심가安心歌」:「포덕문」짓고
한 달 후에 쓴 가사. 1861년 8월 하순 용담에서 지음)

앞서 말했듯이 수운을 죽인 것은 결국 영남의 유학이었다. 영남의 보수적 유생들은 수운의 동학을 있는 그대로 수용할 수 있는 아량이 부재했다. 지금도 그렇고, 구한말 의병시의 상황도 그러하지만, 경상도 사람들은 항상 극보수적 성향과 극진보적 성향이 혼재한다. 도덕주의적 엄격성이 강해 배타심이 두드러진다. 그들은 수운의 움직임을 "서학"의 유파로 몰았다. 유림서원들의 통문이 오가고 음해가 빗발치자 수운은 남원으로 피신갈 수밖에 없었다.

은적암의 얘기는 제1권 『대선생주문집』의 해설에서 충분히 토로했다. 수운이 남원에 간 것은 행운이었다. 매우 진보적인 지식인들을 만났고, 재정형편이 좋은 한의사들의 도움을 받았다. 은적암이라는 조용한 암자에 방을 얻었고, 식사도 좋았고, 호롱불기름도 항상 공급받았고, 가장 풍요한 것은 지필묵을 원 없이 공급받았다는 사실이다. 그리고 따스한 누비솜옷도 얻어 입었다.

그러나 그를 엄습하는 것은 "고독"이었다. 처자, 친지, 제자, 고향의 정취를 떠나온 고즈넉한 암자 속에서 수운은 과연 무엇을 생각했을까? 고침한등孤枕寒燈 아래 전전반측 하면서 어떻게 그 고독을 이겨냈을까? 화이트헤드는 『생성중의 종교Religion in the Making』라는 그의 유명한 저서 속에서, 종교는 사람들의 가장 비근하고 궁극적인 신념에 의하여 그 성격이 규정되는 것이므로 일률적으로 말할 수는 없으나, 공통적인 것은 "고독으로부터의 도피"라고 말한다. 결국 종교는 인간의 고독을 처리하는 방식에 관한 문제라는 것이다. 화이트헤드의 견해가 꼭 절대적인 기준이 될 수 있는 것은 아니지만, 수운 역시 자신의 버림받은 느낌, 그 고독을 근원적으로 해결할 수 있는 항구적인 담론을 모색하였을 것이다.

우선 "동학론"이라는 것은 나의 가르침이 서학과는 근원적으로 다른 것이라는 강력한 아폴로지를 깔고있는 제목이다. 「포덕문」속에서 수운은 상제와의 만남에서 처음으로 "가르침"을 말할 때에도, **서도로써 가르치오리이까?**西道以敎人乎"라고 말했다. 다시 말해서 「포덕문」을 쓸 당시에만 해도 서도西道, 서학西學, 천주학天主學에 대한 특별한 경계심이 없었다. 그러나 불과 반년 지난 후에 상황이 급변했다. 자신이 서학으로 몰려 억울한 죽음을 당할 수도 있을 뿐 아니라, 자신이 깨우친 가르침이 서학으로 규정되어, 역사에서 정당한 아이덴티티를 상실하고 모호하게 천주학의 뒷켠으로 사라져버릴 수도 있는 황당한 위기상황에 몰리고 있었던 것이다.

안되겠다! 쓰자! 다시 쓰자! 내 배움이 서학이 아닌 동학이라는 것을 확실하게 클레임하자!

"학學"이란 뭐니뭐니 해도 동방의 제1고전이라 말할 수 있는 『논어』의 첫 글자에서 온 것이다: "학이시습지學而時習之, 불역열호不亦說乎?" 학學은 역시 "배운다"는 뜻이다. 다음에 오는 "습習"자에 날개가 달려있듯이, 새들이 날개를 퍼득거리며 나는 것을 배우는 것과도 같은 배움이다. 『백호통』에는, "배움의 글자됨이 깨달을 각覺 자와도 같다. 몰랐던 것을 각오覺悟한다는 의미이다. 學之爲言, 覺也。以覺悟所不知也。"

『장자』나 『노자』에는 "학學"이라는 것은 "도道"와 대비되는 부정적인 함의를 지닌다. 『노자』 48장에 "위학일익爲學日益, 위도일손爲道日損"(학學을 하면 날마다 불어나고, 도道를 하면 날마다 줄어든다)이라는 말이 있고, 『장자』 「경상초」에는 "학자학기소불능학야學者學其所不能學也"(배우는 자는 배울 수 없는 것을 배우려 한다)라는 말이 있다.

그러나 그 반면의 뜻은 학은 모르는 것을 배워 쌓아나간다는 의미가 있다. 『광아廣雅』에 "학學, 식야識也"라 했으니 배움이란 새로운 의식을 갖는 것을 의미한다. 그러니까 동학은 조선인이라면 누구든지 배우고 알아야 하는, 가장 기초적인 의식의 전환을 뜻하는 의미이다.

「동학론」은 수운이 쓴 글 중에서 가장 장문의 글이며 가장 포괄적인 논술(the most comprehensive treatise)이다. 그가 창안한 21자 주문은 그의 모든 사상을 압축시킨 민중의 언어이다. 수운은 이 글에서 보통 신적인 것이라하여 말하지 않는 주문의 의미마저 매우 친절하게 해설하고 있다. 그에게는 성(the Sacred)·속(the Secular)의 구분이 없다.

그리고 또 한 가지 독자들이 알아야 할 것은 이 글은 타지에서 쓴 글이라는 사실이다. 그는 남원으로 이사를 간 것이 아니다. 최중희 한 명만 데리고 홀몸으로 홀가분하게 갔다. 다시 말해서 그에게는 아무런 서적의 레퍼런스가 없었다. 대부분의 그의 글이 그러하지만, 아무런 고전이나 역사서나 레퍼런스로 삼을 만한 사서류가 없는 상태에서, 오로지 붓 한 자루와 자신의 의식에 떠오르는 생각과 지식의 체계에 의하여 쓴 글이라는 이 고독한 사실이 지적되어야 한다.

그러기 때문에 「동학론」은 오리지날하며 창조적이고 투박하다. 그래서 그만큼 난해하다. 그래서 읽는 맛이 깊다. 수운은 「동학론」의 집필을 통하여 『동경대전』을 조선민족의 영원한 바이블로 승화시켰다. 수운 자신이 이와같이 말하고 있다: **"천지의 무궁한 도수와 도의 무극한 이치가 이 한 글에 다 실려 있다.** 凡天地無窮之數, 道之无極之理, 皆載此書."

2-1 夫天道者, 如無形而有迹; 地理者, 如廣大而有方者
　　　부 천 도 자　여 무 형 이 유 적　지 리 자　여 광 대 이 유 방 자

也。故天有九星, 以應九州; 地有八方, 以應八卦。
야　고 천 유 구 성　이 응 구 주　지 유 팔 방　이 응 팔 괘

而有盈虛迭代之數, 無動靜變易之理。陰陽相均, 雖
이 유 영 허 질 대 지 수　무 동 정 변 역 지 리　음 양 상 균　수

百千万物, 化出於其中。獨惟人, 最靈者也。故定三
백 천 만 물　화 출 어 기 중　독 유 인　최 령 자 야　고 정 삼

才之理, 出五行之數。五行者, 何也? 天爲五行之綱,
재 지 리　출 오 행 지 수　오 행 자　하 야　천 위 오 행 지 강

地爲五行之質, 人爲五行之氣。天地人三才之數, 於
지 위 오 행 지 질　인 위 오 행 지 기　천 지 인 삼 재 지 수　어

斯可見矣。四時盛衰, 風露霜雪, 不失其時, 不變其
사 가 견 의   사 시 성 쇠   풍 로 상 설   불 실 기 시   불 변 기

序。如露蒼生, 莫知其端。或云天主之恩, 或云化工
서   여 로 창 생   막 지 기 단   혹 운 천 주 지 은   혹 운 화 공

之迹。然而以恩言之, 惟爲不見之事; 以工言之, 亦
지 적   연 이 이 은 언 지   유 위 불 견 지 사   이 공 언 지   역

爲難狀之言。何者? 於古及今, 其中未必者也。
위 난 상 지 언   하 자   어 고 급 금   기 중 미 필 자 야

국역 대저 천도天道(하늘의 길)라고 하는 것은 형체가 없는 것 같지만(※실체적 사유의 거부) 뚜렷한 흔적(=궤적)이 있고, 또 지리地理(땅의 이치)라고 하는 것도 광대무변한 것 같지만 정확한 방위가 있다(※기준이 있다는 뜻).

그러므로 하늘에는 구성九星(※음양가는 일백一白·이흑二黑·삼벽三碧·사록四綠·오황五黃·육백六白·칠적七赤·팔백八白·구자九紫의 구성九星을 말한다. 다양한 설이 있으나 그런 것은 중요하지 않다. 수운이 레퍼런스로 쓴 것은 『일주서逸周書』「소개무해小開武解」에 나오는 "일유천구성一維天九星, 이유지구주二維地九州"이다. 이때 "구성"은 4방四方과 5성五星이다)이 있어 구주九州(고대인이 생각한 천하를 구성하는 아홉 개의 주州)와 상응하고, 땅에는 팔방이 있어 팔괘와 상응한다. 이러한 천지의 광대무형한 세계에는 차고 비고 하면서 갈마드는 수數(일정한 도수)는 있으나, 동動(움직임)과 정靜(쉼)의 질서체계가 근원적으로 뒤바뀌는 이치는 있지 아니하다(시공 속의 변화가 임의적으로 뒤바뀌는 무질서한 변역變易은 없다는 뜻).

그러므로 그러한 질서감각 속에서 음과 양은 서로 조화롭게 교감하면서 수없는 만물을 끊임없이 화출化出해내지만, 그 만물 중에서 영험스러운 존재는 사람을 따라갈 것이 없다. 이렇게 하여 천·지·인 삼재三才

코스몰로지칼한 이치가 정해지고, 오행의 다양한 수리가 작동되게 된다.

오행이란 도대체 무엇일까? 하늘이야말로 오행의 강령이 되는 것이요, 땅은 오행의 실질내용이 되는 것이다. 그리고 사람은 하늘과 땅을 묘합한 생명의 기氣로 구성된다. 이렇게 하여 천·지·인 삼재의 법칙이 우주의 법칙으로서 드러나게 되는 것이다.

춘하추동 사시의 성盛함과 쇠衰함, 바람·이슬·서리·눈의 찾아옴이 그 제때를 잃지 아니하지만 그 순서를 근본적으로 바꾸거나 하지는 않는다(모든 변화는 질서를 가리킨다). 이슬과도 같은 창생들은 그렇게 우주의 질서가 지켜지고 있는 것에 대하여 그 이유를 알지 못한다. 그래서 혹은 천주님의 은혜(※천주지은天主之恩: 여기서의 "천주"는 서학에서 말하는 초월적인 인격신을 말하며, 마테오 리치가 『천주실의』에서 말하는 바, 우주를 무로부터 창조할 수 있는 절대적인 주재자이다)라 말하기도 하고, 또는 조화옹의 공정工程의 흔적이라고(※화공지적化工之迹: 이 개념은 "천주지은天主之恩"과 대비되는데 천주는 무에서 유를 창조할 수 있지만, 조화옹은 유에서 유를 만들어내는 조작자의 역할을 한다. 중국전통의 조화옹은 플라톤이 말하는 "데미우르고스Dēmiurgós"에 더 가깝다. 우주를 건축물로 생각하면 데미우르고스는 목수에 해당된다. 마테오 리치는 토미즘을 통하여 희랍사상도 중국에 소개했다. 수운은 이러한 리치의 논리를 잘 알고 있었다. 리치는 만물은 스스로 만들어질 수 없으며 의타적 존재라고 말한다. 그래서 반드시 외재적 디자이너를 필요로 한다고 주장한다) 말하기도 한다.

그러나 천주님의 은혜라고 말한다 할지라도 그것은 구체적으로 볼 수가 있는 감각적 사태가 아니며, 조화옹의 공작이라고 말해도 그것은 언어로써 형용할 수 있는 세계가 아니다. 무엇이 문제인가? 예로부터 지금에 이르기까지 서양사람들이 말하는 천주니 화공이니 하는 것들에 의한 설명방식은 천지의 변화가 반드시 그러하리라는 보장이 없다는 것이다(※천주지은, 화공지적은 천지인 삼재에 대한 정당한 설명방식이 되지 못한다).

옥안 「동학론」은 문자 그대로 하나의 웅장한 론論이다. 그래서 수운은 매우 거창한 코스몰로지로부터 그 실마리를 풀어나가고 있다. 거대한 사상가다운 면모를 보여주고 있는 것이다. 이 첫 단의 논의에 관하여 대부분의 주석가들이 그의 코스몰로지가 무엇을 노리고 있는지 그 핵심적 의도를 파악하지 못한 채 해석을 얼버무리고 있다. 그리고 그의 한문에 대한 명료한 이해를 수행하지 못한 상태에서, 20세기 서구적인 학문의 상식체계, 즉 "변화와 불변"이라는 케케묵은 인도유러피안 어군의 그래머를 따라가고 있는 것이다. 그래서 수운이 지금 어떠한 결론을 도출하기 위하여 어떠한 포석을 깔고 있는지 전혀 눈치채지 못한다. 수운의 언어의 포괄성과 독창성에 참여할 길이 없는 것이다.

대강에서 이미 얘기했지만 수운은 자기의 생각이 "서학"으로 오인받는 사태를 가장 두려워했을 뿐 아니라, 그 오인을 모면하기 위해서는 동학의 독창성과 주체성, 그리고 자율성에 관한 확고한 자세를 밝힐 필요가 있었다. 뿐만 아니라 동학의 독자적인 아이덴티티를 밝히기 위해서는 동학만의 고유한 세계관 즉 동학코스몰로지를 확립해야 하는데, 그 방식으로서 동학과 대비되는 서학의 코스몰로지의 부당함을 밝히는 작업으로부터 홍운탁월烘雲托月(구름을 그려 달을 드러낸다) 해들어가는 전략을 세운 것이다.

이 도입부분의 전체적인 느낌은 『천주실의天主實義』 상권의 제1편과 제2편에서 말하고 있는 "천주관"에 대한 전면적 부정이다. 수운의 이러한 폭넓은 지

적작업을 이해하지 못하는 사람들은 수운의 언어에 접근하기가 힘들다.

그가 모두冒頭로부터 천도天道와 지리地理를 말하는 것은 천과 지를 분리시키는 작업이 아니라, 천과 지가 하나의 유기체로서 소통하는 체계라는 것을 밝히고 있는 것이다. 구성九星과 구주九州, 팔방과 팔괘와 같은 이야기는 이러한 정합적 체계를 밝히기 위한 주변적 레토릭에 불과하다. 그의 논의의 핵심은 바로 이것이다:

유영허질대지수有盈虛迭代之數, 무동정변역지리無動靜變易之理。

이 7글자로 구성된 댓구는 우선 "유有"와 "무無"라는 동사로 대비된다. "질대지수"는 있고, "변역지리"는 없다는 것이다. 질대지수迭代之數라는 것은 달이 기울고 차고 사시가 갈마드는 우리 삶의 환경에서 관찰될 수 있는 천지변화의 규칙성을 말하는 것이다. 그러한 변화의 규칙성, 변화의 항상성, 변화의 시의성(카이로스)은 항존한다. 즉 "있다"는 것이다. 그런데 반하여 동정動靜이 변역하는 이치는 없다는 것이다.

유와 무의 대립 때문에 뒷 구절의 해석을 왜곡하는 사람들이 많은데, 동정변역지리動靜變易之理가 없다는 것은 영허질대지수盈虛迭代之數를 부정하는 것이 아니라, 그것의 성격을 강화하기 위한 보조적 언급일 뿐이다. "동정변역"의 뜻은, "영허질대"를 지배하는 동정의 체계가 근본적으로 뒤바뀌거나 하는 임의적인 반란은 없는 매우 질서정연한 코스모스라는 것이다. "변역變易은 없다"라는 뜻은 "변화가 없다"는 뜻이 아니고, 변화의 질서가 근원적으로 뒤바뀌는 반역의 사태는 없다는 것이다.

가을 다음에 겨울이 와야할 텐데 갑자기 여름으로 가는 사태는 없다는 것이다. 이러한 변화의 항상성 속에서 음양의 이치가 생겨날 수 있고, 음양의 이치에 의한 천지의 교감 속에서 만물이 생성되는데, 그 중 최령자가 바로 인간이라는 것이다. 이것은 천·지·인 삼재라고 하는 코스모스의 기본적 스트럭쳐가 스스로 그러하게, 즉 무위無爲적으로 형성된 것이라는 사태를 클레임하려는 것이다. 다시 말해서「포덕문」의 모두冒頭에서 "무위이화無爲而化"를 말한 것과 동일한 사유의 틀을 전제하는 것이다.

마테오 리치는 다음과 같이 말한다:

物不能自成也。物本不靈, 而有安排, 莫不有安排之者。

만물은 스스로 만들어질 수가 없는 것입니다. 만물은 본래 영험스러운 능력을 구유하고 있지도 않으면서 질서정연하게 안배되어 작동하고 있는 것을 보면, 그것들을 안배하고 있는 타자적인 존재가 없을 수가 없습니다.

서학적 세계관의 핵심은 "물불능자성物不能自成"이라는 이 한마디에 있다.

수운은 이와는 대비적으로, 천·지·인의 질서가 그 자체로 구유한 능력에 의하여 그렇게 돌아가고 있음을 천명하고 있는 것이다. 마테오 리치는 만물이 모두 "영靈이 없다"(不靈)고 말했지만, 수운은 인간이 "최령最靈하다"고 말함으로써 천지만물이 다함께 령靈하다는 것을 인정한다. 이 영험스러운 우주는 "불실기시不失其時"하고, "불변기서不變其序"하면서 질서정연하게 돌아가고 있다. 그러나 상식적인 창생들은 어떻게 해서 그러한 질서가 지켜지고 있는지를 알 수가 없다. 그래서 "천주지은天主之恩"이니 "화공지적化工之迹"이니 하는 의타적 사유에 의하여 그 질서의 까닭(기단其端)을 설명하려 한다. 마테오 리치는 말한다:

천주님이 없으면 만물은 존재할 수 없습니다. 만물은 천주님으로 말미암아 생겨난 것이지만, 천주님은 말미암아 생겨난 바가 없는 완벽한 자율의 존재입니다.

無天主則無物矣。物由天主生, 天主無所由生也。

만물은 의타적인 존재이며 타율적인 존재임에 반하여 천주는 완벽한 자율의 존재라는 것이다: "天主之稱, 謂物之源, 如謂有所由生, 則非天主也。천주라는 것은 만물의 근원임을 말하는 것입니다. 만약 그것이 무엇에 말미암아 생겨난 것이라면, 그것은 천주가 아닙니다."

이러한 마테오 리치의 궤변에 대하여 물物이 불령不靈하다든가, 물이 자체로 생성할 수 없는 의타적 존재라든가 하는 검토되지 않은 명제를 대전제로서 시인하는 순간, 인간은 모두 천주에게 복속하고 그의 명령을 따를 수밖에 없는 비굴한 존재로서 전락되는 것이다. 지금 수운은 그 서구적 삼단논법의 대전제 그 자체를 삼재론의 코스몰로지로써 묵사발 내버리고 있는 것이다.

수운은 말한다. 그래! 그것이 천주님의 은혜라고 하자! 은혜라고 한들 그것은 불견지사不見之事(감각적으로 확인할 수 없는 일, 그래서 확답이 있을 수 없는 사태)일 뿐이요, 조화옹(데미우르고스)의 공작工作이라 한들 역시 난상지언難狀之言(감각적으로 형상화될 수 없는 말, 이것 역시 정답이 있을 수 없는 사태이다)일 뿐이다.

수운의 최종적 결론은 매우 간결하고 단호하다: "미필未必." 단지 이 두 글자인 것이다. 그것은 서학(서양의 모든 학문)이 어떤 개구라를 피워도, 반드시 그렇다는 보장이 있을 수 없다는 것이다.

미필未必。

반드시 그러하다 할 수 없다.

이것이 수운이 서학에 대해서 한 총귀결이다.

수운은 변화하는 질서의 밖에 또 그 질서를 관장하는 초자연적(초음양적) 존재가 있다는 것을 인정하지 않는다. 변화에 대하여 불변자가 있다는 것을 인정하지 않는다. 타율자에 대하여 자율자가 따로 있다는 것을 인정하지 않는다. 그런데 수운을 해설하는 20세기 한국의 레토릭들은 대부분 "변화 — 불변"의 이원론적 다이카토미dichotomy에 의하여 지배당하고 있다. 참으로 딱하다고 할 것이다. 지금이라도 그러한 이원성에서 벗어나야 한다. 수운의 원초적이고도 창조적인 사유를 왜곡할 뿐인 "개화기시절의 콤플렉스"에서 이제는 깨끗이 벗어나야 한다. 모든 불변은 변화 속의 지속과 질서의 측면을 방편적으로 말하는 것임을 알아야 한다. 불변은 변화하는 것이다. 이것이 바로 고조선으로부터 내려오는 우리적인 사유의 원형인 것이다.

둘째로, 만물은 자성自成의 능력이 없다는 터무니없는 가설, 그 전제를 받아들이면 아니 된다. 즉 타율(만물)과 자율(신)의 다이카토미를 용납하면 아니되는 것이다. 이것만 무심코 받아들이면 만물은 신에 의한 피조물로 타락하고 마는 것이다. 이것은 사실의 문제가 아니라 논리전개의 대전제를 수용하냐 않느냐의 문제일 뿐이다. 그 선택은 자유다. 이 우주의 만물이여! 자유민으로 살 것인가? 노예로서 상제님(천주)의 감옥 속에서 살 것인가? 스스로 선택하라! 미국의 만물은 상제님을 선택하여 캐피톨 힐Capitol Hill까지 붕괴되는 자멸의 길을 걷고 있으니(2021년 1월 6일. 트럼프 격발연설. 4명 사망. 경찰 2명 포함 총 6명. 미국 민주주의의 조종) 어찌 가련하지 아니할꼬?

수운은 서구적 가치에 대하여 처음에는 개방적 자세를 취했다. 그것은 서구 문명이 깔고 있는 인격신과 문명의 놀라운 진보에 대하여 매우 의아스러운 자세를 취하면서도 그것을 전면적으로 부정하지 않았다는 것을 의미한다. 그리고 직접 "인격신"과 대면하는 기도생활을 6년이나 수행했다. 그리고 만났다. 그리고 1년 동안 자신의 체험을 반추했다. 그리고 또다시 반년 동안 자기의 실존적 체험을 사회화시키면서 검증했다. 그리고 민중의 심성 속에서 그의 인격신, 그의 하느님이 걸어가야 할 정도를 다시 발견한다. 「동학론」은 하느님의 일방적인 명령의 담론이 아니다, 수운이 하느님에게 요구한 정도正道의 진상眞

相이다. 수운은 성숙했다. 동·서를 회통하고 고·금을 일관했다.

2-2 夫庚申之年, 建巳之月, 天下紛亂, 民心淆薄, 莫知
　　　　부경신지년　건사지월　천하분란　민심효박　막지

所向之地。又有怪違之說, 崩騰于世間: "西洋之人
소향지지　우유괴위지설　붕등우세간　　서양지인

道成立德, 及其造化, 無事不成, 攻鬪干戈, 無人在
도성입덕　급기조화　무사불성　공투간과　무인재

前。中國燒滅, 豈可無脣亡之患耶!" 都緣無他, 斯人
전　중국소멸　기가무순망지환야　　도연무타　사인

道稱西道, 學稱天主, 敎則聖敎。此非知天時而受天
도칭서도　학칭천주　교즉성교　차비지천시이수천

命耶!
명야

국역 대저 경신의 해(1860년) 건사지월建巳之月(※ 이것은 하력夏曆으로 4월을 가리킨다.
농력農曆에서 흔히 말하는 월건月建 중의 하나이다. 이것은 북두칠성의 자루가 가리키는
방향을 두건斗建이라 하는데, 그래서 건인建寅은 1월, 건묘建卯는 2월, 건진建辰은 3월이
된다), 천하가 분란케 되고, 민심이 효박하여 사람들이 삶의 방향감각을
잃고 우왕좌왕하던 차에, 또 괴이하고 상식에 어긋나는 설들이(기독교의
교리를 비롯하여 그 배면에 깔린 국제정치적 상황) 세간에서 들끓었다. 그 내용인즉
다음과 같은 말들이다:

"서양의 사람들은 도가 이루어져 덕을 세우고(※ 도성입덕道成立德: 경진초판
에는 이 표현으로 일관되어 있다. 그러나 목천계미중춘판에는 「수덕문」에 한 번 "도성덕립
道成德立"으로 나온다. 모든 판본의 텍스트 전체를 살펴본 결과, 수운은 "도성입덕"이라는
표현을 일관되게 썼다는 사실이 밝혀졌다. 『용담유사』에서도 "도성입덕"으로 일관했다.

문장의 패러랠리즘을 생각하면 "도성덕립"이 보다 자연스러운 것처럼 보이지만, 수운은 입立의 능동적 행위를 강조하여 "입덕立德"을 선택한 것으로 사료된다), 그 조화를 부리는데 이르러서는 했다 하면 성취 못하는 일이 없고, 병기를 휘두르며 전쟁을 일으키면 그 앞에 당할 자가 없다. 아~ 이제 중국마저 불타 멸망할 지경에 이르렀으니, 그렇게 되면 우리나라의 운명은 어찌 되겠는가? 순망치한의 위기에 노출되지 않겠는가!"(※이 인용문의 내용은 서양열강의 제국주의, 그 부정적 함의를 성토하는 글이다).

그러한 정황은 다른 데 그 연고가 있는 것이 아니라 바로 다음과 같은 긍정적 상황에 있다. 이 사람들은 도道에 관해서는 서도西道(이것은 서양의 과학을 의미한다. Western science)라 칭하고, 학學에 관해서는 천주학天主學(신학Theology을 의미)이라 칭하고, 교教에 관해서는 성교聖教(성스럽게 조직화된 종교. The Sacred and Organized Religion)를 자부한다. 과학, 신학, 종교를 갖추었으니 이들이야말로 천시天時(Heavenly *kairos* καιρός)를 알고, 천명天命(Heavenly Mandate)을 받은 선진문명의 사람들이 아니겠는가?

옥안 전반과 후반에 서양의 제국주의에 대한 부정적 평가와 긍정적 평가가 병치되고 있다. 이 두 개의 평가는 실로 수운의 가슴에 항상 모순을 일으키는 평행선이다. 그러나 우리 조선인의 사명은 바로 이러한 진퇴양난의 퇴로가 없는 궁색한 현실을 극복해야 하는 당위성에 있다. 수운은 냉정하고 냉철하다. 서양은 천시를 파악하여 천명을 받았을지도 모른다. 그러나 그들이 진실로 천명을 받았다고 한다면 어찌하여 그렇게 포악하고 악독한 짓들을 한단 말이냐? 그 근원에 있는 기독교, 그 기독교가 깔고 있는 세계관에 그들의 근원적인 약점이 있는 것이 아니겠느냐? 이제 우리 조선사람들은 새로운 천시天時를 발견하고 새로운 천명天命을 받아야 할 때가 온 것이다. 수운은 이어 자신의 대각의 계기를 토로한다.

2-3 擧此一一不已, 故吾亦悚然, 只有恨生晚之際, 身多
거 차 일 일 불 이　고 오 역 송 연　지 유 한 생 만 지 제　신 다

戰寒。外有接靈之氣, 內有降話之敎, 視之不見, 聽
전 한　외 유 접 령 지 기　내 유 강 화 지 교　시 지 불 견　청

之不聞, 心尙怪訝。修心正氣, 而問, 曰:"何爲若然
지 불 문　심 상 괴 아　수 심 정 기　이 문　왈　하 위 약 연

也?"曰:"吾心卽汝心也。人何知之。知天地, 而無
야　왈　오 심 즉 여 심 야　인 하 지 지　지 천 지　이 무

知鬼神。鬼神者, 吾也。及汝無窮無窮之道, 修而煉
지 귀 신　귀 신 자　오 야　급 여 무 궁 무 궁 지 도　수 이 련

之。制其文敎人, 正其法布德, 則令汝長生, 昭然于
지　제 기 문 교 인　정 기 법 포 덕　즉 령 여 장 생　소 연 우

天下矣。"吾亦幾至一歲, 修而度之, 則亦不無自然
천 하 의　오 역 기 지 일 세　수 이 탁 지　즉 역 불 무 자 연

之理。故一以作呪文, 一以作降靈之法, 一以作不忘
지 리　고 일 이 작 주 문　일 이 작 강 령 지 법　일 이 작 불 망

之詞。次第道法, 猶爲二十一字而已。
지 사　차 제 도 법　유 위 이 십 일 자 이 이

국역 이와같이 서양에 대한 부정적이거나 긍정적인 항간의 얘기를 하나하
나 열거하자면 끝이 없다. 나 역시 이러한 문제를 생각하면 마음이
송연悚然(두렵다)해지고, 단지 좀 더 일찍 태어났더라면 좋았을 걸 하는
신세한탄만 생겨난다(※수운은 자기가 살고 있는 시대가 조선문명의 해체기라고
보았으며, 무엇인가 건설적인 사업을 벌이기에는 너무 늦은 감이 있다고 생각했다. 조금 더
일찍 태어났더라면 더 많은 사람을 쉽게 향도할 수 있었을 텐데 하는 아쉬움이 있었다).

이런 생각을 하고 있을 때 갑자기 어느날 몸이 심하게 떨리고 추웠다
(신다전한身多戰寒:「포덕문」의 "심한신전心寒身戰"을 이렇게 바꾸어 표현하였다). 몸 밖
으로는 접령接靈의 기운이 있었고, 몸 안으로는 강화降話의 가르침이

있었다. 아무리 보려고 해도 보이지 않았고, 아무리 들으려 해도 들리지 않았다(※시지불견視之不見, 청지불문聽之不聞: 이 표현은 역시 『노자』에게서 유래된 것이다[14장]. 『장자』에도 나온다. 『예기』의 「중용」 16장과 「공자한거」편에 유사한 표현이 나온다. 수운이 평소 『노자』를 애독했다는 것을 알 수 있다).

마음속으로 괴아(괴상하고 의아하게 느낌)하게 느끼어, 마음을 바로잡고 몸의 기운을 반듯이 하여(수심정기修心正氣: 닦을 수修로 되어있다) 정색을 하고 물었다:

"어찌하여 이러하오?"(※"하위약연何爲若然"을 문자 그대로 직역한 것이다. 「포덕문」에는 "문기소연問其所然"으로 되어있었다. "하위약연"은 두 가지로 해석할 수 있다. 하나는 "어찌하여 내가 이 모양입니까?" 하고 수운 자신의 처지를 묻는 것으로 해석될 수도 있지만, 또 하나는 전체상황, 자기가 춥고 떨리고 또 하느님이 나타나는 전체상황의 소이연, 도대체 왜 이런 상황이 벌어지게 되었는지 그 까닭을 묻는 것이다).

이 나의 물음에 대하여 하느님은 다짜고짜 이와같이 대답하는 것이었다:

"내 마음이 곧 너의 마음이다. 이렇게 너와 나의 마음이 합일되어 있다는 것을 보통사람들이 어찌 알 수 있겠느뇨? 사람들이 천지天地는 알아도 천지의 또 다른 영묘한 이름이라 할 수 있는 귀신은 알지 못한다. 그런데 귀신이 곧 나다. 내가 너에게 무궁무궁한 도를 전하여 주노니, 너는 그것을 닦아 연마하라. 그리고 글을 지어서 사람들을 가르치고, 그 법을 바르게 하여 포덕을 하라. 그리하면 너를 장생長生케 할 것이요, 너의 도가 천하에 빛나게 하리로다."

이러한 체험이 있은지 근 일 년 동안 나는 그 하느님의 도를 닦으면서 여러모로 검토하여 보았다. 헤아리고 또 헤아려본 결과, 나는 그 도가 스스로 그러한 이치가 아닌 것이 없음을 알게 되었다(※ 상식에 어긋나는 억지스러운 작위적 성격이 없다는 뜻. 물 흐르듯이 스스로 그러한 대자연의 이치와도 같다는 뜻).

그래서 일단 주문을 지었는데(주문이 하느님에게서 받은 것이 아니라 수운의 창작임을 알 수 있다), 그 주문은 한편 강령지법(지기금지至氣今至, 원위대강願爲大降)과 한편 불망지사(시천주侍天主, 조화정造化定。영세불망永世不忘, 만사지萬事知。나는 "불망지사"는 본주문을 의미한 것으로 해석한다)로 구성되어 있다. 이로써 차제와 도법이 이 21글자에 다 갖추어져 있다고 할 것이다.

沃案 문자상의 애매한 점은 본문번역에서 그 당장당장에 밝혀 놓았다. 기존의 번역들은 대체로 텍스트의 콘텍스트를 밝히지 않는다. 그리고 의외로 전문적인 지식을 요구하는 영역에 관하여서도 명료한 해석을 회피하는 성향이 있다. 이 부분은 이미 「포덕문」에서 그 대강이 소개된 바 있다. 그러나 양자는 전혀 차원을 달리하는 별개의 문장으로 보는 것이 좋다.

동일한 주체가 동일한 체험을 동일한 붓에 의하여 묘사하는데 어떻게 다를 수가 있는가? 그것은 사실(Fact)이 다른 것이 아니라 그 사실을 바라보는 관점(Interpretation)이 다른 것이다.

예를 하나 들어보자! 「포덕문」에서는 하느님이 나타나는 첫 장면에서 하느님은 자기의 아이덴티티를 직접적으로 밝히지 않는다. 그리고 "세상사람들이 흔히 나를 불러 말하는 바世人謂我"라는 간접적 화법으로 자기의 존재를 밝히고 있다. 그것은 세인의 인식체계에 비추어진 자기 모습이요, 자기가 자기를 말하는 당당한 주체적 발언이 아니다. 그리고 세인이 칭하는 바로서 거론한 것이 "상제上帝"라는 민중적 개념이다. 그러나 이 상제라는 말은 초월성

(transcendence)과 인격성(personality)이 노골적으로 드러나 있으며, 그것은 어떠한 해석을 가하든지간에 천지만물의 생성과 운행을 리理 한 글자로써 해석하는 영남주리론학파의 비위에는 몹시 거슬린다.

그런데 마테오 리치의 『천주실의』는 주자의 주리론을 아주 형편 없는 무신론(atheism)으로 비하시키면서 "상제上帝"라는 개념만이 가톨릭의 "천주" 개념에 가깝게 온다고 말했다. 그러니 「포덕문」에서 말하는 "상제"는 가톨릭의 "천주"로서 이해되기 십상이다. 수운은 「포덕문」의 자기표현이 그러한 오해의 소지를 담고 있다는 것을 잘 알았다.

그리고 포덕 이후 영남유생들의 반발과 음해와 탄압은 거세졌다. 그러한 음해와 탄압을 잠재우고, 자신의 고요한 성찰의 시간을 갖기 위해 전라도 남원으로 온 수운이 다시 붓을 들었을 때는 이미 해석의 관점이 다른 차원으로 옮아 갔다. 여기 내가 수운에게 감복하는 것은 수운은 생각의 변화에 따라 앞서 쓴 글을 개작하거나 지우거나 없애거나 하지 않았다는 것이다. 모든 시점에 있어서의 자기 진실은 영원한 진실이다. 후세사람들을 위하여 그대로 남겨두는 것이 좋다고 생각한 것이다. 표현의 불일치가 일자를 시是로 만들고 일자를 비非로 만드는 것은 아니다. 수운은 역시 대인大人이었다.

「동학론」에서는 하느님이 수운에게 최초로 자기를 드러내는 방식은 놀랍게 핵심을 파고든다. 직입적이며, 직접적으로 자기의 아이덴티티를 밝힐 뿐아니라 그 아이덴티티의 내용과 성격을 한꺼번에 다 밝히고 있다. 그것은 내가 "누구"라고 하는 표전表詮(superficial identification)의 방식과는 차원이 다르다. 하느님은 단도직입적으로 말한다.

吾心卽汝心也。

내 마음이 곧 네 마음이다.

내 마음이 곧 네 마음이라는 것은, 하느님 마음이 곧 너의 마음이라는 것이요, 이것을 도치시키면 "나 인간의 마음이 곧 하느님의 마음이다"라는 뜻이 된다. 이것은 기실 의암 손병희에 의하여 정형화된 "인내천"사상의 핵심을 이미 수운이 밝히고 있다는 뜻이 된다.

당신이 도대체 왜 나에게 나타나서 나를 이렇게 선득하고 춥게 만들고 있는 거요? 도대체 당신이 누구요? 이런 항변에 들려오는 하느님의 말씀은 이러하다:

"네 마음을 봐라! 네 마음이 곧 하느님 마음이다."

기실 존재의 핵심을 마음, 인간의 사유·감정작용에 둔다고 한다면 마음과 마음의 합일은 존재와 존재의 합일을 의미한다. 오심즉여심은 이런 의미가 된다.

"네가 곧 나요, 내가 곧 너다!"

이것은 매우 신비롭고 애매하게 들리는 비어秘語처럼 생각되지만 실상 수운은 우리민족의 전통적 유교적 세계관·인간관을 좀 색다르게 표현한 것뿐이다. 이것은 정통 주자학에서 말하는 바, "천인합일天人合一"을 색다른 맥락에서 표현한 것이다. 송유들의 사상은 이 천인합일에서 한 발자국도 벗어나지 않는다. 정이천은 말한다:

> **"한 사람의 마음이 곧 천지의 마음이다. 한 물건의 이치가 곧 만물의 이치이다.一人之心, 卽天地之心;一物之理, 卽萬物之理。"**(『이정유서二程遺書』, 卷第二上).

이것은 『예기』「예운」편에서 말한 바, "그러므로 사람이라 하는 것은 천지의 마음이다.故人者, 天地之心。"라고 한 것을 더욱 확장시켜 말한 것이다. 장횡

거 또한 그의 『정몽』「대심편大心篇」에서 이렇게 말한다: "인간의 마음을 개방적으로 확대시키면 천하의 모든 사물을 체현해낼 수 있다. 아직 체현하지 못한 사물이 있을 때 사람의 마음은 국한성을 지니게 되는 것이다. 大其心, 則能體天下之物。物有未體, 則心爲有外。"

정이천은 또 말한다: "성인의 마음은 내와 외를 합한 것이요, 만물을 체현한 것이다. 聖人之心 …… 合內外, 體萬物。"(『이정유서』, 三). 주자 또한 『주문공문집朱文公文集』의 「인설仁說」에서 이와같이 말한다: "천지는 만물을 생성시키는 것으로써 그 마음을 삼는다. 사람과 만물의 태어남이라고 하는 것도, 각기 천지의 마음에서 얻는 것을 가지고서 자기의 마음을 삼는 것이다. …… 사람의 마음의 현묘한 측면을 논한다면 그것이 곧 인仁이라 말할 수 있다. 天地以生物爲心者, 而人物之生, 又各得夫天地之心以爲心者也。…… 論人心之妙者, 則曰仁。"

옛사람들은 천지를 하나의 유기체로 생각했고, 그것은 자생적인 생명을 유지시켜 나가는 복합체계로 간주되었다. 사람이 그 마음을 다 구현할 수 있으면, 천지의 마음을 다 구현할 수 있고, 그렇게 되면 곧 천지와 동체同體가 된다고 생각했다. 수운의 사상은 "오심즉여심"이라는 짤막한 한마디를 통하여 전통적 유기체적 세계관의 핵심을 표현하고 있었다. 이것은 기독교적인 초월상제관과 생명 없는 수동적인 만물관과는 전혀 차원을 달리하는 것이었다. 수운은 천주학의 패배를 선언하고 있는 것이다. 다시 말해서 마테오 리치와는 다른 새로운 형이상학을 선포하고 있는 것이다. 이 선포야말로 그에게는 "다시개벽"을 선포하는 것이었다.

수운은 "오심즉여심"이라는 명제를 보다 구체적으로 리프레이즈to rephrase 하는 유명한 발언을 한다. 물론 그것은 수운의 말이 아니라 하느님의 말씀이다. 하느님은 일차적으로 자기의 아이덴티티를 사람의 마음으로써 드러내었다. 다음에 그가 자신을 드러내는 방식은 우주론적(cosmological)이다.

知天地, 而無知鬼神。鬼神者, 吾也。

전통적으로 이 구문에 대한 해석이 매우 어지럽게 되어있다. 그러나 수운은 질서정연하게 논리적 스텝을 밟으면서 앞의 명제, "오심즉여심"을 부연한 것이다. 동학연구의 가장 큰 난제는 수운의 문장을 읽을 때, 수운이 읽었을 만한 서적의 범위를 다 흡수한 안목으로 전관全觀치 아니하고 오직 "한문실력"이라는 알량한 재주 하나에 의지하여 자기 나름대로의 설을 펴고 있다는 것이다(그런데 그들의 "한문실력"이라는 것은 "경전지식"이 아니다).

그런데 그 "설"이라는 것이 대부분 20세기의 지식이요, 서양화된 한국어의 천박한 장난이요, 수운의 본의를 직관하지 못하는 어린 낭설이다. 수운을 이해하기 위해서는 수운이 도달한 학식이나 직관, 그리고 그 인품의 도량에 미치는 능력을 구유하고 있어야 한다. 그러한 능력과 학문적 경지가 없으면 겸손해야 한다. 배우는 자세로 경건하게 임해야 한다. 그런데 동학을 안다고 하는 자들은 마구 떠들고, 마구 낭설을 편다. 이제 동학의 연구가 최소한의 기본적 학문의 공통기초 위에서 제 궤도를 올라설 수 있기만을 간곡히 빌고 또 빈다.

우선 이 「동학론」에 나오는 "귀신鬼神"이라는 개념은 20세기 한국말의 "귀신"이 아니다. 지금 일상적으로 우리가 "귀신"이라 하는 것은 서양말 "고스트ghost"의 번역어에 해당되는 의미이며, 전통적인 언어를 빌려도 "요괴妖怪"(『공총자』,『한서』 등에 용례가 있다) 이상의 의미를 지니지 않는다. 그러한 요괴의 특징은 그것이 하나의 독립된 실체적 존재로서 인식된다는 것이다. 그러나 지금 여기 수운이 사용하고 있는 의미는, 정통적 주자학의 세계관을 표방하는 의미이며, 그것은 천지코스몰로지의 음양론의 변주일 뿐, 일체 실체론적 존재성을 갖지 않는다. 간단히 얘기하면 이와같다.

여러분들이 천지인 삼재론에 있어서 천이 양陽을, 지가 음陰을 대변한다는 것은 잘 알고 있을 것이다. 「동학론」 모두에서 수운이 삼재를 설명하면서 천을 오행의 강綱으로, 지를 오행의 질質로, 인人을 오행의 기氣라고 표현한 것을 기억할 것이다. 기氣(인人을 규정한 기)라는 것은 결국 양기와 음기가 묘합妙合하여 매우 잘 조화된 상태이므로 최령자가 되었다는 뜻이다.

인간은 천과 지의 묘합인데 천은 펼쳐나가는(신伸) 창조적 기운이 있고, 지는 창조의 바탕으로서 수렴하여 되돌아가는(귀歸) 기운이 있다는 것이다. 이 천의 신伸의 기운을 신神이라 하고, 이 지의 귀歸의 기운을 귀鬼라 했다. 이 신과 귀를 인간에게 적용해서 부르는 말이 혼魂과 백魄이다. 혼은 하늘의 기운이기 때문에 죽으면 하늘로 퍼져가고(신伸), 백은 본래 땅의 기운이기 때문에 죽으면 땅으로 돌아간다(귀歸).

천天	양陽	혼魂	신神	신伸	래來	기氣
지地	음陰	백魄	귀鬼	귀歸	왕往	정精

지금 경주 용담에 가면 관광명소가 되어 아무것도 남아있는 것이 없지만, 그곳은 본시 수운의 조부가 원적암圓寂庵을 매입하여 그 터에 와룡암을 새로 지었고, 그 뒤로 아버지 근암공이 용담서사를 추가로 건립한 매우 학구적인 선비의 거소였다. 하여튼 수운이 자라난 환경은 서울까지 가서 과거를 본 부친 근암공의 서재를 배경으로 하고 있었기 때문에 서향의 훈도가 몸에 배인 환경이었다. 대제학은 아닐지라도 대제학이 될 수 있는 실력을 갖춘 사람의 서재는 만만한 것이 아니었을 것이다. 수운은 어려서부터 이미 『주문공문집』이나 『주자어류』와 같은 서물들을 물씬 접했다.

『주자어류』를 펼치면 바로 권3에 "귀신鬼神" 파트가 있다. 그 언어는 우리에게 새로운 감흥을 던져준다:

신神이란 퍼져나가는 기운이다. 귀鬼란 오그라들고 갈무리하는 기운이다. 일례를 들면, 비바람·우뢰번개가 처음에 생성되어 발산할 시기는 그것을 신神이라 하고, 바람이 잦고 비가 그치고 우뢰가 멈추고 번개가 사라지면 그것을 귀鬼라고 한다.

神, 伸也；鬼, 屈也。如風雨雷電初發時, 神也；及至風止雨過, 雷往電息, 則鬼也。

주자는 또 말한다:

"귀신"이란 어떤 존재를 말하는 것이 아니고, 음양이 자라나고 줄어들고 하는 과정을 말하는 것이다. 사물에게 멈춤과 독을 주기도 하면서(『노자』 51장) 화육시키는 과정, 구름이 끼고 비바람이 내려치는 과정이 모두 귀신이라 말할 수 있는 것이다. 사람에 적용하여 말해보면 하초의 정精은 백魄에 속한다. 백이라고 하는 것은 귀鬼의 기운이 풍성한 것이다. 상초의 기氣는 혼魂에 속한다. 혼魂이라고 하는 것은 신神의 기운이 풍성한 것이다. 땅의 정精과 하늘의 기氣가 하나로 조화되어 만물을 만드는 것이니, 도대체 귀신이 없는 존재가 어디에 있을 수 있겠는가!

鬼神不過陰陽消長而已。亨毒化育, 風雨晦冥, 皆是。在人則精是魄, 魄者鬼之盛也；氣是魂, 魂者神之盛也。精氣聚而爲物, 何物而無鬼神?

귀신을 비실체적인 우주만물의 과정(Process)으로서 논하는 담론은 우리에게 익숙치 않지만, 조선왕조의 지식인들에게는 너무도 편안한 명제였다. 우리가 너무도 서구화된(과학화된) 세계 속에서 살고 있기 때문에 근원적으로 우리가 살고 있는 환경세계(Umwelt)의 생명성을 망각하고 있는 것이다. 귀신은 천지생명의 다른 이름이지 고스트가 아니다. 여러분들에게 주자학의 세계관을 설명

하기 위하여 『주자어류』의 제63권, 『중용』 16장을 설명하는 대목을 한 번만
더 인용하겠다.

> 일월성신풍뢰가 다 조화의 적造化之迹(수운이 쓰고 있는 개념)이다. 천지지
> 간에 단지 이 하나의 기가 있을 뿐이다. 오는 것은 신神이고 가는 것은
> 귀鬼다. 인간의 한 몸에 비유하여 말하자면, 삶을 향해 오는 기운은 신
> 神이고, 죽음을 향해 가는 기운은 귀鬼다. 그러나 결국 둘 다 일기一氣일
> 뿐이다.

> 如日月星辰風雷, 皆造化之迹。天地之間, 只是此一氣耳。來者
> 爲神, 往者爲鬼。譬如一身, 生者爲神, 死者爲鬼, 皆一氣耳。

또 말한다.

> 천지의 조화가 다 귀신 아닌 것이 없다. 기가 방금 왔을 때는 양에 속하고
> 그것은 신神이 된다. 그런데 기가 돌아가면 그것은 음에 속하므로 귀鬼가
> 된다. 하루를 가지고 말해도 정오 이전에는 신神이고, 정오 이후에는 귀鬼
> 이다(그래서 오전에는 신명이 있고 오후에는 나른하다). 한 달로 쳐도 초삼일
> 부터 15일까지는 신神이고, 16일 이후는 귀鬼가 된다.

> 氣之方來皆屬陽, 是神; 氣之反皆屬陰, 是鬼。日自午以前是
> 神, 午以後是鬼。月自初三以後是神, 十六以後是鬼。

이러한 방식의 귀신론은 자연현상의 모든 분야에 걸쳐 매우 디테일하게 적용
되고 있다.

자아! 지금 우리는 무엇을 말하려는가?

수운에게 나타난 하느님이 한 말은 이와같다:

"사람들이 천지만 알고 귀신을 알지 못한다."

여기서 천지란 물리적인 대자연환경(Physical Nature)을 말하는 것이다. 즉 천지라는 물리적 구조만 알고 있지 그 배면을 흐르는 생명의 자연, 생동 치는 우주의 실상을 깨닫지 못하고 있다는 것이다. 나는 귀신을 이렇게 번역했다: "천지의 또 다른 영묘한 이름이라 할 수 있는 귀신은 알지 못한다."

수운은 이러한 논의를,『주자어류』나 정이천의『주역』건괘 해석(夫天, 分而言之, 則以形體謂之天, 以主宰謂之帝, 以功用謂之鬼神。)에 나오는 당대의 상식적 언어를 빌어, 전개하고 있는 것이다:

> 주자의 어느 학생이 물었다: "선생님! 그렇다면 귀신은 우리가 일상적으로 경험하는 기라고 생각하면 되겠습니까?" 선생님은 대답하시었다: "일상적으로 경험하는 기의 배면에 있는 신령神靈한 그 무엇이 귀신이라 해야겠지."

> 問:"鬼神便只是此氣否?" 曰:"又是這氣裡面神靈相似。"

우리는 천지만을 안다. 그러나 천지를 작동시키고 있는 천지의 생명력인 귀신을 알지 못한다. 나는 매일 인수봉을 바라본다. 인수봉이라는 물리적 존재만을 쳐다보고 그 귀신을 알지 못하면 천지의 화육化育에 참여할 길이 없다. 그러한 인식방법에는 코로나 바이러스의 보복이 뒤따른다. 수운은 천지를 귀신으로 파악하는 길만이 가장 합리적이면서도, 가장 영성이 깊은 인식의 체계이며, 하느님을 바르게 이해하는 길이라고 믿었다. 수운에게 나타난 하느님의 최종적 자기확인은 이러하다:

> **귀신이 바로 나이니라.**

> **鬼神者, 吾也。**

이 명제는 인류를 영원히 계몽시키고도 남을 고조선의 혼백이요, 단군의 가르침이요, 천부인天符印의 핵심이요, 모든 종교의 원점이다. 수운은 마테오 리치가, 천주교의 신부들이 이 천지 그 자체가 바로 귀신이라는 것을 깨닫지 못했다고 생각했다. 이 한 포인트를 벗어나면 하느님은 폭압적인 마귀가 되고 만다. 제국주의적 침략과 파멸을 정당화시키는 요괴가 되고 마는 것이다. 수운은 이러한 심오한 사유를 통해 동학이 결코 서학으로 오해받아서는 아니 된다는 것을 변론하고 있는 것이다.

그리고 그가 선포하는 하느님이 서학의 천주님과는 전혀 다른, 새로운 우리 민족의 내재적·고유한 가치관이자 삶의 자리(Sitz-im-Leben)라는 것을 선포하고 있는 것이다. 그러면서 동시에 그가 말하는 하느님은 정통적 주자학이나 주리론적 세계관을 포괄적으로 계승한 대유大儒, 진유眞儒의 인식체계임을 호소하고 있는 것이다. 그러나 영남의 유생들이 수운의 홍지鴻志를 각覺할 까닭이 없다. 그의 운명은 조여들어가고만 있었던 것이다.

수운의 이해를 위한 바탕에 깔려있는 가장 큰 문제는 21세기를 사는 오늘 우리들이 주자학이 과연 무엇인지 감조차 잡지 못하고 있다는 것이다. 그러면서 실학이니 허학이니 하는 개똥잡설을 펼치고 있는 것이다.

2-4 轉至辛酉, 四方賢士, 進我而問曰: "今天靈降臨先
전 지 신 유 사 방 현 사 진 아 이 문 왈 금 천 령 강 림 선

生, 何爲其然也?" 曰: "受其無往不復之理。" 曰:
생 하 위 기 연 야 왈 수 기 무 왕 불 복 지 리 왈

"然則何道以名之?" 曰: "天道也。" 曰: "與洋道無
연 즉 하 도 이 명 지 왈 천 도 야 왈 여 양 도 무

異者乎?" 曰: "洋學如斯而有異, 如呪而無實。然
이 자 호 왈 양 학 여 사 이 유 이 여 주 이 무 실 연

而運則一也, 道則同也, 理則非也。"曰："何爲其然
이 운 즉 일 야　도 즉 동 야　리 즉 비 야　　왈　　하 위 기 연

也?"曰："吾道無爲而化矣。守其心, 正其氣, 率其
야　왈　　오 도 무 위 이 화 의　수 기 심　정 기 기　솔 기

性, 受其敎, 化出於自然之中也。西人言無次第, 書
성　수 기 교　화 출 어 자 연 지 중 야　서 인 언 무 차 제　서

無皁白, 而頓無爲天主之端, 只祝自爲身之謀。身無
무 조 백　이 돈 무 위 천 주 지 단　지 축 자 위 신 지 모　신 무

氣化之神, 學無天主之敎。有形無迹, 如思無呪。道
기 화 지 신　학 무 천 주 지 교　유 형 무 적　여 사 무 주　도

近虛無, 學非天主, 豈可謂無異者乎?"曰："同道言
근 허 무　학 비 천 주　기 가 위 무 이 자 호　　왈　　동 도 언

之, 則名其西學也。"曰："不然。吾亦生於東, 受於
지　즉 명 기 서 학 야　　왈　　불 연　오 역 생 어 동　수 어

東。道雖天道, 學則東學。況地分東西, 西何謂東,
동　도 수 천 도　학 즉 동 학　황 지 분 동 서　서 하 위 동

東何謂西? 孔子生於魯, 風於鄒。鄒魯之風, 傳遺於
동 하 위 서　공 자 생 어 로　풍 어 추　추 로 지 풍　전 유 어

斯世。吾道受於斯, 布於斯, 豈可謂以西名之者乎?"
사 세　오 도 수 어 사　포 어 사　기 가 위 이 서 명 지 자 호

국역 그럭저럭 신유년(1861)에 이르러(그가 포덕을 시작한 것, 즉 도유를 받기 시작한 것은 6월이었다) 사방의 어진 선비들이 나에게 다가와서 묻는 것이었다:

"요즈음 듣자하니, 천령天靈(하늘의 영험스러운 기운. 곧 하느님을 일컬은 말)이 선생님께 강림하셨다 하온데, 그런 일이 우짜 생기는 것입니껴?"(어찌하여 그리 되는 것이오니까?)

나는 말했다:

"뭐 특별한 것이 있겠소? 나는 그저 무왕불복지리無往不復之理를 받았을 뿐이외다."

(※ '무왕불복지리'란 '가서 되돌아오지 않는 이치라는 것은 없다'는 뜻인데 이것은 바로 앞서 말한 '귀신의 음양론적 세계관'을 부연설명한 것이다. 이와같이 수운의 논리는 툭툭 튀는 것 같지만, 그것은 우리가 수운의 언어의 진정한 함의connotation를 파악 못하기 때문에 생기는 인상일 뿐이다. 그 전모를 정확하게 파악하고 나면 수운의 논리는 매우 치밀하게 한 스텝 한 스텝 이치를 밟아나가고 있음을 알 수 있다. 하나도 어그러짐이 없다. 귀신은 곧 무왕불복지리를 가리킨다. 무왕불복지리를 깨달으면 귀신을 아는 것이며, 귀신을 만날 줄 알면 곧 천령이 강림하는 것이다).

선비가 묻는다:

"그렇다 하오면, 선생님께서 깨달으신 도는 어떤 도라고 이름해야 하오리이까?"

나는 말한다:

"천도天道니라."

(※ 수운의 대답은 간결하고도 파워풀하다. 천도라는 것은 '하늘의 길'이라는 뜻인데 그것은 누구나 체험할 수 있는 객관적인 자연의 사태라는 뜻이다. 그러나 '도道'는 하늘과 땅이라는 부분적 인식을 뛰어넘는 보편적인 법칙의 세계이므로[天法道, 道法自然], 일상적인 것이지만 또 아무나 쉽게 깨달을 수 있는 것도 아니다. 그리고 천도에는 동과 서의 문명적 국한성이 없다는 것을 동시에 암시하고 있다).

선비가 묻는다:

"그리하오면 선생님께서 깨달으신 천도天道는 양도洋道와 별 다를 바가 없는 것이겠네요?"(※ 후대의 천도교경전에 이 '양도洋道'라는 표현을 '서도西道'로 고쳐 썼는데 그것은 잘못된 것이다. 수운은 분명 '양도'라고 썼다. 현재의 경전은 다행스럽게도 '양도'로 되어있다. 물론 양도와 서도는 같은 뜻인데, 양도라 하면 서양문명의 도라는 뜻이 더 강하고, 서도라 하면 아무래도 천주교와의 관련성이 더 짙게 드러난다. 천도 Heavenly Way라고 말한다면 그것은 객관적인 과학적 법칙과도 같은 것이니 양도와 다를 바가 없겠다고 물은 것이다. 물음은 매우 날카롭게 핵을 쑤시고 들어온다).

나는 말한다:

"양학洋學(서학西學이라는 말을 쓰지 않고 양학이라고 했다. 양도를 이어받은 표현이다. 여기서 말하는 양학은 '서양의 학문일반Western Learning in general'을 폭넓게 가리키고 있다고 볼 수 있다)은 우리의 사도斯道(정통적 학문, 즉 유교적 학문세계를 가리킨다)와 비슷한 데가 있지만 그 근본이 다르고(도덕적 가치관이 배제되어 있다), 기도하는 자세가 있는 것 같으나 그 기도에 실내용이 없다(빨리 죽어唯願束死 천당에 가게 해달라는 둥 허황된 것만 빌고 앉아있다). 그러니 운運(우주의 운행)으로 말하면 하나요, 도道(천·지·인의 길, 삶의 길)로 말해도 결국 같은 것이다. 그러나 그러한 도道에 도달하는 이치(※ 리理: 여기의 '리'는 '도'라는 이상을 향해 가는 과정을 말하는 것이며, 그것은 실제로 '학學'에 해당된다. 표영삼의 설. 수운의 '도道'와 '학學'의 관계는 『중용』의 '성誠'과 '성지誠之'의 관계와 유사하다)로 말하면 서학은 근본이 잘못되어 있다."

선비가 묻는다:

"어찌하여 그러하오니이까?"

나는 총괄적으로 대답하여 말하였다:

"나의 도道는 무위이화無爲而化이다.

(※앞서 누누이 설명하였다. 「포덕문」의 첫머리에 나왔고 또 「동학론」에 두 번이나 나온다. 그리고 「불연기연」에 비슷한 용법이 나온다. 무위이화無爲而化는 실제로 무위이화無爲以化의 뜻이다. '무위'는 노자적 개념이다. 함이 없음으로 해서 저절로 화생化生되어 간다는 뜻이다. 이것은 인위적 조작을 거부하는 뜻인데, 결국 서학이 말하는 천주의 창조설, 조작설, 주재설, 지배설을 다 거부한다는 뜻을 내포하는 것이다. 노자가 말하는 '도법자연道法自然'[25장]의 뜻이다. 유교적 우주론과 도가적 생성론이 완전히 융합되어 있는 명언이다).

그 마음을 지키고, 그 기를 바르게 하고, 인간에 내재하는 천명의 본성을 따르고, 도덕적 교훈을 받아들이면, 오도吾道는 스스로 그러한 가운데서, 마음속으로부터 우러나와 변하는 세상과 합일이 된다.

그런데 서양사람들이 말하는 것을 들어보면 그 논리적 비약이 너무 심하고, 그들이 써놓은 책을 보아도 도무지 옳고 그름을 가릴 수 없는 애매한 말만 써놓았다.

그들은 보편적인 종교를 표방한다 하면서 도무지 진정 하느님을 위한다는 단서가 없고(그들의 하느님은 초월자이므로 이 현상적 삶의 세계에서 배제되어 있다는 뜻. 수운의 초월주의 거부를 단적으로 나타낸 명언이다), 오로지 자기 한 몸만을 위해 비는 모략만 있다(※공동체의 윤리를 파괴하고, 세속의 윤리를 거부한다. 당시 프랑스외방선교회의 제사거부명령 등으로 조선의 기독교는 제 길을 찾지 못하고 있었다. 기독교인들은 사회의 구원을 생각한 것이 아니라 개인의 안락만을 추구하는 자사주의自私主義에 빠져있다고 수운은 파악한 것이다).

그러니 몸Mom(이 '몸身'은 영과 육이 하나되는 오행의 기다. 2-1 참조)에는 생명의 바탕이 되는 기화氣化(기의 화생化生)의 신령함이 없고(사람의 몸 그 자체가 신령한 것이라는 생각이 수운에게는 있다), 배움學에는 하느님의 가르침이 배제되어 있다(※초월자는 인간의 배움의 과정에 참여하지 못한다. 초월자는 방관자일 수밖에 없다).

형상은 있으나 구체적인 자취가 없고
(※플라톤적인 이데아는 있으나 현상 속에서 구체적으로 느낄 수 있는 흔적이 없다는 것이다. 왜냐? 서양의 천주는 허깨비 같은 것이기 때문이다. 여기서 말하는 형상은 십자가를 의미했을 수도 있다. 수운에게 십자가라는 상징성은 아무런 의미를 전달하지 못했다), 사모하는 것 같지만 진정한 빔이 없다.
(※여기 '사思'는 '생각한다'가 아니라 '사모한다'는 뜻이다. '꾐'의 뜻이다. 기도에 진정한 주문이 결여되어 있다는 뜻이다. 수운은 자기가 만든 주문의 우월성을 확신하고 있었다).

도道로 말하면 허무虛無(허깨비의 형상을 숭상하는 종교)에 가깝고, 그 도道를 성취하는 배움, 즉 학學의 과정에는 하느님이 배제되어 있으니 어찌 오도吾道를 양도洋道와 다름이 없다고 말할 수 있겠느뇨?"

선비가 또 묻는다:

"도로 말하면 같은 도라고 말씀하셨는데, 그렇다면 서학西學이라고 이름해도 무방하지 않겠습니까?"

나는 단연코 말한다:

"그렇지 아니하다. 나는 이 동방의 조선땅에서 태어나 그 도를 이 조선땅에서 받았다. 도는 분명 천도天道(Heavenly Way)라고 내가 말했다. 그래서 나는 말하겠다. 그 도에 도달하는 학學으로 말하자면 분명 '동학東學'이다.
(※'동학Eastern Learning'은 서학에 반대되는 개념이 아니라, 해동 즉 '조선의 배움'이라는

뜻이다. 동학은 조선학이다. 조선사람이라면 누구든지 참여해야만 하는 배움學이라는 뜻이다).

생각해보라! 하물며 대지도 동과 서의 구분이 있지 아니하뇨? 서를 어찌 동이라 부를 것이며, 동을 어찌 서라고 부를 것이냐? 공자는 노나라에서 태어나 추나라에 감화를 주어 맹자를 탄생시켰다. 그래서 추로의 공맹사상이 이 세상에 전하여지게 된 것이다. 나는 나의 도를 이 조선의 땅에서 받아서 이 조선땅에 펼치고 있다. 이것은 결국 추로지풍처럼 이 세상 곳곳에 전하여지게 될 것이다. 어찌하여 나의 도를 서西로서 이름할 수 있단 말이냐?"

옥안 이 단은 한 줄 한 줄이 중요하여 본문번역에서 해설을 곁들였다. 따로 안案할 것이 없다. 이「동학론」의 문장 구성양식, 즉 문답의 방식을 보면 수운이『천주실의』를 완전 독파했다는 확신이 선다. 양자가 대화의 양식이 거의 같다.『천주실의』는 "중사中士"와 "서사西士"가 묻고 답하는 형식을 취하고 있는데, "중사"는 끊임없는 문제와 반론을 제기하면서 "서사"의 답을 듣는다. 서사는 마테오 리치 본인이다. 그러니까 서사는 자기가 하고 싶은 말을 하기 위하여 중사의 날카로운 질문을 설정하고 있는 것이다.「동학론」의 구성양식이 매우 유사한데, 이 양식적 유사성만으로도 우리는 수운이『천주실의』를 통독했다는 사실을 추론할 수 있다.

2-5 曰: "呪文之意, 何也?" 曰: "至爲天主之字, 故以呪
　　　왈　　주문지의　　하야　　　왈　　지위천주지자　　고이주

言之。今文有, 古文有。"曰："降靈之文, 何爲其然
언지 금문유 고문유 왈 강령지문 하위기연

也?"曰："至者, 極焉之爲至。氣者, 虛靈蒼蒼, 無
야 왈 지자 극언지위지 기자 허령창창 무

事不涉, 無事不命。然而如形而難狀, 如聞而難見,
사불섭 무사불명 연이여형이난상 여문이난견

是亦渾元之一氣也。今至者, 於斯入道, 知其氣接者
시역혼원지일기야 금지자 어사입도 지기기접자

也。願爲者, 請祝之意也。大降者, 氣化之願也。侍
야 원위자 청축지의야 대강자 기화지원야 시

者, 內有神靈, 外有氣化, 一世之人, 各知不移者也。
자 내유신령 외유기화 일세지인 각지불이자야

主者, 稱其尊, 而與父母同事者也。造化者, 無爲而
주자 칭기존 이여부모동사자야 조화자 무위이

化也。定者, 合其德, 正其心也。永世者, 人之平生
화야 정자 합기덕 정기심야 영세자 인지평생

也。不忘者, 存想之意也。万事者, 數之多也。知者,
야 불망자 존상지의야 만사자 수지다야 지자

知其道, 而受其知也。故明明其德, 念念不忘, 則至
지기도 이수기지야 고명명기덕 념념불망 즉지

化至氣, 至於至聖。"
화지기 지어지성

국역 선비가 또 물었다:

"주문, 주문 하고 말씀하시는데, 주문이라는 말의 뜻이 무엇이오니이까?"

나는 대답한다:

"하느님을 지극히 위하는(공경하는) 글자를 가리키는데, 그렇기 때문에 그것은 주呪(divine chanting)라는 형식으로 말하게 되는 것이다. 주라고 하는 것은 지금의 글에도 있는 것이요, 옛글에도 있는 것이다."

(※여기서 '금문今文,' '고문古文'이라 하는 것은 한나라 때 생겨난 금·고문 경학의 문제와는 상관 없다. 그냥 예나 지금이나 주문divine chanting이라고 하는 것은 있었다는 뜻이다).

선비가 또 물었다:

"강령지문降靈之文이라는 것을 말씀하셨는데, 그것은 어찌하여 그렇게 지어진 것이오니이까?"

(※여기서 '강령지문'이란 '영이 내려와 접신케 만드는 주문'이라는 뜻인데 21자 전체를 가리키는 일반명사로 쓰이고 있다. 따라서 수운의 설명은 강령주문과 본주문을 나누어 이야기하지 않고 21자 전체를 한 큐에 해설해 내려가고 있다. 이 해설이야말로 천하의 명문이요, 이를 데 없는 지고한 사유의 표현이라 할 것이다).

나는 21자 주문 전체를 해설하여 다음과 같이 말하였다:

"「지至」라고 하는 것은 최상급을 나타내는 표현이라는 뜻이다. 다음 「기氣」라는 것은 허령虛靈(구체적인 형체가 없이 허하지만 영험스럽다. 허령불매虛靈不昧. 주자학의 용어이다)하지만 창창蒼蒼(하늘처럼 푸르고, 생명이 피어나는 것 같고, 녹음이 무성한 모습. 생명력을 표현하는 말. 『시경』, 『장자』, 『회남자』 등에 나온다)하고, 매사에 교섭되지 않는 것이 없고, 모든 사태에 기의 명령(천명天命과도 같은 것)이 간여되지 않은 것이 없다. 그렇지만 형체는 있으나 그것을 형용하기는 어렵고, 들리기는 하나 그것을 직접 목도하기는 어렵다. 그러니까 우리의 일상적 견문의 인식체계를 넘어서는 근원적인 혼원渾元의 일기一氣를 가리키는 것이다.

(※'혼원지일기渾元之一氣'라는 것은 코스모스의 원형인 카오스를 가리키는 것이다. 노자가 말한 '혼이위일混而爲一'이라든가 '유물혼성有物混成,' 장자가 말한 '혼돈渾沌,' 열자가 말하는 '혼륜渾淪'과 상통하는 말이다. 수운은 코스모스의 질서 이면에 배어있는 카오스

적인 혼원지일기의 홀리스틱한 생명력에 깊은 매력을 느끼고 있다. 그것을 하느님이라고 생각하기 때문이다).

「금지今至」라는 것은 우리 도에 들어와서 나의 몸에 지극히 허령창창한 혼원지일기가 접신하게 되는 것을 깨닫게 된다는 뜻이다.

「원위願爲」라고 하는 것은 청축請祝(청하여 빈다. ……이 되기를 원한다)의 뜻이다.

「대강大降」이라고 하는 것은 크게 내린다는 뜻인데, 그것은 결국 기화氣化를 원한다는 뜻이다.

(※'기화'는 내 몸의 기가 하느님의 기로 화한다는 뜻이며, 동시에 역으로 하느님의 기가 내 몸의 기로 화한다는 뜻이다. 맑고 깨끗한 하느님의 기로 내 몸을 바꾼다는 뜻이다. 표 선생님은 비유하자면 창문을 열면 청명한 기운이 내 몸으로 스미는 것과도 같다고 세미나 도중에 말씀하시었다).

「시侍」라고 하는 것은 '받는다,' '모신다'는 뜻인데 그 궁극적 의미는 내 몸 안으로는 신령神靈이 있고, 내 몸 밖으로는 기화氣化가 있으니, 이렇게 모든 존재가 상호교섭되는 세계에 있어서는 당대를 사는 모든 사람들이 서로가 서로에게서 소외되어 있지 않다는 것을 각자 깨닫는다는 뜻이다.

(※어느 누구도 여기 구문의 '각지불이各知不移'를 명료히 해석하지 못하고 있다. 그런데 여기 '이移'라는 것은 서로가 서로에게서 멀어져 있다는 매우 소박한 의미이며, 이것은 실존주의철학에서 말하는 '소외Estrangement, Alienation'와 같은 의미이다).

「주主」는 '님'을 의미하는데 그것은 존경의 칭호를 붙임으로써 부모님처럼 똑같이 섬기겠다는 의지를 나타내는 것이다.

(※이것은 아마도 모든 종교학의 교과서가 되어야 할 명언이라 해야 할 것이다. 재미난 것은 이 부분은 '하느님,' 즉 '천주天主'를 해설하는 대목인데, 수운은 '천주天主'에서 '천天'을 빼놓고 있다. 즉 천은 해설이나 언어적 규정성의 대상이 되지 않는다는 것을 천명하고 있는 것이다. 천을 해설한다는 것은 수운이 말하는 종교체험 그 전체를 어느 특정한 제도종교적 틀 속에 가두어버린다는 것을 의미한다. 그런 의미에서 '하늘'은 언어적 규정성의 대상이 아니다. 그것은 천지라는 짝의 하나로서의 천이 아니다. 그것은 도가도비상도道可道非常道처럼, 항상 열려 있는 존재 그 자체로서의 천이다. 단지 수운이 하느님을 '님'화 한 것을 해설하고 있는데 '하느님'이란 하늘을 님화 한 것인데, 이것은 서양종교가 말하는 인격신화人格神化를 말하는 것이 아니라, 단지 아버지를 아버님이라 말하고, 엄마를 어머님이라 말하듯이, 부모처럼 친근하게 느껴보고 싶다는 그 느낌을 강조해서 말하고 있는 것이다. 그런 '느낌'이 있어야 진정한 '섬김'이 가능하게 된다. 수운에서 서구적인 초월적 인격신은 존재하지 않는다. 그러나 천지자연 속에 내재하는 생명력을 '님화' 하는 것은 종교적 경건성의 제1보라고 생각하는 것이다. 군림하는 초월자만 '님'이 되는 것이 아니다. 산천초목의 모든 존재 그 자체가[하이데가가 말하는 자인Sein] 님이 되는 것이다. 꽃님, 나비님, 햇님, 달님처럼. 그들을 나의 부모처럼 느끼고 섬길 때 '시천주'가 이루어지는 것이다. '님'은 단순히 초월자에게 붙여지는 것이 아니라 내재를 포섭하는 융합적인 것이다. 이 수운의 메시지는 앞으로 인류의 지고한 이상이 될 것이다).

「조화造化」라는 것은 무위이화無爲而化이다.

(※'무위이화'라는 것은 조작적인 인위성에 의존하지 않고 함이 없이 스스로 화한다는 의미인데, 조화는 앞서 말했듯이 문자 그대로 창조하고[조造] 변해가는[화化] 우주의 프로세스Process를 가리킨다. 그런데 이 조화는 대자연의 조화가 있는가 하면 또 동시에 내 인생의 조화, 즉 천天과 인人의 양면이 있다. 주문의 주체는 아무래도 인간이기 때문에 자기 삶의 방향성과 관련하여 이 '조화'라는 말이 언급되고 있다).

「정定」이라고 하는 것은 '정해진다'라는 말인데, 그것은 내 존재의 덕성이 하느님의 덕과 합하여지고, 또 내 마음을 바르게 하여 하느님의 마음과 일치시킨다는 것을 의미하는 것이다.

(※여기 "정기심正其心"은 경진초판본을 따른 것이다. "정定"의 해석을 논하는 문장 속에서 "定"이라는 같은 글자를 반복할 이유가 없다. "正"이 더 적합한 글자이다. 이 초판본의 정正이 목천판에서 정定으로 잘못 되었고 그 뒤로 모든 판에 "정定"으로 되어 있다. 두 세기에 걸친 오류가 이제 바로 잡히게 된 것이다. 초판본의 가치는 의심할 바 없이 소중한 것이다. 여기 "합기덕合其德"을 말한 것은, 『주역』「문언」에서 대인을 언급할 때, "부대인자夫大人者, 여천지합기덕與天地合其德, 여일월합기명與日月合其明, 여사시합기서與四時合其序, 여귀신합기길흉與鬼神合其吉凶."이라고 했는데, 그 대인의 특성을 말한 것을 빌어, 여기 "조화정"의 "정"을 이야기한 것이다. 천주를 모시게 되면 조화가 정해진다는 의미는, 내 삶의 방향이 대인처럼 "여천지합기덕" 하게 되어 정해진다는 뜻이다. 이상적인 천인합일의 방향으로 내 삶의 가치가 전환된다는 의미인 것이다. 그것은 내 마음을 바르게 함으로써 [正其心] 이루어지는 것이다).

「영세永世」라고 하는 것은 사람의 한평생을 말하는 것이다.

(※기독교의 '영생'이니 '천당'이니 '영원'이니 하는 엉터리 없는 과장이 수운에게는 없다. 너무도 소박한 시간관이다. 영세 즉 이터니티Eternity라는 것도 사람의 한평생이면 족하다. 사람이 한평생 위대한 삶을 살게 되면 영원한 위대성이 영속되는 것이다. 한평생은 다음 세대의 한평생으로 이어지게 마련이다).

「불망不忘」이라는 것은 한평생 잊지 않고 생각이 난다는 뜻이다.

(※'영세불망'이라는 거창한 듯이 보이는 말에 대한 수운의 소박한 해설은 진실로 충격적이다. 영세불망이란 영원한 존재성[불멸]을 획득한다는 뜻이 아니라 '한평생 기억된다'는 뜻이다. 정말 내 존재가 한평생 내 아내에게 기억된다고 하면 그것만으로도 위대한 사랑이라 해야 할 것이다. 종교적 진리도 마찬가지다. 내가 진실로 한평생이라도 하느님을 내내 잊지 않고 살았다면 나는 위대한 종교적 실천을 한 것이다. 칸트가 말하는 실천이성의 요청인 영혼불멸을 논할 필요도 없는 것이다. 대재 수운大哉! 水雲).

「만사萬事」라는 것은 '모든 일'인데, 이것은 숫자가 많다는 단순한 의미이다.

「지知」라는 것은 '만사를 알게 된다'는 뜻인데, 그것은 정도正道를 정확히 알고 그 아는 바를 받아들여 실천하는 것을 의미하는 것이다.

(※'수기지受其知'는 그 앎을 받아들여 실천한다는 뜻이다. 그러니까 '만사지'는 객관적으로 만사를 안다는 뜻이 아니라, 모든 사태의 정도를 파악하고 그 파악한 바를 실천하는 가치의 세계를 말한 것이다).

자아! 이로서 일단 '천天'을 제외한 21자의 모든 해석이 끝났다. 이것을 총괄해서 말한다면 밝고 밝은 하느님의 덕성('명명기덕明明其德'은 『대학』 1장에서 따왔다)을 순간순간 늘 잊지 않고 생각하면, 지극히 맑고 깨끗한 하느님의 기로 내가 화化하는 데 이르게 된다. 이렇게 되면 결국 지극한 성인의 경지에 이르게 되는 것이다."

(※21자 주문의 총결론이 신선이 되거나 하느님이 되는 것이 아니고 성인이 되는 것이다. 유학은 우리의 배움을 '위성지학爲聖之學'이라고 규정했다. 즉 성인이 되고자 하는 배움이라는 뜻이다. 율곡도 『격몽요결』에서 배운다는 것은 뜻을 세운다는 것이며[입지立志], 뜻을 세운다는 것은 성인이 되고자 하는 뜻을 세우는 것이라고 말했다. 그리고 누구든지 성인이 될 수 있다고 말했다. 결국 동학의 최후결론은 '지어지성至於至聖'인 것이다. 이 이상의 위대한 아폴로지는 있을 수 없다. 그러나 수운은 결국 유생들의 모함에 의하여 처형되었다).

옥안 주문 21자는 진실로 수운사상의 전 체계를 압축시켜놓은 성스러운 문자이다.

2-6 曰: "天心卽人心, 則何有善惡也?" 曰: "命其人貴
　　왈　　천심즉인심　　즉하유선악야　　왈　　명기인귀

賤之殊, 定其人苦樂之理。然而君子之德, 氣有正而
천지수　정기인고락지리　연이군자지덕　기유정이

心有定, 故與天地合其德。小人之德, 氣不正而心有
심 유 정　고 여 천 지 합 기 덕　소 인 지 덕　기 부 정 이 심 유

移, 故與天地違其命。此非盛衰之理耶?” 曰: “一世
이　고 여 천 지 위 기 명　차 비 성 쇠 지 리 야　　왈　　일 세

之人, 何不敬天主也?” 曰: “臨死號天, 人之常情。
지 인　하 불 경 천 주 야　　왈　　임 사 호 천　인 지 상 정

而命乃在天, 天生万民, 古之聖人之所謂而尙今彌
이 명 내 재 천　천 생 만 민　고 지 성 인 지 소 위 이 상 금 미

留。然而似然非然之間, 未知詳然之故也。” 曰: “毁
류　연 이 사 연 비 연 지 간　미 지 상 연 지 고 야　　왈　　훼

道者, 何也?” 曰: “猶或可也。” 曰: “何以可也?”
도 자　하 야　　왈　　유 혹 가 야　　왈　　하 이 가 야

曰: “吾道, 今不聞古不聞之事, 今不比古不比之法
왈　　오 도　금 불 문 고 불 문 지 사　금 불 비 고 불 비 지 법

也。修者, 如虛而有實; 聞者, 如實而有虛也。”
야　수 자　여 허 이 유 실　문 자　여 실 이 유 허 야

국역 주문에 대한 해석을 다 듣고난 후, 선비는 또 물었다:

"선생님, 하느님의 마음이 곧 사람의 마음이라고 한다면(사람의 마음이 곧
하느님의 마음일 텐데) 어찌하여 인간세상에 선과 악이 있고 인간의 행위가
그토록 부도덕할 수가 있습니까?"

나는 말한다:

"거참 좋은 질문이다. 하느님께서는 그 사람에게 귀천의 다름을 운명
지어 놓으셨고, 그 사람에게 고락의 이법을 정해놓으셨다.
(※여기 '명기인귀천지수命其人貴賤之殊, 정기인고락지리定其人苦樂之理'라는 구문을 그

어느 누구도 명료하게 해석하는 사람이 없다. 그런데 이 구문은 신택스도 의미도 매우 명료하다. '명기인귀천지수'의 주어는 숨은 주어로서 하느님이다. '명命'은 타동사로서 '명령한다' '운명 지운다'의 뜻이다. '기인其人'은 『중용』에서 온 용법인데 '그 사람'을 가리킨다. 그런데 여기서는 '각기 모든 사람에게'라는 뜻이다. 즉 명命에 대하여 기인은 간접목적이고 귀천지수貴賤之殊는 직접목적이다. 즉 하느님은 모든 사람에게 각기 다른 귀천의 운명을 지어놓으셨다라는 뜻이다. 즉 태어날 때 양반고대광실에서 태어나든지, 쌍놈초가집에서 태어나든지 하는 것은 하늘이 명한 것으로써 인간이 작위적으로 어찌할 수 없는 사태라는 것이다. '고락지리苦樂之理'도 마찬가지다. 어떤 사람은 착해도 고통스러운 삶을 살고, 못된 놈도 즐거운 삶을 누리는 것은 이미 정해진 이치의 탓이라는 것이다. 그러나 이런 기초적 숙명적 요소를 제외하면 인간은 자신의 노력에 따라 군자와 소인의 길을 개척해나갈 수 있다는 것을 반어적으로 역설한다).

그러나 군자가 되는 사람의 덕은 이러한 숙명적 요소와 관계없이 그 기氣를 바르게 하는 데 있고 그 마음에는 굳건하게 정함이 있다. 그래서 그런 사람은 천지와 더불어 합기덕合其德 하는 대인의 길을 걷는다. 그런데 소인이 될 수밖에 없는 인간들은 그 운명이 어떠하든지간에 그 기氣가 정의롭지 못하고, 그 마음이 소외되어 있고 진리로부터 멀어져 있다(※ 여기 '심유이心有移'라는 뜻에서도 '각지불이各知不移'의 뜻을 입증할 수 있다). 그래서 천지와 합기덕 하는 것이 아니라 천지에 대하여 하느님의 명命을 위배하는 천박한 삶을 살게 된다. 이것이 바로 음양귀신의 성쇠지리盛衰之理가 아니고 무엇이겠는가?"

선비는 또 묻는다:

"선생님, 일세지인一世之人(요즈음 사람들 모두)이 어찌하여 그 좋은 하느님을 공경치 아니하고 살아갈까요?"

나는 말한다:

"사람이 죽음이 임박할 즈음에는 '아이쿠 하느님' 하고 하느님을 부르는 것은 인지상정이다. 명命이 하느님께 있고, 하느님은 천하만민을 다 생生하시는 존재라는 것은 고래로부터 성인들이 다 말씀하신 바요, 지금까지도 정당한 믿음으로서 상존하고 있다. 그러나 하느님은 그런 것 같기도 하고 아닌 것 같기도 한 중간지대에 머물러 있으며, 사람들이 그 자세한 사정을 알 까닭이 없기 때문에, 사람의 애매한 인식체계에 가려져 있을 뿐이다."

선비는 또 묻는다:

"선생님! 우리 도는 그토록 훌륭한 도인데, 우리 도를 죽으라고 훼방하는 놈들은 도무지 왜들 그러합니까?"

나는 말한다:

"딱하지만 괜찮다."

선비는 묻는다:

"괜찮다니요? 어찌하여 괜찮다고 말씀하시나이까? 응징을 해도 시원찮을 텐데 ……."

나는 말한다:

"우리의 도는 현금의 그 누구도 들은 바가 없고, 고대의 그 누구도 들은 바가 없다. 현대에도 비교할 수 있는 법이 없고 고대에도 비교될 수 있는 법이 없었다. 그러므로 내가 말하는 도를 몸으로 받아들여 닦는 자는 겉으로 허慮하게 보여도 내실이 있는 사람들이다. 그런데 듣기만 하고 흘려버리는 자들은 겉으로는 실實하게 보여도 그 내면은 허탕인 자들이다."

(※빈곤하고 소박하고 권세가 없는 약자들 중에 진실한 도인이 있으므로 훼도자毁道者들의 허세와 무관하여 동학은 퍼져나가리라는 확신을 표방한 명언이다).

沃案 최수운이라는 한 인간이 얼마나 학식이 높고 인품이 개방적이며 또 신념에 가득찬 여유로운 인간인가 하는 것을 여실하게 보여주는 명문장이라 할 것이다. 자기가 진정 하고 싶은 말을 하기 위하여 선비를 내세워 질문케 하는 그의 수사학적 전개과정은 참으로 놀라운 구성능력을 과시하고 있다.

2-7 曰: "反道而歸者, 何也?" 曰: "斯人者, 不足擧論
왈　　반도이귀자　하야　　왈　　사인자　　부족거론

也。" 曰: "胡不擧論也?" 曰: "敬以遠之。" 曰: "前
야　왈　호불거론야　　왈　　경이원지　　왈　　전

何心, 而後何心也?" 曰: "草上之風也。" 曰: "然,
하심　이후하심야　　왈　　초상지풍야　　왈　　연

則何以降靈也?" 曰: "不擇善惡也。" 曰: "無害無德
즉하이강령야　　왈　　불택선악야　　왈　　무해무덕

耶?" 曰: "堯舜之世, 民皆爲堯舜。斯世之運, 與世
야　왈　요순지세　민개위요순　　사세지운　여세

同歸。有害有德, 在於天主, 不在於我也。一一究心,
동귀　유해유덕　재어천주　부재어아야　일일구심

則害及其身, 未詳知之。然而斯人享福, 不可使聞於
즉해급기신　미상지지　연이사인향복　불가사문어

他人, 非君之所問也, 非我之所關也。"
타인　비군지소문야　비아지소관야

국역 선비가 또 여쭈었다:

"선생님! 우리 도에 들어왔다가 중도에 도를 배반하고 떠나버리는 자는
어째서 그러합니까?"

나는 말한다:

"이와같은 사람은 지금 우리가 거론할 가치가 없나니라."

선비가 말하였다:

"어찌하여 거론할 가치가 없다고 말씀하시는 것입니까?"

나는 말한다:

"경이원지하라는 뜻이다."
(※ 그런 사람에게도 공경하는 마음을 잃지 아니함으로써 거리를 두라는 뜻. 『논어』「옹야」20
에 출전이 있다. 경진판에는 "敬以遠之"로 되어 있으나 목천판에서부터는 다 "敬而遠之"로
되어 있다. 물론 『논어』 원문은 "敬而遠之"로 되어 있지만 수운은 의도적으로 "敬以遠之"를

택한 것 같다. "경함으로써 멀리하라"는 표현은 "경하되 거리를 두라"는 표현보다 훨씬 더

인간적인 따스함이 느껴지고 모순을 포용하는 큰 심사가 느껴진다).

선비가 또 말한다:

"입도할 때는 무슨 마음이었고, 배반하고 떠날 때는 또 무슨 마음일
까요?"

나는 말한다:

"바람결 따라 나부끼는 줏대없는 풀과도 같은 사람들이니라."(『논어』
「안연」19).

선비는 묻는다:

"그렇다면 입도 후에 그에게도 강령이 있었다고 봐야 되는데, 어찌하
여 그런 인간에게 강령이 되는 것입니까?"

나는 말한다:

"하느님의 강령이라고 하는 것은 인간의 판단인 선·악을 가리지 아니
한다."

(※ 수운의 입장은 『노자』 49장과 62장에 근거하고 있다고 볼 수 있다. 마태복음 5:45에도
이런 말이 있다: '하느님이 그 햇빛을 악인과 선인을 불문하고 다같이 비취게 하시며, 비를
의로운 자와 불의한 자에게 똑같이 내리우심이라.' 입도와 배도를 기준으로 인간의 선·악을
판결 내릴 수는 없으며, 또 그러한 분별적 기준으로써 하느님의 축복과 징벌을 예언할 수는

없다는 것이 수운의 입장이다. 이러한 수운의 대자대비로운 마음을 이해하지 못하는 사람들이 이 단의 해석에서 매우 헷갈리고 애매한 말들을 하고 있다).

선비는 묻는다:

"그렇다면 도를 배반한 자들에게는 그 이후에 해害라고 말할 것도 없고, 덕德(=득得)이라고 말할 것도 없다는 말씀이시온가요?"

나는 말한다:

"요·순의 시대에는 그 시대를 사는 민중 모두가 요·순이 되었다. 사람의 선악은 이와같이 그 시대적 상황과 불가분의 관계를 지니고 있다. 지금 우리시대의 운수는 이 시대를 살고 있는 사람들의 공통된 행동양식과 궤도를 같이 하는 것이다. 한 사람이 배도背道를 한 후에 해가 있을 것이냐 덕이 있을 것이냐 하는 문제는 하느님께서 관장하실 문제이지(궁극적으로 공동체적 윤리관의 문제이다), 나 수운의 문제는 아니다.

일일이 그 배도자의 마음을 탐구해본다 한들, 해가 그의 몸에 미칠지 어떨지는 자세히 알 길이 없는 문제이다. 그러므로 이 사람이 배도 후에 행복할지 어떨지는 다른 사람들에게 들려줄 바도 아니요, 그대들이 나에게 물을 바도 아니요, 내가 관여할 바도 아니다."

沃案 이 단의 대화를 통하여, 우리는 당시 용담에 몰렸던 사람들 중에서 상당수의 배신자들이 있었고, 그들에 대한 처리가 동학운동의 심각한 문제로서 등장했다는 것을 알 수 있다. 그만큼 수운의 가르침은 강렬했고, 강렬한 만큼 지식계급들의 매혹됨과 반발이 컸던 것 같다.

표영삼 선생님의 말씀에 의하면 초기 동학교단 내에서는 **"동학을 믿는다"**는 말은 있지도 않았고, 있을 수도 없는 말이었다고 한다. 모두 **"동학한다"**고 했지, "동학 믿는다"는 말을 하지 않았다고 한다. 동학은 신앙의 대상이 아니라 행위의 대상이었다. 이론적 탐구가 아니라 실천의 행위였다. 처음에 입도하는 자에게도 **"동학하자!"**고만 얘기했다는 것이다.

"믿는다"는 것은 "믿지 못할 것이 많은 대상"을 믿는다는 것이다. 기독교는 믿지 못할 것이 너무도 많기 때문에 "믿음"을 전제로 하지 않으면 입교 자체가 되지 않는다. 예수의 이적도, 예수가 하나님의 아들이라는 것도, 예수가 메시아(=구세주)라는 것, 예수가 죽었다 부활하여 다시 재림한다는 것, 이 모든 것이 믿을 수 없는 것이다. 그래서 "예수를 믿는다"고 하는 불합리한 믿음의 선택이 없으면 입교가 불가능해진다. 그래서 기독교는 "믿는다"는 말을 쓴다.

그런데 동학의 경우 믿지 못할 것이 아무것도 없다. 동학의 모든 신비는 우리의 상식적 판단을 벗어나는 것이 아무것도 없다. 그리고 수운은 초인간적 능력의 소유자도 아니다. 단지 건강한 도덕적 메시지만 발했을 뿐이다. 따라서 동학은 믿음의 대상이 아니라, 행위의 대상이 되는 것이다.

그러니까 수운의 입장에서 보면, "배교apostasy"니, 배신이니 하는 말이 성립할 수가 없다. 그러나 초기 교단을 만들어가려고 하는 사람들의 입장에서는 문제가 되지 않을 수가 없었다. 그래서 "반도이귀자反道而歸者"라는 개념이 문제가 되었고 수운에게 이들에 대한 처리문제를 물은 것이다.

그런데 이러한 배신자들에 대해 기껏 할 수 있는 문제가, "너 우리 도를 배신하고 떠나면 네 인생에는 크게 화가 미칠 것이다" 하고 겁주는 것밖에는 없다. 사실 「요한계시록」이라는 문헌은 이런 "겁주기"의 일환으로 만들어진 문학이라고 볼 수가 있다. 그러나 수운은 이런 공갈·협박은 전혀 그 인간의 선악과 무관하다고 본다. 동학을 떠났다는 문제 때문에 일신에 해가 미친다는 것에 관하여 수운 본인이 확언한다: "내가 관장할 일이 아니다." 대신 그것은 하느님의 문제라고 말한다. 여기 "하느님의 문제"라는 것은 결국 "공동체의 윤리"에 속하는 문제라는 뜻이다.

이 단락의 최종적 답안은 "요순시대에는 모든 사람이 요순이었다"라는 이 한마디이다. 동학이 존재하는 이유는 각자위심 하여 불순천리 하고 불고천명하는 세태를 요순시대로 전환시키는 동귀일체의 사명에 있다. 그까짓 도를 등지고 떠나는 사람들이 불행하게 될 것이라고 꼬나보는 그런 마음을 버리고 동귀일체의 새로운 하느님윤리를 선포하여 모든 사람을 요순으로 만들면, 결국 배도자들도 도의 품 안으로 돌아오게 되리라는 것이다.

기독교의 "배교"라는 터무니없는 개념 하나 때문에 인류사가 전쟁의 도가니로 들어가 버린 것을 생각하면, 수운의 너그러운 사유야말로 새로운 종교의 출발이요 다시개벽의 시작이며 조선민족의 개명의 원점이라 할 것이다.

2-8 嗚呼! 噫噫! 諸君之問道, 何若是明明也。雖我拙文,
오호 희희 제군지문도 하약시명명야 수아졸문

未及於精義正宗。然而矯其人, 修其身, 養其才, 正
미급어정의정종 연이교기인 수기신 양기재 정

其心, 豈可有歧貳之端乎! 凡天地無窮之數, 道之无
기심 기가유기이지단호 범천지무궁지수 도지무

極之理, 皆載此書。惟我諸君, 敬受此書, 以助聖德。
극지리 개재차서 유아제군 경수차서 이조성덕

於我比之, 則怳若甘受和, 白受采。吾今樂道, 不勝
어아비지 즉황약감수화 백수채 오금락도 불승

欽歎。故論而言之, 諭而示之。明而察之, 不失玄機。
흠 탄   고 론 이 언 지   유 이 시 지   명 이 찰 지   불 실 현 기

국역 오호라! 기쁘고 또 기쁘도다! 제군들이 도에 관하여 묻는 것이 어찌
그리 밝고 또 밝은가!(심오하고 포괄적인 논리를 포함하고 있다). 비록 나의 졸
문이 정밀한 의취의 정종正宗(적통정맥)에는 미치지 못한다 할지라도,
사람에게 바른 인식을 심어주고, 그 몸을 닦게 하여, 그 재주를 기르고
그 마음을 바르게 하는 데는 어찌 딴 길이 있을까보냐!
(※결국 자신의 주장하는 바가 진리의 정종이라는 뜻).

대저 천지의 무궁한 도수와 도의 무극한 이치가 모두 이 한 편의 글에
담겨져 있으니, 나의 사랑하는 제군들은 이 글을 공경하는 마음으로
받아서, 성덕聖德을 완성하여라! 나에게 있어서 이렇게 성덕을 완성
하는 문제는 비유하자면 꼭 단맛이 모든 맛을 조화롭게 받아들이고,
하이얀 무명이 모든 색깔을 조화롭게 받아들이는 것과도 같다.

나는 지금 남원 은적암에 호젓이 앉아 도를 즐기고 있는 중이다. 그
심오한 하느님의 이치를 흠탄欽歎(공경스럽게 찬탄하다)치 아니할 수 없도
다. 그러므로 나의 상념들을 논하여 글로 써보이고 효유하는 심정으
로 그대들에게 보이노니, 이를 명료하게 살펴어 우리가 살고있는 이
우주의 현기玄機(현묘한 변화의 카이로스)를 잃지 말지어다.

옥안 덧붙일 말이 없다.

여설餘說 이「동학론」에서 가장 중요한 관건은 귀신에 대한 새로운 인식의 체
계이며 그에 따른 우주론의 신국면, 즉 다시개벽이다.

전라북도 남원 운적암(덕밀암) 본사, 선국사. 수운은 1861년 겨울부터 다음 해 6월 말까지 이곳의 말사인 은적암에 머물렀다. 은적암은 흔적만 남아있다. 이곳에서 수운의 대부분의 대작이 쏟아져 나왔다. 다음부터 시작하는 「수덕문」도 이곳에서 쓰여진 것이다. 이곳에서 지리산이 보인다.

Ⅲ

수덕문

【修德文】

III

수덕문
修德文

대강大綱 어느덧 우리는 『동경대전』의 핵심적 논문트리오라 할 수 있는 세 트리리티즈의 마지막 글 「수덕문」에 도착하였다. 「불연기연不然其然」은 매우 심오한 글이지만 그가 체포되기 한 달 전에 쓴 글로서 그의 사상적 유서遺書와도 같은 독특한 페이소스를 전하는 글이래서 좀 성격이 다르다.

「포덕문」은 덕을 펼치는(선포하는) 글이며 포덕의 정당성을 밝힌 글이다. 그리고 「동학론」은 동학이 무엇이냐? 즉 동학이라고 하는 것의 아이덴티티를 밝힌 글로서, 동학이 서학과 같은 류의 종교신념으로 오인되어서는 아니 되는, 독자적인 신념체계라는 것을 밝힌 글이다. 그리고 「수덕문」은 문자 그대로 덕을 닦는 것에 관한 글이다. 덕을 편다는 것은 새로운 종교신념을 밖으로 전하는 사회적 행위이지만, 덕을 닦는다는 것은 이미 형성된 교단 내의 사람들이 동학이 지향하는 이상경계에 도달하기 위하여 거쳐야 하는 수련의 단계들을 제시하는 것이다. 그러니까 「포덕문」이 도외道外의 사람들을 향한 것이라면 「수덕문」은 도내道內의 사람들을 향해 말하는 성격이 강하다.

그리고 내용적으로 본다면 「포덕문」을 정正, thesis이라 한다면 「동학론」은 반反, antithesis의 성격이 있고, 「수덕문」은 합合, synthesis의 성격이 강하다. 정正이라고 하는 것은, 포덕 그 자체가 하나의 테제라는 것을 말한다. 그런데 수운은 이 테제를 설명하는 데 있어서 기독교가 주는 인격신의 인상을 너무 짙게 풍겼다. 그리고 조화造化의 세계 그 자체에 대한 성격규정이 미약했다. 그러나 포덕의 역사적 정당성에 관하여서는 매우 맹렬한 논의를 펼쳤다.

이에 비하여 「동학론」의 아이덴티티 체계는 "동학"이 서학으로 오인될 수 없는 독자적인 성격이 있다는 것을 명료하게 제시하면서 서양의 길(양도洋道)과 서양의 배움(양학洋學)에 대한 안티테제를 제시한다. 「동학론」은 「포덕문」에서 미진하게 드러난 반서양적 사유와 느낌을 노골적으로 드러내고 있다. 그러면서 강력한 유교적 아폴로지를 이론적으로 제시하고 있다. 다시 말해서 당대의 지성사회를 장악하고 있던 유생(Confucian scholars)들에게 동학이 유학의 모든 세계관이나 가치관에서 벗어남이 없는 사문斯文의 정도正道라는 것을 강력히 제시하고 있는 것이다.

그는 21자 주문을 상설詳說하면서도 그 총결론으로서 『대학』 제1장의 첫머리를 연상케 하는 다음과 같은 메시지를 발하고 있는 것이다: 21자 주문을 끊임없이 상고하고 암송하면서 명명기덕明明其德(하느님의 덕을 밝힌다) 하고 념념불망念念不忘(하느님을 항상 생각하여 잊지 않는다) 하면 지어지성至於至聖(지극한 성인의 경지에 이르게 된다) 하게 된다는 것이다. 이것은 대학의 길이 명덕을 밝히는 데 있으며 백성을 새롭게 하는 데 있으며 지선至善에 이르는 데 있다고 한 유교의 중심테제, 그리고 조선유학이 가장 근본으로 삼은 주자학의 강령을 자신의 주문의 총결로서 얘기하고 있는 인상을 풍긴다(주자학은 『사서』 중심의 사상이며, 또 『대학』 중심의 사유체계이다).

아마도 수운은 「동학론」을 쓴 이후에 그 문장에 유교적 아폴로지(내 사상이 유교에서 벗어남이 없다는 변명. 호교적 자세를 말한다)의 성격이 너무 강하다고 생각했을 것이다. 그래서 그는 약간의 수정, 아니 수정이라기보다는 약간의 보강이 필요하다고 생각했을 것이다. 「수덕문」은 인사이더들에게 자신의 사상이 공맹의 유학의 틀에 위배됨이 없는 사상임에는 틀림이 없지만, 동학은 분명히 유교의 틀을 뛰어넘는 새로운 체계라는 것을 강력히 천명할 필요를 느꼈던 것이다. 이 「수덕문」에 나오는 "대동이소이大同而小異"(동학이 유학과 대체로는 같지만 조금은 다르다)와 같은 표현은 실로 "소이小異"을 말하고 있는 것이 아니라 "대이大異"를 말하고 있는 것이다. 동학은 혁명의 사상이지만 유학은 일리一理(하나의 이법에 구속되어 변통을 모른다는 뉘앙스가 들어있다)에 구애되어 변혁을 모른다는 것이다.

"인의예지는 선성先聖이 가르친 바이지만, '수심정기修心正氣'(여기서는 '수심정기守心正氣'가 아니다)는 오직 내가 새로 정한 것이다"라고 외치는 수운의 메시지는 실로 새로운 선포를 천명하는 것이다.

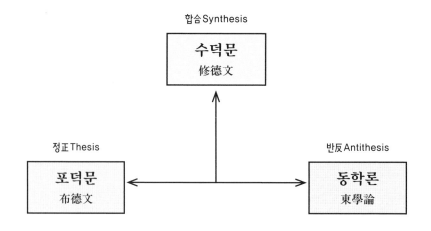

수운은 이러한 신테제를 정당화하기 위해서 자기가 득도의 체험에 도달하게 되는 과정을 자기 실존의 고뇌로서 매우 여실하게 직고하고 있다. 도내의 사람들에게 자기존재 뿌리의 만만치 않은 위대함과 자기 삶의 끊임없는 좌절의 쌍

곡선이 결국 자기존재의 본질로 되돌아가게 만드는 수없는 계기들을 만들었다는 것을 과시하고 있으며 포덕의 진실성을 호소하고 있다. 세부적인 것은 문장의 해설 속에서 논의해나갈 것이다.

그런데 이「수덕문」은 문장 내용의 분위기로 보아 객지인 남원에서 도인들을 그리워하면서 쓴 글이 분명하다. 그래서 표영삼 선생님은 이 글은 임술년(1862) 6월 말 은적암에서 지었다고 단정한다. 수운은 은적암에서 1862년 6월 말까지 머물렀고 그곳을 떠나기 직전에 이 글을 지었다고 본다. 수운의「통유通諭」가 62년 5월 하순에 남원 은적암에서 쓰여진 것이 분명하므로, 그 후에 쓴 것이라고 보는 것이다. 이 문제는 제1권에서 내가 『대선생주문집』을 해설하는 과정에서 충분히 토론하였다.

그러나 많은 사람들이 『대선생주문집』과 그것을 계승한 『도원기서』가, 분명히 수운은 임술 3월에 경주 현서의 백사길白士吉의 집으로 돌아왔다고 기술하고 있으므로,「수덕문」은 그해 6월 경주 박대여朴大汝의 집에서 쓴 것으로 보아야 한다고 주장한다. 그런데 이러한 문제는 수운이 전라도 남원에서 얼마나 좋은 시간을 보내고 있었는지, 그리고 그곳에서 얼마나 충직한 훌륭한 제자들을 만났는지를 이해하지 못하는 데서 발생하는 문제들이다.

유사회 세미나에서 제출된 의견은 수운이 3월에 잠시 경주에 잠입했다가 다시 은적암으로 돌아갔다고 볼 수도 있다는 것이다. 그를 남원의 은적암에 안주할 수 있게 해준 사람들의 도움으로 쉽게 왔다갔을 수도 있다는 것이다(『문집』의 기사로 볼 때도 그 기간은 타인에게 알리지 않은 공백기간이었고, 실제로 남원과 경주간의 육로여행이 말만 준비된다면 그리 먼 길이 아니다). 3월설과 6월설을 조화시킬 수도 있는 좋은 안案이라고 생각되지만 그 실상은 확언할 수 없다. 나는 표영삼 선생님의 고증을 따른다.

※80일 전에 얻은 나의 머리 상처는 거의 다 나아가고 있다. 마리앤라인 피부과의원(대학로 큰길가) 이은정李垠姃 원장이 나의 머리를 원상회복시키는 작업을 섬세하게 수행해주었다. 지극한 정성이었다. 그리고 대학로 서울정형외과의원(혜화동로타리 부근) 문호생文鎬生 원장도 여러모로 나에게 결정적인 도움을 주었다. 그런데 머리 상처가 다 나아갈 즈음, 며칠 전에는 이유 없이 어금니 하나가 허리가 툭 부러져 사라졌다. 그래서 지금 뿌리를 뽑고 임플랜트 치료를 받고 있는데, 이것도 된 작업이다. 제자 김성조金星兆(김성조치과 원장. 도올서원 출신) 군이 정성껏 돌봐주고 있다. 나의『동경대전』역주를 완성하는 작업이 정말 힘든 모양이다. 머리껍질이 벗겨지고 이빨이 부러지고, 뭔가 하느님과의 해후가 신체적 변화까지 일으키고 있는 것 같다. 수운은 "심한신전心寒身戰"이라 했는데 나는 "피박아단皮剝牙斷"이라 해야 할 것 같다.

3-1 元亨利貞, 天道之常; 惟一執中, 人事之察。故生而
원 형 리 정 천 도 지 상　유 일 집 중　인 사 지 찰　고 생 이

知之, 夫子之聖質; 學而知之, 先儒之相傳。雖有困
지 지　부 자 지 성 질　학 이 지 지　선 유 지 상 전　수 유 곤

而得之, 淺見薄識, 皆由於吾師之聖德。不失於先王
이 득 지　천 견 박 식　개 유 어 오 사 지 성 덕　불 실 어 선 왕

之古禮。余出自東方, 無了度日。僅保家聲, 未免寒
지 고 례　여 출 자 동 방　무 료 탁 일　근 보 가 성　미 면 한

士。先祖之忠義, 節有餘於龍山。吾王之盛德, 歲復
사　선 조 지 충 의　절 유 여 어 용 산　오 왕 지 성 덕　세 부

回於壬丙。若是餘蔭, 不絶如流。家君出世, 名蓋一
회 어 임 병　약 시 여 음　부 절 여 류　가 군 출 세　명 개 일

道, 無不士林之共知。德承六世, 豈非子孫之餘慶!
도　무 불 사 림 지 공 지　덕 승 육 세　기 비 자 손 지 여 경

국역 원·형·리·정은 하느님의 길의 늘 그러한 모습이요, 오로지 한결같이

중용을 잡는 것은 사람으로서 당연히 살펴야 할 도리이다. 그러므로 애써 배우지 않아도 태어나면서부터 저절로 아는 것은 공부자孔夫子의 성스러운 바탕(기질)이요, 애써 배워 아는 것은 옛 선비들이 서로 전해가면서 축적해온 문명의 자산이다. 비록 여기 보통사람이 있어 애써서 어렵게 배운다고 할지라도, 그 배운 바가 또한 천견박식淺見薄識(얕은 견해, 엷은 인식)이라 할지라도, 그것은 모두 우리의 스승인 공부자의 성스러운 덕성에 힘입은 문명의 자산이다. 그리고 그러한 보통사람들의 노력 또한 우리가 살고 있는 문명을 창출한 작자Culture-hero인 선왕先王의 고례古禮에 어긋나지 않는 것이다.

(※인간은 누구든지 바르게 노력만 하면 공자나 선왕의 경지에 도달할 수 있다는 것을 암시하고 있다. 동시에 문명의 주체는 곤이득지困而得之 하고, 천견박식을 지닌 보통사람, 즉 민중임을 천명하고 있다. 수덕修德의 개사開辭로서 너무도 적합한 논지이다).

나는 동방의 조선에서 태어나 무료하게 세월을 보낸, 특출한 인물이 아니었다. 근근히 집안의 명예를 유지했을 뿐, 빈한한 선비의 신세를 면치 못하였다. 나의 선조 최진립 장군(7대조 할아버지 최진립崔震立, 1568~1637)의 충의忠義와 절개는 민중의 숭앙을 받는 경주 용산서원의 찬란한 모습에 원모습 그대로 남아있다. 최진립 장군을 기린 임금들의 성덕盛德으로 인하여, 세월이 끊임없이 임진년과 병자년을 맞이하여도 양란에 혁혁한 무공을 세운 최진립 장군과도 같은 사람들의 희생은 되새겨지고만 있는도다(순조 당대에는 16년이 병자년, 32년이 임진년).

이와같이 자손에게 남겨준 음덕蔭德이 물 흐르듯 단절되지 아니하고, 나의 아버님 최옥 선생이 이 세상에 나와 최진립 장군의 전통을 잇고, 그 학문이 뛰어나 이름이 경상도 일대의 유림세계를 휘덮었다. 우리 아버지의 명성은 경상도 사림에서 모르는 사람이 없었고, 그 덕성은

6대조 최진립 할아버지의 덕을 이었으니, 이 어찌 자손에게 내려오는 여경餘慶이 아닐 수 있겠는가?

(※『주역』「곤괘 문언」에 "적선지가積善之家, 필유여경必有餘慶"이라는 말이 있는데 불교가 말하는 인과응보를 단지 개인의 차원에서 이야기하지 않고 "가家"라는 집단의 단위에서 얘기했다는 데 동아시아문명의 특이성이 있다. 6대조 할아버지의 여경을 입은 사람은 수운이라기보다는 수운의 아버지 최옥이라고 수운은 말하고 있는 것이다).

옥안 이 문단의 내용을 정확히 파악하기 위해서는 배경설명이 필요한 구문이 많다.

우선 "원·형·리·정"이라는 말은 『주역』의 원래 경전의 핵을 이루는 괘상卦象과 괘사卦辭와 효사爻辭 중에서 건괘의 괘사를 이루는 말이다. 주자는 "원·형·리·정"이라는 것이 한 괘의 길흉을 판단하는 데 쓰였던 일종의 심볼리즘이며 그것은 문왕이 괘에 부여한 단사彖辭라고 했다. 원은 크다(大)는 말이며, 형은 통한다(通)는 말이며, 리는 마땅하다(宜)는 말이며, 정은 바르고 굳건하다(正而固)는 뜻이라 했다.

원래 괘사를 해석한 단전象傳을 다시 설명한 「문언文言」에는 이와같은 말이 있다: "원元이라고 하는 것은 좋음의 우두머리란 뜻이다. 형亨이라는 것은 아름다움이 모인다는 뜻이다. 리利라는 것은 의로움이 조화를 이룬다는 뜻이다. 정貞이라는 것은 일의 안정된 근간이라는 뜻이다.元者善之長也, 亨者嘉之會也, 利者義之和也, 貞者事之幹也。"원·형·리·정은 대자연의 계절로서는 춘·하·추·동으로 대비되기도 하고, 인간의 덕성으로는 인仁·예禮·의義·지智로 대비되기도 하고, 공영달의 소疏에는 시始·통通·화和·정正으로 해석되기도 하였다. 송나라의 이구李覯는 원·형·리·정을 기氣·형形·명命·성性으로 대비시켜 해설하기도 하였다.

주희사상의 원조라 말할 수 있는 정이천程伊川, 1033~1107은 건괘의 원·형·리·정을 해석하여 원은 만물지시萬物之始, 형은 만물지장萬物之長, 리는 만물지수萬物之遂, 정은 만물지성萬物之成이라 하였고, 오직 건괘와 곤괘만이 이 사덕四德을 구유하여 천도 순환의 전체를 함축하고 있다고 말하였다.

하여튼 원형리정은 『주역』의 우두머리인 순양의 건괘의 기본성질을 말한다. 맥락에 따라 다양한 해석이 가능하다. 수운은 이 건괘의 괘사인 원형리정을 정통유학의 언어를 빌어 "천도지상天道之常"이라 표현했다. 그것은 하느님의 길의 항상됨이라는 뜻이다.

"천도지상"이란 스스로 질서를 창조해가는 포섭적인 우주의 객관성을 표방하고 있는데, 동일한 표현이 주희의 『소학』 「제사題辭」에 나온다: "원형리정은 천도지상이요, 인의예지는 인성지강이다. 元亨利貞, 天道之常; 仁義禮智, 人性之綱." 그리고 이것은 이퇴계의 『성학십도聖學十圖』 「제삼소학도第三小學圖」에 인용되고 있다. 수운은 원형리정이라는 천도지상은 주·퇴의 입장을 받아들이지만, 그것과 짝을 이루는 "인의예지"는 "유일집중惟一執中"으로 대치하면서 중용의 사회적 가치를 천명한다. "집중執中"이야말로 "인사지찰人事之察"이라는 것이다. 퇴계가 인성人性 내면의 문제를 천착했다면 수운은 사회적 실천을 강조하면서 인간의 "앎知"의 본질을 논구하고 있는 것이다.

"천도지상天道之常"을 한학자인 남만성南晩星이 "이 네 가지의 덕은 하늘의 항구불변의 법칙"이라고 말했는데, 극심한 오역이다. 상常은 불변(Changelessness)이 아닌 변화의 항상성(Constancy)이다. 수운의 인식체계에는 "불변"은 없다. 하느님조차도 불변의 절대적 존재가 아니다. 항상 이 세계와 더불어 변하는 생성적 존재인 것이다.

"유일집중惟一執中"은 『상서』 「대우모大禹謨」에 나오는 "인심유위人心惟危,

도심유미道心惟微, 유정유일惟精惟一, 윤집궐중允執厥中"(사람의 마음은 항상 위태
롭고, 하느님의 마음은 항상 미묘하다. 그기에 오로지 정밀하게 생각하고 순일純一하게 도
의를 지키어 항상 성실하게 중용의 도를 잡으라)을 축약해서 말한 것이다. 이것은 순
임금이 우禹에게 제위帝位를 넘겨주기 위해 말한 충고의 일부분인데 근세유학
의 대전제가 되었다. 따라서 수운은 이 두 명제, 즉 대자연의 법칙으로서의 원·
형·리·정(수운은 이것을 춘·하·추·동으로서 생각한 것 같다: 봄은 모든 것의 시작이요
근원이다. 여름은 형통하고 무성한 것이다. 가을은 갈무리하면서 거두어들이니 이로운 것이다.
겨울은 모든 것을 저장하니 안정되고 굳건한 것이다)과 인간세의 도덕적 법칙으로서의
유일집중惟一執中을 "수덕修德"의 양대측면으로서 제시하고 있는 것이다.

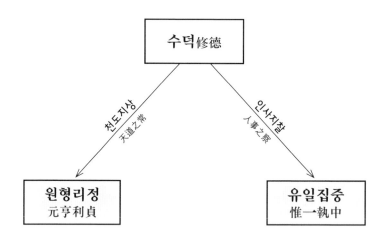

그 다음에 공자 얘기가 나오고 있는데, 여기 "생이지지生而知之"와 "학이지
지學而知之"와 "곤이득지困而得之"라는 주제는 『논어』「술이」편, 「계씨」편,
그리고 『중용』 20장에 나오고 있다. 그런데 사실 공자는 자기를 가리켜 "나는
생이지지生而知之의 머리 좋은 천재가 아니다. 나는 우직하게 옛것을 좋아하고
민첩하게 앎을 구했을 뿐이다"라고 했는데, 수운은 공자야말로 "생이지지"의
천재라고 보고 있는 것이다.

그러나 수운의 사상은 기실『중용』20장으로부터 온 것이다: "여태까지 얘기해온 달도達道와 달덕達德에 관하여, 어떤 사람은 태어나면서부터 그것을 알고, 어떤 사람은 배워서 그것을 알고, 어떤 사람은 곤요롭게 애써서 안다"라고 하면서 결론을 이렇게 끌어가고 있다. 생이지지生而知之 하든, 학이지지學而知之 하든, 곤이지지困而知之 하든 결국 알기만 하면, 그 안다고 하는 데 있어서는 아무런 차이가 없다(及其知之, 一也). 아예 노력을 안 하는 것은 문제가 있으나, 성실하게 노력하여 배워 알려고만 한다면 지력의 차이는 전혀 문제가 되지 않는다는 것이다.

우리가 유교를 매우 극심한 엘리티즘의 사상으로 아는데, 실제로 유교는 엘리티즘을 거부하는 이러한 인간평등론을 바탕에 깔고 있는 것이다. "유교무류有敎無類"(교육에 있어서 인간의 차등이란 있을 수 없다)와 같은 사상이 유교에는 엄존하고 있는 것이다. 그러니까 수운은 자기의 인간평등론을 이러한 유교의 건강한 측면을 빌어 논구하고 있는 것이다. 동학은 어디까지나 "학學"이다. 배움이다. 배움에는 인간의 차등이 있어서는 아니 되는 것이다. 공자의 성덕聖德이나 선왕先王(요·순과 같은 문명창조자들)의 고례古禮에 누구나 다 도달할 수 있는 것이다(경진초판본만이 "성덕聖德"으로 되어있고, 나머지 세 판본은 모두 "盛德"으로 되어있다. 초판본의 우수함이 여실히 증명된다).

다음, 우리가 수운을 이해하기 위해서는 반드시 최진립이 누구인지를 알아야 하고, 또 최진립을 모신 사액서원인 용산서원龍山書院(경주시 내남면 이조리, 1699년 건립. 1711년 숭렬사우崇烈祠宇로 사액되었는데, 다시 용산서원으로 승격됨. 최고의 영예인 서원이름을 얻음)의 성격을 알아야 한다.

왜란·호란 양란에서 객관적으로 혁혁한 공을 세운 사람을 찾기란 매우 어렵다. 최진립은 진실로 국난에 순수하게 몸을 헌신한 무장이다. 그는 전사 직후에 자헌대부 병조판서 겸 지의금부사를 추증하고, 효종 2년(1651) 8월에는 청백리의 반열에 올랐고 정무貞武의 시호를 받는다.

그런데 최진립의 셋째 아들 동량東亮의 계보에서 조선의 자랑스러운 도덕경제(moral economy)의 상징인 경주 최부자집의 전통이 성립했고, 넷째 아들 동길東吉의 계보에서 한국정신사를 개벽한 수운 가문이 나왔다는 것은 전술한 바와 같다. 그런데 최부자집의 부는 어떻게 축적된 것일까?

최진립 가문은 훌륭한 전공으로 인하여 국가에서 받은 공전이 꽤 있었을 것이다. 그런데 하여튼 최진립 가문의 부는 재테크가 탁월했던 동량東亮에게로 집중적으로 상속된 것 같다. 그런데 동량이 부를 축적한 방식은 민심을 얻지 못하는 방식이었던 것 같다. 최동량이 죽자 바로 상중喪中에 명화적明火賊이 이 집을 덮쳤다. 명화적이란 노비계층 및 소작인들이 양반가에 저항하는 집단적인 쟁의형태였는데, 대담한 시위와 의도적인 살상을 불사했다. 1665년 8월 초3일 밤 2시경 최동량의 집을 명화적 떼가 갑자기 진용을 갖추어 소리를 지르고 북을 치며 돌입하여 서류를 불태우고 물건을 도둑질해갔다. 이때 미처 몸을 피하지 못한 최동량의 아들들이 화를 당했다. 최국심은 오른쪽 뺨을 환도로 찔렸고, 이마도 칼에 찔렸다. 그리고 그의 동생 국규도 왼뺨을 환도에 찔려 뼈까지 다쳤다.

이러한 상황에서 최동량의 장남 최국선은 이 사태를 관에 보고하고 모든 문기文記를 회복하여 재산을 되찾는 작업을 성공적으로 수행하는 동시에, 돈을 번다는 것은 자기가 속해 있는 공동체의 민심을 위배하면 도저히 불가능할 뿐만 아니라 지속가능하지 않다는 것을 깨닫고 일체의 보복을 하지 않았다. 뿐만 아니라, 그들의 생계를 돕는 체계적인 사업을 기획하기에 이른다(명화적이 누구인지도 다 알았다). 그러니까 최부자댁의 노블리스 오블리제는 실제로 최진립 － 최동량 － 최국선 삼대에 걸쳐 형성된 것이지만 실제로 최국선崔國璿, 1631~1682이라는 탁월한 인물에 의하여 그 뿌리가 정착된 것이다.

1) 과거를 보되 진사 이상은 시도하지 마라. 그리고 높은 벼슬은 할 생각을 마라.

2) 재산은 만석 이상을 모으지 마라.

3) 시집온 며느리들은 3년간 무명옷을 입는다. 시집올 때도 은비녀 이상의 패물을 가지고 오지 마라.

4) 양입위출量入爲出 하라. 즉 들어올 것을 예상하여 지출을 하라.

5) 과객을 후하게 대접하라.

6) 흉년기에는 땅을 매입하거나 재산을 늘리지 마라.

7) 따장 물건은 사지 말고, 값을 깎지 마라.

8) 사방 100리 안에 굶어죽는 사람이 없게 하라.

하여튼 지금 생각해봐도 아름다운 가치관의 표방인데, 더욱 대단한 것은 이러한 "도덕경제"(노블리스 오블리제라는 서양말만 쓸 이유 없다)를 펼치는 방식이 매우 체계적이었다는 것이다. 주먹구구식이 아니라 모든 정보를 종합하여 탕감이나 구휼의 원칙을 지속시켰는데, 그 센터가 바로 용산서원이었다.

보통 사액서원이라고 하면 백성을 못살게 구는 권세양반가문의 착취기관이었는데, 최씨가문은 모든 서플러스(잉여재산)를 서원에 기증하여 그곳에서 체계적으로 난민을 구제했다. 서원의 별고別庫는 서민금고 역할을 한 기구였는데 평민이나 노비층이 금전이나 곡식을 대출해가고 기한이 되면 이자와 원금을 상환하는 방식이었는데 대부분이 이를 이행할 수가 없었다. 용산서원은 별도의 조사위원회(사핵소査覈所)를 두어 합리적 절차를 거쳐 원금 및 이자를 감면 혹은 탕감해주었다. 용산서원은 선현봉사, 자제교육과 함께 금융기능과 빈민구제를 동시에 행한 유례를 보기 힘든 선한 기구였다.

정다산도 그의 『전론田論』(1799)에서 최부자집을 언급하고 있는데, 그 경지耕地가 400결을 내려가지 않는다고 했다. 400결이라면 지금의 1,000정보 정도의 어마어마한 면적이다. 최씨가계를 살펴보면 최소한 8대를 유지한 만석꾼이라고 할 수 있는데 이러한 명문가는 실제로 경주최씨댁이 유일하다.

하여튼 여기 수운이 "용산서원"을 언급하고 있는 것은, 단순히 조상자랑이 아니라, 최진립 장군의 정신이 경주 일대에 도덕적 감화를 미치고 있었던 그 심볼리즘으로서, 민중의 사랑을 받는 집안의 여경으로서 "용산龍山"을 말하고 있는 것이다. 그럼에도 불구하고 수운은 일체 큰집에 신세를 지지 않은 독자적인 생애를 살았다. 수운의 아버지 최옥도 마찬가지였다. 선비집안으로서의 프라이드를 수운 부자는 잃지 않았다. 우리가 수운에게서 느끼는 거대한 인품과 도량과 사고의 웅혼함은 이러한 최씨가문의 성세와도 관련이 없다고 말할 수 없다.

3-2 噫! 學士之平生, 光陰之春夢。年至四十, 工知笆籬
희 학사지평생 광음지춘몽 연지사십 공지파리

之邊物, 心無靑雲之大道。一以作歸去來之辭, 一以
지변물 심무청운지대도 일이작귀거래지사 일이

咏覺非是之句。攜筇理履, 怳若處士之行; 山高水長,
영각비시지구 휴공리리 황약처사지행 산고수장

莫非先生之風。龜尾之奇峰怪石, 月城金鰲之北; 龍
막비선생지풍 구미지기봉괴석 월성금오지북 용

湫之淸潭寶谿, 古都馬龍之西。園中桃花, 恐知漁子
추지청담보계 고도마룡지서 원중도화 공지어자

之舟, 屋前滄波, 意在太公之釣。檻臨池塘, 無違濂
지주 옥전창파 의재태공지조 함림지당 무위렴

谿之志; 亭號龍潭, 豈非慕葛之心! 難禁歲月之如
계지지 정호용담 기비모갈지심 난금세월지여

流, 哀臨一日之化仙。孤我一命, 年至二八, 何以知之,
류 애림일일지화선 고아일명 연지이팔 하이지지

無異童子。先考平生之事業, 無痕於火中; 子孫不肖
무 이 동 자   선 고 평 생 지 사 업   무 흔 어 화 중   자 손 불 초

之餘恨, 落心於世間。豈不痛哉! 豈不惜哉!
지 여 한   낙 심 어 세 간   기 불 통 재   기 불 석 재

국역 아아~ 슬프도다! 우리 아버님, 학사學士(공부에만 전념한 선비라는 뜻)의
평생은 그 광음光陰이 춘몽처럼 흘러갔다. 나이 40세에 이르매, 젊은 날
과장科場에 뜻을 두었던 모든 꿈은 사라지고, 손재주란 대나무 울타리
밑의 화초를 가꾸는 정도에 그쳤고(그 정도만 알 뿐이었고), 그 울울한 가
슴에는 이미 청운의 대도는 사라지고 말았세라. 한편으로는 벼슬의
번거로움을 내던지고 고향으로 돌아오는 도연명陶淵明, 365~427(강서성
구강시九江市 사람. 동진東晉 말에서 유송劉宋에 이르는 시기의 걸출한 시인. 은일시인隱
逸詩人의 조종祖宗)의 「귀거래사」(AD 405년 11월에 지음)와 같은 시를 짓기도
하고, 또 한편으로는 "향촌에 돌아오니 지금 이 생활이 옳고 어제 관
리생활 했던 시절은 잘못되었었다는 것을 깨닫는다"(※각금시이작비覺今是
而昨非. 이 구절은 「귀거래사」 본문에 있다. 수운의 인용은 시비是非의 순서가 거꾸로 되
어있다. 수운은 정확한 텍스트가 없이 쓴 것이다)라고 하는 구절을 읊어대기도
하였다.

대나무지팡이를 짚고 나막신을 신은 아버지의 모습은 벼슬의 꿈을 다
버린 산림처사의 행색과도 같았고, 산이 높고 물이 길게 뻗쳐 있는 것
과도 같은 거대한 인품은 교육자로서 존경받는 학자의 풍도였다.

(※산고수장山高水長은 당나라의 시인 유우석劉禹錫, 772~842의 『망부望賦』에서 인용된 표
현이다. 그러나 동한 광무제 때 사람 엄자릉嚴子陵의 고사에서 유래된 표현으로 볼 수도
있다. 송나라 사람 범중엄范仲淹의 『엄선생사당기嚴先生祠堂記』에 엄자릉의 인품을 표현하
여 산고수장이라 했다. 지금도 산고수장은 학교선생님의 높고 그윽한 인품을 나타내는 말
로써 중국인들이 상용하는 표현이다).

구미산의 기이한 봉우리와 괴이한 바위들은 월성(경주 분지 중앙에 있는 성城. 반월성. 경주를 상징) 금오(경주 남산의 별칭)의 북쪽이요, 용추(용담정 앞을 흘러 내리는 물)의 맑은 못과 보석과도 같은 계곡은 고도 마룡馬龍(현곡면의 한 마을 이름인데 고도古都로서 높여 표현함)의 서쪽에 있다. 정원 속의 복숭아꽃 은 낚시꾼의 배에 알려지는 것을 두려워하고(무릉도원武陵桃源의 고사. 이것 도 도연명의 「도화원기桃花源記」에 나온다), 집 앞의 푸른 물은 그 뜻이 강태공 의 낚시에 있었더라(※주문왕周文王의 발탁을 기다렸다는 식으로 해설하는 것은 온당치 못하다. 단지 낚시바늘이 굽어있지 않았다는 데 그 강조점이 있다. 근암공은 이미 벼슬에 뜻을 두지 않았다).

용담정의 난간이 그 앞의 연못을 굽어보고 있으니(실제로 용담에는 난간 이 없었다. 미화하는 표현일 뿐이다), 그것은 「애련설愛蓮說」(연꽃의 견정堅貞한 품 격을 찬양한 글. 더러운 물속에서도 고결하게 피어오르는 모습을 묘사)을 쓴 철학자 주렴계周濂溪, 1017~1073(실제로 송명 이학理學의 개산조)의 큰 뜻을 생각나게 하고, 그 정자의 이름을 "용담龍潭"이라 한 것은 제갈량을 사모한 마 음 때문이 아니겠는가?(※원래 수운의 할아버지 최종하崔宗夏가 원적암이라는 절터 를 매입하여 새롭게 정자를 지었을 때의 이름이 "와룡암臥龍庵"이었다. 또 유비가 인재를 구하기 위하여 사마덕조司馬德操를 만났을 때 덕조가 제갈공명을 가리켜 "복룡伏龍"이라 하였다. "복룡봉추伏龍鳳雛"의 고사).

세월이 유수 같이 지나가는 것을 막을 길이 없었다. 갑자기 하루아침에 신선이 되시는 슬픈 일을 당하고 보니, 외로운 나의 한목숨은 겨우 나이 열여섯이라(실제로는 열일곱이었다. 근암공이 돌아가신 것은 1840년 2월 20일 이었다), 내가 과연 무엇을 알았겠는가? 어린아이와 다를 바가 없었다.

돌아가신 아버님 평생의 사업은 불 속에서 자취마저 사라지고 말았다(※ 삼년상을 치르고 19살에 울산 유곡동의 밀양 박씨를 부인으로 맞이하였다. 그리고 가정리로 옮겨 살았는데 20세 경에 화재를 당하여 집에 있던 것이 홀라당 다 타버렸다. 그런데도 이 사람 저 사람이 가지고 있던 것들을 긁어모아 『근암집』과 『근암유고』를 만들었다. 수운이 얼마나 지적으로 성숙한 사람이었는지 이러한 작업만 보아도 알 수 있다. 묘지문·상량문은 다 찾아다니면서 정서했다고 한다). 이 불초자손의 여한조차 세간에 굴러떨어져 희망을 잃고 말았으니("낙심落心"은 우리말이다. 한문용법이 아니다), 어찌 가슴아프지 아니하랴! 어찌 애석치 아니하리오?

옥안 이 단의 수운의 문장이 과도하게 인용이 많기는 하지만, 자신의 슬픈 처지, 그러니까 개인 인생살이의 전변轉變을 매우 솔직하게 기술함으로써 그 인간과 그 인간의 삶의 메시지의 진실성과 품격을 잘 전하고 있다. 실존의 과정을 통해 뭇사람들과 체험을 공유하고자 하는 것이다.

3-3 心有家庭之業, 安知稼穡之役? 書無工課之篤, 意墜
　　　심 유 가 정 지 업　안 지 가 색 지 역　　서 무 공 과 지 독　　의 추

靑雲之地。家産漸衰, 未知末稍之如何。年光漸益,
청 운 지 지　　가 산 점 쇠　　미 지 말 초 지 여 하　　연 광 점 익

可歎身勢之將拙。料難八字, 又有寒飢之慮。念來
가 탄 신 세 지 장 졸　　요 난 팔 자　　우 유 한 기 지 려　　염 래

四十, 豈無不成之歎? 巢穴未定, 誰云天地之廣大;
사 십　기 무 불 성 지 탄　　소 혈 미 정　　수 운 천 지 지 광 대

所業交違, 自憐一身之難藏。自是由來, 擺脫世間之
소 업 교 위　자 린 일 신 지 난 장　　자 시 유 래　　파 탈 세 간 지

紛繞, 責去胥海之繃結。龍潭古舍, 家嚴之丈席; 東
분 요　책 거 흉 해 지 붕 결　　용 담 고 사　　가 엄 지 장 석　　동

都新府, 惟我之故鄕。率妻子還栖之日, 己未之十月;
도 신 부　유 아 지 고 향　　솔 처 자 환 서 지 일　　기 미 지 십 월

乘其運道受之節, 庚申之四月。是亦夢寐之事, 難狀
승 기 운 도 수 지 절　경 신 지 사 월　시 역 몽 매 지 사　난 상

之言。察其易卦大定之數, 審誦三代敬天之理。於是
지 언　찰 기 역 괘 대 정 지 수　심 송 삼 대 경 천 지 리　어 시

乎, 惟知先儒之從命, 自歎後學之忘卻。修而煉之,
호　유 지 선 유 지 종 명　자 탄 후 학 지 망 각　수 이 련 지

莫非自然。覺來夫子之道, 則一理之所定也; 論其
막 비 자 연　각 래 부 자 지 도　즉 일 리 지 소 정 야　논 기

惟我之道, 則大同而小異也。去其疑訝, 則事理之常
유 아 지 도　즉 대 동 이 소 이 야　거 기 의 아　즉 사 리 지 상

然; 察其古今, 則人事之所爲。
연　찰 기 고 금　즉 인 사 지 소 위

국역 마음속으로는 가정을 꾸려나가야 한다는 생각이 있었지만, 나는 농
사를 지어본 적도 없으니 어찌 그것을 생짜로 지금 습득할 수 있겠
는가? 학문으로 말해도 책을 읽은 것이 대학자들의 독실한 수준에는
미칠 바가 아니었으니, 벼슬길 따위의 청운의 꿈은 내동댕이쳐버린 지
가 오래였다. 그렇게 살다 보니 가산은 점점 쇠락해져 가고, 나의 생
애 끝장이 어떤 모습이 될지 예상키도 어려웠다. 나이는 점점 먹어가
는데 신세가 점점 졸렬해져 가는 꼴을 탄식만 하고 있었다.

험난한 내 팔자八字를 헤아려보아도 그 속에는 또한 춥고 배고픈 우려가
새겨져 있었다. 생각해보니, 내 나이 벌써 40이었다. 어찌 아무것도
뚜렷하게 성취한 것이 없는 내 인생을 한탄치 아니할 수 있겠는가?

내 몸 하나 뉘일 보금자리 하나도 아직 마련하지 못했으니(수운은 생계가
어려워 거처를 계속 옮겼다), 그 누가 이 천지가 너르고 크다고 말했는가?(천
지가 광대하다 한들 내 몸 하나 뉘일 곳이 없다는 절절한 표현). 하는 일마다 빠그러져

제대로 되는 일이 없으니 이 한 몸 둘 곳 없어 스스로를 연민하게 된다.

세간에 얽힌 복잡한 일들을 다 떨쳐 벗어버리고, 또한 가슴에 맺혀 응어리진 일들을 꾸짖어 과감히 내버렸다. 가자! 가자! 용담으로 돌아가자! 용담의 옛집이야말로 우리 아버지 근암공께서 장석丈席(학문을 강론하는 자리) 하시던 곳이요, 동도東都(경주를 가리킴. 동경東京. 그때 울산에서 되돌아왔기 때문에 동도라는 표현을 쓴 것이다)의 새마을(아까 고도古都 마룡이라는 표현을 쓴 것에 대비하여 용담을 "동도의 신부新府"라고 표현한 것이다. 모두 수사학적인 문제일 뿐)이야말로 오로지 나의 고향이로다.

처자를 거느리고 옛 보금자리(경진판은 "栖," 목천판은 "棲," 경주판·무자판은 "捿"로 되어있다. 다같은 보금자리 서의 다른 자양字樣이다)로 돌아온 것이 기미년(1859) 10월이요, 운運을 타서 도를 받은 때가 경신년(1860) 4월이다(※여기 수운의 놀라운 문장구성의 테크닉을 볼 수 있다. 이 귀룡歸龍에서 득도得道까지의 과정은 그의 생애에서 가장 중요한 대목임에도 불구하고, 이미 두 번에 걸쳐 충분히 다루었으므로, 지극히 평범하고 담박한 언어로 묘사하면서 스쳐지나간다. 이 부분을 헤비하게 번역하는 태도는 매우 촌스러운 것이다. 수운의 의도와 거대한 인격의 소박미를 살려야 옳다. 이 다음에 오는 표현들 또한 지극히 담박하고 함축적이다). 이 모든 나의 신비로운 체험이 꿈결과 같은 일이었고, 말로 형언하기 어려운 일이었다.

이 체험에 즉하여 나는 『주역』 괘상을 만드는 대연지수大衍之數를 살펴보기도 했고(※본문에 "대정지수大定之數"라고 말한 것은 『주역』 「계사」상에서 언급한 "대연지수大衍之數"를 가리키는 것이다. 대연지수는 하늘의 수인 1·3·5·7·9의 기수를 합친 25와 땅의 수인 2·4·6·8·10의 우수를 합친 30을 합한 55인데 실제로 점에서 쓰는 시초의 개수는 50개이다. 왜 55가 50이 되었는지에 관해서는 설이 분분하다. 50개의 시초에서 하나를 빼는데, 그것은 태극을 상징하며 시종 사용하지 않는다. 그러니까 실제로 역점에 쓰이는 시초는 49개이다. 49개의 시초를 무념무상으로 양손에 갈라 쥠으로써 역점이 시작되는데 그 자세한 서법筮法에 관해서는 내가 여기서 논할 바가 아니다. 그러니까 수운이 대정지수 즉 대연지수를 살폈다는 것은 역점을 쳐서 자기 운세에 해당되는 괘상을 만들어도 보았다는 뜻이다. 그리 대단한 뜻이 들어있는 얘기가 아니다. 나도 하바드대학에서 박사학위논문을 쓸 때 거의 매일 역점을 쳤다. 그러니까 대연지수를 매일 살핀 것이다), 하·은·주 삼대의 하느님을 경배하는 이치를 살피어 계속 암송하다시피 했다(그러니까 주로 『상서』의 경천敬天사상을 상고詳考하였다는 얘기다).

이러한 과정을 거치면서, 나는 우리의 앞선 대유大儒들이 하느님의 명命을 잘 이해하고 따랐다는 것을 알게 되었으며(그러니까 자기가 하느님과 직접 대면하여 깨달은 바가 특수한 개인의 체험이라기보다는 선유先儒들의 공통된 깨달음과 일치하는 것이라는 보편성의 차원을 공감하게 되었다는 얘기다), 후대의 학인들이 하느님을 망각하고 살았다는 것을 개탄하게 되었다.

그래서 하느님으로부터 받은 모든 것을 내 몸에 실제로 적용하여 닦아보고 연마하는 과정을 거쳤다. 그랬더니 그 모든 것이 스스로 그러하지 않은 것이 없었다(※ 여기 "자연自然"이라는 것이 키워드인데 이것은 『노자』 25장의 "도법자연道法自然"을 전제로 하지 않으면 해석이 되지 않는다. 수운에게는 유儒와 도道가 하나로 관통되어 있다).

공부자孔夫子의 도(유교의 도)를 깨닫고 그 전체를 생각하여 보면 하나의 이치에 의하여 관통되어 있다는 것을 알 수가 있다.
(※ 여기 "일리지소정一理之所定"을 "나의 이치와 같은 이치로 정해진다"라고도 해석할 수 있지만, 그것은 유교 나름대로의 일관적 세계관이 있다는 것을 천명하는 것으로 볼 수 있다. 즉 공자가 "여일이관지予一以貫之, 나는 하나로써 세상의 이치를 꿰뚫는다"[「위령공」2]라고

말한 것이라든가, 「이인」15에서 "오도는 일이관지吾道一以貫之"라고 말한 것을 놓고 그것이 하나의 정합적 세계관을 표방한 것으로 볼 수도 있지만 그 하나를 하나의 덕목으로써 규정해 들어가면, 그것은 일자의 덕목에 의하여 제약되고 한정되는 도道라고 볼 수도 있는 것이다. 그런 의미에서 부자의 도를 "충서忠恕"일 뿐이라고 말한 증자曾子의 논의는 심히 유치한 것이다. 공자의 "일一"은 결코 충서에 의하여 한정될 수 없는 것이다. 일一은 "한 개"[one]를 의미할 수도 있고 "전체"[the Whole]를 의미할 수도 있다. 여기 수운이 말하는 "일리一理"의 뉘앙스에는 하나의 정합적인 세계관을 의미하는 동시에 한 개의 좁은 도덕적 사상에 불과하다는 부정적 맥락도 동시에 포함하고 있다. 증자류의 도덕주의는 공자의 사상을 수운이 말하는 하느님으로부터 멀어지게 만들었다고 볼 수 있다. 그래서 다음의 수운의 메시지가 매우 강렬하게 어필된다).

공자의 도에 비하여 나의 도를 논구한다면, 크게 보면 양자가 같다고 볼 수도 있겠지만, 그 내면에 깔린 의미체계는 다르다고 보아야 한다(※여기 원문은 "대동이소이大同而小異"로 되어있다. 이것을 보통 역자들이 번역하듯이 "크게 같으나 조금은 다르다"라는 식으로 번역할 수 없다. 여기 우선 "공자의 도夫子之道"와 "나의 도我之道"를 대비시킨다는 것 자체가 이미 수운은 자신을 공자와 동급의 인간으로 생각하고 있는 것이며 자신의 사상은 분명 공자의 사상을 뛰어넘는다고 확신하고 있는 것이다. 그러므로 "대동이소이大同而小異"는 다르다는 데 역점이 있는 것이지, 같다는 데 역점이 있지 아니하다. 그러므로 "대동이소이"는 겸사적 표현에 불과하다. 유교가 초월주의를 거부하고 주역적 세계관을 포섭하고 있다는 의미에서는 수운의 세계관과 대강이 통하기는 하지만 그 디테일에 들어가면 차원이 다른 사상이라는 것이다).

나는 나의 체험을 되씹는 일 년의 검증과정을 통해 의아스러운 것들을 다 제거해버렸다(신비적 체험의 신화적 외형mythological settings을 다 제거해버렸다. 수운은 예수와 달리, 자신의 신비적 체험mystic experience을 스스로 비신화화 Demythologization 하였다). 그랬더니 남는 것은 모두 사리事理의 항상 그러한 상식적 세계였다. 그리고 그것을 고금의 역사적 체험에 다 견주어 보았다. 그랬더니 검증되는 모든 것은 사람으로서 당연히 해야 할 일들이었다.

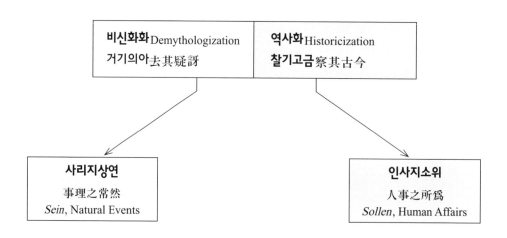

옥안 이 단을 읽으면서 우리는 최수운이 얼마나 심오한 사상가인가를 다시 한 번 피부로 느끼게 된다. 사서삼경에 실제로 달통하지 아니하고서는 도저히 수운을 이해할 길이 없다. 수운은 조선조 오백 년 유학의 대세 속에서 그것을 지키려는 노력과 그것을 벗어나려는 노력을 동시에 감행하고 있다. 그 경계의 철학의 아슬아슬함을 감지할 수 없는 사람은, 영원히 수운의 도에 접근할 수 없다. 나는 진실로 19세기 중반에 수운과 같은 사상가가 바로 이 땅에서 같은 흙내음새를 맡으며 숨쉬고 있었다는 사실에 조선인으로서 무한한 자부감을 느낀다. 내 머리에서 쏟은 피가 조금도 아깝지 않다.

3-4 不意布德之心, 極念致誠之端。然而彌留, 更逢辛酉。
불 의 포 덕 지 심 극 념 치 성 지 단   연 이 미 류   갱 봉 신 유

時維六月, 序屬三夏。良朋滿座, 先定其法。賢士問
시 유 육 월 서 속 삼 하 양 붕 만 좌 선 정 기 법   현 사 문

我, 又勸布德。臾藏不死之藥, 弓乙其形; 口誦長生
아 우 권 포 덕 흉 장 불 사 지 약 궁 을 기 형   구 송 장 생

之呪, 三七其字。開門納客, 其數其然; 肆筵設法,
지 주 삼 칠 기 자 개 문 납 객 기 수 기 연   사 연 설 법

其味其如。冠子進退, 怳若有三千之班, 童子拜拱,
기 미 기 여 관 자 진 퇴 황 약 유 삼 천 지 반   동 자 배 공

倚然有六七之咏。年高於我, 是亦子貢之禮; 歌咏而
의 연 유 육 칠 지 영 연 고 어 아 시 역 자 공 지 례   가 영 이

舞, 豈非仲尼之蹈! 仁義禮智, 先聖之所敎; 修心正
무 기 비 중 니 지 도   인 의 예 지 선 성 지 소 교   수 심 정

氣, 惟我之更定。一番致祭, 永侍之重盟; 万惑罷去,
기 유 아 지 갱 정 일 번 치 제 영 시 지 중 맹   만 혹 파 거

守誠之故也。衣冠整齊, 君子之行; 路食手後, 賤夫
수 성 지 고 야 의 관 정 제 군 자 지 행   노 식 수 후 천 부

之事。道家不食, 一四足之惡肉; 陽身所害, 又寒泉
지 사 도 가 불 식 일 사 족 지 오 육   양 신 소 해 우 한 천

之急坐。有夫女之防塞, 國大典之所禁; 臥高聲之誦
지 급 좌 유 부 녀 지 방 색 국 대 전 지 소 금   와 고 성 지 송

呪, 我誠道之太慢。然而肆之, 是爲之則。
주 아 성 도 지 태 만   연 이 사 지 시 위 지 칙

국역 나는 애초로부터 포덕을 해야겠다는 생각에 뜻을 두지 않았다. 나의 존재에 깃들어 있는 우주적인 성실함에 도달하고자 하는 내성적 단초를 극진하게 생각하고 또 생각했다(※ "극념치성지단極念致誠之端"의 원래적 의미를 생각치 아니하고 그냥 "치성 드린다"는 조잡한 의미로 해석하는 오류를 범해서는 아니 된다).

그러면서 나는 포덕할 마음을 계속 유보시켰다. 그러다가 신유년(1861)을 맞이하였다. 때는 유월이요, 절기는 삼복더위의 여름이었다. 자연스럽게 훌륭한 친구들이 내 집에 가득차게 되니 나는 먼저 수도하는 법을 정하지 않을 수 없었다(입도하는 제식과 수도하는 절차를 먼저 정하지 않을 수 없었다는 뜻).

어진 선비들이 나에게 궁금한 점을 물으니 나는 친절히 대답해주었다. 그랬더니 그들은 또한 혼자 듣기 아깝다고 사람들에게 널리 그 덕을 펼 것을 권유하는 것이었다(※ "포덕布德"이라는 말은 수운의 오리지날한 용법으로 간주되어야 한다).

가슴에는 불사의 약을 감추어 두고 있으니, 그 형상은 궁을弓乙이요, (※부적의 형태로서 "궁을"의 형상은 여기 처음 출현한다. 「포덕문」에는 "궁궁弓弓"이라 했다. 그러니까 시간이 지나면서 부적의 형태도 약간 변한 것임을 알 수 있다. 많은 주석가들이 수운의 부적형상을 「정감록」과 관련지어 생각하는데 그것은 매우 잘못된 생각이다. 수운이 말하는 궁궁이나 궁을은 모두 태극의 형상이고 우주의 이법 전체를 상징하는 것이고, 마음에 내재하는 성리性理라는 것이다. 피세적이고 현실도피적인 정감록적 사유와는 거리가 멀다. 수운에게 십승지는 존재할 수 없다. 그의 모든 논의는 현실개벽이요 가치개벽이요 나의 몸의 개벽이다. 수운은 모든 미신을 거부한다).

입으로는 장생長生의 주문을 외우나니 그 글자는 스물한 자니라.

나는 드디어 용담의 문을 개방하고 손님들을 맞기 시작하였는데, 몰려드는 사람들의 숫자가 만만치 않았다(그럴듯하였다). 그래서 자리를 펼쳐놓고 그 위에 앉아 사람들에게 법을 설파하니 그 재미 또한 그럴듯하였다(※ "기연其然"이니, "기여其如"니 하는 표현을 쓰는 것만 보아도 수운은 포덕 그 자체가 주는 재미에 자기도취적으로 빠지는 그런 인품의 인물이 아니었다. 수운은 포덕 이후에 주변현상에 대하여 매우 냉철한 감각을 지니고 있었고, 그래서 부작용이 생겼을 때 과감히 자리를 떠서 남원으로 갈 수도 있었다. 만약 수운이 포덕·전도 그 자체의 재미에 빠지는 인간이었다고 한다면 오늘 우리민족의 자랑인 동학은 탄생되지 않았을 것이다).

상투를 틀고 관을 쓴 성인들이 예를 갖추어 용담에 와서 가르침을 받고 또 물러가곤 하는 모습이 마치 공자 밑에 삼천 제자들이 반열을 갖추어 들락거리는 것과도 같고, 어린아이들이 와서 두 손 모아 절하는 모습은 마치 증석曾晳(증자의 아버지. 공자의 나이 많은 제자. 이 이야기는 『논어』「선진」25에 나온다)이 십대의 동자 6·7인을 데리고 기수에서 목욕한 후 노래 읊으며 돌아오는 모습과도 같다.

용담에 찾아오는 도인들 중에는 나보다 나이 많은 사람들도 있었지만, 이들 또한 자공子貢이 공자에게 지극한 정성을 다했던 것과 같은 자세로 나에게 예를 갖추었다.
(※남만성이 자공이 공자보다 나이가 많다고 터무니없는 주석을 달았는데, 『사기』「중니제자열전」에 단목사端沐賜[자공]는 공자보다 31세 연하의 인물로 명기되어 있을 뿐 아니라 그의 삶의 행적을 보면 그러한 나이 차이가 확연하게 입증된다. 자공은 요즈음 말로 하면 탁월한 비즈니스맨이었으며 공자학단을 재정적으로 지원한 사람이었다. 공자는 죽기 직전에도 자공을 애타게 기다렸다. 안회와 자로가 이미 세상을 뜬 후였기 때문이다. 자공은 공자의 무덤 옆에서 6년 동안이나 시묘살이를 했다. 그는 거부가 되어 공자의 사상을 천하에 펼치는 데 큰 공헌을 했다. 자공의 공자에 대한 로열티는 흠잡을 곳이 없었다).

또 용담에 모인 사람들은 같이 노래를 부르고 같이 춤을 추기도 하였는데 이것 또한 공자의 학단에서 행하여지던 노래춤이 아니고 무엇이랴!
(※이 영가무도詠歌舞蹈의 전통은 후에 김일부의 『정역』사상과 더불어 자연스럽게 발현

된 영가무도로 전승되었다. 김일부는 "음아어이우"라는 모음["음"은 실러빅 콘소넌트syllabic consonant이다]을 궁상각치우의 음계에 맞추어 계속 불렀다. 그러나 일부 본인은 자기의 도를 "영가무도교"라고 부른 적은 없다. 그것은 다 일부를 빙자한 후대의 종교활동이다).

인의예지는 앞선 성인(공자·맹자)의 가르침이지만 수심정기修心正氣는 오직 내가 새롭게 창안한 덕목이다.
(※공자와 수운을 대등하게 견주어 말한 이 과감한 발상과 발언은 참으로 놀라운 것이다. 따라서 "수심정기"의 내용은 평범한 한자풀이의 의미체계로 논의되어서는 아니 되고, 유교의 총강령과 비견할 만한 동학의 독특한 사유체계로서 해석되어야 한다. 옥안에서 다시 다룸).

일단 입도식의 제사를 지내는 것은 영원히 하느님을 모시겠다는 엄중한 맹서를 하는 것이요, 만 가지 의혹을 다 깨쳐 버리는 것은 우주적인 성실함Cosmic Sincerity(『중용』의 성론 참조)을 지켜내었기 때문이다.

의관을 항시 정제하는 것은 군자다운 행실이요, 길거리에서 질경질경 씹어먹거나 뒷짐을 지고 걷는 것은 천한 놈의 짓이다. 네발 달린 짐승의 오육惡肉은 우리 도를 따르는 사람들은 먹기를 삼가한다.
(※ "惡肉"은 악육으로 읽는데, 오육으로 읽어야 한다. 혐오스러운 고기라는 뜻이다. 이것을 도내 관습에 따라 모두 "개고기"라고만 얘기하는데 실상 사족四足의 고기는 소고기, 돼지고기에도 다 해당된다. 문제는 고기의 종류에 있는 것이 아니고 고기의 질에 있는 것이다. 옛날에 쥐약 먹고 죽은 개고기를 내장 발라 먹곤 하였기 때문에 나온 말일 수도 있다. 하여튼 어떤 고기든지 혐오스러운 고기나 상한 고기는 먹지 말라는 당부일 것이다).

그리고 차거운 물에 급히 들어가 앉어(새벽에 얼음을 깨고 들어가 냉수마찰을 하는 수도방법이 유행하곤 했다. 나도 젊은 날 도사들의 충고에 따라 그런 짓을 많이 해보았다) 수도를 하는 것은 우리 인간의 따뜻한 몸을 해치는 일이다.
(※수운은 과격한 짓을 좋아하지 않는 상식적 인간이다. 이 구문은 제1권 『대선생주문집』의

해설에서 해월의 대각의 계기와 관련하여 논의된 바 있다(pp.172~6). 3월에 경주에 잠시 가서 해월을 만났다면, 이 「수덕문」은 6월에 쓰여졌지만 구상은 이미 3월에 된 것이라고 보아야 할 것이다).

유부녀가 바람을 피우지 않고 행실이 단정해야 한다는 것은 우리나라 『경국대전』에도 다 적혀있는 상식이다(아마도 많은 사람들이 모이게 되면 유부녀와 부적절한 관계를 갖는 사례가 발생하게 된다. 수운은 성문란을 동학의 순조로운 발전을 위해 극도로 경계하였던 것 같다). 그리고 드러누운 채 고성으로 주문을 외곤 하는 짓은 우리의 정성스러운 도를 태만한 것으로 만드는 악습이다. 이런 짓들은 모두 삼가야 할 것이다(※여기 지적하는 것들이 동학의 율장律藏인 셈이다).

그러므로 이 모든 것들을 감추지 않고 내가 명백히 드러내 보이노니(※"사肆"는 "현시顯示"의 의미가 있다. "연然"은 "but"이 아니라, "accordingly"의 뜻이다), 이것을 우리 도의 준칙으로 삼을지어다.

옥안 "수심정기"를 바르게 이해하는 것이 중요하다. "수심修心"은 "마음을 닦는다"는 의미이고, "수심守心"은 "마음을 지킨다"는 의미이다. 수운은 수심정기를 말할 때 기본적으로 "수심修心"을 의미했다. "수심守心"은 닦아서 이루어진 마음을 굳게 지킨다는 의미이므로, 도내의 사람들의 결속을 요구하는 맥락에서 쓰이거나 타 종교와의 관련에서 아폴로제틱하게 쓰이는 말일 것이다. 그러나 "수심정기"라 할 때는 수운은 모두 "**修心正氣**"라는 표현으로 일관하였다. 단지 「동학론」에 "오도吾道는 무위이화의無爲而化矣"라고 한 다음 구절에 "수기심정기기守其心正其氣"라는 표현이 보이는데, 이때는 맑고 깨끗한 순수한 마음을 지킨다는 의미이므로 맥락상 매우 자연스럽다. "守心"이라는 표현은 이곳이 유일하다.

사실 "인의예지"는 공자의 사상이 아니다. 그것이 하나의 개념단위로 된 것은 맹자에 이르러 그렇게 된 것이다. 그러니까 맹자에 이르러 공자의 사상이 케리그마화 되는 과정을 거쳐 나온 것이 인의예지라 할 수 있고, 이 인의예지의 "심단心端"을 놓고 성性(도덕적 본성)과 정情(감정)의 규정성 문제가 생겨나는 것이 근세 송명유학이라 말할 수 있다. 그런데 공자의 사상은 이러한 논쟁 속에서는 찾아볼 수 없다. 공자의 사상은 본성과 비본성을 따지는 성리학에 있지 아니하고, 오로지 인간의 근원적 심미적 감성(Aesthetic Sensitivity)을 논구하는 인仁, 그 하나에 있다고 말할 수 있다.

수운에게 있어서 "심心"은 성리학자들이나, 심학(=양명학) 계열에서 말하는 심心이 아니다. 수운에게 심은 "하느님의 마음"이다. 수운이 상제를 맨 처음 만났을 때 던져진 말은 "오심즉여심吾心卽汝心"이라는 이 결정적 한마디였다. 그러니까 내 마음이 곧 하느님의 마음이다. 그런데 왜 이렇게 온전한 하느님의 마음을 가진 인간이 무지몽매한 삶을 살고, 부도덕한 행위를 일삼고, 각자위심 하고 있는가?

바로 이러한 질문에 대한 수운의 대답은 "인간은 하느님이기 때문에 끊임없이 수심修心, 즉 하느님의 마음을 닦아야 하는 운명, 그 정언명령을 받고 태어난 존재"라는 것이다. 다시 말해서 나의 마음이 하느님의 마음이래서 내가 완전한 존재라는 의미가 아니라, 하느님의 마음이기 때문에 오히려 불완전한 마음의 현상이 있다는 것이다. 하느님 그 자체가 완전한 것이 아니라 "노이무공勞而無功"하는 불완전한 존재이며, 인간과 더불어 완전하게 되어가는 생성의 존재인 것이다.

내가 끊임없이 수운의 사유에 "불변"이 없다는 것을 계속 강조하는 이유가 바로 "불변의 완전성static and ideal perfection"이라는 것은 없다는 것을 말하고 있는 것이다. 완전하다는 것은 변화 속에서만 이루어질 수 있는 것이다. 따라서 인간은 끊임없이 하느님의 마음인 내 마음을 닦아야 한다. 내 마음 그 자체가 하나의 과정이다. 그것은 성性과 정情이 실체로서 분리되어 있는 것이 아니라, 하나로 융합되어 있는 과정(Process)인 것이다.

다음에 "정기正氣"는 "기를 바르게 한다"는 것인데, 이것은 인간존재 그 자체가 몸Mom으로써 규정되는 것이요, 몸은 "오행의 기五行之氣"로서 하늘의 강綱과 땅의 질質을 묘합한 것이라고 「동학론」 모두冒頭에서 이야기된 것이다. 다시 말해서 정기의 기氣는 귀鬼와 신神의 묘합으로서의 기이며, 이 기를 바르게 한다는 것은 귀신을 바르게 한다는 것이다. 신神은 모든 기의 프로세스의 창조적 단초이며 귀鬼는 모든 기의 프로세스의 완성이며 또한 새로운 시작이다. 나의 기를 바로잡는다는 것은 시천주의 "시侍"를 의미하는 것이며 조화정의 "정定"을 의미하는 것이다. 내 몸이 건강할 때, 귀신이 건강한 것이며, 귀신이 건강할 때 이 천지의 조화造化가 바른 방향을 잡아 나아가는 것이다.

따라서 "수심정기修心正氣"라는 것은 기존의 어떠한 철학체계와도 다른 새로운 "하느님의 철학"이다. 그것은 유학의 세계관과 겉으로는 비슷하게 보이지만 근원적으로 다른 하느님의 실천철학이다. 그래서 수운이 "유아지갱정惟我之更定"(그것은 오직 내가 새롭게 정한 것이다)이라고 말한 것이다. 우리는 여기서 수운의 창조적 자신감과 조선민족의 웅혼한 기개를 엿볼 수 있다. 이미 조선왕조는 끝나가고 있지만 새로운 기운이 싹트고 있음을 우리는 목도할 수 있다. "수심정기"를 단순히 "마음을 닦고 기를 바로잡는다"는 식의 클리쉐(진부한 정형구)로 해석하는 한심한 역주들이 대부분인 작태를 나는 개탄한다. 수운의 일구一句는 전구全句이다!

3-5 美哉! 吾道之行。投筆成字, 人亦疑王羲之之迹; 開
미 재 오 도 지 행 투 필 성 자 인 역 의 왕 희 지 지 적 개

口唱韻，孰不服樵夫之前。懺咎斯人，慾不及石氏之
구 창 운　숙 불 복 초 부 지 전　참 구 사 인　욕 불 급 석 씨 지

貲；極誠其兒，更不羨師曠之聰。容貌之幻態，意仙
자　극 성 기 아　갱 불 선 사 광 지 총　용 모 지 환 태　의 선

風之吹臨；宿病之自效，忘盧醫之良名。雖然道成立
풍 지 취 림　숙 병 지 자 효　망 노 의 지 양 명　수 연 도 성 입

德，在誠在人。或聞流言而修之，或聞流呪而誦焉，
덕　재 성 재 인　혹 문 류 언 이 수 지　혹 문 류 주 이 송 언

豈不非哉? 敢不憫然! 憧憧我思，靡日不切；彬彬聖
기 불 비 재　감 불 민 연　동 동 아 사　미 일 부 절　빈 빈 성

德，或恐有誤。是亦不面之致也，多數之故也。遠方
덕　혹 공 유 오　시 역 불 면 지 치 야　다 수 지 고 야　원 방

照應，而亦不堪相思之懷；近欲敘情，而必不無指目
조 응　이 역 불 감 상 사 지 회　근 욕 서 정　이 필 불 무 지 목

之嫌。故作此章，布以示之。賢我諸君，愼聽吾言。
지 혐　고 작 차 장　포 이 시 지　현 아 제 군　신 청 오 언

국역 아름다워라! 우리 도가 이 세상에 행하여지는 모습이여! 도인들이 모이면 서로 붓을 들어 글씨를 쓰는데(※주석가들이 언급을 하지 않는데 『문집』을 잘 살펴보면, 도인들은 모이면 글씨공부를 많이 했던 것 같다. 주문뿐만 아니라 가사나 여타 문장을 쓰는 서도공부로써 마음공부를 했던 것 같다) 타인들이 보면 왕희지의 필적 같다고 칭송하곤 한다(오직 경진초판본만이 "王羲之之迹"이라고 바르게 문선하였다. 목천판부터는 "之"를 하나 빼먹었다). 뿐만이랴? 입을 열어 운을 내놓으면 그에 맞추어 시를 짓는데, 나무꾼과 같이 초라하게 보이는 서민이 시를 지어도 그 앞에서 감복하지 아니하는 자가 없었다.

허물을 뉘우칠 줄 아는 정도의 사람("사인斯人"은 사도斯道의 사람)은 석숭石崇(중국 서진西晉의 부호, 249~300)의 재물에도 마음이 끌리지 아니하고,

우주적 성실함을 가슴속에서 극대화시킬 수 있는 순결한 인간은("기아 其兒"는 "사인斯人"과 대對를 이루기 위하여 쓴 수사학적 표현) 사광師曠(춘추 진晉나라의 악사. 소리를 분별하는 귀재. 세상의 모든 이치에 밝다는 의미를 내포. 경진초판본만 바르게 표기)의 총명함을 부러워할 건덕지가 없다.

우리 도인들이 도를 닦아 용모가 훤하게 환골탈태하는 모습은 신선들의 노래가 바람 타고 들려오는 것과도 같다. 오래된 질환들이 약을 안 쓰고도 저절로 사라지니 노의(盧醫: 춘추시기 명의인 편작扁鵲의 별칭)의 그 신묘한 의술도 잊어버리고 만다.

그러나 이러한 기적이 중요한 것이 아니라, 도가 이루어져서 덕을 굳건히 세운다는 데 그 중요함이 있는 것이다. 그런데 도가 이루어져서 덕을 세운다고 하는 것은(※ 경진초판본이 나오기 전에는 이곳의 표현만 유일하게 "도성덕립道成德立"으로 되어있다고 했다. 그러나 이곳도 경진판에는 "도성입덕道成立德"으로 되어있다. 뿐만 아니라『용담유사』에도 일관되게 "도성입덕"으로 되어있다. 그러니까 수운은 "도성입덕"이라는 표현을 의도적으로 선택했고, 일관되게 그 표현을 고집했다. 도가 이루어짐으로써 덕을 세운다는 의미인데, 수운은 "입덕立德"이라는 능동적, 주체적 과정을 "입"을 타동사화 함으로써 강조한 것이다. 경진판이 발견됨으로써 이러한 문제들이 명료하게 밝혀지게 되는 것이다) 결국 성誠(우주와 인간의 마음의 성실한 본체)에 있는 것이요, 그 사람人(여기서 수운은 휴매니즘의 관점에서 논지를 전개하고 있다. 도성입덕은 결국 인간의 성실한 노력으로만 가능하다는 것이다)에 달린 것이다.

그런데 혹자는 불성실하게 흘러다니는 유언비어를 듣고 도를 닦는다 말하는가 하면, 혹자는 또 흘러다니는 주문을 주워듣고 그것을 암송하고 다닌다 하니, 어찌 잘못된 일이 아니리오? 어찌 민망한 일이 아닐까보냐!(당시 이미 가짜 동학이 많이 생겨났다는 얘기다. 초판본만 "민憫"으로 되어있고,

나머지 판본은 "憫"으로 되어있다. 초판본의 글자가 정자正字이다). 안타까워 어쩔 줄 모르는 나의 심사는 하루도 절절하지 아니한 날이 없고, 빛나고 또 빛나는 우리의 성스러운 덕(여기 "성덕聖德"은 유교의 덕으로 해석하면 아니 된다. 성덕은 곧 동학을 가리킨다)이 왜곡되고 오해될까 걱정이라!

이러한 모든 나의 걱정은 내가 그대들과 같이 대면하며 생활하지 못하는 데서 생겨나는 것이요(남원에서 쓴 글이라는 것을 입증하는 구절이다. 이어지는 분위기가 대체로 그러하다), 도인들의 숫자가 급격히 불어난 데서 생겨나는 것이다. 우리가 멀리 떨어져 있어도 그 마음은 서로 조응照應한다지만, 서로 그리워하는 회포를 견디기 어렵고, 가까이 만나서 정감을 나누고자 하나 필시 지목받을 혐의가 없지 아니하다. 그러므로 이 글을 지어 펴서 보이노니, 나의 현명한 제군들이여! 나의 말을 신중히 들을지어다.

옥안 표영삼 선생님이 왜 이 「수덕문」이 남원에서 집필된 것이라고 말씀하시는지에 관해서는, 그 설의 정당성이 바로 이 단의 문맥에서 입증되고도 남는다. 수운의 대인다운 면모가 여기서도 유감없이 드러나고 있다.

이 문단의 앞머리에 "사광"이 "司曠"으로 되어있지 않고 "師曠"으로 바르게 표기되어 있는데 이 사실은 경진초판의 위대성을 결정적인 것으로 만든다(뒤에 있는 「우팔절」에 나오는 오매寤寐의 경우도 같은 상황의 문제이다. cf.p.290). 악사의 경우는 고대사회의 가장 중요한 교육을 담당하는 사람들이었기 때문에 반드시 스승 사師를 이름에 넣었다. 공자가 악사 스승을 대하는 공손한 자세는 『논어』「위령공」41에 잘 기록되어 있다. 목천판에서 경진판에 바르게 표기된 "師曠"을 전사하는 과정에서 "司曠"으로 잘못 표기하였고 경주판과 무자판이 모두 목천판의 오류를 답습하였다.

"의관정제衣冠整齊"나 "초장의점草長衣霑" 등의 다른 사례와는 달리, "師曠"은 시비의 대상이 될 수 없는 명백한 오류에 속한다. 따라서 경진초판본이 여타 판본보다 더 오리지날하고 성실한 판본이라는 사실에 대한 확신을 던져 준다. 그리고 초판본으로 추정되고 있는 이 경진판본이 타 판본에 비해 시대적으로도 앞서는 판본이라는 사실을 결정하는 데도 큰 도움을 준다.

3-6 大抵此道, 心信爲誠。以信爲幻, 人而言之。言之其
　　　대저차도　심신위성　이신위환　인이언지　언지기

中, 曰可曰否, 取可退否, 再思心定。定之後言, 不
중　　알가알부　취가퇴부　재사심정　정지후언　불

信曰信。如斯修之, 乃成其誠。誠與信兮, 其則不遠。
신왈신　여사수지　내성기성　성여신혜　기칙불원

人言以成, 先信後誠。吾今明諭, 豈非信言! 敬以誠
인언이성　선신후성　오금명유　기비신언　경이성

之, 無違訓辭。
지　무위훈사

국역 대저 이 도는 그 마음이 신험할 수 있게 되어야 천지대자연의 성실함과 합하여지는 성誠(Cosmic Sincerity)을 이루게 된다.

(※동학을 말하는 자들이 가장 오해하고 곡해하는 글자가 바로 이 "신信"이라는 글자이다. 신信은 어느 경우에도 현대어의, 기독교류에서 파생된 믿음Belief의 번역어로 생겨난 종교적 믿음을 의미하지 않는다. 고전어에 "종교적 믿음"이라는 것은 아예 존재하지 않는다. 신信은 "신험하다," "신뢰가능하다," "사실로서 입증된다," "증명된다"는 뜻이다. 그것은 "belief"가 아니라, "reliability," "verifiability," "provableness"를 의미한다. 옥안에서 다시 설명하겠지만

그러한 맥락을 이해 못하고, 천도교를 서구적 종교의 일종으로 생각하는 천박한 사람들에게 이 단락은 이해될 길이 없다).

신信이라는 글자를 파자破字하여 변환시켜 보면(여기서 "환幻"이란 글자를 변화시킨다는 의미인데, 한국식 한문용법인 것 같다) 사람 인人 자와 말씀 언言 자로 이루어져 있다(※파자하는 분석이 대부분 엉터리이고 문자학의 지식에서 벗어난다. 그러나 이 경우는 과히 틀린 말이 아니다).

사람의 말이라고 하는 것은 그 속에 맞는 말(신험할 수 있는 말)도 있고 틀린 말(신험할 수 없는 말)도 있다. 우리는 사람의 말을 무조건 다 취하는 것이 아니고, 맞는 말을 취하고 틀린 말을 버림으로써 재삼재사 생각해보고 마지막으로 마음을 정하게 되는 것이다. 마음을 정한 이후의 말이라고 하는 것은, 함부로 타인의 말을 신뢰하지 않기 때문에(당시 가짜 동학이 있었다) 오히려 그 말이 신험한 것이다(입증 가능한 신험한 말로써 이루어져 있다). 이와같이 자기 마음을 닦아 나가야만 그 우주적 성실함을 이룩할 수 있는 것이다.

대저 성誠(Cosmic Sincerity)이라는 것과 신信(Verifiability)이라는 것은 그 근본원칙이 멀리 있지 아니하다. 그것은 모두 사람의 말로써 이루어지는 것이니, 먼저 신험한 후에(즉 거짓이 없다는 것이다. 아주 쉽게 말하면 거짓말하지 않는다는 것이다. 신험할 수 있는 참된 말만 한다는 것이다) 성실할 수 있는 것이다.

아~ 나는 지금 그대들에게 명명백백한 것만 가르치고 있노라! 어찌 내 말이 신험할 수 있는 말이 아니리오! 일관된 주의력(경敬: 주일무적主一無適)으로 성실함에 도달하려고 노력하라! 이 나의 가르치는 말을 어기지 말지어다.

옥안 천도교를 서구적 종교의 일종으로 생각하는 사람들에 의하여, 특히 개화기 시절 서구적 가치에 대한 콤플렉스에 찌들은 어중간한 지식인들에 의하여, 수운의 가르침은 왜곡되고 또 왜곡되어 왔다. 그런데 이 왜곡 중에 가장 큰 왜곡이 언어의 정당한 본래적 함의를 곡해함으로써 발생하는 무의식적인 왜곡이다. 단순한 어의語意에 대한 무지 때문에 대의를 몽땅 그르쳐버리는 것이다.

일례를 들면, 애愛라는 말은 한문고전에서 서구적 언어의 번역태로서 존재하는 "사랑한다 to love"를 의미하지 않는다. 그것의 일차적 의미는 "아낀다"이다. 부인을 사랑하는 것도 부인을 아끼는 것이다. 『노자』44장에 "심애필대비 甚愛必大費"라는 말이 있는데, 그것은 사랑한다는 말이 아니고, 너무 아끼다가는 반드시 크게 낭비하게 된다는 뜻이다. 애愛와 비費가 상대어로 나온다. 여기 문제되는 "신信"도 서구적 언어인 종교적 신앙, 믿음을 의미하지 않는다.

수운이 얘기하듯이, 신信이라는 글자는, 절대적 타자에 대한 신앙(Belief)을 의미하는 것이 아니라, 사람 인人 자와 말씀 언言 자로 구성되어 있다. 즉 "신信"은 사람의 말에 관한 것이다. 사람의 말이 신험이 있는 것, 황당하지 않은 것, 사기치거나 거짓말을 내포하지 않는 것, 신뢰 가능한 것이다. 수운은 인간의 말의 위선, 실제적 삶의 현실과 동떨어져 가식적 언어, 무의미한 형이상학적 담론, 권위주의적 협박, 자신의 처지를 정당화하기 위하여 에둘러대는 거짓말, 이 모든 것이 사라진 것이 "성誠"이라고 보는 것이다. 문명창조의 장본인은 인간의 언어이다. 그런데 인간의 언어는 신信할 때만이 우주의 성誠과 상통할 수 있는 것이다.

앞서 얘기했듯이 기독교는 믿지 못할 얘기들로만 구성되어 있기 때문에 "믿음"을 전제로 하지 않고서는 입교가 허락될 수 없다. 그러니까 서구적 종교의 믿음(Belief)의 내용은 극히 불합리한 것, 비이성적인 것으로 구성되어 있다. 바로 그 비이성적인 것을 믿는 것을 서양인들은 "은총"이라 불렀다. 서구 교부

철학은 호교파(Apologists)의 대표자인 테르툴리아누스Quintus Septimus Florens Tertullianus(160년경 카르타고에서 태어나 220년 카르타고에서 죽다)의 유명한 명제에서 그 출발을 엿볼 수 있다: "불합리하기 때문에(엉터리 내용이기 때문에) 오히려 나는 믿는다.*Credo quia absurdum.*"

그러나 수운에게는 이러한 불합리가 존재할 수가 없다. 그기 때문에 종교적 "믿음"이라는 것이 성립할 수 없다. 『논어』에도 자공이 공자에게 정치가 무엇이냐고 묻는 장면이 있다(「안연」7). 공자는 1)족식足食(풍족하게 먹게 한다) 2)족병足兵(군사력을 풍족하게 한다) 3)민신지民信之(백성들에게 신뢰감을 주어야 한다), 이 세 가지를 제시한다. 이 셋 중에서 무엇 하나를 부득이하여 버려야 한다면 어느 것을 버리오리이까 하고 묻는 자공의 질문에 "거병去兵"을 말한다. 그 다음으로는? 공자는 "거식去食"을 얘기한다. 그러나 어떠한 경우에도 신뢰를 상실할 수는 없는 것이라고 말한다(민무신불립民無信不立).

여기서도 "신信"은 종교적 믿음이 아니라 통치자의 말의 신험가능성이다. 『노자』의 마지막 장(81)에 이런 말이 있다: "신언불미信言不美, 미언불신美言不信." 신험한 말은 아름답지 아니하고, 아름다운 말은 신험하지 않다는 뜻이다. 『노자』 전체가 결국 "신언信言"이라는 말로 끝나고 있는 것이다. 이것은 수운이 「수덕문」을 "信=人+言"으로 끝내고 있는 것과도 같다. 결국 종교의 핵심은 타인에게 믿음을 강요하는 것이 아니라, 거짓 없는 말의 교감을 통하여 천지우주의 신귀神鬼적 성실성誠에 도달케 하는 것이다. 수운은 거짓말을 하지 않는다. 자기를 믿으라고 허세 부리지 않는다.

내가 가장 쾌씸하게 생각하는 것은 여기 "정지후언定之後言, 불신왈신不信曰信"을 "한번 작정한 뒤에는 다른 말을 믿지 않는 것이 곧 믿음이라"라고 번역하는 것이다. 이렇게 되면 수운의 말이 자기만이 오쏘독시orthodoxy라고 우겨대는 배타적 싸구려 종파 중의 하나로 전락하고 만다. 현재의 『천도교경전』에

도 이렇게 오역되어 있다. 수운의 언어에서 "믿음"이라는 용어는 파기되어야 한다. 수운이 말한 적이 없기 때문이다.

여설餘說 수운의 말씀을 둘러싼 불필요한 곡해의 언설 때문에 나는 진실로 너무도 고통스럽다. 행하고 싶지 않은 너무도 많은 일들을 행하여야만 하기 때문이다. 그러나 국학계의 너무도 많은 언어들이 정곡을 빗나가고 있다. 똥둣간에 앉아있는 자들이 똥내음새를 못맡는 것은 그런대로 봐줄 수도 있지만, 그것이 보편화되어야 할 아름다운 향기라고 우겨대는 그 무지는 감내하기 어렵다. 너무도 기초적인 함의에 무지한 것이다. 도대체 왜 믿어야 하는가? 왜 종교를 믿어야 하는가? 점점 거짓과 독단으로 싸인 인간으로 변모되어갈 뿐인 그 아브수르디타스*absurditas*(=absurdity엉터리성)의 함정 속으로 왜 그대는 빠져들어가려고 하는 것이냐?

드디어 「수덕문」을 끝냈다. 「수덕문」에서 우리는 너무도 진실한 한 인간의 고독한 실존을 만났다. 수운은 고독하면서도 그 공허함을 위선이나 허세나 권위로 채우려하지 않는다. 고독하기에 더 정직하려 하고, 자신의 좌절의 실상을 있는 그대로 보임으로써 그 궁극을 공유하려 한다. 모든 종교적 진리는 인간의 실존의 극한에서 피어오른다. 나는 수운의 고백을 통해 우리민족에게 우리민족 자내自內의 복음서가 있다는 것을 깨달았다. 그리고 19세기 종반의 민중들이 왜 『동경대전』을 "성경聖經"이라고 불렀는지를 깨닫게 된다. 거짓된 언어는 복음일 수 없다. 『동경대전』은 진정한 신信의 언어이다. 수운은 「수덕문」의 마지막 단에서 성誠·경敬·신信을 다 말하고 있다. 그것은 한문이 아니라, 수운의 언어이며, 우리민중 가슴의 말이다.

處絞罪人東學魁首崔時亨

IV

불연기연

【不然其然】

1898년 6월 2일(음) 교수형을 당하시기 직전의 해월 선생님의 모습. 72세. 모진 고문과 심문으로 야위셨고 다리는 퉁퉁 부어 진물이 흐른다. 가누기 어려울 정도의 몸상태였지만 꼿꼿한 자세와 형형한 눈빛은 만리 길을 뚫고도 남는다. 그 성스러운 자태에는 개벽 오만년 성상의 모든 희망과 서광이 서린다. 당시 러시아공사 파블로프가 촬영. 해월 선생을 판결하는 판사석에 동학혁명 민중의 분노를 일으킨 주범, 전 고부군수 조병갑이 앉아 있었다.

IV

불연기연
不然其然

대강大綱 최수운은 계해년(1863)에 접어들면서 맹렬하게 개방적인 활동을 한다. 자기를 억압하는 세력들과 아무리 타협점을 모색한들 그것이 먹힐 리도 없고, 아무리 자신이 득도한 바가 조선의 유학풍토에 어긋남이 없다는 것을 이론적으로 증명한들 이해될 리가 없다는 것을 잘 알았다. 그럴 바에는 유감없이 소신에 따라 자유롭게 포덕하는 것이 정도라고 생각했다. 이러한 행동양식의 변화가 얼마나 큰 부작용을 초래할지 그는 잘 알고 있었다. 결국 자기는 무지몽매한 관官의 세력(즉 국가폭력)에 의하여 제거될 운명에 처하여질 것이라는 것을 누구보다도 잘 알고 있었다.

수운의 자유로운 포덕의 길은 죽음을 향한 데쓰 마치Death March였다. 그것은 마치 예수가 빤히 죽을 것을 알면서 예루살렘성전을 향해 가는 것과 동일한 행위양식이었다. 예수는 갈릴리 민중을 억압하는 율법의 총본산인 예루살렘 템플(The Temple at Jerusalem)을 뒤엎었다. 그것은 40년 후에 일어날 수밖에 없었던 로마에 의한 예루살렘 멸망의 전주곡과도 같은 상징체계였다. 수운도 결국 갑자년에 처형되었지만 그를 처형시킨 권력시스템의 총체적 붕괴가 불과 46년 만에 가시화된다. 유대의 멸망이나 조선의 멸망은 유사한 세계사적 패턴의 반복이었다.

예수는 12제자를 키웠지만 그들은 결코 예수의 죽음의 행진에 동참하지 못했다. 수운은 접주제를 파하고 단 한 명의 후계자에게 도통을 전수한다. 수운의 선택은 매우 현실적이었고, 멸망해가는 조선왕조의 황혼을 명예롭게 장식할 수 있었던 최선의 방략이었다. 해월은 도통을 지켰다. 그의 지킴이역할은 조선왕조 오백 년의 민중의 한을 유감없이 표출하게 만들었다. 동학혁명이 없었더라면 조선왕조 오백 년의 찬란한 문명의 축적은 허무한 과거로 영락하고 말았을지도 모른다. 동학이라는 거대한 희생이 있었기 때문에 조선왕조의 찬란한 멸망과 함께 새로운 자신만의 역사를 개척해나갈 수 있는 시작의 동력을 창출해낸다. 역사는 멸절을 통해 새로운 개벽을 만들어낸다.

수운은 계해년(1863) 음 12월 10일 새벽 1시경 용담에서 체포되어 바로 다음 날 서울로 압송되는 끔찍한 추위 속의 여로를 재촉한다. 그리고 갑자년(1864) 3월 10일 효수형에 처해진다.

『도원기서』는 수운이 잡히기 한 달 전인 11월에 이르러, 수운이 「불연기연」을 지었고 또 같은 때에 「팔절구八絶句」를 지었다고 기술하고 있다(至十一月, 作不然其然, 又作八絶句). 그런데 『대선생주문집』은 「팔절구」만 언급하고 「불연기연」을 언급하지 않는다. 강수가 『대선생주문집』을 다시 『도원기서』로 구성하면서, 자기가 조사한 귀한 새로운 정보를 첨가한 것이다.

수운은 이미 석 달 전에 도통의 전수를 끝내었고, 언젠가 곧 들이닥칠 죽음의 그림자를 예감하고 있을 그런 시기였다. 그러니까 「불연기연」은 그가 이승에서 남긴 최후의 문장이었다. 「불연기연」을 쓰기 얼마 전에 「홍비가興比歌」라는 한글가사를 지었는데, 「홍비가」 또한 상당히 내용이 심오하여 해독이 그리 쉽지만은 않다. 그런데 「홍비가」와 「불연기연」은 모종의 사상적 연계성이 있다.

「불연기연」은 수운의 유서라고도 말할 수 있다. 그는 분명히 죽음을 감지하고 있었다. 다시 말해서 수운은 「불연기연」을 쓰는 그의 붓이 이 세상에서 산 자로서 놀리는 마지막 필업筆業이 될 것이라는 것을 이미 예감하고 있었다. 죽음을 기다리는 자가 그 처절한 심정 속에서 마지막으로 이 세상에 남기고 싶은 말이 무엇일까? 나의 유업을 잘 이어달라는 당부였을까? 자기 인생을 디펜스하는 넋두리였을까? 아니면 가족을 잘 부탁한다는 가냘픈 소원이었을까?

수운은 일체 개인적 사심에서 나오는 글을 쓰지 않았다. 사생의 갈림길에서 쏟아져 나온 그의 현묘한 실존의 납함吶喊(외침)은 그의 생애를 휘어잡고 있었던 형이상학적 난제들이었다. 수운이 쓴 논문 중에서는 가장 짧은 글이지만, 가장 난해한 글이며, 수수께끼 같은 미진한 명제들로 가득 차있어 명쾌한 논리적 구조를 밝히기 어려운 미제未濟의 글이라 할 수 있다. 수운은 그 527개의 글자 속에 자기 생애의 난제들, 온갖 형이상학적 의문과 인식론적 과제, 시간의 문제들을 다 담았다.

죽음을 앞둔 처절한 심정 속에서도 수운은 아주 드라이한 형이상학적 과제를 풀고 있었던 것이다. 이것은 한편 그가 얼마나 거대한 지성(intellectual giant)이었는지, 그리고 그의 이론적·학구적 탐색이 얼마나 집요한 것이었는지를 말해주는 동시에, 또 한편으로는 수운이 마지막으로 이 세상에서 남기고 싶었던 말씀의 정체에 관해 심오한 궁금증을 불러일으킨다.

한번 생각해보자! 다산은 과연 그 방대한 『여유당전서』 속에 진정 자기가 하고 싶었던 이야기를 담았을까? 그가 살고있는 시대적 담론의 상궤에 따라 많은 땀방울을 떨구었을지는 몰라도, 그가 진정 하고 싶었던 이야기는 한우충동하는 언어쓰레기 속에서 소리없이 사라지고 말았을지도 모른다. 수운의 『동경대전』은 『여유당전서』와는 차원이 다르다. 양자의 가치를 동일한 천칭天秤 위에 올려놓을 수는 없겠으나, 나는 수운의 원고 1장이 다산의 원고 1만 장을 압도

하고도 남음이 있다고 생각한다. 수운은 문학問學의 과시가 없다. 그러나 수운은 오리지날하다.

나는 「불연기연」을 맨처음에 김지하와 같이 읽었다. 그때 우리는 읽고 나서도 서로가 "잘 모르겠다"라는 말로써만 응수應酬했다. 내가 「불연기연」의 은밀한 뜻을 파악하게 된 것은 『천주실의天主實義』를 독파한 이후였다. 물론 "기연其然"이니, "불연不然"이니 하는 말은 선진고전에서 자주 찾아볼 수 있다.

『논어』「헌문」14에 보면, 공자가 위나라의 대부 공숙문자公叔文子의 인품에 관해 듣고, "기연其然, 기기연호豈其然乎?"(그럴까? 과연 그 사람이 그러할까?)라고 말하는 대목이 있다. 그 외로도 『논어』의 여러 편과, 『예기』「공자한거孔子閒居」편, 『설원說苑』 등에서 찾아볼 수 있다. "불연"도 『논어』「팔일」13이나 『맹자』의 다양한 편에 그 용례가 나오고 있다. 그런데 수운이 사용하는 "불연," "기연"의 용례는 그러한 일상언어의 용례와는 차원이 다르다.

우선 기존의 고전의 용법은 "그러하다" "그러하지 아니하다"라는 단순한 서술적 설명이다. 그러나 수운의 용법은 "그러함"과 "그러하지 아니함"이 서로 대비되는 개념으로서 독자적인 의미를 지니면서 철학적 주제를 끌고 나간다. 기연其然과 불연不然을 철학적 개념(philosophical concept)으로서 파악한 것은 마테오 리치의 신의 존재증명과 관련된 다양한 논변으로부터 이끌어내어진 것이다. 한국의 동학연구가들이 『천주실의』를 진지하게 읽지 않고 있다는 사실을 나는 매우 유감스럽게 생각한다. 수운이 진지하게 읽고 고투를 벌인 그 문헌을 도외시하고 있는 것이다.

수운에게 있어서 과연 기연은 무엇이고 불연은 무엇인가? 기연其然, 즉 "그러하다"는 것은 시공 안에서 일어나는 모든 잡다한 이벤트 중에서 인과론적으로 설명 가능한 체계, 즉 합리적 논리에 의하여 설명될 수 있는 상식의 세계

(the World of Common Sense, the Realm of Causality)를 가리킨다. 우리의 상식에 의하여 설명될 수 없는, 원인과 결과의 고리가 잘 먹혀들어가지 않는 초경험적인 세계를 수운은 "불연不然"이라고 부른다. "그러하지 아니하다"는 우리의 감각의 인과를 벗어난다는 뜻이다.

나에게는 나의 엄마, 나의 아버지가 있다. 그래서 나는 태어났다. 이것은 "기연"이다. 이것은 "그러하다"이다. 그런데 인류의 태초의 조상은 과연 누가 낳았는가? 태초의 조상이 딱 한 명이라고 한다면, 그리고 그 한 명이 진실로 태초라고 한다면, 그 사람은 태초이기 때문에 누구에 의하여 만들어질 수가 없다. 여기에 우리의 "그러하다其然"라는 인과적 설명이 단절된다. 그 단절 이상의 세계는 "그러하지 아니하다不然"라고 말할 수밖에 없다. 그러니까 "불연不然"은 초험적 사태, 감성을 넘어서는 초감각적 사태, 비인과적인 사태, 비논리적인 사태, 비이성적인 사태를 의미한다.

불연 不然	상식으로 설명 불가한 초인과	초험적 세계	형이상학	불가사의 不可思議	초월계	비이성적	비논리적
기연 其然	상식적 인과	감성적 세계	형이하학	가사의 可思議	현상계	이성적	논리적

사실, 우리 동양사상에 이러한 초월과 내재, 본체와 현상, 초이성과 이성, 비논리와 논리라는 문제는 근원적으로 존재하지 않았다. 러셀의 말대로 모든 것의 오리진Origin을 추구하는 사유, 다시 말해서 모든 것에는 최초의 기원이 있다고 생각하는 사유 그 자체가 매우 비과학적인 사유에 속하는 것이다. 동방인들은 존재의 신빙성을 따지기 위하여 존재의 최초의 오리진을 규명할 하등의 이유를 발견하지 못했다. 존재는 "스스로 그러한 것"이며 최초로부터 **단일한 실체**가 아니라 **복합적 관계**이다.

최초를 규명하는 사유는 기실 중동사막문명의 종교적 사유에서 기인하는 것이다. 그 오리진을 규명해야만 그 궁극에서 항상 단절적인 초월자, 즉 하나님을 만날 수 있기 때문이다. 불연의 꺾이 있기 때문에 만물의 창조주이며 주재자인 하나님의 존재를 정당화할 수 있는 것이다. 시간이란 본시 변화를 감지하는 우리의 인식의 문제이지, 그것 자체로 움직이는 실체적인 물건이 아니다. 그런데 우리는 시간을 실체적인 것으로 생각하여 그 움직임을 형상화하여 생각한다. 과거와 미래를 생각할 때는 대강 시간은 횡적으로 형상화된다.

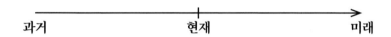

그런데 존재의 오리진이나 역사를 생각할 때는 흔히 수직적으로 된다.

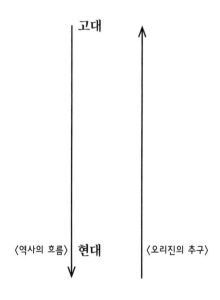

그런데 이런 수직적인 시간관에 있어서는 우리는 항상 기연으로 설명되지 않는 단절을 만나게 된다.

마테오 리치는 말한다:

"일정한 도수대로 각각의 법칙에 따라서 순차적으로 각기 제자리에 안정되게 머물며, 일찍이 실오라기 하나만큼의 착오도 없습니다. 만약 그것들 사이를 알선하고 주재하는 높으신 천주님이 없다면 오차가 없을 수 있겠습니까? 비유하자면 강이나 바다를 배로 건너가는데 위에서는 바람이 불고 아래서는 파도가 치는데도 흔들려 전복될 걱정이 없다면, 비록 배 안에 사람이 보이지 않는다고 하여도, 반드시 그 배 안에는 노련한 조타수가 잘 조절하여 편안히 물을 건너갈 수 있음을 또한 알 수 있는 것과도 같은 것입니다.

度數各依其則, 次舍各安其位, 曾無纖忽差忒焉者, 倘無尊主斡旋主宰其間, 能免無悖乎哉? 譬如舟渡江海, 上下風濤, 而無覆蕩之虞, 雖未見人, 亦知一舟之中, 必有掌舵智工撑駕持握, 乃可安流平渡也。"

리치는 이 천지의 질서정연한 변화의 도수度數를 생각해보면, 그 질서를 가능케 하고 있는 외재적인 운동인이 인과적 세계 밖에 있을 수밖에 없다고 주장한다. 우리가 경험하는 세계의 너무도 아름다운 질서의 디자인 또한 그 밖에 불연不然의 디자이너가 있게 마련이라는 것이다. 리치는 말한다:

"본래 이성을 결여하고 있는 사물들이 질서적으로 배열되어 있다면, 그것들을 질서 있게 배열한 존재가 있게 마련입니다.

物本不靈, 而有安排, 莫不有安排之者。"

정교한 집 하나만 해도 설계자와 목수가 없이는 스스로 지어질 수는 없는 것이라고 한다. 리치는 생명적 대자연의 생성과 인위적 문명 내의 물건의 만들어짐을 등격화하는 아주 말초적인 오류를 범하고 있음에도 불구하고, 그의 "아리스토텔리아니즘+토미즘"적인 논리체계는 마치 거부할 수 없는 강력한 진실인 것처럼 설득력 있게 다가올 수도 있다.

수운은 기독교적인 인격신(주재신)을 만나고 싶어했다. 그리고 만났다. 그러나 그의 만남의 과정이 길어지면 길어질수록 하느님의 불연不然은 기연其然화 되고 만다는 것을 깨닫는다. 만물이 스스로 만들어질 수 없다(物不能自成也)는 기독인들의 논리는 허무맹랑한 수직적 사유의 단절을 전제로 한 것이다. 만물은 스스로 만들어지는 것이다. 이 우주는 스스로 그러하게 생성되어지는 것이다. 수운은 이 자립자성自立自成의 우주(the self-organizing Universe)를 새롭게 발견하고 외친다:

"오도는 무위이화이니라.吾道, 無爲而化矣。수기심정기기守其心正其氣 하고 솔기성수기교率其性受其敎 하면 화출어자연지중야化出於自然之中也이니라."

이것은 실로『천주실의』전체의 논의를 깔아뭉개는 호언豪言이요, 직언直言이요, 정언正言이다.

수운의 일생에 있어서 공생애는 3년밖에 되지 않는다. 이 짧은 생애 동안 수운은 내내 서학과 동학의 아이덴티티 사이에서 갈등하고 곡해되고 핍박을 받았다. 수운이 죽음을 앞둔 마당에서「불연기연」을 집필했다는 것은 서학으로 오인되는 것에 대한 변명을 말하는 것이 아니라, 서양의 형이상학 전체가 근본으로부터 잘못된 것이라는 것을 우리 국민에게 가르쳐주어야만 한다는 사명을 감지했기 때문이었다.

서학의 근원적인 수직적 사고는 불연의 사기성에 그 특징이 있다. 이러한 불연의 사기성은 기독교라는 종교가 가지고 있는 수직적 권위주의(Vertical Authoritarianism)의 상징태이며 이것을 수용할 경우 우리민족은 왕정적 사유에서 영원히 벗어날 수 없다는 깊은 우려를 수운은 죽음의 직전에까지 절실히 느꼈던 것이다. 수운이라는 사상가의 애국애족의 마음과 그것을 표현하는 사상의 깊이에 우리는 경이감과 경외감을 동시에 느끼지 않을 수 없다. 그의 총결

론은 이러하다: "불연은 기연이다!"

"불연기연"이라는 제목을 모든 사람이 불연不然과 기연其然으로 잘못 읽는다. "불연기연"은 불연을 주어로, 기연을 술부로 갖는 문장이다: "불연은 기연이다." 그렇지 아니한 세계는 (처음에는 겁먹게 마련이지만) 결국 알고보면 그렇고 그러한 것으로 다 설명이 된다는 것이다.

인류지성사의 발전은 결국 불연을 기연화하는 과정이었다. 비이성적인 것을 이성화하면서 이성의 범위를 넓혀간 것이다. 인류의 참다운 과학Science(본시 지식Knowledge의 의미)이라고 하는 것은 우리의 인식 내에서의 불연을 기연화하는 프로세스였다. 수운은 죽어가면서도 우리민족에게 종교를 선사하는 것이 아니라 과학을 선사하려 했던 것이다. 수운이 있기에만 우리는 고조선과 조선의 동시대성(Contemporaneity), 그리고 무궁한 코리아의 미래를 논할 수 있는 것이다.

4-1 歌曰: 而千古之万物兮, 各有成, 各有形。所見以論
　　　가왈　이천고지만물혜　각유성　각유형　소견이론

之, 則其然而似然; 所自以度之, 則其遠而甚遠。是
지　즉기연이사연　소자이탁지　즉기원이심원　시

亦杳然之事, 難測之言。我思我, 則父母在兹; 後思
역묘연지사　난측지언　아사아　즉부모재자　후사

後, 則子孫存彼。來世而比之, 則理無異於我思我;
후　즉자손존피　내세이비지　즉리무이어아사아

去世而尋之, 則惑難分於人爲人。噫! 如斯之忖度
거세이심지　즉혹난분어인위인　희　여사지촌탁

兮。由其然而看之, 則其然如其然; 探不然而思之,
혜　유기연이간지　즉기연여기연　탐불연이사지

則不然于不然。何者? 太古兮! 天皇氏, 豈爲人, 豈
즉 불 연 우 불 연　　하 자　　태 고 혜　　천 황 씨　　기 위 인　　기

爲王? 斯人之無根兮! 胡不曰不然也? 世間, 孰能無
위 왕　　사 인 지 무 근 혜　　호 불 왈 불 연 야　　세 간　　숙 능 무

父母之人? 考其先, 則其然其然, 又其然之故也。然
부 모 지 인　　고 기 선　　즉 기 연 기 연　　우 기 연 지 고 야　　연

而爲世, 作之君, 作之師。君者, 以法造之; 師者, 以
이 위 세　　작 지 군　　작 지 사　　군 자　　이 법 조 지　　사 자　　이

禮敎之。君無傳位之君, 而法綱何受? 師無受訓之
례 교 지　　군 무 전 위 지 군　　이 법 강 하 수　　사 무 수 훈 지

師, 而禮義安效? 不知也! 不知也! 生而知之而然
사　　이 예 의 안 효　　부 지 야　　부 지 야　　생 이 지 지 이 연

耶? 無爲化也而然耶? 以知而言之, 心在於暗暗之
야　　무 위 화 야 이 연 야　　이 지 이 언 지　　심 재 어 암 암 지

中; 以化而言之, 理遠於茫茫之間。
중　　이 화 이 언 지　　이 원 어 망 망 지 간

국역 노래의 형식으로 이르노라! 천고의 만물이여! 제각기 스스로 이루어
진 것이요, 제각기 스스로 형체를 갖춘 것이로다(일단 우리 고유의 세계관을
대전제로 깔고 들어간다). 감각적으로 우리가 파악하는 바로써 이야기한다
면 감성적으로 그러한 것은 어떠한 사태라도 그럴듯하다고 이해될 수
있는 것이다. 그러나 그것을 현시점에서 수평적으로 파악하지 아니
하고 그것이 발전하여 온 유래를 수직적으로 파악한다면, 멀고 또
까마득하게 먼 옛날이 된다. 그러한 일들은 또한 묘연한 것이요, 또
말로써 헤아리기 어려운 것들이다.

(※ 여기 "소견所見"과 "소자所自"가 대비된다. 소견은 수평적이요, 소자는 수직적이다.
소견은 우리가 감관을 통해 파악할 수 있는 비근한 사태이며 소자는 존재의 근원을 캐어
들어 가는 것으로써 감각을 초월하는 것이다. 소자所自의 자自는 "유래"를 의미한다).

내가 나된 것을 생각하면 부모님이 나의 감성세계 속에 엄존하시고, 뒤로 이어질 나의 후손들을 생각하면 같은 원리에 의하여 나의 자손이 후세에 이어질 것이 확실하다. 오는 세상(미래)을 비교적으로 헤아려보면, 이치가 내가 나된 것과 다를 바가 없다(같은 법칙으로 후손들이 태어난다). 그러나 지나간 세상(과거)을 소급해 올라간다면 그 까마득한 옛날에 사람이 어찌 사람이 되었는지 실로 분명히 말하기 어렵다.

아! 이와같이 양쪽 사태를 전체적으로 헤아려 보자! 우리 상식에 그러한 것을 통해 보면 그러한 것은 또 그러하니 별문제가 없다. 그러나 그러하지 아니한 것을 탐색하여 생각해보면 그러하지 아니한 것이 그러하지 아니한 것 위에 쌓여갈 뿐이로다.

이게 도대체 웬일인가? 아주 태고太古의 천황씨를 생각해보자! 그는 도대체 어떻게 해서 사람이 되었으며, 또 어떻게 해서 임금이 되었을까? 이 사람을 사람으로 만든 족보의 뿌리는 없다. 그렇다면 어찌하여 그렇지 아니하다라고 말하지 않는가? 세간에 부모라는 존재가 없는 사람이 있을 수 있겠는가? 어느 사람이든지 그 선조를 캐어 들어가면 그러하고 또 그러하고, 또 그러한 연유에 의해 그 상식적인 계보를 추론할 수 있다.

그러한 방식으로 우리 인간세상이 만들어졌고, 또 임금이 만들어졌고, 또 스승이 만들어졌다. 군주라 하는 것은 법으로써 그 지위를 만든 것이요, 스승이라고 하는 것은 그가 예로써 사람들을 가르칠 수 있는 능력을 지녔기 때문에 스승으로서 존경을 받는 것이다. 그런데 그 최초의 군주를 생각해보면, 그에게 그 자리(위位)를 전해주는 군주가 선재先在하지 않았다고 한다면 그 자리의 위세를 주는 법강法綱은 어디서 받는단 말인가? 또 스승이 그에게 가르침을 주는 스승이 선재하지 않았다면 그는 그 예의禮義를 어떻게 본받을 수 있었을까?

모를 일이로다! 참으로 모를 일이로다! 태어나면서부터 알았기 때문에 (생이지지生而知之) 그렇다고 말해야 할까? 함이 없이 저절로 그렇게 생겨났기 때문에(무위이화無爲而化. 자수를 맞추기 위해 "이而"가 빠짐) 그렇다고 말해야 할까? 생이지지라고 말한다 해도 우리의 마음은 암담함 속에서 헤맬 뿐이요, 무위이화라고 말한다 해도 그 이치는 아득하고 망망한 사이에서 멀어져갈 뿐이다.

옥안 처음에 멋도 모르고 그 정확한 개념규정이 없이 「불연기연」을 대했을 때와는 달리, 수운의 논리가 매우 명쾌하고 질서정연하게 배열되어 있다는 것을 독자들은 깨달았을 것이다. 지금 수운이 제기하는 문제는 근원적으로 동아시아철학체계 내에서는 제기되지 않는, 제기될 필요조차 없었던 문제였다. 천황이 어떻게 사람이 되었고, 어떻게 군주가 되었는가? 그런 것은 신화적 영역에 속하는 것으로써, 근원적으로 이성적 탐색의 논리적 대상이 될 수 없는 것이었다.

그러나 지금 수운이 이러한 문제를 제기하는 것은, 유대교·기독교적 헤브라이즘의 사유가 조선에 침투하고 있다는 현실적 우려, 그리고 그러한 신화를 사실적 체계로서 강요하는 서학의 신앙에 대하여 근원적 경각심을 가질 필요가 있기 때문에 제기하고 있는 것이다. 나는 수운이 이러한 문제제기에 대하여 논리적으로 맞대면 하는 방식으로 해답을 추구했다고는 생각하지 않지만, 수운은 자신의 신념에 따라 서구적 "소자所自" "불연不然"적 사유가 결코 우리민족이 받아들여야 할 진리가 아니라는 것을 명백히 하고 있을 뿐 아니라, 성공적으로 그것과는 다른, 보다 심오한 사유체계를 제시해나가고 있다. 다음을 보자!

4-2 夫如是, 則不知不然, 故不曰不然, 乃知其然, 故乃
부여시　즉부지불연　고불왈불연　내지기연　고내

恃其然者也。於是而揣其末, 究其本, 則物爲物, 理
시기연자야　어시이췌기말　구기본　즉물위물　리

爲理之大業, 幾遠矣哉! 況又斯世之人兮, 胡無知,
위리지대업　기원의재　황우사세지인혜　호무지

胡無知? 數定之幾年兮, 運自來而復之。古今之不變
호무지　수정지기년혜　운자래이복지　고금지불변

兮, 豈謂運, 豈謂復! 於万物之不然兮, 數之而明之,
혜　기위운　기위복　어만물지불연혜　수지이명지

記之而鑑之。四時之有序兮, 胡爲然, 胡爲然! 山上
기지이감지　사시지유서혜　호위연　호위연　산상

之有水兮, 其可然, 其可然! 赤子之穉穉兮, 不言知
지유수혜　기가연　기가연　적자지치치혜　불언지

夫父母, 胡無知, 胡無知? 斯世之人兮, 胡無知?
부부모　호무지　호무지　사세지인혜　호무지

국역 대저 총체적으로 생각해 본다면, 우리는 사실 불연不然의 세계에 관해서는 아는 바가 없는 것이다. 그러나 우리는 불연不然이라 말하지 아니하고, 기연其然을 안다고만 말한다. 이것은 우리가 상식적인 기연其然의 세계에 의지하여 살아가고 있기 때문이다. 이와같이 기연에 의지하여, 그 말초적인 것을 헤아리는 것으로부터 시작하여 그 근본을 탐구할 수 있으니, 사물이 사물이 되고, 법칙이 법칙이 되는 대업大業(이 세상의 총체적 조화의 법칙)이 어찌 우리에게서 멀리 있어 불가사의하다고만 말할 수 있겠는가!

이 세상을 살아가고 있는 사람들이여! 어찌하여 모른다, 모른다고만 말하고 있느냐? 천지운행의 역수曆數(calendar system)가 정해진 것이 몇만 년이냐? 운運(인간의 운수라기보다는, 천지운행의 운movement이다)이 스스로 왔다가 스스로 돌아가지 않느냐? 이러한 움직임은 예나 지금이나 항상스러운 것이다. 이 변함이 없는 천지의 운행을 놓고 운運이니 복復이니 할 건덕지도 실상 없는 것이다.

만물의 그러하지 아니함(불연不然)의 신비로움이라 할지라도, 그것은 법칙에 따라 밝힐 수도 있는 것이요, 그것은 기술하여 대조함으로써 명료하게 헤아릴 수 있는 것이다. 사시의 순서가 있음이여! 그것은 어찌하여 그렇게 될까? 어찌하여 그렇게 될까? 그것은 역법에 의하여 규명될 수 있는 것이다. 산꼭대기에 호수가 있음이여! 그것은 어찌하여 가능한가? 어찌하여 가능한가? 갓난아기의 어리고 어림이여! 갓난아기는 말을 못해도 부모를 이내 알아본다. 어찌하여 갓난아기가 무지하다, 무지하다고만 말할 수 있겠는가? 이 세상사람들이여(무자판은 "之"를 결함)! 어찌하여 그렇게도 무지한고!

옥안 기연其然의 세계는 가사의可思議의 세계이고, 불연不然의 세계는 불가사의不可思議의 세계이다. 그러나 불연이 불가사의라 하여 그것이 초월의 세계, 초월자의 별세계라고 판단하는 양학洋學의 이분법을 수운은 철두철미하게 타파해나간다. 불연의 세계는 불가사의하게 보이지만, 그것은 초월계 Transcendental Realm이기 때문이 아니라, 단지 우리 인식이 한계를 가지고 있기 때문이다. 인식의 확충에 따라 불가사의는 가사의로 전환될 수 있는 것이다.

하늘의 운행법칙도 "기지이감지記之而鑑之"(기록하고 대비하여 그 법칙을 찾아낸다) 하면 다 알아낼 수 있는 것이다. 신비(불가사의)는 최초나 하늘에만 있는 것이 아니라, 우리 주변의 매우 평범한 일상경험에도 내재하는 것이다. 예를 들면 산 위에 큰 호수가 있다든지, 어린애가 말 못하면서도 사물을 인지한다든지 하는 것은 평범한 감각세계 속에서도 얼마든지 "불연不然"의 신비를 발견할 수 있다. 불연을 시간의 수직구조 속에서만 생각하는 서학의 논리는 초월자에 대한 믿음을 강요하기 위한 엉터리 논리포석이라고 수운은 날카롭게 비판하고 있는 것이다.

이 단락의 번역은 시중에서 나와있는 대부분의 책들이 논리의 근본을 파악하지 못하고 있다. 그들은「불연기연」이 왜 쓰여졌으며 무엇을 말하려고 하는지를 모르는 상태에서 어색한 한문해석에만 매달리기 때문에, 명료한 의미체계를 드러내지 못하는 것이다. 수운의 문장은 처음부터 "가왈歌曰"로 시작하였기 때문에 설명조의 산문이 아니다. 그는 댓구를 활용하여 시가형식으로 썼기 때문에 많은 다원적 내용을 시어로써 풀어내고 있는 것이다. 따라서 전체에 대한 명료한 통찰이 없이는 이 글을 읽을 길이 없다.

4-3 聖人之以生兮, 河一淸千年, 運自來而復歟? 水自知
성 인 지 이 생 혜　하 일 청 천 년　운 자 래 이 복 여　수 자 지

而變歟? 耕牛之聞言兮! 如有心, 如有知。以力之足
이 변 여　경 우 지 문 언 혜　여 유 심　여 유 지　이 력 지 족

爲兮! 何以苦, 何以死? 烏子之反哺兮! 彼亦知夫孝
위 혜　하 이 고　하 이 사　오 자 지 반 포 혜　피 역 지 부 효

悌。玄鳥之知主兮! 貧亦歸, 貧亦歸。是故難必者,
제　현 조 지 지 주 혜　빈 역 귀　빈 역 귀　시 고 난 필 자

不然; 易斷者, 其然。比之於究其遠, 則不然不然,
불 연　이 단 자　기 연　비 지 어 구 기 원　즉 불 연 불 연

又不然之事; 付之於造物者, 則其然其然, 又其然之
우 불 연 지 사　부 지 어 조 물 자　즉 기 연 기 연　우 기 연 지

理哉!
리　재

국역 성인의 태어나심이여! 그 흙탕물인 황하가 천년에 한 번 맑아지면 성
인이 태어난다고들 말하는데, 그것은 운運이 스스로 와서 스스로 돌
아가기 때문일까? 황하의 물이 스스로 알고 변하는 것일까? 밭가는
소가 사람의 말을 알아들음이여! 소는 분명 마음이 있고 인지가 있
다. 힘으로 말하자면 충분히 사람을 이기고도 남는다. 그런데 왜 저
토록 충직하게 일하면서 고생을 하고, 저렇게 충직하게 죽음을 향해
가는고! 까마귀는 어렸을 때 어미에게 먹이를 받아먹었기에 커서 그
에미가 늙어 움직이지 못하면 먹이를 가져다준다고 한다. 이 반포反
哺의 현상은 까마귀가 효제孝悌를 안다고 하는 것일까? 제비(현조玄鳥는
「시경」, 「초사」 등에 용례가 있다)가 주인을 알아봄이여! 주인집이 가난해도
그곳으로 돌아온다. 가난해도 그 정감을 지키는 것일까?

그러므로 나는 말한다. 반드시 그렇게 된다고 단정하기 어려운 것이
불연不然일 뿐이고, 우리가 일상경험에서 쉽게 판단할 수 있는 것들
을 기연其然이라 하는 것이다. 사물의 이치를 머나먼 형이상학적 세
계에 비정하여 규명하려고 하면, 모든 것이 불연이고 또 불연이고 또
불연의 사태가 되고 만다. 그리고 또 한편 그것을 사물이 생성되어가
는 조화의 세계에 의탁하여 생각하면 모든 것은 그러하고 그러하고
또 그러한 이치일 뿐이다!

옥안 "난필자불연難必者不然, 이단자기연易斷者其然"이라는 말은 수운이 이미

환웅이 내려온 신단수神壇樹에 새겨놓은 것이라고 말할 수도 있는, 우리민족 모든 사람의 가슴속에 새겨져야 할 명언이다. 이 한마디로써 서양철학의 모든 형이상학적 난제들이 해결될 수 있으며, 서양종교의 모든 독단론이 힘을 잃는다. 불연不然은 초월이 아니라 단지 난필難必일 뿐이다. 결정론적인 인과관계를 벗어나는 사태는 우리의 가사계可思界에서도 얼마든지 있을 수 있다. 그것도 "불필不必"이 아니라 "난필難必"일 뿐이다. 이러한 난필의 세계는 결국 쉽게 판단될 수 있는 이단易斷의 기연其然에 의하여 인수분해 되어진다. 불연, 불연, 우불연지사가 결국 알고보면 기연, 기연, 우기연지리라는 것이 수운의 최종 결론이다.

수운은 죽기 전까지 우리민족이 서양의 악폐인 이원론적 사유에 오염되지 않기를 소망하면서 이 글을 썼다. 그런데 우리는 모두 서학의 악폐에 빠져, 본질을 말하고, 본체를 말하고, 초월자를 말하고, 천당을 얘기하고, 불변을 신봉하고 있다. 인생은 부운같이 허망한 것이라 말하면서, 오직 영원불멸의 진리로 향해야 한다고 구라치고 있다. 모든 종교와 철학이 이 간판 하나로 먹고 살고 있는 것이다! 오호! 애재라! 통재라! 도올이 신학대학을 나오면서 외쳤던 우환의 언사가 지금도 수운의 우려와 함께 21세기의 대기를 무겁게 만들고 있다.

「불연기연」에 관해서 나는 살아있는 수운의 마음으로 직접 뛰어드는 그런 사투를 감행하였다. 나의 번역은 그 고투의 결실이다. 독자들은 나의 해석을 본문과 대조해가면서 잘 살펴보면 그 지향처의 정곡을 터득해나갈 수 있을 것이다. 이제 도올은 대전의 큰 고비를 넘었다.

V

축문

【祝文】

VI

주문

【呪文】

V

축 문
祝文

대강大綱 앞의 4개 논문은 『동경대전』의 핵을 이루는, 동학의 대강을 말해주는 강령에 해당되는 논문이다. 그 4개의 논문은 경진초판본에 준거하여 해석하였다. 그러나 나머지 부분은 가장 구비된 경주계미중하판의 체제에 따라 텍스트를 구성하였다. 단 그 체제만을 경주판을 따른 것이고 초판본과 겹치는 내용에 관해서는 여전히 초판본을 우선시하였다.

여기 실린 "축문"은 "주문呪文"과는 다른 전혀 성격을 달리하는 것이며, 입도할 때 올리는 제식에서 하느님의 축복("인가認可"의 의미도 들어있다)을 희구하는 글이다. 혹자는 수운 당시에 "천제天祭를 지낼 때 읽던 글"이라고 했는데, 글의 내용으로 보아 그러한 성격규정은 여기 해당될 수 없다. 더구나 수운이 "천제"를 지낸다 하는 것은 표현이 과중하다(해월은 구성제九星祭를 지냈다).

수운은 득도 후에라도 "천제"라는 개념을 가지고 있을 그런 사람이 아니었다. 전통적 맥락에서의 "천제"는 동학에 있을 수 있는 그런 개념이 아니다. 천주(=하느님)에 대한 친근감을 표현하는 제식은 있을 수 있겠으나 하느님을 숭배하여 떠받드는 제식이란 있을 수 없다. 수운은 하느님을 객화시켜 존재자로서 숭배한 적이 없다.

하여튼 이 축문은 "천제"와는 무관한 것이며, 현재 쓰이지 않는다. 포덕 약간 전이나 약간 후, 그러니까 1861년 6월 전후하여 만들어진 축문이라고 사료된다. 뒤에 나오는 제23장에 내가 "사식四式"이라고 표현한 제식중 입도식에서 읽는 축문의 원형이라고 사료된다. 축문이란 제식의 형식이므로 본시 번역하여 뜻을 새길 성격의 문장은 아니다. 단지 독자의 궁금증을 풀기 위해 여기 번역문을 내어놓는다. 이 축문을 "참회문"이라 말하는 것도 어감이 좋지 않다 (본문 속에 "참회"라는 말이 있으나 그것은 단지 "뉘우친다"라는 가벼운 동사일 뿐이다. 이 문장 전체를 상징하는 대표문구가 될 수 없다).

5-1 生居朝鮮, 忝處人倫, 叩感天地蓋載之恩, 荷蒙日月
생 거 조 선　첨 처 인 륜　고 감 천 지 개 재 지 은　하 몽 일 월

照臨之德, 未曉歸眞之路, 久沈苦海, 心多忘失。今
조 림 지 덕　미 효 귀 진 지 로　구 침 고 해　심 다 망 실　금

玆聖世, 道覺先生, 懺悔從前之過, 願隨一切之善,
자 성 세　도 각 선 생　참 회 종 전 지 과　원 수 일 체 지 선

永侍不忘。道有心學, 幾至修煉。今以吉朝良辰, 淨
영 시 불 망　도 유 심 학　기 지 수 련　금 이 길 조 양 신　정

潔道場, 謹以淸酌庶需奉請, 尙饗。
결 도 장　근 이 청 작 서 수 봉 청　상 향

국역 생 아무개는 조선땅에 태어나 인륜사회에 욕되이 처하는 삶을 살고 있나이다. 하늘이 덮어주고 땅이 실어주는 은혜를 성실하게 느끼고 있으며, 해와 달이 비춰주는 은덕을 승수承受하고 있으면서도 진리로 돌아가는 길을 미처 깨닫지 못하고 오랫동안 고통의 바다에 침잠하여 마음에는 망실忘失한 것이 너무도 많습니다. 이제 이 성스러운 세상을 만났고, 도를 선생님께 깨우치게 되었습니다. 종전의 모든 과실들을

뉘우치고, 일체의 선함을 따라가기를 원합니다. 하느님을 한평생 모시고 잊지 아니하오리이다. 이 (동학의) 도에는 마음공부가 있어 열심히 닦고 연마하여 어느 경지에 다다르려 합니다. 이제 좋은 날을 잡아, 도장을 깨끗이 청소하고 삼가 맑은 술과 갖가지 음식을 차리어 봉청奉請(받들어 청한다)하오니 흠향하시옵소서.

옥안 독자들이 이 축문의 내용을 읽어보면 알겠지만, 이것은 분명 입도식에서 입도하는 사람이 어느 정도의 수련의 단계에서 날짜를 정해 제사상을 차리고 입도를 선언하는 축문이다. 천제天祭와도 관련 없고, "참회문"이라 하는 것도 타당치 않다. 참회라고 하기보다는 새로운 진리의 길로 들어선 기쁨을 표현하는 글이라 보아야 한다. 이 축문을 보면 "청작서수淸酌庶需"를 운운하므로 아무래도 입도의 절차로서는 돈도 많이 들고 복잡한 세리머니였을 것이다. 따라서 이 제식은 간략화되면서 사라졌을 것이다. 현재의 『천도교경전』(10판)에는 손병희 시대에 수정된 형태가 지금에 이르고 있다고 주를 달았다.

구미산에서 용담으로 흘러내리는 물이 용담서사 앞에서 폭포를 이루고 있다. "수운"이라는 호는 이 물에서 왔다. 수운은 이 흐르는 물을 바라보면서 무수히 많은 시를 지었는데, 모든 시상의 배면에는 아버지 근암공에 대한 그리움이 젖어있다. 용담수류사해원龍潭水流四海源의 "수류"가 바로 이 물을 가리킨 것이다. 나는 이 물을 만져보면서 무한한 영감을 얻었다.

VI

주 문
呪文

대강大綱 주문은 동학이 민중에게 다가갈 수 있었던 가장 포퓰러한 언어요, 암호요, 상징이요, 위로요, 경전을 압축한 비어秘語였다. 이것은 분명 수운이 하느님을 만나는 실제장면의 인스피레이션 속에 내재하였던 암호였다. 제일 먼저 쓴 「포덕문」을 보면 하느님은 수운과 해후하는 장면에서 "나에게서 주문을 받아서 사람을 가르치라"라는 말이 나온다. 그러나 주문이 무엇이었는지는 언급이 없다.

그 뒤에 쓴 「동학론」에는 "제기문교인制其文敎人"이라는 말이 있기는 하나, 거기서 말하는 "문文"이 반드시 주문을 의미하지는 않는다. 같은 「동학론」에 하느님과의 해후 이후에 근 1년 동안 하느님과의 해후를 검증하고 반추하는 과정에서 "일단 주문을 짓기로 했다一以作呪文"라는 표현이 나온다. 그리고 그 주문이 "강령지법降靈之法"과 "불망지사不忘之詞"로 구성된 21자였을 뿐이다라고 확언하고 있다.

그러니까 주문에 대한 암시는 하느님과의 대면에서 모종의 영감으로 받은 것이기는 하지만 21자 주문을 하느님에게서, 마치 마호메트가 천사 가브리엘을 통하여 히라산 동굴에서 받듯이 받은 것은 아니다. 많은 천도교 사람들이 수운의 신비성을 높이기 위해 그런 방식으로 이야기하고 있는데 그것은 넌센스이다.

　수운 자신이 21자 주문은, 그가 하느님을 해후한 후에 1년을 두고두고 고민하면서 지어낸 고심의 역작임을 분명히 고백하고 있다. 그러니까 21자 주문은 수운의 독창적인 작품이다. 그리고 「동학론」에서 그 21자의 뜻을 명료하게 자신의 주석으로써 해석하고 있다. 여기 주문도 여러 종류가 있지만 주문의 핵심은 처음부터 강령주문과 본주문으로 구성된 21자였다는 것을 명료히 인식할 필요가 있다. 현재 천도교에서도 선생주문과 초학주문은 사용하지 않는다.

6-1

선생주문先生呪文

─강령주문降靈呪文─

至氣今至, 四月來。
지 기 금 지 　 사 월 래

지극한 하느님의 기운이 지금 저에게 이르렀나이다. 사월이 왔습니다.

─본주문本呪文─

侍天主, 令我長生。無窮無窮, 万事知。
시 천 주 　 령 아 장 생 　 무 궁 무 궁 　 만 사 지

하느님을 모시었으니 나로 하여금 장생케 하소서. 무궁무궁토록 만사를 알게 하소서.

제자주문弟子呪文

—초학주문初學呪文—

爲天主, 顧我情。永世不忘, 万事宜。
위 천 주　고 아 정　영 세 불 망　만 사 의

하느님을 위하는 마음으로 나의 정감情感을 항상 되돌아보게
하소서. 한평생 잠시도 하느님을 잊지 않고, 내 삶에 있어
만사가 떳떳하게 하소서.

—강령주문降靈呪文—

至氣今至, 願爲大降。
지 기 금 지　원 위 대 강

지극한 하느님의 기운이 지금 나에게 이르렀나이다. 원컨대
그 기운이 크게 내려 나의 기운이 하느님의 기운이 되게 하
소서.

—본주문本呪文—

侍天主, 造化定。永世不忘, 万事知。
시 천 주　조 화 정　영 세 불 망　만 사 지

하느님을 내 몸에 모시었으니, 나의 삶과 이 세계의 조화가
스스로 바른 자리를 갖게 하소서. 일평생 잊지 않겠나이다.
하느님의 지혜에 따라 만사를 깨닫게 하소서.

옥안 주문은 번역되어질 성격의 것이 아니다. 『꾸란』은 아랍어를 떠나서 다른
말로 번역될 수 없다고 한다. 『꾸란』의 한국말 번역은 한국사람을 위한 『꾸란』
의 주석이지, 『꾸란』 그 자체가 아니라고 주장한다. 수운의 주문 역시 번역될

수 없지만, 내가 여기 제시한 것은 「동학론」에서 수운 자신이 지은 주문을 해석한 글의 취지에 따라 그 뜻을 밝힌 것이다. 그런데 여기 『동경대전』에 주문으로서 제시된 것은 좀 문제가 있다고 생각한다.

　표영삼 선생님은 『동경대전』 텍스트에 제시된 주문은 선생주문과 제자주문, 두 종류로 되어있으며, 선생주문에는 강령주문·본주문이 있고, 제자주문에는 초학주문·강령주문·본주문이 있다고 한다. 초학주문은 입도 후 3개월간 읽고 나면 더이상 외지 않는다고 한다(『동학』1, p.126).

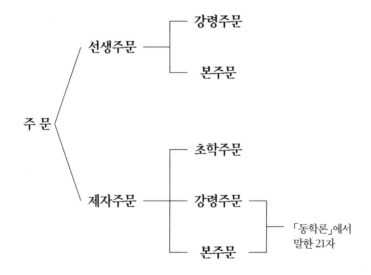

　이렇게 정리하고 보면, 좀 이상하다는 느낌이 든다. 우선 동학을 상징하는 21자 주문이 제자주문의 일부로 들어가 있는 것이다.

　그리고 또 선생주문은 무엇이고, 제자주문은 무엇인가? 선생주문은 최수운이 혼자 외운 것인가? 그렇지 않으면 주문을 가르쳐주는 사람이 외운 것인가? 주문을 가르쳐주는 사람이 선생이 되어 선생주문을 따로 외운다는 것도 이상하지 않은가? 선생주문을 보면 최수운이 따로 외우기에는 별 심원한 내용이 없어 좀 어색하다는 느낌이 든다. "사월이 왔다"는 것은 경신년 4월의 체험을 이야기하는 것일 텐데, 그것을 주문으로 외운다는 것도 그리 적합한 것 같지 않고, 또 "령아장생"이니 "무궁무궁만사지"니 하는 표현도 맥락적으로 좀 어색하게 들리기도 한다. 이 선생주문 속의 세 가지 표현 중에서 영아장생, 무궁무궁만사지는 「동학론」에서 수운이 하느님을 해후할 때 하느님의 말로서 나온 표현인데, 군이 긍정적으로 말하자면 하느님의 말씀을 주문을 듣는 사람들로 하여금 체험케 하는 효과가 있다고 말할 수도 있겠다.

그러나 수운 본인이 선생주문과 제자주문을 따로 말한 적도 없고, 그 유사한 힌트를 준 적도 없다. 그리고 그가 말하는 핵심적 21자 주문이 제자주문이라는 분별적 카테고리 속의 일부라는 것을 말한 적이 없다.

수운이 말하는 주문은 오직 21자이고, 이 21자는 강령주문과 본주문(「동학론」에서 "불망지사不忘之詞"로 표현)으로 구성된 것이다. 그 이상 아무것도 말할 바가 없다. 아마도 선생주문, 제자주문 운운한 것은 수운 사후의 포덕과정에서 생겨난 주문이 『동경대전』으로 흘러들어온 것이 아닌가, 나는 그렇게 생각한다. 문헌비평(textual criticism)이라는 것은 바로 이러한 문제를 명료하게 하는 것이다. 모든 것의 오리지날한 형태를 복원하며, 그 형태가 역사적으로 전승되어간 과정의 갈래들을 밝히는 것이다.

VII

입춘시

【立春詩】

VII

입춘시
立春詩

7-1 **道氣長存, 邪不入; 世間衆人, 不同歸。**
도 기 장 존　사 불 입　세 간 중 인　부 동 귀

국역 유구한 도의 기운이 뻗쳐 나를 감싸고 있으니 사기邪氣가 나를
엿볼 틈조차 없도다!

가치관이 다른 속세의 뭇 사람들과는 결코 같이 어울리지 아
니하리라.

옥안 이 시는 문자 그대로 입춘을 맞이하여 쓴 시이다. 때는 경신년(1860) 음1월
13일(양2월 4일) 입춘날이었다. 수운은 그 전해에 철점이고 적멸굴기도고 뭐고
다 때려치고 울산으로부터 경주 용담정 옛집으로 돌아왔다(1859년 10월). 낡은
용담서사龍潭書社를 수리하고 그곳에서 최후의 대결을 벌이기로 결심했다. 그
리고 다음해 경신년 1월에 이 시를 쓴다. 그는 이 시를 써서 서사에 도배해놓고
굳은 결심을 다진다.

그리고 이때 수운水雲이라는 호도 지었고, 자字를 도언道彦에서 성묵性黙으로 바꾸고, 명名을 제선濟宣에서 제우濟愚로 바꾼다. "제우"라는 이름만 보아도 그는 개인적 실존을 향유한 인물이 아니었음을 알 수 있다. "우매한 보통사람들을 구하겠다"는 뜻을 표방하고 자신의 구도의 결의를 굳혔던 것이다. 그는 애초로부터 사회적 인간(Social Man)이었다.

그런데 여기 "도기장존道氣長存"이라는 구문을 아주 평범하게 관례적으로 해석하기 일쑤이지만, 이때는 수운은 일체 "동학"과는 관계없는 한 유생이었다는 사실을 기억해야 한다. 그러니까 여기서 말하는 "도道"는 동학의 도가 아니다. 굳이 말하자면 조선왕조를 지탱하고 있던 정신적 기둥으로서의 "도"이며, 굳이 말하자면 유도儒道에 가까운 개념이라 말할 수 있다. 그러니까 수운은 조선왕조의 지속불가능성에 대한 예감을 가지고 있었지만 조선왕조를 지탱하고 있는 민중 속에 살아있는 유학의 정신적 가치를 회의한 사람이 아니었다.

"도기장존"이라는 말은 그러한 도통이 아버지를 통하여 자신에게로 전승되어 있다는 매우 굳건한 자신감, 자기가 지금 아무리 기독교적인 서학의 하느님과 대결을 벌이더라도 사기邪氣의 형태로서의 하느님은 이 대결장에 끼어들 수 없다는 자기방비태세를 굳건히 하는 말이다. 그리고 도道와 결합한 말이 리理나 성性이 아니고, 기氣라는 것부터가 수운은 유학의 전승을 중시하되, 영남의 주리파 성리학자들과는 차원이 다른 독자적 사상거목이었다는 것을 알 수 있다.

『용담유사』「교훈가」(1861년 11월 하순 남원으로 떠나기 직전에 지은 것으로 보인다)는 이때의 정황을 매우 여실하게 그려내고 있다.

| 우습다 | 자네사람 | 백천만사 | 행할때는 |
| 무슨뜻을 | 그리하며 | 입산한 | 그날부터 |

자호字號이름	고칠때는	무슨뜻을	그러하며
소위입춘	비는말은	복록은	아니빌고
무슨경륜	포부있어	세간중인	부동귀라
의심없이	지어내어	완연히	붙여두니
세상사람	구경할때	자네마음	어떻던고 ……

『대선생주문집』에 보면 하느님이 수운에게 니가 뭐 그리 잘났다고 "세간중인世間衆人 부동귀不同歸"라고 벽에다 써붙이기까지 하면서 세상을 조롱하느냐 하고 꾸짖는 장면이 나온다(제1권, pp.144~145). 하여튼 이 싯구는 수운의 마음에 많은 갈등을 일으킨 내면의 소리였다. 수운의 생애는 "세간중인부동귀"와 "동귀일체同歸一體"라는 모순된 두 개의 명제 사이에서 갈등과 사랑을 느낀 삶의 과정이었다. 그가 『용담유사』 중에서 마지막으로 지은 「흥비가」의 끝 구절이 이렇게 끝난다.

글도역시	무궁이요	말도역시	무궁이라
무궁히	살펴내어	무궁히	알았으면
무궁한	이울속에	무궁한	내아닌가

결국, 수운의 공생애는 "부동귀"의 결심에서 출발하여 "동귀일체"의 죽음을 맞이한 과정이었다. 수운은 그 모든 삶의 애증과 갈등을 초탈하고 관덕당 뜰에서 망나니 칼에 의연毅然하게 목을 내밀음으로써 우리 민족의 끊임없는 부활 Resurrection의 상징체가 되었다.

VIII

절구

【絶句】

VIII

절 구
絶句

8-1 河淸鳳鳴孰能知, 運自何方吾不知。
하 청 봉 명 숙 능 지　운 자 하 방 오 부 지

平生命受千年運, 聖德家承百世業。
평 생 명 수 천 년 운　성 덕 가 승 백 세 업

龍潭水流四海源, 龜岳春回一世花。
용 담 수 류 사 해 원　구 악 춘 회 일 세 화

국역 황하의 흙탕물이 맑아지고, 봉황이 나타나서 울고 있는데
과연 누가 이 사실을 알리오?
나의 운수가 어디로부터 오고 있는 것인지 나도 모른다네.

한평생 다 바쳐서 얻은 명命, 이제 천년 운세를 받았네.
성덕聖德의 가문에서 태어난 나(우리)는
백세에 뻗칠 공업功業을 이어갈 수밖에 없으리.

용담의 물은 흘러흘러 사해를 이루고,
구미산에 봄이 돌아오니 온 세상에 꽃천지로다.

옥안 하청河清으로 시작하여 세업世業으로 끝나는 두 개의 대련과 용담龍潭 이하의 한 련은 별개의 시며 별개의 시점에서 쓰여진 것인데 『대전』편집자들이 한 군데 모아버렸다. 두 개의 절구를 한 데 모은 것은 이미 인제경진초판본에서 그렇게 된 것이나, 초판본은 이것이 두 개의 다른 절구라는 것을 행갈이를 하여 표시하였으므로 혼동될 여지가 없다. 목천판에서부터 조판공간을 절약하기 위해서 행갈이를 하지 않고 연결시켰다. 경주판은 목천판을 계승하였다.

그리고 경진초판본에 "평생명수천년운平生命受千年運"으로 되어있는 것을, 목천판에서는 "명수"를 "수명受命"으로 바꾸었다. "사광師曠"의 경우도 그랬지만 이 경우도 경진판이 훨씬 더 수운의 원의를 명료하게 전하고 있다. "명수命受"와 "가승家承"이 대련의 법칙에 들어맞는다. 경진판은 움직일 수 없는 고본이며 선본이다.

첫 절구는 1860년 그러니까 득도한 그 후에 자신의 종교체험을 검증하는 과정에서 지은 것이다. 「안심가」에 이런 구절이 있다.

그럭저럭	먹은부符가	수백장이	되었더라
칠팔삭	지내나니	가는몸이	굵어지고
검던낯이	희어지네	어화세상	사람들아
선풍도골	내아닌가	좋을시고	좋을시고

1860년 4월에 득도한 후 7·8개월 지났다면 대강 1860년 10월~11월경이 된다. 종교체험의 이상한 경험들이 사라지고 일상이 정상화된 시기에 이 절구를 지은 것이다(『대선생사적大先生事蹟』에 기록되어 있음. 潤身差病, 容貌幻態, 時有詩曰, 河淸鳳鳴孰能知? 運自何方吾不知。박맹수본, p.166~7).

여기 "하청봉명河淸鳳鳴"이라고 하는 것은 자신이 이미 공자와 비등한 성인

聖人이 되었다는 것을 선포하고 있는 것이다. 그만큼 수운은 자신의 체험에 대하여 확신이 있었다. 그러나 과연 "내가 공자를 뛰어넘는 성인이다"라는 선포를 누가 알아듣겠냐는 것이다. 예수도 자기가 하나님의 아들이라고 하는 것을 선포하는데 무한한 오해를 불러일으켰다. 복음서 기자들은 그 오해를 불식시키는 방편으로 예수의 이적을 사용하였다. 범인凡人이 할 수 없는 행위를 통해 예수의 하나님의 아들됨을 증명해간다. 그러나 수운에게는 복음서 기자도 없고, 이적과 같은 것을 본인이 배제한다. 그럼에도 불구하고 예수 이상의 하느님의 기화현신氣化現身이라는 것을 선포해야 한다. 수운은 단지 답답할 뿐이다. 누가 과연 나를 알아주랴! 숙능지孰能知리오? 나의 운이 어디서 오는 것인지 나도 모르겠다! 매우 진실한 실존적 독백이다.

두 번째 절구는 수운이 1863년 7월 23일에 파접을 선언하고(접주제보다는 한 사람에게 계승의 정통성을 집중시켜 은밀하게 서바이벌하는 작전으로 옮아갔다는 의미이다) 해월을 북도중주인으로 임명했을 때 즈음에서 지은 시다. 『도원기서』나 『대선생주문집』에는 모두 북도중주인 임명 며칠 전에 지은 시로써 기술되고 있다(제1권, pp.208~209). 이미 수운의 입장은 확고했다. 나는 죽어도 나의 사상은 사해四海 즉 전 인류의 문화사상의 근원이 될 것이라는 확신을 표방하고 있는 것이다. 언제고 구미산에 봄은 돌아오게 되어있다. 그러면 온 세상에 꽃이 핀다. 이 시가 쓰여지고 얼마 안 있어 수운은 해월에게 도통을 전수하고 곧 잡힌다. 수운에게 봄은 개벽을 상징한다. 혁명은 오직 낙관을 견지할 수 있는 역량이 있는 영혼의 바탕 위에서 피어나는 꽃이다.

IX

항시

【降詩】

X

좌잠

【座箴】

IX

항 시
降詩

9-1 圖來三七字, 降盡世間魔。
도 래 삼 칠 자　항 진 세 간 마

국역 21자의 주문을 도상으로 그려내니, 세간의 모든 마귀가 다
항복을 하는도다.

옥안 이 "항시"는 관례상 "강시降詩"로도 읽으나, 아무래도 세간의 마귀를 항
복시킨다는 것을 표방하는 "항降"자이므로 "항시"로 읽는 것이 정당하다고
할 것이다. 1862년 가을 수운은 남원에서 경주로 돌아왔는데 도인들의 반응은
뜨거웠던 것 같다. 공백기간에 수운에 대한 그리움과 그의 인격과 가르침의 위
대성에 대하여 사무치는 깨우침이 생겨난 것이다.

당시 민란이 많았기 때문에 경주관아에서는 수운을 중심으로 운집하는 민중

의 동향을 사전에 제압하기 위하여 그를 체포한다. 그러나 수운은 정말 국법에 비추어 아무것도 잘못한 것도 없고 민폐를 끼친 사례가 없기 때문에 곧 방면된다. 방면의 배경에는 6~7백 명이나 되는 도인이 관아로 몰려가 항의를 하는 사태가 벌어지자 영장營將은 함부로 건드릴 수가 없는 집단이라는 것을 뼈저리게 느꼈기 때문이기도 했던 것이다. 하여튼 수운은 이미 개인이 아니었다.

수운은 어떠한 방식으로든지 사회적 책임을 다해야겠다고 느끼기 시작한다. 자기 일신의 보전을 위하여 살아가는 실존양식은 이제 벗어나야만 했다. 그해 겨울 수운은 해월의 안배에 힘입어 용담의 번거로움을 피하여 홍해 매곡의 손봉조 집에 거소를 정하게 되는데, 그곳에서 12월 세모에 동학이 사회화되고 조직화되는 최초의 계기가 되는 접주제를 만든다. 16명의 접주를 정하고 이들과 함께 계해년(1863년) 새해를 맞이한다. 수운의 공생애 3년의 마지막 해가 되는 계해년을 맞이하여 사회적 활동의 결의를 나타내는 결시訣詩를 짓고, 바로 이 "항시"를 짓는다. 이 항시는 1863년 1월 1일, 뒤에 나오는 결訣과 함께 지어진 것이다.

"도래삼칠자圖來三七字"라는 표현은 좀 오묘하다. 삼칠자는 21글자로 이루어진 주문이다. 그것은 어디까지나 의미를 지니는 언어로 이루어진 상징체계이나, 그 자체로 도상이 될 수는 없는 것이다. 도상을 나타내는 것은 "영부"이다. 그러니까 "도래삼칠자"라는 뜻은 21개의 글자로 이루어진 주문의 의미체계를 도상으로 체계화 했다는 것을 의미한다. 매우 특별한 복잡한 심볼이었을 것이다(아마도 훗날 강일순의 『현무경』 등에 나타나는 복잡한 도상이 이런 도상에서 전승되어 내려간 것인지도 모르겠다). 수운은 이 도상을 내어보이면서 세간의 마귀들이 다 항복하게 되리라고 선언한 것이다. 다시 말해서 계해년 1년간은 세간의 마귀들과 싸우는 치열한 투쟁의 해가 될 것임을 선포한 것이다.

X

좌 잠
座箴

10-1 吾道博而約, 不用多言義。別無他道理, 誠敬信三字。
오 도 박 이 약　　불 용 다 언 의　　별 무 타 도 리　　성 경 신 삼 자

這裏做工夫, 透後方可知。不怕塵念起, 惟恐覺來知。
저 리 주 공 부　　투 후 방 가 지　　불 파 진 념 기　　유 공 각 래 지

국역 나의 도는 너르고 너르지만 간략하기 그지없다. 그래서 많은 말이나 의론을 필요로 하지 않는다. 이 세상에 다양한 도리가 있지만, 나의 도는 그런데 있지 아니하고, 오직 성(우주적 성실성Cosmic Sincerity)·경(진지함과 집중력Attentive Earnestness)·신(신험한 말Verifiable Words, 거짓없음), 이 세 글자에 있다.

이 세 글자에 집중해서 공부해 들어가라. 투철하게 공부한 후에 비로소 이 말이 무엇인지를 알게 될 것이다. 세속의 잡념이 일어나는 것을 걱정하지 말지어다. 오로지 깨달아 참된 앎에 도달하는 것만 진지하게 생각하라!

옥안 내가 『동경대전』을 만난 이후로 내 인생에 좌우명이라고 할 만한 메시지를 얻었다고 한다면 바로 이 "좌잠"이다. 나의 타고난 기질에 착 들어붙는다고나 할까, 하여튼 나는 이 좌잠을 사랑하고 또 사랑했다.

우선 "좌잠"이라는 말을 아무도 해석하지 않는데, 이것은 좌정한 어른이 후학에게 교육의 지침, 규권고계規勸告誡로서 내리는 잠언을 의미한다. "잠箴"은 본래 틀어진 옷을 꿰매는 바늘, 즉 침針, 鍼을 의미했다. 인생을 바로잡는 바늘과도 같은 말씀이라는 뜻이다.

이 좌잠의 주체는 물론 수운이다. 그런데 이것을 받은 학생은 누구였을까? 바로 『도원기서』를 집필한 대학자 강수姜洙였다. 아마도 초기 용담에 출입한 사람 중에서 가장 학식이 높은 두 사람을 꼽으라 하면, 영해사람 박하선朴夏善과 영덕사람 강수姜洙를 꼽을 수 있을 것이다. 두 사람 다 해월과 생사고락을 같이한 성실한 인물이었는데 박하선은 일찍 세상을 떴고, 강수는 동학혁명 청주전투에서 희생된다(1894년 12월, 청주병영에서 순도).

그런데 박하선은 포덕 직후에 용담에 왔으나(최경상과 함께 왔다. 1861년 6월), 강수는 1863년(용담연원 마지막 해) 4월에나 용담에 와서 수운을 직접 만나게 된다. 늦게 오게 된 연유를 정확히 알 수는 없지만 영덕에는 동학도가 이미 엄청나게 많은 숫자가 있었기에, 강수는 그들이 용담에 들락거리는 모습을 지켜보았을 것이다. 그러나 강수와 같은 대지식인은 마음이 쉽게 동하지 않는다. 여러 가지 정보를 수집한 결과 수운이 "큰선생님"이라는 것을 영덕에서 확인했을 것이다. 강수가 용담에 나타났을 때는 그는 이미 마음을 확고하게 정한 후였다.

수운은 강수를 보자마자 그가 큰 인물이라는 것을 알아차렸다. 그리고 강수는 수운에게 동학에 관하여 논리적으로 의미있는 질문들을 매우 차분하게 던졌다. "문도수지절차問道修之節次"(도를 닦는 절차에 관해 묻다)라고 했지만 실제로 동학 전반에 관하여 논리적으로 따져들어갔다는 얘기다. 수운은 그 진지한 태도에 감복하여, 강수에게 진지하게 답변을 해주었다. 그리고 나서 그 모든 논의를 함축하는 이 좌잠을 쓴 것이다.

이러한 상황은 『대선생주문집』에 상세하게 실려있다(제1권, pp.198~199). 따라서 이 좌잠은 대상과 시기를 확실하게 알 수 있는 좋은 분헌이다. 수운이 자신의 철학세계를 한마디로 압축시켰다고 말할 수 있는 이 명언을 여기 쏟아부은 것은 강수라는 탁월한 지성이 대상이었기 때문에 가능했던 것이다. 수운의 위대한 인격과 강수라는 활달한 지성의 만남, 그 교감에 의하여 이루어진 이 문장은 천하에 둘도 없는 명잠名箴이라 할 것이다.

우선 "오도吾道는 박이약博而約"이라 한 말부터 가슴이 콱 맥혀 들어온다. 자기 사상을 "오도吾道"라고 표현할 수 있다는 것 자체가, 자기철학체계의 온전한 성숙과 자부감, 그리고 전일한 조화의 달성이 없이는 할 수 없는 말이다. 생각해보라! 과연 다산이 "오도吾道"라 말할 것이 있겠는가? 자기 자신의 생각체계가 없는 주석가는 아무리 방대한 주석을 감행해도 "오도"라 말할 것이 없다.

현재 대한민국에 "오도"를 말할 수 있는 사람이 있는가? 20세기를 통해 어느 철학과의 교수가 오도를 말할 수 있으며 또 인정을 받을 수 있는가? 그렇다고 성철인들 오도를 말할 수 있는가? 그들에게는 보편화된 불도의 한 계기가 있는 것이지 오도는 존재하지 않는다. 모든 철학과 교수들도 남의 철학을 누가 더 잘 아는가를 경쟁하는 B조, C조의 선수들일 뿐이다. 수운은 다르다. 오직 자기 생각을 말했고, 자기 생각을 키웠을 뿐이다. 강수를 만났을 때에는 이미 수운은 성숙한 "오도"를 지닌 인물이었다.

오도는 너르고 너르기에 모든 것을 포섭한다. 그러나 그것은 또 간략하기 그지없다. 이 "박이약博而約"은 『주역』「계사」의 "간이簡易"사상과 상통하고,

물론 『논어』에도 "박학어문博學於文, 약지이례約之以禮"라는 말이 있지만, 수운의 말은 그러한 고전적 출전에 기초한 것이라기 보다는 자기의 깨달음으로서 토로한 것이다.

성·경·신에 관해서는 이미 충분히 토의되었다. 제발 "신信"을 믿음(Belief, Faith)으로 해석하는, 천박하고도 너무도 유치한 오류를 범하지 않기를 간절히 소망한다. 천도교 사람들이 천도교를 부흥시킬 수 있는 유일한 길은 "믿음"을 버리고 수운의 "말씀"의 본 뜻으로 돌아가는 것이다.

마지막의 "유공각래지惟恐覺來知"에 관하여 그 의미를 왜곡하는 성향이 있는데, 그것은 후기 천도교 경전편찬자들이 뜻이 잘 통하지 않는다고 하여 제일 마지막 글자인 "지知"를 "지遲"로 바꾼 데서 기인하는 것이다. 그렇게 되면 그 뜻은 "오직 깨달음이 늦게 올 것만을 두려워하라"가 된다. 그런데 경진초판본에도 어김없이 "지知"로 되어있다(이렇게 고증의 기준이 된다는데 초판본의 위대성이 존하는 것이다). 그리고 깨달음이란 이르게 오든 더디게 오든 걱정할 바가 아니다. 빨리 깨닫는다고 좋을 것이 없다. 수운이 그런 말을 할 사람이 아니다. 이 문제는 "공恐"을 부정적으로만 인식했기 때문에 생기는 문제이다: "두려워 한다," "……이 아닐까 의심한다"는 식으로만 새기기 때문에 생기는 문제이다. 그러나 "공恐"에는 긍정적인 맥락의 해석이 얼마든지 가능하다: "두려운 마음으로 삼가 생각한다," "진지하게 생각한다," "……만을 걱정한다"는 뜻으로 새기면 긍정적 맥락이 생겨난다.

"각래지覺來知"의 "지知"는 그 앞에 있는 "방가지方可知"의 "지知"를 받은 것이다. 그 뜻은 "세속의 잡념이 일어나는 것을 걱정하지 말지어다. 오로지 깨달아 참된 앎에 도달하는 것만 진지하게 생각하라!"가 된다. "知"를 "遲"로 고친 것은, 보우普雨(명종때의 고승, 선교양종 재건, 봉은사 주지)의 설법에 "불파진념기不怕塵念起, 유공각래지惟恐覺來遲"라는 글귀가 있는데, 그 영향을 받은 것으로 사료된다.

　※ 성·경·신을 총괄하여 다시 말하면 이와같다: 성誠은 모든 존재의 궁극적 근거이며, 우주의 창조성의 본연이며, 신성Divinity의 과정적 질서이다. "성실하다"는 것은 평화Peace를 가리키며 치우침이 없는 공평함Justice이다. 왕필이 편애적인 "조립시화造立施化"가 없는 상태가 "불인不仁"이라 했는데, 천지불인은 『중용』이 말하는 천지도天之道로서의 성誠 그 자체와 통헌다. 성誠은 수운에게 있어서는 "무위이화無爲而化"의 조화를 기리킨다. 성은 객관적 우주의 특성인 동시에 신성의 본모습이다. 경敬은 성誠의 신성神性Divinity of Sincerity을 대하는 인간의 자세를 가리키며, 그것은 주일무적主一無適의 진지함Earnestness을 의미한다. 신信은 인간실존의 주체성을 가리키며 그것은 "거짓없는 삶"을 의미한다. 성은 신성의 근거이며, 신은 인성의 근본이며 경은 양자를 매개하는 관계의 덕성이다.

Divinity	Relation between Man & God	Humanity
성誠 ———————	경敬	——————— 신信
성실한 우주	흐트러짐 없는 집중력	거짓없는 삶

사진＝박옥수

XI

화결시

【和訣詩】

1989년 5월 10일 동국대 중강당 강연장면. 내가 기억에 남아있는 가장 싱싱한 젊음을 담고 있는 위대한 장면이다. 아니, 그 당시는 한국사회가 젊었다. 동국대에서 강의를 하는데 남녀노소 막론하고 전국에서 수천 명의 인파가 모여들었다. 임권택 감독님도 내 강의를 들으러 오시고 있다. 해월의 삶을 다룬 영화, 『개벽』을 같이 구상하고 있을 때였다. 내 옆의 젊은 학생이 현재 우리나라 군대에서 성직자로서 가장 높은 고위직인 이정우李正雨 군종감이다. 이때 나는 동국대 불교대학 학생들과 세미나를 하고 있었다. 나의 세미나를 통하여 고영섭(동국대 불교학부 교수) 등 많은 불교계의 인재들이 배출되었다. 이날 나의 저서『나는 불교를 이렇게 본다』의 내용이 강론되었다.

XI

화결시
和訣詩

대강大綱 이 "화결시和訣詩"라는 이름은 수운이 붙인 이름은 아니고, 『동경대전』 편찬자들이 수운이 지은 시를 한 군데 모아 "화결시"라고 이름붙인 것이다. 이미 경진초판본에 대부분이 "화결시"라는 제하에 들어있는데, 목천판에서 마지막의 "만리萬里~차차로遮遮路"한 단이 첨가되었다. 목천판의 형태는 경주판을 거쳐 무자판에까지 계속된다.

그런데 이 화결시는 앞서 말한 접주제 창건 이전에 홍해 매곡의 손봉조 집에 머물 때 쓴 시들인데, "화평한 마음으로 결의를 나타낸 시"라고 하여 화결시라고 제목을 붙인 것이다. 그러니까 이 시는 1862년 12월에 쓴 것이 된다. 시에 대한 수운의 재치가 표현된 작품이며 하느님과 대對를 하는 형식으로 썼다. 하느님이 "방방곡곡행행진" 하면 수운이 "수수산산개개지"라고 대장對仗을 만드는 느낌이라는 것이다. 앞부분은 장한 제자들의 기개를 읊었고, 중간부분은 제자들과 공락共樂하는 즐거움을, 그리고 마지막 부분은 제자들의 미래활동을 기대하면서 그들의 성취가, 공자로부터 비롯된 지적인 유산을 뛰어넘는 가치를 내포한다고 호언하였다. 목천판에 의거하면 이 시는 3단으로 끊어질 수 있으나, 나는 제1단의 시의 마지막 부분이 성격이 판이하게 다르므로, 그것을 독립시켜 4단으로 끊어 읽었다.

方方谷谷行行盡, 水水山山箇箇知。
방방곡곡행행진　수수산산개개지

松松柏柏靑靑立, 枝枝葉葉万万節。
송송백백청청립　지지엽엽만만절

老鶴生子布天下, 飛來飛去慕仰極。
노학생자포천하　비래비거모앙극

運兮運兮得否, 時云時云覺者。
운혜운혜득부　시운시운각자

鳳兮鳳兮賢者, 河兮河兮聖人。
봉혜봉혜현자　하혜하혜성인

春宮桃李夭夭兮, 智士男兒樂樂哉。
춘궁도리요요혜　지사남아락락재

万壑千峰高高兮, 一登二登小小吟。
만학천봉고고혜　일등이등소소음

明明其運各各明, 同同學味念念同。
명명기운각각명　동동학미념념동

万年枝上花千朶, 四海雲中月一鑑。
만년지상화천타　사해운중월일감

登樓人如鶴背仙, 泛舟馬若天上龍。
등루인여학배선　범주마약천상룡

人無孔子意如同, 書非万卷志能大。
인무공자의여동　서비만권지능대

국역 지방마다 골짜기마다

아니 다닌 곳이 없고,

물마다 산마다

낱낱이 모르는 곳이 없구나.

(※ 젊은 날의 주류팔로周流八路 시절의 체험을 시로 표현하고 있다).

소나무 잣나무는 푸릇푸릇 서있는데,

가지마다 잎새마다 만만 마디

절개를 아니 지음이 없다.

> (※"만만절万万節"의 "節절"은 "마디"와 "절개," 그 두 의미가 겹쳐있다. 그것은 자신의
> 삶이 그러한 방랑 속에서도 절개를 지킨 삶이었음을 노래하는 것이다).

늙은 학은 새끼를 쳐서

온 천하에 퍼뜨리니,

날아가고 날아오는 모든 새들이

지극히 우러러 사모하네.

> (※여기 "늙은 학"은 수운의 아버지 근암공을 가리킨다. 수운은 자기 존재의 현실적
> 뿌리를 잊지 않는다. 매우 상식적이다. 예수는 아버지 요셉을 언급한 적이 없다. 엄마도
> 면박을 주면서 부정한다).

운이여! 운이여!

성공한 것이냐? 성공치 못한 것이냐?

때여! 때여!

그대는 과연 깨달은 자를 내었는가?

> (※이것은 수운이 자신의 운에 대한 확고한 신념과 동시에 현실에 대한 회의감을
> 동시에 표현한 것이다. 내가 과연 성공한 자인가? 실패한 자인가? 그러나 나는, 이
> 나의 때가 낳은 위대한 각자覺者로다!).

봉황이여! 봉황이여!

그대가 나타남에 현자가 나타나고

황하여! 황하여!

그대가 맑아지니 성인이 나타난다.

> (※수운은 앞의 절구에서도 자신을 확고하게 성인으로 인식하였다. 여기서도 봉황의
> 울음이라든가 황하의 맑음은 모두 자신의 탄생을 상징하는 조화로서 확언하고 있는
> 것이다).

봄 궁전의 복숭아꽃, 오얏꽃
곱고도 또 고와라.
뜻있는 지사라면
기개있는 남아라면
어찌 이곳에서 즐겁지 아니하랴!

  (※여기 "봄 궁전春宮"은 다시개벽을 선포하는 용담의 아름다움을 상징하고 있다. 이
  곳에 근암공이 복숭아나무, 오얏나무를 많이 심었었다고 한다. 지사ㆍ남아는 모두 용
  담에 모여드는 뜻있는 사나이들, 즉 다시개벽의 일꾼들을 가리킨다).

만 개의 골짜기 천 개의 봉우리
높고도 높을시고,
오르고 또 오르며
조금씩 조금씩 읊어나가네!

  (※제자들이 모여 학문을 연마하고 동학을 배우고 현실을 개벽하는 드높은 이상을
  향해 나아가고 있지만, 한꺼번에 이루어지지 않는다 해도, 소소음小小吟하다 보면
  기필코 다시개벽은 이루어진다는 뜻이다).

밝고 밝은 그 운수는
저마다 밝을시고,
더불어 더불어 배우는 맛은
생각마다 짜릿하게 같을시고.

  (※공동의 운명을 향해 모두가 자신에게 내재하는 명덕明德을 개발하여 같이 나아가
  면 동학同學의 맛이 짜릿하고, 무슨 문제를 생각하든 결국 그 생각의 본질은 같은 데
  도달하고 만다는 뜻. 동학의 공동체의식을 나타냄).

만년 묵은 가지 위에
꽃이 피니 천 떨기요,

사해四海(온천지)를 휘덮은 구름을 뚫고

비추는 것은 오직 달빛 한 줄기!

> (※고조선 이래 내려오는 수만 년의 문명국가 조선의 전승 속에 피어난 꽃은 천 떨기,
> 동학이 피어난 것은 결코 우연이 아니다. 사해의 구름 속에 달은 오직 하나! 서학이
> 아무리 하늘을 흐리려 하나 진리는 오직 하나! "월일감月一鑑"은 월인천강月印千江
> 의 다른 표현이다).

누각에 오른 사람들은

학의 등에 올라타고 훨훨 날아가는

신선과도 같고,

두둥실 떠가는 배 위에 올라탄 말은

하늘 위의 용과도 같다.

> (※배와 말의 비유가 확실하게 해석되지는 않지만, "등루인登樓人"과 "범주마泛舟馬"
> 는 대우對偶로서 같은 의미를 전하는 것이다. 배에 올라탄 말이라는 것은 같이 여행
> 했던 말들로 같이 나루터에서 배에 오를 수 있으므로 생겨난 말인 것 같다. 그리고 배
> 밑으로 수면에 하늘 그림자가 깔리면 천상룡이라는 표현이 리얼해진다. 모두 제자들
> 이 성숙하여 "학배선鶴背仙"과 "천상룡天上龍"의 지고한 정신경계에 이를 것이라는
> 미래에 대한 예언이다. 오늘 우리나라의 젊은이들은 과연 이러한 수운의 기대를
> 충족시키고 있는 것일까? 다음의 결론이 중요하다!).

사람은 공자가 아닐지라도

그 뜻은 공자와 같을 수 있고,

책은 비록 만 권을 읽지 않았다고 하나

그 지향하는 바는 무한히 클 수 있다.

> (※최종적으로 수운은 문명을 주도해나가는 세력은 공자나 만 권을 읽은 서생, 즉
> 엘리트가 아니라는 것을 명료히 밝히고 있다. 공자가 아니더라도 공자의 이상을 가
> 슴에 품을 수 있고, 만 권의 책을 독파한 엘리트가 아니더라도 그 지향하는 바가 웅혼
> 할 수 있다. 그러니까 용담에 모여든 자기의 제자들이 평범한 사람들이라 할지라도

공자의 의意나 사마천의 지志를 능가할 수 있다고 말한다. 수운에게는 다시개벽 즉 역사를 바꾸는 자들은 반드시 엘리트일 필요가 없다는 믿음이 있었다. 그래서 해월 같은 인물에게 신뢰를 두었던 것이다. 화결시는 참으로 소박하지만 조선의 유자 누구에게서도 찾아볼 수 없는 자유로운 시이며 심오한 의취를 담은 문학이라 할 것이다).

11-2

片片飛飛兮, 紅花之紅耶。
편 편 비 비 혜   홍 화 지 홍 야

枝枝發發兮, 綠樹之綠耶。
지 지 발 발 혜   녹 수 지 록 야

霏霏紛紛兮, 白雪之白耶。
비 비 분 분 혜   백 설 지 백 야

浩浩茫茫兮, 淸江之淸耶。
호 호 망 망 혜   청 강 지 청 야

국역 바람결에 편편 날고 나는 꽃닢,
하늘을 물들이는 저 붉은 꽃의 붉음이여!

가지 가지 피고 또 피어나는도다,
대지를 수놓는 푸른 나무의 푸름이여!

보슬 보슬 휘날리는
흰 눈의 흼이여!

넓고 넓어 망망하도다
저 푸른 강의 푸름이여!

옥안 내 인생에서 내가 접한 가장 위대한 시를 꼽으라면, 엘리어트의 "웨이스트 랜드The Waste Land"를 꼽지 않고, 나는 서슴치 않고 이 화결시 한 편을 꼽는다. 나는 이 편을 독립시켜 "비비홍飛飛紅"이라고 이름한다. 『동경대전』을 깊게 읽을 줄 아는 사람들은 그의 산문보다도, 그가 애써 뜻을 전달하려는 논리적인 논문보다도, 그가 두서없이 던지는 시어詩語 속에서 더 위대한 수운의 인격과 품격, 웅대한 기량과 탁 트인 도량, 그리고 섬세한 감성을 만끽할 수 있다고 말한다. 그의 카리스마를 리얼하게 느낄 수 있는 곳은 그의 시어라는 것이다. 종교인의 최고의 경지는 시인의 경지이며, 시인의 경지는 문자 그대로 "무위이화無爲而化"하는 하느님의 경지이다.

여기 편편片片이 비비飛飛하는 붉은 꽃잎을 보라! 그 붉은 꽃잎이 하늘을 가득 메울 때 우리는 무엇을 느끼는가? 그 한 편, 한 편은 모두 존재자(Seiende)로서 개별적인 특성을 갖는다. 자신의 생성과 죽음을 갖는다. 시始와 종終이 있다. 그리고 개성이 있다. 그러나 우리가 편편이 비비하는 붉은 꽃잎들을 볼 때, 우리는 그 개별자들을 개체로서 인식하는 것이 아니라 그들의 뒤얽힘 속에서 "붉음"만을 인식한다. 백설도 마찬가지다. 백설이 분분할 때 우리는 그 속에서 "흼"만을 인식한다.

이것은 단순히 그 얽힘에서 나타나는 추상적 속성을 말하는 것도 아니고, 또 붉음이라는 보편자를 추상하여 관념(Idea)으로서 강요하려는 것도 아니다. 그 붉음, 그 붉음은 편편비비하는 붉은 꽃잎 속에서만 존재하는 것이다. 그 존재는 시간이며 역동성이며 내재성이며 현실성이다. 그것은 언어로 다 표현할 수 없는, 시로써만 은유할 수 있는 붉음이다. "홍화지홍紅花之紅"은 붉음 그 자체이며, 그것은 존재(Sein) 그 자체인 것이다.

왜 수운은 여기서 붉음을 말하고 푸름을 말하는가? 바로 그러한 붉음과 푸름이 곧 하느님이기 때문이다. 존재자들과 더불어 하면서도 존재자들로 환원되지 않는, 영원히 역동적인 존재 그 자체, 그 자체는 스스로 그러할 수밖에 없는,

인간의 작위를 벗어나는 그 무엇, 영원히 우리를 끌고가는 미래의 이상이며 현실! 그 하느님을 수운은 노래하고 있는 것이다.

수운이 하느님을 제일 처음 만났을 때, 하느님이 한 말이 있다: "세상 사람들이 천지天地는 알면서 귀신鬼神은 알지 못한다." 여기서 말하는 "붉은 꽃잎들"은 천지를 말하는 것이고, "붉음"은 귀신을 말하고 있는 것이다. 이 짧은 시야말로 수운의 철학적 경지의 최고봉을 노래하고 있다.

11-3

泛泛桂棹兮, 波不興沙十里。
범 범 계 도 혜　　파 불 흥 사 십 리

路遊閒談兮, 月山東風北時。
노 유 한 담 혜　　월 산 동 풍 북 시

泰山之峙峙兮, 夫子登臨何時。
태 산 지 치 치 혜　　부 자 등 림 하 시

淸風之徐徐兮, 五柳先生覺非。
청 풍 지 서 서 혜　　오 류 선 생 각 비

淸江之浩浩兮, 蘇子與客風流。
청 강 지 호 호 혜　　소 자 여 객 풍 류

池塘之深深兮, 是濂谿之所樂。
지 당 지 심 심 혜　　시 렴 계 지 소 락

綠竹之綠綠兮, 爲君子之非俗。
녹 죽 지 록 록 혜　　위 군 자 지 비 속

靑松之靑靑兮, 洗耳處士爲友。
청 송 지 청 청 혜　　세 이 처 사 위 우

明月之明明兮, 曰太白之所抱。
명 월 지 명 명 혜　　왈 태 백 지 소 포

耳得爲聲目色, 盡是閒談古今。
이 득 위 성 목 색　　진 시 한 담 고 금

국역 둥둥 뜬 배에 계수나무 노를 젓는다.

물결도 일지않는 모래밭 십리로다.

길을 걸으며 한가로이 담소하노라.

달은 동쪽의 산에서 솟고

바람은 때마침 북녘에서 불어온다.

> (※이상은 "흥興"이라 말할 수 있다. 직접적 유비가 없더라도 어떤 사물의 연상을 통해
> 상징적으로 그 주제를 더 명료하고 생동감 있게 전체적으로 드러내는 상징수사 기법).

태산이 높게 치립하고 있구나!

공자가 태산에 올라 천하가 작게

보인다고 말했던 때가 언제인고!

> (※이 출전은 『맹자』 「진심」상 24에 있다. 이것은 태산에 올라보지 못한 사람들과는
> 같이 천하를 논할 수 없다는 것을 은유하고 있다. 즉 수운은 자기는 공자처럼 천하를
> 작게 바라볼 수 있는 경지를 획득한 사람이라는 것을 암시하고 있다. 바다를 흠뻑 맛본
> 사람은 시냇가에서만 논 사람들과 물에 관하여 말하기 어렵다는 것이다).

맑고 맑은 바람이

서서히 부는구나!

오류 선생(도연명)께서 지난날

벼슬하며 아우성치던 그 삶이 잘못되었다는 것을

깨달은 그 한가로움을

나의 아버지, 그리고 나 또한 느끼고 있지 아니한가!

> (※은거의 청초함을 말한 것이다).

맑고 맑은 강의 호호탕탕함이여!

소동파가 객들과 더불어

풍류를 즐기지 않았더냐!

용담정 연못의 깊고 깊음이여!
주렴계가 애련설을 지으면서 연꽃의 청순함을
즐겼던 그 경지가 아니겠는가?

푸른 대나무의 푸르고 푸른 싱싱한 모습이여!
세속에 물들지 않은 군자의 모습이 아니고 무엇이랴!

푸른 소나무가 푸르고 푸른 저 모습을 보라!
요임금이 천하를 허유에게 주려고 하니까
더러운 소리를 들었다고
영수변潁水邊으로 달려가 귀를 씻었다고 한
그 허유 처사의 모습과 뭐가 다를꼬!

명월이 밝고 또 밝구나!
이태백이가 껴안은 그 달이 아니더냐?

귀에 들리는 것은 소리요,
눈에 보이는 것은 색이로다.
이 모든 소리와 빛이 옛과 지금을
한가로이 말해주고 있노라!

> (※이 모든 절개와 이상이 뛰어난 인물들의 이야기들은 오늘 나의 귀에 들리는 것,
> 눈에 보이는 것으로도 그 진실을 파악할 수 있다는 뜻이다. 마지막 구절인 "진시
> 한담고금盡是閑談古今"은 수운의 달도한 경지, 태연자약 해탈한 시인의 마음을 잘
> 나타내주는 명언이다).

萬里白雪紛紛兮, 千山歸鳥飛飛絶。
만 리 백 설 분 분 혜   천 산 귀 조 비 비 절

東山欲登明明兮, 西峯何事遮遮路。
동 산 욕 등 명 명 혜   서 봉 하 사 차 차 로

국역 만리에 백설이 분분히 휘날리는데,

천산에 돌아가는 새,

날고 나는 모습들이

종적을 감추었구나.

동쪽의 산에 오르고자 하여

밝고 밝은 길을 개척하는데

서쪽 봉우리는 어인 일로

나의 길을 막고 또 막아서느냐?

옥안 이 시의 첫 구절은 명백한 출전이 있다. 그것은 당나라의 시인이며 철학자이며 사회개혁가였던 유종원柳宗元, 773~819(자는 자후子厚, 하동河東 사람, 당송8대가 중의 한 사람)의 시「강설江雪」에서 왔다. 유종원은 개혁가로서 왕숙문王叔文 등과 함께 역사에서 영정혁신永貞革新이라고 부르는 일련의 개혁정치를 단행한다. 환관과 탐관오리 부패세력에 의하여 180여 일 만에 그 개혁은 좌절된다. 왕숙문은 사사되고 유종원은 영주사마永州司馬로 좌천되어 805년부터 815년까지 그곳에서 은둔생활을 하는데 그때 그는 철학·정치·역사·문학 방면으로 혁혁한 업적을 남긴다. 그 10년 동안의 고독했던 시절에 쓴 시가 바로「강설江雪」이다.

「**강설江雪**」(강에는 눈만 내리고)

千山鳥飛絶　천 개의 산이 첩첩한데 새의 날음도 끊어지고
천 산 조 비 절

萬徑人蹤滅　만 개의 길이 도처에 있건만 사람은 발걸음이 사라졌다
만 경 인 종 멸

孤舟簑笠翁　외로운 배에 삿갓쓰고 도롱이 걸친 노인
고 주 사 립 옹

獨釣寒江雪　차가운 강 눈 날리는데 홀로 낚시를 드리운다
독 조 한 강 설

아주 단순한 5언절구처럼 보이지만 천산만경의 절멸은 일체 정가政街의 소음이 사라지고, 개혁에 대한 실의와 번뇌로 적막과 고독에 잠긴 완벽한 공허의 초월감을 섬세하게 그려내고 있다. 새도 사람도 사라진 광대한 공간에는 문명이 사라진 순결한 자연, 천산만경만 남아있다. 그곳에 펄펄 흩날리는 눈, 그 속에 있는 단 한 사람! 이 시는 진실로 수운의 마음을 너무도 잘 드러내주고 있다.

경주부에 잡혀갔다 돌아온 수운은 당시의 심정을 유종원의 「강설」에 비유하여 시의 서두를 장식했다. 그리고 수운은 그의 심원한 우려를 토로하고 있다. 동산東山에 오르려 한다는 것은 동학을 창도하는 그의 노력을 의미한다. 그 길은 "명명혜明明兮"라고 했다. 즉 명명백백한 정도라는 것이다. 숨길 것이 없는 정의로운 민족의 앞날이다.

그런데 그곳에 "서봉西峯"이 등장한다. "서봉"은 "서학"을 가리키기도 하고, 서학으로 몰아 자기를 박해하는 음해세력을 의미한다. 어찌하여 네놈들은 나의 길을 막고 또 막아 나선단 말인가? 서봉하사차차로西峯何事遮遮路? 수운은 결국 서학으로 몰려 죽는다. 위대한 인물은 이렇게 사라졌지만 그의 시와 사상은

조선의 미래를 이끌어나가고 있다. 뿐만 아니라 동학은 다시개벽 인류의 모든 사유의 원점이다. 수운으로부터 다시 출발하지 않으면 다시개벽은 이루어질 수가 없다. 시詩로부터 혁명革命을 일으키자!

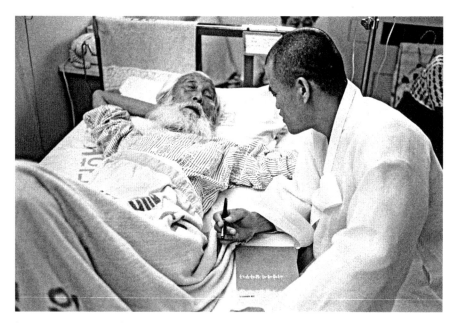

한국의 사상가, 종교인, 독립운동가, 시민사회운동가 함석헌咸錫憲 옹, 1901~1989. 함석헌 옹의 씨올농장이 천안에 있었기에 나는 어려서부터 그의 훈도를 받으며 컸다. 평안북도 용천사람으로 동학에도 조예가 깊었다. 그가 정주 오산학교 역사교사를 할 때 가르친 내용이 『뜻으로 본 한국역사』이다. 일본 동경고사 유학시절에 그에게 한문을 가르친 선생님이 바로 『대한화사전』의 저자 모로하시 테쯔지諸橋轍次, 1883~1982였고, 그를 사상적으로 훈도한 인물이 무교회주의자 우찌무라 칸조오內村鑑三, 1861~1930였다. 해방 후에 장준하張俊河, 1918~1975(평북 의주 출신. 평양숭실중학교, 일본 동양대학 철학과, 광복군 중위, 한신대 졸업, 해방 후 한국지성의 구심점 역할, 암살됨)의 『사상계』 운동에 참여하면서 격렬한 반군사독재 민주화운동에 앞장섰다. 돌아가시기 얼마 전에 나는 그를 뵈었다. 함석헌은 예수가 하나님의 아들임을 선언할 수 있는 것은 우리 모두가 하나님의 아들이기 때문에만 가능한 것이다 라고 말한다. 우리시대의 대표적 신학자 안병무, 1922~1996가 나에게 이런 말을 한 적이 있다: "독일에서 아무리 심오한 대가들의 강의를 열심히 들어도 함석헌 선생 밑에서 공부하는 것만도 못하다는 느낌이 들었어." 사진=박옥수

XII

탄도유심급

【歎道儒心急】

XII

탄도유심급
歎道儒心急

대강大綱 "탄도유심급"이란 "도유道儒들의 마음이 조급함을 개탄함(걱정함)"이라는 뜻이다. 여기 "도유道儒"라는 표현을 보거나, 제목구성의 격조로 볼 때 이 제목은 수운 자신이 붙인 이름이라고 보아야 한다. 동학을 하는 사람들을 서로 부르는 말이, 도인道人이니 동덕同德이니 동무同務니 하는 말들이 전해내려오지만, 수운 본인이 쓴 말로서는 "도유道儒"라는 말이 확실히 있었던 것 같다. 그런데 이 도유라는 말은 한문경전 내용 속에는 나오지 않고, 단지 「홍비가」에 한 번 나온다(성운성덕盛運盛德 우리도유道儒 여사애당如斯愛黨 하거니와).

「홍비가」와 「탄도유심급」의 저작시기가 매우 비슷하다는 사실로 미루어볼 때(「홍비가」가 한두 달 빠르다), "도유"라는 용어는 당시 자연스러운 호칭이었던 것 같다. "도유道儒"란 "동학의 도를 따르는 유자"라는 뜻이므로, 수운은 모든 도인들을 지식인으로서 대접한, 고상한 평등관을 가지고 있었다. 앞서 해설한 화결시에도 "사람은 공자가 아니더라도 공자와 뜻이 같을 수 있다人無孔子意如同"라고 했는데, 그러한 평등관, 어찌보면 반주지주의적(anti-intellectualistic) 평등관에 투철했던 것 같다.

그런데 초판본에 보면「탄도유심급」이 제목과 함께 들어있기는 하지만 그 문장은 "산하대운山河大運"에서 시작하여 "사원이불원似遠而不遠"(목천판 이후의 "비원非遠"은 잘못된 것임)으로 끝나는 한 개의 문장이다. 그러나 경주판에는 그 문장 외로 3개의 문장이 더해졌는데, 이것은 이미 목천판에서 추가된 것을 계승한 것이다. 목천판에는 개행改行의 표시가 확실하여 4개의 다른 문장이 "탄도유심급"이라는 제목하에 수집되었다는 것을 알 수 있다. 목천판의 발문에서 해월이 "문다누궐지탄文多漏闕之歎"이라 한 것은 바로 이러한, 초판본에서 집어넣지 못한 문헌들을 수집하여 넣었다는 뜻이지, "암송하여 첨가했다"는 위험천만한 말이 아니다.

구송설은 정말 동학의 오리지날한 성격을 위하여 불식되지 않으면 아니 될 낭설이다. 수운의 글은 당대에 이미 많은 사본이 존재했으며 여기저기 보존되고 있었다. 인제에서 처음 간행할 때 원래 기획한 것은 목판인쇄였다. 그러나 막상 목판으로 인쇄하려면 엄청난 공력과 물자와 시간이 들어간다는 것을 깨달았다. 동학도들의 입장에선 그러한 자금과 시간을 소요하는 것이 불가능했다. 그러던 중 목활자본으로 조판하면 짧은 시간 내에 소기의 목적을 달성할 수 있다는 것을 깨닫게 된다. 그리고 마침 목활자 방각본을 전문으로 하는 업자를 만나게 된다. 그래서 서둘러 목활자본으로 기획을 바꾼다. 이러한 어수선한 환경 속에서 인제초판본이 짧은 시간에 만들어지게 된 것이다. 모든 자료를 담을 수 있는 여유가 없었다.

목천판을 거쳐 경주판에 이르기까지 첨가된 자료들은 구송에 의한 것이 아니라 미비한 문서자료들을 첨가했다는 것을 의미한다. "구송"이라 할지라도 모든 구송은 궁극적으로 그 자체가 문헌의 근거가 있다는 것이다. 브라만의 구송은 우리가 말하는 구송과는 전혀 차원이 다른 것이며, 그들의 구송은 필사경전보다도 더 정밀한 카스트제도에 의한 체계적 전승을 말하는 것이다. 가물가물한 범인의 기억력에 의존하는 구송설은 경전의 세계에서는 있을 수 없는 것이다.

해월은 수운 선생님의 의도를 명확히 파악했고 엄밀하게 보존된 자료에 기초하여 오늘의 『동경대전』을 완성하기에 이른 것이다. 구송설은 동학경전의 권위를 땅에 떨어뜨리는 낭설이고, 개화기의 지성인들이 근거 없이 유포한 신화적인 얘기들이다. 그 뒤에 그러한 구송설을 도입하는 학자들의 절충설은 역사적인 실제정황과 수운 – 해월 관계의 특수성을 망각한 무책임한, 인상론적 추론일 뿐이다.

하여튼 여기 12-1 문장이 원래 "탄도유심급"이라는 제목 하의 글이었는데 후에 목천판의 편집자들이 비슷한 성격의 글을 그 제목하에 편입시킨 것이다. 「탄도유심급」은 언제 왜 집필된 것인가?

1863년 계해년 후반에 접어들면서 수운은, 동학에 대한 탄압이 거세지자, 자신의 신체적 종언을 예감한다. 그래서 7월에 파접을 하고, 8월 보름 새벽에는 해월에게 정식으로 도통을 전수한다. 후계자를 확실히 정한 후에 그가 잡혀 서울로 압송되기까지 그가 취한 마음의 자세는 어떠한 것이었을까? 트럼프는 엄연히 선거에서 패배하였음에도 불구하고 그의 지지자들의 데모를 끝까지 격렬하게 만드는 선동스피치를 감행한다. 우리의 수운은 이제 빼도박도 못하는 마지막 길에서 도유들의 희생을 선동할 것인가?

여기 「탄도유심급」은 그가 마지막으로 당부하는 절절한 어조를 강하게 담고 있다: 어떠한 일이 있어도 초조해하지 말라! 경거망동해서 자기 몸과 가정을 상하게 하는 일이 있어서는 아니 된다. 우리가 꿈꾸는 이상은 하루아침에 이루어지는 것이 아니다. 다시개벽이란 문명의 구조적 전환이며, 급작스런 사건에 의해 성취되는 그런 것이 아니다.

우리는 여기에 수록된 문장들을 통해 수운의 거대한 인품과 원대한 구상, 그리고 도인들을 아끼는 기소불욕己所不欲, 물시어인勿施於人하는 서恕의 자세, 그리고 생명을 존중하는 인仁한 마음씨를 읽어낼 수 있다.

서양의 종교는 근원적으로 "인간의 구원"에 관심이 없다. 일차적인 그들의 관심은 인간의 구원, 개체적 삶의 존중이 아니라, 에클레시아ἐκκλησία(원래 직접 민주주의의 의회를 의미했는데 나중에 기독교의 회중, 교회로 원용되었다), 즉 회중의 확대이며 교회권위의 확충이다. 예수를 통해서만 구원이 가능하다는 배타적 전제가 있기 때문에 그러한 믿음을 가진 사람이 한 사람이라도 더 모여야 그 메시지가 리얼해지는 것이다.

예수교 사람들의 전도행위를 보면, 그들은 인간의 현세적 구원에 관심이 있는 것이 아니라 궁극적으로 이 세상의 종말(파루시아παρουσία, 예수의 재림)에 한 사람이라도 더 참여할 수 있도록 그 동반자를 찾는 데 혈안이 되어있다. 다시 말해서 그들의 전도는 같이 살자는 전도가 아니라 같이 죽자는 전도인 것이다. 이런 의미에서 서양의 모든 종교는 "죽음의 종교"이지 "삶의 종교"가 아니다. 불교만 해도 항상 죽음(해탈)의 그림자가 드리워져 있다.

수운의 입장은 아주 래디칼하다. 동학을 하여 자기 삶에 피해가 오는 상황이라면 동학을 버리라고 말한다. 수운에게는 교회라는 조직의 우선성이 없다. 수운의 사상이 천도교라는 종교조직으로써 이해될 수 없는 가장 근원적 이유가 여기에 있다. 그러나 천도교 사람들은 이러한 수운의 사상을 정직하게 얘기하기를 꺼려한다. 그러나 수운사상의 원형을 회복할 때만이 천도교는 21세기적인 새로운 동력을 얻을 수 있을 것이다. 나는 천도교의 부흥을 갈망하는 사람이다.

현금의 천도교 리더 송범두宋凡斗 교령도 견식이 넓고 뜻이 깊은 지사이다. 연초에 나에게 메시지를 보내왔는데 "해현경장解絃更張"이라는 매우 잘 쓴 본인의 서도 글씨가 들어 있었다. 풀어진 천도교를 다시 조여야겠다는 개혁의지를 표명한 것이다. 그래서 내가 "금위교령今爲教領, 난문지언難聞之言, 간기성공懇祈成功"이라고 써서 보냈다. "요즈음 종교의 리더로부터는 듣기 어려운 말

씀이외다. 간절히 비옵건대 반드시 공을 이루소서"라는 뜻이다. 이 책을 쓰는
과정에서도 송 교령님은 나에게 많은 편의를 돌보아 주셨다. 이 자리를 빌어
감사의 뜻을 전한다.

12-1

山河大運, 盡歸此道。 其源極深, 其理甚遠。
산하대운　진귀차도　기원극심　기리심원

固我心柱, 乃知道味。 一念在玆, 万事如意。
고아심주　내지도미　일념재자　만사여의

消除濁氣, 兒養淑氣。 非徒心至, 惟在正心。
소제탁기　아양숙기　비도심지　유재정심

隱隱聰明, 仙出自然。 來頭百事, 同歸一理。
은은총명　선출자연　내두백사　동귀일리

他人細過, 勿論我心。 我心小慧, 以施於人。
타인세과　물론아심　아심소혜　이시어인

如斯大道, 勿誠小事。 臨勳盡料, 自然有助。
여사대도　물성소사　임훈진료　자연유조

風雲大手, 隨其器局。 玄機不露, 勿爲心急。
풍운대수　수기기국　현기불로　물위심급

功成他日, 好作仙緣。 心兮本虛, 應物無迹。
공성타일　호작선연　심혜본허　응물무적

心修來而知德, 德惟明而是道。
심수래이지덕　덕유명이시도

在德不在於人, 在信不在於工,
재덕부재어인　재신부재어공

在近不在於遠, 在誠不在於求。
재근부재어원　재성부재어구

不然而其然, 似遠而不遠。
불연이기연　사원이불원

국역 이 땅, 산하의 대운大運이 모두 이 도道로 돌아올 수밖에 없다. 이 도의 근원이 심히 깊고, 그 이치가 심히 멀다. 내 마음(나 실존의 마음)의 기둥을 굳건히 해야만 비로소 이 도의 맛을 알 수 있다. 한 순간의 생각일지라도 이 도에 있어야만, 만사가 하느님의 뜻대로 이루어질 것이다.

내 몸의 탁한 기운을 쓸어 내버리고 맑은 기운을 어린아이 기르듯 하라. 마음이 거저 지극하다 해서 도가 깃드는 것이 아니라, 오직 마음을 바르게 하는 데 있다. 은은한 총명이 신선처럼 스스로 그러하게 생겨 나고, 앞날에 있을 백 가지 일들이 하나의 이치로 돌아가리라.

(※여기서는 "동귀일리同歸一理"라 했지만 "동귀일체同歸一體"와 같은 뜻이다).

타인의 사소한 허물을 내 마음에 담아두지 말고, 내 마음의 작은 지혜라 할지라도 타인에게 베풀라.

이같이 대도大道일랑 작은 일에 정성 드리듯이 하지 말라(대도大道는 대사大事에 써라. 개인의 기복에 쓰면 안된다는 뜻). 공훈을 세울 수 있는 기회에 임하여 극진하게 헤아리면, 스스로 그러하게 도움이 있으리라.

(※진인사대천명盡人事待天命의 경지. 공을 세우려는 의도가 있는 것은 아니다).

풍운대수風雲大手(혁명의 시기, 세상이 뒤집어지는 대운의 시기)는 그 사람됨의 기량을 따라가기 마련이다. 현기玄機(하느님의 비밀)는 쉽게 노출되지 않나니 마음을 조급히 먹지 말라! 공을 이루는 다른 날에 우리는 신선의 연분을 다시 짓게 되리라.

(※수운은 여기서도 자신의 죽음을 암시하고 있다).

우리 마음은 본래 허령虛靈한 것이요, 사태에 잘 응하면서도 자취가 없다. 마음을 잘 닦으면 그 덕德을 알 수 있고, 덕이 밝아지면 그것이 바로 내가 말하는 도道이니라.

도라는 것은 덕에 있는 것이요, 사람에 있지 아니하다. 신험한 말에 있는 것이지, 공교로운 말에 있는 것이 아니다.

> (※신信과 공工이 대비되고 있다는 것을 주목하라. 신은 신험信驗이요, 공은 공교工巧를 말한다. 이것은 고전철학 어법의 상식에 속하는 것이다).

가까운 데 있고 먼 데 있지 아니하다. 마음 내면의 성실함에 있는 것이요, 밖으로 구함에 있는 것이 아니다.

> (※수운의 아버지 근암공의 "근近"이 바로 이런 뜻이다. 『논어』에 나오는 "능근취비能近取譬"라든가, "절문이근사切問而近思"라든가, 『노자』에 나오는 "거피취차去彼取此"라든가 하는 것이 모두 이러한 "가까움"을 강조하는 말이다).

그러하지 않은 것 같아도 결국 그러한 것이요, 멀리 있는 것 같아도 멀리 있지 아니하다.

옥안 제일 마지막의 "불연이기연不然而其然, 사원이불원似遠而不遠"이라는 구절은 이미 「불연기연」이라는 논문의 테마를 확실하게 드러내고 있다. 수운이라는 거대한 사상가는 이미 「불연기연」을 집필하기 직전에 그 주제의 핵심을 여기 도유들의 마음자세를 바로잡는 문제와 관련하여 토로하고 있는 것이다. 그 모든 테마가 수운의 실존의 내면에 이미 소화되어 융합된 일체를 이루고 있었다는 것을 의미한다.

목천판 이래의 모든 판본이 "사원이비원似遠而非遠"이라 했는데, 경진초판 본에 의거하여 "사원이불원似遠而不遠"으로 바로 잡힌다. "비非"라는 부정사는 "불시不是"를 의미하며 "원遠"이라는 형용사를 직접받지 않는다. "원遠"의 부정으로서는 "불원不遠"이 타당하다. 초판본의 명료함에 우리는 고개를 숙이게 된다.

12-1의 문장은 매우 정갈한 글이며 수운의 글 중에서는 가장 상식적이고, 난 해한 점프가 비교적 없는 아주 고전적인 글이다. 중국고전의 전문가인 나의 입 장에서 보아도 이 글은 무리가 없는 매우 아름다운 글이다. 수운의 높은 학문의 경지와 넓은 도량을 보여주는 명문에 속한다고 말할 수 있다.

덕德과 인人, 신信과 공工, 근近과 원遠, 성誠과 구求는 수운사상의 내면과 외면을 나타내는 댓구이며 매우 중요한 개념들이다.

내면Internalization	외면Externalization
덕德Abstract Virtue	인人Concrete Individual
신信Verifiable Words	공工Sophiscated Words
근近Nearness	원遠Remoteness
성誠Internal Sincerity	구求Outward Pursuit
취차取此Thisness	거피去彼Thatness

12-2 纏得一條路, 步步涉險難。
재 득 일 조 로　　보 보 섭 험 난

山外更見山, 水外又逢水。
산 외 갱 견 산　　수 외 우 봉 수

幸渡水外水, 僅越山外山。
행 도 수 외 수　　근 월 산 외 산

且到野廣處, 始覺有大道。
차 도 야 광 처　　시 각 유 대 도

苦待春消息, 春光終不來。
고 대 춘 소 식　　춘 광 종 불 래

非無春光好, 不來卽非時。
비 무 춘 광 호　　불 래 즉 비 시

玆到當來節, 不待自然來。
자 도 당 래 절　　부 대 자 연 래

春風吹去夜, 萬木一時知。
춘 풍 취 거 야　　만 목 일 시 지

국역 겨우 한 가닥의 길을 찾아,

걷고 또 걸어서 험난한 물까지 건넜다.

산 밖에 또다시 산이 나타나고,

물 밖에 또 물을 만났다.

다행스럽게 물 밖에 또 물을 건너고,

겨우겨우 산 밖에 또 산을 넘었다.

이제 드디어 탁 트인 들판에 이르러

비로소 대도가 있음을 깨닫는다.

우리가 봄소식을 얼마나 고대했던가!

그런데도 봄은 끝내 오지를 않는구나!

춘광호의 노랫가락은 여전히 들리는데,

봄이 오지 않는 것은 때가 아니기 때문이지.

올 만한 시절이 당도하면,

기다리지 않아도 저절로 오네.

지난 밤 춘풍이 한 번 스치니,

만 가지 나무들이 일시에 봄을 알아차리네.

> (※「춘광호」는 오대십국시대의 시인 구양형歐陽炯, 896~971의 노래라고도
> 하고, 우리나라 조선 순조 때의 창작된 향악정재로서 당나라 현종의 창작에
> 근거한 것이라 한다. 모두 봄 노래이다.)

옥안 이 「탄도유심급」이라는 제하題下에 실린 산문과 3개의 시는 수운의 실존의 여정이 너무도 적나라하게 드러나 있는 그의 진정한 오도송인 동시에, 조선시문학에 찬란한 한 페이지를 장식하는 영감(inspiration)이라 할 것이다. 왜 오도송인가?

스님들은 어떠한 경지에 달해 만사를 깨우치는 듯한 순간에 달했을 때 오도송을 남긴다. 그러나 수운은 그렇게 만나고 싶어했던 하느님을 만났고 하느님의 입을 통해 "네 마음이 곧 내 마음(하느님의 마음)이다"(주어의 위치를 바꿈)라는 소리를 들었다면, 그것은 대오大悟 중의 대오라 해야 하지 않을까? 그러나 수운은 이런 절대경지의 황홀을 체험하고도 자신을 "대각자"라 생각치 않았다. 자신의 체험을 끊임없이 회의하고 반추하고 또 사회적 실천을 기획했다. 진정한 깨달음이란 나 혼자의 문제가 아니라, 주변의 모든 사람과 같이 깨달아서 같은 삶의 개선이 이루어지는 데 있다. 수운은 그것을 "동귀일체同歸一體"라 표현했다.

왜냐하면 그가 하느님을 만나고자 했던 동기는 자신의 삶의 처지와 끊임없이

닥치는 불운에 있었다. 그리고 좌절, 그리고 배고픔, 그리고 사회적 신분제가 가하는, 오도가도 못하게 만드는 장벽들, 이러한 문제는 자신 한 사람의 문제가 아니라 조선땅 억조창생의 공통된 과제상황이었다. 그 통고痛苦 속에서 그는 하느님을 만났다. 그러나 하느님의 명령 자체가 "각覺의 인가認可"를 주는 것이 아니라, 제인濟人하고 교인敎人하고 포덕천하布德天下하라는 것이었다. 그 하느님은 결코 엉터리 하느님은 아니었던 것이다.

수운은 이 시에서 이러한 대각의 체험을 이 한마디로 표현했다: "재득일조로 纔得一條路."(겨우 한 가닥의 길을 얻었다). 스님은 대각을 해서 오도송을 쓰면 의젓한 암자 안방에 들어앉을 생각부터 하고, 입심 좋은 목사는 신도들 돈을 털어 교회건물 지을 생각부터 한다. 수운에게 깨달음이란 "겨우 헤쳐나갈 오솔길 하나" 발견한 초라한 것이었다.

그 다음부터 시작된 것이야말로, 고생 또 고생, 음해 또 음해, 탄압 또 탄압, 그것을 수운은 "보보섭험난步步涉險難, 산외갱견산山外更見山, 수외우봉수水外又逢水"라 표현했다. 끊임없이 닥치고 또 닥친 고난의 행군이었던 것이다. 수운은 거짓말을 모른다. 하느님을 만난 것이 중요한 것이 아니라 민중과 더불어 하느님을 실천하는 여정이 중요했던 것이다. 그것은 천로역정이 아닌 지로역정 地路歷程이었던 것이다(『천로역정The Pilgrim's Progress』은 퓨리탄 설교자인 존 버년John Bunyan, 1628~1688의 작품. 1678년 출간. 나는 초등학교시절 엄마와 함께 이 책을 읽었다).

결국 수운의 오도송의 핵심은 제일 마지막 구절에 있다.

幸渡水外水, 僅越山外山。
다행스럽게 물을 건너고 또 물을 건넜다
어렵게 어렵게 산을 넘고 또 산을 넘었다.

且到野廣處, 始覺有大道。

어렵게 어렵게 산을 넘고 나니 드디어 넓은 들이 펼쳐지는구나!

아~ 이때 비로소 대도大道가 있다는 것을 깨달았다.

여기 이 시의 핵심은 어렵게 산을 넘고 또 넘고, 드디어 "야광처野廣處"에 도달했을 때 비로소 대도大道가 있다(유有)는 것을 깨달았다는 것이다. "비로소 큰 들에서 큰 길이 있다"는 것을 깨달았다는 이 말이 과연 무엇일까? 여기 "유有"라는 표현은 대도의 존재 그 자체를 큰 들에 도착해서야 깨달았다는 뜻이다. 산외갱견산山外更見山, 수외우봉수水外又逢水는 그가 하느님을 만난 후, 포덕을 했던 과정을 표현한 것이다. 산 넘어 또 산, 물 건너 또 물, 그토록 많은 어려움을 겪어서 드디어 광야廣野에 도착했다. 광야에 도착하고 보니 비로소 큰 길이 보이더라! 수운은 이제 죽음을 각오했다.

수운은 이미 대통을 해월에게 넘겼다. 그리고 『동경대전』이라는 피눈물 나는 역작을 남겼다. 그리고 수천 명의 동지가 자신의 진실에 뜻을 같이하여, 자신이 전하는 하느님의 도를 실행코자 하는 열렬한 의지가 있다는 것을 깨닫는다. 그러나 이 열렬한 민중의 의지(=사람의 마음=하느님의 마음) 때문에 조선이라는 국가체제가 나를 죽일 것이다. 그러나 나는 타협하지 않을 것이다. 나는 죽을 것이다. 내가 죽음으로써 하느님의 마음은 이 조선의 대지를 찾아오는 봄처럼 곳곳에 피어날 것이다.

수운은 죽음을 각오했을 때, 비로소 광야를 본 것이다. 그리고 대도가 있다는 것을 깨달은 것이다. 그 대도는 조선의 민중이 광야 위에 펼쳐갈 그 큰 길이다. "시각유대도始覺有大道"라는 이 마지막 구절이야말로 그의 진정한 득도의 포효이다. 그는 공생애의 마지막 단계에서, 3년의 사회적 실천을 거친 후에 비로소 대도를 외칠 수 있게 된 것이다.

예수는 십자가 위에서 이렇게 외쳤다:

"나의 하나님, 나의 하나님, 어찌하여 나를 버리셨나이까?
My God, my God, why hast thou forsaken me?"

수운은 목이 잘리는 십자가 위에서 이렇게 외쳤다:

"올 만한 절기가 되면 봄은 기다리지 않아도 온다. 간밤에
봄바람 한 번 스치니 온 산에 온 나무가 일시에 봄이 온 것을
알지 아니하더냐?"

예수는 배신감 속에 죽었고, 수운은 확신과 희망 속에 죽었다. 과연 조선의
민중이여! 수운이 노래하는 봄을 선택하겠는가? 예수가 느꼈던 배신감을 승화
시키기 위하여 만들어낸 초대교회의 케리그마를 노예처럼 암송하겠는가?

나는 진실로 아프다. 몸이 아프다. 두피가 벗겨져 피를 쏟았고 이빨이 부러져
고생을 하는데다가 문에 손가락을 심하게 찧기는가 하면, 머리를 온통 뾰족한
대나무로 쑤셔대는 것과도 같은 아픔이 계속된다. 아마도 도올의 청춘은 한계
에 도달했나 보다. 4개월이나 빈틈없이 계속되는 이 원고의 스트레스가 나에게
무한한 기쁨과 동시에 신체적 통초痛楚를 안겨주는 것 같다. 그런데 원고가 거
의 다 끝나가는 이 마당에 운필을 멈출 수도 없다. 마지막까지 정신을 차리고
매진하는 것밖에 내가 할 일이 없다.

내가 수운을 50년 동안이나 해후하였고, 이제 수운의 체취를 느껴가면서 그
것을 우리말로 역출譯出해 내는 이 단계에 당도하고 보니, 비로소 수운이 말한
바를 총체적으로 직감할 수 있게 된 것 같다. 나의 번역 그 자체가 깨달음의 과
정이었고, 해후의 역정이었다. 그런데 이러한 직감 속에서 느끼는 것은 "울분"

이라는 단어밖에는 생각나지 않는다. 수운은 너무도 심하게 왜곡되어왔다. 아니, 의도적 왜곡이라기보다는, 수운의 경지가 너무 지고하고 너무 포괄적이고 너무 화해적和諧的(comprehensive)이기 때문에 보통사람들의 지력으로는 도저히 생각이 못미치는 것이다.

범인들의 몰이해 속에 몰지각한 지각만이 설쳐왔기 때문에 나에게는 그것이 왜곡일 수밖에 없었다. 그래서 자연 울분이 터져나오는 것이다. 그렇다고 노자처럼 "하삐리 새끼들이 깔깔 웃어대지 않으면 내 도는 도가 되기에 부족하다.下士不笑, 不足以爲道。(41장)"하고 한바탕 웃고 말 성질의 것도 아니다. 왜곡은 영원히 수운을 왜곡된 형태로 보고 마는 마법의 안경을 사람들 동안 위에 씌워놓았기 때문이다.

어찌하여 수운의 하눌님(하느님)이 "한울"(One Fence)이 되며, 성경신의 "신信"이 예수쟁이들 "믿음"(Faith)이 되며, 유사가 "유사謠詞" 아닌 "유사遺詞"가 되며, 『동경대전』을 구송이라 외쳐대며(단 한 줄도 구송이 아니다), 수운이 말하는 "조화"와 "귀신"의 뜻도 모르며, 지금 내가 해설하는 시들의 심오하고 명료한 뜻을 피상적으로 왜곡하는가? 그 왜곡을 내가 왜곡이라 말할 수 밖에 없는 이유는, 그들의 왜곡이 매우 기초적인 오류, 즉 한문의 출전이나 기본문법, 그리고 기초적인 세멘틱스semantics의 공시적·통시적 구조를 모르는 무지에서 생겨나고 있기 때문이다. 번역해 놓은 우리말이 도무지 우리말 같지를 않아서 이해가 되지 않는다고 나에게 호소하는 사람들이 많다. 번역상의 난해한 문제들은 토론하며 겸손하게 일치된 견해에 도달하기만 하면 된다. 한문은 혼자 해석해서는 안된다. 오류는 개선하면 그뿐이다.

새종교를 신봉하는 매우 점잖은 분이 나를 찾아와서 하는 말이, "우리는 어느 교주를 선양하지 않습니다. 저는 민족종교가 말하는 도의 뿌리는 결국 수운에 있다고 봅니다. 선생님께서 말씀하시는 **참 수운**으로 우리는 돌아가려고 노력하고 있습니다. 그런데 참 수운의 모습이 알려지고 있지도 않잖아요? 선생님이 말씀해주시는 『동경대전』을 많은 사람들이 학수고대하고 있습니다. 건강하십시오."

그 분의 말씀이 한마디도 틀린 말이 없었다. 수운은 우리나라 종교문화의 원점이다. 모든 19세기・20세기・21세기 신종교가(앞서 말했듯이, 우리나라 기독교는 실제로 예수에 뿌리를 두었다기보다는, 수운에 뿌리를 둔 것이다. 동학의 발전에 의하여 상대적으로 발전한 신종교일 뿐이다. 함석헌 선생은 기독교도 노장철학에 기반하여 해석하곤 한다) 수운을 기점으로 하여 발전한 것이다. 그들이 직접적인 연계를 갖든, 간접적인 분위기소통을 했든지간에 우리나라 종교문화의 원점은 수운이다. 우리나라의 모든 종교는 수운의 정신으로 회귀해야 한다. 수운이라는 원점은 너무도 자랑스럽다. 갈릴리 예수의 원형도 우리는 수운에게서 찾을 수밖에 없다. 어찌하여 내 몸이 이리도 아프고 괴로울꼬!

12-3 一日一花開, 二日二花開。
일 일 일 화 개　　이 일 이 화 개

三百六十日, 三百六十開。
삼 백 육 십 일　　삼 백 육 십 개

一身皆是花, 一家都是春。
일 신 개 시 화　　일 가 도 시 춘

국역 하루에 꽃 한송이 피네.
이틀에 꽃 두송이 피네.
삼백육십일 지나면
꽃 또한 삼백육십 송이 피겠지.
한 몸에 온통 꽃이라네.
온 집에 온통 봄이라네.

옥안 수운은 진실로 매우 심각하게 코믹한 사람이다. 골계가 풍성하다. 정말 웃긴다. 내 손자들의 얼굴에서 느끼는 해맑은 미소를 느낀다. 그야말로 귀鬼와 신神의 개념으로 말하면, 신神 덩어리라 해야 될 것 같다. 그렇게 수운에게서 그러한 생명의 발출을 느낄 수 있는 것은 그의 아버지 근암공의 사랑을 듬뿍 받고 컸기 때문일 것이다. 근암은 대학자였고, 양심적인 교육자였고, 속세의 공명을 모르는 산림山林의 처사였다. 그가 뜻하지 않게 63세에 아들을 얻었으니 그 사랑이 오죽하랴! 근암공은 자기 학문을 수운에게 다 전하였고, 또 수운 10세에 수운 모친이 세상을 뜬 후로는 수운에게 모든 사랑을 쏟았을 것이다. 어미도 없는 손자 같은 아들에 대한 사랑은 이루 다 말로 형언할 수 없는 것이었다.

하루에 한 꽃송이가 피고, 이틀에 두 꽃송이가 핀다는 것은, 「탄도유심급」의 주제와 정확히 맞아떨어진다. 조급하지 말라는 뜻이다. 하루에 한 꽃송이, 이틀에 두 꽃송이, 365일에 365 꽃송이는 어김없이 진행되는 역사의 개화開花(=개화 開化)를 의미한다. 이미 말한 바 있지만, 한문에서 "일一"은 한 개를 의미하기도 하지만 항상 "전체the Whole"을 의미한다. 최근에 곽점분묘에서 "태일생수 太一生水"라는 문헌이 나옴으로써 "일一"의 우주론적 의미가 구체적으로 설명되고 있다(『노자가 옳았다』, pp.158~162). 노자가 말하는 "포일抱一"(제10장)의 의미도 명료해진다.

내 한 몸에 꽃이 피면, 일가一家, 아니, 전가全家가 봄을 맞이한다. 수운에게 "봄"이란 개벽, 즉 다시개벽, 즉 왕정체제의 근원적인 변혁을 의미하는 것이다. 오늘날 우리는 "왕정"이 사라졌다고 믿고 있으나, 기실 왕정의 신봉자들이 여전히 활개를 치고 있다. 노론의 전성시기를 아직 꿈꾸며, 일제의 침략을 정당화하며, 황제 예수, 황제 애비 야훼를 존숭하며, 언론과 자본을 장악하여 과거 왕정보다도 더 막강한 힘을 행사하려 든다. 오늘 우리가 느끼는 감회도 이러한데, 19세기 중엽의 수운의 느낌은 어떠했을까? 수운의 절망은 희망으로 표현되고 있다.

하루에 꽃 한송이

이틀에 꽃 두송이

삼백육십오일에 꽃 삼백육십오 송이

내 몸에 꽃이 피니

온 세상에 봄이 온다!

"봄은 온다!" 봄은 오고야 만다! 이러한 수운의 희망의 절규는, 그가 근암공의 사랑을 듬뿍 받은 인간이 아니었다면, 온통 저주로만 가득찬 외침이 되었을지도 모른다. 수운의 봄에 동참하자! 꾸준히 노력하여 승리하자! 노래부르자! 봄은 오고야 만다. 타협은 없다. 좌절은 없다.

12-4

瓶中有仙酒, 可活百萬人。
병 중 유 선 주   가 활 백 만 인

釀出千年前, 藏之備用處。
양 출 천 년 전   장 지 비 용 처

無然一開封, 臭散味亦薄。
무 연 일 개 봉   취 산 미 역 박

今我爲道者, 守口如此瓶。
금 아 위 도 자   수 구 여 차 병

국역 병 속에 선인의 신성한 술이 있다네,
그 술은 백만인의 목숨을 살릴 수도 있다네.
빚기는 천년 전에 빚어놓은 것인데,
크게 쓰일 데가 있어 잘 감추어둔 것이라네.

공연히 한번 열어버리면,

냄새도 흩어지고 맛도 엷어지네.

지금 우리 도를 행하는 자들은,

입 다물기를 이 병같이 하라.

옥안 이 시가 「탄도유심급」의 한 편으로 수록되어 있다는 것을 모르는 사람들이 많다. 천도교경전에서 이 시를 별도로 독립시켜 편집해놓았었기 때문이다. 그러나 하여튼 이 시는 수운의 시로서는 일반인들에게 꽤 알려져 있는 시이기도 하다. 나도 이 시를 국제적인 학회에서 여러 번 소개한 적이 있다. 그러나 "탄도유심급"이라는 주제를 생각할 때, 이 시는 「탄도유심급」의 한 편으로 편집된 것은 너무도 정당하다고 할 것이다. 그런데 이 시는 「탄도유심급」에 편집된 4개의 시 중에서는 제일 뒤에 있기는 하지만 시기적으로는 제일 먼저 지어진 것이다. 그러나 언제 누구에게 전한 것인지 그 세부사항은 별로 알려진 바 없다.

초조하지 말라는 것을 당부하는데도 이러한 술빚음의 비유를 드는 수운의 문학적 재치는 놀랍기 그지없다. 가장 비근한 사례를 들어 가장 절실한 메시지를 전하는 것이다.

수운이 자신의 문학론을 따로 말한 적은 없으나, 수운이 시詩를 쓸 때, 일체 평측平仄이나 운韻을 무시한다는 것을 알 필요가 있다. 사실 평측이란 우리말에 없는 중국어화자들에게만 생겨나는 리듬감이므로 그것을 꼭 지켜야 할 이유가 없다. 운은 우리말에도 있는 것이므로 지켜도 의미가 있다고 생각하지만 수운은 그러한 운을 지킴으로써 형식적으로는 아름다울 수는 있지만, 긴박한 메시지를 자유롭게 전하는데 크게 방해가 된다고 생각한 것 같다.

형식보다 실질을 중시하고, 이법보다 감정의 흐름을 귀하게 생각한 수운의 문학관은 매우 파격적이라고 할 것이다. 당시의 스노비쉬한 유자들에게는 용서될 수 없는 파격이었다.

단 수운은 운을 잘 아는 사람이었고, 몇 개의 시는 형식을 맞추어 쓴 것도 있다. 그러나 대체적으로 그러한 형식에 개의지 않는다.

이곳이 바로 수운이 1855년 "을묘천서乙卯天書"를 받은 여시바윗골 집이다. 정확한 현주소는 울산광역시 중구 유곡동 639번지이다. 이곳에서 수운은 유점사 스님이라 하는 사람으로부터 마테오 리치의 『천주실의』를 받고 서양종교의 핵심이치를 꿰뚫는 대오를 한다. 그가 철점을 하기 위해 6두락의 논을 팔았다는 곳도 이곳이다. 그 논이 지금은 미나리밭이 되어있다. 미나리를 들고 있는 울산여인의 모습이 수운시대의 인간의 생생함을 전해주고 있었다.

XIII

강결

【降訣】

XIV

우음

【偶吟】

XIII

강 결
降訣

대강大綱 이 시는 경진초판본에 "강결降訣"로 되어 있는데, 목천판에서부터 그 제목이 "결訣"(결의를 나타내는 시)로 바뀐다. 그러나 초판본의 제명이 더 정확한 것이므로(하느님으로부터 내림을 받아 쓴 결訣) 초판본의 제명을 따른다. 이 강결은 쓰여진 날짜와 정황이 확실하게 알려져 있다. 수운은 1862년 6월말, 남원에서 돌아온 후 얼마 있다가 경주부 영장營將에게 잡혀가는 봉변을 당한다. 실제로 이 사건은 수운의 인생에서 작은 사건이 아니었다. 수운은 6일 만에 풀려나기는 했지만(1862년 10월 5일경), 그것은 수운이 최초로 국가조직에 의하여 직접적으로 탄압을 받은 사건이었다. 수운은 방면된 후 비로소 동학세력을 집결시킬 제도의 필요성을 절감한다. 너무도 명분 없이 터무니없는 죽음을 맞이할 수도 있다는 사회부조리를 절감했던 것이다.

그래서 그가 젊은 날 행상으로서 주류팔로周流八路하던 시절, 소속했던 보부상조직의 인맥연결망에서 힌트를 얻어 인맥조직인 접주제를 만든다. 그래서 임술년(1862년) 세모에 16명의 접주를 임명한다. 접주를 임명한 수운은 여러 젊은 제자들과 함께 새해(계해년, 1863년)를 맞이한다. 이 시는 바로 그의 공생애의 마지막 해가 되는 계해년의 새아침에 쓴 것이다(제1권 p.196 참고). 그는 1861년

6월에 포덕을 시작하였고, 1864년 3월 10일에 효수된다. 그러니까 61년, 62년, 63년 이 세 해를 내가 "공생애 3년"이라고 부르는 것이다. 64년은 감옥에서 형을 기다리던 시기였으므로 사회적 활동이라고 할 것이 없었고, 정상인으로서 활동한 것은 1863년 계해년이 마지막이다.

수운의 마지막 해는 당당하게 산 한 해였다. 이미 죽음을 각오한 삶이었기에 소극적으로 피신해 살지를 않고 적극적으로 용담에서 포덕하였다. 그러나 이 시를 쓸 때는 해월의 주선으로 홍해興海의 손봉조 집에 피신해있었다.

13-1

問道今日何所知, 意在新元癸亥年。
문 도 금 일 하 소 지   의 재 신 원 계 해 년

成功幾時又作時, 莫爲恨晚其爲然。
성 공 기 시 우 작 시   막 위 한 만 기 위 연

時有其時恨奈何, 新朝唱韻待好風。
시 유 기 시 한 내 하   신 조 창 운 대 호 풍

去歲西北靈友尋, 後知吾家此日期。
거 세 서 북 영 우 심   후 지 오 가 차 일 기

春來消息應有知, 地上神仙聞爲近。
춘 래 소 식 응 유 지   지 상 신 선 문 위 근

此日此時靈友會, 大道其中不知心。
차 일 차 시 영 우 회   대 도 기 중 부 지 심

국역 새해를 맞이하여 나는 도道를 묻노라! 그러나 지금 우리가 무엇인들 확실하게 알 수 있을소냐! 우리의 결의는 오로지 새해 새기원 계해년에 무엇을 할 것인가에 달려있노라.

우리는 이미 여러 차례 공을 이루었고 또 새로운 성공의 계기를 만들었다(여기 "작시作時"의 시는 희랍어로 카이로스καιρός를 의미한다. 절호의 타이밍). 무엇인들 그렇게 된 것을 늦었다고 한탄하지 말라!

때에는 또다시 때가 있게 마련인데 한탄한들 무엇하리! 새 아침에 천지의 운韻을 노래하여 좋은 바람이 불어올 것을 기대하자꾸나!

지난해 서북의 영우들이 찾아왔으니 훗날 사람들은 알리라! 우리 집안(동학) 이날의 기약을.

봄이 오고 있다는 소식을 느끼며 우리는 가슴으로 알고 있다. 지상의 신선들이 가까이 오고 있다는 것을.

이날 이 시각 사방에서 영우들이 모였으니 대도大道는 분명 그 속에 있으나 아직 그 대도의 마음은 알 수 없어라.

옥안 이 시에 몇 군데 해석의 여지가 있다. 제일 먼저 문제되는 것은 "거세서북영우심去歲西北靈友尋"인데 표영삼 선생님은 해월이 살던 마북동 검곡이 경주에서 북쪽에 있으므로 서북영우는 해월을 가리키는 것으로 봐야 한다는 것이다. 그리고 "심尋"도 "찾아온다"가 아니라 "찾아간다"로 해석한다. 해월은 접주제를 만들 당시 접주의 한 사람으로 임명되지도 않았다. 그것은 오히려 수운이 해월을 특별한 그릇으로 인식하고 있었다는 것이 된다.

그러나 전체적으로 볼 때 이 강결시는 최초의 접주들이 모인 자리에서 쓴 것이므로 "서북영우"가 꼭 해월을 지칭하는 것으로 해석할 필요는 없을 것 같다. "서북영우"가 단수가 아닌 것은 마지막 구절에서 "영우회靈友會"(영우들이 모인다)라는 구절이 있어 더욱 확실해진다. 흥해는 경주의 동북쪽 해변에 있고, 흥해에서 보자면 접주들의 고장은 대강 서북이라고 말해도 틀림이 없다. 해월의 마북동이야말로 흥해에서 아주 가까운 서북방이므로 서북영우는 해월을 포함하여 여러 접주들을 일괄적으로 말한 것으로 볼 수 있다.

다음에 "대도기중부지심大道其中不知心"의 "심心"을 모두 접주들의 마음의 깊이로 해석하여, "대도는 여기 모인 이들 가운데 분명 있으나, 그들 각자의 마음속은 알 길이 없네"라는 식으로 해석하는데, 그러면 너무도 접주들을 불신하는 꼴이 되고 만다. "심心"은 역시 "대도의 핵심," "대도의 마음"을 의미하는 것으로 보아야 한다. 대도가 분명 우리와 함께 하고 있으나 대도가 어떻게 움직일지 그 대도의 마음은 알 길이 없다는 뜻이다.

경주 구미산 아래 용담서사에서. 표영삼 선생님과 함께

우 음
偶吟

대강大綱 "우음偶吟"이란 문자 그대로 "우발적으로, 우연히 읊는다"는 뜻이다. 이것은 수운이 붙인 제목이 아니고 『동경대전』의 편찬자들이 수운의 삶에서 여러 계기에 쓴 시들을 한 군데 모아 담고, "우음"이라고 제한 것이다. 따라서 이 시들은 수운의 삶의 긴 시간에 걸친 것이다.

그러나 막상 집필한 시기는, 계해년을 맞이하여 새로운 결의를 다지며 용담으로 가는 심정을 그린 시, 그리고 남원에서 웅장한 지리산을 바라보며 읊은 시, 그리고 그의 마지막 생일(1863년 10월)날 읊은 시까지를 포함하고 있어 역시 포덕 이후 공생애시기의 긴장을 포섭하고 있다고 보여진다. 이러한 시는 구체적인 대상이나 시점을 가지고 있질 않기 때문에 해석이 어려울 수도 있다.

14-1

南辰圓滿北河回, 大道如天脫劫灰。
남 신 원 만 북 하 회 대 도 여 천 탈 겁 회

鏡投万里眸先覺, 月上三更意忽開。
경 투 만 리 모 선 각   월 상 삼 경 의 홀 개

何人得雨能人活, 一世從風任去來。
하 인 득 우 능 인 활   일 세 종 풍 임 거 래

百疊塵埃吾欲滌, 飄然騎鶴向仙臺。
백 첩 진 애 오 욕 척   표 연 기 학 향 선 대

국역 남쪽의 별들이 둥글게 차고 북쪽의 은하수가 휘돌아가면,

대도는 하늘님과 더불어 억겁년의 재난을 벗어나 제자리로

돌아오리라.

(※다시개벽의 예언).

만리에 거울을 비추니 내 눈동자가 먼저 깨닫고,

달이 삼경에 솟으니 나의 뜻이 홀연히 열리는도다!

누가 비를 얻어 사람을 살릴 수 있을 것인가?

한 세상 바람 따라 제멋대로 오간 나의 인생이로다.

(※"수운"이라는 호와 관련시켜 해석할 것).

백겹으로 쌓인 내 인생의 티끌을 깨끗이 씻어버리고 싶어

표연히 학을 타고 선대仙臺로 향하네.

옥안 경진초판본의 조판에 의하면 여기까지가 한 우음으로 되어있다. 그래서
이것이 독립된 시라는 것을 알 수 있다. 남원에서 피신해있을 때 지은 것이라
고도 하고, 마지막 해(계해년) 손봉조의 집에서 용담 자기 집으로 돌아갈 때의
심정을 그린 것이라고도 한다. 나는 후자의 설이 더 설득력이 있어 보인다. 그렇
다면 "선대仙臺"는 용담을 의미한다. 지은 시기는 1863년 3월경이 될 것이다.

清宵月明無他意, 好笑好言古來風。
청 소 월 명 무 타 의　　호 소 호 언 고 래 풍

人生世間有何得, 問道今日授與受。
인 생 세 간 유 하 득　　문 도 금 일 수 여 수

有理其中姑未覺, 志在賢門必我同。
유 리 기 중 고 미 각　　지 재 현 문 필 아 동

天生万民道又生, 各有氣像吾不知。
천 생 만 민 도 우 생　　각 유 기 상 오 부 지

通于肺腑無違志, 大小事間疑不在。
통 우 폐 부 무 위 지　　대 소 사 간 의 부 재

馬上寒食非故地, 欲歸吾家友昔事。
마 상 한 식 비 고 지　　욕 귀 오 가 우 석 사

義與信兮又禮智, 兀作吾君一會中。
의 여 신 혜 우 예 지　　올 작 오 군 일 회 중

來人去人又何時, 同坐閒談願上才。
내 인 거 인 우 하 시　　동 좌 한 담 원 상 재

世來消息又不知, 其然非然聞欲先。
세 래 소 식 우 부 지　　기 연 비 연 문 욕 선

雲捲西山諸益會, 善不處卞名不秀。
운 권 서 산 제 익 회　　선 불 처 변 명 불 수

何來此地好相見, 談且書之意益深。
하 래 차 지 호 상 견　　담 차 서 지 의 익 심

不是心泛久不此, 又作他鄕賢友看。
불 시 심 범 구 불 차　　우 작 타 향 현 우 간

鹿失秦庭吾何群, 鳳鳴周室爾應知。
녹 실 진 정 오 하 군　　봉 명 주 실 이 응 지

맑고 맑은 밤, 달이 밝은 것은 별다른 뜻이 있는 것이 아닐세.
기분좋게 웃고 기분좋게 담소하라는 뜻이 아닐까?
그것이 우리 고래로부터의 풍속이라네.

사람이 태어나서 이 세간에 산다는 것이 무슨 득이 있는가?
오늘에라도 도를 물으며 주고 받고 하는 것이 이 세상 사는
보람이 아니겠는가?

주고 받는 가운데 이치는 그 안에 있건만 물론 다 깨닫는다
는 보장은 없지.
그러나 뜻이 현문賢門에 있는 자라면 가치있는 삶을 살고자
하는 자세는 반드시 나와 같을 걸세.

하늘이 만민을 내었고 도 또한 생성을 계속하고 있으니
모든 사람이 제각기 타고난 자기 기상이 있네.
그것을 내가 다 알 수 있는 것은 아닐세.

그러나 서로 폐부로 통하여 그 뜻에 어긋남이 없으면
대소사大小事간에 무슨 의심이 있으리오!

(※초판본에 하나의 시처럼 붙여놓았으나 여기서 한 단락 끝나는 것 같고,
다음부터 별도의 시가 시작된다고 보는 것이 옳다.)

말 위에서 한식절을 맞이하여도 여기는 고향 땅이 아니구나.

(※이 구절은 출전이 있다. 초당의 시인, 송지문宋之問, 656~712의 5언절
구에서 왔다. "도중한식제황매림강역기최융途中寒食題黃梅臨江驛寄崔融"
이라는 작품이다. 馬上逢寒食말 위에서 한식절을 맞이하는데 途中屬暮春
고향을 찾아가는 도중에 이미 봄이 저무는구나 可憐江浦望슬프도다!

강변의 포구에서 바라보니 不見洛橋人낙양 파교灞橋에서 헤어진 고향사람들은 보이지 않는구나. 수운은 비슷한 감정을 당시 구절에 의거하여 표현하였다. 남원에서 2월 정도에 썼을 것이다. 한식은 동지 이후 105일).

내 집에 돌아가 옛 정취를 벗삼고 싶노라.

의로움이여 신험함이여! 또한 예의와 지혜를 갖추는 것까지도,
우리가 힘써 한 번 모이는 가운데 우뚝 찬란하게 이루어졌다.

(※후대의 천도교경전판본에 "범작凡作"으로 되어 있는 것은 틀린 것이다.
초판본을 비롯 모든 판본이 "올작兀作"으로 되어 있다).

사람이 오고 사람이 가는 것은 어느 때가 가장 좋을 것인가?
우리가 함께 앉아 한담하는 것은
뛰어난 인물들이 모여들기를 원하기 때문이지.

세상 되어가는 소식 또한 듣기 힘드니,
그런가, 안 그런가, 하여튼 빨리 듣고 싶다네.

서산에 구름이 걷히면 훌륭한 친구들이 다시 모일걸세.
평소에 처변을 잘못하면 빼어난 이름을 남기지 못하리라.

내가 어떻게 이곳에 오게 되어 좋은 친구들을 만나게 되었는가?
같이 담론하고 집필하고 할 수 있으니 뜻이 더욱 깊어지는구나!

내 마음이 들떠서 여기 오래 머물지 않으려 함이 아닐세.
또다른 마을에서 현숙한 친구들을 만날 수 있기 때문이지.

진나라 조정에는 사슴이 사라졌다.

우리 동학도는 과연 사슴을 사슴이라 말하는 양심세력에 속하

느냐? 사슴을 말이라고 우겨대는 거짓세력에 속하느냐?

그러나 봉황이 기산에서 우니 주실周室이 일어난다.

그대들은 응당 알리라! 아무리 세태가 문란해져도

도덕정치는 새롭게 흥기한다는 것을!

옥안 제일 마지막의 진정秦庭의 이야기는 "지록위마指鹿爲馬"라는 고사와 관련되어 있다. 조선왕조가 지금 조고趙高, ?~BC 207(진나라 조정 이세황제二世皇帝 때의 승상)가 난동을 부리는 난정의 수준으로 몰락하고 있다는 것을 암시하고 있다. "봉명주실鳳鳴周室"이란 상나라 말기에 기산岐山에서 봉황이 우니 주나라가 새롭게 흥기할 것이라는 예언을 말해주는 고사에서 왔다. 새로운 왕조의 탄생을 의미하고 있다. 수운의 혁명사상이 배태되어 있는 싯구절이다.

14-3 不見天下聞九州, 空使男兒心上遊。
　　　 불 견 천 하 문 구 주　　공 사 남 아 심 상 유

聽流覺非洞庭湖, 坐榻疑在岳陽樓。
청 류 각 비 동 정 호　　좌 탑 의 재 악 양 루

국역 내 천하를 직접 다 보지는 못했어도 구주가 있다는 것은 들어 안다.
속절없다고는 하지만 이 사나이 마음은 항상 천하를 헤매고 있노라!

용담에 돌아와 흐르는 물소리를 듣나니 분명 동정호는 아니다.
그러나 내가 앉은 이 자리가 악양루岳陽樓가 아니고 또 무엇이랴!

옥안 모두 이 절구를 소극적으로 잘못 해석하고 있다. 수운의 기개를 표현하지 못하고 있는 것이다. 이 시는 초판본에 "절구絶句"라는 제하에 따로 편집되어 있다. 이 시는 수운이 1863년 3월 9일, 떠돌이 피신생활을 청산하고 4개월 만에 당당하게 용담으로 돌아온 후, 4월 그믐 때쯤 용담 일대가 푸른 숲으로 덮이고 물소리도 맑았을 때 용담서사 주변을 돌다가 시상을 얻은 것이다.

수운이 "악양루" 운운한 것은 북송 범중엄范仲淹, 989~1052이 동정호를 바라보면서 쓴 「악양루기岳陽樓記」의 대미를 장식하는 유명한 말, "천하사람들의 근심은 항상 그들보다 앞서 근심하고, 천하사람들의 즐거움은 항상 그들보다 뒤에 즐거워한다 先天下之憂而憂, 後天下之樂而樂。"를 염두에 두고 있었을 지도 모르겠다.

14-4 吾心極思杳然間, 疑隨太陽流照影。
오 심 극 사 묘 연 간   의 수 태 양 류 조 영

국역 나의 마음은 저 묘연한 하늘땅 사이를 끝없이 헤매고 있네.
그러나 나의 그림자는 저 태양을 따라 흐르네.

옥안 이 시는 수운이 이 세상에서 맞이한 마지막 생일잔치, 제자들이 성대하게 차려준 그 마지막 잔칫상을 받기 전날에 지은 것이다. 수운은 이 잔칫상이 이승에서의 마지막이 될 것이라는 예언을 감지했던 것으로 보인다. 때는 1863년 10월 27일, 그 정황은 『대선생주문집』에 잘 기술되어 있다(제1권, pp.227~228).

여기 "극사묘연간極思杳然間"이라는 표현이 핵심적인 테마를 제공하고 있다.

"묘연한 사이"라는 것은 인간의 언어가 미칠 수 없는 불가사의의 형이상학적 세계를 가리킨다. 이 형이상학적인 세계를 사유하는 것을 수운은 "극사極思"라고 표현하고 있다. 그것은 극한적인 사유이며, 사유를 넘어서는 사유이다.

수운은 마테오 리치를 읽으면서 서양인들의 형이상학적 통찰에 관심을 가졌다. 가사의可思議의 감관계를 넘어서는 이상계, 이념계(the World of Idea)에 관한 직관을 얻었다. 그러나 불가사의의 이념계도 궁극적으로 시공의 인과세계를 초월할 수 없다는 신념을 얻는다. 그리하여 불연不然은 결국 기연其然에 불과하다는 결론을 내린다. 이 시는 거의 같은 시기에 쓰여진 것이다. 그래서 그는 여기 "그림자(조영照影)"라는 테마를 제시한다. 그림자란 땅에 있는 것이다. 그것은 기연其然의 세계다. 그러나 수운은 그림자를 플라톤이 동굴의 비유에서 말하는 그림자(=허상虛像)로서 인식하지 않는다.

그림자는 부정되어야 할 허상이 아니라 긍정되어야 할 실상이다. 그 그림자는 태양을 따라 흐른다. 태양이라는 확고한 이상적 실체에 뿌리박고 있는 것이다. 수운은 태양과 그림자의 일치를 말하고 있는 것이다. 나는 존재는 그림자와도 같이 일시적인 것으로 보일지는 몰라도 결국 그것은 태양과도 같은 확고한 존재의 뿌리를 가지고 있다고 말하고 있는 것이다. 이 땅에서 맞이하는 마지막 생일에 그는 결코 죽지 않는다는 신념을 토로하고 있는 것이다. 수운은 제자들에게 묻는다:

此詩之意, 君等或有解之耶?
이 시의 뜻을, 제군들 중에서 누군가 해석할 자가 있는가?

아무도 대답하지 못했다.

여설 이것으로서 "우음偶吟"이라는 제하의 4편의 시의 해석을 끝냈다. 성공적으로 끝냈는가? 물론 나의 해석이 유일한 정해일 수는 없다. 그러나 여태까지 시도되어온 수운의 시문학의 해석학에 대해 새로운 차원의 풀이가 제공되었다고 믿는다. 우선 한문으로 된 문장은 그 출전을 철저히 조사해야 하고, 문법적으로 다양한 가능성을 모색해야 하고, 최후적으로 시인의 언어를 넘어서 그 마음으로 직입하여 그 이입된 정감(empathetic feeling)을 한국어로 재구성해내야 한다. 나는 이러한 재구성과정에 있어서 한국말의 시적 리듬보다는, 그 논리적 의미를 정확하게 전달하는 서술의 방식에 치중하여 번역하였다.

수운은 너무도 시인으로서 알려져 있지 않다. 그러나 수운은 어쩌면 철학가나 사상가나 종교가보다도 더 위대한 시인으로 알려져야 할지도 모른다. 한국문학사에서는 물론 세계시문학사에서 뚜렷한 위치를 차지하는 시인으로서, 워즈워드나 엘리어트나 윌리엄 브레이크를 뛰어넘는 인물로서(최소한 한국인들에게는) 사랑받게 될 날이 오리라고 나는 확신한다.

수운에게 시가 없었더라면 그의 사상이나 종교적 체험, 또 그에 대한 철학적 기술이 액면 그대로 받아들여지지 않았을 것이다. 그의 시의 순결성이나 순수성, 그리고 소박한 감정 때문에 지극히 상식적 인간으로서의 그의 풍모나 격조나 격정이나 상식이 우리의 피부에 와닿는 것이다. 19세기 말부터 20세기에 출현한 모든 종교적 사상가들이 수운과 같이 시를 쓸 수 있는 사람은 없었다. 그래서 그들은 종교라는 권위의 외투 속에 감추어질 수밖에 없다.

그러나 수운은 영원히 노출되어 있다. 그는 시인 이상의 대접을 요구하지 않는다. 그 시인의 모습에 신비로운 외투를 감싸려 하지 않는다. 수운은 진실로 대시인인 동시에 대학자였다. 나는 그의 시경詩境 속에 숨어있는 학식의 깊이에 충격을 받았고, 그의 파격적 언어활용에 찬탄을 금치 못하였다. 진실로 수운은 학자로서도 다산이나 서유구와 같은 인물에게 뒤지지 않는다.

수운을 이해하는 방식이 여태까지는 동네 학예회 수준이었다. 메트로폴리탄 무대에 올려야 할 인물을 동네 초등학교 학예회무대에 올리는 방식으로 소홀히 대접해왔다는 것이다. 동네 학예회가 비열하다는 뜻이 아니고 수운의 문학세계를 바라보는 시점의 차원을 비유적으로 이야기한 것뿐이다. 앞으로 수운은 한국 시문학사에서 재조명되어야 하며, 국문학과의 박사학위논문으로 수백편의 테마가 다루어져야 마땅하다. 우리는 수운을 사랑해야 한다.

수운 큰선생님의 묘소와 그곳에서 내려다 보이는 수운의 출생지 현곡면 가정리

삼암장三菴丈 표영삼表暎三, 1925~2008
선생님과 나. 표영삼(일명 응린應麟) 선생은
동학의 살아있는 역사이자, 19세기 중엽의
원초적인 동학의 모습을 한 몸에 구현하고
있는 적통의 진면 그 자체이다. 나는 내 일생
만난 수많은 스승 중에서도 표선생님과의 인
연을 으뜸으로 꼽는다. 나는 동학을 그로부
터 몸으로 전수받았다. 이 두 사진은 내 집에
서, 선생님 댁에서 번갈아 세미나하는 모습
을 담고 있는데, 한 글자 한 글자 손으로 짚
어가며 경전의 고의古義를 순순諄諄히 가르
쳐주고 계시다. 동학을 가슴으로 사랑하는

모든 후학들은(박맹수, 신영우, 성주현 등) 표영삼 선생께 존경을 표한다. 그는 우리 가슴에 수운과 해월의 가슴을 이어준 다리였다.

XV

팔 절

【八節】

우팔절

【又八節】

팔 절
八節

대강大綱 많은 사람들이 이 "팔절"이 쓰여지게 된 정황이나 그 사태의 소이연을 모르고, 이것이 동학의 교리의 핵심을 요약한 무슨 금과옥조인 양, 동학수행의 핵심적 길잡이니 뭐니 운운하는데 그것은 매우 잘못된 생각이요, 무책임한 해설이다. 그리고 "전팔절," "후팔절"이니 하는 후대 천도교경전의 제명도 잘못된 것이다. 『동경대전』 역대판본에 쓰여진 대로 "팔절," "우팔절又八節"이라 이름하는 것이 옳다. 이 팔절은 조건절과 주절로 이루어져 있다. 조건절은 모두 "…… 을 알지 못하거든"으로 되어, "if …… " 조건절의 형태를 취하고 있다. 조건절 안에 명明, 덕德, 명命, 도道, 성誠, 경敬, 외畏, 심心이라는 8개의 개념이 들어가 있다.

이것은 수운이 자기사상을 요약한, 그런 거창한 테마가 아니고, 단지 제자들을 훈련시키기 위한 재미있는 과제로서 내어준 것이다.

수운이 내어준 팔절八節이라 하는 것은 "부지不知 …… "로 시작되는 8개의 조건절을 의미한다. 그 다음에 연이어 나오는 8개의 주절은 단지 수운이 본보기로서 제시한 것일 뿐이며, 그 본보기처럼 제자들 스스로 지어보라는 것이지,

무슨 정답이 있거나 특별한 형식이 있는 것은 아니다. 그러니까 수운으로부터 제자들에게 나간 팔절은 8개의 동일한 조건절일 뿐이다. 『도원기서』에는 이와 같이 쓰여져 있다.

至十一月, 作不然其然, 又作八節句。輪示於各處, 各作八節句, 理合爲此文之旨, 封送丈席云。

1863년 11월에 이르러, 「불연기연」을 지으시고, 또 「팔절구」를 지으시었다. 그 팔절구(조건절)를 도중 각 처에 보내시면서 제각기 도인들로 하여금 팔절구(주절)를 짓게 하시었다. 그리고 이치가 이 조건절이 제시한 취지에 합당하면, 그것을 봉하여 선생님께로("장석丈席"이란 선생님이 앉아계신 용담을 의미한다) **보내오라고 말씀하시었다.**
(이 대목에 관한 기존의 번역은 전혀 그 자세한 내막을 전하지 않는다).

이렇게 설명한 후에 "기시왈其詩曰"하고서, 8개의 조건절만 수록하여 놓았다. 이것은 무슨 뜻인가?

이 「팔절」은 수운 선생이 자신의 유언과도 같은 철학사상인 대논문 「불연기연」을 완성할 즈음, 때마침 생신잔치에 많은 동지들이 왔다가 갈 즈음에 수운은 기발한 생각을 했다. 여덟 개의 조건절을 모든 제자들에게 나누어주고 거기에 맞추어 자기 생각을 펼쳐보라고, 그러니까 그는 점점 긴박해져가는 상황 하에서 동지들의 생각을 확인해보는 일제고사一齊考査를 치르게 한 것이었다. 자기가 쓴 주절이 들어있는 샘플을 주었는지, 그것이 없이 조건절만 주었는지는 모르겠지만(『도원기서』에 의하면 조건절만 문제로 내어준 것 같다), 그 조건절에 맞추어 주절의 문장을 쓰는 것을 "척대隻對"라고 한다(척대는 최소한 자수는 맞추어야 한다. 그러니까 주절의 글자는 6자이다).

하여튼 이 팔절은 척대 일제고사였던 것이다. 그것도 수운이 체포되어 형장으로 끌려가기 직전의 상황에서 일어난 일이었다. 『대선생주문집』에는 전성문이 척대를 한 답안지를 선생님께 들이민 것을 보고 심히 실망하여, "이걸 뭘 댓글이라고 나한테 들이민단 말이냐"하고 꾸짖는 장면이 가감 없이 실려있다. 그리고 이 척대 일제고사의 결과를 보고, 수운이 "우리 도중에 참으로 인물이 빈곤하구나!"하고 개탄하는 장면도 실려있다.

나는 이렇게 복잡한 사연이 얽혀있는 "팔절"에 관하여, 그 유래를 알 수 있는 정확한 기록이 있는데도 불구하고 그 명료한 맥락을 설명해주는 글을 만나지 못하였다. 동학의 이해는 지금부터가 아닐까? 『동경대전』은 이제 비로소 이해되기 시작하는 것이 아닐까? 나는 그렇게 생각한다. 기존의 연구자들은 자신의 편견, 그것이 단지 정보의 미숙함에서 기인된 것이라는 정직한 상황을 절실히 인지하고, 가슴을 열고 반성하고 수운의 진실한 모습을 드러내는데 같이 헌신해야 할 것이다. 나의 연구는 새로운 하나의 기점일 뿐이다.

15-1

不知明之所在, 遠不求而修我。
부 지 명 지 소 재 원 불 구 이 수 아

不知德之所在, 料吾身之化生。
부 지 덕 지 소 재 료 오 신 지 화 생

不知命之所在, 顧吾心之明明。
부 지 명 지 소 재 고 오 심 지 명 명

不知道之所在, 度吾信之一如。
부 지 도 지 소 재 탁 오 신 지 일 여

不知誠之所致, 數吾心之不失。
부 지 성 지 소 치 수 오 심 지 불 실

不知敬之所爲, 暫不弛於慕仰。
부 지 경 지 소 위   잠 불 이 어 모 앙

不知畏之所爲, 念至公之無私。
부 지 외 지 소 위   염 지 공 지 무 사

不知心之得失, 察用處之公私。
부 지 심 지 득 실   찰 용 처 지 공 사

국역 밝음이 있는 곳을 알지 못하거든,
　　　먼 데서 구할 생각을 하지 말고 내 몸을 닦아라.

덕德이 있는 곳을 알지 못하거든,
　　　내 몸이 어떻게 우주의 조화 속에서
　　　생겨난 것인지를 헤아려보라.

천명이 어디 있는지 알지 못하거든,
　　　내 마음의 밝고 밝음을 되돌아보라.

도道가 있는 곳을 알지 못하거든,
　　　나의 거짓없음이 한결같은가를 헤아리라.
　　　　(※여기 "신信"도 "믿음"으로 번역될 수 없다).

우주적 성誠이 이루어지는 것을 알지 못하거든,
　　　내 마음을 잃어버리지 않았나 헤아려보라.

경敬(집중력)이 이루어지는 바를 알지 못하거든,
　　　잠시라도 우러러 공경하는 마음을 늦추지 말라.

두려움(외畏)이 행하는 바를 알지 못하거든,
　　　지극히 공변되고 사사로움이 없는 것을 생각하라.

마음의 얻고 잃음을 알지 못하거든,
　　　마음 쓰는 곳의 공과 사를 살피라.

숙제 치고 최고의 숙제라고 할 것이다. 그리고 수운의 모범답안 또한 걸작 중의 걸작이라 할 것이다. 그가 제기한 문제는 명明·덕德·명命·도道가 하나의 그룹을 이루고, 성誠·경敬·외畏·심心이 하나의 그룹을 이룬다. 명明·덕德은 역시 『대학』에서 왔고, 명命·도道는 『중용』에서 왔다. 명덕명도를 도道적인 테마라고 한다면, 성경외심은 덕德적인 테마라 할 수 있다. 덕적인 테마는 보다 구체적인 실천의 문제이며 축적해가는 일상의 자세와 관련되어 있다.

다음의 "팔절"을 "후팔절"이라 부르지 않고 "우팔절"이라고 불러야 한다는 것은, 전·후가 있는 것이 아니라 똑같은 것이 또하나 있다는 것을 말하고 있기 때문이다. 모든 판본이 "우又"로만 되어 있다.

【우팔절 又八節】

15-2 不知明之所在, 送余心於其地。
부 지 명 지 소 재　송 여 심 어 기 지

不知德之所在, 欲言浩而難言。
부 지 덕 지 소 재　욕 언 호 이 난 언

不知命之所在, 理杳然於授受。
부 지 명 지 소 재　리 묘 연 어 수 수

不知道之所在, 我爲我而非他。
부 지 도 지 소 재　아 위 아 이 비 타

不知誠之所致, 是自知而自怠。
부 지 성 지 소 치　시 자 지 이 자 태

不知敬之所爲, 恐吾心之寤寐。
부 지 경 지 소 위　공 오 심 지 오 매

不知畏之所爲, 無罪地而如罪。
부 지 외 지 소 위　무 죄 지 이 여 죄

不知心之得失, 在今思而昨非。
부 지 심 지 득 실　재 금 사 이 작 비

밝음이 있는 곳을 알지 못하거든,

　　네 마음을 그 땅(문제가 되는 현장)에 보내라.

덕德이 있는 곳을 알지 못하거든,

　　말하고자 하나 그 덕이 너무 넓어

　　말하기 어렵다는 것을 헤아리라.

천명이 있는 곳을 알지 못하거든,

　　명命의 이치가 주고 받는 가운데

　　묘연하게 서려있다는 것을 생각하라.

도道가 있는 곳을 알지 못하거든,

　　내가 나됨 이외의 것이 아니라는 것을 깨달아라.

우주적 성誠이 이루어지는 것을 알지 못하거든,

　　이것은 스스로 알 수 있는 것이로되

　　스스로 태만할 뿐이라는 것을 깨달아라.

경敬(집중력)이 이루어지는 바를 알지 못하거든,

　　내 마음이 잠들어 있는가

　　깨어 있는가를 걱정하라.

두려움(외畏)이 행하는 바를 알지 못하거든,

　　죄 없는 곳에서도 죄 있는 것 같이 생각하라.

마음의 얻고 잃음을 알지 못하거든,

　　오늘의 현존에 뿌리박고 어제의 잘못을 사유하라.

옥안 앞의 팔절과 우팔절을 비교해보면, 수운 본인이 우팔절에서 너무 추상화되어 가고 난해한 문장을 구사하고 있다는 것을 느끼게 된다. 그러나 그의 무궁한 재치에 찬탄을 금할 수 없고, 그의 상식적 인간됨에 매력을 느끼지 않을 수 없다. 그는 조직에 대한 얘기나, 권세에 관한 얘기나, 믿음에 관한 얘기가 일체 없다. 상식적 인간의 상식적 생각, 그 속에 깃든 비범한 혁명적 사유를 가르치려고만 노력한다.

우리 역사가 이미 19세기 중엽에 수운과 같은 보편주의적 사상가를 배출하고 있었다는 것은 참으로 경이로운 사건이다. 같은 시기에 일본에서는 요시다 쇼오인吉田松陰, 1830~1859과 같은 사상가가 주변의 나라들을 침략하고 식민지화하여 대일본제국을 형성하지 않으면 도저히 서구열강의 침략에 대비할 길이 생기지 않는다고 하는 제국주의적 손노오죠오이尊皇攘夷, 그리고 정한론征韓論(한국뿐 아니라, 만주, 홋카이도오, 필리핀, 대만, 오키나와를 전부 식민지화 해야 한다), 그리고 대동아공영권사상의 원형을 논하고 있었다.

그러나 피압박 속에서도 보편선普遍善(Universal Good)을 말하고 있는 수운은 우리 조선의 문화적 역량의 최종적 집결태로서 자연스럽게 조선대륙의 지평 위에 드러나고 있었던 것이다. 그토록 혼란한 시기에도 우리나라에서는 수운의 인간존엄의 사상이 민중의 혈관 속으로 스며들어갔다는 것을 생각하면 우리문명의 높은 수준이 하루 아침에 이루어진 것이 아님을 깨닫게 된다. 그것은 진실로 위대한 단군조선 홍익인간의 정맥이었다.

"공오심지오매恐吾心之寤寐"의 "오매"가 목천판에서 "오매悟昧"로 잘못 쓰여지는 바람에 그 이후의 판본이 다 잘못되었다. 경주판은 "寤昧," 목천판은 "悟昧." 모두 오자이다. 경진판의 탁월함과 오리지날리티를 다시 확인하게 된다.

XVI

제서

【題書】

XVII

영소

【咏宵】

XVI

제 서
題書

대강大綱 이 "제서"에 관한 이야기는 제1권 pp.232~233에 그 자세한 정황이 기술되어 있다. 참 다행스러운 일이라 하겠다. 만약 『대선생주문집』에 이러한 싯구가 나온 배경에 관한 이야기가 없다면 이 싯구만으로써는 그 의미가 무엇을 함축하고 있는지 헤아리기 어려울 것이다. 당시 경상도 지역에 풍습이 번졌다고 했다. 이러한 사실은 역사기록에 의하여서도 확인되는데 하여튼 마진이나 마마의 경중에 해당되는 전염병으로 여겨진다.

『대선생주문집』에는 수운이 이런 풍습에 걸렸다고 말하지는 않았고, 도인들이 너무 많이 걸려 번지게 되니까 수운에게 그 대책을 상의한 것으로 되어 있다. 이것 또한 수운의 공생애 최말기의 긴장된 상황에서 일어난 일이다. 1863년 11월 상순경이었을 것이다. 『도원기서』에는 수운도 본인이 이 풍습에 걸려 온몸에 물집이 생기고 가려움증에 피부가 허는 등 고통을 겪고 있었다고 적고 있다. 강수가 『대선생주문집』의 기술을 조금 더 리얼하게 강화시키려고 한 것 같은데 내가 보기에는 수운 본인이 풍습에 걸려 고생한 것 같지는 않다. 만약 이때 풍습에 걸려 고생했다고 한다면 곧 이어진 서울압송을 견디지 못했을 것이다.

도인들의 풍습에 대하여 도인들은 수운 선생님께서 좋은 약방문이라도 내어 주실 것이라고 기대했던 것 같다. 그러나 수운은 도인들에게, "집에 돌아가 그대들이 뜻하는 바를 써서 하느님(천주天主라는 말을 썼다)께 호소하라, 그 이상의 좋은 방도가 없다"라고 말한다. 이때 영해도인 박하선이 자신이 쓴 호소문을 들고와서 수운에게 도인들을 대표하여 뭔가 약방문 같은 것을 구했다. 그러자 수운은 이렇게 말한다:

"내가 반드시 하느님의 명을 받아 제題를 얻으리라. 吾必受命得題。"

그리고나서 붓을 잡고 숨을 죽이며 기도를 했다. 어느 순간 붓을 움직이기 시작했다. 그 내용이 바로 여기에 실린 "제서題書"이다. 제서란 무슨 심오한 도에 관한 얘기가 아니고 "약방문을 쓰다"라는 의미이다.

16-1 得難求難, 實是非難。心和氣和, 以待春和。
득 난 구 난　실 시 비 난　심 화 기 화　이 대 춘 화

국역 풍습을 낮게 할 수 있는 약방문은 얻기도 어렵고,
구하기도 어렵지만,
실상인즉 어려운 것이 아니다.

마음을 화평케 하고 몸의 기를 편안케 하라.
그리하여 봄의 평화를 기다리라.

옥안 진실로 천하의 명시라 할 것이다. 수운은 애타게 약방문을 구하는 사람들에게 마음의 평화를 요구하고 있다. 그것이 하느님이 주시는 약방문이라는 것

이다. 수운은 의학적 지식이 높았던 사람이었던 것 같다. 즉 전염병의 성격을 잘 알았던 것이다. 그것은 어차피 한약으로 해결될 것이 아니라 스스로 물러나기를 기다리는 수밖에 없다고 본 것이다. 그의 대처방식은 매우 합리적이고 정직하다. 이적을 빙자하여 무책임한 구라를 치지 않는다.

여기 앞 절에는 "난難"이 세 개 들어가 있고 뒷 절에는 "화和"가 세 개 들어가 있다. "어려움"이라는 주제와 "화평"이라는 주제가 대비되고 있는 것이다. "심화心和, 기화氣和, 춘화春和"라는 이 세 마디는 자신의 죽음과 동시에 봄이 온다는 희망, 즉 다시개벽의 희망을 병마의 어려움에 연관지어 은은하고도 강렬하게 부각시키고 있다.

『대선생주문집』에는 이 두 구절과 더불어 제3절이 있다. 그 제3절은 다음과 같다.

嗚呼! 時運不幸!

오호라! 시운이 편치 못하구나!

봄은 오고야 만다. 그러나 우리가 당면한 시운은 편치 못하다. 불행한 우리의 현실을 직시할 수밖에 없다. 수운은 진실한 예언자였다. 칼릴 지브란이 말하는 추상적 예언자가 아닌 오늘 우리의 현실을 직시하게 만드는 예언자였다.

XVII

영 소
咏宵

대강大綱 "영소"는 문자 그대로 "밤을 노래한다," "밤을 읊는다"는 뜻이다. 밤의 그윽한 풍경을 빗대어 심오한 자신의 정신세계를 그린 것이다. 이 "영소"는 1863년 8월에 해월에게 도통을 전수한 후 체포되기 전까지 용담에서 가을을 보낼 때, 어느 시점에 지은 것이다. 이 "영소"라는 제목하에 실제로 4개의 각기 다른 시점에 쓰여진 시들이 콜렉트되어 있는데 "영소"라는 제목에 부합하는 시는 "야수속아也羞俗娥"로 시작되어 "산래수山來水"로 끝나는 첫 번째 시일 뿐이다.

그런데 이 영소라는 시는 수운의 시인으로서의 극히 성숙한 모습을 보여주는 암호와 같은 시인데 그 암호를 해독하기란 쉽지 않다. 나는 나 나름대로 최선의 상식적인 방책을 강구하겠지만, 앞으로 많은 천재적인 시심을 가진 연구가들에 의하여 천착되어야 하리라고 본다. 제일 마지막에 "사람이 방으로 들어가니 바람이 밖으로 나가고, 배가 언덕으로 가니 산이 물속으로 들어온다"라고 말한 것은 이미 주객의 전도, 사물의 경계의 뒤바뀜, 상식적 인과의 전복을 내포한 것이니 범상한 논리에 의하여 이 시는 다 해석될 수 없다는 것만을 나는 암시해놓는다. 진실로 위대한 시인의 경지라고 해야 할 것이다.

17-1 也羞俗娥翻覆態, 一生高明廣漢殿。
야 수 속 아 번 복 태　일 생 고 명 광 한 전

此心惟有淸風知, 送白雲使藏玉面。
차 심 유 유 청 풍 지　송 백 운 사 장 옥 면

蓮花倒水魚爲蝶, 月色入海雲亦地。
연 화 노 수 어 위 섭　월 색 입 해 운 역 지

杜鵑花笑杜鵑啼, 鳳凰臺役鳳凰遊。
두 견 화 소 두 견 제　봉 황 대 역 봉 황 유

白鷺渡江乘影去, 皓月欲逝鞭雲飛。
백 로 도 강 승 영 거　호 월 욕 서 편 운 비

魚變成龍潭有魚, 風導林虎故從風。
어 변 성 용 담 유 어　풍 도 림 호 고 종 풍

風來有迹去無跡, 月前顧後每是前。
풍 래 유 적 거 무 적　월 전 고 후 매 시 전

烟遮去路踏無跡, 雲加峰上尺不高。
연 차 거 로 답 무 적　운 가 봉 상 척 불 고

山在人多不曰仙, 十爲皆丁未謂軍。
산 재 인 다 불 왈 선　십 위 개 정 미 위 군

月夜溪石去雲數, 風庭花枝舞蝴尺。
월 야 계 석 거 운 수　풍 정 화 지 무 호 척

人入旁中風出外, 舟行岸頭山來水。
인 입 방 중 풍 출 외　주 행 안 두 산 래 수

국역 항아가 자기의 잘못을 또한 부끄러워해 일생을 저 달 속의 광한전에서 사니 그 자태 드높고 밝았더라.

(※광한전은 달 속에 있는 전설 속의 선궁仙宮이기도 하지만, 남원의 광한루를 상징할 수도 있다. 그는 남원에서 많은 작품을 썼고 고고하고 밝게 살았다. 어떤 주석가가 "야수也羞"를 "예수"의 음사라 하고, 또 "속아俗娥"를 "속아서"의 이두식 표기라 하는데 그러한 임의적 해석은 고려의 대상이 되기 어렵다. "야也"는 "또한"의 뜻이며, 수운이 무엇인가를 골똘히 생각하던 중에 "또한" 이러러한 사상이 떠올랐다는 뜻이며,

그것은 수운의 고도로 상징화된 언어기법을 나타낸다. "야也"라는 부사로 개시했다는 것 자체가 파격이다).

저 항아의 마음은 오직 저 청풍만이 알아주는구나!
청풍은 흰 구름을 보내어 부끄러워하는 옥 같은 얼굴을 가리워주네.

(※전체 시의 "흥"에 해당. 달밤의 풍경을 있는 그대로 그리기 위하여 항아를 끌어들인 것일 뿐이다. 항아의 고사 그 자체의 의미는 별로 여기 반영될 여지가 없다. 초판본에는 여기까지가 독립된 시로서 간략하게 종결된다. 그러나 목천판은 이 뒤로 속편의 시들을 첨가하였다. 이 경우는 목천판의 첨가가 정당하다고 보아야 한다).

연꽃이 물속에 거꾸로 서니 물고기가 나비 되어 날아가고,
월색이 바다로 들어가니 구름 또한 대지가 되네.

두견화는 웃는데 두견은 울고,
봉황대를 짓느라고 사람들은 고초를 겪는데
봉황은 유유히 노닐고 있다.

(※이백의 시에 "봉황대상봉황유鳳凰臺上鳳凰遊"라고 시작되는 "등금릉봉황대登金陵鳳凰臺"라는 시가 있다. 그 시와 연계하여 이 시의 뜻을 풀어야 할 것 같다. 이백은 찬란한 과거 역사 장면의 몰락을 읊고 있다. 수운 또한 조선왕조의 몰락을 쓸쓸히 읊고 있는지도 모르겠다).

백로가 강을 건너는데 자기의 그림자를 타고 건넌다.
하이얀 달이 가고자 하매 주변의 구름들을 채찍으로 휘갈긴다.

물고기가 용이 되니 물고기가 그 연못에 모여들고,
바람이 숲속의 호랑이를 끌어내도 바람은 호랑이와 더불어 가네.

바람이 올 때는 흔적이 있으나 갈 때는 흔적을 남기지 않네.

달은 앞에서 뒤를 돌아보는데 모든 것이 앞이라네.

(※끊임없는 자연의 생성과 순환을 노래함).

연기는 가는 길을 자욱히 덮는다 한들
행인은 밟아도 자국을 남기지 않아,
구름이 산봉우리에 올라타도 산은 한 치도 높게 보이지 않네.

산에 사람이 많아도 그들을 다 선인이라 말하지 않고,
십대의 청년들을 다 장정으로 만들어도 그들을 군사라 말할 수 없네.

(※허상에 대한 경각심을 이야기함).

달밤에 시냇돌은 지나가는 구름이 헤아리고,
바람 부는 정원의 꽃가지는 춤추는 나비가 재고있다.

사람이 방으로 들어가니 바람이 밖으로 나가고,
배가 언덕 위로 가니 산이 물속으로 들어온다.

(※사사무애事事無礙의 원융한 세계를 그리고 있다).

17-2 花扉自開春風來, 竹籬輝踈秋月去。
화 비 자 개 춘 풍 래　죽 리 휘 소 추 월 거

影沈綠水衣無濕, 鏡對佳人語不和。
영 침 녹 수 의 무 습　경 대 가 인 어 불 화

勿水脫乘美利龍, 問門犯虎那無樹。
물 수 탈 승 미 리 룡　문 문 범 호 나 무 수

꽃 사립문이 스스로 열리니 봄바람 불어오고,
대나무 울타리에는 성글게 빛나는 가을 달이 가네.

그림자는 녹수에 잠겼으나 옷은 물에 젖지 아니하고,
거울에 비추인 아름다운 여인과는 말이 통하지 않네.

물 수, 탈 승, 미리 용.
문 문, 범 호, 나무 수.
여기서 그대는 무슨 말을 지어낼 것인가?

옥안 "물수탈승미리용勿水脫乘美利龍"에서 의미 있는 글자는 "수승용水乘龍"
일 뿐이고, "문문범호나무수問門犯虎那無樹"에서 의미 있는 글자는 "문호수門
虎樹"일 뿐이다. 그러나 어떠한 경우에도(7자나 3자나) 의미가 성립하지 않는다.
그런데 주석가들을 보면 적당한 의미를 지어내고 있다. 수운은 언어에 얽매인
인간의 어리석음을 조롱하고 있는지도 모르겠다. 물에 잠겨도 옷이 젖지 않고,
아름다운 미인을 대해도 말이 통하지 않는데, 어찌하여 되지 않는 말을 가지고
말을 만들려고 하는가? 수운은 자신의 삶의 모든 언어를 이 세상에 남겼다. 그
러나 수운은 이제 그 언어들을 초월하고 싶은 것이다. 수운이라는 용龍을 타고
날아가자. 더이상 아무 말도 하지 말자. 수운은 한국인의 원형.

17-3 半月山頭梳, 傾蓮水面扇。
반 월 산 두 소   경 련 수 면 선

煙鎖池塘柳, 燈增海棹鉤。
연 쇄 지 당 류   등 증 해 도 구

국역 반달이 산머리에 빗처럼 걸려있고,
늘어진 연꽃잎은 수면에 부채로다.

안개가 연못가의 버들을 자욱히 가두고,
밤 깊어가니 바다의 낚시배 등불은 하나 둘 늘어만 간다.

옥안 자연의 풍경을 있는 그대로 그린 것이다. 언어를 뛰어넘는 여여如如의 경지라 할 것이다. 여기의 "연煙"은 초판본을 따른 것이다. 목천판에서 "烟"으로 바꾸었고, 경주판, 무자판이 다 목천판을 따랐다. 17-3, 17-4의 시는 경진초판본에도 실려 있다.

17-4 燈明水上無嫌隙, 柱似枯形力有餘。
등 명 수 상 무 혐 극 　 주 사 고 형 력 유 여

국역 등불이 물 위에 가득차 서로 비추니
사악한 혐의가 끼어들 한 치의 틈도 없다.

그 물 위에 건물을 받치고 있는 기둥은
말라비틀어진 모양인 것처럼 보이나
그 생동하는 힘은 차고 넘치나니라.

옥안 이 시는 비록 "영소"의 한 편으로 수록되어 있지만, 이것은 독자적인 시로써 수운이 이 세상에서 남긴 마지막 유시이다. 대구감옥에서 죽기 전에 쓴 시이며 해월에게 전한 것이다. 『천도교서天道敎書』・『천도교창건사』에는 해월이 직접 감옥에 변장하고 들어가 이 시를 받은 것으로 되어있으나, 여타 기록에는 곽덕원을 통하여 해월에게 전달된 것으로 나온다. "고비원주高飛遠走"라는 말과 함께 전달된 것이다. 해월은 이 말을 전해 듣고 지체 없이 대구를 떠났다. "고비원주"라는 말씀을 해월은 어김없이 실천에 옮긴 것이다.

　나는 이 시를 어렸을 때부터 좀 나름대로의 이미지를 가지고 받아들였다. "등명수상무혐극燈明水上無嫌隙"을 마치 경회루 같은 건물과 기둥과 연못이 있는 장소를 선택해서 이미지화 했다. 그 연못 위에 연등이 가득차서 한 치의 어둠도 없는 상태! 이미 동학은 민중 사이에서 서로를 비춰가는 등불로서 세상에 혐극이 생겨날 수 없도록 찬란하게 빛나고 있다는 것이다.

　그 사이에 거대한 민족을 떠받치고 있는 기둥(이것은 곧 수운의 모습이다)은 생명을 잃어가고 있는 듯(고형枯形)이 보이지만(나는 곧 참수된다), 그 힘은 차고 넘친다. 나는 이 건물을 떠받칠 힘이 있다. 나는 죽지 않는다. 나는 죽는다. 그러나 나는 죽지 않는다. 이 말을 "형形"과 "역力"으로 대비시키고 있다. 형은 물론 신체라는 형태를 가리키지만, 역은 이미 민중 속에 생동치고 있는 생명력이다. 혁명은 오로지 낙관할 수 있는 자의 것이다. 낙관은 신념의 지속이고, 신념의 지속은 오직 실력에서 생겨난다.

나는 나의 삶의 역정에서 상을 받아본 기억이 별로 없다. 모든 상을 사전에 거절했다. 그런데 동학농민혁명대상은 거절할 수가 없었다. 이것은 1967년에 창립된 정읍 동학농민혁명계승사업회에서 마련한 민중의 뜻이 모아진 상이었다. 동학농민혁명계승사업회는 전두환 신군부에 의해 강제 해산되었다가, 1994년 정읍지역의 농민회, 청년회, 노조, 전교조, 문화단체 회원들이 한마음으로 재건하였다. 나의 왼편에 정읍시장 유진섭俞鎭燮, 오른편에 동학농민혁명계승사업회 회장 김영진金泳璡이 서있다(2020년 5월 9일). 나는 용담연원의 동학사상과 전국민 분기奮起의 동학혁명정신은 하나의 몸뚱이로 이해되어야 한다고 믿는다. 북접이니 남접이니 하는 분별의식은 소견이 좁은 후대의 사가들에 의하여 생겨난 것이며, 동학혁명의 원융한 전체를 이해하는 정당한 방편이 아니다.

XVIII

필법

【筆法】

XIX

유고음

【流高吟】

XX

우음 2

【偶吟】

필 법
筆法

대강大綱 수운이 "근월산외산僅越山外山"이라, 간신히 산봉우리 하나 넘으니 또 산, 또 산이라 했는데, 내가 그 꼴이다. 이제 다 끝나나 보다 했더니 또 큰 봉우리가 들이닥친다. 아이쿠 두야! 주석가들이 대부분 이 「필법」에 대하여 정확한 해석을 제시하지 못한다. 정직한 학자들은 "잘 모르겠다"고 말할 뿐이다.

여태까지 『동경대전』의 연구가, 개화기시대의 불행한 학자들(이들은 고전도 제대로 공부하지 못했고, 서양학문도 주마간산 격에도 미치지 못한다)이 제멋대로 추측해 놓은 것을 금과옥조로 섬기는 학자들의 난필의 범위를 벗어나지 못하거나, 한문을 풀이한다 하면서 대사전들에 나오는 뜻들을 아무렇게나 열거하는 폐단에 묶여 있었다. 이 위대한 경전의 실상이 살아있는 민중의 삶에 접목되지 못한 것이다. 『동경대전』의 연구는 정말 지금부터 시작이라고 말해야 할 것 같다. 정말 우리는 우리 스스로 터무니없는 엘리티즘에 빠져 수운의 인간됨, 그리고 수운이라는 사상가, 시인의 전모, 그리고 예술가로서의 탁월한 자태를 보지 못했다.

나는 지금 여태까지의 연구자들을 비판하고자 하는 것이 아니다. 나 스스로 겸손해야만 하겠다고, 수운을 너무 몰랐다고 고백하고 있는 것이다. 수운을 모르는 상태에서 뇌까렸다면, 기본 에이비씨를, 전혀 해당되지 않는 틀린 함의(connotation)로써 구성했다면, 그러한 명백한 틀림, 1+1이 3이라고 우겨대는 것과 똑같은 명백한 오류의 사태에 대하여 우리는 너나 할 것 없이 반성해야만 하고, 오류를 광정해야만 하는 것이다. 정오표를 내야만 하는 정도의 기초적이고도 명백한 오류에 대하여 변통과 반성과 수정을 거부한다면 어찌 그를 학인이라 말할 수 있으랴!

내가 왜 이런 말을 뇌까리는지, 진실한 예를 하나 들어보자! 지금 수운의 「필법筆法」이라는 12자 8행의 짧은 시에, 제2행 마지막 부분에 "삼절三絶"이라는 말이 들어가 있다. 그런데 이것을 제대로 해석하는 사람이 내가 아는 범위 내에서 근 160년 동안 거의 없었다고 보아야 할 것 같다. 그런데 이 한마디를 제대로 해석하지 않으면 이 시는 전혀 한 데로 가버린다. 시 전체의 의미가 전혀 이해가 되지 않는 것이다. 이 "삼절三絶"을 모두 "세 번 끊어졌다"라는 식으로 해석하는 것이다.

그래서 어떤 주석가는 공자의 "위편삼절韋編三絶"(가죽끈이 세 번 끊어졌다. 『논어』에 나오는 것도 아니고 『사기』「공자세가」에 그 출전이 있다)을 갖다대기도 하는데 도대체 위편삼절과 필법이 무슨 상관이 있단 말인가? 위편삼절과는 연이 닿지 않으니 이제는 말을 막 만들어낸다: "이것은 조선의 국운이 세 번이나 끊어진다"는 것을 상징한 말이라든가, 후대의 해월의 설법의 언어와 연결시킨다든가, 심지어 그것은 삼팔선을 예언한 것이라든가, 벼라별 임의의 공상적 얘기를 마구 지어내는 것이다. 표영삼 선생님처럼 "잘 모르겠다"고 말씀하는 것이 아니라, 불확실한 자기 해석을 아주 확고한 정답처럼 말하는 것이다.

지금 이 「필법」이라는 하나의 시가 『동경대전』에서 외롭게 고립되어 있기 때문에 그 전체맥락에 드러나있지를 않고, 더 큰 문제는 우리가 수운이라는 인간을 인식하는 방식에 근본적인 하자가 있기 때문에, 이 「필법」이라는 시를 인식하는 우리의 총체적인 의미체계가 왜곡되어버리고 마는 것이다. 수운의 필법이라구? 그것은 아마도 뭐 부적 같은 것 쓸 때, 어떻게 쓰라는 얘기 아닐까? 이런 식으로 우리의 인식체계가 암암리 수운을 얕잡아 보거나, 수운의 프로페셔널리즘을 아마츄어 수준의 말장난처럼 취급해버리고 마는 것이다. 다시 말해서 수운의 정신세계, 그의 예술세계에 대한 전문적인 식견이 우리에게 없는 것이다.

수운은 평생 붓과 더불어 살았다. 다시 말해서 "서도書道"는 그의 삶의 일상에 배어있던 예술이었다. 서한말의 양웅揚雄, BC 53~AD 18이 한 말이지만, "말言은 마음의 소리이고, 서書는 마음의 그림.言心聲也, 書心畵也."이라는 얘기가 있다. 글씨는 단순한 형상이 아니라 마음의 상태를 표현하는 것이다. "글씨는 스스로 그러함에서 비롯된다. 스스로 그러한 자연의 질서가 확립되자, 음양이 생겨났고, 음양이 생겨나자, 형세가 나왔다."(夫書降于自然。自然旣立, 陰陽生焉。陰陽旣生, 形勢出矣。채옹蔡邕, 133~192의 말). 글씨는 일음일양一陰一陽의 원리에 따라 스스로 그러하게 동정動靜과 강유强柔, 그리고 서렴舒斂과 허실虛實 등의 리듬을 탄다는 뜻이다.

우리는 동학의 본질적 성격을 이해하는 데 있어서 이 서예의 중요성을 반드시 이해해야 한다. 수운이 잡혀서 과천까지 끌려갔다가 다시 대구감영으로 내려와서 최후적으로 큰칼을 차고 관찰사 서헌순徐憲淳에게 문초당할 때도, 마지막으로 그가 한 말이, "아동들을 권면하여 글씨를 쓰게 하면 하늘이 그들에게 필법을 내리시는 법, 내 죄는 교육을 필요로 하는 그들에게 글씨를 가르쳐준 죄밖에는 없다"라는 말이었다(제1권 p.239). 수운은 틈이 나는 대로 종교를 포교한 것이 아니라 사람들에게 글씨를 가르쳤다. "글씨쓰기"는 최고의 매력 있는 포덕이었다. 지금과는 달리, 글씨를 쓰려면 종이가 있어야 하고, 붓과 먹과 벼루가 있어야 한다. 그런데 일반가정에서 이 문방사우文房四友를 확보한다는 것은 하늘에 별따기였고, 많은 경비를 요구하는 일이었다.

수운은 자신의 도장道場을 항상 글 쓰는 도장으로 만들었다. 무엇을 썼을까? 사서삼경을 쓰게 했을 리는 없다. 그러나 영부를 썼을 것이고, 그가 지은 한시나 논문이나 또는 한글가사를 쓰게 했을 것이다. 그리고 21자 주문을 쓰게 했을 것이다. 이것만으로도 사람들이 창조적으로 도를 닦는 수련의 시간을 가질 수 있는 매우 훌륭한 기획이었다. 수운은 사람들을 모아놓고 강론을 하여 사람을 홀리기보다는 이런 구체적인 행위를 통해서 도인들이 스스로 "수심정기"를 실천하는 체험을 갖기를 원했던 것이다.

1862년 11월, 수운이 해월의 주선으로 흥해의 손봉조 집에 거처를 새롭게 정하였을 때도, 동네 아동들에게 붓글씨 가르치는 훈장노릇을 매일같이 했다. 그리고 수운 본인이 그의 글씨가 뜻대로 만족스러운 모습을 갖추지 못하는 것을 보면서 하느님께 자신의 마음상태의 부족함을 호소했다. 고통스럽게 울부짖는 모습이 매우 리얼하게 그려져 있다(제1권 pp.185~186).

글씨는 단순한 의미의 형상이 아니다. 그 형상을 창출해내는 나의 마음의 의기意氣가 앞서가야 한다. 이것을 우리나라의 서예가 원교 이광사는 "의재필전意在筆前"이라고 표현했다. 서예의 본질이란 개인의 무한한 의기意氣를 스스로 그러한 이치에 부합시킴으로써 천기조화天機造化의 묘妙를 구현하는 것이다. 이때 의기意氣란 창작에 임하는 서예가의 정신상태이다. 이 정신상태는 살아있는 모든 것이 본성에 따라 제 모습을 달리하듯이 글씨를 쓰는 사람의 의기상태에 따라 글씨는 달라질 수밖에 없다. 글씨는 정형이 있을 수가 없다. 그 변태變態는 무궁한 것이다. 이것이 바로 의재필전의 의미인 것이다.

그렇다면 글씨의 경지의 기준은 무엇인가? 서법이란 살아 움직이는 것을 귀하게 여기는 것이다. 살아 움직이기 때문에 일정한 자태가 있을 수 없다. 완벽한 조형미를 과시하면서 고정되어 있는 아름다운 글씨는 오히려 죽어있는 글씨다. 그것은 생동하는 기氣를 발출하지 않는다.

그러니까 하나의 획이 모두 살아있는 생명체이고, 운필이란 그 생명체의 운동을 구현하는 것이다. 이것이 바로 자연의 천기조화이다. 수운은 이것을 "만법萬法이 모두 일점一點에 있다"라고 표현한다. 이것은 석도石濤, 1642~1707가 그의 『화론』의 첫머리에서 "태고에는 법이 없었다. 우주라는 통나무는 흩어지지 않는다. 그런데 그 통나무가 한번 흩어지면 법이라는 게 생겨난다. 법은 어디에 서는가? 바로 법은 한 획 위에 선다. 한 획이야말로 모든 존재의 근본이요, 만상의 뿌리이며, 그 쓰임을 하느님께 드러내고 또 사람 속에 감추어둔다. 그런데도 세인은 그 일획을 알아차리지 못한다. 太古無法, 太樸不散。太樸一散, 而法立矣。法於何立? 立於一畫。一畫者, 衆有之本, 萬象之根, 見用於神, 藏用於人, 而世人不知。"(도올 김용옥, 『석도화론』, pp.35~36)

석도가 말하는 일획이나, 수운이 말하는 일점一點이라는 것은 정확하게 일치하는 개념이다.

수운은 한 획을 그을 때, 그 획이 살아있어야 한다고 생각한다. 살아있는 것은 일정한 자태가 있는 것이 아니다. 항상 꾸물거려야 한다. 수운에게 서도는 곧 하느님을 만나는 과정이다. 천지의 조화를 좁은 공간에 실현하는, 마이크로코스모스의 창출이었다. 그것을 태워서 먹는다는 것은 곧 하느님을 먹는 것이다.

자아! 이 정도에 오면 내가 무엇을 말하려 하는지 알아차렸을 것이다. 수운은 매우 프로페셔날한 서예가였고, 서도의 정신을 온몸에 구현한 인간이었다. 그래서 「필법」의 첫머리에 "수이성어필법修而成於筆法"이라는 말을 하고 있는데, 이것은 바로 "수심정기修心正氣"의 다른 표현인 것이다. 마음을 닦는다는 것은 하느님의 마음을 닦는 것이요, 하느님의 마음을 닦는다는 것은 바로 종이 위에 필력을 통하여 살아있는 하느님의 마음을 그려내는 것이다.

자아! 그렇다면 도대체 "삼절三絶"이란 무엇인가? 이것은 "세 번 끊어졌다"

는 의미와는 전혀 무관한 것이다. 천도교의 지식인 중에 제대로 된 사람이라면, 함부로 추측을 하지 말고 이 문구를 예술사 방면의 대유大儒에게 문의하여 매우 상식적인 해답을 취했어야 했을 것이다. 이 삼절은 서예의 역사에서는 빼놓을 수 없는 에포칼한 사건이며 작품을 의미하는데, "삼절三絶"이란 곧 "세 번의 끊어짐"이 아니라, "송도삼절松都三絶"(박연폭포는 사람은 아니지만)과도 같이 "탁월한 세 사람," 혹은 세 사람이 모여 만든 작품을 의미한다.

여기 "삼절"이란 바로 "수선삼절受禪三絶"이라는 말의 줄임말로 쓰인다. 여기 "수선受禪"이라는 말은 조조의 아들 조비가 후한의 마지막 황제 헌제獻帝로부터 선양을 받는 것을 기록한 역사적 비이다. 이 비가 서있는 장소에서 실제로 선양식이 이루어졌다(황초黃初 원년, 220년 동 10월 29일). 이 비는 지금도 하남성 임영현臨潁縣 번성진繁城鎭 내의 수선대 앞에 서있다. 이 비는 높이가 3.22m인데 너비가 1.02m이고 두께가 0.28m이다. 그런데 비문은 한대의 예서로 쓰여져 있다. 22행인데 1행에 49자가 들어가 있다.

그런데 이 비는 보통 세 사람의 걸출한 인물이 만들었다고 알려져 있다. 왕랑王郞이 글을 짓고, 양곡梁鵠이 글씨를 쓰고, 종요鍾繇가 전자鐫字를 했다고 해서 이 비를 삼절비라고 부르는 것이다. 그런데 실상 이 비의 글씨는 종요鍾繇, 151~230의 것으로 알려져 있다. 종요는 자가 원상元常, 예주豫州 영천군潁川郡 장사현長社縣 사람인데 탁월한 천재였으며 서법가書法家였다.

종요가 문제가 되는 것은 그의 서법이 후대 동진의 서성書聖 왕희지王羲之, 303~361의 서법의 뿌리를 이루기 때문인 것이다. 종요는 한대漢代의 예서를 해서로 발전시키는 데 중요한 공헌을 했고, 그것이 왕희지에 와서 해서·행서·초서의 찬란한 발전을 보게 되는 것이다. 보통 이 두 사람을 가리켜 "종왕鍾王"이라 부르는데 종요는 "해서비조楷書鼻祖"로 존칭된다.

지금 수운이 "삼절三絶"을 이야기한 것은 바로 종요의 수선비를 두고, 수운이 도달하고 싶어하는 왕희지의 필법(계속해서 자신의 글씨가 왕희지를 닮았다고 여기저기서 언급한다)의 경지의 원본이 수선비에 남아있기 때문인 것이다. 동진 왕희지의 글씨는 너무도 유명해서 가짜가 많아 그 진품을 분변키 어렵다. 그러나 수선비는 확실한 비석이 남아있고 그것에 의하여 유통되는 탁본계열이 우리나라에도 많이 들어와 있었던 것 같다(원교 이광사도 소장하고 있었다).

　　뿐만 아니라 이 수선비는 비록 위나라 황초 원년에 세워졌지만 실제로 한대의 품격을 유지하고 있으며 그 전체결구가 방엄정숙方嚴整肅 하고 용필用筆이 강건참절剛健斬截 하고 의기意氣가 웅위배탕雄偉排宕 하다. 전체적으로 한나라 명비名碑의 골기骨氣와 탐목연아探穆淵雅한 대가의 풍범風範을 잃지 않고 있어 서예사에서 항상 문제가 된다. 해서의 맹아로서 그 품격이 가장 오리지날한 원조로 인식되는 것이다. 수운이 둘째 줄에서 "수불실어삼절數不失於三絶"이라고 말한 것은 자신과 조선의 서법이 결코 그 삼절비의 오리지날리티에서 어긋남이 없다는 것을 천명하는 호쾌한 발언인 것이다.

　　이러한 수운의 전문적인 서예사의 감각을 파악하지 못한 채 "국운이 세 번 끊겨도 ……" 운운하면서 터무니없는 이상한 말들을 계속 꾸며댈 것인가? 나와 뜻을 같이하는 도반들은 용감하게 반성하리라고 확신한다. 자아~ 이제 본문을 들여다보자!

18-1 修而成於筆法，其理在於一心。
　　　　수 이 성 어 필 법　　기 리 재 어 일 심

象吾國之木局，數不失於三絶。
상 오 국 지 목 국　　수 불 실 어 삼 절

生於斯得於斯，故以爲先東方。
생 어 사 득 어 사　　고 이 위 선 동 방

愛人心之不同, 無裏表於作制。

애 인 심 지 부 동　　무 리 표 어 작 제

安心正氣始畫, 万法在於一點。

안 심 정 기 시 획　　만 법 재 어 일 점

前期柔於筆毫, 磨墨數斗可也。

전 기 유 어 필 호　　마 묵 수 두 가 야

擇紙厚而成字, 法有違於大小。

택 지 후 이 성 자　　법 유 위 어 대 소

先施威而主正, 形如泰山層巖。

선 시 위 이 주 정　　형 여 태 산 층 암

국역 하느님의 의기意氣를 닦아서 필법을 이루어가는 과정은,

그 이치가 오로지 동귀일체의 한마음에 있는 것이다.

> (※필법을 "수修"라는 동사로 시작한 것은, 수운에게 있어서 필법은 수심정기修心正
> 氣의 방편이었다는 것을 의미한다).

우리의 필법은 우리나라가 동방에 위치하여 항상 봄을 맞이하는 목木
의 기국을 닮았으니, 그 품격의 수數가 수선삼절비문의 원초적이고도
엄정한 해서楷書풍도風度에서 벗어남이 없다.

> (※수운은 동진東晉의 왕희지 필법을 넘어서서 그 모체가 되는 한대의 심층필법을
> 추구하고 있다).

우리는 이 땅 조선에서 태어나 이 땅에서 득도하였으니
필법 또한 우리 동족 이 땅의 자생적 법도를 우선하노라.

살아있는 사람의 마음이 제각기 다른 것을 귀하게 여기기 때문에(필
법에 연역적 규범이 없다는 뜻) 그 필법의 작제作制에 있어서 내면과 외면의
표리가 있지 아니하다.

하느님의 마음을 편안케 하여 기를 바르게 할 때 비로소 운필하노니,
만 법이 단 한 점에 있나니라.

초보자는 붓끝이 꼿꼿이 서질 못하고 물러터졌으니,
먹을 여러 말을 갈아야만 붓에 힘이 생길 것이다.

종이는 도타운 것을 택해야 글씨가 제대로 이루어지나니, 글씨 쓰는
법은 작은 글씨와 큰 글씨가 제각기 다르다(각자의 법도가 있다).

먼저 위엄을 베풀고 꼿꼿한 자세로 중봉의 붓가짐을 유지하라.
그래야 글씨모양이 태산에 층층이 쌓인 바위처럼 웅장하리라.

옥안 자세한 설명은 약하겠으나 독자들이 스스로 원문과 번역을 잘 대조해가
면서 그 뜻을 잘 새겨주었으면 한다. 그러나 이 필법 하나만 해도 수운의 유니
크한 예술론이 된다는 것을 알아주었으면 한다. 그리고 수운이 시인으로서만
아니라 서도가로서도 다시 조명되어야 한다고 나는 생각한다. 수운의 「필법」
이라는 시는 조선의 서예사에서 유니크한 위상을 지니는 작품이라고 생각되며,
그것은 독자들이 원교 이광사李匡師, 1705~1777의 『서결書訣』이라는 작품을
독파하지 않으면 제대로 이해할 수가 없다.

『서결』은 『신편 원교 이광사 문집』(서울: 시간의 물레, 2005)에 실려있다. 우리
말 번역은 아직 내가 찾지 못했다. (이진선, 『강화학파의 서예가 이광사』[서울: 한길사,
2011]는 매우 훌륭한 개설서이다.) 나는 수운이 원교의 적통을 잇고 있다고 생각한
다. 추사는 모화주의자이며 자기 스승 박제가를 잘못 배웠다. 원교를 완전히 곡
해하고 있다. 추사의 「서원교필결후書圓嶠筆訣後」라는 글은 어린아이의 트집,
땡깡에 불과한 실로 유치한 글이다. 수운의 서도의 세계는 추사와는 차원이 다

르다. 원교의 정신을 잇고 있다.

그런데 수운의 가장 큰 문제는 글씨가 남질 않았다는 것이다. 그의 편지나 통문 류의 글이 남았으면 좋은데 일체 현존하는 것이 없다. 1920년대까지만 해도 "거북 귀"자 한 글자의 큰 글씨 진적이 남아있었다고 하나, 지금은 그것도 사라지고 사진만 남아있다. 그러나 그것으로는 수운의 서도경지를 알기 어렵다. 수운은 그토록 많은 서도작품을 쓴 사람인데도 불구하고 그의 작품이 민간에 보존되지 않은 이유는 대역죄인으로 죽었기 때문이라기보다는, 약효가 높다는 이유로 불살라 그 재를 물에 타먹었기 때문이라는 생각도 든다. 이것은 그냥 나의 추론이다. 어디선가 수운의 진적이 발견되기를 간구한다. 영해, 영덕지역에 남아있지 아니할까?

여기 우리나라를 "목국木局"으로 비유한 것은 후대 김일부의 『정역』사상이 추구하는 "천지정위天地正位"와 "간동태서艮東兌西"의 산택통기山澤通氣를 암시하고 있는 것으로 볼 수도 있다. 『정역』은 간방艮方(=동방東方=목국木局)을 중심으로 한 새로운 『역』이며, 간방은 곧 우리나라 조선대륙을 의미한다. 만물이 종료되고 또 새롭게 시작되는 근원으로서의 우리나라를 주축으로 주역팔괘 방위도를 새롭게 짠 것이다.

이 「필법」이라는 글은 수운이 1863년 떠돌이생활을 청산하고 용담에 돌아왔을 때 지은 것이다.

이 텍스트에서 우리가 발견할 수 있는 위대한 사실은 제일 마지막 행의 "선시위이주정先施威而主正"의 "시施"가 목천판에서 "始"로 잘못 선택되어(문선할 때 발음으로 기억하여 잘못 선택하는 오류의 전형), 경주판, 무자판, 신묘판이 모조리 목천판의 오류를 답습하고 있다는 사실이다. 이 오류는 오늘날의 『천도교경전』에까지 계승되고 있다.

강원도 홍천 풍암리 동학혁명군 위령탑

동학혁명 하면 전라도 기포만을 연상하기 쉽다. 1894년 고부에서 시작한 투쟁은 전국으로 확대되었다. 강원도에서도 9월 4일 강릉부를 점령한 후 11월까지 혁명군의 활동이 계속 되었다. 이 지역의 5읍 대접주 차기석車箕錫은 맹렬하게 싸웠는데 무려 800여 명의 동지들이 아낌없이 목숨을 바쳤다. 진등고개에 피가 우리는 경진초판의 오리지날한 성격을 계속 탐색해왔는데, 이제 확고한 결론에 도달할 수 있다: 경진초판본의 모본은 수운의 필사본 원본임에 틀림없다. 다시 말해서 해월은 그 지독한 간난 속에서도 수운의 필사본을 지키는 데 성공했던 것이다. 경진판의 위대성은 그 필사본의 "원양原樣"을 지키고 있다는 데 있다. 목천판의 조판자들은 수고手稿를 기초로 한 것이 아니고 간출된 판본을 옮기었고, 그 과정에서 문선의 오류가 발생했다는 것을 알 수 있다. "시위施威"(위엄을 베풀다)가 "始威"(위엄을 시작하다)가 될 수 있는 가능성은 전무하다. 문자로 보면 항상 경진판이 우위를 점한다.

자작자작 깔렸다 하여 지금도 "자작고개"라고 불리운다. 새마을사업으로 길을 닦다가 숱한 유해를 발견, 주민들이 뜻을 모아 위령탑을 세웠다(1977년 12월 3일). 해월이 인제접을 중심으로 『동경대전』과 『용담유사』를 간행할 때 뜻을 모았던 동학의 동지들이 사방에 흩어져 이와같은 투쟁을 전개했던 것이다. 그들의 소망을 구현하는 것은 21세기를 사는 우리들의 몫이다.

XIX

유고음
流高吟

대강大綱 「유고음」은 경주판에서 추가된 것이며 경진초판본과 목천판에는 나타나지 않는다. 「유고음」이라 이름은 시 두 행의 첫 글자를 따서 만든 것이다. "유수불식流水不息"의 "유"와, "고봉흘립高峯屹立"의 "고"를 합성한 것인데, 그 의미는 "흐르는 듯 드높게 읊다"라는 뜻이 된다. 이것은 남원에 있을 때, 은적암에서 웅장한 지리산을 바라보면서 읊은 것이다. 지리산을 예부터 "두류산頭流山"이라고도 불렀던 것을 생각하면 시의 제목과 지리산의 모습은 잘 어우러진다.

수운의 기개와 포부, 그리고 매우 현실적인 전략이 잘 드러나 있는 소박하고 아름다운 시이다.

19-1

高峯屹立, 群山統率之像。
고 봉 흘 립　군 산 통 솔 지 상

流水不息, 百川都會之意。
유 수 불 식　백 천 도 회 지 의

明月虧滿, 如節夫之分合。
명 월 휴 만　여 절 부 지 분 합

黑雲騰空, 似軍伍之嚴威。
흑 운 등 공　사 군 오 지 엄 위

地納糞土, 五穀之有餘。
지 납 분 토　오 곡 지 유 여

人修道德, 百用之不紆。
인 수 도 덕　백 용 지 불 우

국역 높은 봉우리가 우뚝 솟은 것은 군산群山을 통솔하는 기상이요,

흐르는 물이 쉬지 않는 것은 백천百川을 모아 품으려는 뜻이니라.

(※"높은 봉우리"는 지리산을 바라보면서 우뚝 서있는 자신의 모습을 그 장쾌한 모
습에 비견하고 있다. 동학운동은 역시 리더십의 확고한 센터가 있어야겠다는 것을
남원에 와서 다짐하고 있는 것이다. 그러나 리더십이란 우뚝 솟기만 해서 되는 것이
아니요, 계곡의 흐르는 강과도 같다. 끊임없이 흐르고 흘러 모든 시냇물을 끌어모아
야 하는 것이다. 동학이 수운의 리더십 아래 도도한 강물이 되어 흐를 것을 예견하
고 있는 것이다).

명월이 차고 기우는 것은
절개 있는 사나이들이 만났다 헤어지는 것과도 같은 씩씩한 모습이요,
검은 구름이 뭉게뭉게 창공에 펼쳐지는 것은
대군의 오열伍列의 위엄과도 같다.

(※"절부지분합節夫之分合"은 신출귀몰하는 병법을 연상시킨다. 절개 있는 사나이
들은 헤어지고 만나는 것이 자유롭다. 변절하지 않는다. 지금 잠시 헤어졌지만 우리는
또 만난다. 그리고 나는 여기 전라도에서도 또 많은 동지를 만나고 있다. 수운은 전
주에까지 가서 포덕했다 한다. 구름이 뭉게뭉게 하늘로 솟아오르는 모습은 지리산의
풍광을 읊은 것인데 동학의 세력이 위엄 있게 전개되어 나가는 모습을 형상화한 것
이다. 동학혁명을 수운은 이미 예견했을지도 모른다).

땅은 거름을 들여야 오곡의 풍성한 결실이 남음이 있고,
사람은 도덕을 닦아야 백 가지 쓰임이 어그러짐이 없다.

(※앞의 두 줄은 피신중인 수운의 희망과 절개와 포부의 웅장함을 지리산세에 빗대어 읊은 것이다. 그러나 그것은 미래상이다. 그러한 미래의 실현을 위하여 지금 우리는 무엇을 해야 하는가? 지납분토地納糞土 해야 오곡이 유여有餘 하고, 인수도덕人修道德이래야 백용이 불우不紆하다. 여기 땅과 사람의 비유는 절묘하다. 수운은 역시 선동가가 아니다. 급격한 결실을 원하지 않는다. 결실에 앞서 꾸준히 들여야 하는 거름이 필요하고, 사람에게 백 가지 쓰임이 발현하려면 꾸준히 도덕을 닦아야 한다. 땅에는 거름! 사람에게는 도덕! 생명의 원천을 강화시키는 생기生氣의 주입이 필요한 것이다).

옥안 앞의 두 절은 4·6자로 되어있고 제3절은 4·5자로 되어있다. 수운은 일체 이러한 형식에 구애받지 않고 있다는 뜻이다. 운에도 평측에도 자수에도 일정한 규칙이 없다. 오로지 참뜻을 드러내기만 하면 된다.

이 시는 매우 평이하지만 수운의 전모를 알게 하는 매우 탁월한 시이다. 그리고 수운이 「수덕문」에서 한 말, 인의예지는 선성의 소교이지만, 수심정기修心正氣는 오직 나의 창안이라고 한 말의 뜻을 되새기게 만든다. "수심정기"는 유가에도 있고 불가에도 있으나 혁명을 위하여, 개벽을 위하여, 그 사회적 전략으로서 언급된 적은 없다. 수운의 "수심정기"는 오로지 사회적 실천을 전제로 한 것이다. 뭉게뭉게 피어오르는 지리산의 장엄한 대오와도 같은 것이다.

"수심정기"의 "수修"의 뜻을 잘 생각해보라! 돈오는 존재자로서 존재하는 것이 아니다. 돈오는 점수漸修의 한 계기일 뿐이다. 우리 인생은 점수의 과정일 뿐이다. 허황된 득도에 홀려 도를 이야기하지 말라!

우음 2
偶吟

대강大綱 이 시는 앞에 이미 「우음」이라는 제목으로 소개된 시들과 별도로 다시 「우음」이라는 제목으로 경주판에 처음 등장한 시이다. 그래서 「우음 2」라고 내가 앞 시들과 구분하기 위하여 "2"를 덧붙였다. 이 시 또한 5·5·7·7자의 얼핏 끊어 읽기 어려운 파격적인 시인데, 이 시는 수운이 홍해 매곡동 손봉조의 집에 있을 때 답답한 느낌을 읊은 시라고 한다. 그러니까 1863년 2월 경에 쓴 시며, 그의 생애 마지막 해를 내다보면서 쓴 시라고 보아야 한다.

내가 이렇게 모든 시의 역사적 배경 분위기를 알 수 있는 것은 20년 전 표영삼 선생님과 단 둘이서 진행했던 세미나의 노트장이 남아있기 때문이다. 선생님은 정말 모든 문헌을 진지하게 탐구하셨고, 그 모든 수운의 이야기를 자신의 삶의 이야기로 체화시켜서 나에게 말씀해주셨는데 한 말씀 한 말씀이 모두 감동이었다.

지금 내가 이 글을 쓰고 있는 창 밖에는 만주땅에서나 볼 수 있었던 백설이 분분히 날리며 나의 서재 창문을 때린다. 창 밖에는 채마밭이 있다. 그리고 채마밭 한켠에 봉혜의 무덤이 있다. 봉혜비석 위에 눈이 소복이 쌓인다. 그리고 그 옆에 앙상한 나뭇가지들이 어지럽게 놓여있다. 정말 지쳤다. 진실로 힘든 과정이었다. 과연 이 여로는 끝이 날 것인가? 표 선생님과 냉면 한 그릇 들이키고 싶다. 미국에서 "미나리"라는 영화가 엄청난 선풍을 일으키고 있다 한다. 듣기 좋은 소식이다.

20-1 風過雨過枝, 風雨霜雪來。
　　　　풍 과 우 과 지　　풍 우 상 설 래

風雨霜雪過去後, 一樹花發萬世春。
풍 우 상 설 과 거 후　　일 수 화 발 만 세 춘

국역 바람이 지나고 비가 지나간
　　　 가지 끝에
　　　 바람이 또 오고, 비가 또 오고,
　　　 서리가 또 오고, 눈이 또 오네.

　　　 바람, 비, 서리, 눈이 지나간 후엔
　　　 한 나무에라도
　　　 꽃이 피기만 하면
　　　 만세의 봄이 오지 않겠나!

옥안 겉으로는 시련 끝에 개벽의 시대가 온다는 것을 암시하고 있지만, 이 시의 전체적인 톤 속에는 만세의 봄을 위하여 자기는 죽게 되리라는 비감이 감추어져 있다.

XXI

퉁문

【通文】

통 문
通文

대강大綱 "통문"이란 인쇄술이나 통신기술이 발달하지 않았던 옛날에는, 문서를 작성하여 제한된 사람들끼리 돌려보는 일종의 도내道內 고지문 같은 것이다. 이 문장이 "우문右文"으로 시작되는 것은 좌단에 본인의 싸인이 있기 때문에 이 통문을 우문이라고 부른 것이다.

이 통문은 1862년 늦가을 수운이 경주부로 불려가서 곤욕을 치르고 나서 용담으로 돌아와 사태의 심각성을 깨닫고 쓴 것이다. 그가 경주부에 불려갔다가 나온 것은 10월 5일인데 이 통문을 쓴 것은 10월 14일이다. 우리가 날짜까지 정확하게 알 수 있는 것은 『대선생주문집』에 그것이 정확하게 기술되어 있기 때문이다(제1권 p.183 참고). 혹자는 수운이 경주부의 압박을 받고 이 글을 쓴 것처럼 이야기하나, 그것은 수운의 정신세계를 전체적으로 파악하지 못한 사람들이 하는 말이다. 이것은 결코 타율적으로 쓴 글이 아니다. 수운의 모든 글은 수운의 주체적 판단에 의한 것이다. 이 글의 내용은 수운의 실존적 판단 (Entscheidung)이다.

이 통문이 문제가 되는 것은 수운이 동학이라는 도의 외형이나 조직의 유지나 팽창을 위하여 도유들의 삶이 망가지거나 오해를 받는 일이 있어서는 아니

되겠다는 결연한 의지를 표방하고 있는 것이다. 수운은 애초부터 종교조직을 만들 생각이 없었다. 단지 포덕을 하다보니 자연스럽게 동학은 사회운동화 되었고, 사회운동화 되다보니 결국 조직이 필요하게 된 것이다.

그러나 이러한 사태로 인하여 탄압을 받게 되는 일이 생겨나자, 수운은 도인들이 자신의 외면적 아이덴티티를 동학도라는 규정성 속에 가두어 화를 입는 일이 있어서는 아니 되겠다는 생각을 한다. 기독교는 탄압에 저항하는 순교정신을 통하여 초대교회를 확산시켰다. 이 순교의 배경에는 "하늘나라Kingdom of Heaven"라고 하는 초월계가 있었던 것이다. 그러나 동학에는 초월계가 없다. 그래서 수운은 "순교"를 권장하지 않는다.

순교는 곡해의 소산이다. 그럴 바에는 차라리 "기도棄道," 도를 버리라고 충언한다. 여기 "도를 버리라"고 하는 것은 배교를 의미하는 것이 아니라, 자기의 아이덴티티를 내면화시키라는 것이다. 외면적으로 트집잡힐 구실을 만들지 말라는 것이다. 결국 조직은 진실만 있으면 언제고 다시 생겨난다는 믿음이 수운에게는 있는 것이다.

천도교 사람들은 여기 "기도棄道"라는 말을 애매하게 번역할 뿐 아니라, 이 수운의 말 때문에 경전에서 「통문」「통유」를 같이 제거시켰다. 수운이 해월에게 자신의 원고를 간행할 것을 당부한 뜻을 잘 알 수 있다. 인쇄를 하지 않았다면 이 두 글은 자취 없이 종적을 감추고 말았을 것이다. 경진초판본에서부터 우리의 위대한 해월은 정확히 이 두 문장을 『동경대전』에 포함시켰다.

21-1 右文爲通諭事。當初敎人之意, 病人勿藥自效, 小兒
　　　　　우문위통유사　　당초교인지의　　병인물약자효　　소아

得筆輔聰, 化善其中, 豈非世美之事耶! 已過數年,
득필보총　　화선기중　　기비세미지사야　　이과수년

吾無禍生之疑。不意受辱於治賊之下者, 此何厄也?
오 무 화 생 지 의　불 의 수 욕 어 치 적 지 하 자　차 하 액 야

是所謂難禁者惡言, 不施者善行。若此不已, 則無根
시 소 위 난 금 자 악 언　불 시 자 선 행　약 차 불 이　즉 무 근

說話, 去益構捏。末流之禍, 不知至於何境。況此若
설 화　거 익 구 날　말 류 지 화　부 지 지 어 하 경　황 차 약

是善道, 同歸於西夷之學, 切非羞恥之事耶! 何以參
시 선 도　동 귀 어 서 이 지 학　절 비 수 치 지 사 야　하 이 참

禮義之鄕, 何以忝吾家之業乎! 自此以後, 雖親戚之
예 의 지 향　하 이 첨 오 가 지 업 호　자 차 이 후　수 친 척 지

病, 勿爲敎人。而曾者傳道之人, 竊査極覓, 通于此
병　물 위 교 인　이 증 자 전 도 지 인　절 사 극 멱　통 우 차

意。盡爲棄道, 更無受辱之弊。故茲明數行書, 布以
의　진 위 기 도　갱 무 수 욕 지 폐　고 자 명 수 행 서　포 이

示之, 千万幸甚。
시 지　천 만 행 심

국역 우편의 문장은 내가 도유들에게 간곡히 통유하는 글이다. 내가 당초에 사람들을 가르친 뜻이라고 하면, 병인들에게 약을 쓰지 않아도 저절로 낫는 효과가 있었고, 어린 아동들에게 필법을 전수해주면 그들이 총명을 더해가는 모습을 볼 수 있었기 때문이었다. 이러한 나의 가르침 속에서 그들이 더 좋은 방향으로 변해가기만 했으니, 이야말로 세상에 아름다운 일이 아니고 또 무엇이겠는가! 이렇게 아름다운 일을 하면서 보낸 세월이 이미 수년이다. 이 몇 년 동안 나는 나로 인하여 화가 생겨나리라는 것은 꿈에도 생각하지 못했다.

그런데 뜻하지 않게 내가 도둑놈들을 다스리는 무지막지한 자들의 손에 곤욕을 당하고 보니, 이게 도대체 뭔 액운이리오? 이것이야말로,

흔히 세상에서 말하는 바, 악한 말은 금하기 어렵고 선한 행동은 베풀기 어렵다고 하는 그런 정황이 아니겠는가? 이런 정황이 계속된다면, 무근한 설화들이 날조되어 눈덩이처럼 굴러갈 것이고, 말류의 화가 어느 지경에 이르게 될지 알 수가 없다. 하물며 우리 동학처럼 아름답고 선량한 도를 서양 오랑캐의 학과 같은 것으로 취급해버리니 진실로, 진실로 수치스러운 일이 아니고 무엇이겠는가? 이렇게 되면, 우리가 무슨 낯으로 예의의 고향에 참여하겠으며, 대대로 내려오는 집안의 가업을 얼마나 욕되게 하겠느냐?

(※지역사회에서 낯을 들 수가 없다는 뜻. 초판본에는 분명히 "첨忝"으로 되어 있다. 목천판, 경주판, 무자판이 다 "첨忝"이다. 후대의 천도교사람들이 쓰는 책들에서 "참參"으로 나타난다. 윤석산의 번역본에도 "參吾家之業乎"로 되어 있는데 그 출전을 모르겠다. 경주판을 오독한 것으로 사료된다. 김경창 역 『東經大全』(正民社)에는 "忝吾家之業乎"로 바르게 되어있다).

내가 이 통문을 그대들에게 발한 이후로는, 우리 도유들은 일체 친척의 병이라 할지라도 방문하여 주문을 외우거나 하는 가르침을 베풀지 말 것이다. 그리고 이미 앞서 도를 전한 사람들도 다 찾아내어 비밀리 만나 이러한 뜻을 전하라. 모두 도를 버리어(※동학도라는 외면적 딱지를 떼어라! 조직이 우리의 목적이 아니다) 욕을 당하는 폐단이 없도록 하라. 여기 몇 글자 써서 밝히고, 펴서 보이노니, 나의 심경을 헤아려주면 천만다행이겠노라.

옥안 진실로 수운의 아름다운 마음씨가 담긴 소박한 글이라 하겠다. 천도교경전에 반드시 이런 훌륭한 글을 빼놓지 말고 집어넣어야 한다. 현재의『천도교경전』은 새로 발굴된 자료들을 포섭하지 못했고, 새롭게 발견된 수많은 출전에 의한 정밀한 해석을 포용하지 못해, 의미가 통하지 않는 경우가 많다.『천도교

경전』이 동학을 일반에게 알리는 데 기여한 바도 크지만, 그 생동하는 의미를 전하기에는 너무 나른한 모습을 유지하고 있는 것이다. 천도교야말로 다시개벽을 요구하고 있다. 후대 교리주석가들이 만들어낸 "한울"을 버리고, 수운 선생 본인이 말씀하신 "하느님(하늘님)"으로 되돌아가는 종교혁명이 일어나야 한다(최동희 교수, 김인환 교수, 박맹수 총장, 나, 표영삼 선생, 성주현 박사가 모두 한울을 벗어나 하느님으로 돌아가야 한다고 주장한다).

나는 단지 천도교가 수운의 본모습을 되찾아야만, 동학이 이 사회에서 다시 생명력과 활기를 되찾을 수 있다는 것을 환기시키고 있을 뿐이다. 천도교는 동학의 정맥을 이은 중요한 조직이다. 의암 손병희의 결단에 의하여 수운 – 해월의 적통을 지킨 건강한 조직이며 우리나라 20세기 역사에서 천도교만큼 우리민족의 본질적 각성을 위하여 헌신한 종교운동도 찾아보기 힘들다. 3·1독립만세운동은 천도교가 주축이 되어 일으킨 혁명이다.

우리민족은 어느 누구도 천도교에 적대적인 감정을 지니고 있질 않다. 천도교가 변화의 동력을 어디선가 얻기를 바라는 마음뿐이다. 천도교 사람들은 일반적으로 고상한 품위가 있다. 그리고 배타적이질 않다. 나는 아직도 천도교가 매우 훌륭한 동학운동공동체라는 것을 확신하고 있다. 독자들의 긍정적인 시선과 지원을 요청한다. 나의 비판은 학구적인 문제에 한정된 것이다.

XXII

통 유

【通諭】

수운의 생가터가 있는 가정리

통 유
通諭

대강大綱 이 「통유」라는 글은 제목이 "통유"로 되어있지만 실상 이것은 개인 서신이다. "통유"라는 제목은 편집자들이 문장 첫머리에서 그냥 따온 것이며, 이 편지의 성격과는 무관하다. 아마도 "일무一無"로 갑자기 시작되는 것으로 보아, 그 앞에 개인적 사연이 많이 적혀있었던 사신인데, 그것을 생략하고 중간부터 시작한 것으로 보인다. 이 서신은 남원에 있을 때 쓴 것이 확실하며, 편지의 내용으로 보아 1862년 5월 말 혹은 6월 초에 쓴 것이다. 수운이 은적암에 안착한 것은 1861년 12월 말이었으므로, "해가 바뀌고 달이 지나 벌써 다섯 달이 되었다"는 표현으로 보아 수운이 기본적으로 은적암에 안착한 후 5개월 동안은 전라도 남원을 근거로 생활했다는 것이 확실하다.

수운은 남원을 사랑하였고, 좋은 동지들을 만나 재정적 지원도 받았고, 또 엄청난 저작을 그곳에서 완성한다. 그리고 훗날 전라도에서 동학혁명이 발생할 수 있는 조직의 모태를 형성했다. 그러므로 그가 5개월 이상을 남원에서 머물렀다는 설정은, 가설이 아닌 리얼한 얘기가 된다. 그런데 "임술춘 3월에 현서로 돌아왔다"라는 얘기가 『대선생주문집』에 실려있고(제1권 p.157), 『도원기서』가 그것을 계승하여 발전시켰다. 나의 유사회세미나에서 나온 얘기는 이 양자는 절충될 수 있다는 것이었다. 남원으로부터 3월에 잠시 남 모르게 경주에 들렀다가 되돌아간 사건으로 볼 수도 있다는 것이다.

전라도 남원군 『종리원사宗理院史』에 보면, 수운이 귀향한 후에도 서형칠徐亨七, 양형숙梁亨淑, 공창윤孔昌允 등이 경주 용담정으로 왕래하였다는 기록을 남기고 있는 것만 보아도, 남원과 경주를 왕래하는 일이 그렇게 어려운 일이 아니었을 수도 있다.

하여튼 이 글은 수운이 고향을 오래 떠나 있으면서 자기 인생을 회고하고 자기 행동을 반추하는 내용과, 또 고향사람들에 대한 그리움을 표현하는 내용을 담고 있는데, 이러한 평이한 편지일수록 해석이 어려운 측면도 있다. 생략이 많고 출전이 불분명하다. 곧 만날 것을 얘기하면서 남원생활을 정리하기 전에 쓴 글이라고 보통 이야기하지만, 곧 만날 것이라면 이 편지를 썼을리 만무하다. 이 편지 내용에 암시되어 있듯이 수운은 초겨울까지 근 일년을 남원에 머물 생각이었다. 그래서 이 편지를 쓴 것이다.

그러한 내용에 관해서는 독자들이 직접 확인해보는 것이 좋을 것이다.

22-1 一無通諭之事, 而二有不然之端, 故三有不得已之
일 무 통 유 지 사　　이 이 유 불 연 지 단　　고 삼 유 부 득 이 지

行, 四有不忍情之書。千万深量, 無書中一失, 施行
행　　사 유 불 인 정 지 서　　천 만 심 량　　무 서 중 일 실　　시 행

如何? 前歲仲冬之行, 本非遊江上之清風, 與山間
여 하　　전 세 중 동 지 행　　본 비 유 강 상 지 청 풍　　여 산 간

之明月。察其世道之乖常, 惟其指目之嫌; 修其无極
지 명 월　　찰 기 세 도 지 괴 상　　유 기 지 목 지 혐　　수 기 무 극

之大道, 惜其布德之心。 歲換月逾, 幾至五朔。 入境
지대도 석기포덕지심 세환월유 기지오삭 입경

之初, 意只在此山。 客不知雲深之處, 童應指採藥之
지초 의지재차산 객부지운심지처 동응지채약지

行。 一以助工課之懈弛, 一以聞家事之否安, 心有消
행 일이조공과지해이 일이문가사지부안 심유소

遣之意。 此日之光景, 露蹤於三歧, 遁名於一世。 人
견지의 차일지광경 로종어삼기 둔명어일세 인

心不知我心之故耶? 當初不善處卞之故耶?
심부지아심지고야 당초불선처변지고야

국역 첫째, 우리는 그동안 통유형식으로 연락할 일이 없었다. 둘째, 그간에 좋지 못한 사연들도 많았다. 셋째, 그러기에 나는 부득이하게 고향을 떠나야만 했다. 넷째, 나는 그대들을 보고 싶은 마음을 참지 못해 이 붓을 든다. 부디부디 깊게 헤아려 편지 중의 말 한마디라도 놓치지 말고 실행함이 어떠하겠느뇨?(※앞에 생략되어버린 사연과 관계있는 표현이다).

지난해 동지섣달에 이리로 온 것은 본시 강상의 청풍과 노닐기 위함도 아니요, 산간의 명월과 벗삼기 위함도 아니었다. 세상 돌아가는 것이 상도常道에 어긋나는 것을 살피면서 지목받는 혐의를 생각해보고자 했다. 그리고 또 무극의 대도를 닦으면서 덕을 널리 펼치고자 하는 마음을 귀하게 여기고자 했다. 해가 바뀌고 달이 지나 이미 다섯 달이나 흘렀다.

전라도 남원땅에 왔을 그 처음에는, 내 뜻은 오직 이 산속에 은둔하는데 있었다. 나를 찾는 손님들은 구름이 짙은 깊은 산중을 알지 못하고, 동자는 내가 약초 캐러 갔다고만 응수할 뿐이었다(당나라 시인 가도賈島,

779~843의 시 "심은자불우尋隱者不遇"에 그 출전이 있다: 松下問童子, 言師採藥去。只在 此山中, 雲深不知處。).

이 편지를 씀으로써 한편으로는 공부가 느슨해지는 것을 돕고(너무 긴장된 생활을 하고 있다는 뜻. 대부분이 이 구절을 잘못 해석한다), 한편으로는 고향 집 안부를 묻고 싶은 것이다. 심중에 좀 심심함을 덜고 답답함을 풀고 싶은 뜻이 있는 것이다.

요즈음 내 형편이라는 것을 되돌이켜 보면, 이미 내 발자취는 경상·전라 일대에 다 드러난 데 반해, 나의 이름은 일세에 숨겨져 있다. 이 꼴이 된 것이, 사람들의 마음이 내 마음을 이해하지 못해서인가? 또는 당초에 내가 처변을 잘못했기 때문인가?

옥안 가급적인 한 일상언어로 그 문맥을 잡아 쉽게 번역해야 한다. 그런데 여기 해석하기에 매우 곤혹스러운 "삼기三歧"라는 표현이 있다. 이 "삼기"를 경주판이 "삼기三岐"라고 고쳐 쓰는 바람에 "삼기三岐"의 해석을 놓고 며칠을 지새우며 생각하고 또 생각해보았으나 쉽사리 숙제가 풀리지 않았다.

"기岐"라면 우선 주나라의 발상지인 기산岐山이 생각나고 그곳에 산이 3개 있다고 말해지기 때문에 그 가능성을 생각하면 추상적으로 "내 발자취는 천하에 다 드러났다"라고 해석할 수도 있다. 삼기三岐는 지명으로 해석될 수밖에 없기 때문에 경상도 지명을 다 뒤져 보았는데, 합천 부근, 하동 부근에 삼기三岐라는 지명이 나온다. 그러나 그런 작은 지명으로는 이 문장이 해석되지 않는다.

문장을 잘 살펴보면 알겠지만, "노종어삼기露蹤於三歧"와 "둔명어일세遯名 於一世"는 정확히 대응하는 댓구이며 그 뜻이 상반된다. 노종과 둔명이 상반

되는 의미이고 삼기와 일세가 대對를 이룬다. 그런데 경진초판본에는 삼기가 "三歧"로 표현되어 있고, 목천판까지도 이 글자를 계승했는데, 경주판에서 이 글자를 "삼기三岐"로 고쳐버렸다(무자판은 경주판의 "三岐"를 계승함). 경주판은 가장 체제상으로 완비된 판본이기는 하지만 가장 오류가 많은 판본이다. 인판 印版은 대체적으로 초판으로 올라갈수록 오류가 적다. 이것은 판본학의 기본상 식이다.

"岐"와 "歧"가 통용되기도 하지만 "三岐"라 하지 않고 "三歧"라 할 때에 는 고유명사의 가능성이 사라진다. "三歧"는 그냥 일반명사로 해석되어야 한 다. "기歧"는 "갈림길岔路"을 의미하는데 어느 길이 가다가 두 개로 나누어질 때(同一物分而爲兩支) "歧"라는 표현을 쓰며, 그것이 세 갈래로 나누어지는 것 을 의미하지 않는다. 그리고 이 표현은 "일세一世"의 댓구로서 설정된 것이며, "일一"이라는 수사에 맞추어 "삼三"을 제시했을 뿐이다. "삼기"는 결국 두 갈 래로 갈라진 것을 의미하며, 그것은 수운의 발자취를 의미했기 때문에 경상도 와 전라도 양도를 의미한다고 볼 수밖에 없다. 용담에서 보면 경상도 일대와 전라도에까지 자기 발자취는 다 노출되어 있다는 뜻이다.

22-2 各處諸益, 或有事而來, 或無事而從聞風而來者半,
각 처 제 익   혹 유 사 이 래   혹 무 사 이 종 문 풍 이 래 자 반

學論而處者半。客亦自知其一, 主會不知其數, 此將
학 론 이 처 자 반   객 역 자 지 기 일   주 회 부 지 기 수   차 장

奈何? 如許窮山貧谷, 饗賓之道, 都不過一二三家而
내 하   여 허 궁 산 빈 곡   향 빈 지 도   도 불 과 일 이 삼 가 이

已。宅若處多, 則其或不然。而産若饒居, 則窟中有
이   택 약 처 다   즉 기 혹 불 연   이 산 약 요 거   즉 굴 중 유

樂。然而況此若然之中, 老人以詩而心動, 少年以禮
락   연 이 황 차 약 연 지 중   노 인 이 시 이 심 동   소 년 이 례

而彊挽。何者? 以詩心動, 都非心動, 學勸拱扶之心
이강만　하자　이시심동　도비심동　학권공부지심

也; 以禮彊挽, 不啻彊挽, 難忍謀忠之誼也。主人孰
야　이례강만　불시강만　난인모충지의야　주인숙

能無子貢之心, 從客亦誤知孟嘗之禮, 豈不歎哉! 豈
능무자공지심　종객역오지맹상지례　기불탄재　기

不惜哉! 雖有裴度之資, 吾不堪吾事; 雖有百結之
불석재　수유배도지자　오불감오사　수유백결지

憂, 人亦忘人事。若此不已, 則末由不知何境, 故不
우　인역망인사　약차불이　즉말유부지하경　고불

日發程。豈非憫然之事耶! 當此潦雨之節, 揚風灑
일발정　기비민연지사야　당차료우지절　양풍쇄

雨, 草長衣霑, 不足惜也。竟顧良朋之懸望, 恒在不
우　초장의점　부족석야　경고양붕지현망　항재불

已之中。故茲以數行書, 慰以諭之。以此恕諒如何?
이지중　고자이수행서　위이유지　이차서량여하

歸期似在初冬, 勿爲苦俟。極爲修道, 以待良時好
귀기사재초동　물위고사　극위수도　이대양시호

面。千万企望。
면　천만기망

국역 포덕 후 각처에서 몰려드는 손님들 중에, 어떤 이는 구체적인 일이 있어서 오기도 하지만, 어떤 이는 아무 일도 없는데 풍문만을 듣고 찾아오는 사람이 한 반쯤 된다. 그리고 나머지는 배움을 청한다 하면서 죽치고 들어앉는 자가 한 반쯤 된다.

그런데 문제는, 손님은 각자 자기 한 사람만 생각하면 되지만, 주인은 헤아릴 수 없이 많은 사람들을 만나고 대접해야 한다는 것이다. 이렇게 되면 도대체 어찌 될 것인가? 용담과 같이 빈궁한 산골에는 손님들

대접할 수 있는 집이 두세 집밖에 되지 않는다.

이 동네에 집이라도 많으면 상황이 좀 달라질 수도 있겠고, 근본적으로 수입이 많은 유족한 동네라고 한다면 토굴 속에 산다해도 기쁨이 있었을 것이다. 그렇지만 이렇게 용담같이 빈궁한 동네의 형편 속에서도, 동네 노인들은 시를 지어가며 손님들의 마음을 감동시키고, 소년들은 예로써 힘써 만류했으니, 그 진심이 무엇이겠는가?

시심으로써 손님의 마음을 움직였다는 것은, 시를 운운하자는 것이 아니고, 동학을 배울 수 있도록 그들에게 길잡이 노릇을 해주는 마음이 있었을 뿐이다. 예로써 힘써 만류했다는 것은, 힘써 만류했다는 데 포인트가 있는 것이 아니라, 충정을 도모하는 마음을 참기 어려웠다는 것일 뿐이다.

주인에게 어찌 모든 사람에게 잘 해주고 싶은 자공의 마음이 없었겠느냐마는, 손님들은 주인의 충정이 권세 드높은 맹상군의 손님대접과도 같은 너그러운 예로써 오해를 하였으니 참으로 개탄할 일이 아니겠느냐? 애석할 뿐이로다! 비록 배도(당나라 중기의 걸출한 정치가, 문학가. 자 중립中立, 765~839. "배도의 재물"이라는 것은 배도환대裵度還帶의 고사와 관련)의 재물이 있었어도 나는 내일을 감당키 어려웠다.

나는 백결 선생(신라의 거문고 명인. 부인의 가난걱정을 음악으로 위로함)처럼 끼니 걱정을 하고 있는데 손님들은 사람된 도리를 잊어버리고 있었다. 이런 상태가 계속된다면 궁극에는 어떤 지경이 될지 나는 알 수 없었다. 그래서 즉각 용담을 떠나 타향으로 가야만 했던 것이다. 진실로 민망한 일이 아니고 무엇이랴!

지금 여기도 비가 죽죽 내리는 장마의 계절이다. 바람이 나부끼고 비가 뿌리는데, 풀들이 자라 옷을 적셔도 이런 것은 걱정이랄 게 없다(경진 초판본에 "초장의점草長衣霑"으로 되어 있는데 목천판이 "점霑"을 "첨添"으로 바꾸었다. 의미상으로 외운 것을 옮겨쓸 때 발생하는 오류인데 이 문장에서는 초판본의 "점霑"이 제대로 된 표현이다. 초판본은 진실로 우수한 판본이다). 오직 나의 훌륭한 벗들이 날 근심하며 기다린다는 것을 되돌아보게 되니, 항상 잊지 못하고 나도 괘념케 된다.

그래서 여기 몇 줄 적어 위로하려 알리노니 양지함이 어떠하리! 나는 초겨울이나 되어야 돌아가게 될 것 같으니 너무 애써 기다리지 말아주오(애초에는 남원체류가 1년 정도의 기간이었음을 알 수 있다. 표 선생님께서 6개월 체류했다는 주장에 무게가 실린다). 지극한 마음으로 도를 닦아 좋은 때에 좋은 얼굴로 만나기를 기대하노라. 천번만번 간절히 바라노라.

옥안 번역이 매우 힘들었다. 그러나 애매한 구석이 없이 번역하느라고 심혈을 기울였다. 수운의 인간적 매력, 그 감정의 정직한 노출이 잔잔하게 깔려있는 훌륭한 편지라 할 것이다. 한국고전번역원의 동지들(조순희, 김경희)의 도움을 받았다.

이 글은 시작되기 이전에 어떤 중요한 내용을 담고 있는 문장이 연접되어 있었다고 사료된다. 그 부분이 어떤 이유에 의하여 제거되었다. 그래서 시작이 퉁명스럽고, 모두冒頭에 다 해석될 수 없는 암시들이 있다.

내가 소장하고 있는 1890년대 민간전승의 필사본. 『용담유사』의 매우 오리지날한 모습을 엿볼 수 있다. 체제는 2행2단짜기로서 1883년 계미목판본보다는 1880년 경진목 활자본(추정)의 형태를 계승하였다. 구개음화나 아래아의 형태는 일관된 원칙을 찾아내기는 어렵다. 그러나 고판본의 형태임에는 틀림 없다. 첫글자를 두껍게 쓴 것도 암기를 위한 감각있는 편집이다. 내용은 우리가 알고 있는 체제에서 어긋남이 없다.

이 책은 목포해양대학교 교양학부교수 이준곤 선생이 나의 글을 보고 감격하여 집안에 비전되어 내려오던 것을 기증한 것이다.

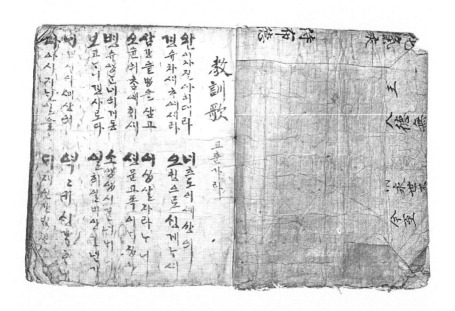

XXIII

사 식

【四式】

사 식
四式

대강大綱 『동경대전』에 사식이라는 항목이 있는 것은 아니고 말미에 4개의 식을 설명해놓았는데, 내가 그냥 4개의 식이라 해서 "사식四式"이라는 항목을 설정한 것이다. 이 사식은 동학의 최초의 형성과정을 잘 말해주는 제식으로서, 수운이 포덕에 들어가기 전에 만든 것을 모델로 하고 있는 것 같다. 그러니까 아주 초기의 제식들이다.

그러나 여기에 기록된 것은 수운의 글이 아니다. 이것은 1880년 기준으로 해월이 행하던 것을 기록한 것이며 실제로 해월 이전의 제식의 정확한 실상은 모른다. 그러나 해월은 선생님의 법을 그대로 따르는 사람이므로 아마도 수운의 법식을 그대로 따랐을 것이다. 그런데 이 사식은 경진판에 수록이 되지 않았다. 해월은 못 실은 것이 영 아쉬웠던 모양이다. 그래서 다음의 목천판(계미중춘, 1883년 2월)에 실었다.

목천판 발문에 "문다누궐文多漏闕"이라 말한 것은 경진판 간행이 급박하게 진행되었기 때문에 이런 것을 다 싣지 못한 것을 아쉬워한 표현이다. 이런 것을 가지고 "구송설"을 운운하는 것은 참으로 잘못된 생각의 소치이다. 제발

"구송설"만은 철회되었으면 한다. 동학의 가치를 한 빵에 격하시킨다.

　여러분들은 나와 더불어 최초로 수운의 문헌을 정확한 의미론과 통사론에 따라 읽었다. 한번 생각해보라! 어떻게 수운의 문장이 단 한 자라도 문헌의 근거가 없이 동학도들의 메모리에 근거하여 구성된 것이라는 생각을 할 수 있겠는가? 해월은 수운의 수고手稿를 지키는 것을 자신의 삶의 존재이유, 존재가치로 삼은 사람이며, 그것을 성취하여 이 민족의 역사에 남겼다. 이 책이 다루고 있는 『동경대전』과 『용담유사』의 모든 판본은 이 조선의 대지 위에 새겨진 수운의 글씨 그대로이다.

　여기 이 4개의 식에 관한 것은 해월의 첨가이다. 그래서 「통유」 다음에 안배한 것이다.

　자아! 그런데 이 4개의 식을 따로따로 독립된 것으로 알기 쉬운데, 그 내용은 매우 단순한 지침을 적어놓은 것일 뿐이며, 한 번에 진행되는 4개의 절차인 것이다. 1)포덕식 2)입도식 3)치제식은 하나의 제식이며, 제3의 치제식은 하느님께 맹서하는 제식이다. 제4의 제수식祭需式이라는 것은 입도자가 설위設位할 때 차리는 제사상의 음식에 관한 내용이다. 제수식이라는 것이 따로 있는 것이 아니다. 제사상이 차려진 상태에서 포덕식, 입도식, 치제식이 진행되는 것이다.

　마지막에 개행改行하여 나오는 "선생포덕지초先生布德之初"의 글은 해월의 주註와도 같은 것이다. "선생님께서 포덕하실 초기에는 ……"이라는 말 속에 이미 해월이 수운 선생님을 사모하는 정감이 서려 있는 것을 느끼게 한다. 이제 대강 이 「사식」의 의미를 알아차렸을 것이다. 『동경대전』은 단 한 줄도 대논문의 소재가 아니 될 글이 없다.

　다시 한 번 정리하자면, 이 3개의 제식에서 핵심이 되는 말은 결국 "입도入道"

이다. 제1의 포덕은 우리가 지금 일반적으로 쓰는 포덕의 의미가 아니고, 입도의 선배가 새로 들어오는 신입자에게 덕을 베푼다는 의미이므로, 입도식을 베푸는 자의 입장에서 말한 것이 포덕식일 뿐이다. 그러니까 이 "선입자"라는 말 자체가 수운 시대의 제식이 아닌 후대의 제식이라는 의미가 드러난다. 포덕식이라는 것은 선배의 입장이요, 입도식이라는 것은 신입생의 입장이요, 치제식이란 선배와 신입생, 그리고 구경꾼 모두가 함께 하느님께 제사지내는 것이다.

23-1 布德式: 人有願入者, 則先入者傳道之時, 正衣冠,
포덕식　인유원입자　즉선입자전도지시　정의관

禮以授之事。
예이수지사

入道式: 入道之時, 或向東或向北設位, 致誠行祀。
입도식　입도지시　혹향동혹향북설위　치성행사

焚香四拜後, 以初入呪文, 敬以受之事。
분향사배후　이초입주문　경이수지사

致祭式: 入道後, 致祭節次, 設位四拜後, 讀祝而卽
치제식　입도후　치제절차　설위사배후　독축이즉

誦降靈呪及本呪文事。
송강령주급본주문사

祭需式: 設其醴酒餠麪, 魚物果種, 脯藿菜蔬, 香燭
제수식　설기예주병면　어물과종　포곽채소　향촉

用之。而以肉種論之, 雉則例用, 猪則或
용지　이이육종논지　치즉례용　저즉혹

用。祭需之多小, 隨其力行之也。
용　제수지다소　수기력행지야

先生布德之初, 以牛羊猪肉通用矣。至於癸亥八月,
선생포덕지초　이우양저육통용의　지어계해팔월

先生顧予傳道之日，此道兼儒佛僊三道之敎，故不
선 생 고 여 전 도 지 일　　차 도 겸 유 불 선 삼 도 지 교　　고 불

用肉種事。
용 육 종 사

국역 포덕식: 우리 도에 새로 들어오고 싶어하는 사람이 있으면 날짜를 잡
아 입도식을 행한다. 이때 먼저 도에 들어온 선입자가 도를
전해야 하는데, 도를 전하는 자는 반드시 의관을 정제하고,
예를 갖추어 도를 전해야 한다.

(※문장이 "……지사之事。……할 사"로 끝나는데, 이것은 한국식 한문이다. 중국
인들은 별로 쓰지 않는다. 여기 포덕식을 보면, 포덕식이 따로 있는 것이 아니
다. 그리고 재미있는 것은 도를 전해주는 자가 "선입자"이면 된다는 것이다. 그
제식을 진행하는 자에 대한 특별한 까다로운 규정이 없는 것이다. 들어오고 싶
은 사람이 있으면 선입자가 베풀면 되는 것이다. 이러한 개방성, 제식의 간략성,
소박성이 동학의 전파를 용이하게 만든 것이다).

입도식: 입도를 할 때에는 동쪽을 향해서 혹은 북쪽을 향해서 설위
를 하고 치성의 제사를 올린다. 향불을 밝히고 네 번 절한
후에, 초입주문(앞에서 말한 초학주문인 것 같다)을 외우고, 공경된
마음으로 도를 받는다.

(※여기 설위의 방향이 동쪽 혹은 북쪽이 되어 있는데 "동東"이라고 하는 것
은 수운 선생이 계시던 경주를 상징한다. 이것은 나의 풀이가 아니고, 표영삼 선
생님께서 직접 나이 많은 도유들로부터 들은 이야기이다. 전통적으로 경주는 동
경東京으로 불리었다. 북향이라는 것은 하느님을 향해 설위한다는 뜻이다. 여기
"사배四拜"라는 것은 이 제식이 기본적으로 사람과의 관계가 아니라는 것이다.
입도도 하느님을 향해 맹세하는 것이지 사람과 사람의 관계를 의미하는 것이 아
니다. 포덕자는 단지 제식의 길잡이일 뿐이다. 그가 도를 전하는 것이 아니다).

치제식: 입도가 일단 이루어지고 난 후에 치제의 절차를 밟는다. 그 절차는 다음과 같다. 설위한 곳을 향해 다시 4배 하고 나서, 축문을 읽고 그 다음에 강령주문과 본주문을 독송한다.

(※이제야 앞에서 말한 축문과 주문의 의미가 명료해지는 것 같다. 제Ⅴ장과 제 Ⅵ장에 있었던 축문과 주문은 수운시대에 그 원형이 있었겠지만, 해월시대의 입도제식에 쓰인 것들이었음이 밝혀진다. 축문을 읽을 때 입도자가 한문을 읽지 못하면 유식자가 대독을 해주었다고 한다. 그리고 강령주문과 본주문은 좌중에 있었던 사람들이 모두 같이 읽었다고 한다).

제수식: 제사상에 차릴 음식은 좋은 술과 떡, 그리고 면류, 어물, 과일, 육포, 튀각, 채소이다. 향과 촛불도 같이 차린다. 육종에 관해서 말하자면, 닭고기는 보통 쓰였으며, 돼지고기는 간혹 쓰였다. 제수의 다소는 재력에 따라 형편껏 하면 되었다.

(※여기 "곽藿"은 튀각으로 번역했는데, 그것은 우리나라 통례에 따라 그렇게 번역한 것이나 한자의 의미는 향초의 뜻이다. 향료로 쓰이는 풀을 의미한다. "치雉"는 꿩이라기보다는 닭이다. 물론 꿩고기도 못쓸 이유 없다. 마지막에 "힘껏 하라"는 얘기는 어떤 의미에서 입도자들의 제사상이야말로, 수운이 「통유」에서 하소연하는 대로, 용담에 모인 사람들이 같이 먹을 수 있는 거의 유일한 방편이었을지도 모른다. 입도자는 이런 제사상을 차리는 경비를 부담하여 그곳의 배고픈 자들에게 보시를 하게 되는 것이다).

해월의 추기追記: 수운 선생님께서 포덕하시던 초기에는 소고기, 돼지고기, 양고기가 두루두루 쓰였다. 계해년(1863) 8월에 이르러 선생님께서 나를 불러 도를 전하시던 그날(역사적 도통전수 장면을 가리킨다), 선생님께서는 나에게 말씀하시었다. 우리의 도는 유·불·선 삼도의 가르침을 포섭하는 것이다라고. 그 말씀을 받자옵고 나서는 육고기는 제사음식으로 쓰지 않았다("故" 이하의 문장을 수운의 말로 해석할 수도 있다).

옥안 마지막 해월의 추기는 매우 중요한 의미를 지닌다. 이 추기의 내용이 해월 본인에게서 나온 것이라는 사실이 매우 중요하다. 그런데 분명 도통전수 시에 유·불·선 얘기가 있었던 것은 분명한 것 같다. 그 자세한 정황이 『대선생주문집』에 실려있고(제1권, pp.214~215), 또 그것이 해월 자신의 입을 통하여 확인되고 있기 때문이다. 따라서 이 추기는 매우 소중한 역사적 문헌이며, 동학의 기록이 얼마나 정밀한 것인가를 말해주는 좋은 사례이다.

그런데 많은 사람들이 동학을 말할 때, 수운이 한 말처럼, "동학은 유·불·도를 합친 것이다"라는 말을 쉽사리 뇌까린다. 동학의 성격규정을 유·불·도의 종합이라는 식으로 쉽게 말해버리는 것이다. 동학은 유·불·도를 깔고 있는 조선문화의 기나긴 전통의 축적에서 발생한 것이지만 유·불·도(선)와 직접적으로 이론적 관계가 있는 것은 아니다.

동학은 오로지 수운의 실존적 자각에서 나온 것이며 타 기성종교의 깨달음의 이론적 결구를 짬뽕하여 만들어진 것도 아니다. 동학은 동학이 아니라 무극대도였다. 무극대도란 유·불·도라는 극極을 가지고 있질 않다. 동학은 유·불·도를 초월하는 독자적인 세계이기 때문에 유·불·도를 다 거침없이 수용하고 포섭할 수 있다는 것이다. 동학은 유불도뿐만 아니라 서양 천주교도 포섭하는 것이다. 다시 말해서 천주교의 본래 모습이 동학이 되어야만 한다고 수운은 생각했던 것이다.

여기 도통전수 시에 유불선을 얘기한 것은 이론적 측면에서 언급된 것이 아니라 제식적 측면에서 언급한 것이다. 결국 동학은 유교의 제식이나 불교의 제식이나 도교·선교의 제식을 거침없이 활용할 수 있다는 것이다. 이 "거침없이 활용함"의 결론은 무엇인가? 해월 본인이 명료하게 답변하고 있는 대로 삼도를 포섭하기 때문에 육고기를 쓰지 않게 되었다는 것이다.

삼도를 포섭하면 모든 고기를 쓸 수도 있는데, 결국 가장 청결하고, 가장 간결하고, 가장 단순하고 환경친화적인 방식을 택했다는 것이다. 제사음식으로 육고기는 쓰지 않는다. 얼마나 위대한 결정인가? 과연 이런 사실을 놓고 동학이 유불도의 짬뽕이라는 천박한 이야기를 지껄일 수 있겠는가? 나는 오로지 탄歎하노라! 우리가 너무도 수운을 모르고, 해월을 모르고, 동학을 모른다.

해월은 이 수운 선생님의 가르침을 받아 제사상을 청수 한 그릇으로 단순화시켰고, 내 마음이 곧 하느님 마음이라는 등식에 따라 향아설위라는 혁명적, 코페르니쿠스적 전환을 이룩한다. 그 혁명의 씨앗이 바로 여기 제식설명에 내재하고 있는 것이다. 향아설위는 인류가 여태까지 꿈도 꾸어보지 못한 가장 래디칼한 종교혁명(the most radical Reformation)이었다.

웅장한 지리산의 모습

XXIV

해월발문

【海月跋文】

XXIV

경주계미중하판 해월발문
慶州癸未仲夏版 海月跋文

대강大綱 "발문"이란 오늘날에도 통용되는 말이며, 책의 끝에 그 간행경위에 관한 사항을 간략하게 적은 글을 의미한다. 그러나 여기 "발문"이라는 제목은 없다. 그러나 이것은 발문으로 범주화되는 것이다. 1880년대 초엽, 집약적으로 이루어진 『동경대전』 3차 인행에 모두 해월의 발문이 붙어있다는 사실만으로도, 해월에게 정식 간행이 얼마나 감격적이고 중요한 사건이었나를 말해준다(무자판에는 해월 자신의 발문은 없다). 발문의 중요성에 관해서는 이미 제1권의 첫머리에서 충분히 설파한 것이다(경진판 발문과 목천판 발문은 이미 소개되었음). 내가 소개한 동경대전은 경진초판본을 기준으로 한 것이지만 경주판의 체제를 따른 것이므로 여기 경주판의 발문을 번역해놓는다.

24-1 於戲! 先生布德當世, 恐其聖德之有誤。及于癸亥,
오희 선생포덕당세 공기성덕지유오 급우계해

親與時亨。常有鋟梓之教, 有志未就越明年。甲子不
친여시형 상유침재지교 유지미취월명년 갑자불

幸之後，歲沈道微。迨將二十餘年之久矣。而極念前
행지후　세침도미　태장이십여년지구의　이극념전

日之敎命，謹與同志，發論詢約。數年前自東峽與木
일지교명　근여동지　발론순약　수년전자동협여목

川，雖是齊誠刊出，實無慶州之判刻爲名。此亦似欠
천　수시제성간출　실무경주지판각위명　차역사결

於道內。而惟我慶州，本先生受道之地，布德之所，
어도내　이유아경주　본선생수도지지　포덕지소

則似不可不以慶州刊出爲名。故自湖西公州接內，
즉사불가불이경주간출위명　고자호서공주접내

發論設施，與嶺南東峽，竝力刊出，以著无極之經
발론설시　여영남동협　병력간출　이저무극지경

編。而謹與二三同志，不顧世嫌，掃萬除百，誓同極
편　이근여이삼동지　불고세혐　소만제백　서동극

力，大成剞劂之功。玆豈非慕先生之敎，而遂弟子之
력　대성기궐지공　자기비모선생지교　이수제자지

願哉! 特以三人別錄于篇左。
원재　특이삼인별록우편좌

歲在癸未仲夏，道主月城崔時亨謹誌。
세재계미중하　도주월성최시형근지

道主 崔時亨
도주　최시형

　　成虞鏞
　　성우용

　　尹相鎬
　　윤상호

　　李萬基
　　이만기

接主 黃在民
접 주　황 재 민

金善玉
김 선 옥

全時鳳
진 시 봉

有司 安敎善
유 사　안 교 선

尹相五
윤 상 오

癸未仲夏
계 미 중 하

慶州開刊
경 주 개 간

東經大全終
동 경 대 전 종

국역 오호라! 우리 수운 선생님께서는 동학의 가르침을 펼치실 당세當世로부터 이미 그 성스러운 가르침이 잘못 전하여질 수도 있다는 것에 대한 두려움이 있었다. 그래서 계해년에 이르렀을 때(수운이 잡혀가던 그해, 공생애 마지막 시기) 수운 선생님께서는 나 시형에게 친히 이『동경대전』의 원고를 건네주시었다.

수운 선생님께서는 보통 때도 늘 당신의 수고手稿가 인행되어야만 한다는 것에 관한 가르침이 있었다. 우리는 선생님의 가르침을 실천에 옮기고자 하는 뜻은 있었으나 그것을 곧바로 실현시키지는 못한 채 다음 해로 넘기고 말았다.

그런데 그만 다음 해 갑자년은 선생님께서 세상을 작별하시는 불행이 닥친 해였다. 그 불행 이후로, 세상이 어두워지고 우리 도는 미약해졌다. 이 지경에 이른 것이 장차 20여 년의 긴 세월이 되려고 한다. 그러나 우리는 선생님께서 생전부터 말씀하신 교명敎命을 간절히 생각하고 어렵게 동지들과 논의를 다시 일으키고 비밀스럽게 약조를 하였다.

수년 전에 동협(인제를 가리킴)과 목천(천안 부근)에서 도유들이 성의를 모아 『동경대전』을 간출해내었으나, 실로 경주의 판각이라고 이름할 수 있는 판본은 있지 않았다. 이것은 우리 동학의 도내에 있어 큰 흠이 되지 않을 수 없다. 우리 경주야말로 본시 선생님께서 도를 받으신 땅이요, 덕을 펼치신 터전이다. 그러므로 경주간출이라고 이름할 수 있는 제대로 된 판본이 있지 않으면 안된다.

이러한 연유로, 호서의 공주접 내에서 논의가 일어나기 시작하여 간행사업을 주도하고, 영남과 동협 지역(여기 "동협"도 역시 정선, 인제 강원도 지역을 가리킨다) 사람들이 힘을 합쳐 간출에 총력을 기울이니, 드디어 무극대도의 경편을 세상에 드러내게 되었다.

가장 핵심적인 인물들인 두세 동지들은 세상의 혐의를 돌아보지 아니하고, 백 가지 만 가지 위험을 다 쓸어내 버리고, 같은 마음을 맹세하고 있는 힘을 다하여 기궐의 공을 크게 이루니, 이것이야말로 수운 선생님의 가르침을 사모하고, 제자들의 간절한 소망을 성취하고자 하는 열망의 결과가 아니고 또 무엇이랴! 특별히 대표적인 세 사람의 이름을 내 이름 곁에 별록하여 그들의 공을 천하에 밝힌다.

해는 계미년 중하, 도주 월성 최시형 삼가 쓰다.

도주 최시형
　　성우용
　　윤상호
　　이만기

접주 황재민
　　김선옥
　　전시봉

유사 안교선
　　윤상오

계미중하
경주개간
동경대전종

옥안 여기 놀라운 것은 최시형이 3인의 이름을 같은 "도주道主"로서 승격시켜
기록해놓고 있다는 것이다. "도주"는 최고의 존칭이다. 그러나 이 『동경대전』
을 각하는 데 결정적인 도움을 준 이 세 사람이야말로 자기와 똑같은 자격을
갖는 도주라고 규정한 것이다. 이것은 해월의 개방적 자세, 의리를 지킬 줄 아
는 마음, 그리고 『동경대전』 판각(경주판본 『동경대전』은 애초로부터 목활자본으로
기획된 것임에도 불구하고 "판각"이라는 말을 쓰는 것을 보면 "판각"이나 "기궐"이라는
동사가 목활자인쇄에도 쓰였음을 알 수 있다)의 소망이 동학운동의 가장 중심적 사

업이었다는 것을 말해주는 것이다. 이 세 사람은 당시로서는 거금을 내었을 것이다. 아무리 돈이 있었다 할지라도 이런 사업에 헌신한다는 것은 목숨과 명예를 바르게 걸 줄 아는 걸출한 인물들이었을 것이다.

여기 이름이 오른 사람들에 관하여 상세한 정보는 구할 수 없어도, 대강의 신원은 밝힐 수 있다: 1) 성우용은 목천사람이다 2) 윤상호는 공주사람이다 3) 이만기는 인제사람이다 4) 황재민은 영양접주로서 최초의 16인 접주 중의 한 사람이다 5) 김선옥은 공주접주이다 6) 전시봉은 정선접주이다 7) 안교선은 아산접주이다 8) 윤상오는 공주도인으로서 윤상호의 동생이다.

여기 이 사람들의 성분을 분석해보면 성우용 – 윤상호 – 이만기라는 트리오는 목천 – 공주 – 인제의 연합을 의미한다. 그러니까 발문 중에 호서의 공주접이 주도하고 영남과 동협이 힘을 합쳤다 하는 말과 대강 합치된다. 공주접은 목천과 긴밀한 관계를 지니고 있었다.

그러나 실제로 영남사람은 영양접주 황재민 1명밖에 없는 것을 보면 이 경주판본은 경주에서 영남사람들이 주도하여 각한 것이 아니라는 표영삼 선생님의 설說이 신빙성을 갖는다. 표 선생님은 이 판본은 호서사람들(충청도 사람들)과 동협(강원도) 사람들이 주동하여 만든 것이며, 실제로 각한 장소도 목천이라고 말씀하신다. 1883년은 해월에게는 운명의 해였다. 이 한 해에 자그만치 세 개의 판본을 만들어내었다: 1) 계미중춘판 『동경대전』 2) 계미중하판 『동경대전』 3) 계미중추판 신간 『용담유사』(이 판만이 유일한 목판본이었기에 "신간"이라 한 것이다). 해월은 이 한 해에 총력을 기울여 수운 선생님의 유지를 실현한 것이다. 그 모든 노력의 집결지가 목천이었다. 목천이 당시로서는 집약적인 간행을 실천할 수 있는 최적의 요건을 갖추고 있었던 것이다. 갑자기 경주로 간행처를 옮기는 것은 우매한 짓이었을 것이다.

단지 경주개간이라는 간기를 명백히 함으로써 명목상 동학의 본산인 경주의 판본이라는 것을 명료하게 내세웠다. 그렇게 함으로써 용담연원의 권위를 재확인한 것이다. 목천에서 개간한 경험이 있기 때문에 목활자본을 다시 찍는 것이 수월했을 것이다. 그리고 최후에『용담유사』목판본을 완성한다. 이로써 최시형은 자신의 임무를 완수했던 것이다. 성우용, 윤상호, 이만기, 그리고 그 외의 5인, 그리고 이 간행에 헌신한 많은 사람들의 땀방울을 기억하자! 우리나라의 역사는 이러한 무명의 지사들에 의하여 유지되어 온 것이다.

※『대선생주문집』,『동경대전』, 그 외의 많은 자료들을 해독함에 있어서 나는『시경』과 중국언어학 전공자인 최영애 교수의 도움을 크게 입었다. 최영애 교수의 정밀한 해석방식에 힘입어 나는 한문의 의미세계를 우리 한국인의 삶 속으로 체화시켜 쉽게 풀어낼 수 있었다. 한줄한줄 같이 땀흘린 시간들은 우리 삶의 보옥이었다.

그리고 천안독립기념관에 기증된 목활자본이 최초의 경진판 간행물(초판본)이라는 것을 밝힌 공로는 윤석산 교수에 있음을 밝혀둔다. 윤교수는 동학연구의 여러 분야를 개척한 석학이다. 나는 그에게 많은 배움을 얻었다.

마지막으로 내가 동학관련 자료를 구하는 데 크게 도움을 주신 천도교중앙대교당 관리실장 소암少菴 김경규金敬圭 선생(1943~ . 강원도 울진 출신. 평해중학교 졸. 평생을 동학운동에 헌신)께 감사를 드린다.

2017년 5월 12일(금) 정읍 황토현 동학혁명 대첩지 바로 그 장소에 설치된 특별무대에서 나의 작품『천명』창무극이 공연되었다(제작감독 왕기석, 연출 류기형, 예술감독 조통달, 전북도립국악원, 정읍사국악단, 마당극패 우금치, 지무단 출연). 낮에 비가 쏟아져 걱정했는데 석양무렵부터 날씨가 싹 개였다. 최고의 공연이었다.

XXV

검결

【劍訣】

XXV

검 결
劍訣

대강大綱 『동경대전』에 대한 나의 역해는 끝났다. 그러나 이 대작을 종료하기 전에 나는 독자들에게 수운의 정신적 경지를 나타내주는 중요한 결訣 하나를 소개하려 한다. 수운은 젊어서부터 무술을 연마한 사람이었다. 그는 궁술과 검도에 뛰어났던 사람이었던 것 같다. 그의 사상적 저술을 보아도 문인의 지고한 경지와 더불어 그에 버금가는 무인의 호쾌한 기상을 느낄 수 있다. 수운의 검술은 신묘한 경지에 올랐다고 나는 생각한다.

이 검결은 원래 1861년 4월에 지었다고 전해진다. 그러니까 그가 포덕하기 직전에 지은 것이다. 자신의 하느님과의 해후를 반추하면서 요 궁리 저 궁리하던 시절에 지은 것이다. 그러나 표영삼 선생님은 이 「검결」은 그가 교룡산성 은적암에 머물 때 월명청풍한 밤에 묘고봉상妙高峰上에 독상하여 유려하고 은은하고 장중한 지리산의 산세를 바라보며 읊은 광대한 시상이라고 추론하신다.

그렇다면 이 「검결」은 그가 「권학가」와 「동학론」을 짓고 나서 1862년 2월 경에 지은 것이 된다. 「검결」의 명칭에 관해서도, "검결"이니 "검가"니 하는 논의가 많은데, 나는 "검결"과 "검가"는 같은 시의 다른 이름일 뿐이라고 생각한다. 2개의 다른 노래가 있는 것은 아니다. 그리고 기록자에 따라서 버전 version이 조금씩 다를 뿐이다. "검결"로 통일하여 부르는 것이 좋겠다. 수운에 대한 관변기록인 서헌순의 장계에 이내겸을 문초하여 한문으로 기록한 「검가」가 있다. 그것은 다음과 같다.

25-1 時乎時乎, 是吾時乎!
시 호 시 호 시 오 시 호

龍泉利釖, 不用何爲。
용 천 리 검 불 용 하 위

萬世一之丈夫, 五萬年之時乎?
만 세 일 지 장 부 오 만 년 지 시 호

龍泉利釖, 不用何爲?
용 천 리 검 불 용 하 위

舞袖長衫拂着, 此釖彼釖橫執。
무 수 장 삼 불 착 차 검 피 검 횡 집

浩浩茫茫廣天地, 一身倚立。
호 호 망 망 광 천 지 일 신 의 립

釖歌一曲, 時乎時乎唱出。
검 가 일 곡 시 호 시 호 창 출

龍泉利釖, 閃弄日月。
용 천 리 검 섬 롱 일 월

懶袖長衫, 覆在宇宙。
나 수 장 삼 복 재 우 주

自古名將安在哉? 丈夫當前, 無壯士。
자 고 명 장 안 재 재 장 부 당 전 무 장 사

時乎時乎, 好矣。是吾時乎, 好矣。
시 호 시 호 호 의 시 오 시 호 호 의

이것의 내용은 지금 우리가 알고 있는 검결과 크게 다르지 않다. 이내겸은 이 것을 국한문혼용체로 불렀을 텐데 장계를 쓰는 사람이 즉석에서 한문으로 번역하여 옮긴 것일 것이다. 참으로 놀라운 한문실력이라 아니할 수 없다. 하여튼 이 「검결」도 수운을 반역도로 몰고가는 구실 중의 하나가 되었다. 수심정기의 드높은 기상으로 예찬해야 할 것을 국가전복을 꾀하는 자들의 흉계라고 규정한 것이다. 「검결」의 가장 포퓰라한 에디션은 『천도교창건사』의 기록을 통해 전해내려오고 있다. 그것은 다음과 같다:

【검결】

시호 시호 이내 시호 부재래지 시호로다
時乎　　　　　　　　不再來之　時乎

만세일지 장부로서 오만년지 시호로다
萬世一之　丈夫　　　五萬年之　時乎

용천검 드는 칼을 아니 쓰고 무엇하리
龍泉劍

무수장삼 떨쳐 입고 이칼 저칼 넌즛 들어
舞袖長衫

호호망망 넓은 천지 일신으로 비껴서서
浩浩茫茫　　　　天地　一身

칼 노래 한 곡조를 시호 시호 불러내니
　　　　曲調

용천검 날랜 칼은 일월을 희롱하고
　　　　　　　　日月　　戲弄

게으른 무수장삼 우주에 덮혀 있네
　　　　舞袖長衫　宇宙

만고명장 어데 있나 장부당전 무장사라
萬古名將　　　　　丈夫當前　無壯士

좋을시구 좋을시구 이내 신명 좋을시구
　　　　　　　　　　身命

이에 대한 해석은 각자의 시상에 따라 느끼는 대로 풀이함이 좋을 것이다. 단지 이 노래가 외치는 "시호時乎"는 내가 말하는 "카이로스"를 의미한다는 것을 상기해주었으면 한다. 수운은 "때"라고 하는 시간의 철학을 매우 중시한 사람인데, 이 "때"의 철학은 해월의 "용시용활用時用活"의 사상으로 전승되었다.

시간은 두 종류가 있다. 하나는 크로노스χρόνος이며, 그것은 시계로 잴 수 있는 물리적인 시간이다. 그것은 어김없이 진행되는 균일한 시간이다. 또 하나는 카이로스다. 이것은 생명의 시간이며, 이것은 "때"이며, "기회"며, "도약"이며, "변화"이다. 우리가 사는 것은 시간을 보내기 위하여 사는 것이 아니라, 때를 잡기 위하여 사는 것이다. 우리의 생로병사가 모두 때의 문제이다. 칼을 휘두르면서,

"때다! 때다! 이 나의 때다!
다시 돌아오지 않을 절호의 때다!
만세에 한번 날까말까 하는
장부로서
오만년만에 잡는 때다!
용천검 잘 드는 칼을
아니 쓰고 무엇하리!"

수운은 확실히 혁명적 기질이 농후했던 인물이다. 자신을 일만 년 만에 한 번 날까 말까 하는 대장부, 오만 년 만에 돌아오는 때를 잡은 사나이로서 규정한다. 그 사나이가 할 수 있는 게 뭐냐? 용천검 드는 칼을 아니 쓰고 무엇하리!

나는 어릴 적에 이 검결을 읽고 진심으로 무한한 영감을 얻었다. 나의 어린 가슴을 찌른 우주적 통찰이랄까, 그 코스믹한 기개는 이 한 표현에 집약되어 있었다.

용천검 날랜 칼은

일월을 희롱하고

게으른 무수장삼

우주에 덮혀있네!

하늘에 섬뜩이는 칼은 너무도 빨리 움직여 해와 달을 베어버릴 듯이 춤을 춘다. 그런데 두루마기에 늘어진 소맷자락은 느릿느릿 여유 있게 움직인다. 장삼의 느린 움직임을 "게으르다lazy"라고 표현하는 그의 시심과 시어詩語 감각은 미당과 같은 시인의 시어에서 느낄 수 있는 우리말 유미성의 뿌리라 해야 할 것이다. 손목 위로 움직이는 빠른 칼의 움직임과 그것에 대비되는 늘어진 긴 소매의 움직임을 "우주를 휘덮는다"고 표현하고 있다. 완급동정의 콘트라스트가 극적인 생명력의 발출, 우주적 때의 발란스를 역동적으로 그려내고 있는 것이다.

만고명장이 나 말고 어디에 또 있겠느냐?

나 수운!

이 장부 앞에 나를 당해낼

장사는 없나니라!

좋을시고 좋을시고

이내신명 좋을시고!

이「검결」은 수운과 하느님이 혼연일체된 모습, 검결의 주체와 우주천지의 일음일양이 하나 된 태극상을 이루는 장쾌한 드라마이다. 나는 어릴 적부터 이 검결과, "병중유선주"와 "좌잠," 이런 것들을 읽으면서 나의 기개를 키웠다. 그래서 무술도 남 못지 않게 익혔다.

나는 내가 만든 국악오페라 『천명』(동학1백주년기념. 서울 예술의전당 오페라하
우스 초연, 1994년 4월 28~30일. 장충동 국립극장 앵콜공연, 1998년 10월 10~13일. 제50회
황토현동학농민혁명기념제 50주년 특별기획공연, 2017년 5월 12~13일) 속에서 이 수운의
검결을 형상화하려고 무척 애를 썼다. 연출을 맡은 손진책이나 음악을 맡은 박
범훈이나 안무를 맡은 국수호는 물론 우리시대의 대표적인 예술가로서 탁월한
작품을 내었으나 이 검결부분에 있어서만은 흡족한 율동을 창조하지 못했다.
수운의 정신세계에 대한 충분한 이해를 가질 수 없었기 때문이었으리라. 이제
이 책도 나왔고 그들도 내가 갈망하는 것을 이해할테니까, 언젠가 다시 한 번
그 수운의 우주적 다이내미즘을 새 작품 속에 구현해보고 싶다.

수운이 하느님을 만나기 위해 49일 동안 사투를 벌인 곳. 천성산 적멸굴(1857년 초가을). 이곳을 제일 먼저 찾아간 사
람은 의암 손병희였다(1909년 12월). 그 후로 여기에 온 몇 사람이 있겠지만, 이 굴을 정확히 고증해낸 사람은 삼암장
표영삼이었다. 삼암장은 나의 요청에 따라 나를 데리고 이곳에 왔다. 2004년 5월 10일이었다. 그때만 해도 선생님은
건강이 좋으셨는데 …

XXVI 필 송 畢頌

여보! 꿈만 같구려
끝날 날이 있다니
수운을 이렇게 만나다니
여보! 우리 민족은 이제
우리의 성경을 갖게 되었소
뜻있는 자들이여, 오소서!
같이 읽읍시다
우리의 성경을!
신단수 아래 솟터에 모여
같이 노래합시다
이제 우리는
홍익인간을 노래할 수 있지 않을까요?

이제 한마음 속에 세계를 품읍시다
시작 없는 하나여
끝도 없어라
사람 속에 하늘과 땅이
하나되어 있으니
내 마음이 곧 하느님 마음
하나는 무無로 끝난다
무는 끝없는 하나

셔벌의 고성에 명월이 비추고
주변의 별들이 희미해져 갈 때
아해들은 깔깔거린다
북풍의 한설이 더욱 날카롭게
살을 에는데
가슴에 비친 인수봉은
훈훈한 봄기운을 뿜는다
존재자들은 사라지는데
귀신은 돌아오고 있다

어둠의 장막을 걷어라
저 찬란한 하나를
내 몸에 빛나게 하라
이제 우리는 우리의 새밝을
여기 순간 속에 드리우리라
패수浿水에 배가 닿았다
새역사를 실어라
아침의 싱싱한 햇살이
썩은 시체들을 날려버린다
하나는 셋
셋은 전부
한은 떠오른다

2021년 1월 29일
밤 10시 17분
하도의 숨소리를 들으며

輔國安民

除暴救民

廣濟蒼生

斥倭洋倡義

동학연표

1779~2023

동학연표(1779~2023)

수운 최제우 · 해월 최시형 · 녹두 전봉준 · 의암 손병희
水雲 崔濟愚　　　海月 崔時亨　　　綠豆 全琫準　　　義菴 孫秉熙

1779년
기해己亥
檀紀 4112년
正祖 3년

(겨울) ─ **조선 남인계 사대부, 서학西學 세미나.** 이벽李蘗(1754~1784), 권철신權哲身(1736~1801), 이승훈李承薰(1756~1801), 정약전丁若銓(1758~1816), 정약종丁若鍾(1760~1801), 정약용丁若鏞(1762~1836. 1789년 식년문과 갑과 아원亞元), 이총억李寵億 등 성호星湖 이익李瀷(1681~1764)의 문하생들이 경기도 광주廣州 천진암天眞庵에서 천주학 서적(『천주실의天主實義』·『칠극七克』 등) 강학토론회를 개최했다(10여 일간) → 자생적 신앙공동체 태동.

1781년
신축辛丑

─ 근암近庵 최옥崔鋈(1762년생), 과거시험 보다. "겨우 20세 이후에 지방 향시에는 8번 나가서 다 합격했으며 굉사시宏詞試에도 한번 합격하였다. 복시覆試에 응시했으나 번번이 실패하였다."(『근암집』 행장行狀). **"가련하다 가련하다 우리부친 가련하다 구미용담 좋은승지勝地 도덕문장 닦아내어 산음수음山蔭水蔭 알지마는 입신양명 못하시고"**(『용담가』).

1781년
正祖 5년

─ 임마누엘 칸트(1724년생), 『순수이성비판』 출간 / 『실천이성비판』(1788년)·『판단력비판』(1790년) 출간 / 1804년 칸트의 묘비명: "내 마음을 늘 새롭게 더 한층 감탄과 경외심으로 가득 채우는 두 가지가 있다. 그것은 내 위에 있는 별이 빛나는 하늘과 내 속에 있는 도덕법칙이다."(『실천이성비판』).

1783년 9월 3일〈양〉─**미국**The United States of America **독립전쟁 승리**. 파리평화회의 〈제1조〉:
계묘癸卯
正祖 7년 **"영국은 아메리카의 독립을 승인한다."** / 1776년 7월 4일 미국 동부 영국식민지 13개주,
**독립선언서 선포: "정부의 정당한 권력은 통치를 받는 국민의 동의로부터 유래하는
것이다."**(서명자: 벤자민 프랭클린·토마스 제퍼슨·존 애덤스·로버트 리빙스턴·로저 셔만).
미국 독립전쟁 본격 돌입(~1783년. 대륙총사령관: 조지 워싱턴) / 1776년 1월 10일 토마스 페
인의 『상식Common Senses』 출간: "한 대륙이 한 섬의 통치를 영원히 받아야 한다고 생
각하는 것은 어리석은 일이다. 뿐만 아니라 군주들의 권력은 강도나 다름없는 귀족들
로부터 나오는 것임을 분명히 인식해야 한다." → 아메리카대륙의 독립정부수립 각성.

1784년 3월 24일(양 4월 13일)─**이승훈, 영세받고 귀국**(세례명: 베드로). 프랑스 예수회 포교본부
갑진甲辰
인 북경교당의 장 그라몽Jean-Joseph de Grammont 신부가 주관 / 가성직제도假聖職
制度에 기반하여 베드로 이승훈의 세례를 받은 이벽·권일신權日身(순암順菴 안정복安
鼎福의 사위)·김범우金範禹(1751~1787)·정약종·이가환李家煥(1742~1801) 등은 세례를
통해 신앙공동체를 형성했다(1784년 말, 명례방明禮坊 김범우의 집. 명동성당, 1897년) → 서
양선교사 없이 자생적으로 가톨릭 수용. 한국교회 창설연도로 공식화. 다산 정약용의
매부 이승훈은 신유박해 때(1801년), 아들·손자는 병인박해 때(1866년), 증손자는 1871년
에, 4대 순교(이승훈의 집 인근, 약현성당, 1892년) / 1886년 조선정부, 천주교 포교권 인정.

1785년 3월─**을사추조적발乙巳秋曹摘發 사건**. 명례방 김범우(역관, 종6품) 집에서 열린 신앙집
을사乙巳
회 발각. 이벽·이승훈·정약전·정약종·정약용·권일신·이윤하 등 양반자제들 방
면. 장소제공자 토마스 김범우는 배교를 거부하고 밀양 만어산萬魚山으로 유배. 고문
후유증으로 사망(1787년 9월 14일) → 한국 천주교회의 첫 희생자.

1789년 5월 5일〈양〉─**프랑스 대혁명 발발**(~1799년 11월 9일). 바스티유 감옥 습격(7월 14일). 〈인
기유己酉
正祖 13년 **권선언**〉 채택(8월 26일): **"사람은 나면서부터 자유·평등해야 하며, 정치를 하는 권리는
국민에게 있다."** 혁명세력은 교회의 특권적 지위와 부를 몰수하고, 교회의 세속권
력을 박탈하여 정교분리를 선언했다 / 1792년 9월 2일~7일 종교인 대학살(감옥에 갇혀
있던 250여 명의 사제·주교와 천 명이 넘는 가톨릭신자를 민중이 "혁명의 적"이라는 명목으로

처형했다) → 서구 교회의 "민주주의에 대한 충격과 불안한 콤플렉스"에 함몰. 프랑스 제1공화국 선언(9월 21일) / 1793년 1월 21일 루이 16세(1754년생) 참수형斬首刑, 마리 앙트와네트 왕비 참수형(1793년 10월 16일) / 1796년 3월 11일 나폴레옹 이탈리아 원정 / 1798년 나폴레옹 이집트 원정 / 1799년 11월 9일 나폴레옹(1769년생) 쿠데타. 제1통령 등극.

1790년 경술庚戌 －로마교황청이 장악한 북경교당의 급변한 지침: **"가성직제도假聖職制度와 조상숭배 엄금."**(예수회의 타협적 선교에 타 수도회·선교단체가 사상논쟁을 제기하여, 교황청에서 받아들임). 보유론補儒論적 입장에서 천주교 신앙을 받아들인 베드로 이승훈의 고민은 시작되었다 / 예수회Society of Jesus(제수이트 교단)는 유교와 친화적이며 공자와 조상숭배를 인정했다(로마교황청과 대립각). 예수회 소속의 마테오 리치Matteo Ricci(利瑪竇, 1552~1610)가 중국인을 포교하면서 『천주실의』를 북경에서 편찬했다(1603년) / 1960년 4월 18일 예수회, 서강대학교 설립.

1791년 신해辛亥 正祖 15년 乾隆 56년 －**진산珍山사건.** 전라도 진산의 바오로 윤지충尹持忠 진사와 외종사촌 야고보 권상연權尚然은 우상숭배라며 유교식 모친상母親喪을 거부하고 신주를 태우고(廢祭焚主) 천주교식 장례를 치렀다. 윤지충·권상연 참형(신해박해辛亥迫害). 이승훈 관직 삭탈, 정약전·정약용·이벽·최필공·홍낙민 등, 신앙을 버리는 상소를 올림으로써 겨우 화를 면했다. 윤지충(1759년생)은 정약용(1762년생)과는 내종사촌간이다 → 체제변혁적 요소를 감지한 조선왕조는 서학을 철저히 엄금하기 시작. 동학농민군의 최후항전도 진산이었다(음 1895년 1월 27일. 현재는 충청남도 금산군 진산면) / 1939년 12월 8일 교황 비오 12세(Pope Pius 12), 〈중국의례에 관한 훈령〉 선포: **"중국인 가톨릭 신자는 조상제사를 모실 수 있으며 공자를 추념하는 모든 제식에 참여할 수 있다."** / 2014년 8월 16일 예수회 출신 첫 로마교황, 프란치스코 교황(제266대)은 광화문 광장에서 윤지충 바오로와 123위 동료순교자 시복식諡福式Beatification을 주관했다.

1799년 기미己未 嘉慶 4년 －아우구스티노 정약종丁若鍾, 한글본 『주교요지主教要旨』 편찬. 다산의 셋째형 정약종은 명도회明道會(천주교 평신도 단체) 초대 회장으로 조선에 잠입한 주문모周文謨(1752년생) 중국인 신부를 보필하면서, 한문본 교리책에서 중요한 것만 뽑아 한글로 교리책자를 펴내서 포교확장에 이바지하였다.

1800년 6월 28일(양 8월 18일) — **정조**正祖 붕崩(1752년생) / 8월 23일 순조純祖 즉위(11세), 대왕대비
경신庚申 정순왕후貞純王后(55세. 경주 김씨), **수렴청정**垂簾聽政(~1804년 2월 9일) / 1802년 10월 순
조, 순원왕후純元王后(안동 김씨 김조순金祖淳의 딸)와 혼인 → **안동김씨 60년 세도정치.**

1801년 1월 10일(양 2월 22일) — **대왕대비**(정순왕후), **사학**邪學(천주교, 서학) **엄금 하교**: "서양에서
신유辛酉 는 이른바 예수의 천주학이 있었다. 대개 천당과 지옥의 이야기로 현혹시켜, 부모를
純祖 1년 존경하지 않고 윤리를 업수이 여기고 강상綱常을 어지럽히니 이교 가운데에서도 최
고로 무륜無倫하다. 천주학 책이 중국으로부터 조선에 유입되어, 더러는 깊이 빠져들
어 어그러지는 자가 있어서 정조시대부터 법으로 엄금한 것이다. 大王大妃教曰: 西洋
國, 有所謂耶蘇天主之學. 蓋惑於堂獄之說, 不尊父母, 蔑理亂常, 異敎之最無倫者也. 其
書自中國, 流轉於我東, 而或有浸溺註誤者, 自正宗朝嚴法禁之矣." → 노론 벽파僻派의
정적이었던 남인과 시파時派 숙청.

■ 3월 — **신유박해**辛酉迫害(~10월). 이가환·정약종·이승훈·최필공·홍낙민·최창현·
홍교만 등 참수. 중국인 주문모周文謨 신부(1794년부터 조선포교 활동)·강완숙 포함 가
톨릭 신자 50여 명 참형(1년간 그 여파로 300여 명 죽음. 신유년 당시 신자 1만여 명으로 추
정). 손암巽菴 정약전丁若銓은 흑산도로, 다산茶山 정약용丁若鏞은 강진으로 유배(11월).

■ 3월 4일(양) — **토마스 제퍼슨**Thomas Jefferson 제3대 미국대통령 취임(~1809년, 민주공화
당). **취임사**: "모든 국가와 평화, 교역 및 정직한 우정을 유지하고, 어떤 국가와도
함정에 빠지는 동맹을 맺지 않는다. Peace, commerce, and honest friendship with all nations,
entangling alliances with none." / 2023년 4월 윤석열정부, 한미동맹결속 강화.

■ 9월 22일(양 10월 29일) — **황사영**黃嗣永(1775년생) **백서사건**帛書事件. 알레시오 황사영이
신유박해로 충북 제천堤川 배론(排論, 舟論)에 도피해서 신유박해의 전말을 북경의 구
베아Gouvéa 주교에게 소상하게 알리는 편지를 썼다(하얀 명주천에 1만3311자): "… 군
사를 일으켜 죄를 묻는 것이 무엇이 옳지 아니하겠습니까? 예수의 거룩하신 가르
치심에 의거하면 전교를 용납하지 않는 죄는 소돔과 고모라보다도 무겁다고 하였
으니 비록 이 나라를 멸망시킨다 하더라도 興師問罪, 有何不可? 據耶蘇聖訓則不容傳
敎之罪, 更重於索多瑪惡本辣矣. 雖殄滅此邦 …"황사영 진사는 정약용의 조카사위 →
조선정부, 천주교신자는 외세를 끌어들여 나라를 위태롭게 하는 반국가적 집단으로

인식 / 1925년 7월 5일 제8대 조선교구장 구스타브 뮈텔Gustave Charles Marie Mutel(閔德孝, 1854~1933), 〈황사영 백서〉를 로마 교황청에 전달.

1803년 –베토벤(1770년생), 교향곡 3번 작곡(영웅, 에로이카). 나폴레옹에게 헌정하려다 말음. 교
계해癸亥 향곡 9번 작곡("환희의 송가" 1823년. 2023년 5월 7일 우리말로 부르는 "자유의 송가" 초연.
번역·지휘: 구자범[具滋凡, 1970년생]. 예술의전당 콘서트홀) / 1804년 5월 나폴레옹 보나파르트
황제즉위(프랑스 공화국共和國은 국민투표로 전폭적으로 제정帝政 승인).

1811년 –**청왕조, 서양인의 내지 거주·그리스도교 전도 금함.**
신미辛未
純祖 11년 ■12월 18일 –**서북지방에서 홍경래洪景來 등 5,000여 명 민중봉기**(가산, 박천, 정주, 태천,
곽산, 선천, 철산, 남창, 용천 등 장악) / 1812년 4월 19일 관군 정주성定州城 함락. 체포된
11세 이상 남자 1,917명 처형(4월 23일).

1813년 12월 10일 –**중국 태평천국 운동 창도자 홍수전洪秀全 출생**(~1864년 4월 27일. 자결). 거
계유癸酉 듭 과거에 낙방한(14년 동안 4번) 홍수전은 예수의 동생을 칭하며 기복신앙을 바탕으로
嘉慶 18년 한 배상제회拜上帝會 결성("天下爲公" 천명). 빈농·노동자들이 모여들자 세상을 어지럽
힌다는 이유로 청국정부의 탄압을 받게 된다. "멸만흥한滅滿興漢"의 기치를 내걸고 정치
세력으로 변신. 태평천국 건국 선포(1851년. 자칭 천왕天王). 반청세력의 결집체로 급부
상. 태평천국군, 청국군에 연전연승. 남경 접수(1853년. 천경天京으로 개명) 후 "함께 밭을
갈고, 같이 먹고, 같이 입고, 돈도 같이 쓰는 有田同耕, 有飯同食, 有衣同穿, 有錢同使" 이상
사회를 꿈꾼 태평천국의 천왕 홍수전은 점차 세속적인 황제행세에 몰입. 권력다툼으로
쇠퇴하는 가운데 영·불·미국 연합군과 호남의 의병장 증국번曾國藩(1811년생)의 상군
湘軍에 제압당한다(1864년 7월 19일 청나라 남경수복). 이때 태평천국의 토벌에 혁혁한 공
을 세워 급부상한 자가 증국번의 제자 이홍장李鴻章(회군淮軍)이다. 그리고 직예총독直
隸總督 이홍장(1823년생)은 원세개袁世凱(1859년생)를 조선에 보내 키웠다(1882년~1894년).

1814년 –손암 정약전, 『자산어보玆山魚譜』 완결. 흑산도 근해 한문 어류도감 / 1816년 6월 6일
갑술甲戌 유배지 우이도牛耳島에서 졸卒 / 2021년 영화 〈자산어보〉 개봉(감독: 이준익. 각본: 김세겸).

1815년 –**을해박해.** 지방관의 자의로 강원도 원주와 경상도 청송의 천주교인촌의 재산을 노린 탄압.
을해乙亥

1818년 8월 — 다산 정약용 귀향. 강진에서 해배. 『여유당전서與猶堂全書』 500여 권 저작.
무인戊寅

1821년 8월 21일 — 김대건金大建(~1846년 9월 16일), 충청도 면천군 솔뫼 출생 / 2021년 안드레아
신사辛巳
道光 1년 김대건 신부, 유네스코 세계기념인물로 선정.

■ 8월 — **콜레라 창궐**(범유행전염병Pandemic). 인도 뱅갈지방에서 발생한 콜레라(1819년)가
우리나라로 들어와 어느새 각지에 퍼져 십만 명도 넘는 환자를 냈다. 걸린 사람은 10명
중 한 두 사람밖에 살아남지 못하였으므로 그저 공포심을 자아냈다(순조실록 21년 8월
기해) / 8월 13일 김이교 평안감사 보고: "평양부의 성 안팎에 지난달 그믐 사이 갑자기
괴질이 유행해 토사吐瀉와 관격關格(급하게 체해 인사불성이 됨)을 앓아 잠깐 사이에 사
망한 사람이 10일 동안 무려 1000여 명이나 됩니다." → 인도식민지를 경영한 영국
군대와 선박을 통해 전 세계로 퍼졌다(1820~1830년대) / **"우리나라는 요즈음 악랄한 질병이
나라 안에 가득 차있어서, 백성들은 사시사철 편안한 날이 없다. 我國惡疾滿世, 民無四時
之安."**(『동경대전東經大全』 「포덕문布德文」) / 1918년 10월 **국내 스페인독감**(Influenza A virus
subtype H1N1) **범유행전염병**Pandemic(무오년독감). 742만 2,113명 환자발생(그 중 13만
9,128명 사망). 전 세계 5억2천5백만 명이 독감에 감염(그 중 약 1,700만~5,000만 명 사망.
치사율 3.4%~10%. 뉴욕시만 33,000여 명 사망) / 2019년 12월 31일 **코로나바이러스
감염증-19**(COVID-19) 환자, 중국 호북성 무한武漢 후아난華南수산물도매시장에서
집단적으로 발생 / 2020년 1월 23일 중국정부 무한봉쇄 / 3월 3일 한국 대구 신천지예수
교 증거장막성전 코로나-19 확진자 집단적으로 발생(전체 확진자 4,812명 중 3,000여
명). 한국발 입국제한국 123개 나라(3월 11일) / 3월 10일 이탈리아 정부, 전국 봉쇄
/ 3월 11일 **세계보건기구WHO, 신종 코로나바이러스 감염증**(코로나-19) **팬데믹**Pandemic
(세계적 대유행 감염병) 선언(11일 현재 전 세계 114개국의 확진자가 126,000여 명. 사망자
는 1,400여 명) / 3월 14일(10시 35분 기준) 한국인 261,335명 검사: 8,086명 확진자.
714명 완치. 72명 사망(치사율 0.89%) / 3월 14일(14시 55분) 전 세계 발생국 143개
국. 확진자 145,689명. 완치 72,533명. 사망 5,437명(치사율 3.73%) / 중국: 확진자
80,830명. 완치 65,546명. 사망 3,189명(치사율 3.9%). 이탈리아: 확진자 17,660명.
완치 1,439명. 사망 1,266명(치사율 7.2%). 미국: 확진자 2,329명. 완치 50명. 사망
41명(치사율 2.1%) / 3월 23일 전 세계 발생국 193개국. 확진자 348,954명. 완치자

100,301명. 사망 15,302명(치사율 4.39%). 미국: 확진자 35,070명. 완치 178명. 사망 458명(치사율 1.3%). 이탈리아: 확진자 59,138명. 완치 7,024명. 사망 5,476명(치사율 9.3%) / **10월 15일** 전 세계 발생국 215국. 확진자 34,792,654명. 격리해제 28,866,145명. 사망 1,101,047명(치사율 2.84%). / **2021년 1월 17일** 전 세계 발생국 220국. 확진자 95,066,341명. 격리해제 67,677,471명. 사망 2,032,999명(치사율 2.14%). 미국 확진자: 24,308,366명. 한국 확진자: 72,340명. 인도 확진자: 10,558,710명. 브라질 확진자: 8,456,705명. 러시아 확진자: 3,568,209명. 영국 확진자: 3,357,361명. 프랑스 확진자: 2,894,347명. 이탈리아 확진자: 2,368,733명. 스페인 확진자: 2,252,164명. 독일 확진자: 2,040,716명. 일본 확진자: 331,256명. / **2021년 3월 22일** 전 세계 확진자: 123,946,647명. 사망: 2,729,432명(치명률 2.20%). / **2023년 3월 27일** 미국 누적확진자: 106,102,029명(사망자:1,153,730). / **2023년 4월 24일** 전 세계 누적확진자: 681,409,461명. 사망: 6,838,184명. / **2023년 5월 4일**(현지시간) 세계보건기구WHO, 코로나19에 대한 〈국제적 공중보건 비상사태 PHEIC〉 해제선언 / 5월 11일 국내 누적확진자: 31,351,686명(사망자: 34,583명).

1824년
갑신甲申
檀紀 4157년
純祖 24년
道光 4년
10월 28일(양 12월 18일) – **수운**水雲 **최제우**崔濟愚 **경상북도 월성군**月城郡 **현곡리**見谷里 **출생**(가정柯亭1리 315번지. 경주 현곡리 일대는 경주 최씨 세거지世居地). "文章道德으로써 一道에 著名"(『천도교서天道教書』)한 63세 빈한한 선비와 "단봇짐으로 떠 들어온" 재가녀再嫁女의 아들로 태어나다(부친: 근암近庵 최옥崔鋈. 모친: 청주 한韓씨. 초명初名은 제선濟宣. 아명兒名은 북슬·복술福述. 자字는 도언道彦. 후에 구도수련과정에서 이름은 제우濟愚로, 자는 성묵性黙으로, 호號는 수운水雲으로 바꾸었다). 7대조는 정무공貞武公 최진립崔震立(1568~1636) 장군(임진왜란·병자호란에 활약하고 순국. 경주 용산서원龍山書院 배향) / "**기장**奇壯 **하다 기장하다 구미산기**龜尾山氣 **기장하다. 거룩한 가암최씨**佳巖崔氏 **복덕산**福德山 **아닐 런가. 구미산 생긴후에 우리선조 나셨구나. 산음**山蔭**인가 수음**水蔭**인가 위국충신**爲國忠臣 **기장하다. 가련하다 가련하다 우리부친 가련하다. ··· 구미산하 일정각**一亭閣**을 용담** 龍潭**이라 이름하고 산림처사**山林處士 **일포의**一布衣**로 후세에 전타말가.**"(『용담가』). / "산 림공山林公 최옥은 어린 수운을 항상 곁에두고 애육愛育하여 마치 보물처럼 여겼다."(『근암집』).

1825년 – 어린 수운의 풍모: "아들아기 탄생하니 기남자奇男子 아닐런가. 얼굴은 관옥冠玉이오
을유乙酉

풍채風采는 두목지杜牧之라. 그러저러 지내나니 오륙세 되었더라."(『용담유사』「몽중노소문답가」). 수운의 수양딸(朱氏)의 회고: "얼굴이야말로 과연 잘생겼더니라. 콧마루가 끔찍이 부명浮名하고 높고 눈이 어글어글하고 키는 중키나 되었는데 어찌 그런지 누구나 오랫동안 쳐다보지 못하였다."(『신인간』 1927년 9월호).

1827년 **2월 – 정해박해**丁亥迫害(~5월). 전남 곡성·경북 상주·충청도·서울 등지의 천주교인 **정해丁亥** 500여 명 체포. 16명 순교.

■ **3월 21일(양 4월 16일) – 해월**海月 **최시형**崔時亨 **출생**(동학 2세 교조. 海月神師). 경북 경주 동촌東村 황오리皇吾里(황오동 229번지)에서 태어나다(월성月城 최씨. 부친: 최종수崔宗秀, 모친: 월성月城 배褒씨. 초명初名은 최경상崔慶翔. 자字는 경오敬悟. 『대선생사적大先生事蹟』[해월선생문집]). 6세에 모친상. 10살부터 경주 선도산仙桃山 아래 서악서원西嶽書院에서 학습(범부凡夫 김정설金鼎卨의 스승인 김계사金桂史와 동문수학). 15세에 부친상. 이후 머슴살이하다가 17세부터 흥해 조지소造紙所에서 일하면서(영일군 기계면 오덕동) 밀양 손씨부인을 맞아 혼인(19세) / 1861년 6월 경주 용담정에서 입도식 / 1863년(음 7월 23일) 수운, 해월을 북도중주인北道中主人에 임명하면서, 최경상崔慶翔에게 해월海月이라는 도호道號를 사사賜했다 / 1875년 10월 18일 "용시용활用時用活" 의미로 시형時亨으로 개명 → "해월 최시형"의 명칭은 1875년 완성.

1830년 **8월 4일(양 9월 20일) – "정한론**征韓論**"의 주창자, 요시다 쇼오인**吉田松陰 **출생**(~1859년 **경인庚寅** 10월 27일. 참수斬首). 쵸오슈우번長州藩(현 야마구찌현山口縣. 아베 신조의 지역구)의 하급무사 출신. 존왕양이尊王攘夷론자. 유배기간 쇼오카손주쿠松下村塾에서 3년간 92명의 제자들(9세~36세)을 교육시켰다. 그들이 명치유신明治維新(1868년)을 일궈냈다. 쇼오인은 제자들에게 『일본서기日本書紀』와 『고사기古事記』를 강의하면서 일본의 독립과 이익을 위해서 조선을 반드시 속국화시켜야 한다는 당위성을 항시 설파했다("한반도로 진출하기 위해 가장 먼저 타케시마를 점령해야 한다." → 독도영유권 주장. 조선·만주·홋카이도·캄차카·오키나와·대만·필리핀·호주 등 주변국 침략종용 → 대동아공영권 밑그림 제공). 조선을 집요하게 삼킨 3인방(長州3尊)인 이토오 히로부미伊藤博文(1841년생. 일본제국의 초대·5대·7대·10대 내각총리대신)·야마가타 아리토모山縣有朋(1838년생. 일본제국 원수, 일본군국주의의 아버지, 제3대·9대 내각총리대신)·이노우에 카오루井上馨(1836년생. 외무대신, 주한일본공사) 등이 요시다 쇼오인의 제자들이다. 그의 문하생이 스승의 유지를 그대로 실천했다. / 2006년 9월 제90대 일본 내각총리대신으로 선출된 아베 신조安倍晋三(1954~2022)의 첫 번째 공식행사가 요시다 쇼오인 무덤 참배였다 / **"개같은 왜적놈아 너희신명 돌아보라. 너희역시 하륙下陸해서 무슨은덕 있었던고. 전세임진 그때라도"**(「안심가」).

1831년 — 수운, 8세에 배움에 들어서다: **"팔세八歲에 입학해서 허다한 만권시서萬卷詩書, 무불**
신묘辛卯 **통지無不通知 하여내니 생이지지生而知之 방불彷彿하다. 십세를 지내나니 총명聰明은 사광師曠이요. 지국이 비범非凡하고 재기才氣 과인過人하니."**(「몽중노소문답가」).

- 9월 9일(양) — 교황 그레고리오 16세, 천주교 조선대목구(천주교 서울대교구) 창설. 천주교 북경교구에서 조선교구 독립(조선 대리감목구代理監牧區). 로마교황청, 조선의 선교를 파리외방전교회外邦傳敎會(1658년 설립된 로마 가톨릭교회의 선교단체)에 일임 / 2020년 2월 25일 천주교 서울대교구(대교구장: 염수정 추기경), "코로나 바이러스 감염증—19" 확산으로 189년 만에 첫 전면 미사 중단 발표. 2월 16일부터 3월 10일까지 교구 내 232개 성당의 미사 중단(2020년 전체 천주교신자: 586만여 명. 4월 26일 주교좌명동대성당, 미사재개).

1832년 — 해월 모친상(6세). 서당공부. 부친상(15세). 고아가 된 이후 누이동생 데리고 17세까지
임진壬辰 머슴살이 전전.

1833년 — 수운(10세) 모친상 / **"부모님께 공경하면 효자효부 아닐런가. 슬프다 세상사람 자세**
계사癸巳 **보고 공경하소. 나도또한 출세出世후에 조실부모早失父母 아닐런가. 정성공경精誠恭敬 없었으니 득죄부모得罪父母 아닐런가."**(「권학가勸學歌」).

1834년 11월 — 헌종憲宗, 8세로 즉위(~1849년). 순원왕후(1789년생), 첫 번째 수렴청정(~1840년).
갑오甲午

1835년 11월 24일(양 1836년 1월 12일) — 파리외방전교회, 모방Pierre Philibert Maubant(羅伯多祿,
을미乙未
憲宗 1년 1803년생) 신부 조선에 파견(조선에 파견된 최초의 서양선교사. 밀입국). 샤스탕Jacques
Honor Chastan(鄭牙各伯, 1803년생) 신부 잠입(1836년 말).

1836년 12월－김대건·최양업崔良業(토마스, 1821~1861)·최방제崔方濟, 마카오 신학유학. 모방
병신丙申 신부의 주선으로 3인이 유학을 떠났다. 마카오 도착(1837년 6월 7일) / 1837년 11월 26일
최방제, 풍토병으로 마카오에서 객사.

1837년 2월－에도막부의 "에도중심주의" 기근대책에 분노한 오오사카 민중의 궐기(오오시오의
정유丁酉 난). 양명학자 오오시오大鹽平八郎의 〈격문檄文〉: **"인정仁政을 행하지 않고 백성을 괴롭
히기만 하는 관리와 이들과 결탁한 거대 자본가 상인(町人)들을 준열히 비판한다."**

- 1837년 －미국 상선 모리슨 호, 일본 에도만에 내항. 도쿠가와 막부, 대포로 쫓아냄
  → 페리의 쿠로후네(黑船)에 굴복·개항(1854년 3월).
- 3월 19일－동무東武 이제마李濟馬 함경도 함흥에서 출생(~1900년 9월 21일) / 1880년『격
  치고格致藁』집필 / 1894년『동의수세보원』집필. 함흥에서 출판(1900년).
- 5월 14일－제2대 조선교구장 앙베르Laurent-Joseph-Marius Imbert(范世亨, 1797년생) 주교
  조선에 잠입. 국내의 천주교 신자는 9천여 명(1839년).

1839년 4월 11일(양)－청나라 흠차대신 임칙서林則徐, 영국 상인의 아편 2만284 상자 몰수(~5월
기해己亥 18일. 1425t, 1천500만 달러. 아편 한 상자에 찻잎 5근 지불). 호문진虎門鎭 인공연못에 소금과
憲宗 5년
道光 18년 석회를 풀고 1425t의 아편을 녹여 바다로 내보냈다(6월 3일~25일) → 아편전쟁 발발
(~1842년).

- 3월－**사학토치령**邪學討治令. **기해교난**己亥敎難(~12월). 앙베르 주교·모방·샤스탕 신
  부, 서울 새남터에서 순교(양 9월 21일. 軍門梟首). 정하상丁夏祥·유진길·조신철 등 교회
  지도자급 대거 순교(斬刑). 김대건 신부의 증조할아버지, 큰할아버지, 아버지 등 70여
  명 순교 → 벽파 풍양 조씨일파의 획책 / 10월 18일 헌종의 할머니 김대왕대비(순원왕
  후)가 척사윤음斥邪綸音 반포(기해박해로 피바람분 후 담화문. 헌종의 외종조부 조인영趙寅永
  집필): ① 천주학 도입을 역사적으로 비판. ② 천주교 논리비판(예수가 하늘에서 내려와 사
  람이 되고, 죽은 뒤 부활해서 하늘에 올라갔다는 둥 허무맹랑하다). ③ 천주교도 개전회유.

1840년 2월 20일－**수운 부친상.** 근암近庵 최옥崔𩈜(1762년 3월 23일생, 79세) 졸: **"어느 날 부친이
경자庚子 조용히 떠나시므로 나는 그 곁에서 슬피 울었다. 외로이 홀로 남은 나 자신은 이때 나이**

16세이니 무엇을 알았으랴. 철없는 어린아이에 지나지 않았다. 哀臨一日之化仙. 孤我一命, 年至二八. 何以知之? 無異童子.'"아버지께서 사계에 나오자, 그 이름이 영남일대에 떨쳐, 선비들 가운데 아버지 근암공을 모르는 이가 없었다. 家君出世, 名蓋一道, 無不士林之共知."(『동경대전』, 「수덕문修德文」) / 〈묘갈명墓碣銘〉(퇴계 10대 종손 이휘녕李彙寧 지음): "경자년(1840년) 봄에 갑자기 병이 들었는데 어느 날 집안식구들에게 말하여 이르기를 '나는 지금 팔십먹은 사람이니 어찌 의원을 부르고 약을 쓰랴'라 했고 마침내 잠자리를 정돈케 하고 아무런 구애됨이 없이 신속히 돌아갔다. 때는 이월 이십일이었다. 부고가 나가자 경주고을에서는 눈물을 마구 흘리며 우는 선비가 많았다. 이 해 사월 초하루에 선산에 따라 관산 아래 서쪽을 등진 언덕에 장사지냈다. 庚子春, 忽感疾. 語家人曰: '吾今八十歲人, 安用醫藥爲?' 使之整枕席, 翛然而逝卽二月二十日. 訃出州之人士, 多汪然出涕者. 是年四月朔, 葬于冠山下, 負兌原從先兆也."(『근암집』).

1842년 — **수운**(19세), **울산의 밀양박씨 부인과 혼인**(『천도교서』, 『시천교역사』) / 1836년 수운(13세)
임인壬寅   혼인설(『천도교창건사』).

■ 7월 24일(양 8월 29일) — 남경조약 조인(광동·상해 등 5개 항구 개방, 영사 재판권, 협정 관세제, 최혜국 조관, 개항장의 군함 정박권, 개항장에 교회설립). 〈제3조〉: "청국 황제폐하는 영국여왕폐하에게 홍콩섬을 양도하여, 영국여왕폐하 및 그 후계자가 영원히 이것을 점유하도록 한다." 김대건 마카오 신학생, 남경조약 조인 현장에서 세실 프랑스 해군제독의 통역원 겸 지리학자의 자격으로 참관. 홍콩에서 비준서 교환(1843년 6월) / 1997년 7월 1일 영국, 홍콩반환. 중국, 일국양체제 50년간 체제보장 / 2020년 5월 중국정부(국가주석: 시진핑習近平), "홍콩보안법" 통과. 일국양체제 사실상 붕괴.

1843년 — **해월 최시형, 조지소**造紙所(17세) **취직**. 경상북도 흥해興海에서 종이 뜨는 일에 종사.
계묘癸卯   19살에 밀양 손씨와 혼인 후 농사짓다(1845년). 경주 북쪽 광면光面 마북동馬伏(北洞으로 이주(1854년). 마북동 안쪽 검등골劍洞谷로 이주하여(1859년) 화전민생활하면서 동학입도(1861년 6월). 수운으로부터 도통을 전수받다(1863년 8월 14일. 37세).

■ 1843년 — 『근암유고近菴遺稿』 편찬. "배우기 시작할 때부터 한번 눈에 스치면 곧 외울 수 있었던自受學一過目輒成誦" 부친 근암공 최옥은 번번이 과거에 낙방했으나, 퇴계

이황·학봉 김성일 등 영남학파를 정통으로 이은 기와畸窩 이상원李象遠의 제자이다. 그의 제자들이『근암유고』를 편찬했다(필사본). "근암공의 문장과 학문 및 올바른 행실이 다 같이 당시 우리 고을을 대표하고 있었다. … 공은 세상에 태어나서 젊어서는 시문으로 이름을 드날렸다. 늙어서는 경서를 연구하여 깊은 경지에 이르렀다."(『근암집』「발문」).

1843년
계묘癸卯
2월 ─ 생활하던 작은 집이 화재로 모두 소실: "돌아가신 아버지가 물려주신 유형의 자산이 화재로 흔적도 없이 사라졌고, 자손의 불초한 남은 한은 세상에서 낙심하게 되었으니, 어찌 통탄치 아니하리오! 어찌 애석하지 아니하리오! 先考平生之事業, 無痕於火中. 子孫不肖之餘恨, 落心於世間, 豈不痛哉! 豈不惜哉!"(「수덕문」). 수운 가족은 처갓집이 있는 울산 유곡동으로 이사했다 / 2005년『근암집』(최옥 지음. 최동희 옮김) 출간.

1844년
갑진甲辰
憲宗 10년
道光 24년
─ 수운 최제우, 10년간 주류팔로周流八路(~1854년). 2년간 연마해오던 무예공부 관두고 장사의 길로 나섰다("又爲反武. 幾至二十歲. 藏弓歸商. 周流八路."『대선생주문집』) → 각자위심各自爲心의 세태 목격 → "다시개벽"(同歸一體)의 모색 / "평생에 하는근심 효박淆薄한 이세상에, 군불군君不君 신불신臣不臣과 부불부父不父 자부자子不子를, 주소간晝宵間 탄식하니 울울한 그회포는, 흉중에 가득하되 아는사람 전혀없어, 처자산업妻子産業 다버리고 팔도강산 다밟아서, 인심풍속 살펴보니 무가내無可奈라 할길없네. 우습다 세상사람 불고천명不顧天命 아닐런가 ··· 각자위심各自爲心 하는말이 내옳고 네그르지 ··· 십이제국十二諸國 괴질운수怪疾運數 다시개벽開闢 아닐런가."(「몽중노소문답가」) / "불고가산不顧家産 발정發程하여 방방곡곡 찾아와서, 매매사사每每事事 살펴보니 허다한 남녀사람, 사람마다 낯이설고 인심풍속 하는거동, 매매사사 눈에거쳐 타도타관他道他關 아닐런가. 이내좁은 소견으로 호풍호속好風好俗 보려하고, 어진친구 좋은벗을 일조이별一朝離別 하단말가. 산수풍경山水風景 다던지고 동지섣달 설한풍雪寒風에 촌촌전진村村轉進 하다가서 일소일파一笑一罷 하여보세. 어화세상 사람들아 세상풍속 모르거든, 내곳풍속 살펴보소 이도역시 시운時運이라. 무가내라 할길없네 편답강산遍踏江山 아니하면, 인심풍속 이런줄을 아니보고 어찌알꼬. 대저인간 백천만사 보고나니 한이없네."(「권학가」) / 당시 왕실 외척의 세도정치로 인한 조선사회에 상하 막론하고 만연된 윤리적 파탄에 대한 강한 문제의식 표출: "매관매작賣官賣爵 세도자勢道者도 일심은 궁궁弓弓이요, 전곡錢穀쌓인 부첨지富僉知도 일심一心은 궁궁이요, 유리걸식遊離乞食 패가자敗家者도

일심은 궁궁이라. 풍편風便에 뜨인자도 혹은 궁궁촌弓弓村 찾아가고, 혹은 만첩산중萬疊山中 들어가고 혹은 서학西學에 입도해서, 각자위심各自爲心 하는말이 내옳고 네그르지. 시비분분是非紛紛 하는말이 일일시시日日時時 그뿐일네."(「몽중노소문답가」).

1845년
을사乙巳
11월 1일 – 풍석楓石 서유구徐有榘(1764년생) 졸卒. "조선의 브리태니카"『임원경제지林園經濟志』(총 113권 54책) 집필 / 2003 임원경제연구소 설립(소장: 정명현鄭明炫). 도올서원(민철기·전종욱·정명현·정정기·최시남)과 태동고전연구소에서 한학을 연마한 소장학자들이 주축이 되었다. 2024년에 총 67권으로 번역출간완료 예정이다.

1846년
병오丙午
9월 16일 – 김대건 신부와 남녀 교도 8인, 새남터 형장에서 순교·군문효수(1845년 10월부터 김대건 신부 사목활동). 죄목 깃발: "양이洋夷와 통교通交한 죄로 사형에 처함."
/ 1960년 7월 5일 김대건 신부의 유해, 종로구 혜화동 가톨릭대학교 성당에 이장.
/ 2020년 11월 29일 한국천주교주교회의, "성 김대건 안드레아 신부님 탄생 200주년 희년禧年" 선포(~2021년 11월 27일). 표어: "당신이 천주교인이오?"

1849년
기유己酉
6월 9일(양 7월 28일) – 조선 25대 왕 철종哲宗 즉위(~1863년 12월 8일). 순정왕후의 명으로 철종은 순조의 양자 자격으로 왕위를 이었다(순정왕후 2기 수렴청정: 1856년까지. 친정 안동 김씨 왕비책봉. **안동 김씨 세도정치 절정**). 철종(강화도령 이원범李元範. 1831년생)은 사도세자의 3남 은언군恩彦君의 서손자로 신유박해때(1801년) 할머니 송씨(은언군의 부인)와 큰어머니 신씨가 천주교를 믿어 사사되고(3월), 할아버지 은언군도 그해 사사되었다(5월).
■ 1849년 – 경허성우鏡虛惺牛 대선사 출생. 선종중흥. 문하에서 한암漢巖·만공滿空 배출.

1851년
1월 11일(양) – 홍수전洪秀全 태평천국太平天國 건국 선포(광서성 계평시桂平市 금전촌金田村).

1852년
임자壬子
– 증국번曾國藩(1811년생), 호남湖南에서 외인부대 상군湘軍 조직 → 중국군벌의 탄생.

1853년
계축癸丑
3월 29일(양) – 홍수전의 태평천국군, 남경 입성. 태평천국의 천경天京으로 개칭. 〈천조전묘제도天朝田畝制度〉 실시. 과거제도에 여과女科 설치. 여성관리 등장.

1854년
갑인甲寅
哲宗 5년
咸豊 4년

3월 31일(양) ― 미·일화친조약 체결. 일본 막부(쇼군: 도쿠가와 이에요시), 미국 함대 쿠로후네黑船(해군제독: 매튜 C. 페리)의 무력시위로 불평등조약을 맺었다(미국 선박 안전 보장. 개항과 영사주재. 최혜국 대우) → 에도막부 권위실추 / 요시다 쇼오인吉田松陰 (1830~1859), 정한론征韓論 주창: **"미국과 불평등조약으로 입은 손해는 조선과 중국을 침략해서 보충하면 된다."** → 강화도조약(조일수호조규朝日修好條規, 1876년 2월 3일). 미국한테 당한 쿠로후네 사건 모방 / 요시다 쇼오인은 쵸오슈우長洲번 출신의 무사로 그 문하에서 메이지유신의 주역들이 다수 배출되었다(松下村塾). 쵸오슈우는 현재 야마구찌山口현 으로 최장수 일본 내각총리대신을 기록하고 자위대 경력자에 의해 피격사망한(2022. 7. 8.) 아베 신조의 지역구이다. 요시다는 아베를 비롯한 우익진영의 절대적인 우상이다.

■ **10월(음)** ― **수운, 주류팔로周流八路 끝내고 귀가**: **"편답강산 아니하면 인심풍속 이런줄을 아니보고 어찌알꼬 대저인간 백천만사 보고나니 한이없네."**(「권학가」) / 처갓집(밀양박씨)이 있는 울산 유곡동裕谷洞 여시바윗골狐巖谷에 안착.

■ **11월 22일(양 1855년 1월 10일)** ― **녹두綠豆장군 전봉준 출생**(정읍시 이평면 장내리).

■ **12월 25일** ― **춘암春菴 박인호朴寅浩** 충청도 예산(덕산군)에서 출생 / 1883년 3월 8일 입도 → 천도교 4세 대도주(春菴上師). 『천도교서天道敎書』(1921년 4월 5일) 저작 겸 발행.

1855년
을묘乙卯

2월 3일(3월) ― 수운, 스님(금강산 유점사)으로부터 건네받은 **"을묘천서乙卯天書"**를 3일 만에 해독(『최선생문집도원기서』·『천도교서』·『대선생주문집』) / "을묘천서"는 마테오 리치의 『천주실의天主實義』(1603년 북경 간행)로 추정.

■ **12월 11일(양 1856년 1월 18일)** ― 매천梅泉 황현黃玹 출생(전남 광양군 봉강면 서석촌). 구례 구안실苟安室에서 『매천야록梅泉野錄』 집필(1864~1910).

1856년
병진丙辰

5월(仲夏) ― **수운, 경상남도 양산梁山 천성산 내원암內院庵에서 49일 기도 작정.** 막내 숙부 작고(최섭崔瓗, 향년 80세)로 47일 만에 중도하차 / 가세家勢가 기울어 논 여섯 두락을 일곱 사람에게 동시에 헐값으로 팔아 철점鐵店을 열었다("畓六斗, 斥賣於七人處, 外設鐵店."『최선생문집도원기서』).

■ **10월 8일(양)** ― 애로우호 사건. 광동수사의 순라선, 아편 밀수선(선장: 토마스 케네디) 임검臨檢. → 제2차 아편전쟁(~1860년 10월 24일).

1857년 7월(여름)－수운, 양산 천성산千聖山(해발 922m) **자연동굴 적멸굴**寂滅窟**에서 49일 기도.**
정사丁巳
마침(三秋. 음 9월) / 1909년 12월 의암 손병희, 천성산 내원사 49일간 독공수련篤工修
練. 적멸굴 탐방. 내원사 노승의 증언: "경주 최복술이 굴에 와서 도통을 하여 수리가
되어 날아갔다." / 혜강惠崗 최한기崔漢綺(1803~1877), 『기학氣學』저술.

■ 12월(양)－애로우호 사건으로(1856년) 영·불 연합군 광동성 광주廣州 공격(광주시가 점령
후. 약탈·방화·민간인 학살 자행). 계속 북상. 북경의 관문인 천진天津 육박.

1858년 6월 12일－월초거연月初巨然 스님 한성 중부 니동泥洞에서 출생 / 1892년 남한총섭南漢
무오戊午
摠攝·북한총섭北漢摠攝 역임(1893년). 천도교 의암 손병희와 교류. 3·1운동 기획에 참
여. 문하에서 운허耘虛(역경사업)·태허太虛(독립운동가 운암 김성숙) 배출.

■ 6월 28일(양)－요시다 쇼오인, 독도영유권 선창: "조선·만주에 진출할 때 타케시마는 첫
번째 발판이다. … 쵸오슈우長州번은 타케시마와 조선을 급선무로 점령해야 한다." / 1881년
사이토 에조齋藤榮藏(1836년생. 쇼오인의 제자), 시마네현島根縣 초대 현령 부임. 독도영유
권 적극적으로 공론화 / 2021년 1월 29일 일본정부, "독도 영유권" 주장 뒷받침 홈페
이지 보강 / 2월 22일 문재인정부, 일본 "타케시마의 날"에 항의 / 2023년 3월 키시
다 후미오岸田文雄(1957년생) 일본정부의 "독도는 일본땅" 문서에 윤석열정부는 침묵.

■ 6월(양)－청왕조, 영국·프랑스·미국·러시아와 굴욕적인 천진조약 체결.

■ 1858년－**수운, 가산탕진**(産業蕩盡)·**적채여산**積債如山. 거처할 곳이 없어(巢穴未定) 울
산에서 용담으로 귀향결심(還旋龍潭. 『대선생주문집』) / **"여러 사람에게 논을 판 자취
드러나 논을 산 7사람이 독촉하니 그 궁색함을 견딜 수 없었다."**(賣畓之跡顯露, 買主七人,
惟日督捧, 不勝其窘.) → 7명에게 집단소송 당하고 그 와중에 수운과 옥신각신하던
노파가 혼절하여 사경을 헤매다 살아나는 사건발생(『대선생주문집』. 『도원기서』).

1859년 10월(초순)－수운, 경주 구미산龜尾山 용담정龍潭亭으로 환향: "불우시지不遇時之 남아男
기미己未
兒로서 허송세월虛送歲月 하였구나 인간만사萬事 행하다가 거연居然사십 되었더라. 사십
평생 이뿐인가 무가내無可奈라 할길없다. 구미용담龜尾龍潭 찾아오니 흐르나니 물소리요
높으나니 산이로세. 좌우산천 둘러보니 산수는 의구依舊하고 초목은 함정含情하니 불효한
이내마음 그아니 슬플소냐. 오작烏鵲은 날아들어 조롱을 하는듯고 송백松栢은 울울鬱鬱하여

청절淸節을 지켜내니 불효한 이내마음 비감회심悲感悔心 절로난다. 가련하다 이내부친 여경餘慶인들 없을소냐"(「용담가」). "처자를 거느리고 옛집으로 돌아온 날짜는 기미년(1859년) 10월에 돌아오고 ··· 率妻子還棲之日, 己未之十月."(「수덕문」). 밀양 박씨부인과 2녀2남 (장남: 세정世貞 9살, 차남: 세청世淸 6살)을 대동하고 귀향.

1859년
기미己未
10월(중순) ─ "불출산외不出山外" 중한 맹세 다시 하다. 초명初名 제선濟宣을 제우濟愚로 개명. 자는 성묵性黙, 호는 수운水雲으로 고쳤다: "묵묵부답黙黙不答 생각하니 고친자호字號 방불彷彿하고 어린듯이 앉았으니, 고친이름 분명하다. 그럭저럭 할길없어, 없는정신 가다듬어 하늘님께 아뢰오니, 하늘님 하신말씀 너도역시 사람이라. 무엇을 알았으며 억조창생 많은사람, 동귀일체同歸一體 하는줄을 사십평생 알았더냐. 우습다 자네사람 백천만사百千萬事 행할때는 무슨뜻을 그러하며 입산한 그날부터 자호字號이름 고칠때는 무슨뜻을 그러한고 ··· 구미용담 일정각에 불출산외 하는뜻은 알다가도 모를러라"(「교훈가」).

1859년
기미己未
─ **해월 최시형**, 경북 영일군 신광면 반곡리 마복馬伏에서 **검등골**劍洞谷(검곡동劍谷洞은 오기, 추암秋菴 오상준吳尙俊의 『본교역사』로부터 유래)로 이사(경주부중의 북쪽 골짜기 화전민촌). 동학에 입도한(1861년 6월) 해월은 검등골에서 선생 수운이 거주하는 용담까지 70리 길을 부지런히 왕래하며 공부했다(1863년 겨울까지) / 해월의 고백: "내가 젊었을 때 스스로 생각하기를 옛날 성현은 뜻이 특별히 남다른 표준이 있을 것이라고 생각했다. 한번 대선생님(수운)을 뵈옵고 마음공부를 한 후로는, 비로소 성현과 보통사람이 별다른 사람이 아니라, 단지 마음을 정하고 정하지 못하는데 있는 것인 줄 알았다. 余少時自思, 上古聖賢意有別樣異標矣. 一見大先生主, 心學以後, 始知非別異人也, 只在心之定不定矣."(「해월신사 법설」「독공篤工」). "나는 잠이 드는 순간까지도 어찌 잊을 수 있을까! 수운선생님의 가르치심을! 밤낮 없이 촛불 밝혀 정진할 뿐이다. 吾着睡之前, 曷敢忘! 水雲大先生主訓敎也. 洞洞燭燭無晝無夜."(「해월신사 법설」「수기정기修己正氣」).

1860년
경신庚申
1월 13일(양 2월 4일) ─ 수운의 새해 〈입춘시立春詩〉: "도의 기운을 길이 보존하면 사특한 기운이 침입하지 못한다. 도를 얻을 때까지 세상사람들과 돌아가 어울리지 않으리라. 道氣長存邪不入, 世間衆人不同歸."(『동경대전』「입춘시」) / "소위입춘立春 비는말은 복록福祿은 아니빌고 무슨경륜經綸 포부抱負있어 세간중인世間衆人 부동귀不同歸라 의심없이 지어

내어 완연宛然히 붙어두니 세상사람 구경할때 자네마음 어떻던고."(「교훈가」).

4월－서양제국에 짓밟힌 중국의 위기로 조선민중 인심 흉흉: "서양제국주의 침략자들이 중국과 전쟁을 벌여 탈취하니 그들의 뜻대로 되지않는 일이 없어 중국이 멸망할 판이다. 이 또한 우리나라도 엄청난 위기에 처해있게 될 것이다. 잘못된 나라를 바로잡고 백성들을 편안하게 할 계책을 도대체 어디서 구할 것인가! 西洋戰勝攻取, 無事不成而天下盡滅. 亦不無脣亡之歎. 輔國安民計將安出!"(「포덕문」). / "가련하다 가련하다 아국운수 가련하다. 전세前世임진壬辰 몇해런고 이백사십 아닐런가. 십이제국十二諸國 괴질怪疾운수 다시개벽開闢 아닐런가. 요순성세堯舜聖世 다시와서 국태민안國泰民安 되지마는, 기험崎險하다 기험하다 아국我國운수 기험하다."(『용담유사』「안심가安心歌」).

■4월 5일(양 5월 25일)－수운, 무극대도無極大道를 받다: "새로운 운을 타서 가르침을 받은 것은 경신년(1860년) 4월이다. 乘其運道受之節, 庚申之四月."(「수덕문」). "두려워하지 말고 두려워하지 말라. 세상사람이 나를 상제라 이르거늘, 너는 상제를 알지 못하느냐?有何仙語, 忽入耳中. 驚起探問則曰: 勿懼勿恐. 世人謂我上帝. 汝不知上帝耶?"(「포덕문」) / "천은天恩이 망극하여 경신사월 초오일에 글로어찌 기록하며 말로어찌 성언할까. 만고없는 무극대도無極大道 여몽여각如夢如覺 득도로다."(「용담가」) / "사월이라 초오일에 꿈일런가 잠일런가. 천지가 아득해서 정신수습 못할러라. 공중에서 외는소리 천지가 진동할때 집안사람 거동보소. 경황실색驚惶失色 하는말이 애고애고 내팔자야 무삼일로 이러한고. 애고애고 사람들아 약도사 못해볼까. 침침칠야沈沈漆夜 저문밤에 눌로대해 이말할꼬. 경황실색 우는자식 구석마다 끼어있고, 댁의거동 볼작시면 자방머리 행주치마 엎어지며 자빠지며 종종걸음 한창할때, 공중에서 외는소리 물구물공勿懼勿恐 하여스라 ··· 애고애고 어마님아 우리신명 이웬일고 아바님 거동보소. 저런말씀 어디있노. 모자가 마주앉아 수파통곡手把痛哭 한창할 때 ···"(「안심가」).

■6월－태평군 수장 이수성李秀成, 상주常州·소주蘇州 점령. 항주杭州 점령(1861년). "손문孫文(1866~1925)에게 천하위공天下爲公·공화국共和國"의 꿈을 발아시켜준 스승이 이수성 휘하의 장수였다.

7월－서울지역 전염병 창궐(과거시험까지 1861년 봄으로 연기). "성경이자誠敬二字 지켜내어 하늘님을 공경하면 자아시自兒時 있던신병身病 물약자효勿藥自效 아닐런가"(「권학가」).

8월 15일－최재형崔在亨, 함경북도 경원 출생(아버지 노비, 어머니 기생) / 1869년 "기사己

巳흉년"으로 연해주 지신허地新河 이주 / 1871년 러시아상선 타고 세계를 돌며 견문도 넓히고 부富도 축적했다(~1877년). 연해주 한인학교 32개 설립. 의병독립운동 군자금지원. 안중근의사 후원 / 1919년 대한민국임시정부 재무총장 발탁 / 1920년 4월 7일 러시아에 출병한 일본군에 의해 총살당함(경신참변) / 2020년 6월 2일 최재형 의사 순국 100주년 추모행사(국립서울현충원).

1860년 8월 29일(양 10월 13일)—영·불연합군, 북경점령. 원명원圓明園 약탈·방화 / 10월 18일(양) 경신庚申 咸豊 10년 북경조약 체결. 중국이 서양세력에 완전 굴복(아편무역의 합법화). **천주교 포교 허용**(선교사의 토지매입과 성당건축 허가). 영국에 배상금 8만 냥과 광동성 구룡반도 할양. **러시아에 연해주 할양** / "하원갑下元甲 **경신년庚申年**에 전해오는 세상말이, 요망妖妄한 서양적西洋賊이 중국을 침범해서, 천주당天主堂 높이세워 거 소위所謂 하는도道를, 천하에 편만遍滿하니 가소절창可笑絶脹 아닐런가."(「권학가」). "서양사람들은 천주의 뜻이라 하고, 부귀를 취하지 않는다 하면서도 천하를 공격하여 교당을 세우고 서학을 세상에 행하니, 내 생각으로 이것이 어찌 그리할 수 있는가, 어찌 그리할 수 있는가? 의심이 든다. 西洋之人以 爲天主之意, 不取富貴攻取天下. 立其堂行其道. 故吾亦有其然, 豈其然之疑!"(「포덕문」) / "경신년(1860년) 4월에 세상이 어수선하여 민심이 흉흉하여 갈 길을 모르고 갈팡질팡 헤매었다. 또한 이상야릇한 유언비어가 세간에 끓어넘쳤다. 양코배기들이 도와 덕을 잘 체득하여 요상한 조화를 부릴 때 성취되지 않는 일이 없어 그들의 무기 앞에 추풍낙엽처럼 쓰러진다고 한다. 그리하여 서양의 화력에 중국이 불타 없어진다면 우리나라도 같은 위험에 처할 것이다. 夫庚申之年建巳之月, 天下紛亂, 民心淆薄, 莫知所向之地. 又有怪違之說, 崩騰于世間. 西洋之人, 道成立德, 及其造化, 無事不成. 攻鬪干戈, 無人在前, 中國燒滅, 豈可無脣亡之患耶."(「논학문」 「동학론」) → 병인양요(1866년) → 신미양요(1871년) → 강화늑약江華勒約(1876년).

■ 1860년 10월—영불연합군의 북경점령 소식을 접한 조선의 정황: "서울에서는 모든 관청 사무가 중단되었으며, 상류사회의 수많은 가족들이 산으로 피신하였다. 직책을 떠날 수 없는 양반 관료들은 처자식만이라도 피난을 보냈다. 이와같은 사태는 일시적이나 선교사들에게 잇접을 제공하여 주었다. 상류사회의 사람들이 기독교도를 찾아가서 겸손하게 호의와 보호를 요청하는 일이 허다하였다. 기장과 십자가와 교리서가 다량 판매되었다. 심지어 어떤 사람들은 끔찍스러운 침략이 벌어질 경우에 안전하기를 바라는 마음에서 공공연히 천주교의 예복을 입고 다녔다."(그리피스W. E. Griffis, 『은자의 나라』).

1860년 10월 – **상제**上帝, 수운에게 포덕하기를 권하다: "나의 선약仙藥과 주문呪文을 받아 질병
경신庚申 에서 사람들을 건지고 가르치라. 受我此符, 濟人疾病. 受我呪文, 敎人爲我."(『포덕문』) → 종
교체험 후 거의 일년 가까이 지속적으로 수련에 전념(吾亦幾至一歲, 修而度之.「논학문」
[동학론]). "마음을 안정시키고 기운을 바르게 하며 거의 1년 동안 수련하니 스스로 그러
함이 없는 게 없었다. 安心正氣, 幾至一歲, 修而煉之, 無不自然."(『최선생문집도원기서』). 이후
집필에 몰두(용담가, 처사가, 교훈가, 안심가, 주문, 검결, 고축문. 『대선생주문집』) / 10월 맹
륜孟倫(근암공이 양자로 들인 최제환崔濟寏1789~1851의 아들. 수운의 장조카, 1827~1882),
첫 동학입도("及其十月, 其侄孟倫來請入道. 先生傳之."『대선생주문집』).

■ 11월 – 수운, 영부靈符 수백 장을 탄복呑服한 7 · 8개월 후 용모변신("先生逐寫數百張, 連
爲呑服. 過去七八朔後, 纖身潤富, 容貌幻態."『대선생주문집』) / "몸이 부드러워지며 윤택
해졌고, 용모가 아주 좋은 모양으로 바뀌어 놀라왔다. 纖身潤富, 容貌幻態有奇."(『최선생문집
도원기서』) / "몸에 윤기가 돌고 건강해졌다. 受其符, 書以呑服, 則潤身差病."(『포덕문』).

1861년 2월 15일(양) – 과정철학자 알프레드 노스 화이트헤드Alfred North Whitehead 출생(~1947년
신유辛酉 12월 30일). 유기체철학 도출. 모든 존재들은 서로 연결되어 영향을 주고 영향을 받는
다. → 오심즉여심吾心卽汝心.

■ 1861년(봄) – 수운, 「포덕문布德文」을 짓다("適至辛酉春. 作布德文."『대선생주문집』, 『도원기
서』) / 7월(중순) 「포덕문」 완성(표영삼 설).

■ 4월 – 수운, 주문呪文 21자를 짓다. "나도 거의 1년이 되도록 그 가르침을 잘 익히면서
미루어 생각해 보니 역시 그 가르침에 마땅한 이치가 있었다. 그러므로 한편으로는 주
문을 짓고 한편으로는 강령의 방법을 정하고 한편으로는 하늘님을 잊지 않기로 맹서하는
글을 지었다. 결국 도를 닦는 순서와 방법은 바로 주문呪文 스물한 자에 달려있다. 吾亦
幾至一歲, 修而度之, 則亦不無自然之理. 故一以作呪文, 一以作降靈之法. 一以作不忘之詞. 次
第道法, 猶爲二十一字而已."(『논학문』[동학론]) / "내역시 이세상에 무극대도無極大道 닦아내
어 오는사람 효유曉諭해서 삼칠자三七字 전해주니 무위이화無爲而化 아닐런가."(『용담유
사』「도수사道修詞」) / 박씨부인(수운사모) 입도. 박씨부인의 회고: "자신을 대하는 대신
사의 태도가 너무나 지극하여 이 세상 사람이 아닌 것 같았다." 수운은 집안의 여종
두 사람을 해방시켜, 한 사람은 수양딸로 삼고, 또 한 사람은 며느리로 삼았다.

1861년 4월 8일 − **의암**義菴 **손병희**孫秉熙 **출생**(동학 3세 교조. 義菴聖師). 충청도 청주목 산외
신유辛酉 이면 대주리大周里(현. 청주시 청원구 북이면 금암리)에서 재가녀의 아들로 태어났다(부친
손두흥孫斗興. 모친 경주최씨). 동복同腹 동생으로 병흠秉欽은 동학에 입도하여 생사를 함
께 했고, 누이동생은 후에 해월의 셋째부인이 된다. 이복형 손병권孫秉權의 아들이 훗
날 동학의 지적인 맹장 송암松菴 손천민孫天民이다(의암보다는 7살 연상) / 1882년 입도.
해월로부터 도통전수 받음(1897년 12월 24일).

■1861년 − 고산자古山子 김정호金正浩(1804~1866), 『대동여지도大東輿地圖』 간행(목판 60매
추산[12매 현존]. 앞뒤 양면 조각. 가로 43cm, 세로 32cm, 두께 1.5cm).

■4월 12일(양) − 미국, 남북전쟁American Civil War 발발(~1865년 5월 13일).

1861년 6월 − **수운, 포덕**布德 **시작**(~1863년 12월. 30개월): "다시 신유년(1861년)을 맞이하였다.
신유辛酉 때로 말하면 6월이고 철은 늦은 여름이 되었다. 좋은 벗들이 찾아와 방안에 가득 차게
되었으므로 먼저 도를 닦는 방법을 마련하였다. 어진 선비들이 나에게 도를 물으며 또
세상에 도를 펴도록 권하였다.更逢辛酉, 時維六月, 序屬三夏. 良朋滿座, 先定其法. 賢士問
我, 又勸布德 ··· 의젓한 어른들이 들어오고 나가고 하는데 그 행렬은 3천이나 되는 것
같고 젊은 아이들이 손을 마주잡고 절하는 모습은 ··· 冠子進退, 怳若有三千之班. 童子拜
拱 ···"(「수덕문」) / 사방에서 용담정으로 몰려든다. 해월 최시형·강수 등 입도. "나
도또한 이세상에 천은天恩이 망극하여 만고萬古없는 무극대도 여몽여각如夢如覺 받아내
어 구미용담 좋은풍경 안빈낙도 하다가서, 불과일년 지낸후에 원처근처遠處近處 어진선
비 풍운같이 모여드니 낙중우락樂中又樂 아닐런가."(「도수사」) / 1927년 『신인간新人間』 소
춘小春 김기전金起田 기자가 인터뷰한 수운의 수양딸 주朱씨(팔순 노인)의 증언: "용담
초입의 마룡馬龍 일대가 수운선생을 찾아오는 사람들로 가득찼다 ··· 그때 찾아오는
사람들이 건시乾柿. 곶감이나 꿀같은 것을 가지고 왔는데, 곶감을 먹고 내버린 싸릿가
지가 산같이 쌓여서 아랫동네에서 나무하러 가던 일꾼들이 그 싸릿가지를 한 짐씩 지고
갔다." / *구체적인 가르침(先生名其道曰天道): ①식고食告(밥을 먹을 때 드리는 기도). ②출
필고出必告·입필고入必告(나아가고 들어갈 때 반드시 고한다). ③약을 쓰지 않는다(不爲
用藥). ④마음을 닦고 기운을 바르게 하여 삿된 것을 없애고 선을 행한다(修心正氣, 去惡
爲善). ⑤재물욕심을 스스로 버리고 다른 이익을 추구하지 말라(物慾自去, 不探他利).
⑥남편 있는 부녀자와 사귀지 말라(不取有夫之女). ⑦타인의 잘못에 대해 말하지 말

라(不言人之過). ⑧부패한 육고기는 먹지않는다(不食惡肉). ⑨ 성·경·신 3자를 으뜸으로 삼는다(以誠敬信三字爲主也) →『대선생주문집』,『최선생문집도원기서』,「수덕문」.

1861년
신유辛酉
哲宗 12년 **6월─해월**(최경상), **입도식入道式.** 입도 후 해월은 매월 3회 수운선생을 꼭 찾아뵈면서(海月數三次進謁矣.『대선생사적』) "대도大道에 잠심潛心"하다 / **동학초기의 지도자 그룹:** 최자원崔子元, 이내겸李乃謙, 강원보姜元甫, 백사길白士吉, 박대여朴大汝, 이무중李武中, 박하선朴夏善, 이정화李正華, 하치욱河致旭, 황재민黃在民, 오명철吳命哲, 이민순李民淳, 강수姜洙, 최중희崔仲羲 등.

■6월 15일─두 번째 조선인 신부 최양제(1849년 사제 서품받고, 그 해 12월 밀입국), 과로와 장티푸스로 문경에서 선종善終. 양반 신자 편에 서서 활동하는 페레올 주교(제3대 조선교구장, 1808년생)와 갈등하며 평신도에게 한글로 교리를 가르치는 등 민중의 편에 섰던 도마 최양제 신부의 한글가사 〈사향가思鄕歌〉: "너희믿는 석가여래 서국소산 아닐느냐. 미친마귀 속인술은 엇지하여 믿어좇고, 인자은주仁慈恩主 세운교敎는 어찌하여 훼방하노."

■8월─경주인근 유생들, 수운의 가르침을 "서학"으로 몰기 시작 / 8월(하순) 수운,「안심가」 짓다: "가소롭다 가소롭다 너희음해 가소롭다 신무소범身無所犯 나뿐이다. 면무참색面無慚色 네가알까 ··· 애달다 저인물이 눌로대해 음해하노. 요악한 저인물이 눌로대해 저말하노. 하늘님이 내몸내서 아국운수 보전하네."

■10월─경주관아, 수운의 포덕활동 제동. 경주 유생들의 음해 기승: "가련하다 경주향중慶州鄕中 무인지경無人之境 분명하다. 어진사람 있게되면 이런말이 왜있으며, 향중풍속鄕中風俗 다던지고 이내문운門運 가련하다 ··· 아무리 그리해도 죄없으면 그뿐일세 ··· 아서라 이내신명 운수도 믿지마는, 감당도 어려우되 남의이목 살펴두고 이같이 아니말면, 세상을 능멸한듯 관장官長을 능멸한듯 무가내라 할길없네."(「교훈가」).

■11월─수운, 문중의 비난과 관의 지목을 피해 다시 용담을 떠나다: "알도못한 흉언괴설凶言怪說 남보다가 배나하며, 육친이 무삼일고 원수같이 대접하며, 살부지수殺父之讐 있었던가 어찌그리 원수런고."(「교훈가」). 제자 최중희崔仲羲(추후 장기접주로 임명됨)와 함께 험악한 세상의 지목을 피하고 무극한 대도를 지키기 위해 경주 용담정을 떠나, 울산─부산─진해─고성─순천·승주(충무사忠武祠 배알)─구례─남원에 도착.

■12월(중순)─수운, 남원도착. "이내좁은 소견으로 교법교도敎法敎道 하다가서 불과일년 지낸후에 망창茫蒼한 이내걸음 불일발정不日發程 하자하니."(「도수사」) / 남원에서 10일동

안 제자 최중희와 함께 약종상 서공서의 집에서 유숙했다(初到南原. 徐公瑞家留宿十餘日. 而其時偕行則崔仲羲也. 『최선생문집도원기서』) / **남원－전주 포덕왕림:** "포덕2년 신유에 대신사께서 포덕 차로 최중희 씨를 솔率하시고 자自남원으로 본군(전주군)에 오시어 물태풍속物態風俗을 주람周覽하신 후 포교를 위시하시다."(『천도교회월보』, 167호. 「천도교전주종리원」). 입도자: 서형칠, 공윤창孔允昌, 양형숙梁亨淑, 양국삼梁國三, 서공서徐公瑞, 이경구李敬九, 양득삼梁得三.

1861년 12월 30일(섣달臘月 그믐. 양 1862년 1월 29일)－**수운, 남원 은적암隱跡菴에서 송구영신.** 남
신유辛酉 원외곽의 교룡산성蛟龍山城 내 선국사善國寺의 암자 / "**노류한담路柳閑談 무사객無事客이 팔도강산 다밟아서 전라도 은적암에 환세차換歲次로 소일消日하니 무정無情한 이세월에 놀고보고 먹고보세. 호호망망浩浩茫茫 넓은천지 청려靑黎를 벗을삼아 일신一身으로 비겨서서 격치만물格致萬物 하여보니 무사無事한 이내회포 부칠곳 바이없어 말로하며 글을지어 송구영신送舊迎新 하여보세. 무정한 이세월이 어찌이리 무정한고.**"(『권학가勸學歌』). "은적암에 당도하니 때는 섣달이었다. 이 해의 달력도 이미 저물어 절에서는 때마침 종을 치고 있었다. 抵到隱跡菴. 時惟臘月. 歲聿旣暮. 寺鍾曉擊."(『최선생문집도원기서』).

1862년 1월 1일－**수운, 은적암에서 새해를 맞으며 「도수사」를 짓다:** "묵은 해를 보내고 새해를 임술壬戌 맞이하는 감회가 한밤중의 고독을 견디기 어렵게 만든다. 차가운 등불 아래 외로이 누워 엎치락뒷치락 하며 어진 벗들과 담론했던 정경과 아내와 자식이 그리웠다. 억지로 「도수사」를 짓다 强作道修詞."(『최선생문집도원기서』). / "**수천리 밖에 앉아 이제야 깨닫고서 말을하며 글을지어 천리고향 전해주니**"(『도수사』).

■1월(초)－**「권학가勸學歌」를 지어 "서학"의 허무맹랑함을 비판:** "**증전曾前에 들은말을 곰곰이 생각하니, 아동방我東方 어린사람 예의오륜 다버리고, 남녀노소 아동주졸兒童走卒 성군취당成群聚黨 극성極盛중에, 허송세월 한단말을 보는듯이 들어오니, 무단히 하늘님께 주소간晝宵間 비는말이 삼십삼천三十三天 옥경대玉京臺에 나죽거든 가게하소. 우습다 저사람은 저의부모 죽은후에, 신神도없다 이름하고 제사조차 안지내며 오륜에 벗어나서 유원속사唯願速死 무삼일고, 부모없는 혼령혼백 저는어찌 유독있어 상천上天하고 무엇하고 어린소리 말아스라. 그말저말 다던지고 하늘님을 공경하면 아동방我東方 삼년괴질 죽을염려 있을소냐. 허무한 너희풍속 듣고나니 절창絶唱이오 보고나니 개탄慨歎일세.**"

1862년 1월~2월 – **수운**, 「**동학론**東學論(논학문論學文)」 집필. 처음으로 "동학東學" 표현됨: "내가
同治 1년
또한 동쪽에서 태어나서 동쪽에서 받았으니 도道는 비록 천도天道이나 학學은 즉 동학東學
이라. 하물며 땅이 동서로 나뉘었으니 서를 어찌 동이라 이르며 동을 어찌 서라고 이르겠
는가?吾亦生於東, 受於東. 道雖天道, 學則東學. 況地分東西, 西何謂東, 東何謂西?"(「동학론」).

1862년 2월 18일 – **진주임술농민항쟁**. 초군樵軍, 진주병영晉州兵營 습격. 흰 무명을 머리에 두르
임술壬戌
고 죽창 든 유계춘柳繼春 등 민중들이 진주병영에 몰려가 탐학을 일삼는 백락신白樂莘
경상도 우병영 병사兵使를 포박하고 성내의 부호들의 집을 불사르고 자진해산했다. →
임술농민항쟁. 제주에서 함경도까지 전국 곳곳에서 지속적으로 횡행(~1863년 1월). 삼
정문란三政紊亂과 각종 잡세와 잡역세에 시달린 농민들은 더이상 생존할 수가 없었다.

■ 음 3월(하순) – 수운·최중희, 경주 머물다(박대여집). 수운은 은밀히 최중희를 통해 용담
집에 「권학가」·「도수사」와 서찰을 보냈다 / 하치욱河致旭·박하선朴夏善·최경상崔
慶翔(해월), 박대여집에서 선생 수운과 상봉("나는 박하선이 올 것은 알았다. 先生曰吾知夏善
之來也."『수운행록』) / 수운이 경주 서천(청송군 현서면) 박대여 집에서 조용히 머물 때,
검등골의 해월海月 최시형이 수운을 극적으로 찾아뵙다("대신사의 容地安候를 不知하야
念念不寐하사 默念不已하시더니 念中에 대신사가 완연히 朴大汝家에 在하신지라."『천도교서』,
『도원기서』, 『대선생주문집』). 해월이 수련중 〈하늘의 소리天語〉를 들은 것을 고백(『대선생사적』):
"찬물에 급히 들어가는 것은 몸에 해로우니라!養身之所害, 又寒泉之急坐!"(「수덕문」)
수운의 답: "네가 들었다는 천어는 바로 내가 한 말이다. 그대의 마음과 내 마음이
비로소 하나가 된 것이니라.吾心卽汝心." 수운은 해월에게 "하늘님의 덕을 세상에 펴
라(布德)"고 당부했다 → 해월은 영덕(吳明哲, 劉聖運, 朴春瑞)·상주(全文汝)·흥해(朴春
彦)·예천(黃聖伯)·청도(金敬和)·울진(金生員) 지역에 활발하게 동학을 펼친다 → 해월
을 세인들이 "검등골劍洞谷의 포덕布德"으로 불렀다. (* 이 항목은 상기에서 보는 것처럼 수
운이 남원 은적암에서 철수해서 경주로 온 것을 여러 자료에서는 3월로 명기하고 있다. 며칠간 경
주에서 머무는 동안 해월·박하선·하치욱 등 제자들과 면담을 하고 다시 남원 은적암으로 돌아가
「수덕문」을 완성[6월] 한 후, 7월에 은적암을 정리하고 경주로 귀향하는 것으로도 볼 수 있다).

1862년 5월 – **수운, 남원 은적암에서 각지 도인들에게 〈통유通諭〉 발하다**: "여기온지 다섯달이
임술壬戌
되었고 歲換月逾幾至五朔, … 돌아갈 기일은 초겨울이 될 것 같으니 너무 애타게 기다
리지 말라. 지극정성으로 수도하여 좋은 날에 반갑게 만나기를 기다리자. 천만 번 간절히

바라는 바이다. 歸期似在初冬, 勿爲苦俟. 極爲修道, 以待良時好面, 千萬企望."

1862년 6월(초순)-수운, 「수덕문修德文」 짓다 / (중순) 「몽중노소문답가夢中老少問答歌」 짓다.
임술壬戌
■ 7월(초순)-수운, 경주 근교로 이거移居(백사길白士吉·강원보·박대여朴大汝의 집). 백사길과
강원보는 경주서부의 접주로 임명된다(1862년 12월 29일). 두 사람은 〈서헌순 장계〉에서
수운의 수제자 그룹 5인 중에 포함되어 있다(1864년 2월 29일).

1862년 9월 29일(양 11월 20일)-수운, 경주부중慶州府中에 체포(혐의: 수운이 이술異術로써 사람
哲宗 13년 들을 속인다邪敎禁壓策. 수많은 교도들이 수운을 찾으니, 진주농민항쟁에서 시작되어 들불
처럼 번지는 민란을 염려한 경주관아의 결정이기도 하지만, 그 이면엔 서학도들에게 행했던 탐
욕스러운 보석금 갈취목적도 있었다[윤선달尹先達 선동]): **"기도其徒 수천數千에 지至하니,
만일 최선생을 구치拘致하야 좌도左道로써 지목指目하면 기도其徒 반드시 금金으
로써 속贖하리라."**(『천도교서』). 해월과 도인 6~700명이 경주에 모여 항의. 구금 7일
만에 무죄방면 / **가소롭다 가소롭다 너희음해陰害 가소롭다. 신무소범身無所犯 나뿐
이다 면무참색面無慚色 네가알까. 애달하다 애달하다 너희음해 애달하다."**(「안심가」).

1862년 10월 5일-수운, 경주부중에서 석방(『최선생문집도원기서』). (『대선생주문집』에서는 수운의 위
임술壬戌 의威儀에 눌린 영장營將이 당일 9월 29일 석방) / 경주 박대여의 집을 떠나 용담귀가.

■ 10월 14일-수운, 용담에서 〈통문通文〉 발송: **"모두 도를 버려라. 욕을 당하는 폐단이 없도록
하라.** 盡爲棄道. 更無受辱之弊." 이 〈통문〉에서 수운의 포덕당위성이 간단명료하게 표출되어
있다: **"내가 당초 사람들에게 가르침을 편 뜻은, 병든 사람에게 약을 쓰지 않고도 스스
로 낫게 되고, 어린이에게 필력을 얻게 하여 총명해지는 것을 도와주면 모든 일들이 순조
롭게 잘 풀리니, 이러한 나의 가르침이 어찌 우리 사회의 아름다운 일이 아니겠는가.** 當初
敎人之意, 病人勿藥自效, 小兒得筆輔聰, 化善其中, 豈非世美之事耶." / **"허다한 세상악질 물
약자효勿藥自效 되었으니 기이奇異코 두려우며 이세상 인심으로 물욕제거物慾除去 하여
내어 개과천선改過遷善 되었으니 성경이자 못지길까"**(「도덕가」).

■ 11월 9일-수운, 흥해興海 이거移居(『대선생주문집』 / 『천도교서』는 26일로 표기). 해월의
주선으로 "동학의 역사적인 모임"의 장소로 수운은 경북 흥해 매산리梅山里 매곡동梅
谷洞 손봉조孫鳳祚 집에 정착했다(~1863년 1월 6일). 여러 제자들과 수운은 2개월간 침식을
같이 하면서 각처에서 분분이 찾아오는 도유道儒들과 고락을 함께하고共樂甘苦, 아이
들과 글쓰면서 공부하며 조직구상에 몰입했다. 수천 명으로 불어난 도유를 지도하는

방법론 고민 → 접주제接主制 교단조직 재구성 / 12월 「화결시和訣詩」(松松栢栢之篇) 짓다.

1862년 (양 1863년 1월 1일) - 제16대 미국대통령 에이브러햄 링컨, 〈노예해방선언〉 발효: "노예로 있는 모든 자는 이제부터 자유의 몸이 될 것을 명령하고 선언합니다. 그리고 육군과 해군 당국을 포함하여 미국의 행정부는 상기 자들의 자유를 인정하고 유지할 것입니다."

1862년 12월 29일(음 그믐. 양 1863년 2월 17일) - 수운 최제우, 최초로 16접주接主 임명. 경북 흥해 매곡동 손봉조의 집에서 16명의 접주를 친히 임명하여 그 지역의 동학도인들을 지도하게 했다(경주서부: 백사길白士吉·강원보姜元甫, 영덕盈德: 오명철吳命哲, 영해寧海: 박하선朴夏善, 대구-청도-기내 일대: 김주서金周瑞, 청하淸河: 이민순李民淳, 연일延日: 김이서金而瑞, 안동安東: 이무중李武中, 단양丹陽: 민사엽閔士葉, 영양英陽: 황재민黃在民, 영천永川: 김선달金先達, 신녕新寧: 하치욱河致旭, 고성固城: 성한서成漢瑞, 울산蔚山: 서군효徐君孝, 경주본부: 이내겸李乃兼, 장기長鬐: 최중희崔仲羲. 『최선생문집도원기서』). 1863년 7월 23일 수운이 파접罷接할 때까지 접주임명은 계속되었다(한 접接에 30~50호戶) → 동학의 공부공동체 확산 / 1882년 해월, 포제包制 실시. 대접주가 관리하는 접들을 포라고 통칭(금구대접주 김덕명포에 고부접주 전봉준이 있었다.) → 동학혁명운동의 기본조직인 포包의 원형.

1863년 1월 1일(양 2월 18일) - 수운, 16접주 임명 후 역사적 모임의 시를 짓다. 〈강결降訣〉: "새해에 도의 장래를 묻지만 내 어찌 알까. 새아침에 뜻을 세우니 계해년이다. 問道今日何所知, 意在新元癸亥年. 우리는 해냈고, 또 새로운 성공의 계기를 마련했다. 무엇이든 한 발 늦었다고 한탄하지 말라. 成功幾時又作時, 莫爲恨晚其爲然. 때엔 바로 그 때가 있으니 한탄한들 무엇하랴. 신년 새 아침 시를 읊으면서 좋은 바람 기다리자. 時有其時恨奈何, 新朝唱韻待好風. 지난해 서북에서 대견한 벗들이 찾아왔다. 뒷날에서야 우리 도유들이 이날의 만남을 알게 되겠지. 去歲西北靈友尋, 後知吾家此日期. 봄 오는 소식을 응당 알 수 있듯이, 지상의 신선이 다가오는 소리도 들린다. 春來消息應有知, 地上神仙聞爲近. 이날 이 때 장한 벗들과 모임을 열었다. 그 중에 대도가 있다는 것을 짐작하지 못했을 것이다. 此日此時靈友會, 大道其中不知心."(『동경대전』「강결降訣」).

- 1월 6일 - 수운, 새해 맞아 잠시 용담 귀가.

- 2월 관의 지목을 피해 영천永川 이필선李弼善의 집에 머물면서 아이들에게 필법筆法을

가르치다: "마음을 다스리고 글씨 쓰는 법을 이룸에 그 이치는 한 마음에 달렸다. 修而成於筆法, 其理在於一心. ... 마음을 편안히 갖고 기운을 바르게 한 다음 첫 획을 운필하는데 만법은 이 한 점에 있다. 安心正氣始畫, 萬法在於一點. ···"(『동경대전』「필법」) / "복술(수운)은 본래 글씨를 잘 쓰는 사람으로 이름이 났으며, 구龜, 용龍, 운雲, 상祥, 의義 등의 낱 글자를 써서 사람들에게 주었다. 福述素有能書之. 名以龜龍雲祥義等字, 書給各人."(『일성록』「서헌순 장계」) / 수운, 신녕접주 하처일河處一 집에 잠시 머무르다.

1863년 3월 9일(양 4월 26일)─**수운, 용담 귀가. 당당하게 포덕을 행할 것을 결심.**
계해癸亥
■ 4월─수운, 영덕盈德 유생 강수姜洙 면담. 수운은 도수道修의 절차를 묻는 강수에게 〈좌잠座箴〉을 써준다: "나의 도는 드넓지만 간단하여 많은 말로 설명할 필요가 없다 吾道博而約, 不用多言義. 별다른 도리가 아니고 성경신 세 글자에 있다 別無他道理, 誠敬信三字. 이 세 글자에 집중해 공부하면 꿰뚫게 되어 비로소 깨달을 것이다 這裏做工夫, 透後方可知. 잡념이 일어남을 두려워하지 말고, 오직 깨달아 참된 앎에 도달하는 것만 진지하게 생각하라 不怕塵念起, 惟恐覺來知." / 6월 수운, 강수에게 "경재敬齋" 두 글자를 써주다. 강수는 후에 해월과 의형제를 맺은 차도주次道主 강시원姜時元으로 초기 동학의 역사를 기록한 『최선생문집도원기서崔先生文集道源記書』(1879년)의 대표저자이다.

1863년 5월(하순)─**수운, 관의 지목에도 불구하고 적극적으로 개접開接.** 각 접주들이 소속 동학
계해癸亥
도들(40~50명)을 데리고 용담에 와서 5~6일간 수행하고 강론을 듣기 시작했다. "금년 여러 차례 모여 강론을 했다."(今年則屢次聚會而講論. 『승정원일기』 정운구의 〈장계狀啓〉) / 각처의 도인들에게 액자 한 장씩 써주어 각처에 반포 → 동학강론이 활발하게 진행될수록 지방유생들과 관은 동학을 "죽음의 골짜기"인 서학으로 몰아 본격적인 동학탄압에 발동을 걸었다.

■ 7월 23일(양 9월 5일)─**수운, 파접罷接.** "선생께서는 마침내 글을 띄워 접을 파하시었는데 그때 모인 자는 거의 4~50명이었다." / 「도덕가」 짓다. 시詩 일구一句를 짓다: "용담의 물이 사해의 근원이 되고, 구미산에 봄이 오니 온 세상에 꽃이 핀다. 龍潭水流四海源, 龜岳春回一世花."(『대선생주문집』, 『최선생문집도원기서』) / 1878년 7월 25일 해월이 **15년 후에 다시 개접.**

■ 7월 23일─**수운, 해월을 북도중주인北道中主人에 임명**(후계자 선정). 수운 대선사 파접罷接 후, 최경상崔慶翔에게 해월海月이라는 도호道號를 사사賜賜하고, "북도중주인北道中主

人"(自罷接後, … 慶翔適来, 久與相談. 特定北道中主人. 『최선생문집도원기서道源記書』)으로 임명했다(북도중지역: 검등골일대, 영일, 청하, 영덕, 영해, 평해, 울진, 안동, 영양, 단양, 신녕, 예천, 상주, 보은 등). 수운은 "공을 이룬 자는 가는 법이다成功者去也. 이후부터 도중道中의 일을 신중히 간섭하고 나의 가르침을 결코 어기지 말라"라며 이후부터는 모든 문도門徒는 검곡(해월)을 거쳐서 오라는 명을 내렸다(各處教友, 先須往見劍谷主人, 然後來到龍潭可也. 『본교역사本教歷史』).

1863년 8월 13일 − **수운,「흥비가興比歌」짓다**("八月十三日, 作興比. 無所傳之際, 慶翔適至." 『대선생
哲宗 14년 주문집』) /「영소咏宵」·「흥비가興比歌」짓다("八月十三日, 作咏宵, 歌興比, 無聊之際, 夏善與慶翔等六七人, 適至." 『수운행록』) / 8월 수운,「흥비가興比歌」짓다("八月作興比歌." 『도원기서』).

■ 8월 14일(삼경三庚, 양 9월 26일) − **수운, 해월에게 도통道統 전수**(『도원기서』, 『천도교서』).

1863년 8월 15일(꼭두새벽) − **수운, 해월에게 유·불·선 3도를 포섭·초월하는 무극대도로서의
계해癸亥 동학東學을 천명했다**(十五日曉頭, 先生號慶翔曰: "此道以儒佛仙, 三道兼出也." 『대선생주문집』, 『도원기서道源記書』). "보름날 새벽에 선생께서, '우리 도는 유불선의 세 가지 도가 아우러져 있다.' 여러 제자들이 그에 대하여 여쭙기를 … 十五日曉頭, 先生曰: '此道以儒佛仙, 三道兼出也.' 群弟對曰 …"(『수운행록水雲行錄』) / 8월 15일 아침平明 "**수심정기**守心正氣" 네 글자와 부도符圖, "**수명**受命" 2자와 〈결시訣詩〉를 써서 주었다: "용담의 물(수운이 창시한 동학)은 흘러 온 바다의 근원이 되고, 검악의 사람(해월 최시형)이 있어 한결같은 마음이 있다. 龍潭水流四海源, 劍岳人在一片心."(『도원기서』).

■ 8월 − **수운, 전시황**全時晄**에게 "이행**利行**" 두 글자를 써주고「흥비가興比歌」한편을 특별히 내려주시며 "이 노래 역시 좋은 것이니 외우며 생각해보라**"(此歌亦好, 誦之思之. 『대선생주문집』) → 수운은 글을 쓰면 글을 주어, 제자들로 하여금 늘 읽고 외우고 깨닫게 했다. 전시황(전성문全聖文)은 『최선생문집 도원기서』(1879년, 감역監役)와 "인제 경진초판" 『동경대전』(1880년 6월)의 유사로 참여했다.

■ 9월 13일 − **상주**尙州 **우산서원**愚山書院**의 동학배척 여론조성.** 영남일대의 유생들은 한결같이 수운을 혹세무민하는 술법을 부리는 서학의 무리보다 더하다고 맹렬하게 비방했다. 우산서원은 동학배척 〈통문〉을 상급서원 도남서원道南書院에 발송: "지금 소위 동학이란 것은 어떤 무리의 요마 흉물인지 제 모습을 포장하여 알 수가 없다.今之所謂東學云者, 不知是何等妖魔, 凶醜之圖包藏於其肚. … 서양의 학을 하는 도적들이다. … 무

지한 백성은 그들에게 더욱 감염되기 쉬울 것이다."→ 만민평등을 추구하는 동학 세의 확장을 우려한 지역유생들의 "동학처벌"이 중앙정부까지 상신되기에 이르렀다.

1863년
계해癸亥 10월 27일－수운, 한 시구 짓다: "나의 마음은 저 묘연한 하늘 땅 사이를 끝없이 헤매고 있네. 그러나 나의 그림자는 저 태양을 따라 흐르네.吾心極思杳然間, 疑隨太陽流照影."

■ 10월 28일(수운의 39회 마지막 생일)－**수운, 제자들에게 흥비가 강론**(面講): "흥비가는 전 에 반포한 바 있다. 누가 그것을 외울 수 있는가?"(先生曰: "興悲歌, 前有頒布矣. 或爲熟 誦之耶? 『대선생주문집』, 『도원기서』) / 강수 홀로 수운선생 면대面對. 「흥비가」 구절의 뜻 을 묻는 수운에게 강수는 대답을 못하자, 코믹한 수운의 반응: "그대는 진실로 묵방 의 사람이다"(先生笑戲曰: 子誠墨房之人也. 『도원기서』).

■ 11월 1일－**해월, 수운 배알**拜謁. "지금부터 북방에 인재가 多出하리니 그대는 著心할지 어다."(『천도교서』).

1863년
계해癸亥 11월－**수운의 마지막 저술, 〈불연기연不然其然〉·〈팔절八節〉 짓다**(至十一月, 作不然其然, 又作八節句. 輪示於各處. 『도원기서』). 팔절: "밝음이 있는 곳을 알지 못하거든不知明之 所在 …"(德·命·道·誠·敬·畏·心). 팔절을 각처에 돌려보고 〈팔절〉 구절의 이치에 합당한 것을 도유道儒들로 하여금 짓게 했다. / 12월 〈팔절〉의 구절을 지은 도처의 도유들이 용담으로 몰려들었다(十二月, 八節句作來者, 自北自南來, 無使不從連. 『도원기서』).

■ 11월 13일－**주동접의 전시황**全時晄, **수운배알**. 선생의 안색이 좋지않음을 걱정하는 전시황에게 수운의 한탄: "나도 모른다. 내가 팔절결을 지어 그대들에게 돌려 보여준 것은 그 사람됨을 보고자 하였는데, 이제 그 척대隻對하는 것을 보니 나의 도문道門에 는 사람이 없구나! 한탄스럽고 아쉬운 일이로다."(吾不知也. 余作八節示君等, 欲觀其人, 今看隻對, 道中無人, 可歎惜處也. 『대선생주문집』).

■ 11월(중순)－**풍습**風濕**유행을 걱정한 영해사람 박하선, 수운배알**. 제서題書받는 광경을 목격: "得難求難實是非難, 心和氣和以待春和."(얻기도 어렵고 구하기도 어려우나 실제 로 이것은 어려운 것이 아니다. 마음을 화평케 하고 기를 온화하게 다스려 화창한 봄날이 오기 를 기다려라. 『대선생주문집』, 『도원기서』, 『동경대전』).

■ 11월 20일(음)－조선왕조, 선전관 정운구鄭雲龜 등 "동학탐문·수운체포조" 5명 경주급 파 전교傳敎. 경주로 출발(22일. 정운구를 『대선생주문집』, 『도원기서』, 『천도교서』에서 정구룡 鄭龜龍으로 표기).

1863년 11월 – **수운, 해월 최시형에게 "경전간행" 명교命敎:** 국한문으로 쓰여진 글들을 건네주
계해癸亥 며 경전간행 신신당부: "아 아! 선생께서 포덕하실 그때 성덕에 잘못 전함이 있을까 염
려하여 계해년(1863년)에 이르러 친히 시형에게 경전 수고手稿를 전하면서 인쇄하여 책으
로 출간하라고 가르침을 주었다. 於戲! 先生布德當世, 恐其聖德之有誤. 及于癸亥, 親與時
亨. 常有鋟梓之敎."(『동경대전』 1883년 목천판 「해월발문」) / **경전간행 출판팀 조직.**

1863년 12월 1일 – **도남서원道南書院, 동학을 엄벌하라는 〈통문〉을 대대적으로 발송.** 동학배척
계해癸亥 에 앞장선 보수유생들이 두려워하는 동학의 분위기: "하나같이 귀천의 차등을 두지
않고, 백정과 술장사들이 어울리며, 엷은 휘장을 치고 남녀가 뒤섞여서 홀어미와 홀
아비가 가까이 한다. 재물이 없든 있든 서로 돕기를 좋아하니 가난한 이들이 기뻐
한다.一貴賤而等威無別, 則屠沽者往焉. 混男女以帷薄爲設, 則怨曠者就焉. **好貨財而有無相資, 則貧窮**
者悅焉."(*21세기 현재도 온전하게 구현하지 못한 건강한 사회분위기였다).

▪ **12월(초) – 수운, 도내 접 순방. 제자들, 수운에게 도피권유.** 조정에서 급파한 수운체포
조에 대한 우려: "근일에 선생을 서학西學으로 지목하여 조정에서 체포코저 하오니
선생은 자애自愛하소서." 이에 수운은 미소지으며 답하기를: "**나의 도道는 아我로부**
터 출出하였으니 내 스스로 감당(自當)하리라. 어찌 도피逃避하야 누累를 제군諸君
에게 급及케 하리오. 또한 천명天命이 소연昭然하거늘 어찌 사심私心으로 화복禍福을
좌우左右하리오."(『천도교서』, 『대선생주문집』, 『도원기서』).

1863년 12월 8일(양 1864년 1월 16일) – 철종哲宗 붕崩. 고종高宗 즉위(~1907년. 순조의 아들 효명세자와
高宗卽位年 세자빈 풍양 조씨의 양자로 입적). 부친 대원군(興宣君 李昰應, 1820년생)의 섭정(~1873년 11월).
대원군의 정책: ①호포제 실시 ②경복궁 복원. ③서원철폐. ④서학엄금. ⑤쇄국정치.

▪ **12월 9일 – 해월, 수운선생과 함께 환세換歲코자 용담정 방문.** 수운의 신신당부: "내 너
에게 특별히 부탁할 말이 있더니, 마침 잘 왔구나. 네 이 시간부터 다시 내 문정門庭에
들어서지 말라. 너뿐 아니라 다른 사람에게도 특별히 이 말을 전하라. 어서 이 자리에
서 일어나 집으로 돌아가라. 만사는 다 천명이니 조금도 어기지 말라."(『천도교서』).

▪ **12월 10일(새벽, 양 1864년 1월 18일) – 수운체포.** 황급히 피하라는 제자에게 "도道가 나에
게서 나왔으니 내 스스로 당하리라. 어찌 몸을 피하여 제군들에게 누를 미치게 하겠
는가"(先生曰: "道則自吾所由出也. 寧爲當之況於諸君何爲?")라며 홀로 불 밝히고 밤을 지
새며(明燭達夜) 의연하게 대처했다(『도원기서』) / 선전관 정운구鄭雲龜는 경주부 포졸

30명을 대동하여 수운과 식솔과 동학도인 등 23명을 체포했다(奮不顧身縛出福述, 于縛弟子二十三名.〈선전관 정운구의 서계書啓〉).

1863년 계해癸亥 12월 11일－**수운과 이내겸李乃兼, 서울로 압상押上**(경주 출발－영천－대구－선산－상주－청산－보은－회인－청안－직산－오산－과천). 수운일행은 국상國喪으로 임금이 바뀌고 각 도에 공지되는 와중에 경기도 과천까지 압송되어가다가(12월 20일. ~26일까지 과천 대기). **"경상도 경주 동학선생 최제우를 해당 영에 보내어 문초하라는 전교가 내려져"**(傳敎內慶尙道慶州東學先生罪人崔濟愚還送于該營) 다시 대구감영으로 환송(과천－용인－충주－문경새재－상주－선산－대구감영 도착. 1864년 1월 6일.『대선생주문집』,『도원기서』).

1864년 갑자甲子 1월 6일(양 2월 13일)－**수운, 대구감영에 재수감**(경상감사: 서헌순徐憲淳, 1801년생. 정조 초기 영의정을 역임한 서지수徐志修의 증손). 수운은 선화당宣化堂 뜰에서 4차례 혹독한 심문을 당하다(1월 20일~2월 20일). 이내겸(퇴리退吏)・이정화李正華 3차례, 강원보(종이장사) 2차례, 그 외 1차례 가혹한 심문 / 1월 20일 첫 번째 심문. 경상감사 서헌순 問問: "너는 어찌 당黨을 모아 풍속을 어지럽히는가?"(汝何聚黨而濁亂風俗?) 수운 답答: "사람을 가르쳐 주문을 외게 하면, 곧 약을 쓰지 않고도 스스로 효험이 있고, 아동들에게 권하여 글을 쓰게 하면 스스로 총명해집니다. 그런 까닭에 이것으로 업業을 삼아 세월을 보냈습니다. 이러할진대, 풍속이 어찌 어지럽게 되겠습니까?"(敎人誦呪則勿藥自效, 勸兒寫書則自有聰明. 故以此爲業以送歲月. 更於其風俗何爲.『대선생주문집』,『최선생문집도원기서』) / 2월 20일(4번째 심문) 감사 서헌순이 수운을 초치하여 문정問呈할 때, 홀연한 벼락치는 소리(霹靂聲)는 수운의 넓적다리가 부러진 사태였다(罪人之股折矣).

1864년 高宗 1년 2월 29일－**서헌순 경상감사, 수운의 심문 결과를 조정에 장계狀啓를 올렸다.** 〈검가劍歌〉(검결劍訣)를 집중적으로 반복해서 언급하면서(17회) 수운을 반란을 꾀하는 사학邪學의 우두머리로 귀결시켰다.『일성록日省錄』고종 원년 2월 29일 조에 검결을 한역해서 실었다(경주본부 접주 이내겸의 진술): "時乎時乎, 是吾時乎. 龍泉利釖, 不用何爲. 萬世一之丈夫, 五萬年之時乎. 龍泉利釖, 不用何爲. 舞袖長衫拂着, 此釖彼釖橫執, 浩浩茫茫廣天地, 一身倚立. 釖歌一曲. 時乎時乎唱出, 龍泉利釖, 閃弄日月. 懶袖長衫, 覆在宇宙, 自古名將安在哉? 丈夫當前, 無壯士. 時乎時乎, 好矣. 是吾時乎, 好矣."

1864년 갑자甲子 3월 2일－**수운 최제우, 효수경중梟首警衆 극형 판결**(『고종실록』원년 3월 2일. 崔福述之爲

渠魁服念閱實斷案斯在. 令道臣大會軍民, 梟首警衆). "동학은 서양의 요사한 가르침을 그대로 옮겨 이름만 바꾼데 지나지 않는다. 세상을 헷갈리게 하고 어지럽혔다.今此東學之稱, 全襲西洋之術, 而特移易名目. 眩亂蚩蠢耳." → 대명률大明律 제사편祭祀編 금지사무사술조(禁止師巫邪術條, 일응一應 좌도난정지술左道亂正之術)에 저촉. "좌도난정左道亂正"(서학 즉 천주교를 믿고 포교하여 사회를 어지럽혔다)의 죄목이었다 / **수운,「동학론」에서 나의 도는 서학이 아니라고 강변**: "나의 도는 무위이화다. 그 마음을 지키고 그 기운을 바르게 하고 그 성품에 따르고 그 가르침을 받으면, 스스로 그러한 이치에 맞게끔 되어지는 것이다. 吾道, 無爲而化矣. 守其心正其氣. 率其性受其敎. 化出於自然之中也. 서양사람은 말에 차례가 없고 글에 옳고 그름이 없으니 도무지 하느님을 위하는 뜻이 없고, 단지 제 몸만을 위하여 빌 따름이다. 西人言無次第, 書無皂白. 而頓無爲天主之端, 只祝自爲身之謀." / **수운, 한글가사에서 서학의 황당무계함을 지적**: "하원갑 경신년에 전해오는 세상말이 요망한 서양적이 중국을 침범해서 천주당 높이세워 거소위 하는도를 천하에 편만하니 가소절창 아닐런가. 증전에 들은말을 곰곰이 생각하니 아동방 어린사람 예의오륜 다버리고 남녀노소 아동주졸 성군취당 극성중에 허송세월 한단말을 보는듯이 들어오니 무단히 하나님께 주소간 비는말이 삼십삼천 옥경대에 나죽거든 가게하소. 우습다 저사람은 저의부모 죽은후에 신도없다 이름하고 제사조차 안지내며 오륜에 벗어나서 유원속사 무삼일고. 부모없는 혼령혼백 저는어찌 유독있어 상천하고 무엇하고 어린소리 말아스라 ··· 허무한 너희풍속 듣고나니 절창이오 보고나니 개탄일세"(「권학가」). "천상에 상제님이 옥경대에 계시다고 보는듯이 말을하니 음양이치 고사하고 허무지설 아닐런가"(「도덕가」).

1864년 갑자甲子 3월 3일(양 4월 8일)─**해월, 수운면회**(『천도교서』·『천도교창건사』). "지명수배자" 해월은 위험을 무릅쓰고 옥리獄吏인 곽덕원郭德元(옥바라지)의 종으로 행세하여 수운을 대면했다. 수운은 "**나는 순순히 천명을 받을테니**吾順受天命, 너는 높이 나르고 멀리 가라汝高飛遠走"고 해월에게 화禍를 피하여 대임大任(『동경대전』·『용담유사』 출판)을 오誤치 말라 당부하면서 유시遺詩를 읊었다: "**등불이 물위에 가득차 비추니 사악한 혐의가 끼어들 틈이 없다.** 燈明水上無嫌隙. **기둥은 마른 것 같으나 그 생동하는 힘은 여전히 남아있도다.**柱似枯形力有餘." → 해월, 『동경대전』 출간(1880년 6월 15일, 강원도 인제 갑둔리에서 고천식).

1864년 갑자甲子 3월 10일(하오 2시, 양 4월 15일)─**수운 순도**殉道. 대구 남문 밖 관덕당觀德堂 앞뜰 장대將

臺에서 참수·효수되었다(~13일. 3일간 효수경중梟首警衆). "3월 10일에 대신사가 형을 大邱將臺에서 刑을 受할새 再三劍을 下하되 少許도 劍痕이 無한지라. 監司以下 四圍가 皆驚하야 所措를 不知하더니, 대신사가 泰然히 刑卒에게 말하기를, 너는 清水一器를 我前에 持來하라 하시고 泰然히 청수를 대하사 默然良久에 復曰 汝等은 敬히 清水를 撤去하라 하시고 곧 刑에 就하시다."(『천도교창건사』). 가혹한 심문중 사망物故者: 이민순(청하접주)·박춘화·영해인 박생·박명여 등. 정배配: 이내겸·백사길(백원수)·강원보·최자원(최병철)·이정화(이경화)·성일규·조상빈, 조상식 형제·박창욱(박명중), 박응환 숙질·신녕사람 정생(정석교)·신덕훈 등 / 관에서 지목한 수운의 수제자 그룹: 최자원, 강원보, 백원수, 최신오, 최경오(崔家最親密, 稱首弟子者, 卽崔自元姜元甫白源洙崔愼五崔景五.〈경상감사 서헌순의 장계〉). 최경오가 해월이다.

1864년
갑자甲子

3월 13일 – 박씨사모와 큰아들 최세정, 무죄방면. 수운의 시신 염습. 참석자: 김경숙金敬叔, 김경필金敬弼(단양인)·정용서鄭用(龍)瑞·곽덕원郭德元·임익서林益瑞(해월의 매부)·김덕원金德元(상주인) / 자인현慈仁縣 후연점後淵店에서 3일간 유숙(3일간 빈소).

■ 3월 17일(양 4월 22일) – 구미산 아래 용담 앞 기슭에 안장. 큰아들 세정世貞과 장조카 세조世祚(맹륜孟倫), 제자들(박하선·김경숙·김경필·정용서·곽덕원·임익서·김덕원)이 참석했다 / 1907년 10월 17일 이장移葬(현곡면 가정리 산 75번지).

■ 4월 27일(양 6월 1일) – 홍수전 태평천국 천왕 자결 / 7월 19일(양) 태평천국 천경(남경) 함락.

■ 1864년 – **영해접주 박하선, 수운 순도 후에도 활발하게 동학포덕**(『대선생주문집』집필시기: 1864~1869. 박하선과 최맹륜 공동연구). "6~7년 전 동학이 이곳(영해)에 들어와 궁촌에 소굴을 만들어 거리낌없이 무리를 모아 가르침을 행하자 유생들이 모든 수단을 동원하여 동학을 탄압하기 시작했다. 六七年前, 有一種東學之黨, 交通列邑之同類. 往往作窟於所去窮村, 聚徒說教恣行無忌. 自鄕中或發絕族之文, 或爲鳴鼓之擧."(남유진南有鎭, 『신미아변시일기辛未衙變時日記』, 1871) / 영해 유생들(구향배舊鄕輩), 박하선 등 동학지도자들을 감영에 고발. 혹독한 신문. 박하선은 고문후유증으로 병사(1869년 말).

1865년
을축乙丑
高宗 2년
同治 4년

3월 4일(양) – 에이브러햄 링컨(1809년생) 16대 미국대통령 재임 취임사: "그 누구에게도 뿌리깊은 적의를 품지 말고, 모두를 사랑하는 마음으로 신께서 우리로 하여금 보게 하신 정의에 대한 굳은 확신을 갖고, 우리에게 맡겨진 일을 완수하고, 국가의 상처를 치유하며, 전투를 치러야만 했던 이들과 그들의 미망인 그리고 고 아를 돌보고, 우리 자신들과 정의롭고 지속적인 평화를 이룩하고 소중히 간직될 모든 일을 하기 위해 노력합시다." / 4월 9일 북군, 리치먼드 함락. 남북전쟁 종료 / 4월 14일 에이브러햄 링컨 대통령, 워싱턴 포드 극장에서 피격 사망 / 2020년 11월 미국 하버드 대학 첫 흑인 남성 학생회장 선출. 노아 해리스(20세, 미시시피 주 해티즈버그 출신) / 2023년 5월 6일 백인우월주의자, 미국 댈러스 쇼핑몰 총기난사(한인가족 3인 즉사).

1865년 高宗 2년 — 4월 – 대원군, 경복궁 중건을 발함(원납전願納錢 실시).

■ 7월 – **해월, 태백산맥 오지에서 동학교단 재건 시동.** 해월의 식솔과 선생 수운의 식구들을 보살피며 경북 영양英陽 용화동龍化洞 윗대치上竹峴 산간마을에서 "다시개벽"의 꿈을 이어갔다. 49일 기도봉행奉行과 선생의 수고手稿(후에 『동경대전』·『용담유사』)를 구송口誦하면서 수운선생의 가르침을 내재화시켜나가며, 매년 수운의 기일忌日(3월 10일)·생신일(10월 28일)·무극대도받은 날(4월 5일)에 제사를 주관하며 속속들이 모여드는 도인들의 결속과 교단의 앞날을 모색했다.

1865년 을축乙丑 — 10월 28일 – **해월, 검등골劍洞谷에서 탄신제례 봉행.** 해월의 귀천타파 첫 설법(인류평등론): "人은 卽天이라. 差等이 없나니 人이 人을 賤히 함은 是가 天에 違함이니라. 吾道人은 一切人을 待하기를 平等의 敬意로 하야 先師의 志를 副할지어다."(『천도교서』) → **사람이 하늘님이다.**

1866년 병인丙寅 — 판소리 명창 송만갑宋萬甲, 전남 구례에서 출생(~1939년 1월 1일). 선대부터 동편제 소리꾼 집안(송흥록宋興祿·송광록宋光祿 – 송우룡宋雨龍 – 송만갑 – 송기덕宋基德). 문하에서 박봉래, 김정문, 김초향, 김추월, 이화중선, 배설향, 심금홍, 장판개, 박록주, 김소희, 박동진 등 명창이 배출되었다.

1866년 병인丙寅 — 1월 – **병인박해丙寅迫害.** 다블뤼 안토니오 제5대 조선교구장·베르뇌 시몬 주교 등 프랑스 선교사 9명(軍門梟首)과 남종삼南鍾三·홍봉주洪鳳周 등 천주교인 8,000여 명을 처형하고 천주교 서적을 불태웠다(~3월. 윤음綸音: 선참후계先斬後啓) → 병인양요丙寅洋擾.

■ 3월 10일 – **수운의 대상大祥.** 해월의 적서차별 타파설법(경북 용화동): "自今으로 吾道人은 爲先嫡庶의 別을 打破하야 天然의 和氣를 傷치 말라."(『천도교서』) → 조선왕조 체제의 근간인 신분제에 정면으로 도전 / *일월산 동쪽 용화동 윗대치上竹峴에서 해월과 함께

기거한 도인들: 전성문全聖文, 김덕원金德元, 정치겸鄭致兼, 전윤오全潤五, 김성진金成眞, 백현원白玄元, 박황언朴皇彦, 황재민黃在民, 권성옥權成玉, 김성길金成吉, 김계악金啓岳 등(『도원기서』) / 1920년 12월 3일 시인 조지훈趙芝薰, 경북 영양 일월산 기슭 주실마을(한양 조씨 집성촌)에서 출생.

1866년 7월 12일(양 8월 21일) − 제너럴 셔먼General Sherman호 사건(∼음 7월 21일). 미국 무장상선
병인丙寅 제너럴 셔먼호가 대동강을 거슬러 올라와 평양에다 통상을 요구하여 거절당하자 행패를 부려(대포발사. 평양사람 7명 죽고 5명 부상) 평안도 관찰사 박규수朴珪壽(1805년생, 연암 박지원의 손자) 지휘하에 미국 배를 불태우고 프레스턴 선주·페이지 선장·토마스 목사 등 선원들을 처형시켰다(21명) → 신미양요辛未洋擾.

1866년 9월 18일(양 10월 26일) − **병인양요**丙寅洋擾. 프랑스 함대, 문수산성 공격. 프랑스 신부를
高宗 3년 살해한 자 처벌과 통상조약체결 요구. 프랑스 함대 2척이 서강까지 진출하여 수로측량(음 8월 10일). 프랑스 함대 6척(로즈 제독), 강화도 문수산성 공격(음 9월 18일). 강화읍성 점령·문화재 약탈·방화(책 6천여 권 불태우고. 그 중 342권 약탈). 정족산성에서 패배한(음 10월 3일) 로즈제독, 함대철수 → 승리한 대원군, 서학에 대한 탄압 강화. 대궐앞 사방에 벽보부착: **"양인洋人과 화친하고자 말하는 자가 있으면 역적으로 몰아서 곧 죽이겠다."** / 1993년 미테랑 프랑스대통령 방한. 외규장각(의궤 297권) 도서반환 약속 (2011년 5월 26일 이행. 현재 국립중앙박물관 소장).

■ 10월 28일 − **해월, 스승 수운의 탄신기념제례**(용화동 윗대치). 다례茶禮로 치름. 전성문全聖文의 고지로 학식있는 영덕 도인 강수姜洙와 마당발인 박춘서朴春瑞도 참여하여 해월에게 큰 힘이 되었다. 이 다례모임에서 1867년부터 해월은 스승 수운의 생일과 기일忌日의 제사를 위한 계稧를 하기로 결정했다(稧設立. **"일년을 기하여 생신과 기일에 두 번 각각 4전씩을 내서 봄과 가을에 제사를 모시자.** 主人曰: 期於一年, 再次生辰與忌日, 各料四錢, 以爲春秋之享祭." 『도원기서』) → 복지·기금조성. 『동경대전』 출판사업의 재원마련 / 도인들로 하여금 1년에 4회씩 정기적으로 〈49일기도〉 봉행케하여 신심을 돋아주고, 생전 수운선생의 가르침을 음미했다. → 동학의 경전편찬 준비과정.

■ 11월 12일 − 손문孫文, 광동성 광주廣州 출생(∼1925년 3월 12일).

1867년 3월 10일 − **수운의 순도제례일. 계조직 정식 발족.** 경주 북산중(영일군 신광면 마북동 일
정묘丁卯 대)의 많은 도인들(김경화, 김사현, 이팔원 등)과 영덕도인들(유성원, 김용여, 임만조, 구왈선,

신성우, 정창국 등)이 대거 참여 / 1868년 영덕의 김용여金用汝 5백금 희사(金用汝自出 五百餘金, 一以補師家, 一以補主人, 一以補貧窮.『도원기서』).

1867년 10월 28일 — **수운탄신향례**(흥해 매곡동). 해월, 양천주養天主 설법: "**外飾을 避하고 眞實을 主함은 天主를 養코저함으로써니라.**"(『천도교서』). 내 몸에 모셔있는 하늘님의 뜻을 부모님의 뜻처럼 잘 받들어 모신다.
정묘丁卯

1867년 11월 — 경복궁景福宮 근정전勤政殿·경회루慶會樓 완공.
高宗 4년

- 1867년 — 칼 맑스 지음·프리드리히 엥겔스 편집,『자본론Das Kapital 1』출간.

- 1867년 — 미국, 알래스카를 러시아제국으로부터 720만 달러로 매입 / 1959년 7월 3일 알래스카, 미합중국의 49번째 주로 편입.

1868년 4월 — 해월, 영양英陽 일월산日月山 윗대치上竹峴에서 동학재건에 몰두. 매일 송주誦呪 하면서 짚신을 삼았다.
무진戊辰

- 4월 — 슈와트 청나라 미국공사·페론 프랑스 선교사(병인박해때 조선탈출 후, 병인양요 때 로즈 제독의 길잡이 역할)·옵페르트 프로이센 유대상인(『금단의 나라 조선』집필), 충남 덕산면 남연군南延君 묘(대원군의 부친) 도굴시도 → 대원군의 대對서양 강경정책 강화.

1868년 10월 23일(양) — **일본 명치유신明治維新 단행.** 왕정복고. **메이지明治 시대**(~1912년 7월 29일) **선포.** 동경천도 → 에도 막부 폐지.
高宗 5년

- 11월 고종, 창덕궁昌德宮에서 경복궁으로 이궁移宮.

1869년 10월 2일(양) — 마하트마 간디Mahatma Gandhi(~1948년 1월 30일) 출생. 간디의 "사티아그 라하Satyagraha(비폭력 불복종운동)"는 최초의 생태주의자 헨리 데이비드 소로Henry David Thoreau(1817~1862)의 "시민불복종운동"에 기원을 둔다.
기사己巳

1870년 2월 28일 — 이필제李弼濟(1825년생), 진주임술농민항쟁에 참여했다가 영해로 잠입(7월). 안면이 있던 영해접주 박하선朴夏善(서당 훈장)은 관의 고문을 받고 그 여독으로 이미 사망(1869년 말). 아들 박사헌에게 접근 / 이필제의 북벌지계北伐之計: "… 진주에 있는 무기를 탈취하여 금병도로 가서 중원으로 바로 쳐들어가려 했다. 奪取晉州軍器, 欲向錦屏島, 直入中原矣."(『역적필제기현등국안逆賊弼濟歧鉉等鞫案』).
경오庚午

1870년 7월(양) — **프로이센·프랑스 전쟁**(~1871년 5월). 프로이센, 알사스·로렌지방 점령 /
高宗 7년
1871년 1월 18일(양) 프로이센, 독일제국 건국 선포(재상: 비스마르크). 빌헬름 1세, 베르사
이유 궁전에서 대관식 거행. 이토오 히로부미 독일유학. 독일제국헌법연구(1882~83년).

1870년 10월 — **대신사 가솔들, 홀연히 강원도 영월 소밀원**小蜜院**으로 이거**移居. 세정世貞이 약
경오庚午
재상 공생孔生의 유혹으로 결정(庚午十月孔生者, 誘言世貞. 日方今襄陽道人願倍大家移遷寧
越小蜜院. 『최선생문집도원기서』).

■ 10월 — **이필제, 〈교조신원〉건으로 해월면담 타진**(~1871년 2월). 영월에 있던 자칭 "천명
을 받은 자吾亦受天命之人也"가 집요하게 도인들을(이인언李仁彦 2번, 박군서朴君瑞, 박사헌
朴士憲, 권일원權一元) 5차례 보내 해월에게 면담을 청함(대신사를 위한 설원雪冤 명분).

1871년 2월 — **해월과 강수, 영해 박사헌**朴士憲**의 집에서 이필제 면담.** 이필제李弼濟의 항변:
신미辛未
"스승님을 위하는 계책으로써 노형의 집에 사람 보내기를 한두 차례 한 것이 아니요,
너댓 번에 이르니 나를 괄시함이 이와 같음에 이르리요. 나는 여러 말 할 것 없이 선
생의 원한을 풀고자 하는 뜻을 가진지 오래요. 以爲師之計, 送人老兄家者, 非一非再, 至四
至五, 待我括視, 及於如此乎! 不數言, 吾雪先生之冤者, 志所久矣."(『도원기서』) / **해월은 강수·김
낙균**金洛均**·전동규**全東奎**·박춘서·이경여**李敬汝 **등 도인들과 의논 후**(『최선생문집도원기서』) 이
필제가 제기한 "교조신원운동"에 동의했다. 이필제의 부추김을 받은 박사헌은 영해접주 박
하선의 아들이다.

1871년 3월 10일(양 4월 29일) — **영해교조신원운동**寧海教祖伸冤運動. 동학교도 5백여 명, 영해 우
高宗 8년
정골 병풍바위에 집결(박사헌의 집). 대오편성 후 소 두 마리를 잡아 천제天祭를 올렸다:
"좨주는 이필제, 축문을 읽은 자는 김진균이다. 그 외 우두머리는 강사원(강수)·박
영관(박사헌)·최경오(해월)·전영규·전인철·정치겸 등이다. 天祭時主祀者李弼濟也. 讀祝
者金震均也. 其餘姜士元朴永琯崔景五全永奎全仁哲鄭致兼等也.(영해유림 도유사都有司 남유진南
有鎭, 『교남공적嶠南公蹟』) / (저녁 7시 반경) 병풍바위에서 500여 명 출동 / (저녁 9시 반경)
영해부성 서문·남문 도착 / (밤 10시경) 영해관아 완전장악. 탐관오리 영해부사
이정李瑅을 살해("이정이 영해읍을 다스릴 때, 뇌물을 탐하는 정도가 세상 어디 비할 데가 없
었다. 영해부사로 부임한 첫 번째 생일에 경내의 대소민들을 빠짐없이 모두 불러다 잔치를 베풀
면서, 한 그릇도 채우지 않은 떡국을 30금씩 거두어 들였다. 李瑅之治海邑也, 贓汚無比. 晬日設宴,

根致境內大小民人, 不托一椀, 徵價三十金."『나암수록羅巖隨錄-경상감사서목慶尙監司書目』) /

고종, 민중의 분노로 단죄된 탐관오리 이정을 이조판서로 추서.

1871년 3월 11일(아침)-이필제, 부민들에게 140민縉을 나누어주고 술 3동이를 군사들을 먹이
신미辛未 고 훈유: "이번 거사는 탐학무비한 부사의 죄를 성토하자는데 있으며 백성들을 상하
게 하지 않을 것이니 너희들은 걱정말라."(정오, 동학도 철수) → 5백여 명의 동학도는 교조
신원운동이란 명분으로 참가했다. 그러나 수운의 신원운동이라는 측면에서는 미흡했다. 결국 이필제의
병란적兵亂的 거사에 동학교도가 동원된 측면이 강했다 / 14일 관군(흥해군, 영덕현, 연일현, 장기
현, 청하현, 안동진영, 경주진영) 총출동. 영양 윗대치(해월이 재건한 동학공동체) 출동(15일),
동학도인 일망타진(해월, 이필제, 김낙균, 강수, 전성문 등 도생逃生).

■3월 21일-박제관朴齊寬(안동부사) **영해부 안핵사, 안동진安東鎭에 국청鞫廳 설치.** 영
해·청하·평해·영양·영덕·청송·경주·밀양·울진·삼척·전라도 남원 등지에
서 체포된 수백 명의 동학도는 가혹한 심문을 당했다 / 6월 24일 형량결정. ① **자진자自盡者:**
전영규全永奎. ② **물고자物故者**(가혹한 심문중 사망, 12명): 박영관朴永琯(박사헌), 박종대朴宗大
(박사헌과 형제)·권재일權在一·김귀철金貴哲·남두병南斗炳·송지宋志·신성득申性得·
신택순申宅淳·우대교禹大教·이정학李正學·장선이張先伊·하만석河萬石. ③ **효수자梟首者**
(29명): 권두석權斗石·권석중權錫重·권영화權永和·김창덕金昌德·김일언金一彦·김창
복金昌福·김천석金千石·남기환南基煥·박기준朴基俊·박명관朴命觀·박영각朴永珏·박
영수朴永壽·박춘집朴春執·박한룡朴漢龍·손경석孫敬錫·신화범申和範·이군협李群協·
이기수李基秀·이병권李秉權·이재관李在寬·임영조林永祖·임욱이林郁伊·전인철全仁
哲·전정환全正煥·정창학鄭昌鶴·최기호崔基浩·최준이崔峻伊(해월의 양자)·한상엽漢相
燁·황억대黃億大(『교남공적嶠南公蹟』〈안핵사사계按覈使查啓〉). ④ **중형받고 정배:** 곽진봉 등
21명 → 동학교도 수백 명 참사. 처음엔 "아직 때가 아니다"에서 결국 도인들과 수차
례 토론 후 동조하게 된 해월과 동학도들은 더욱더 관의 탄압을 받게 되었고(전국방방
곡곡 동학도 색출령), 용화동 윗대치 동학공동체는 초토화되었다. 해월은 또다시 지명
수배자가 되어 굶주린 도망자 신세가 되었다.

1871년 4월-해월, 충북 단양의 정석현鄭碩鉉 집에 **도피생활.** 밤에는 새끼를 꼬고 낮에는 김매
신미辛未 다("主人宵以索綯, 晝以耘耔."『도원기서』) / 5월 해월은 강수와 함께 관의 지목을 피해 급
히 영월 피골稷洞 정진일鄭進一 집으로 피신. 강수와 도원결의桃園結義 / 손씨부인은

단양 정석현의 집에 있다가 관군에게 붙들려갔다(1876년 7월 단양 송두둑에서 재회).

1871년 4월 14일(양 6월 1일) — **신미양요**辛未洋擾(~4월 24일). 미합중국 해군, 강화도 초지진 공
高宗 8년
격(4월 23일). 미국 무장상선 제너럴 셔먼호가 평양 대동강 강변에서 불태워짐(1866년
7월)에 대한 책임추궁과 통상교섭 교전(순무장군 어재연魚在淵·어재순 형제 비롯 수비병력
243명 사망, 24명 부상. 장군깃발 "수帥자기" 대형깃발을 탈취당했다. 2007년 10월 이후 강화
전쟁박물관 임대형식 소장중). 미해군측(지휘: 존 로저스) 3명 사망, 10명 부상. 미국측 명
칭: "1871년 미·한전쟁United States-Korea War of 1871"

▪ 4월 25일 — **대원군, 전국 각지에 〈척화비**斥和碑〉 **건립 지시.** "서양오랑캐가 침범함에 싸
우지 않음은 곧 화의하는 것이요, 화의를 주장함은 나라를 파는 것이다. 우리 만년 대대
손손 자손들에게 경계하는 바이다. 1866년 병인양요에 척화를 확고히 하고, 1871년
신미양요를 겪고 나서 이 척화비를 세운다. 洋夷侵犯, 非戰則和, 主和賣國. 戒我萬年子孫.
丙寅作 辛未立." → 일본세력이 장악한 개화당친일정권시기(김홍집내각), 일본 공사의 요
청에 의해 전국의 〈척화비〉는 철거되거나 매장되었다(현존 30여 개. 지방문화재로 지정).

▪ 8월 2일 — **이필제·정기현**鄭岐鉉 **등 50여 명, 문경 초곡무기고 습격.** 이필제(무과급제자)
는 평소 단군檀君의 영靈이 한고조 유방劉邦과 주원장朱元璋을 거쳐 자신으로 화化했
다고 호언장담하며, "중국을 창업하는 것"이 제1의 목표라고 했다(북벌北伐). 단양의
동학도 정기현鄭岐鉉(문과급제자)은 "이 나라 주인은 단양 가산佳山에 사는 정진사"라는
월정사月精寺 초운樵雲 승려의 말을 굳게 믿고(정조鄭朝 개창) 이필제와 공모했다 → 문
경군창軍倉습격사건으로 포졸들이 또다시 방방곡곡의 동학도 색출작전을 펼쳤다. 강
수와 해월은 쫓기는 와중에 태백산중에서 영양접주 황재민黃在民과 조우했다(황재민은
수운이 최초로 임명한 16접주 중 한 명이고, 1883년 경주계미중하판 『동경대전』 실무를 담당. 판
권에 이름등재). 해월과 강수는 13일 굶다가 함께 끌어안고 절벽밑으로 동귀어진同歸於
盡하기 직전까지 가다: "두 사람 중 누가 먼저 하고, 누가 뒤에 할꼬. 끌어안고 떨어
져 죽는 것이 낫겠구나. 兩人之中, 誰先誰後? 抱落以死於意可也."(『도원기서』).

1871년 9월 15일 — **해월·강수**姜洙, **태백산 산간마을에 은신**(~1872년 5월). 강원도 영월寧越 피
신미辛未
골稷洞(稷谷里) 박용걸朴龍傑 집에 머물다 / **11월 49일기도** 마친 후, 박용걸 형제 입도.
유인상劉寅常(劉時憲) 등 10여 명의 정선도인들이 찾아왔다(12월 중순). 〈대인접물〉 설법:
"아녀자와 어린아이의 말이라도 배울게 있으면 나의 스승이니라. 孰非我長? 孰非

我師? 吾雖婦人小兒之語, 可學而可師也.(해월신사법설, 〈대인접물待人接物〉).

1871년 12월 24일－문경변란 주모자 형집행. 이필제(47세): 부대시능지처형不待時凌遲處刑(서울
高宗 8년 무교동 앞길). 정기현(35세): 부대시능지처형(서소문 밖). 정옥현(38세): 부대시참형不待
時斬刑(서소문 밖) /『우포청등록右捕廳謄錄』정옥현鄭玉鉉 문초: "나와 이필제, 김낙균,
최응규 등과 나의 동생 정기현은 협의하여 약속하기를 조선은 정기현으로 주인을 정
하고 그 뒤 이필제와 김낙균, 최응규 등은 대병력을 빌려 중원을 북벌할 것이다.李弼
濟金洛均崔應奎等, 與矣弟鄭岐鉉. 議約日, 朝鮮則定給鄭岐鉉. 後李弼濟及金洛均崔應奎等, 差得大
兵, 北伐中原云云之說." / 주모자 최응규는 물고物故, 김낙균과 초운 스님은 도생逃生.

1872년 1월 5일(양 2월 13일)－해월, 참회懺悔 고천식告天式. 박용걸 형제와 정선지역의 도인들
壬申 이 모인 자리에서 참회의 〈축문祝文〉을 지어 하늘님께 자신의 허물을 고하는 고천식
告天式을 행했다. 이필제의 교사巧詐·교언巧言·현언衒言에 현혹되어 많은 도인들을
희생시켰고 동학을 수렁에 빠지게 한 것에 대해 뼈저리게 반성한 해월은 "우愚·묵
黙·눌訥"의 수행태도를 역설했다.

■ 1월(정월)－해월·강수, 양양襄陽 소밀원蘇密院의 사모 박부인을 찾아뵙다. 박사모는
지난날, "연소배年少輩의 박행薄行에서 나온 것이니 행幸여 관심關心치 말라"고 해월을
위로했다. 해월은 형편이 간고艱苦한 사모집에 식량과 땔감을 후厚이 주선周旋하여 들
인 후에 순흥順興의 김태일金泰一의 집에 갔다(『천도교창건사』).

■ 1월 22일－세정, 양양감옥에 수감. "이필제문경작변"으로 수운의 맏아들 세정世貞이 강
원도 인제군 소물안꼴에서 체포되었다. 해월, 사모와 세청世淸식구를 박용걸집으로
황급히 피신시켰다(1월 28일).

■ 3월 25일－구암龜菴 김연국金演局(1857년생) 입도(『시천교역사侍天敎歷史』). 후에 의암 손
병희·송암 손천민과 함께 해월의 수제자 그룹을 일궜다. 인제 출신으로 김병내金秉
鼐의 생질이다. 김병내는 인제무자계춘판(1888년)『동경대전』·『용담유사』 출간의 주
역이다. 관의 지목으로 피신중이었던 해월이 인제군 남면 무매리舞梅里의 김병내를
찾아갔고, 김병내가 정선 무은담리의 유인상의 집으로 인도해주었다.

■ 4월 5일－창도기념제례(강원도 영월 직동 박용걸의 집).

■ 4월 8일－해월과 강수, 강원도 정선 무은담리霧隱潭里로 이거移居. 유인상劉寅常 정선

접주가 보필. 유인상의 사람됨에 대한 찬탄: "아름답구나, 유인상의 사람됨이여! 차마 하지 못하는 마음으로 위급함을 구해주는 정에 미치어 … 美哉! 寅常之爲人也, 以不忍之心, 及於救急之情 …"(거처를 마련해준 유인상이 연루되는 것을 걱정하는 해월에게, 유인상은 말하기를) "드러나더라도 저는 귀양살이에 그칠 것이니, 무슨 어려움이 있겠습니까? 조금도 걱정 마시고 편히 지내세요. 吾只不過定配也. 何難之有? 小無疑訝而安過也."(『최선생문집도원기서』). 훗날 1880년 완성된 『최선생문집도원기서』(수고)를 출판하기에는 세태가 여의치 않아(영해부사 참살 관련기록 등) 제일 신임한 유인상에게 견봉날인해서 보관케 했다. 우여곡절 끝에 김연국의 아들에 의하여 세상에 나오게 되었다(1978년).

1872년 高宗 9년 **5월 12일 – 수운의 장남 세정, 장杖에 맞아 양양襄陽에서 옥사**(『천도교서』) / **9월 사가師家까지도 유인상의 집(정선 무은담)으로 피신.**

- **10월 15일 – 해월·강수·유인상·김해성金海成·유택진劉澤鎭·전성문全聖文** 등, 태백산 정선군 갈래사葛來寺(일명, 淨巖寺) 적조암寂照庵(해발 1,000m. 주지: 철수좌哲首座[哲秀子])에서 49일 기도. 여섯 사람이 둘러앉아 하루에 주문 2~3만 번을 암송하며 정진했다("時에 諸人 念珠를 手執하고 一日夜에 三萬回를 誦하기도 하다." 『천도교회사』). 21자 주문은 "하늘님을 지극히 위하는 글이다. 日呪文之意, 何也? 日至爲天主之字."(『동학론[논학문]』) / **12월 5일(양 1873년 1월 3일)** "49일 기도를 잘 마치게 되었다"(『천도교서』)며 **해월은 문득 한 편의 시를 짓다: "깊은 태백산에 들어와 49일 독공을 드리니**太白山工四十九, **하늘님께서 나에게 여덟 마리 봉황을 주어 각기 주인을 정해주셨네**受我鳳八各主定. **태백산 천의봉 온누리엔 눈꽃이 피었고**天宜峰上開花天, **오늘에야 바른 마음모아 비로소 오현금이 울리는구나**今日琢磨五絃琴. **적멸궁전에서 세상의 티끌 털어내니**寂滅宮殿脫塵世, **49일 기도를 잘 마치었구나.** 善終祈禱七七期."

1873년 계유癸酉 高宗 10년 **1월 – 해월·강수·박용걸·전성문, 의형제 맺다 → 무너진 동학조직재기 다짐.**

- **11월 – 면암勉庵 최익현崔益鉉(1834년생), 대원군 탄핵彈劾·고종 친정親政 상소** / **12월** 고종, 창덕궁으로 이궁. 친정에 돌입 → **여흥驪興 민씨閔氏 척족세도정치 돌입**(~1895년) / 1875년 5월 고종, 다시 경복궁으로 이궁移宮.

1873년 계유癸酉 **12월 9일 – 박씨 사모님 환원還元(49세).** 박씨부인은 장조카와 더불어 최초로 동학에 입도한 사람. 경신년 수운의 무극대도를 받는 과정을 목격한 박씨부인은 수운이 실성했다고 생각하여 용담정 앞 계곡물에 빠져죽으려고 했다는 일화도 있다. 그후 수운의 인간적으로 아름답게 변화된 모습에 감화받아 입도했다. 장조카는 수운보다 3살 어린 맹륜孟倫(胤) 최세조崔世祚이다. 1860년 4월 5일 장조카 생일날 장조카의 집에서 수운은 무극대도를 받았다(『대선생주문집』) / ※포덕을 앞두고 몸과 맘이 안정된 수운이 산전수전 다 겪은 아내를 위로했다. 이에 화답하며 입도하게 된 부인의 모습이 의젓하다: **"그제야 이날부터 부처夫妻가 마주앉아 이말저말 다한후에 희희낙담喜喜樂談 그뿐일세. '이제는 자네듣소. 이내몸이 이리되니 자소시自少時 하던장난 여광여취如狂如醉 아닐런가. 내역시 하던말이 헛말이 옳게되니 남아역시 출세出世후에 장난도 할것이요. 헛말인들 아니할까 자네마음 어떠한고.' 노처老妻의 거동擧動보소. 묻는말은 대답찮고 무릎안고 입다시며 세상소리 서너마디 근근이 끌어내어 천장만 살피면서, '꿈일런가 잠일런가 허허세상 허허세상 다같이 세상사람 우리복이 이러할까 하늘님도 하늘님도 이리될 우리신명 어찌앞날 지낸고생 그다지 시키신고 오늘사 참말이지 여광여취 저양반을 간곳마다 따라가서 지질한 그고생을 눌로대해 그말이며 그중에 집에들면 장담같이 하는말이 그사람도 그사람도 고생이 무엇인고 이내팔자 좋을진댄 희락喜樂을 벗을삼고 고생은 희락이라. 잔말말고 따라가세 공로空老할 내아니라 내역시 어쩍없어 얼굴을 뻔히보며 중심에 한숨지어 이적지 지낸일은 다름이 아니로다. 인물대접 하는거동 세상사람 아닌듯고 처자에게 하는거동 이내진정 지극하니 천은天恩이 있게되면 좋은운수 회복할줄 나도또한 알았습네.' 일소일파一笑一罷 하온후에 불승기양不勝氣揚 되었더라."**(「교훈가」)

1874년 4월 − **해월, 충북 단양 송두둑 지역에 거주**(∼1884년. 절골寺洞·송두둑松皐·샘골泉洞 일대를
갑술甲戌 갈천 장정리長亭里로 칭함). 강수(단양훈장)와 인제도인들인 김연국·김연순·김병내·
홍순일 등과 이웃해서 살면서 영월·정선·단양·인제 일대와 영남지역을 순회하면
서 새롭게 동학교단체제를 정립하는 동시에 경전간행 구상에 집중한다(『최선생문집도
원기서』[1879년], 『동경대전』[1880년], 『용담유사』[1881년]).

1874년 12월 − 전라도 암행어사의 운봉현雲峯縣 아전들의 매관매직 실태보고(이방: 2,400냥. 병
高宗 11년 방·좌수: 700냥. 별감: 100냥. 면임: 30냥) → 세도정치 하의 탐관오리 횡포, 농민들 파탄.

1875년 1월 22일 − **수운의 차남 세청世淸 병사病死**. 전성문이 장례주관.
을해乙亥

1875년 **1월 24일** – 해월의 첫아들 덕기德基(아명: 솔봉率峰) 출생(두번째 부인: 안동 김씨).
을해乙亥

■ **3월 26일(음 2월 19일)** – 우남雩南 이승만李承晩(아명은 승룡承龍, 양녕대군의 17대손) 황해도 평산군 출생. 위로 두 형은 천연두로 요절. 과거시험공부에 전념. 갑오경장으로 과거시험 폐지되자, 배재학당에 입학(1895년 4월 2일) / **1910년 6월 14일(양)** 프린스턴 대학 박사학위 취득(총장: 우드로 윌슨Thomas Woodrow Wilson. 제28대 미국대통령 1913~1921).

■ **8월 15일** – 해월, **"마음을 다한 오직 청수 한그릇淸水一器"** 제례법 제시: **"물은 만물의 본원이므로 내 또한 물로써 일체의 제물祭物에 대용代用하노라."** 새출발 다짐하는 단양 치제致祭 참석자: 강수, 전성문, 유인상, 박규석, 김영순金永淳 등 / **1906년 3월 4일** 천도교 대도주 손병희,〈종령 16호〉공포: 청수 한 그릇을 봉전하여 시일식 봉행(聖化會式: 청수 – 심고 – 주문 – 설교).

1875년 **8월 21일(양 9월 20일)** – **일본전함 운양호雲揚號, 강화도 초지진 포격.** 영종도 포격 후 육
高宗 12년 전대가 상륙해서 약탈·살상·방화(동포銅砲 36문과 화승총 130정, 탄환 등을 탈취, 관군 35명 학살, 관청과 민가에 불을 질렀다) → 강화늑약勒約(1876년) → 제물포늑약(1882년) → 을사늑약(1905년) → 경술국치(1910년).

1875년 **9월** – **해월·강수·전성문, 영남행**(동학재건 타진). 문경 – 상주 – 선산 – 신녕에서 하치욱
을해乙亥 접주를 만나고 용담 가정리에서 최맹륜과 해우(『대선생주문집』 입수 추정). 경주부중에서 해월의 종제 최경화를 만나고 청하사람 이군강과 이준덕을 만났다. 달성에서 강수는 부자상봉했다 → 동학재건은 충청도·강원도 중심으로 시동. 당시 해월을 따르는 도인들 100호戶(정선 30여 호, 양양 10여 호, 인제 30여 호, 영월 10여 호, 단양 10호, 청송 5호).

■ **10월 18일** – **새로운 출발을 다지기 위한 하늘님 제사祭天**(정선. 이후 매년 10월 집단제례를 구성제九星祭로 정례화). 강수 축문 짓다. 제관: 초헌初獻(道主人 崔慶翔), 아헌亞獻(道次主 姜洙), 종헌終獻(全聖文), 대축大祝(劉寅常), 집례執禮(朴奎錫), 봉향奉香(金永淳), 봉로奉爐(金龍鎭=金演局) / **해월, 용시용활用時用活 설법: "대저 도는 용시용활에 在하나니 시대와 진화에 應치 못하면 이는 死物과 無異한지라. 하물며 吾道의 오만년 미래를 範圍함이리오. 余이 특히 此 主義를 示기 위하야 先히 名字로써 此에 대한 萬古의 範을 垂하리라."** → 12인 "시時"자로 개명: 최경상崔慶翔을 최시형崔時亨으로, 강수姜洙를 강시원姜時元으로, 정선접주 유인상劉寅常을 유시헌劉時憲으로 개명(『천도교서』) / 해월의 "용시용활用時用活"이란 시時자를 써서 이름을 개명하고, 활活자를 써서 자字를

고친다는 뜻이다(표영삼의 설). 전성문은 전시황全時晄으로 개명.

1875년 11월 13일 ─ 고천제례. 정선접주 유시헌을 도접주로 임명.
을해乙亥

1876년 2월 2일(양 2월 26일) ─ **병자수호조약**丙子 修好條約 **조인**(강화늑약). 불평등조약으로 조선
高宗 13년 이 국권을 상실하는 단초 제공: ①개항장 설치권(원산·제물포·동래 개항. 조선의 행정권
권외지역). ②일본거류민 영사재판권(치외법권). ③관세협정권(일본상인에게 무관세. 미곡
반출허용). ④외국화폐 통용권. ⑤내지통상권. ⑥군함항해권. ⑦최혜국대우권. 명칭
변경: 왜노倭奴→일인日人·일본日本 / 최익현崔益鉉 지부상소持斧上疏: "병자수호조
약은 잘못된 화의이다." → 흑산도 유배 / 큰 가뭄으로 팔도 백성이 굶주리다. **"가련
하다 가련하다 아국운수 가련하다. 전세임진**壬辰 **몇해런고 이백사십 아닐런가 십이제국
十二諸國 괴질怪疾운수 다시개벽 아닐런가. 요순성세 다시와서 국태민안 되지마는 기험
崎險하다 기험하다 아국운수 기험하다 개같은 왜적놈아 너희신명 돌아보라.**"(「안심가」).

1876년 7월 11일 ─ 백범白凡 김구金九(본명: 김창수金昌洙), 황해도 해주 출생.
병자丙子
/ 1892년 동학입도 / 1940년 3월 13일(양) 대한민국 임시정부 주석(~1947년 3월 3일).

1877년 10월 3일 ─ **10월 고천제 구성제**九星祭 **봉행**(고구려 동맹東盟, 동예 무천舞天, 삼한의 시월제
정축丁丑 十月際의 전통). 인제 갑둔리의 인제접주 김연호金演鎬(김시명. 김연국의 형)의 집에서 성
대하게 치렀다(헌관 9명. 집사 12명). 소요비용은 인제도인 장춘보張春甫와 김치운金致
雲이 전담했고, 김연호는 김연국과 함께 구성제에서 종헌終獻도 담당했다(초헌初獻: 해
월·강수. 아헌亞獻: 유시헌·김경화·심시정). → 『동경대전』인제경진초판(1880년)·인제무
자계춘판(1888년) 출간의 인적·물적 토대 / 구성제는「동학론」의 첫 구절을 원용한
호칭: "대저 천도라고 하는 것은 형체가 없는 것 같지만 뚜렷한 흔적이 있다. 지리라
고 하는 것도 광대무변한 것 같지만 정확한 방위가 있다. 그러므로 하늘에는 구성이
있어 구주에 상응한다. 땅에는 팔방이 있어 팔괘에 상응한다. 夫天道者, 如無形而有迹;
地理者, 如廣大而有方者也. **故天有九星, 以應九州; 地有八方, 以應八卦.**"

- 10월 16일 ─ 정선 도접주 유시헌의 집에서 구성제 봉행(헌관 9명. 집사 20명). 구성계안九
  星稧案 실행. 하룻저녁 구성제 봉행이 49일 기도와 맞먹으니, 도인들에게 인기만점.

- 1877년 ─ 어윤중魚允中(1848년생) 전라우도암행어사, 전라도일대 탐문(9개월간). 탐관오리

징벌. 농민의 참상은 조세수탈임을 파악하고 〈개혁안〉 제출: ① 잡세혁파. ② 지세地稅제도 개혁. ③ 궁방전·아문둔전제도의 개혁. ④ 환곡제도 폐지. ⑤ 삼수포세三手砲稅의 폐지. ⑥ 재결감세災結減稅. ⑦ 도량형의 통일. ⑧ 지방수령 5년 이상의 임기보장. ⑨ 조운선漕運船제도 개혁. ⑩ 역로제도 개혁 → 보은집회시(1893년 3월) 양호도어사·양호선무사로 맹활약 / "**어렵도다 어렵도다 만나기도 어렵도다. 방방곡곡 찾아들어 만나기만 만날진댄 흉중에 품은회포 다른할말 바이없고 수문수답隨問隨答 하온후에 당당정리堂堂正理 밝혀내어 일세상 저인물이 도탄塗炭중 아닐런가. 함지사지陷之死地 출생들아 보국안민輔國安民 어찌할꼬.**"(「권학가」).

1878년 7월 25일 − **해월, 개접開接 부활**(發文開接. 정선 무은담霧隱潭의 유시헌劉時憲의 집). 하늘을
무인戊寅 새롭게 열고開, 그 하늘의 가르침에 응하여 접接하는 모임(開於天而接於天)으로 일정한 기간에 일정한 장소에서 각지 접주들이 모여 스승님의 가르침을 공부하고 토론하는 것이 개접이다. 가르침을 받은 접주들은 다시 자기 접내의 도인들에게 가르침을 전한다. **수운의 시천주侍天主를 해월은 "양천주養天主" "인즉천人卽天" "사인여천事人如天" "물타아勿打兒" 설법으로 확대해석해가면서 동학을 확장시켰다** / 1884년 육임제六任制 실시. 교장敎長·교수敎授·도집都執·집강執綱·대정大正·중정中正 등 여섯 가지 부서에 교무를 분담케 했다. → 학식있는 사람들이 대거 동학에 유입.

- 10월 18일 − 최시형의 딸 최윤崔潤 출생(동복언니가 후에 구암 김연국에게 시집간다. 구암이 최윤의 형부). / 1887년 2월 24일 최시형의 부인 안동 김씨(최윤의 생모) 환원.

1879년 2월 − 해월·강시원·김연국(김용진金龍鎭), 경주행.
기묘己卯
- 3월 26일(양 4월 17일) − 해월·강시원·김연국, 영서행嶺西行(영월, 정선, 인제) / 윤3월 7일 (양 4월 27일) 인제 도인 김치운의 집에서 큰 제례 봉행(초헌: 김연호, 아헌: 장춘보, 종헌: 김치운. 대축: 김연국). 김치운이 바로 김현수이다(인제경진초판 『동경대전』 각판소가 마련된 장소가 인제 갑둔리의 김현수의 집). 김현수의 자가 치운致雲이다(1893년 3월에 인제포 대접주로 임명).
- **4월 − 해월, 인등제引燈祭 제례법 구상.** 경제적 부담감이 많은 제수祭需차림을 생쌀과 천과 등불로 대치. 곳곳의 도인들, 너도나도 인등제를 올렸다. 간편한 인등제 보급은 곧 동학조직의 확장·강화를 불러왔다.

1879년 7월 15일 ─ 대선생님 추모제. 주인主人 해월과 차주次主 강수의 문집발행 발심.
기묘己卯

- 1879년(가을) ─ **해월 · 강시원, 선생수단소**先生修單所 **설치**("기묘년 가을에 이르러 나와 주인이 선생님의 도원을 잇고자 하는 뜻이 있어, 이에 선생님의 일과 자취를 수단한즉, 及於 己卯之秋也. 余與主人欲有繼先生之道源. 兹以修單於先生之事績 …"『최선생문집도원기서』 중 강수의 후서後序). 강원도 정선 방시학房時學의 집에 도적편집소道蹟編輯所를 꾸리고 수단유사修單有司를 정하다: 도포덕주道布德主(최시형), 도차주道次主(강시원), 도접주道接 主(유시헌), 수정유사修正有司(신시영辛時永), 교정유사(신시일辛時一), 도소주인都所主人(방 시학), 수유사收有司(홍시래洪時來·최창식崔昌植), 책자유사冊字有司(신윤한辛潤漢), 감유사監 有司(최기동崔箕東·안교일安教一), 서유사書有司(전세인全世仁), 필유사筆有司(안교상安教常), 지유사紙有司(김원중金源仲), 접유사(윤종현尹宗賢·안교백安教伯), 윤통유사輪通有司(홍석도洪 錫道·안교강安教綱).

1879년 11월 10일 ─ **『최선생문집도원기서』**崔先生文集道源記書(동학의 초기역사서) **필사 · 간행**
光緒 5년 **착수**(12월 말 탈고) / 1880년 1월 정선 동면의 전세인全世仁(서유사)에 의해 정서精書되 다(현존하는 『최선생문집도원기서』). 인제경진초판 『동경대전』만 목활자판으로 출간(1880년 6월 14일)되고, 강수의 『최선생문집도원기서』는 수고手稿로 "견봉날인堅封捺印"되어 후 세에 공개된다(후서後序 3인: 차도주 강시원姜時元, 정선접주 유시헌劉時憲, 신시일辛時一).

1880년 1월 ─ 해월, 인제 인등제 봉행 참석(김연호의 집). 강시원 · 전시황 · 김연국과 동행.
경진庚辰

- 1월 24일 김정호金錠浩의 집에서 인등제 봉행(김정호는 『동경대전』 인제경진초판 간행에 접 유사로 실무담당).

- 1880년(봄) ─ 김홍집金弘集, 수신사로 일본에 감(58명). (가을) 귀국시 황준헌黃遵憲(주일청 국공사 참찬관參贊官)의 『조선책략朝鮮策略』을 가지고 와서 조정에 널리 읽혔다. 서양의 문물을 닦고 러시아 견인방법 설파 → (김홍집과 영상 최응崔應을 탄핵하는) 영남유생 대 궐 앞에서 복합상소 → 국청鞫廳 설치 → 홍재학洪在鶴 참수, 소두疏頭 전원 귀양.

- 4월 5일 ─ 창도기념제례, 정례화.

- 5월 9일 ─ **해월, 각판소**刻板所 **설치.** 강원도 인제군麟蹄郡 남면南面 갑둔리甲遁里 김현수 金顯洙(字, 致運)의 집(『도원기서』, 『천도교서』). 각판시 유사를 정했다(놀라울 정도로 효율적 인 시스템 구성): 도청都廳(최시형), 감역監役(강시원·전시황), 교정校正(심시정沈時貞·전시봉全

時奉·유시헌劉時憲), 직일直日(장도형張道亨·김문수金文洙·장병규張炳奎·이진경李晋慶), 접유사(김정호金銋浩·신시영·황맹기黃孟基·조시철趙時哲), 수유사(한봉진韓鳳辰·홍시래·신시일·김진해金鎭海·이정봉李廷鳳), 치판治板(김관호金錧浩), 침재鋟梓(심원우沈遠友·최석하崔錫夏·전윤권全允權), 운량運糧(장흥길張興吉·김인상金寅相·김효흥金孝興·이천길李千吉), 서유사書有司(전세인全世仁), 공궤供饋(이귀록李貴綠·강기영姜基永) / 5월 11일 개간開刊(목활자) 시작 / 6월 14일 100여 부 인출印出 종료 →『동경대전東經大全』초판初版 경진판庚辰版.

1880년 6월 15일—『**동경대전東經大全**』인제경진초판麟蹄庚辰初版 **출간고천식**告天式(스승님께 고
경진庚辰 하는 봉고奉告제례). 기념 제사: "아아 스승님의 문집을 간행하려 한 지도 오랜 세월이 지났다. 이제
나는 경진년을 맞아 강시원·전시황 및 여러 사람들과 더불어 간행하려고 발론發論하였다. 각 접중接
中이 다행히도 나의 의론과 같아 각소刻所를 인제 갑둔리甲遁里에 정하고 뜻한 대로 일을 마치니 비로
소 스승님의 도와 덕을 기록한 편저를 펴낼 수 있게 되었다. 이 어찌 기쁘고 기쁜 일이 아니겠는가?
각 접중에서 비용을 성출한 이들에게 특별히 별록을 만들어 그 공을 차례대로 기록한다. 경진년 중하
仲夏 도주 최시형이 삼가 기록한다." 상주 윤하성尹夏成(40金 冊本當), 정선접중(35緡), 인제접중(130金),
청송접중(6緡) / 1978년 4월 4일『최선생문집도원기서』(수고手稿. 1880년 인쇄출판작업 포기)
가 세상에 공개되었다(김덕경金德卿 소장: 해월의 제자 구암 김연국金演局의 아들. 해월이 유
시헌에게 견봉날인堅封捺印하여 소장시키고, 1918년 이후 김연국이 보관하게 되었다) / 2000년
10월 5일『초기동학의 역사 道源記書』(윤석산 주해) 출간.

1880년 11월 12일—프랑스 외방전교회 뮈텔(Mgr. Gustav Mutel. 1854∼1933) 선교사, 조선에 잠
高宗 17년 입. 상복차림으로 한밤중에만 돌아다니며 선교활동 전개 / 1890년 조선교구 제6대
교구장 취임. 갑오농민전쟁시기에 나돌던 45건의 1차 동학자료들을 전국의 천주교
인들이 수집했다(『Mutel 동학문서 1893∼1894』, 한국교회사연구소 소장) / "**아동방**我東方
어린사람 예의오륜禮義五倫 **다버리고 남녀노소 아동주졸**兒童走卒 **성군취당**成群聚黨 **극
성**極盛**중에 허송세월 한단말을 보는듯이 들어오니 무단히 하늘님께 주소**晝宵**간 비는말
이 삼십삼천三十三天 **옥경대**玉京臺**에 나죽거든 가게하소.**"(「권학가」).

1881년(봄)—오영五營이 양영兩營으로 개편(무위영武衛營·장어영壯禦營. 일본군사고문 지도). 일본,
신사辛巳 조선군에 대한 직접적인 영향력 증가. (가을) 이재선李載先의 옥사獄事(대원군 복위운동).

1881년 4월—신사유람단紳士遊覽團(朝士視察團) 일본 파견(∼7월). 박정양·어윤중·홍영식·조
高宗 18년

병직·이헌영·이원회 등 12명의 조사朝士와 수행원·통역·하인 포함 60여 명으로 구성된 시찰단이 동경과 오오사카 등지의 근대문물제도·산업시설 견학 → 정한론에 골몰한 명치유신 일본정부는 **조선의 신진관료들에게 친일개화사상을 전파하는 데 성공했다.** 어윤중의 수행원으로 일본을 갔던 유길준, 윤치호, 유정수는 이노우에 카오루井上馨 (요시다 쇼오인의 제자. 병자수호조약 서명자)의 알선으로 케이오오의숙慶應義塾(설립자: 후쿠자와 유키치福澤諭吉)에 입학. 우리나라 최초의 동경유학생 → **원조 친일파그룹 탄생.**

1881년 6월 – 해월, 『**용담유사**龍潭諭詞』(수운선생의 한글가사집) **출판.** 충청도 단양군 남면 샘골
신사辛巳 泉洞 경전간행소(여규덕呂圭德의 집)에서 한글가사체 수백부 출판(현재 원본 유실). 여규
덕이 몽양 여운형의 집안 어른(작은 할아버지)이라고 한다(몽양의 숙부 여승현도 1894년
항일동학농민 재기포 시기 경기·강원도에서 맹활약) / **"내 마음이 곧 너의 마음이다. 보통
사람이 어찌 이를 알리오? 보통사람들은 천지는 알아도 귀신을 알지 못하니 귀신이라는
것도 나니라. 내가 너에게 무궁무궁한 도를 전하여 주노니, 너는 그것을 닦아 연마하라.
그리고 글을 지어서 사람들을 가르치고, 그 법을 바르게 하여 포덕을 하라. 그리하면 너를
장생케 할 것이요, 너의 도가 천하에 빛나게 하리로다.** 吾心卽汝心也. 人何知之? 知天地而
無知鬼神. 鬼神者, 吾也. 及汝無窮無窮之道, 修而煉之, 制其文敎人. 正其法布德, 則令汝長生,
昭然于天下矣."(「논학문[동학론]」) → 동학도인들이 경전출간에 매진하는 이유는 경전출
간과 포덕은 서로 상승작용하기 때문이다.

▪10월 – 해월, 구성제 봉행(정선 무은담 유시헌 집). 8년동안 금지했던 어육주초魚肉酒草
해제(『천도교서』) / 1873년 12월 어육주초 금지령.

1882년(봄) – 로스 목사·백홍준白鴻俊·김진기金鎭基 등, 요녕성 봉천奉天에서 한글성경 「누가
임오壬午 복음」과 「요한복음」 간행 / 1883년 「마태복음」과 「마가복음」·「사도행전」 간행.
／ 1887년 한글 신약성경 완간.

1882년 3월~6월 – **기근 극심.**
高宗 19년
▪4월 6일 – 조·미수호통상조약 조인 / 4월 21일 조·영수호조규 조인 / 5월 15일 조·독
수호조약 조인 / 1884년 5월 조·이태리수호통상조약 조인. 조·러수호통상조약 조인.

1882년 6월 9일(양 7월 23일) – **임오군란**壬午軍亂. 경영京營의 군사(구 훈련도감訓鍊都監: 금위영禁衛
임오壬午 營, 어영청御營廳, 수어청守禦廳, 총융청摠戎廳, 용호영龍虎營), 경기감영·포도청·의금부·

민씨척족·개화파 관료의 집·일본공사관·별기군(호리모토掘本禮造 별기군 일본교관 살해) 습격. 별기군 특우대와 달리 **13개월치 밀린 급료로 받은 1개월치 쌀(그것도 절반)에 모래와 겨가 섞였다!** 격앙. 정미精米를 빼돌린 선혜청 당상(군료관리兵財) 민겸호의 집 파괴. 민겸호(민영환의 生父), 대궐로 급히 피신. 병사들, 운현궁雲峴宮으로 몰려가서 살 길을 청하다.

1882년
임오壬午
6월 10일 ─ 분노한 병사들, 창덕궁昌德宮을 범하다(영돈녕부사 이최응·병조판서 민겸호·민창식閔昌植·김보현金輔鉉 경기관찰사[전 선혜청 당상] 등이 죽임을 당하고. 민영익은 머리깎고 중 행세로 하여 줄행랑) / 민중전閔中殿은 돈화문 군졸인 김성택金聖澤(추후 해은海隱 김중현金中鉉으로 개명)의 죽음을 무릅쓴 기지로(危命殫誠) 극적으로 참화를 모면하다.

▪ **6월 10일** ─ 고종의 조칙: "대원군은 난병을 평정하고 국사를 처리하라." → 대원군 재집권(~7월 13일).

▪ **6월 15일** ─ 하나부사花房義質 일본공사, 공사관에 불을 지르고 인천항에서 황망히 도일度日(성난 백성들, 왜인 13명을 죽임).

▪ **6월** ─ 민중전閔中殿 국상國喪 / 8월 생환복위生還復位.

▪ **6월 19일** ─ **외유 중인 신사유람단의 어윤중과 영선사領選使 김윤식**, 이홍장李鴻章 **북양총독北洋總督**에게 대원군과 5영 소속 군인들이 왕후를 시해했다며 **방벌탄원 요청** / 6월 27일 마건충馬建忠·정여창丁汝昌 등, 군함 3척으로 인천 월미도 도착 / 6월 29일 하나부사 일본공사 호위군(군함 4척, 수송선 3척, 보병 1개 대대와 육전대 150명) 인천 도착(호위군 파병 비용 포함한 배상금을 받아낸다. 제물포조약 제4조) / 7월 7일 오장경吳長慶 청제독이 4,000명의 병력을 이끌고 김윤식 영선사를 대동하여 남양만 도착 / 7월 13일 오장경·마건충·정여창, 흥선대원군 납치. 중국 천진天津 보정부保定府에 유폐(~1885년 8월).

1882년
高宗 19년
7월 16일 ─ **임오군란 관련자 색출.** 오장경 제독이 이끄는 조선 진안군鎭安軍은 실직한 5영營의 병사가 사는 왕십리·이태원 일대를 포위하여 군란을 일으킨 5영(2영)의 병사들 170여 명을 체포했다(19명 처형). 임오군란이 평정된 후 청나라는 종로에 군문軍門을 설치하여 막강한 종주권을 행사하며 조선의 군국통상사무軍國通商事務를 담당한다(지휘: 원세개袁世凱. 1859년생. 그는 1894년까지 서울에 머물면서 막강한 세력을 과시하며 유유자적 지내다가, 청일전쟁 발발직후 천진으로 소환되었다. 1912년 3월 10일 중화민국 대총통에 취임한다). 용산에 청병 3,000명 주둔. 일본은 10만 냥의 배상을 받아내고 남산 밑에 공사관 설치. 영국·독일·미국 등 여러나라 공사公使들도 정동貞洞에 판을 깔았다.

1882년 7월 17일(양 8월 30일) — 제물포조약·조일수호조규속약 체결. 〈제5조〉: "일본 공사관은 병사
高宗 19년 약간을 두고 경위警衛한다. 병영兵營을 설치, 수선하는 것은 조선국에 맡긴다. 만약 조선국의 군민이
법률을 지킨다면 그 일년 후 일본공사가 경비를 요하지 않는다고 인정할 때에는 철병撤兵해도 무
방하다."(일본군, 최초 해외주둔) → 1894년 6월 일본군 파병의 근거 조항(일본의 공사관
및 거류민 보호). 일본공사관원이 자유롭게 내지여행 가능(일본 스파이들 전국 곳곳 탐색).

■ 8월 1일(양 9월 12일) — 조선정부, 임오군란 사죄사절단 파견(제물포조약 제6조. 3개월간 일
본체류하는 동안 친일화). 정사正使: 박영효. 부사副使: 김만식. 종사從事: 홍영식·서광
범(비공식참가자: 김옥균·민영익) → 갑신정변의 주역들.

1882년 10월 5일 — **손병희**孫秉熙(3세 교조) **동학 입도**入道(집례: 서택순). "**빈부귀천의 차별이 없고,**
임오壬午 **누구나 평등으로 대접한다**"는 말을 듣고, 7년 연상의 조카 송암松菴 손천민孫天民의 손에
이끌려 도인이 되었다. 이 시기에 각처에서 해월 최시형을 찾아오는 도인들이 헤아
릴 수 없이 많았다(『해월선생문집』) / 1881년~1884년 공주·연기·청주·목천·충주 등
충청도 각 지역에서 동학에 입도함. 춘암春菴 박인호朴寅浩(4세 교조)·황하일黃河一·
윤상오尹相五·서인주徐仁周(서장옥) 등 입도.

1883년 1월 — 인천항, 강제개항. 조일수호조규朝日修好條規에 의거.
계미癸未
■ 2월(仲春) — **목천접, 『동경대전**東經大全』 **100부 간행**(癸未仲春 北接重刊. 현존. 목천계미중
춘판). 발문跋文: "아! 선생께서 포덕하실 당세로부터 성덕에 잘못됨이 있을까 항상 염려하
시었다. 계해년(1863년)에 이르러 친히 시형에게 경전 원고를 넘겨주시었다. 반드시 인쇄·
출판해야 한다는 것은 선생님의 변함없는 가르침이었다. 계해년에 바로 출판할 뜻이 있었
으나 이루지 못한 채 이듬해로 넘어왔다. 갑자년(1864년)에 불행을 당하자 도의 운세가 침
체되고 쇠퇴하여 세월은 오래되어 십팔년이나 되려고 한다. 경진년에 이르러 지난날의 선
생님의 간절한 당부를 지극히 생각하여 삼가 동지들과 더불어 의견을 모아 다짐하고 가르
침을 조판하여 출판하는 공을 이루었다(인제경진초판). 글에 빠진 것이 많음을 탄식하던 중
에, 목천의 접중에서 찬연히 복간을 하여 비로소 무극대도의 경편을 드러내게 되었다. 이
어찌 스승님의 가르침을 흠모함이 아니겠는가. 감히 편의 말미에 망녕되이 졸문을 남긴다.
계미년 중춘 도주 월성 최시형 삼가 쓰다. 於戲! 先生布德當世, 恐其聖德之有誤. 及于癸
亥, 親與時亨. 常有鋟梓之敎. 有志未就, 越明年. 甲子不幸之後, 歲沉道微, 迫將十八年之

久矣. 至於庚辰, 極念前日之敎命, 謹與同志, 發論詢約, 以成剞劂之功矣. 文多漏闕之歎. 故自木川接中, 燦然復刊, 以著無極之經編. 玆豈非慕先生之敎耶. 敢以拙文妄錄于篇末. 歲在癸未仲春道主月城崔時亨謹誌." / **간행비 출연:** 김용희金鏞熙(목천 복구정伏龜亭 대접주). **동경대전 경전 간행소:** 김은경金殷卿의 집(충청도 목천木川군 구내리區內里). 삼로三老라 불리는 김용희金鏞熙·김성지金成之·김화성金化成이 주도하여 편찬사업을 진행. 각 접에 배분하면서 포덕에 열성을 다했다 → 조선정부가 일본제국주의에 휘둘리는 것을 염려하는 우국충정한 충청도인, 대거 동학입도.

1883년
계미癸未

3월 10일 – 수운순도제일水雲殉道祭日. 손병희·손천민·박인호·황하일·서인주徐仁周(字, 章玉)·안교선安敎善(경주계미중하판 간행 유사有司로 실무담당)·여규덕呂圭德(몽양의 종조부)·김은경·유경순·이성모·이일원·여규신呂圭信(몽양의 조부)·김영식·김상호·안익명·윤상오尹相五(경주계미중하판 간행 유사有司로 실무담당) 등 젊은 준재들이 해월을 배알했다. **해월의 당부:** "우리 도의 운이 방금 흥륭興隆하는지라 제군은 성경신誠敬信으로 포덕에 최선을 다하라."(『천도교회사초고』) / 서인주의 제자그룹: 전봉준·김개남·손화중 등.

1883년
계미癸未

5월(仲夏) – 공주접의 발의로 강원도·영남지역이 합심하여 경주판 『동경대전』 간행. (癸未仲夏 慶州開刊. 경주계미중하판. 목활자). 발문跋文: "…… 수년 전에 동협(강원도, 인제경진초판)과 목천(목천계미중춘판)에서 비록 정성을 모아 간행했으나 실로 경주판이라 이름한 것이 없다. 이 어찌 도중의 흠이 되지 않으랴. 경주는 본시 우리 선생님께서 도를 받으신 곳이요, 포덕하신 곳이므로 불가불 경주판이라는 이름으로 간행돼야 할 것이다. 그래서 호서의 공주접중에서 발론하여 영남과 동협이 힘을 모아 일을 시작하여 무극대도의 경편을 펴서 드러내게 되었다. 삼가 세상의 지목을 돌보지 않은 채 두 세 동지와 더불어 만사를 제쳐두고 같이 힘쓰기로 서약하고 출판하여 큰 공을 이루어 냈다. 이 어찌 선생님의 가르침을 흠모함이 아니겠으며 제자의 소원을 다함이 아니겠는가. 특히 세분을 편좌에 별록한다. 特以三人別錄于篇左. 계미년 중하 도주 월성 최시형 삼가 적는다. 歲在癸未仲夏 道主月城崔時亨謹誌. (별록)道主: 崔時亨 成虞鏞(목천접) 尹相鎬(공주접) 李萬基(인제접). 接主: 黃在民(영양접주) 金善玉(공주접주) 金時鳳(정선접주). 有司: 安敎善(1879년 입도. 1893년에 아산포대접주로 임명. 1894년 9월 항일기포시 맹활약. 효수당함. 전주에서 효수된 김개남 장군 머리와 함께 서울 서소문 밖 시장에서 1주일간 조리 돌려졌다. 이사벨라 버드 비숍 목격), 尹相五(윤상호와 형제. 향후 해월의 공주 은거처 제공) / 1969년 천도교중앙총부 입수 공개. 문용익文龍翼 소장(강원도 속초 거주).

1883년 8월(仲秋) — 목천접, 『용담유사』 편찬(癸未仲秋 北接新刊. 목판본. 천도교중앙총부 소장.
계미癸未 1982년 1월 25일 조혜경 기증. 본서에 실림). 북접신간은 『용담유사』의 첫 경주판간행 지칭.

1884년 6월 — 해월, 익산 미륵산 사자암獅子庵 은거(~9월. 박치경의 주선). 49일 기도봉행(손병
갑신甲申 희 동행) → 호남지방으로 교세확장. 동학경전 간행과 더불어 전국적으로 쟁쟁한
인물 입도 / **김개남金開南(1853년생), 해월을 배알하고 동학입도.** 초기에는 김기범金箕範으로
기록되었고 1894년 6월 남원으로 내려가면서 김개남開南으로 바꾸었다. 김개남의 지
도하에 임실, 태인, 남원, 장수 등지의 김삼묵, 김연구, 유희도, 김한술, 유공만, 김
상흠, 김인배金仁培 등 쟁쟁한 인사들이 동학에 입도했다 / **손화중孫華仲(化中, 1861년생),
동학입도.** 정읍, 부안, 고창, 무장, 장성지역에 수많은 민중들을 동학에 입도시켰다.

- 10월 4일 — 해월 최시형, 관의 지목을 피해 손병희·박인호朴寅浩·송보여宋甫汝 등과
함께 **공주 마곡사 가섭암迦葉庵에서 49일 기도**(~24일) / 24일 육임제六任制 **구상.** 젊은 지도자
양성과 동학의 조직체제 정비(육임제도六任制度: 교장教長·교수教授·도집都執·집강執綱·
대정大正·중정中正) → 해월의 충청도 교화 시단 / 1885년 해월, 육임을 정하여 강서降
書(『천도교서』) / 1895년 2월 11일 〈전봉준 제2차 공초〉: **"校長敎授는 愚民을 敎導하니
요, 都執은 有風力明紀綱知經界요, 執綱은 明是非執紀綱이요, 大正은 指公平謹厚員
이요, 中正은 能直言剛直이라하나다."**

- 10월 5일 — 해월 최시형, 손병희와 대화: "내 도道에 드는 사람이 많으나 도를 알고 도
를 통할만한 사람이 적은 것을 한탄하였는데, 그대는 열심히 공부하여 대도의 일꾼이
되기를 스스로 결심하라." / 손병희는 해월을 지근거리에서 늘 보필했다: "(해월) 선
생의 방 안팎에는 많은 제자들이 옹위하고 있는데 그 중 측근에서 모시는 자는(젊은 청년
지식인)손병희·(순박한 농군)김연국·(유명한)박인호 등 …"(『백범일지』).

1884년 10월 17일(양 12월 4일) — **갑신정변甲申政變**(~19일. 3일천하. 친일화된 급진개화파가 청나라
高宗 21년 속박으로부터 벗어나 일본식 개화를 목표로 일으킨 정변). **민태호閔台鎬(1834년생. 흥선대
원군의 처남, 민영익의 생부, 왕세자빈의 부친) 등 민씨척족·대신들 처단** / 10월 18일 개화
파, 개혁정치 정강(고종 재결)과 새 내각조직 발표(좌의정: 홍영식洪英植) / 10월 24일 김
옥균·박영효·서광범 등 갑신정변 주모자들 일본망명(개화세력은 일본을 끌어들여 쿠데타
를 일으켰고, 수구세력은 청나라를 끌어들여 개화파를 일망타진했다). 창덕궁에서 청·일군 교전

/ 11월 24일(양 1885년 1월 9일) 조·일 한성조약 체결(조선대표: 김홍집 좌의정 겸 외무독판). 일본대표: 특파전권대신 훈일등 백작 이노우에 카오루井上馨 / 1885년 3월 4일(양 4월 18일) 청·일 천진조약 체결(청나라 전권대사: 이홍장李鴻章, 일본 전권대사: 이토오 히로부미伊藤博文): "청일 양국은 조선에 군사고문을 파견하지 않고, 일단 4개월 안에 양국 군대를 철수시킨다. 재파병 시에는 서로 통보한다." → 청일전쟁(1894년) 발발 원인제공.

1884년
갑신甲申
10월 28일─각 포包 두령 82명(대접주), 대선생님 탄신기념제례에 참석 → "포"라는 호칭 최초 등장(연원淵源＝접을 포괄. 연원은 전도인과 수도인의 인맥관계 조직화). 동학의 단위조직은 접接(50호戶).

1885년
을유乙酉
5월 6일─해월, 충청북도 보은군 장내리帳內里로 이거移居. 단양군수의 동학탄압으로 여러 곳에 은신(청주의 서인주 와 황하일黃河一이 보필. 식량조달) / 9월 경북 상주 화령 전성촌前城村에 정착.

1885년
高宗 22년
6월─**심상훈沈相薰 충청감사·최희진崔喜鎭 단양군수, 동학도 색출하라는 명령하달.** 도차주 강시원·이경교李敬敎·김성집金成集 등 도인 다수 체포(8월에 석방).

1885년
을유乙酉
7월─**"천주직포설天主織布說" 설법(『천도교서』).** 해월은 서택순徐垞淳의 집(청주 북이면 금암리琴岩里)에 들러, 베짜는 소리를 듣고 "君의 子婦가 織布하는가? 天主가 직포하는가?" 서택순에게 질문한 다음, "하늘님이 베를 짠다"며 시아버지도 그 며느리를 하늘님같이 섬겨야 한다고 가르침을 폈다("天地萬物이 侍天主 아님이 없다."). **"물타아勿打兒"** **설법:** "천주의 의意를 상傷하는 것이다.""道家에서 人이 來하거던 客이 來하엿다 즐치 말고 天主가 降臨하섯다 稱하라. 人은 卽天이니 …" / 2021년 3월 22일 야마구치 지로 호세이대학 법학과 교수, 후쿠시마 제1원전사고·코로나-19 대책 등 실패를 거듭하는 일본의 정책 결정 시스템의 결함 시정책 제시(『한겨레』): ① 여성의 권리를 존중하는 것. ② 교육에서 아이들의 자유를 확보하는 것. ③ 행정의 투명화와 다원적인 논의를 가능하게 하는 것.

1886년
병술丙戌
─새해부터 각지의 젊은이들이 해월을 찾아왔다. 서인주, 황하일, 권병덕權秉悳(淸菴. 3·1독립선언 33인 민족대표), 권병일, 박준관, 박도일, 손천민, 이관영, 박덕현, 서치길, 박치경, 송여길, 박시효, 권도관, 권윤좌 등.

1886년
병술丙戌
4월─**해월, 각 포에 질병예방을 위한 위생준칙 전달(경북 상주): "금년은 악질惡疾이 크**

게 유행하리니 도인들은 일층 기도에 힘쓰는 동시에 특히 청결을 주로 하라."(①묵은 밥을 새 밥에 섞지말고, 묵은 음식은 새로 끓여서 먹도록 하라. ②침을 아무 곳에나 뱉지말며 만일 길이면 땅에 묻고 가라. ③대변을 본 뒤에는 노변이거든 땅에 묻고 가라. ④가신 물은 아무 곳에나 버리지 말라. ⑤집안을 하루 두 번씩 청결히 닦도록 하라.『천도교창건사』) / 6월 전국적으로 유행병 창궐. 도인들 피해는 거의 없다. 입도자가 급격히 늘었다: "동학을 하면 전염병도 침범하지 못한다." "부엌이 깨끗해야 하늘님이 지나다가 복을 주고 간다." / 9월 서인주(서장옥)·황하일, 해월 봉공捧供 / 2021년 1월 28일『경향신문』사설: **"고비마다 방역 뒷다리 잡는 개신교 집단감염 개탄스럽다."**(방역당국 통계에 따르면 지난 1년 동안 발생한 코로나19 집단감염 환자중 대구신천지－사랑제일교회－상주BTJ열방센터－IEM국제학교－광주TCS에이스국제학교－대전IM선교회 등 종교시설 확진자는 33%에 이르렀다. 유독 개신교 관련 시설에서 확진자가 많이 나왔다).

1886년
高宗 23년
5월 3일(양 6월 4일)－조·불 수호통상조약. 사실상 선교사들은 치외법권의 특권과 포교의 자유를 누렸다(조약 명문화: "선교사들은 조선인들을 교회敎誨 할 수 있다.") → 천주교·감리교·장로교 포교 사실상 허용 / 1887년 **한불조약체결**(외무독판: 김윤식金允植, 프랑스측 대표: 코고르당F. G. Cogordan. 콜랭 드 플랑시Collin de Plancy葛林德) / 1896년 콜랭 드 플랑시, 주한프랑스공사로 부임(~1906년 까지 근무). 이 시기에『직지直指』입수. 콜랭 드 플랑시는『직지』(하) 겉표지에 자필로, **"1377년 흥덕사에서 금속활자로 간행된 가장 오래된 금속활자본"**이라고 검은색 잉크로 기록해두었다 / 1377년 7월(선광宣光 7년, 선광은 북원北元의 연호) 청주목淸州牧 흥덕사興德寺, 금속활자본『백운화상초록불조직지심체요절白雲和尙抄錄佛祖直指心體要節』간행(선광칠년정사7월 일 청주목외흥덕사주자인시宣光 七年 丁巳7月 日 淸州牧外興德寺鑄字印施). 편찬자(緣化門人)는 백운화상의 수제자 석찬釋璨·달잠達嚹. 책출간 제작비제공자(施主)는 비구니比丘尼 묘덕妙德. / 1900년 파리 만국박람회 개최. 콜랭 드 플랑시, 파리 한국관을 주도적으로 개관·운영.『직지』전시 / 1972년 5월 17일 유네스코UNESCO 주관, 제1회 "세계 책의 해" 개최(~10월 31일). 파리의 프랑스국립도서관에서 "책의 역사BOOKS" 종합전에『직지심경直指心經』(1377년)을 전시·공인했다. 마리 로즈세규이 파리국립도서관의 동양전적 전문가: "한국이 구텐베르크보다 75년가량이나 앞서 금속활자 인쇄술을 창안 실용화한 것은 세계문화사에서 중요한 새 사실이다. … 우리는 이번 국제전을 계기로 모든 세계의 문헌·교과서·백과사전을 정정토록 통보, 조처할 의무가 있다." / 1972년 5월 28일 "最古의 印刷本「直指心經」 파리서 發見돼 — 구텐베르크 보다 75年 앞서" 高麗金屬활자 『世界최초』 公認(신용석愼鏞碩 파리특파원, 『조선일보』 1면 특종 보도. 박병선朴炳善 프랑스국립도서관 동양문헌실 특별연구원의 발견) / 2001년 9월 4일 『직지』, 유네스코 세계기록유산 등재. 금속활자조판(총 5,538종 14,021자) / 2020년 11월 27일 충북 청주시, 현존 세계 최고 금속활자본 『직지』를 11개 언어로 소개하는 웹사이트 개설.

1886년 병술丙戌

10월 11일 — **김덕명**金德明, **상주 전성촌의 해월을 배방하고 동학에 입도.** 김덕명(1845년생)은 18세까지 독선생을 모시고 11년간 한문수학했다(친동생 김인상金寅相도 11월 입도). 금구 — 태인 — 김제 — 익산 — 고부 등지에 포덕에 힘씀. 김개남·손화중·전봉준·최경선은 금구 대접주 김덕명을 존경했다 / 1895년 3월 30일(새벽 2시) 김덕명·전봉준·손화중·최경선·성두환(한), 교수형 집행.

1887년 정해丁亥

1월 1일 — **해월, 춘추 2번 49일기도식 정례화.**

■ 1월 15일 — 해월의 장남 최덕기 혼인(신부는 서인주徐仁周의 처제).

■ 3월 — **해월 최시형, 충청북도 보은군 장내리**帳內里**에 거주**(~1889년 7월). 강원도·경기도·충청도·경상도 남부까지 동학교세 확장 → 장내리를 본거지로 삼아 동학본부인 육임소六任所 설치(6월 중순). 육임첩지 발행(北接法軒, 海月章). "도인들이 갈수록 밀려들어 응해 줄 수가 없었다. 해월은 육임소를 설치하여 매월 1회씩 각 포 두령들을 도소에 오게 하여 강론을 듣고 돌아가 지도하도록 하였다. … 도인들이 장석丈席을 배알하려면 육임소의 인가를 받도록 만들었다."(『시천교종역사』).

■ (가을) — **해월, 익산지역 포덕.** 남계천南啓天·김정운金正運·김집중金執仲의 집에 갔다. 남계천은 호서동학농민군 중책을 맞고 맹활약한다(1891년 5월).

1888년 무자戊子

1월 — **해월 최시형, 전라도 전주 — 삼례**參禮 **일대 순회.** 호남지역 동학포덕활동 전개.

■ 3월 — 최시형(62세), 밀양 손씨(26세, 손병희 누이동생)와 혼인. 새 부인이 병중인 첫째 부인도 간호함 / 1889년 10월 11일 최시형의 첫 번째 부인 밀양 손씨 환원 / 1890년 손씨부인, 동희東曦 출산(손병희의 배려로 와세다대학에 유학했고 최수운의 양손이 되었으며, 고려혁명당을 결성하여 독립운동을 하다가 상해에서 병사. 1927년) / 1897년 손씨부인, 동호東昊

출산(3·1운동에 앞장섰다가 수감되어 고문받은 후유증으로 가회동에서 26세로 요절. 1922년).

1888년 무자戊子 3월(늦은 봄) − **인제접 김병내의 주도하에 『동경대전』 인제무자계춘판 · 『용담유사』 목활자본 출판**(戊子季春 北接重刊. 『천도교서』에는 기록이 없다. 기존의 해월 〈동경대전 발문〉 일부를 차용했지만, 해월이름으로 발문이 쓰여지지 않았다). 발문: "… 그러나 글이 간혹 누락된 부분이 있었으며 남은 책도 얼마 되지 않았다. 정해년 겨울부터 무자년에 이르기까지 병내는 늘 마음으로 개탄하여 왔다. 그 고루함을 잊고 삼가 8~9명의 친구들과 힘을 같이 하기로 서약하고 출판의 공을 크게 이루었다. 진서(동경대전)와 언문(용담유사)의 두 질을 아울러 중간하여 무극대도의 경편을 세상에 드러내게 되었다. 이 또한 우리 도의 다행이요 접중의 대사이다. 어찌 선생님의 가르침을 흠모함이 아니겠으며 제자의 소원을 다함이 아니겠는가. 무자년 봄 북접중간. 新爲開刊, 而書或有漏闕卷, 不過幾許然而彌留. 自丁亥季冬至於戊子, 秉鼐心尙慨歎. 忘其孤陋, 謹與八九諸益誓同極力, 大成剞劂之功. 幷以二秩眞諺, 卽爲重刊. 以著無極之經編, 是亦吾道之一幸, 接中之大事也. 玆豈非慕先生之敎. 而遂弟子之願哉. 戊子季春 北接重刊." / 강원도 인제군 남면 갑둔리에서 1887년 12월부터 간행작업을 시작해서 1888년 3월에 이르러, 김병내金秉鼐가 그의 친구들과 더불어 한마음으로 경전을 간행했다(해월과 별도로 제작). 김병내는 수운의 둘째아들 세청이의 처당숙이다. 김연국과도 한집안이다 / 1978년 박명순朴明順 소장본(무자판) 공개(충남 아산군 송곡리 거주) / 1891년(辛卯) 2월 『동경대전』 간행 / 1892년(壬辰) 『동경대전』 · 『용담유사』 간행.

1888년 光緖 14년 9월 − **해월, 유무상자**有無相資하도록 **〈통문〉 발송**: "우리 도인들은 다같은 연원에 몸담고 있는 마치 형제처럼 친한 사이이다. 형이 굶주리는데 동생만 배부르면 되겠는가. 아우는 따뜻한데 형은 추위에 떨고 있어도 되겠는가.凡吾道之人, 同愛淵源誼若兄弟. 兄飢而弟飽可乎? 弟煖而兄凍可乎?"(『해월문집』 무자〈통문〉) → 9월 기근에 시달리던 백성들은 서로서로 돕고 사는 동학도인들의 삶의 자세에 마음이 움직였다. 동학은 더욱 더 크게 일어났다.

■ 11월 − 해월, 지목을 피해 강원도 고성군 간성杆城에서 경상도 금산군金山郡 복호동伏虎洞 김창준집으로 이거移居. **『내수도문』**內修道文 **친히 찬**撰(10조, 『천도교서』 / 『천도교회사초고』에서는 1890년 11월로 기록): ① 부모에게 孝하며 家長을 恭敬하며 형제자매에게 友愛하며 子와 婦를 愛恤하며 隣里에 친목하며 노예를 자식가티 알며 牛馬六畜을

학대치말라. ②朝夕飯米를 出할 時에 반듯이 천주께 心告하고 청결한 水를 汲하야 飯食을 정결히 하라. ③宿飯을 新飯에 혼합치 말라. 무엇이던지 宿物을 新物에 혼합치 말라. ④濁水를 아모대나 버리지 말라. 반듯이 일정한 곳에 버리라. 가래痰와 콧물鼻汁을 아모대나 뱉지吐 말라. 만일 庭中이나 道中이거던 반듯이 흙으로 묻어라. ⑤ 취침할 때 心告하며 출입할 때에 심고하며 一動一靜에 다가티 심고하라. ⑥일체 人을 天主로 認하라. 客이 來하거던 천주가 來하셧다하라. 幼兒를 打치말라. 이는 천주를 때리는 것이다. ⑦怒치말라. 怒氣가 發하거던 呪文을 生覺하라. ⑧타인의 是非를 말하지말라. 이는 천주를 시비함이니라. ⑨무엇이던지 貪치말라. 다만 勤하라. ⑩孕胎잇거던 신체를 더욱 조심하라. 무엇이나 함부로 食치말라. 만일 불결한 것을 食하면 유아에게 病毒이 及하나니라. / 1908년 의암 손병희, 〈여성전도회〉 조직.『부인』·『신여성』등 천도교에서 1920년대 여성잡지를 창간하여 여성운동 전개. 소춘小春 김기전金起田은 『개벽開闢』을 통해 어린이운동 이론화에 앞장섰고(1922년), 소파小波 방정환方定煥은 1923년 9월부터 전국동화대회를 개최했다.

1889년 기축己丑 **1월(초) – 정선민란. 인제민란.** 관리들의 학정·탐학에 시달린 민중들 도처에서 봉기(관군 즉시 진압. 다수 주동자들 효수형, 가담자들 유배형) → 민란과 관련이 없는데도 도처의 관아는 사람들이 몰리는 동학을 다시 지목하기 시작했다.

1889년 高宗 26년 **2월 11일(양) – 일본 〈메이지헌법〉(대일본제국헌법) 발포**(1890년 11월 시행. 이토오 히로부미 주도). 제1조: "대일본제국은 만세일계의 천황이 통치한다." 제4조: "천황은 국가의 원수로서 통치권을 총람總攬하고, 헌법의 조규에 의해 이를 행사한다." / 1946년 11월 3일 **일본 〈평화헌법〉 공포.** 제1조: "천황은 일본국의 상징이며 일본 국민 통합의 상징으로서 그 지위는 주권을 가진 일본국민의 총의로부터 나온다." 제4조: "① 천황은 이 헌법이 정하는 국사國事에 관한 행위만을 하며 국정에 관한 권한은 가지지 아니한다. ② 천황은 법률이 정하는 바에 따라 국사에 관한 행위를 위임할 수 있다."

▪ **7월 – 해월, 관의 지목이 가중되자 육임소 일시 폐지.** 충청북도 괴산 신양동新陽洞 은신(20일).

1889년 기축己丑 **10월 – 동학금령東學禁令 발동.** 서인주徐仁周·신정엽·강한형·정현섭 등 다수의 도인들 체포(윤상오·장희용張希用의 요청으로 서인주 보석금 5백금을 인제접 김연호가 마련했다).

해월 최시형, 강원도 간성杆城 왕곡리旺谷里 김하도金河圖의 집으로 피신. 인제 갑둔리로 옮심(1890년 1월. 김연호·이명수李明秀의 집). 충주 외서촌 보평洑坪에 피신(1890년 3월. 손병희 형제의 주선). 양구읍 죽곡리竹谷里(길윤성吉允成의 집, 4월). 갑둔리 김연호의 집(5월). 갑둔리 이명수의 집(1890년 7월. "새소리도 시천주소리" 설법). 공주 정안면 활원 마을(弓院)로 이거(1890년 8월. 윤상오 주선. 윤상오는 『동경대전』 목천·경주계미판 출간에 일등공신). 진천군 금성동金城洞으로 이거(9월. 서택순 주선).

1889년 **12월(하순) ─ 해월, 공주 신평리薪坪里·동막東幕에 은거**(~1891년 12월). 윤상오尹相五 공
기축己丑 주접주가 주선(『천도교서』, 『천도교회사초고』). "시천주" 교리 등 동학의 중요한 교리 정립.

1891년 2월 ─『동경대전』 인출印出(신묘중춘중간辛卯仲春重刊. 목활자. 본서에 실림).
신묘辛卯
　■ 3월 ─ **전라도의 동학도들**(무장의 손화중孫華仲·부안의 김영조金永祚와 김낙철金洛喆·태
　인의 김낙삼金洛三·익산의 남계천)**이 공주 신평리의 해월을 배방拜訪**(『천도교회사초
　고』·『천도교창건사』) → 호남순방.

　■ 5월 ─ **해월, 편의장제便義長制 정함**(경상도: 이관영李觀永, 충청도: 이용구李容九, 경기도: 이
　종훈李鍾勳, 호남우도편의장: 윤상오尹相五, 호남좌도편의장: 남계천南啓天). **(백정 출신 남계천
　을 두령으로 모실 수 없다고 항의하는 윤상오·김낙삼 등 동도들에게 훈계): "우리 도는 후천개
　벽의 운을 타고 창명한지라 선천의 썩어진 문벌의 고하와 귀천의 등분이 무슨 상
　관이냐."**(天은 無處不在하신지라. 天이 어찌 門地로써 人의 差別을 定하엿스리오. 『천도교
　서』). "대선생께서는 일찍이 여비女婢 두 사람을 해방하여 한 사람은 양녀로 삼고
　또 한 사람은 자부子婦로 삼았으니 선사先師의 문벌이 제군만 못한가. 문벌이 낮
　아도 두령의 자격이 있으면 그 지휘에 따르라."(윤상오 해임. 남계천 전라도 전체 지휘.
　『천도교창건사』. 공주접의 윤상오와 동명이인) / 1919년 4월 11일 **대한민국임시정부, 〈대한민
　국임시헌장〉 발표. 제3조: "大韓民國의 人民은 男女貴賤及貧富의 階級이 無하고 一切平等임."**

1891년 5월 5일 ─ 소태산少太山 박중빈朴重彬 출생(전남 영광군 백수면 길용리 영촌永村) / 1916년 4월
高宗 28년 28일(새벽) 큰깨달음大覺: "만유가 한 체성이며 만법이 한 근원이로다. 이 가운데 생멸
없는 도와 인과 보응되는 이치가 서로 바탕하여 한 뚜렷한 기틀을 지었도다." → 원
불교 대종사大宗師 / 표어: "물질이 개벽되니 정신을 개벽하자."

1891년 5월~6월 ─ **해월 최시형, 전라도 일대 순회·포덕활동.** 해월은 김개남과 김덕명의 집에
신묘辛卯

며칠씩 유숙했고, 김개남과 김덕명은 여름옷 여섯 벌씩 지어 해월에게 바쳤다. 태인 동곡리 김낙삼의 집에서 육임첩 발행(김덕명의 추천으로 전봉준도 고부접주의 임첩을 받았다. 표영삼의 설) / 1895년 2월 11일 〈전봉준 제2차 공초〉: "수심守心하여 충효忠孝를 본本을 삼아 보국안민輔國安民하자는 것이 동학이다. 동학은 수심경천守心敬天하는 도道이기 때문에 나는 매우 좋아한다酷好." / 1886년 이전부터 전봉준은 고부군 조소리에서 서당훈장 하다("東學大將 全녹두先生任前예 人事하고 하늘천땅지가물현누루황 全先生任 갈쳐준다." 박문규朴文圭, 『석남역사石南歷事』).

1891년
신묘辛卯
10월 – 해월, 〈통유 생활실천 10조〉 반포(勸戒門徒): ① 윤리를 밝힐 것明倫. ② 신의를 지킬 것守信. ③ 업무에 부지런할 것守業. ④ 일처리에 임하여 지극히 공평할 것臨事至公. ⑤ 가난한 이를 서로 도울 것貧窮相恤. ⑥ 남녀의 직분을 엄히 구별할 것男女嚴別. ⑦ 예법을 존중할 것重禮法. ⑧ 연원을 바르게 할 것正淵源. ⑨ 진리를 강론할 것講眞理. ⑩ 잡스러운 짓을 하지 말 것禁淆雜.

▪ 10월 – **조병식趙秉式**(1823~1907년. 고부군수 조병갑의 사촌형), **충청도 관찰사로 부임. 부임하자 곧 동학탄압** *조병식의 이력: 1876년 조병식 충청도 관찰사. 탐학행위로 나주 지도智島에 1년간 유배(1878년). 형조판서 복직(1883년). 포악하게 죄인을 절차없이 함부로 처형하여 다시 유배되었다가 다시 복직(1885년). 경기감사 거쳐 충청감사로 부임(1891년) → 당시 몇몇 세도가들의 입김에 좌우된 조선왕조 지배층의 고질적인 저열함.

▪ 12월 – **해월, 충주군 외서촌外西村 보뜰洑坪에 기거.** 손병희 주선.

▪ 1891년 – **장흥의 이인환李仁煥 · 이방언李邦彦 · 문남택文南澤 등 입도.** "장흥 · 보성 · 강진 · 완도 각 군에 포덕이 대진하여 신도가 수만에 달했다."(『천도교장흥종리원』) → 장흥 석대들 최후 동학항일전을 이끈 주역.

1892년
임진壬辰
1월 – **해월, 진천군 초평면 부창리扶昌里로 피신** / 1월 19일 건실한 생활자세로 수행할 것을 권면하는 〈통유문〉 발송: "『동경대전』과 『용담유사』에는 곧 우리 스승님이 도를 받아 참되게 깨달아 수천명하고 경천리하는 심오한 도리가 실려있다.大全與歌詞 卽我先師之受道眞詮. 受天命敬天理之玄旨也. 우리 도는 후천개벽의 운수이며 무극하고 참된 도이다.吾道是後天開闢之運. **어린아이를 치는 것은 곧 하늘님을 치는 것이니 함부로 치지 말라.** 打兒卽打天, 切勿妄打事. 재차 〈통유문〉 발송(1월 25일).

1892년 1월－충청도 관찰사 조병식趙秉式, 동학을 배척하는 〈동학금령禁令〉을 발했다. 동학에
高宗 29년 　 대한 탄압과 노인들 수색 강화. 동학금령을 빙자하여 토호와 관원들이 도인들의 재
　 산을 약탈(도인들의 울부짖음: "무고히 남편과 아버지를 이별하게 하여 엄동설한에 길가에서 울부짖
　 게 하니 무슨 죄가 있어 이처럼 내몰고 있는가"). 향후 충청도 동학도 가족들은 길거리로 내몰
　 려(5월), 보은 장내리로 모여듦(해월법헌의 대도소. 12월). 전라도 도인들은 금구 원평으로
　 모여듦(김덕명 대접주의 도소) → **동학지도부, 교조신원教祖伸冤 기치.** 이단異端의 속박에서
　 벗어나 생존하려면 정부가 동학을 공인해야 한다는 확고한 목표의식이 설정되었다.

1892년 2월 26일－**해월, 각 포에 기도하라는 〈통유문〉 발송.** "3월 1일부터 100일간 기도하라.
임진壬辰 　 시간은 밤 해시亥時(밤 9시~11시)에 새 자기에 청수 한 그릇으로 공경되이 정성을 다
　 하라. 每夜亥時, 只用新磁器, 盟奉淸水, 極敬極誠."(『동학도종역사東學道宗繹史』)

- 4월 29일－**조병갑趙秉甲(1844~1911), 고부군수로 부임.** 부친이 태인현감을 지낸 양주
　 조씨 조규순趙奎淳이다(조병식 충청감사의 부친 조유순趙猷淳과 형제지간).

- 5월 15일－**해월, 경북 상주군 공성면 효곡리孝谷里 윗왕실촌上旺實村 기거**(~1893년. 김
　 주원金周元과 권병일權秉→의 주선). 보은과 인접(해월, 공주-삼례-광화문교조신원 총지휘).

- 7월－**전봉준·김개남, 동학집회 지휘시작:** "전봉준과 김개남은 호남지방에서 교중教衆
　 들을 이끌고, 혹은 모이고 혹은 흩어지면서 교인들의 회집會集을 임진년(1892) 7월부
　 터 시작하여 갑오년(1895)까지 이르렀다."(『시천교종역사』).

- 7월－**서인주徐仁周(서장옥)·서병학徐丙鶴, 〈교조신원운동〉 종용.** 해월에게 교조신원이
　 해결되어 동학이 정당한 배움임을 인정받게 되면 관의 탄압을 막을 수 있다며 "교조
　 신원운동教祖伸冤運動"을 강행할 것을 강권했다. 해월, 일단 유보: "때를 기다림만 못
　 하다." → 교조신원을 위한 공주의송소公州議送所 설치(10월).

1892년 8월 8일(양)－**이토오 히로부미(1841년생), 일본 제5대 내각총리대신 취임**(~1896년 8월
高宗 29년 　 31일. 동학농민혁명군 초토화·청일전쟁 수행 총책) / 1885년 12월 22일 이토오 히로부미,
　 제1대 내각총리대신 취임(~1888년 4월 30일) / 1909년 10월 26일(양) 안중근 의사, 대한
　 제국병탄의 원흉 이토오 히로부미 초대 한국통감(1906. 3.~1909. 6.)을 쏘다.

- 10월(초)－**해월, 동학지도부와 숙고熟考·숙론熟論 결과 교조신원운동 방법 결정. 1)신원
　 운동의 명분:** ①우리 도는 이단이 아니다. ②일본과 청국을 비롯한 외세의 침략성을 폭
　 로하여 보국안민을 위해 다 같이 일어서야 한다. **2)상대할 지방관:** ①1차는 충청감사.

집결지는 공주. ②2차는 전라감사. 집결지는 삼례. **3)시기:** 10월 하순부터 11월 초순까지 완결. **4)운동효과 극대화:** ①질서·평화 준수. ②각자 자금지참, 의관정제. ③언행방정한 태도 → 질서정연한 평화적인 시위운동 도모 → 3·1독립만세운동의 3대 원칙 / 청주 의송소議送所 설치(솔뫼松山 손천민의 집). 토론참석: 해월, 강시원, 김연국, 손천민, 손병희, 임규호, 서인주, 서병학, 황하일, 조재벽, 장세원 등.

1892년 임진壬辰

10월 17일 – **해월 최시형 북접주인北接主人, 각포에 〈입의통문立義通文〉 발송.** 각지의 접주와 도유道儒들에게 교조신원운동이 최제우의 신원과 탄압받는 도유들의 생존권을 보장하는 방도라고 표명했다: "스승의 신원을 하는 것이 궁극적으로는 나라를 보전하는 보국안민의 길이다. 성실하고 덕이 있고 신의가 있는 도유를 택하여 인솔하여, 신원의 대의에 참여하라."

■ 10월 20일 – **제1차 교조신원운동. 1천여 명**(김윤식은 1만여 명) **공주에 집결** / 10월 21일 공주의송소, 조병식 충청도 관찰사에게 〈최제우 교조 신원〉 청원(의송단자. 손천민 집필). 붉은 보자기로 싼 의송단자를 든 서인주徐仁周·서병학徐丙鶴 등 8명의 장두狀頭가 앞장서고 수천여 명이 의관정제하고 질서정연하게 공주관아로 향했다. 〈각도동학유생의송단자各道東學儒生議送單子〉: ①서학이라는 혐의로 처형된 스승 최제우는 그러한 죄가 없으므로 그 억울한 죄명을 씻어주기 바란다. ②동학은 유불선 삼교를 통합한 도이므로 이단이 아니다. ③백주대도에 사람을 해치고 물건을 탈취하는 이러한 억울한 일이 없도록 보장해주기 바란다. ④왜나라 상인들은 각 항구를 통해 싸게 사서 비싸게 팔아 얻는 부당한 이익을 독차지하며, 나라안의 전곡錢穀을 반출하여 곡식이 말라 백성들이 생계를 지탱하기 어렵다. ⑤농민들의 소출지인 산림과 천택에서 나는 이익도 왜인들이 독차지하고 있다. ⑥저희들이 성심껏 수도하면서 밤낮으로 하늘님께 축원하는 것은 광제창생과 보국안민의 대원이다. 生等之誠心修道, 晝宵祝天者, **廣濟蒼生輔國安民**之大願也. / 김윤식金允植의 『속음청사續陰晴史』: "초겨울에 동학당이 공주 관아에 만여 명이나 모였다. 소원을 올린다며 의관을 갖추고 바랑을 짊어지고 공주성안에 가득하였다. 初冬東學黨, 齊會于錦營, **無慮萬餘名**. 稱以訴冤, 會者皆衣冠擔鉢囊, 充斥營城. 8명의 장두가 포정사布政司 문밖에 꿇어앉아 한 달이 넘도록 물러가지 않았다. … 별다른 폐단이 없었고 두목의 명령에 따라 움직이어 몸가짐이 자못 바르고 정숙했다. 참으로 기이하고 신중했다."(김윤식은 대동법을 실시한 잠곡潛谷 김육金堉의 9대손)

1892년 10월 22일 — 조병식 충청도 관찰사의 답변(題音): "동학은 정학正學이 아니라 사학邪學이다. 동
高宗 29년
학을 금하고 금하지 않는 것은 오로지 조가朝家(중앙 조정)의 처분에 달린 것이라 영
문營門에서는 단지 조가의 명령을 따라 시행할 뿐이므로 영문에 와서 호소할 일이
아니다. 이것은 조정이 금지하고 있는 것이다. 영문도 역시 조령에 따라 할 뿐이다."
／ 10월 24일 충청도 관찰사, 군현의 수령들에게 〈감결甘結〉 하달: **"동학 도인 및 일반민중
에 대한 불법수탈행위를 금지한다."** ／ 10월 25일 해산(규장각 소장, 『동학서東學書』) → 동학도
인들 〈감결〉 시행에 고무. 전라감영에 새롭게 접근.

1892년 10월 25일 — **전라도 삼례도회소 설치.**
임진壬辰

▪10월 27일(밤) — 해월, 〈전라도 삼례도회소〉 명의로 각 처의 동학도인들에게 〈경통敬通〉
발송: "이 세상에 태어나 정천입지頂天立地하여 대선생님의 은혜를 입어 도를 받은 여
러 군자들은 누군들 신원하지 못한 것을 원통해 하지 않을 이가 없을 것이다. 지금까지
30여 년에 지목指目이 너무도 심하여 감히 움직이지 못한 것도 천天이오, 지금 금영(錦
營: 공주)에 명원鳴寃하며 완영(完營: 전주)에 일제히 호소하려는 것도 또한 천명天命이
라. 각 포의 여러 접장들은 일제히 이곳에 모이도록 하라. 명색이 사람으로서 선생님의
원통함을 풀어줄 줄 모른다면 어찌 금수와 멀다 할 것인가." → 제2차 교조신원운동.

▪11월 1일(양 12월 19일) — **전주 삼례역 대회. 교조신원운동**(20일간 지속). 서장옥(서인주) · 손
천민 · 손병희 · 김덕명 · 전봉준 · 김개남 등 포 접주들의 지휘하에 의관을 정제한 수
천명이 운집했다(해월 낙마. 불참) ／ 11월 2일 **이경직李耕稙**(1841년생) **전라도 관찰사에게 더욱
더 강경한 "최제우 교조 신원"** 〈각도동학유생의송단자〉 **제출**(서병학 소장訴狀 작성. 소장제출 자원출두: 우
도대표 고부접주 전봉준 · 좌도대표 남원접주 유태홍柳泰洪, 『종리원사부동학사宗理院史附東學史』, 『남원군동학사』):
①만일 백이숙제를 탐욕스럽다 하면 가할지언정 어찌 우리 선생을 서학이라 의심하는
가. 지금 30여 년이 되도록 아직 세상에 도가 창명되지 못했으니 이는 신원을 하지 못
했기 때문이다. ②서학의 여파로 지목하는 열읍列邑의 수령들은 동학도인들을 빗질하
듯 잡아 가두고 매질로써 전재錢財를 토색하니 연달아 죽어나간다. ③상감께 장문狀
聞을 올려 참된 도라는 것을 나타내게 하여주시고 각읍에 시달하여 빈사상태에 있는
백성을 구제해 주시오. → 이경직 전라감사, 묵묵부답.

▪11월 7일 — **동학 지도부, 재차 강경한 청원서를 전라감사에게 제출:** ①합하閤下의 처분
을 삼가 고대하면서 연일 찬바람을 맞아가며 길거리에서 굶주림과 추위에 떨며 노숙

하고 있다. ②수많은 저희들은 돌아갈 곳이 없으니 어찌 하란 말인가. 각 고을에서는 지목과 박해가 날로 심해지고 수재를 비롯하여 이서나 군교와 간교한 향리들까지도 거침없이 가산을 수탈함이 자기 소유처럼하며 구타하고 학대하는 일이 그칠 날이 없다. ③임금님께 상소하여 선생의 억울함을 풀게 하여 주소서.狀聞于天陛, 以伸冤先生之宿冤.(규장각 소장, 『동학서東學書』) / 11월 9일 이경직 전라도 감사의 답변(題音): "너희들의 학은 바로 나라에서 금하고 있다.汝等之學, 即朝家所禁也. … 모두 물러가 새사람이 되어 다시 미혹치 말라.即爲退去, 一齊自新, 毋敢迷惑向事."전라감영군(영장 김시풍金始豊) 300여 명 현장출동. 철수(동학인들이 위험한 무리가 아니라고 파악한 김시풍은 후에 전주성에 입성한 홍계훈 양호초토사에 의해 억울하게 죽임을 당한다.) / 11월 11일 이경직 전라감사, 각 고을에 공문하달(감결甘結): "동학은 조정에서 금하는 것이므로 우리 지방에서도 마땅히 조정의 신칙申飭에 따라 금할 따름이다. 그런데 지금 각 고을의 관리들이 이 금단을 핑계삼아 함부로 전재錢財를 빼앗고 인명을 상해한다고 하니 이러한 짓은 정법正法상으로 용서할 수 없다."(이경직 감사. 을미사변 때 궁내부대신으로 순직. 장충단에 제향) / 11월 12일 동학지도부, 감결 검토 후 해산결정. 완영도회소完營都會所, 〈경통敬通〉 발송: "선비의 도리를 다하여 길에서 방황하지 말고 곧바로 집으로 돌아가야 할 것이다."

1892년 11월 19일―해월, 광화문 복합상소伏閤上疏 기획을 알리는 〈경통〉 발송: "대궐에 나아
임진壬辰 가 복합할 방도를 도모하고자 다시 의논하고 있으니 하회下回를 기다리도록 하라.伏閤之擧, 方議更圖, 宜矣下回. … 대의에 나섰다가 가산을 탕진한 사람들을 도와주자."

■12월(초)―법사장法師丈 해월, 지휘소大都所를 충청도 보은 장내리 설치·육임六任 재가동 / 12월 6일 보은대도소에 임의방문을 자제해달라는 〈경통〉 발송.

■12월 10일―보은 장내리 대도소, 조정에 소장疏狀 제출. 〈도소都所 조가회통朝家回通〉: "동학이라 함은 동국의 학으로 유불선 세 도를 합한 이름입니다. … 공사公事를 빙자하여 사리私利를 도모하며 민정을 어지럽혀 재물을 탈취하는 자가 스스로 유도儒道니 정학正學이니 하고 있습니다.憑公營私, 擾民取財者, 自稱儒道與正學. … **조병식 충청감사는 단지 순천군수 윤영기의 말만 믿고 사학을 엄금하라는 조령朝令이 있다고 칭하면서 관문關文을 돌려 잡아가두니 원성이 하늘에 사무치었습니다.** 돈을 바치는 이는 백방하고 빈한한 이는 유배형을 보냈습니다. 이러자 서로 고발하여 들어가니 죄가 없어도 마치 죄가 있는 것 같이 되어 백성들은 목숨을 지탱하기가 어려워 의송議送을

하기에 이르렀습니다. … 공평하게 잘 살펴 알아주기를 천만 기원합니다." → 조정, 이단으로 단정하고 소장 반려 → 동학지도부, 광화문 복합상소 준비에 들어가다.

1892년 —**백범 김구**(당시는 김창수金昌洙, 황해도 해주), **동학입도**. "동학에 입도만 하면 차별대
계사壬辰
우를 철폐한다"는 말에 17세 김창수는 황해도 동학도인 오응선吳膺善·최유현崔琉鉉을 통해 입도하여 "아기접주"라는 별명을 얻다(해월, 팔봉접주로 임명. 1893년 3월).

1893년(정월 초) —**전봉준, 〈창의문倡義文〉 작성** / 1월 10일(寅時, 새벽 3~4시) 각 군 아문에 동시
계사癸巳
부착(남원: 김영기金榮基, 운봉: 김성기金成基, 곡성: 김재홍金在洪, 구례: 유태홍柳泰洪) → 어윤중 선무사와 담판을 한 보은대도소의 서병학(7인대표 중 1인)의 고자질(1893년 3월 26일): "호남(금구 원평)에 모여있는 무리는 대수롭지 않게 보면 비록 우리와 같은 무리이나 같지 않다. 문건을 띄우거나 방을 내다 붙인 것은 모두 그들이 한 것이라 하며 행위가 매우 수상하니 공은 자세히 살펴 판단하기 바란다."(《선무사의 재차장계》) → 추후, 서병학은 변절자가 되어 정부의 입장에서 도인들을 회유한다.

▪ **1월** —**청주 남일면 솔뫼마을**(송산리)**에 봉소도소奉疏都所 설치** / 1월 10일 손천민, 제소製疏문안 작성 / 1월 20일 각도 두령에게 서울로 모이라는 〈경통〉 발송.

▪ **2월 1일** —**서병학 등 선발대 상경. 복소伏疏를 위한 도소都所 설치.** 도차주 강시원, 손병희, 김연국, 박인호 등이 도인들 수천 명을 분작하여 일제히 서울 종로구 낙산駱山과 동대문구 이문동里門洞에 집결(2월 10일) / 2월 7일 손천민, 〈서학교두에게 보내는 격문〉 보냄.

1893년 2월 8일(양 3월 25일) — 왕세자 이척李坧(1874년생)의 약관弱冠 기념 별시 시행(館學儒生應製).
高宗 30년
▪ 2월 11일(양 3월 28일) — **서울 광화문 앞에서 교조신원 읍소복합상소泣訴伏閣上疏**(~13일). 소두疏頭 박광호朴光浩(疏首)·박석규朴錫圭(도인대표)·김낙철金洛喆·손병희(奉疏)·손천민(製疏)·남홍원(書疏)·박인호·강시원·임규호·권병덕·김낙봉·김석도 등 동학도 수십여 명(東學疏頭) 상소(작성: 송암 손천민. 직접 참가한 청암 권병덕은 당일 봉소인은 9명이라고 기록): "스승님의 억울하고 원통함을 신원해주시고, 감영이나 고을에서 벌받고 귀양가있는 생령들을 살려주십시오. →以伸臣師之冤抑, 一以活臣等營邑間, 流配之生靈." 정부를 상대로 한 교조신원운동이어서 극형을 감수한 상소인들은 의관정제하고 아침부터 저녁 5시까지 "왕궁의 문전에 꿇어앉은 채 마치 죽으려는 듯이 머리를 땅에 늘어트리고 배례하고 있었다."(『東京朝日新聞』). 3일간 진행 / 2월 13일 고종의 전교傳敎(司謁

口傳下批): "너희들은 집으로 돌아가 그 업에 임하라. 그러면 소원에 따라 베풀어주리라.爾等各歸家安業, 則當依願施之云." → 조정의 약속을 믿고 평화적으로 해산.

1893년
高宗 30년
2월 15일 - 이단을 경계하는 고종의 신칙申飭 하달 / 2월 18일 성균관 유생 이건중李楗重 상소: "동학을 이단으로 낙인찍고 복합상소의 무엄한 행동을 철저히 조사 처벌 요청." / 2월 21일 대사간 윤길영尹吉永 상소: "동학의 무엄한 행동을 규탄." / 2월 23일 병조참판 이근수李根秀, 책임을 느끼고 사의표명 하는 상소제출 / 2월 25일 수선 이범찬李範贊의 상소: "주도자 엄단요청."

▪ 2월 28일 - 조선정부, 교조신원 복합상소에 대한 금령 발표: "동학소두東學疏頭(박광호)를 수사·체포하고 그 여당을 효유曉諭 금단하여 각자의 생업에 종사케 하라. … 또 하나, 동학의 무리가 또다시 모여서 떠들면 그곳 관장의 책임을 추궁하겠다." → 동학도인 격분 → 보은·금구집회에 수만 명 운집(해산) → 사발통문 → 고부관아습격 → 무장·백산 기포 → 황토현·장성 황룡대첩(20개 군현 접수) → 전주성 입성.

▪ 2월 - 조병갑趙秉甲 고부군수, 부친 조규순趙奎淳 공적비 비각을 세움(縣監 趙侯奎淳 永世不忘碑. 癸巳 2月 日 以子秉甲古阜郡守建閣改豎) / 1895년 2월 9일 전봉준공초供招(1차): "일찌기 태인 현감을 지낸 자기 아버지의 비각을 세운다고 고부민들에게 돈 천여 냥을 강탈했다.其父曾經泰仁倅, 故爲其父建造碑閣云, 勒斂錢千餘兩."

1893년
계사癸巳
3월 2일 - 서울거리에 척왜斥倭 방榜 부착. 〈일본상려관은 펴보아라日本商旅關展見〉: "지난날 임진년에 너희들은 우리나라에서 용서받을 수 없는 죄과를 저질렀다. 국력을 다해 패한 몸으로 돌아갔으니 어찌 우리나라의 참혹함과 괴로움을 차마 볼 수 있으랴. 우리는 너희들을 잊을 수 없는 원수라고 아는데 도리어 너희들이 우리에게 잊을 수 없는 한이 있다 하는가. … 하늘은 이미 너희들을 증오하며 스승님은 이미 훈계하였으니 평안하고 위태로움은 너희들이 자취하는 것인 바 죽도록 후회하는 일이 없도록 하라.天已憎之, 師已戒之. 安危之戒, 爾其自取, 毋有噬臍. 우리는 다시 말하지 않으리니 서둘러 너희 땅으로 돌아가라.吾不再言. 急還爾城."(『일본외교문서』).

▪ 3월 10일(양 4월 25일) - 수운대신사 순도향례殉道享禮(김연국의 집: 충북 옥천군 갯마을浦田里). 김연국·손병희·이원팔·박인호·이관영·권재조·권병덕·임정준 등이 해월에게 적극 교조신원과 보국안민을 위해 적극 나설 것을 권유(동학인들의 생명과 재산보호가 절실했다) → 〈통유문〉 발송(3월 11일): "생각다 못해 다시 큰소리로 원통한 일을 진

정하고자 이제 포유하니 팔도의 포 도유들은 기한에 맞추어 일어나 일제히 모이라. 하나는 도를 지키고 스승님을 받들자는데 있으며, 하나는 잘못된 나라를 바로 잡고 백성을 편안케 하기 위한 계책을 마련하자는 데 있다. **各包道儒, 屆期齊集. 一以爲衛道尊師, 一以爲輔國安民**之策, 寔切厚望."(『동학도종역사』) → 광화문 복합상소 이후 더욱 탄압이 심해져 우왕좌왕하던 도인들은 밭팔고 소팔고 충청도 보은 장내리로 집결.

1893년
계사癸巳

3월 11일 ─ **동학지도부**(東學倡義儒生), **보은관아 삼문 밖 괘서**掛書 **부착**(경상도·전라도·충청도 주요지역 곳곳에 내걸었다). 〈통고通告〉: "… 지금 왜놈과 양놈들이 이 나라 중심부에 들어와 난동을 피우고 있다. 참으로 오늘의 서울을 보면 오랑캐소굴이 되어버렸다. … 우리들은 죽기로 서약하고 왜놈과 양놈을 쏴악 쓸어버리고 나라에 보답하는 의리를 다하고자 일어났다. 生等數百萬, 同力誓死. 掃破倭洋, 欲效大報之義." → **교조신원운동에서 척왜양창의**斥倭洋倡義 **· 보국안민을 전면에 내세우다.**

■ **3월 15일** ─ 제2차 **교조신원운동. 보은 장내리 집회**(~4월 2일). 충남 보은군報恩郡 외속리면外俗離面 장내리帳內里. **의관정제한 도인 수만여 명, 보은 하개리**下開里 **3만 평**(현, 장안면 개안길)**에 집결**(27,000명): "서울 장안長安이 장안이냐, 보은 장내帳內가 장안이지!" 연일 농성시위(해월 법헌의 통문을 받고 각 포의 대접주가 도유들을 통솔하여 집결). "3월 15일 법헌 해월 장석이 보은 장내리에 오시니 각 포 도인들이 마치 바람이 일며 조수가 솟구치듯, 구름처럼 메이고 안개처럼 모여들어 뜻밖에 수십만이 되었다."(『동학도종역사』) / 백범 김구 등 황해도 도유道儒 15명도 보은 도착. 해월 대도주 친견. "팔봉접주 해월인海月印"이 찍힌 접주첩지接主貼紙를 받다. 50개 포조직(충의대접주忠義大接主: 손병희, 청의淸義대접주: 손천민, 호남대접주: 남계천 등) → **척왜양창의**斥倭洋倡義 **깃발 등장**(외세의 침략으로부터 국권을 지켜야 한다는 의식을 가진 일반민중들이 광범위하게 참가한 민중정치집회).

■ **3월 16일**(양 5월 1일) ─ 해월, 재차 동원촉구 〈통유문〉 발송: "오랑캐가 중국을 침범하여 기강이 해이해지고, **왜적은 일월을 같이 할 수 없는 불공대천**不共戴天**의 원수라.** 기회만 엿보고 있으니 백성 된 자 비록 직업은 다를지언정 의義인즉 하나이라. 요사스러운 기운을 쓸어버리고 종사宗社를 바로 세우기 위해 모든 도유는 한 마음으로 뜻을 같이 하여 충성을 다해 나라에 큰 공을 세우기를 바란다." → 금구 원평에 모인 도유 1만여 명 중 일부는 보은 장내리에 합류. "매일 몰려들기를 취회 이후부터 수천 명의 수효가 골짜기의 물과 같았고, 들판에 확 번지는 불길과 같아서 막을 길이 없었다. 自聚會以

後, 日以數千計, 如水赴壑, 如火燎原, 莫可防遏是白乎."(『취어취어聚語』. 어윤중의 〈선무사 재차장계〉).

1893년 3월 17일 - **호조참판 어윤중**魚允中, **양호도어사**兩湖都御史**로 파견.** 보은 관아에 도착(3월
高宗 30년
25일. 동일, 어윤중은 양호선무사兩湖宣撫使로 제수. 척왜양창의운동을 점차 백성들의 난동으로

규정해가는 조선정부의 의지가 엿보인다).

1893년 3월(중순) - **전북 금구군**金溝郡 **원평**院坪 **동학 1만여 명 대집회**(지휘: 김덕명 금구대접주·
계사癸巳
김개남·손화중·황하일·전봉준. 보은집회 견인차 역할). 김덕명포包 산하의 고부접주 전봉

준이 식량공급을 책임지는 운량도감으로 맹활약했다. 수만 명이 모였지만 대소변의

흔적이 없다. 도인들은 반드시 대소변을 땅에 묻는 것이 생활화되었다: "동학도인들이

지나간 자리에는 검불 하나 떨어뜨리지 않는다."(20일경. 보은 장내리로 집결) / **3월 21일**

"(고종이) 전라감사로 부임하는 김문현에게 명하기를 동학당들이 호남에서는 금구에

가장 많다고 하는데, 그 소굴을 쳐서 엄히 단속하고 일소하도록 해야 한다."(『일성록』).

- 3월 19일 - **해월, 대접주**大接主 **임명**(연원을 대표하는 호칭): 손병희(忠義包), 임규호(忠慶
包), 손천민(淸義包), 임정준(文淸包), 박석규(沃義包), 이원팔(關東包), 남계천(湖南包), 이
관영(尙功包), 김연국(報恩包), 서장옥(西湖包), 박인호(德義包), 김덕명(금구포), 손화중(무
장포), 김낙철(부안포), 김기범金箕範(김개남. 태인포), 김낙삼(詩山包), 김윤석(扶風包), 김방
서(鳳城包), 장경화(옥구포), 서영도(완산포), 김지택(공주포), 박치경(고산포), 성두환(청풍
포. 부친 성종연은 수운의 도제徒弟로 해월·강수와 도반. 『갑오군정실기』), 차기석(內面包), 심
상훈(홍천포), 김치운(인제포), 박희인(예의포), 유시헌(정선포), 이인환(대흥포), 손은석孫殷錫
(진주 덕산포), 이방언(장흥포. 황룡천전투에서 "장태장군"으로 맹활약), 안교선安敎善(아산포).
도인수가 늘어남에 따라 계속 대접주 임명(순천 영호포嶺湖包 대접주 김인배金仁培, 1894년).

- 3월 23일 - **동학지도부, 척왜양창의 취지를 강조하며 정부정책을 힐난하는 방을 다시 걸다**: "왜양을
물리치려는 선비는 죄인으로 잡아가두고, 그들과 화합하려는 매국자는 국왕이 상을
주어야 하는가. 아! 분통하다. 以擊倭洋之士, 罪之以捉因. 則主和而賣國者, 受上賞乎. 嗚呼痛
哉."(『취어聚語』) / *교조신원운동의 역사: 영해교조신원운동(1871년 3월) → 공주감영교
조신원운동(1892년 10월) → 전주삼례교조신원운동(1892년 11월) → 광화문교조신원운동
(1893년 2월) → 보은 장내리·금구 원평 교조신원운동(1893년 3월~4월).

- 3월 25일 - **고종 주재하에 대책회의. 고종왈**: "타국군을 빌리는 경우도 각 나라마다 있는 전례이
다. 借用他國兵, 亦有各國之例也." (영의정) 심순택이 말하기를, "이는 불가합니다. 此則不可矣."

추후, 고종은 호조참판 박제순(중국통)을 불러 위앤 스카이袁世凱 조선총리교섭통상사의朝鮮總理交涉通商事宜와 차병협의토록 밀령을 내렸다 → **고종이 최초의 차병론자借兵論者.**

1893년
高宗 30년

3월 26일 − **양호도어사**(충청·전라도 도어사) **겸 양호선무사 어윤중, 대도소大都所 방문.**
동학대표자 7명과 담판. 어윤중 측(공주영장 이승원李承源, 보은군수 이중익, 순영군관 이주덕李周德 대동). 동학대표 7인(허연許延, 이중창李重昌, 서병학, 이희인李熙人, 손병희, 조재하趙在夏, 이근풍李根豐). 양호선무사 어윤중魚允中의 약속: "관리의 탐학貪虐 살략殺掠은 반드시 엄벌할 것이니 여러분은 각각 집에 돌아가 소업所業에 힘쓰라. 본관本官이 조정에 보고하여 소원을 풀게 할 것이다."(『일성록』) / 어윤중, 담판 후 〈장계狀啓〉를 올렸다: **"동학도들은 광화문 앞 복소때 어명을 믿고 흩어졌으나 달라진 것이 하나도 없었다는 상황보고와 척양척왜의 뜻으로 보국안민을 하려는 것뿐인데 방백과 장리들이 비류匪類로 취급, 침탈학대함이 지나칩니다."** 3월 29일 고종의 윤음綸音 하달: **"명분은 비록 창의倡義라 하지만 이것은 곧 창란倡亂이다. 名雖曰倡義, 乃是倡亂也. 너희들은 한 곳에 틀어모여 무리들을 믿고 방자하게 나라의 명령을 지키지 않으려 하니 고금을 통해 이를 어찌 의거라 하랴. … 장차 탐관오리는 징계할 것이다. … 스스로 물러가는 자는 땅과 가산을 돌려주어 안심하고 직업에 종사토록 할 것이니 의심하거나 겁내지 말라. … 왕장王章."** / 3월 29일 조선정부, **장위영壯衛營**(정령관: 홍계훈洪啓薰) **600명 청주목 파견**(기관포 3문 지참). 청주병영 1백 명 보은읍 출동(4월 1일 보은 당도).

1893년
계사癸巳

4월 1일(辰時: 오전 7~9시) − **어윤중, 보은 장내리로 달려가 〈윤음〉 봉독·퇴거 명령.**

▪ 4월 2일(아침) − **대도소의 동학지도부, 보은집회 해산결정** / 제1차 교조신원운동(공주·삼례민중집회, 1892년 10~11월) → 동학지도부 상경투쟁(광화문 복합상소, 1893년 2월) → 제2차 교조신원운동(보은대집회, 1893년 3월) 민중의 집단시위운동이 동학사상(『동경대전』과 『용담유사』)과 동학의 조직(포접제도)이 결합되어 피지배층 민중이 각성되어가면서(民會) "동학농민혁명운동"으로 거듭 태어나게 되었다.

1893년
高宗 30년
明治 26년

4월 3일 − 어윤중, 〈선무사 재차장계再次狀啓〉 올리다: "…… 글을 보내오면 글로서 대접하고 무력을 써오면 무력으로 대한다는 스스로의 원칙을 세워놓고 있었습니다. 성급하게 군대의 힘으로 처리하려 함은 옳지 않습니다. 文來文待, 武來武待, 自有辨法. 不可遽施兵威竊欲." "… 오랑캐를 물리친다는 그들의 명분은 한 나라의 서울에서 오랑캐들과 뒤섞여 우리의 이권을 축내고 있을 뿐만 아니라 어느 나라에도 없는 일이므로 온 나라의 의려義旅들과 더불어 협력해서 물리치자는 것이 소원이라고 말했습니다. … (어윤중은 동학군중을 民黨으로 지칭) 그들이 말하기를 '이 모임은 작은 병기도 휴대하지 않았으니 이는 곧 민회民會라고 하며 일찍이 각국에서도 민회가 있다고 들었는데 나라의 정책이나 법령이 국민에게 불편함이 있으면 회의를 열어 논의하여 결정하는 것이 근자의 사례인데 어찌하여 비류로 조치해 버리는가' 했습니다. 又曰渠等次會, 不帶尺寸之兵, 乃是民會. 嘗聞各國亦有民會, 朝廷政令, 有不便於民國者, 會議講定, 自是近事, 豈可指爲匪類乎. … 또 그들은 이르기를, 전 충청감사(조병식)와 전 영장 윤영기尹泳璣가 결탁하여 무고한 백성을 함부로 살해하고 백성의 재물을 가로채는 일이 심했기 때문에 이번 모임이 빚어지게 된 것이라 하였습니다."(어윤중의 고향은 보은군 외속리면 봉비리鳳飛里) / *어윤중 선무사가 조병식의 탐학을 조사하여 장계를 올림宣撫使採趙秉式, 貪虐狀聞: "신은 이 달 초 9일에 공주목에 도착하여 전 충청도 관찰사 조병식이 탐학한 정황은 대충 조사해보았는데, 관찰사로 임명된 이후 정령政令이 몹시 가혹하고 끝없이 가렴주구하여 진실로 근래에는 들어보지도 못하였습니다. … 그의 가문은 충성스럽고 절개가 있으나, 그의 사람됨은 탐욕스럽고 마음이 더러우며, 그의 벼슬은 현달하지만, 그의 행동은 협박하여 물건을 빼앗으니, 돈을 탐하는 냄새가 세상에 넘쳐, 득과 실을 걱정하는 대부大夫가 된 것이 애석합니다. 욕심이 절절 넘치고 땅을 석권하여 거리끼고 두려울 것이 없는 사람으로 자처합니다. … 재산을 몰수하고 죽이는 것을 차를 마시고 밥을 먹는 것 같이 하고, … 동학을 금지하고 단속한다고 말하는 것은, 말은 비록 이단을 배척한다고 하면서 생각은 모두 재물을 훔치려는 것입니다. 전 영장 윤영기는 귀신과 같은 거간꾼이 되어 그 사이를 조종하였고, 전 공주진 영장 이존필李存馝은 손가락질하며 사주하고, 멋대로 불러들여 그로 하여금 그 무리들을 끌어들이도록 하여, 돈이 있는 사람은 재산을 탕진하고서 다행히 달아나 무사하지만, 돈이 없는 사람은 혹은 죽고 혹은 유배시킵니다. …"(『취어聚語』).

1893년
계사癸巳
4월 5일 ─ 보은 장내리로 향하던 금구 원평집회 수천도인, 진산군에서 어윤중 집단과 상봉. 〈윤음〉 봉독. 수천여 명 항의: "4천여 리의 국토와 4백여 년의 종사가 위태한 차제에 수도자를 해치고害之, 외적을 양성養成하니 보국안민輔國安民은 어떻게 합니까!" 수천 명이 일시에 복지통곡伏地痛哭하고 해산했다(『남원군동학사』).

■ 4월 10일 ─ 조선정부, 동학지도부 체포령 하달: "이미 서병학의 입을 통해 고발한 대로 방문을 짓고 방을 붙인 자의 이름이 밝혀졌으니 당연히 사실을 조사하라"고 해당 도의 감사에게 명을 내렸다. 호서의 서병학, 호남의 김봉집(全哥=全某=全琫準), 서장옥(서인주) 체포령 → 해산하면 생업을 보장해주겠다던 정부는 완전 배신했다.

1893년 7월 20일 — 일본신문의 조선관직의 매매가격 현황 기사화: "지방관의 매매는 언제나
高宗 30년
호경기"(평안도감사監司[종2품]: 80만 냥, 경상도감사: 70만 냥, 함경도감사: 32만 냥, 충청도감
사: 30만 냥, 경기도·강원도·황해도·전라도감사: 15만 냥, 유수留守[정2품]: 8만~10만 냥, 병사
兵使[종2품]: 10만~20만 냥, 목사·부사: 15만~17만 냥. 『日本』) → 지방관으로 부임하면, 돌
아갈 여비챙기고(미래생활비·여윳돈), 매관비용 챙기고(투자비용 회수), 자리보전을 위한
상납뇌물을 챙긴다 → 지방관들의 가렴주구에 시달린 농민, 전국 곳곳에서 생존봉기.

1893년 8월 — 해월, 충북 청산 문바윗골文巖洞로 이거(~1894년 9월. 김성원金聖元의 집). 손병희
계사癸巳
와 김연국이 보필 / 10월 15일 아들 덕기德基(1875년생), 후사 없이 환원 → 최부풀이法
軒 아들의 묘 / 해월, 김연국에게 도호 구암龜菴을 내렸다(김연국, 종통宗統을 이었다고 착각)
/ 1894년 1월 5일 해월, 강론을 펼치기 위한 대도소大都所 마련(옥천군 청산면 한곡1리
105-1. 동학혁명 진압 후 일본군이 불을 질렀다).

1893년 11월 — 배들농민들 40여 명(梨坪평야. 삼장두三狀頭: 김도삼金道三·정익서鄭益西·전봉준),
계사癸巳
조병갑 고부군수에게 진정서 제출等訴. 조병갑, 등소인 체포·구타. **"일신一身의 해害를
위하야 기포함이 어찌 남자의 사事가 되리요. 인민이 원탄寃歎하는 고故로 민民을 위하야 제해除害코자
고부에서 기포했다."**(『전봉준 공초[1차, 1895년 2월 9일]』). 상기의 전봉준의 답변은 심문관이 묻기
를 직접적인 이해관계가 없는데 왜 고부봉기를 주도했는가에 대한 웅변이다. "전라도동학괴수全
羅道東學魁首"라고 처음부터 규정해 들어오는 심문관 우찌다 일본영사에게 녹두장군은 당당하
게 말한다: "처음부터 창의倡義로 기포起包했다.") / 12월 60여 명 재차 등소等訴. 조병갑,
방망이로 쫓아내다. 당시 민심: *"났네 났네. 난리亂離가 났어." "참 말 잘되 였지.*
그냥 이대로 지내서야 백성이 한 사람이나 남겠나."

1893년 11월 — **사발통문**沙鉢通文 **거사계획 수립**(도소都所: 송두호의 집) / 고부지방의 선비와 동
계사癸巳
학도인과 농민들 20명이 "사발통문 거사계획"에 참여했다(사발통문 서명자 20명 중 송
씨가 6명이고 10명이 송씨집안과 인척관계다). 고부군 서부면 죽산리竹山里(현 정읍시 고부
면 신중리 주산마을 송두호宋斗浩의 집)에서 고부군수 조병갑의 탐욕과 학정, 전운사 조
필영의 수탈에 더 이상 참을 수 없던 고부농민들이 만조滿朝의 간신적자를 구제驅
除하고, 탐관오리를 격징擊懲하고, 더 나아가 왜倭를 축逐하고 양洋을 척斥하야 국가
를 만년의 반석에 올려놓기 위하여 의기義旗를 드높였다. 결의: ①고부성을 격파하
고 군수 조병갑을 효수할 것. ②군기창과 화약고를 점령할 것. ③군수에게 아첨하여

인민을 수탈한 탐관오리를 격징할 것. ④ **전주감영全州營을 함락하고 서울京師로 곧바로 직향直向할 것** / 전봉준全琫準(고부접주. 1854년생, 1895년 3월 30일 서울에서 교수형)·최경선崔景善(1859년생, 부친: 최성룡崔成龍 홍문관 대제학 역임. 형님 최영대는 태인 무성서원의 영세불망비 주인공. 1895년 3월 30일 서울 교수형)·김도삼金道三(1856년생, 1895년 1월 26일 전주 사형)·정익서鄭益瑞·송두호宋斗浩(1829년생, 1895년 나주 사형)·정종혁鄭鐘赫·송대화宋大和(송두호의 큰아들)·송주옥宋柱玉(1853년생, 1895년 1월 6일 나주 사형)·송주성宋柱晟·황홍모黃洪模(1855년생, 1895년 1월 26일 전주 사형)·황찬오黃贊五(1852년생, 1894년 12월 16일 전주 사형)·송인호宋寅浩·최흥렬崔興烈·이성하李成夏·김응칠金應七(1858년생, 1894년 12월 22일 전주 사형)·황채오黃彩五(1854년생, 1894년 12월 16일 나주 사형)·손여옥孫如玉(1860년생, 1894년 12월 27일 나주 사형. 손화중의 족질族姪)·임노홍林魯鴻·송국섭宋國燮·이문형李文炯 등 20명이 서명 / 1968년 12월 4일 사발통문沙鉢通文에 서명한 대표 20명 중 한 사람인 송대화의 후손인 송기태宋基泰가 최현식崔玄植(정읍 향토사가)에게 전하고, 김상기金庠基 교수(1964년 『수운행록』 최초번역)에게 전달되어 세상에 공개되었다.

1893년 **高宗 30년** 11월 30일 — 조병갑, 익산益山 군수로 전임. 그러나 조병갑은 익산군수로 부임하지 않았고, 12월 한 달동안 6명의 고부군수가 발령되었으나 6인 모두 부임하지 않았다. 당시 인사권을 쥐고 있는 이조판서 심상훈沈相薰과 조병갑은 사돈간이었다 / 12월 말 **조병갑과 공모한 김문현金文鉉 전라감사의 장계狀啓: "고부 전 군수 조병갑을 특위잉임特爲仍任(특별히 그대로 유임시키는 것) 요청."** 당시 고부군은 전라도 53군현 중에 천부天府의 낙토로 손가락으로 꼽힐 정도로 풍요로운 고장이었다(배들梨坪·수금水金·달천達川평야).

- 1893년 — 북장로교의 선교지부, 평양에 설치.

- 1893년 — 계사판 『용담유사』(목활자) 간행. 천도교중앙총부 소장.

1894년 **갑오甲午** 1월 9일(양 2월 14일) — 조병갑, 고부군수로 재임용 / (저녁 무렵) 〈통문〉: "저녁식사 후 말목장 터로 모이라." 예동禮洞에 걸군乞軍(풍물패)의 활약으로 사방에서 수천 명 운집.

- 1월 10일 새벽닭 첫 울음(양 2월 15일) — **고부농민봉기**(동학농민혁명의 1차 기포): **"우리가 사는 길은 관아로 쳐들어가 담판을 짓는 일이다."** 고부접주 전봉준全琫準·태인접주 최경선崔景善을 장으로 추대한 고부농민 선발대(죽창들고 흰무명 머리띠 둘렀다) 오백여 명, 고부관아 습격·점령(~2월 25일. 조병갑, 전라감영으로 피신) / 고부군수에 연임하는 조병갑趙秉甲의 학정虐政에 항거하여 〈제폭구민除暴救民〉·〈보국안민輔國安民〉의 기치旗

幟를 높이 올렸다. 대의명분: ①이평평야梨坪平野의 민보民洑(예동보＝만석보萬石洑) 아래에다 신보新洑를 막는다고 수백 년 된 거목을 늑작(勒斫: 늑탈해 베는 것)하고 농민들을 늑역(勒役: 강제징용強制徵用)했을 뿐 아니라 보가 완성되자 보의 상답(일두락에 이두세二斗稅)·하답(일두세)에 전례 없는 보세洑稅를 징취徵取했다. ②황무지荒蕪地를 농민에게 무세無稅라고 경작耕作시켜놓고 가을에는 강제취세强制取稅하였다. ③일찍이 태인 현감縣監을 지낸 바 있는 그 아버지 비각碑閣을 세운다고 민간民間으로부터 천여량千餘兩을 거두었다. ④대동미(국세)를 민간에서는 정백미精白米(상품)로 취세하여 상납할 때에는 추미麤米(하품)로 바쳐 그 이익금을 착복했다. ⑤부민富民들에게 불효不孝·불목不睦·음행淫行·잡기雜技 등의 죄목을 만들어 2만 냥을 늑탈했다. → 전봉준의 제1차 공초록에 진술(1895년 2월 9일). **문問**: "고부기포시에 동학이 많았는가? 원민이 많았는가?古阜起包時, 東學多乎? 冤民多乎?" **공供**: "기포시에는 원민·동학이 비록 섞여서 합세하였으나 동학은 적고 고부군수 조병갑을 원망하는 백성들이 훨씬 많았다. 起包時冤民·東學雜合, 東學少而冤民多." → 농민들의 오랜 원성과 동학 조직력의 결합 / 해월, 전봉준의 기포에 "걱정스러움" 표출 / **현묘한 기틀이 나타나지 않아도 마음을 급하게 갖지 말라. 공이 이루어지는 훗날 좋은 신선의 인연이 이루어질 것이다. 玄機不露, 勿爲心急. 功成他日, 好作仙緣.**"(『동경대전』「탄도유심급歎道儒心急」)

1894년 1월 11일(양 2월 16일) － 고부농민봉기군, 원성의 표적이 된 신보新洑를 허물다. 예동禮
갑오甲午 洞 두전斗田에 쌓여있던 보세미洑稅米를 부당하게 거둬들인 세금(陳荒勒徵稅)이므로 다시 당사자 농민들에게 환급해주었다(전봉준 1차 공초) / 1987년 11월 신정훈辛正勳(1964년생), 농민들의 부당한 수세水稅(1년 수세: 970억 원) 폐지투쟁 운동전개. 전국적으로 호응(1997년 수세폐지).

1894년 2월 15일 － **조병갑, 고부군수 파직**(치뇨범장致鬧犯贓: 민란을 일으키고 국고를 횡령한 죄). (5월
高宗 31년 4일) 절도안치형絶島安置刑(전라도 강진 고금도古今島) / 조병갑을 고부군수로 재임용을 소청한 김문현 전라감사는 월봉삼등지전越俸三等之典(3개월 월급지급정지)에 처해지다. 이용태(장흥부사)를 고부군 안핵사로 임명.

■ 2월 19일 － 박원명朴源明(용안현감龍安縣監), 신임 고부군수로 부임. 고부 농민봉기군, 고부관아로 몰려가 신임군수에게 〈요구사항〉 수용을 다짐받고 귀가 / 3월 3일 박원명 고부군수, 잔치벌여 화해분위기 조성.

1894년 3월 7일(즈음) － **장흥부사 이용태李容泰, 장흥 벽사역졸 800여 명 대동하고 고부군 안핵**
高宗 31년

사按覈使 취임. 박원명 고부군수가 잘 수습한 것을 완전히 뒤집어났다. 안핵사按覈使 이용태와 800명의 역졸들의 만행(기포에 참여한 백성을 모두 동학으로 통칭하고 9일동안 색출하는 과정에서 구타·체포·처자살륙代殺·재산약탈과 방화放火. 『동도문변東徒問辨』) → 국가 전체에 만연된 부정부패로 인식한 전봉준·김덕명·손화중·김개남 대접주의 2차 거사를 유발시켰다(무장-백산기포) / *김덕명 금구대접주·손화중 무장대접주·김개남 태인대접주 회동후 결정: ①보국안민창의를 명분으로 내세운다. ②전봉준 고부접주를 **동도대장東道大將**으로 추대한다.

1894년
갑오甲午
3월 12일 - 충청도 금산·진산·회덕·진잠 등지에서 동학농민군 봉기(~4월 초) / **4월 2일** 보부상褓負商들의 습격으로 114명의 진산동학농민군이 학살당함. 전봉준 동학농민군과 합동작전 무산.

■ **3월 14일** - 충청도 동학농민군(대접주: 임기준任基準) 700여 명, 공주 궁원 집회. 해산(16일).

■ **3월 20일(밤. 양 4월 26일)** - **전라도 무장기포茂長起包.** 전봉준(고부접주)·김덕명金德明 (1845년생. 금구대접주)·손화중孫華仲(1861년생. 무장대접주)·김개남金開南(1853년생. 태인대접주)과 최경선崔景善(1859년생. 태인접주) 지휘하에 무장茂長에서 4,000여 명 봉기. "동도대장東道大將" "보국안민창의輔國安民倡義" 깃발 등 오색깃발 수천이 나부꼈다(『주한일본공사관기록』). 고부관아 재차 습격. 안핵사 이용태 도주. 무장·고창·영광·장성·홍덕·고부·부안·정읍·함평·백산·금구·태인·무안 등 전라도 33개 지역의 동학접주에 통문을 보내어 **척왜양창의斥倭洋倡義·제폭구민除暴救民·보국안민輔國安民**으로 동학의 대도창명大道彰明을 위하여 도인道人들이 궐기할 것을 호소했다.

■ **3월 20일** - 〈무장동학포고문〉 발포(고창군 무장 당산마을): "… 정승 이하부터 방백과 수령에 이르기까지 나라가 위태로운 것을 생각하지 않는다. 다만 자신을 살찌우고 자신의 집안이나 윤택하게 할 계획에만 마음이 간절하고, 인사를 하고 관리를 선발하는 통로는 재물을 생기게 하는 길로 생각하고 있으며, 과거시험 장소는 물건을 교역하는 시장과 같게 되었고, 많은 재물과 뇌물이 왕실 창고에 납부되지 않고 도리어 개인 창고를 채워, 나라에는 채무가 쌓였다. … **국가가 망하는 것을 앉아서 볼 수 없어 온 나라가 한마음이 되어 모든 의론을 거쳤다. 이제 의기義旗를 들어서 보국안민하고자 죽기로 맹세한 것이다.** 不可坐視國家之危, 而八路同心, 億兆詢議. 今擧義旗, 以輔國安民爲死生之誓."(『취어聚語』) → 농민군과 동학군 결합. 고부농민봉기와 백산대회 연결점 / *전봉준의 1차공초: "(박원명朴源明 군수의 간곡한 효

유효유(諭)에 고부농민봉기군이 해산한 후) 장흥부사 이용태가 안핵사로 본읍(고부)에 와 기포 인민들을 모두 동학으로 몰아 이름을 나열하며 체포하고, 그 가옥을 불사르며 본인이 없으면 그 처자를 대신 붙잡아 살육을 자행하였으므로(代殺. 이승만정권하에, 제주4·3과 여순민중항쟁기에도 자행) 다시 3월에 기포하였다."

1894년
갑오甲午

3월 21일-각포에서 기포한 김덕명金德明(1845년생. 금구대접주)·손화중孫華仲(1861년생. 무장대접주)·김개남金開南(1853년생. 태인대접주)과 최경선崔景善(1859년생. 태인접주) 장군들이 수천 휘하를 거느리고 백산에 속속 집결했다(~22일).

1894년
갑오甲午

3월 25일(양 5월 1일)-**백산의 고부기포**古阜起包. **호남창의소**湖南倡義所 **설치**(관변측 기록: 동학농민군 만여명에서 5~6만 명 집결). / **3월 26일** 전라도 각 지역에서 모여든 수만 동학농민군, 대오隊伍정비(동도대장東道大將: 전봉준. 총관령總管領: 손화중·김개남. 총참모: 김덕명金德明·오시영吳時泳. 영솔장領率將: 최경선. 비서: 송희옥宋喜玉·정백현鄭伯賢) / **3월 27일** 백산의 호남창의대장소, **〈격문檄文〉 유포**(오지영, 『동학사』): "우리가 의의義를 거擧하야 차此에 지至함은 그 본의本意가 단단斷斷 타他에 있지 아니하다. 창생蒼生을 도탄塗炭의 중中에서 건지고 국가國家를 반태산磐泰山의 위에다 두자 함이다. 안으로는 탐학貪虐한 관리官吏의 머리를 베고 밖으로는 강포强暴한 도적盜賊의 무리를 구축驅逐하자 함이다. 양반兩班과 부호富豪의 앞에 고통苦痛을 받는 민중民衆과 방백수령方伯守令의 밑에 굴욕屈辱을 받는 소리小吏들은 우리와 같이 원한怨恨이 깊은 자라. 조금도 주저躊躇치 말고 이 시각時刻으로 일어서라. 만일 기회期會를 잃으면 후회後悔하여도 얻지 못하리라."(甲午 3月 27日 湖南倡義所 在古阜白山) / **〈4대 강령〉** ①사람을 죽이지 않고 물건을 파괴하지 않는다. 一曰: 不殺人, 不殺物. ②충과 효를 함께 온전히 하며 세상을 구하고 백성을 편안하게 한다. 二曰: 忠孝雙全, 濟世安民. ③일본 오랑캐를 쫓아내 없애고 중앙의 정치를 맑고 깨끗하게 한다. 三曰: 逐滅倭夷, 澄淸聖道. ④군대를 몰고 서울로 들어가 권세를 부리는 귀족을 모두 없앤다. 四曰: 驅兵入京, 盡滅權貴(수원군수·장연군수 정교鄭喬, 『대한계년사大韓季年史』) / **〈동학군의 12개 군율〉:** ①투항하는 자는 받아 주라. 降者受對. ②곤궁한 자는 구제하라. 困者救濟. ③탐학한 관리는 추방하라. 貪官逐之. ④따르는 자는 공경하여 감복시켜라. 順者敬服. ⑤도망가는 자는 쫓지마라. 走者勿追. ⑥굶주린 자는 밥을 주라. 飢者饋之. ⑦간사하고 교활한 자를 솎아내라. 奸猾息之. ⑧가난한 자는 도와주라. 貧者賑恤. ⑨불충한 자는 제거하라. 不忠除之. ⑩명령에 거역하는 자는 잘 설득하라.逆者曉諭. ⑪ 병든 자는 약을 주라.病者給藥. ⑫ 불효한 자는 형벌을 내려라.不孝刑之 ("보국안민輔國安民" 대형 깃발과 12개 군호를 깃발에 크게 써서 행진할 때 들고 다녔다). → 백산에 수만여 명 집결(村村設包. 擧旗相應): "일어서면 백산立則白山! 앉으면 죽산坐則竹山!"

1894년 3월 28일 – **전봉준 동도대장, 전주 출동명령.** 행진시 준수사항: "행진중에는 함부로 사람과 생물을 해치지 말 것이며每於行進, 所過之時, 切勿害人之物, 효제충신한 이가 살고 있는 마을로부터 십리 안쪽에는 주둔하지 말라.孝弟忠信人所居之村, 十里內勿爲屯住."(김윤식, 『면양행견일기沔陽行遣日記』 1894년 5월 2일)
갑오甲午

- 3월 29일 – 동학농민군, 태인현 아문衙門 습격. 김문현 전라감사의 〈전문傳聞〉: "만 명 정도의 동학도들이 깃발을 들고 나팔을 불고 북을 치면서 방금 태인 읍내로 들어왔다. 그들의 의도는 오직 전주로 가려는 데 있다." / 4월 2일 동학농민군, 태인현의 인곡仁曲·용산龍山·북촌北村 집결.

- 4월 2일(양 5월 6일) – **홍계훈洪啓薰 전라도병마절도사 겸 장위영정령관壯衛營正領官, 양호초토사兩湖(전라·충청)招討使에 임명됨.** 야포 2문으로 중무장한 경군京軍 700여 명 출동(대관隊官: 이학승李學承·이두황李斗璜·오건영吳建泳·오원영吳元泳·원세록元世祿).

- 4월 2일 – **해월, 각 접주소집**(충청도 옥천 청산리. 수천명 운집). 해월은 호남창의소식을 듣고, 전봉준에게 폭력으로 문제해결 안된다고 경고(勿爲心急). 각 접 도유들에게 동요치 말고 수도에 힘쓰라고 통유문 발송.

- 4월 3일 – 백산 호남창의대장소(손화중포 운영) 활동개시. 동학농민군, 부안현 부흥역扶興驛 집결 → 부안현아扶安縣衙 점령(4월 4일).

- 4월 4일 – 전라감영군·보부상 혼성부대 1600여 명, 백산으로 출동. 동학농민군, 거짓 패하는 척 관군을 도교산道橋山 황토현으로 유인(4월 6일 저녁).

- 4월 6일 – 공주 이인역, 동학농민군 5~6천 명 운집. 보부상 4000명, 동학반대집회(7일).

- 4월 6일(오후. 양 5월 10일) – 전봉준부대와 무장(손화중)·태인(김개남·최경선)·부안·장성의 동학농민군이 연합해서 고부도교산古阜道橋山(정읍시 덕천면 하학리) 집결.

- 4월 6일 – 양호초토사 홍계훈의 경군京軍, 군산 상륙. 위앤 스카이의 주선으로 인천에서 청나라 군함 평원호平遠號를 타고 군산항에 입항.

1894년 4월 7일(새벽. 양 5월 11일) – **정읍 황토현대첩黃土峴大捷. 동학농민군, 전라감영군完軍과 보부상 (천여 명)과 맞선 첫 번째 전투에서 격파. 승전고를 울리다** → "초7일 새벽부터 날이 새면서
갑오甲午

소식을 들으니 전주 병정들이 패했다고 하였다. 만약 병정들이 이겼다면 고부는 도륙되었을 것이다. 천운이 망극하여 병정들은 검사봉劍死峰에 진을 쳤다가 패진했다 한다. 그 후로 동도東道가 크게 일어나서 면면촌촌에서 전도가 바쁘고 입도인이 발광하였다. 그들은 술과 안주를 먹고 장을 보았다. 거옥沃한 치성으로 마을안에 모여 앉아 13자 주문을 외기에 정신없었다.(至氣今至 願爲大降) 侍天主 造化定 永世不忘 萬事知 …"(박문규朴文圭, 『석남역사石南歷史』).『동경대전, 항시降詩』: "주문 스물 한자를 그려내니 세상의 마귀들이 모두 항복한다.圖來三七字, 降盡世間魔."**"가난한 서민층은 그들에 대한 원한이 뼈에 사무쳐 동학이 분기하자 온몸으로 호응하는 자가 백만이나 됐다.單門編戶, 寃呼徹骨.**

及東學起奮, 臂一呼, 應者百萬."(황매천,『오하기문』).

1894년 4월 7일(아침)－홍계훈 초토사와 경군, 임피에서 숙영宿營. 관군의 황토현 패전소식을
高宗 31년 접했다. 동학농민군에 밀리고 있다는 소식에 경군 700명 중 230여 명 도망 → 전국의 농민과 동학도 흥분.

■ 4월 7일(오후)－홍계훈 부대 전주성 도착. 서둘러 조정에 증원군 요청 / 4월 11일 동학농민군에 참패한 홍계훈은 면피할 구실을 찾아 암통자 색출에만 열중. 죄상을 꾸며 전주영장營將 김시풍金始豊 참수 / 4월 13일 재차 지원병 파견 촉구 / 4월 14일 정부, 청국군청병안 유보. 증원군 파병 결정 / 홍계훈, 군율잡기 위해 별안간 전라감영수교全州營首校 정석희鄭錫禧를 금구 말머리장터에서 참수(4월 18일) / "김시풍과 정석희는 비록 늙었으나 담력과 경력이 있으며 기력이 강장하였다. … 홍계훈은 전주에 도착하여, 유용한 두 사람을 죽였다."(『갑오약력甲午略歷』) / 4월 28일 전주성에 입성한 동학군이 남문에 걸린 〈방〉에서도 "현량하고 공이 있는 김시풍을 도륙하여(妄戮賢良, 有功之金始豊) 부당하게 공을 삼으려는 홍계훈을 마땅히 형을 받아 죽어야 한다"고 주장했다.

1894년 4월 7일－동학농민군, 태인·정읍·흥덕·고창·무장 관아 점령(~9일). 무기·양곡 습
갑오甲午 득, 옥문 부수고 갇혀있던 동학도인 방면 / 4월 12일 민영수閔泳壽 영광군수의 〈첩정牒呈〉: "4월 12일에 동학도 만여 명이 난입하여 무기고를 침범했으며 주민들은 도망갔다."(홍계훈,『양호초토등록兩湖招討謄錄』).

1894년 4월 8일(밤)－충남 회덕현 동학농민군 수천 명, 회덕현 관아 무기고 침입(총 44, 창
高宗 31년 41, 환도環刀 60, 연환악수궁鉛丸握手弓 3장, 화살 300, 악철추握鐵椎 5 탈취. 조병호趙秉鎬 충청감사의 "급보急報") → 며칠 후 반납(당시 해월을 위시한 지도부, 무력봉기 반대 입장 반영)

후 해산. 동학군이 무기를 버리자, 관원과 향반들이 동학군보복에 나서고, 또다시 생존수단으로 전국 도처에서 기포하게 된다 / "부안扶安 근처에 있는 13읍의 수령들은 모두 감영監營으로 도피하고, 군기와 남은 곡식은 모두 동학농민군에게 약탈당했다."(『駐韓日本公使館記錄』).

1894년
갑오甲午
4월 11일－**전봉준 동도대장, 무장여시뫼봉**茂長狐山峰(전북 고창군 무장면 신촌리)**에서 재차 〈동학포고문**東學布告文〉 **발표:** "세상에서 사람을 가장 귀하다고 하는 것은 인륜이라는 것이 있기 때문이다. 人之於世最貴者, 以其倫也. … 우리는 비록 초야의 유민일지라도 국토에 몸 붙여 사는 자라, **국가의 위망을 좌시할 수가 없다. 전국팔도의 백성들이 일치단결하여 수많은 인민이 함께 뜻을 모아 이제 여기에 보국안민이라는 정의의 깃발을 들어올렸다. 보국안민의 기치아래 우리들은 삶과 죽음을 함께 하기를 맹서한다.**吾徒雖草野遺民, 食君土, 服君衣. 不可坐視國家之危. 而八路同心, 億兆詢議, 今擧義旗. 以輔國安民爲死生之誓." → 영광靈光 진출(4월 12일. 동학군의 제식시위: "수천 명이 날라리를 불고 북을 치며 행진한다.") → 함평咸平 진출(16일) → 무안務安 진출(18일) → 나주로 향하다(북상) / * 동학농민군, 장성황룡대첩에서 대승을 거두고 장성출발(4월 24일) → 정읍(25일) → 금구金溝 원평院坪(26일) 등 20여 개 군현 접수 → 전주 삼천三川에 도착(27일).

■ 4월 15일－이용태, 고부군 안핵사 파면당하다. 이용태는 노론老論 4대신 중 한 사람인 이건명李健命의 친척이다. 이설李偰 등 조신들의 규탄: "**고부의 난은 전운사**轉運使 **조필영趙弼永·군수 조병갑으로 말미암아 발단이 되었고 안핵사 이용태는 이를 확대시킨 과오를 저질렀다.**" / 황매천: "처음에 난을 만든 자는 조병갑이요, 이 난을 키운 자는 이용태이다. 創亂者, 趙秉甲; 養亂者, 李容泰."(황현, 『매천야록梅泉野錄』) / *조필영의 선정비가 군산시 나포면에 있다.

1894년
갑오甲午
4월 18일－**전봉준 대장, 민종렬**閔種烈 **나주목사에게 서신:** "옥에 가둔 도인들을 풀어주면 경내에 들어가지 않겠다." 나주성사수책을 채택한 민종렬의 답신(16자): "명분없이 일으킨 무리는 법에 의해 마땅히 살륙될 것이다. 도리가 아닌 말은 듣고 싶지 않다. 無名之擧, 在法當戮. 不道之言, 非所願聞."(정석진鄭錫珍, 『난파유고蘭波遺稿』). (4월 18일 나주의 상황) 들판의 불길처럼 동학농민군이 인근 고을을 거의 장악한 상태였지만, 물산도 풍부하고 성곽도 견고한 나주목은 저항했다. 향후 나주목은 반동학세력의 선봉이 되어, 2차 동학항일전에도 지대한 전략적 손실을 동학지도부가 감내해야 했다.

1894년
高宗 31년
4월 18일(양 5월 22일)－**스기무라**杉村濬 **조선임시대리공사, 〈동학당에 관한 속보〉(정탐기):**

"무장, 정읍, 영광, 장흥, 태인, 옥과 등지에 둔취해 있는 **동학도들**은 매일 진법을 연습하고, 밤이면 경문을 읽고 있다. 이 6읍 사람은 각각 5~6천 명 정도씩 되는데, 무장이 가장 많다." / 일본은 조선낭인朝鮮浪人이라 불리는 일본 민간인들(주로 무사출신)이 의복을 변복하여 지형을 탐사하고, 농민군 속으로 파고 들어가 많은 정보를 수집하는 스파이 역할을 했다. 조선낭인단은 조·일수교(1876년) 후 오랫동안 기자, 통역, 사법서사, 행상 등을 하면서 광범위하게 정보수집 활동을 해왔다(을미년 민중전시해에 직접 가담한 군인신분이 아닌 48명 중 11명이 기자였다).

1894년 4월 19일 − **전봉준 동도대장, 홍계훈 양호초토사에게 〈원정서願情書〉 제출**. "전라일도全
갑오甲午 羅一道 탐학貪虐을 제거하고 내직內職으로 매관賣官하는 권신權臣을 병축屛逐하면 팔도八道가 자연일체自然一體될터이오다. 내직內職으로 매관자賣官者는 민영준閔泳駿·민영환閔泳煥·고영근高永根 등이다."(『전봉준공초』).

▪ 1894년 당시 서울에 있던 영국의 지리학자 이사벨라 버드 비숍의 동학군에 대한 견해: "동학군은 너무도 확고하고 이성적인 목적을 가지고 있어서 나는 그들의 지도자들을 '반란자들'이라기보다는 '무장한 개혁자들'이라고 부르고 싶다. 〈동학의 선언문〉은 왕에 대한 충성의 맹세를 존경하는 언어로 알리면서 시작했고, 매우 온순한 불만을 이야기하면서 계속되었다. 동학도들은 한국의 관료들이 자기 자신만의 이기적인 목적을 위해 그의 백성들에게 고통을 주는 잘못에 대한 모든 정보와 소식에 관해 왕의 두 눈과 두 귀를 막아왔다고 주장한다. 외국인인 내가 봐도 의심할 수 없는 진실을 주장했다. … 그 모든 것이 구구절절 옳은 말들이었다."(『한국과 그 이웃나라들』).

1894년 4월 19일 − **홍계훈 양호초토사兩湖招討使, 청국군淸國軍 청병請兵 주청奏請**: "… 그러나
高宗 31년
光緖 20년 지금의 사세를 보면 우리 쪽은 적고 그들은 많아 병력을 나누어 추격해보았으나 이
明治 27년 것도 어렵습니다. 엎드려 청하는 바는, **명병明兵**(청국군)을 **차병借兵**하여 돕게 하면 그 무리로 하여금 그 수미首尾를 불접不接케 하고 그 음신音信을 불통不通케 하겠으니 이로써 그들은 반드시 세력이 분산되어 흩어지고 힘이 궁하여 스스로 해산할 것입니다. 일거에 만전을 기하려면 이 한가지뿐이니 공구하고 미거하나 처분을 내려주심이 어떠하겠습니까. 然而見今事勢, 我小彼多, 難以分兵追擊. **伏乞請借明兵.** 以助之, 則使彼徒, 不接其, 首尾不通, 其音耗, 則彼必勢分. 而必散力窮, 而自解矣. 一擧萬全, 只此一條. 然恐未處分之若何."(『주한일본공사관기록』)→고종과 민씨일당의 지속적인 차병론을 홍계훈을 통해 관철.

1894년 4월 21일 − 전봉준 대장, 함평 나산羅山을 거쳐 장성 월평月坪으로 이동(22일). 전주성
갑오甲午

점령이 목표.

1894년 갑오甲午

4월 23일(양 5월 27일) — **장성 황룡대첩**黃龍大捷(장성 황룡강 월평 대접전). 경군京軍을 상대로 첫 전투에서 대승. 전남 장성長城 황룡촌黃龍村(장성군 황룡면 월평리月坪里)에서 홍계훈의 부하(장위영 대관) 이학승李學承이 이끄는 경군(300여 명)과 접전接戰하여 큰 대승을 거두었다. 이학승 이하 관병 수명 전사. 대환포 2좌(크루프Krupp 대포·회선기관포)와 양총 100여 정 노획 / "이춘영李春榮 장성 대접주(1886년 2월 10일 동학입도)는 대거접전계획을 하고 접전전구接戰戰具로 사용키 위하여 광주군 임곡면 가정리 송영직宋永直씨가 헌납한 대청죽大靑竹 약 450본으로 대형죽 장태 7개를 만들어 장태속에다 벼집을 쟁여 전투에 사용하였다. 장태의 규모는 다음과 같다. 제품고상製品高上은 오척五尺이고 길이는 십오척이 되어있는데 이 장태를 전지戰地에서 궁굴려 전진하며 동학군은 이 장태에 몸을 의지하고 적군의 총탄을 방어전투에 사용할 전구戰具의 장태를 만든 것이다."(『동학약사東學略史』) / 장흥 남면 대접주 장태장군 이방언李邦彦(1838~1895. 명문가 후손)의 "장태전법" 발휘: "청죽靑竹으로써 얽어 닭의 장태와 같이 만든 것으로 밑에 차바퀴를 붙인 것이며 그 속에는 군사가 앉아 총질을 하게 된 것이니, 이 장태를 만든 사람이 장흥접주 이방언이므로 그의 별호를 이장태라고 불렀다."(오지영, 『동학사』) / 1905년 장성 월평리 거주 변돌기邊突基 증언: "당시 불시에 황룡강 건너 쪽에서 이학승 관군이 대포로 공격하자 놀란 동학군들은 동쪽 뒷산으로 올라갔다. 바라보니 관군은 수백명에 지나지 않았다. 황룡강 배나들이로 건너가 닭장태 모양으로 만든 큰 장태를 굴리며 역습하였다." / 경군의 황룡촌 전투패배 보고를 받은 조선정부의 조치: 홍계훈 문책, 이원회李元會를 양호순변사로 임명. 전라감사 김문현 파직, 후임에 김학진金鶴鎭 / 강화병(450명), 법성포 상륙. 홍계훈 마중.

1894년 高宗 31년

4월 24일 — 고종, 전라감사로 제수받는 김학진에게 신신당부: **"일변 어루만져주고, 일변 동학군을 무찔러 없애도록 하라.**莅任一邊撫綏, 一邊剿除可也."(『일성록日省錄』).

1894년 갑오甲午

4월 24일 — 전봉준 부대, 노령蘆嶺 넘어 급히 전주로 향하다(장성출발 → 정읍 → 태인 → 원평[26일] → 전주외곽 삼천三川 도착[27일]) / 4월 25일 홍계훈, 강화병과 경군을 이끌고, 영광에서 급히 전주로 향하다(고창에서 일숙).

■ 4월 27일(양 5월 31일) — **동학농민군 2만여 명, 전주성 무혈입성**陷城. 이미 파면되어(4월 18일) 후임자 김학진金鶴鎭 전라감사를 기다리던 관찰사 김문현은 성을 버리고 공주

감영으로 단신 줄행랑. 전봉준은 대군을 이끌고 서문으로 입성해서 선화당宣化堂 당상에 올랐다(지휘본부 설치) → **"전주 이씨"인 조선왕조, 전주성 함락에 경악과 치욕에 떨다.** 김문현, 거제도 위리가자圍籬加棘 형집행(6월 10일) / 〈전봉준 1차공초〉: "작년 26일~27일 간에 전주에 들어왔으며, 5월 초 5일~6일간에 해산하였다.昨年四月二十六·七日間入全州, 五月初五·六日間解散."

1894년
갑오甲午
4월 28일(아침)－동학군, 전주성 남문에 〈방榜〉 부착: "… 집권대신들은 모두가 외척들이다. 하는 일이란 자신을 살찌우는 것만 알며 그들의 당파 계파를 각 읍에 깔아놓고 백성을 해치우기만 하니 백성들은 어찌 이를 감당하랴.執權大臣, 皆是外戚. 終夜經營, 只知肥己. 以其黨與, 派布各邑, 害民爲事. 民何以堪."(『대한계년사』) → 민중전외척 민씨일당을 구체적으로 비판 / 2021년 3월 2일 **한국토지주택공사** 직원 부동산 투기사건으로 국민적 분노 폭발. 국가정책을 미리 탐지한 한국토지주택공사 직원들이 문재인정부의 3기 신도시(광명·시흥 일대) 사업지역에 토지를 투기성으로 매입했다는 의혹을 참여연대·민변이 제기했다 / 2021년 4월 7일 **서울과 부산시장 재·보선, 야당 "국민의 힘" 후보 서울: 오세훈**(57.50%)**·부산: 박형준**(62.67%) 당선. "여당참패, 무섭게 돌아선 민심." / 2020년 4월 15일 **21대 총선.** "범여권 180석" 압승.

1894년
高宗 31년
4월 28일－홍계훈 측 관군(본영: 황화대黃華臺·완산주봉完山主峰), 전주성안을 향해 무차별 포격(경기전慶基殿 훼상毁傷) / 5월 3일(양 6월 6일) 동학군의 설욕전 → 동학군과 관군의 일진일퇴.

▪4월 29일(양 6월 2일)－이헌영 충청감사의 급보(전주영에서 도망친 김문현 감사의 전언 참조): "공주 이하 지방은 나라의 소유가 아니다. 公州以下, 非國家所有." → **전주성함락 소식에 중앙정부 패닉**(고종은 청국차병론 채택, 4월 29일 밤) → 청국 군대 파견요청(4월 30일) → 일본 출병 급파 → 전주화약.

▪4월 29일 밤(양 6월 2일)－**이토오**伊藤博文 **내각, 조선파병 결정.** 외무대신 무쯔 무네미쯔陸奧宗光, 참모차장 카와카미川上操六, 외무차관 하야시林董 등 3인이 조선출병 방침결정(조선내정 신속파악 루트장악). 내각탄핵 가결로 위기에 빠졌던 이토오내각 소생 계기.

▪4월 30일－**조선정부**(고종의 사주를 받은 민씨척족 민영준閔泳駿 주도), **원세개**袁世凱**를 통해 청나라 원병을 청하는 국서國書를 보냈다**: "… 요새 와서 동학교비東學敎匪와 부동하여 만萬여 인의 군중을 모아 현읍縣邑 10여 곳을 공함攻陷하고 이제 또 북상北上하여 전주영부營府가 함락되었다. … 임오壬午(1882년)·갑신甲申(1884년) 두 변란 때에도 중국

군이 감정勘定해준 것을 힘입었는데 이번에도 그 때 일을 참작해서 귀총리에게 청원하는 바이니, 신속히 북양대신北洋大臣에게 전간電懇하여 군대를 파견토록 하여 속히 와 초렴해 달라. …"(『갑오실기甲午實記』). / 원세개의 관사에서 조회照會: "귀 정부가 말한 것을 받아보았습니다. '전라도의 동학교비東學敎匪가 무리 10,000여 명을 모아 현縣과 성성城城 10여 곳을 공격하여 함락시켰고, 이전에 토벌과 위무를 나간 정예군은 이미 저항을 받아 패배하여 많은 포와 기계를 잃어버리고 물러났으며, 우리나라의 군대로는 그들을 제거하기가 매우 어려우니 군대를 보내어 대신 토벌해주기를 전보로 요청합니다'라고 한 것을 북양대신 이홍장李鴻章에게 전보로 아뢰었습니다."(의정부 편찬, 『동비토록東匪討錄』). 이홍장은 원세개를 통해 지속적으로 조선을 속방화시켜왔다.

1894년 5월 1일(양 6월 4일) – 이홍장李鴻章 북양대신, 정여창丁汝昌 수사제독으로 하여금 군함
高宗 31년 (濟遠號)을 이끌고 인천으로 출동케 했다 / 5월 3일 청국, 조선 출병을 일본에 통고. 일본정부는 거류민보호를 위해 군대파견한다고 청국에 통고(5월 4일) / 천진조약 (1885년): "청·일 양국 군대는 동시 철수하고, 동시에 파병한다." → 청·일 전쟁 발발(1894년 6월 23일).

■ 5월 2일 – 동학본부(濟衆生等義所), 홍계훈 초토사에게 〈소지所志〉 전달: "… 입성 후 병기를 모은 것은 몸을 방어하려는 데 지나지 않으며 목숨을 부지하려는 데 있었다. 사소한 원한을 갚거나 남의 분묘를 파거나 재물을 토색하는 것은 우리들이 대단히 미워하는 일이다. … 합하가 깨닫고 속죄하는 길은 오직 잘 등문하여善處登聞 생민들에게 머지 않아 한 가지 기쁨이 되기를 바란다. 할 말은 이것뿐이다.言止此而已."(홍계훈, 『양호초토등록』).

■ 5월 2일(양 6월 5일) – 일본, 히로시마廣島 대본영大本營 설치(1893년 5월 19일 칙령 제 52호의 전시 대본영 조례 법제화). 일본은 대륙진출의 오랜 꿈을 실현하기 위해 작정하고 청일전쟁을 도발했다. 예비된 청일전쟁을 수행하기 위한 히로시마 대본영은 일본군 전체를 지배하에 두는 전시 천황 직속의 최고통수기관(천황의 명령奉勅命令이 곧 대본영의 명령)이다. 천황·육군대신·참모총장·참모차장·참모본부 제1부장(작전 부장)·해군대신·군령부총장·군령부차장·군령부 제1부장이 대본영 회의에 참석한다 / 1896년 4월 1일(양) 청일전쟁을 승리로 이끈 히로시마 대본영 해산 → **처절한 동학 당학살을 지휘한 주체가 히로시마 대본영이었다**(대륙진출의 저해요인이 동학농민군).

■ 5월 4일 – 홍계훈의 답신 〈효유문〉: "너희들이 목숨을 부지하려면 빨리 성문을 열고

해산해야 한다. … 만약 그리하지 않으면 성을 부수고 바로 들어가 남김없이 초멸할 것이니 그리 알도록 하라.若不然則破城直入. 無遺剿滅. 咸須知悉."(『양호초토등록』).

1894년 5월 4일(양 6월 7일) ─ 전주성의 전봉준을 위시한 동학지도부, 동학군의 해산을 종용하
甲午 는("그대들의 소원을 들어줄테니 속히 해산하라.") 홍계훈 양호초토사에게 〈폐정개혁안弊政改革案〉 제출: ① 전운소轉運所를 혁파할 것. ② 국결國結을 늘이지 말 것. ③ 보부상褓負商 작폐를 금할 것. ④ 도내환전道內還錢은 구감사舊監司가 거두어 갔은즉 민간에 다시 징수하지 말 것. ⑤ 대동미大同米를 상납하기 전 각 포구浦口의 미곡무역米穀貿易을 금 단할 것. ⑥ 동포전洞布錢은 매호每戶 춘추春秋 2냥兩씩 정전定錢할 것. ⑦ 탐관오리貪官汚吏는 아울러 파면시킬 것. ⑧ 위로 임금을 옹폐壅蔽하고 매관매직賣官賣職하고 국권을 농간하는 자를 아울러 축출할 것. ⑨ 관장官長이 된 자는 해경내該境內에 입장入葬할 수 없으며 또 전답田畓을 사지 못하게 할 것. ⑩ 전세田稅는 전례에 따를 것. ⑪ 연호잡역烟戶雜役을 감성減省할 것. ⑫ 포구어염세浦口魚鹽稅를 혁파할 것. ⑬ 보세洑稅 및 궁답宮畓은 시행하지 말 것. ⑭ 각 고을의 원이 내려와 민인民人의 산지山地에 늑표勒票하고 투장偸葬하지 말 것(폐정개혁안 27개조 중, 『전봉준판결선고서』에 기재된 항목). **"이십칠 조목을 내어가지고 상주上奏하기를 청하였더니 초토사가 승낙한 고로 피고는 동년 초오육일께 쾌히 그 무리를 해산하였다."**(『전봉준판결선고서』) / 5월 5일 이원회李元會 양호순변사兩湖巡邊使(평양병 500명 등 800여 병력 인솔. 공주감영 주둔)에게도 〈폐정개혁안〉 전달.

1894년 5월 5일(양 6월 8일) ─ 정부의 회답: "각자 집으로 돌아가 생업에 안주하고 삶을 즐기도
高宗 31년 록 도모할 것이며 새로워져야 한다. 무사히 귀가하게끔 물침표勿侵標를 만들어주겠다." 동학군측에 정부의 결정을 알림(6일). 6일부터 동학농민군철수 시작.

▪5월 5일 ─ 본영(전주) 유생들, 김학진 전라감사(삼례주재)에게 급전(巡相閣下行所告急文狀): "… 초토사는 완산에 와서 한 자의 효유도 하지 않고 오로지 살벌殺伐한 일만 하고 있습니다. 대포를 성중에 마구 쏘아 소중한 양전(肇慶殿·慶基殿)을 거의 파괴시켰으며 성의 안팎 민가를 모두 불태워버렸습니다. 무고한 인민을 불 속에 타죽게 만들었습니다. … 초토사 그는 왕명을 받들어 위무慰撫할 소임을 가졌음에도 불구하고 처음부터 효유하지 않았습니다. … 빨리 입성하여 인민들의 처지를 널리 접하시기를 바랍니다."(『수록隨錄』).

▪5월 5일 ─ **섭사성聶士成 태원진총병太原鎮總兵, 청군(910명)이끌고 충남 아산에 상륙**
/ 5월 9일 섭지초葉志超 직예제독, 청군 일천오백여 명을 이끌고 아산에 상륙. 청국

군은 아산과 공주 두 곳으로 분산 주둔.

1894년 5월 6일 — **오오토리 케이스케大鳥圭介 일본공사, 군함 3척을 이끌고 인천에 상륙.** "거류
高宗 31년 민보호"명목으로 488명의 육전대陸戰隊와 순사 20명이 대포 4문을 소지하고 서울
침입(7일 오후 7시). 조선정부 항의·철병요청을 오오토리 일본공사(주청국특명전권공
사 겸임)가 일방적으로 묵살 / 5월 9일(전주화약 성립 후) **오오시마 요시마사大島義昌** 육군
소좌의 8천여 명의 혼성여단(보병 제9여단), 인천 상륙(~19일). "**항구가 외국군캠프로 변해
가는 것을 한국민중들은 멍하니 바라보고 있다.**"(18일 제물포항구에 도착한 이사벨라 버드 비숍의 목격).

1894년 5월 7일(양 6월 10일) — **전주화약全州和約**(전봉준 동도대장과 김학진 전라관찰사). 불청객
高宗 31년 일본출병에 당황한 조선정부는 청·일 양군의 철군명분을 제공키 위해 서둘러 화약체결.

1894년 5월 8일 — **동학농민군, 자진철군 해산 완료**(동·북문). 〈통문〉 발송: "**오도의 종지는 보국안민
갑오甲午 이다.吾道之宗旨, 寔出於輔國安民. … 종금 이후로는 일체 화해를 유지하도록 조심하며 상감에게 죄짓지
않도록 해야한다.**"(『주한일본공사관기록』). 홍계훈 부대, 승자인냥 남문입성 / 5월 9일 김
학진 신임 전라감사, 입성 / 〈전봉준 3차공초〉(경성주재 일본제국영사 우찌다 사다쯔찌
內田定槌가 묻다) **문問**: "전주로부터 해산한 것은 어느 날인가?自全州解散在何日?" **공供**:
"5월초 7~8일간이다.五月初七·八日間." "경영중京營中에서 〈효유문〉을 작作하여 여의
소원汝矣所願대로 하자옵기에 감격感激하여 해산解散했다."(전봉준 1차공초).

■5월 11일 — 정읍에 집결한 동학농민군, 이원회 순변사에게 〈등장等狀〉 발송: (지방관리들
이 중앙지침과는 달리 여전히 동학도를 괴롭히니) "동학도인들이 두렵고 겁이 나서 고향으
로 돌아가지 못하고 있다."

1894년 5월 13일(양 6월 16일) — **일본, 일·청 공동의 〈조선의 내정개혁안〉을 청국에 제시** / "동학
高宗 31년 군을 섬멸했으니 청·일 양군은 물러나라"는 조선정부에 호응한 청국(대표: 위앤 스카
이袁世凱)과 일본(오오토리 케이스케大鳥圭介 일본 특명전권공사)에게 청·일양국의 공동철
병 제안했으나, 떠날 생각이 없는 일본은 〈조선의 내정개혁안〉으로 역제안 → 청국,
내정간섭임으로 거부(5월 18일, 조선정부도 일본의 내정개혁안 거부) → 일본, 단독으로 조
선정부개혁 통고 → 일본, 경복궁 난입·점령(6월 21일. 김홍집친일정권수립) → 청·일
전쟁 발발(6월 23일) → 갑오개혁(일본의 내정개혁) → 제2차 항일동학농민혁명 → 민중
전시해사건 → 단발령 → 항일의병운동 → 아관파천 → 대한제국 선포 → 한일합병.

1894년 5월 15일 — 조선조 마지막 과거시험 실시(보재溥齋 이상설李相卨 합격). 내정개혁 때 과
高宗 31년

거제 폐지 / 이상설, 용정龍井에 서전서숙瑞甸書塾 설립(1906년), 헤이그밀사 사건(1907).

1894년 5월(중순) ─ **김덕명 대접주, 금구 원평에 전라좌도 대도소 설치.** 전봉준 대장 적극 지원
갑오甲午 세력 / **손화중 대접주, 고창 괴치槐峙에 대도소 설치.** 부안 ─ 정읍 ─ 고창 ─ 영광 ─ 장
성 ─ 광주 등지를 아우르는 호남제일의 조직결성.

■ 5월 19일 ─ 홍계훈 양호초토사, 전주에서 관군 본진(경병) 철수.

■ 5월 19일 ─ 김학진 전라감사, 〈효유문〉 발표: "그대들이 살고 있는 면·리에 집강執綱을 두
어面里各置執綱 만일 원통하고 억울함을 말하고자 한다면 해당 집강이 자세하게
소訴를 만들어 영문營門에 올리면 공정한 결정을 내리게 될 것이다. … 금년에는
부역과 각종 공납금을 모두 면제하여 주리라."(『오하기문』) → 동학지도부, 군·현 단위
로 집강임명 요청 → 김학진 감사 수락.

1894년 5월 ─ **문신 복암復菴 이설李偰**(1850년생), **동학농민봉기 책임자 탄핵 상소.** 원인제공자
高宗 31년 지적: 전라감사 김문현金文鉉, 안핵사 이용태李容泰, 고부군수 조병갑趙秉甲, 영광군수
민영수閔泳壽, 균전관 김창석金昌錫, 전운사 조필영 등 / 1906년 1월 **복암 이설 자정치
명**自靖致命. 친일내각 김홍집의 삼고초려에도 일체 불응한 복암 이설은 을미년 홍주
의병을 일으켰다. 을사조약 파기와 을사오적의 처형을 요구하는 상소운동을 벌이다
가 일본경찰에 체포되기도 했다. 곡기를 끊었다(1906년).

■ 5월 20일 ─ 전운사轉運使 조필영趙弼永(고부학정 주범 중의 일인), 전라도 함열咸悅로 유배.

■ 5월 21일 ─ 일본군 3천여 명, 서울(아현동, 용산, 만리창) 주둔. "남산봉수대에 대포를 설
치했다. 성터를 허물고 길을 냈으며 그 밑에 포진했다. 북악산 중턱에도 대포를 설치
하고 병사를 주둔시켰다."(김윤식金允植, 『면양행견일기沔陽行遣日記』).

■ 5월 23일 ─ **오오토리 일본공사, 고종에게 일본의 〈단독개혁안 7개조〉 제시 / 6월 1일** 5개
항의 〈내정개혁강령〉 제시 / 6월 5일 〈내정개혁안강목〉 제시 / "**처음부터 조선정부의
내정개혁에 대해 정치적인 필요성 외엔 다른 의미가 없었다. … 조선의 내정개혁
은 먼저 우리나라의 이익을 찾는 데 있었다.**"(일본외무대신 무쯔陸奧宗光, 『건건록蹇蹇錄』).

■ 5월 27일(양 6월 30일) ─ 일본의 협박에 굴복한 고종, "우리 조선은 청국의 속국이 아니
라 당당한 독립국이라" 천명 → 조선의 주권이 일본에 예속.

■ 6월 6일 ─ **군현에 집강소 설치 승인.** 전봉준 대장, 김학진 감사와 관민상화책官民相和策
논의. 감영으로 초대받은 전봉준은 의젓하게 의관정제하고, 각 고을(군현)에 집강소

설치 요구. 김학진 감사가 허락했다(許置執綱于各郡. 『갑오약력』) / 6월 7일 김학진 감사, 〈감결甘結: 유도내란민문論道內亂民文〉 발표: "그대들은 듬직하고 의로운 이를 뽑아 집강으로 뽑아서擇謹愼有義者爲執綱, 위법자가 나타나면 포착하여 고을 수재守宰와 상의해서 처리하라. 만일 집강이 전결하기 어려운 일은 관에 보고한다면 법대로 포착할 것이다. …"(김성규, 『초정집草亭集』).

1894년
갑오甲午

6월 7일 ─ 조병갑 전 고부군수, 강진 고금도로 유배.

■6월 8일 ─ 전봉준·최경선·옹택규瓮宅奎·송진상宋鎭庠 등 20여 명의 동학지도부, 지방순회(~6월 말. 장성, 옥과, 담양, 창평, 남원, 순창, 운봉 등). 전봉준은 금구현 원평(전라우도 대도소)에서 주재하며 전라도 각지를 돌며 집강소와 폐정개혁을 독려했다. 마을동향: "어떤 원님은 소를 잡고 술을 대접하는가 하면 어떤 원님은 도망쳐버렸다. 或以牛酒勞之, 或以逃避云."(김재홍, 『영상일기嶺上日記』). 나주·운봉·순창은 집강소 설치를 거부하는 수성군守城軍(향리+유생+지방 포군)과 동학농민군 사이에 치열한 전투가 계속되었다 / 황매천의 기술: "5월 이후에 많은 수령과 선비들이 적(동학)을 따랐다. … 동경(동경대전)을 마치 대성인의 글로 여기고視東經, 爲大聖人之述作 마을에다 강당을 세우고 아침저녁으로 이치를 익히고 있었다. 어린아이들도 격검궁을지가를 모두 외워댔으며童孺皆上口, 擊劍弓乙之歌, 논두렁과 밭머리에서도 그 소리가 들렸다. 시천주를 읊는 소리는 샛길에도 가득하였고 호남에서 경기까지 천리에 걸쳐 이어졌다. … 적賊은 서로 예로 대하기를 매우 공손하였다. 귀천이나 늙은이와 어린이를 가리지 않고 똑같이 대했다.賊相見禮數甚恭, 無貴賤老弱.(『오하기문』) → 전라도 일대 "동학세상"에 대한 기대감 고양: "가보甲午세 가보세, 을미乙未적 을미적, 병신丙申되면 못가보리." / 6월 23일 남원대회 후, 각 군·현 집강 임명 완료.

■6월 ─ 김개남 대접주, 태인 동학군 10여 명과 함께 전라좌도 순회(순창, 옥과, 곡성, 담양, 창평, 동복, 낙안, 순천, 흥양 등) 후 남원성 입성 후 남원대회 개최(6월 15일).

1894년
高宗 31년
明治 27년

6월 21일(양 7월 23일, 새벽 4시) ─ **일본육군, 경복궁 불법점령.** 오오토리 케이스케 일본공사의 기획하에 일본군 혼성여단 2개 대대는 경복궁을 난입하여 한성점령(지휘: **오오시마 요시마사大島義昌**. 아베 신조安倍晋三 일본 최장수 내각총리대신의 고조부. 보병 제9여단장인 오오시마 육군소장은 정한론征韓論─만주정벌론을 주창한 요시다 쇼오인吉田松陰의 추앙자로서, 청일전쟁·러일전쟁을 승리로 이끌고 육군대장으로 승진하여 요녕성 여순旅順의 초대 관동총독關東總督을 역임했다). 고종, 즙경당緝敬堂에 연금(일본군 철병을 요구하는 친청파 민씨정권

타도). 조선군대 무장해제. 대원군 입궐(22일). 모든 정무政務는 표면적으로 대원군의
일임하에 정부인사 단행(오오토리 일본공사의 각본대로 내부쿠데타로 위장) / "아산 청군은
경성에 진입할 기미를 보이지 않는다. 우리군대가 먼저 공격하면 우리가 전쟁을 시작
했다는 허울을 쓸 염려가 있다. 아산 청군을 공격하려면 조선정부의 위탁을 받아내야
한다. 그러자면 … 조선국왕을 우리 수중에 넣지 않으면 안된다. … 나는 전보로 오
오토리 공사에게 어떤 구실을 써서라도 실질적인 행동을 취하라고 하였다."(일본외무대
신 무쯔 무네미쯔陸奥宗光, 『건건록蹇蹇錄』) → 전·현직관리들과 유생이 항일구국抗日救國
에 동학농민군과 일체감 발단(제2차 항일동학농민혁명 봉기) / "기험崎險하다 기험하다
아국我國운수 기험하다. 개같은 왜적놈아 너희신명身命 돌아보라. 너희역시 하륙下陸해서
무슨은덕恩德 있었던고."(「안심가」).

1894년 6월 22일 − **일본군정日軍政 하에 친일개화괴뢰정권수립**(제1차 김홍집내각). 친일관료들,
高宗 31년
開國503년 갑오개혁 추진(갑오경장甲午更張. ~1896년 2월). 동학농민군 격분. 일본은 친일개화괴
뢰정권 수립 동시에 조선으로부터 "청국군 구축驅逐 의뢰"를 따냈다.

■ 6월 23일(새벽. 양 7월 25일) − **일본 해군**(지휘: 토오고오 헤이하찌로오東鄕平八郞), **풍도해전
豊島海戰 도발.** 일본은 선전포고도 없이 아산만 풍도 앞바다에서 청국 함대를 공격했
다(청국군 800여 명 수장). → 청일전쟁 도발. 시모노세키下關 조약(1895년 3월) → 삼국
간섭으로 일본의 조선보호국화 정책실패(4월) → 을미사변(항일친러파로 전환한 민중전살
해. 1895년 8월 20일) / "가련可憐하다 가련하다 아국我國운수 가련하다. 전세임진前世壬
辰 몇해런고 이백사십 아닐런가."(「안심가」).

1894년 6월 25일(양 7월 27일) − 김개남 태인 대접주, 남원성 관아에 전라좌도 대도소大都所 설
갑오甲午   치. 부사 윤병관尹秉觀은 한 달 전에 도망가고 관아는 무주공산.

1894년 6월 25일 − 군국기무처軍國機務處 설치(총재관: 김홍집. 부총재: 박정양朴定陽. 대원군간섭 배
高宗 31년   제한 정책결의기관). 위원: 협판 민영달閔泳達, 강화유수 김윤식金允植, 내무협판 김종한
金宗漢, 장위사 조희연趙羲淵, 대호군 이윤용李允用, 외무협판 김가진金嘉鎭, 우포장 안
경수安駉壽, 내무참의 정경원鄭敬源, 박준양朴準陽, 이원긍李源兢, 김학우金鶴羽, 권형
진權瀅鎭, 외무참의 유길준兪吉濬, 김하영金夏英, 공조참의 이응익李應翼, 부호군 서상
집徐相集. (7월 2일 3인 증원: 선혜청제조 어윤중魚允中, 이조참의 이태용李泰容, 참의내무부사
권재형權在衡. 박준양과 이원긍 이외의 상기 관리는 **일본공사관에서 추천**). 친청파親淸派 유

배: 좌찬성 민영준閔泳駿, 전통제사前統制使 민형식閔炯植, 전총제사前總制使 민응식閔應植 등 / 대원군 측, 전승지前承旨 이건영李健永을 통해 전봉준·김개남에게 일본군의 경복궁 난입을 통지하고 기병起兵하여 서울로 올라오기를 종용(정석모, 『갑오약력甲午略歷』) → 전봉준은 2차 공초에서 이건영을 통한 대원군 관련설 부인.

1894년 6월 26일 － 김윤식金允植(1835~1922), 면천沔川에서 해배解配(군국기무처 위원에 즉각 기용).
高宗 31년 1887년 5월에 면천으로 유배갔었다(1893·1894 동학농민전쟁시기 기록물, 『면양행견일기』를 남김) / 외무아문대신으로 지내다가 을미사변(1895년) 여파에 연루되어 제주도·지도智島로 종신 유배형. 1907년 해금되어 중추원 의장 수행. 일제강점 이후 작위를 받았다(1919년 3·1독립만세운동에 동조하여 이용직李容稙과 함께 독립승인을 요구하는 〈대일본장서對日本長書〉를 조선총독부와 일본정부에 보냈다 → 작위박탈).

■ 6월 26일 － **일본군**(지휘: 오오시마 요시마사 육군 소좌), **충남 천안인근 성환**成歡**에서 청국군**(지휘: 섭사성聶士城) **기습.** 청국군 패배(일본군 사상자: 88명, 청국군 사상자: 500명) / 7월 1일(양 8월 1일) 일본, 청일전쟁 선포 → 조선땅이 청일 양국의 전쟁터가 되었다.

1894년 6월 28일 － **김인배**金仁培(1870년생) **영호포 대접주, 순천부 관아에 영호대소**嶺湖大
갑오甲午 都所 **설치.** 순천－광양－고흥－낙안－보성－하동－진주－곤양－사천－남해 관할 / 배규인裵奎仁(배상옥) 무안 대접주, 남서부지역 관할(진도－완도－해남－영암－강진－장흥－무안－보성 등).

■ 6월 29일 － **동학농민군 재차 전국적 봉기.** 전라도 장성의 농민군 5~6백 명, 일본군의 경복궁 난입에 봉기했다: "왜병이 장차 이를 것이다. 일이 심히 급박하다." / 7월 3일 충청도 이인역에서 농민군 봉기 / 7월 5일 이인 반송盤松(접주: 김필수金弼洙) 동학농민군 봉기: "지금 외국이 내침來侵하여 종사가 매우 위급하니 병대를 일으켜 한번 토벌하여 환난을 평정코자 한다." / 7월 하순 경상도 함창咸昌에서 농민군 봉기 / 8월 1일 공주 정안면 궁원의 동학농민군 1만여 명, 공주부내로 집합(대접주: 임기준任基準); "보국안민輔國安民, 척화거의斥和擧義, 토왜보국討倭報國!" / "**함지사지**陷之死地 **출생들아 보국안민**輔國安民 **어찌할꼬. 대저인간 초목군생**草木群生 **사생재천**死生在天 **아닐런가. 불시풍우**不時風雨 **원망해도 임사호천**臨死號天 **아닐런가.**"(『용담유사, 권학문』) / 9월 4일 영월·평창·정선의 농민군 수천 명 봉기.

1894년 7월 1일 － 최경선崔慶善 태인 접주, 나주로 진군. 나주는 집강소설치를 거부했다 / 7월 5일 나
갑오甲午

주성 전투 / 경상도 안의현·하동과 전라도 운봉·강진·순창 등지에서도 반동학세력이 동학도인을 학살했다.

1894년 갑오甲午 **7월 2일 — 전봉준 대장, 남원 대도소 방문.** 전봉준, 김학진감사가 보낸 전령에 의해 남원에서 "일본군의 변란變亂" 소식을 듣다: **"6월 21일 일본군이 경복궁을 불법으로 침입하여 친일괴뢰정권을 수립했다."** → 제2차 기포(항일구국抗日救國) 준비에 착수(전라도 삼례에 대도소大都所 설치. 9월 10일).

▪ **7월(초)** — 성환에서 일본군에게 깨지고 평양으로 퇴각하던 청군 섭지초葉志超 부대 6천 명, 충주 신당장新塘場에서 대약탈: "6천 명의 모든 병사가 흩어져 민가에 들어가 소나 닭과 쌀이나 무명을 비롯하여 호박, 마늘, 고추까지 하나도 남기지 않고 약탈하여 남아나는 것이 없었다.軍兵散入人家, 掠取牛隻, 鷄首斗米, 尺布及至, 南苽蒜椒等物, 蕩盡無餘."(『갑오일기』).

▪ **7월** — 성두한成斗漢 청풍 대접주, 항일抗日대비 신당장에서 기포: (청군이 물러간 후) "이때 동학이 크게 일어나자 시골에 사는 백성은 거의 모두가 동학에 들어갔다. … 6천 명이나 모였다. 대개 이들은 부유한 자는 재물을 바치고 가난한 자는 얻어먹는다고 한다.富者破財, 貧者得食."(『갑오일기』). "장차 왜놈들이 출동하여 인근에 가득찰 것이다. 이에 대비하여 동네마다 곳곳에 보루를 쌓았다.將動倭漢之徒, 遍滿近境, 比居諸洞, 處處定堡."(『갑오일기』). 일본군 군용전신선을 끊어버리고 군수물자운반 방해활동(일본군이 제일 우려한 행동). 일본군은 성두한을 충청도 동학당의 수령이라 지칭하면서 공포스러워 했다.

1894년 갑오甲午 **7월 5일 — 손화중 무장대접주·최경선 태인 주산舟山접주·오권선吳勸善 나주대접주, 합동으로 나주성 서문 공격. 실패.** 민종렬閔種烈 나주목사는 김학진 전라감사의 하명에도 불구하고 동학도를 계속 탄압했다(정석진. 『난파유고』). 난파蘭坡 정석진鄭錫珍(1851년생)은 나주목 영장營將 이원우李源佑와 함께 수성군 도통장都統將에 임명되어 목사 민종렬을 도와, 나주동학농민군(총지휘: 손화중 대접주)의 9개월간 7차례 나주성 공세를 막아냈다. 『난파유고』를 전북대 사학과 이진영·원광대 박맹수가 발굴했다(1991년).

1894년 갑오甲午 **7월 6일(양 8월 6일) — 집강소執綱所 설치.** 전라도 각지의 관아에 집강소를 두고 〈12개 폐정개혁안弊政改革案(적폐청산)〉을 선포함(집강소의 농민통치): ①도인(동학도)과 정부 사이의 숙혐宿嫌을 버리고 서정庶政에 협력할 것. ②탐관오리貪官汚吏는 그 죄목을 조사하여 엄벌할 것. ③횡포橫暴한 부호富豪들을 엄징嚴懲할 것. ④불량不良한 유림儒林

과 양반배兩班輩를 징계懲戒할 것. ⑤노비문서奴婢文書는 불태워버릴 것. ⑥청춘과부 青春寡婦는 개가改嫁를 허許할 것. ⑦천인賤人의 대우待遇를 개선改善하고, 백정白丁의 머리에 쓰는 평양립平壤笠을 못쓰게 할 것. ⑧무명잡세無名雜稅는 모두 없앨 것. ⑨관리채용에는 지벌地閥을 타파하고 인재人才를 등용할 것. ⑩외적外賊과 간통奸通하는 자者를 엄징嚴懲할 것. ⑪공사채公私債를 물론勿論하고 기왕既往의 것을 무효無效로 할 것. ⑫토지는 균등均等하게 나누어 경작耕作케 할 것 / 김학진 전라관찰사, 〈12개 폐정개혁안〉 정부에 제출 → 김홍집친일내각, 검토 후 삭제.

1894년 **7월 17일 ─ 전봉준, 53개 군·현 집강에 〈통문〉 발송**(무주집강소 재전송): "방금 왜구들이
갑오甲午 궁궐을 침범하여 임금님을 욕보이고 있다.方今外寇犯闕. 君父見辱. 우리 모두는 마땅히 의롭게 죽기로 싸워야 한다.吾儕當齊赴死義."(『수록隨錄』「무주집강소茂朱執綱所」. 『수록』은 무주관아에서 중앙정부와 전라도 각 지역의 관아와 주고받은 공문서 모음집. 일본 교토대京都大 소장) / (같은날) 일본내각회의 결정(내각총리: 이토오 히로부미): **"조선을 일본의 보호국(반식민지)으로 만들어 이 기회에 예속시키기로 결정하고 침략간섭정책을 강화하였다."**(『일본외교문서』).

1894년 **7월 18일 ─ 박제순朴齊純**(1858년생), 장흥부사에 이어 충청감사로 전보 발령. 충청감사
高宗 31년 부임(재임시 혹독한 동학농민군 진압) → 청국의약議約전권대신(1899년. 중국통. 1883년~1886년 4월까지 중국 천진에서 통상사무) → 을사오적(1905년. 외부대신) → 경술국적(1910년. 내부대신) → 『친일인명사전』 수록자(항목: 매국·수작. 습작·종교, 2009년) / **2021년 2월 9일 독일 노이루핀시 검찰, 100세 나치 친위대 경비원 기소. 작센하우젠 수용소에서 경비원으로 일하면서**(1942~1945) **3,518명의 살인을 도운 혐의를 받고 있다**(『가디언』).

■**7월 20일(양 8월 20일) ─ 외무대신 김윤식과 특명전권공사 오오토리 케이스케大鳥圭介,**
〈조일잠정합동조관朝日暫定合同條款〉 강제 불법체결(*6월 21일 경복궁 대궐 부근에서 조일 양국군사가 우연히 충돌한 일에 대해서 양측이 추궁할 필요가 없음을 명확히 한다. *경성─부산. 경성─인천 사이에 일본정부는 이미 군용전신선을 설치했다. 그대로 유지할 수 있도록 한다). 〈조일양국맹약朝日兩國盟約〉 체결(7월 26일) → 청일전쟁 중 조선을 병참기지화(일본의 종속화. 경인·경부철도 부설권. 일본군의 식량보급) → 대륙침략의 발판.

1894년 **8월 1일 ─ 충청도 동학농민군 1만여 명, 정안면 궁원에 집결.** 임기준任基準 대접주와 윤
갑오甲午 상호尹相鎬·윤상오尹相五 형제(목천판 『동경대전』 간행 주역)와 김선옥金善玉 접주 영솔. 박제순 충청감사에게 호소: **"관민이 힘을 합쳐 항일전에 나서자."** / 친일개화파 박제순의 대답: **"물러가라."**

1894년 8월 7일 ― 어윤중 양호선무사와 맞장떴던 7인 동학군대표였던 서병학, 공주도착. 서병
갑오甲午 학은 동학군지도자에서 남부도사南部都事 감투를 쓴 농민군 토벌책임자로 변절했다.
김영국포金榮國包 농민군을 설득해서 해산시켰고, 임기준 대접주도 서병학에게 넘어갔다.

■ 8월 11일 ― **전봉준, 재봉기 준비 돌입** / 8월 25일 전봉준 ― 김개남, 재봉기 논의. 김개남,
7만 명 남원대회에서 재봉기 결의 / *전라남도 장흥의 동학농민혁명대오군의 참여
방식: ① 전봉준의 북진대열 동참(이방언: 장성 황룡촌 대승에 일익담당). ② 장흥 현지기
포 사수세력(이인환. 구교철: 장흥 석대들 항전의 주역). ③ 김개남의 남원기포 동참(정완
석鄭完石).

■ 8월 13일 ― **김학진 감사의 서찰을 지참한 전봉준, 나주성 방문**(민종렬閔種烈 나주목사.
집강소 설치 거부. 반동학세력의 선봉). 전봉준 ― 민종렬 상담결렬(이병수李炳壽, 『금성정의
록錦城正義錄』) → 항일전 막대한 장애(손화중 대접주·최경선 접주 부대가 나주에 손발이
묶이게 되었다). / 『금성정의록』을 기록한 이병수는 나주향교의 부교副校로 재직. 유림
대표로 동학농민군을 토벌하는 민보군에 가담하여 나주수성에 공을 세웠다. 민중전
시해·친일개화정권의 단발령이 공포되자(을미년) 장성의 송사松沙 기우만奇宇萬(1846년
생)을 도와 을미의병을 일으켰다(1896년 2월. 기우만의 〈상소〉: "머리를 깎는 욕은 나라가 망하
는 것보다 더한 일이다. 머리를 깎고 사느니 차라리 머리를 안 깎고 죽는 편이 낫다."). 기우만은 유
생들이 동학에 가담한 것을 수치로 여겼고, 〈나주평적비羅州平賊碑〉 비문을 지었다.

1894년 8월 16일(양 9월 15일) ― **청군과 일군 평양접전. 청군**(섭지초 청장) **백기. 일본**(오오시마 요
高宗 31년 시마사 소좌) **압승**(17일. 2~4천 청병 대량학살) / 8월 18일 압록강 하구 청 ― 일 해전. 청
국의 북양함대(사령관: 정여창丁汝昌)까지 격파한 일본군. 파죽지세로 압록강 도하(9월
26일). 만주대륙까지 침입. 여순항旅順港 점령(10월 25일) → **청군을 격파한 이토오내각, 조
선에 대한 침략 노골화. 동학농민군을 진압하기 위해 전국적으로 일본군 본격 투입.**

■ 8월 17일 ― 김홍집친일내각, 민준호閔俊鎬 경상 우병사 해임. 경상감영의 판관 지석
영을 토포사로 임명하여 적극 일본군을 돕게 했다. 민준호는 일본군이 경복궁을 침
범한 이후 항일전에 나서려는 동학군을 직간접적으로 도왔다. 진주동학농민군은
일본의 입김으로 물러나는 민준호의 유임을 강력히 주장하며 "항의성 입성"다(9월 10일).

■ 8월 말 ― **이토오내각, 조선땅 곳곳에 일본군 주둔.** 거류민보호 명목 하에 병력 1개 대
대를 부산에 주둔시켰고 밀양·대구·상주 지역에도 일본군을 주둔시켰다 → 반일감

정 치성熾盛. 반일의병·동학농민군 봉기.

1894년 (음 8월 말)－국태공國太公(흥선대원군), 동학군 효유문曉諭文(밀지)을 발함(기병부경起兵赴
高宗 31년
京): "왜倭 오랑캐가 궁궐을 침범하여 종묘사직의 위험하고 절박함이 바야흐로 아침
저녁에 있으니, 그 죄가 모두 나로 말미암은 것인데, 화가 죄없는 사람에게 미치니 내
실로 무어라 말하리오. … 나라의 안위를 의지하는 것이 삼남三南보다 앞서는 것이
없는지라, 이에 비밀리에 근신近臣을 보내어 본경本境을 달려가서 의용군을 소집하게
하노라. … 나라가 망하는 것도 너희들에게 달려있고, 나라가 다시 일어나는 것도 너
희들에게 달려있노라. 내 말은 여기에서 그치니 여러 말 하지 말지어다. 8월 ○일."(뮈
텔문서 1894-305). 각지의 농민군 지도자들에게 전달. 공주 대접주 임기준 등 21명의
충청도 동학농민군 지도자들이 답서를 보냈다(9월 9일). 정석모(1870~1942)는 일련의
과정을 〈갑오약력甲午略歷〉에 기록했다. 동학군의 집강소 민정을 살필 수 있다.

1894년 9월 2일－**진주 동학군, 73개 이임里任에게 항일전 집결〈통문〉 발송**: "국가의 안위는 백성
갑오甲午
의 생사를 좌우하며 백성의 생사는 국가의 안위에 달렸으니 어찌 보국안민할 방도가 없어서야 되겠
는가. 國之安危, 在於民生之生死. 民之生死, 在於國之安危. 則豈可無輔國安民之道乎."(『주한일본공사관기록』).

1894년 9월 4일 아침 10시(양 10월 2일)－평창에 집결한 동학농민군(지휘: 성두한 청풍대접주) 수천 명
갑오甲午
(제천·청풍·영월·정선·평창), 강릉부 진격(수천 명 동학군들이 13자 주문을 병창하며 행진).
점령. **강릉부 동문에 방문榜文 내걸다**(9월 5일): "**고치기 어려운 삼정의 폐단을 고쳐 바로잡자!
나라의 잘못된 것을 고치고 백성을 편안하게 살게하자!** 矯革三政之弊瘼! 輔國安民!" / 9월
7일 전승지前承旨 이회원李會源은 민군民軍을 이끌고 강릉부 공격("본 관아 읍촌의 대소의
민인 4,000~5,000명은 울분을 참을 수가 없어 이번 달 7일 술시戌時 쯤에 일제히 의병을 일
으켜서 그들의 죄를 성토하고 내쫓았습니다. 그들이 먼저 병기를 잡아 사람의 목숨을 해치려고
했기 때문에 서로 구타할 때 적들 중에 죽음을 당한 자가 20명이 되었고 부상을 당한 백성들은
이루 셀 수가 없습니다. 빼앗은 총은 7자루이고 창은 150자루이며 말은 3필입니다. 이런 연유를
우선 황공스럽게 급히 보고합니다." 이회원. 『동비토론東匪討論』). 탈환 후 참혹하게 다수의
동학도 참살. 강릉 선교장船橋莊에서 태어난 이회원은 강릉부를 수복하고 동학군을
초멸한 공으로 강릉도호부사겸관동소모사江陵都護府使兼關東召募使에 제수되었다.

1894년 9월 4일－도처의 항일에 당황한 친일정부, 대원군의 명의로〈효유문〉 반포: "지금 칭
高宗 31년
하는 동학도는 모두가 난민이므로 마땅히 쳐서 섬멸시켜야 한다고 하지만 나는 너희

들에게 차마 난민이란 죄목을 씌울 수가 없다. … 무기를 버리고 집으로 돌아간다면 결코 털끝만치라도 죄줄 이가 없다."(『오하기문』) → 전봉준 대장과 김개남 대접주, 친일개화당의 꼭두각시인 대원군의 〈효유문〉 무시: "전이나 지금이나 조정의 효유문은 한두 번이 아니었으며 하나도 지켜지지 않았다." / 1895년 3월 5일(『조일신문朝日新聞』) 미나미 코시로오南小次郎 소좌(동학군토벌 일본군 대장)의 질문: "대원군은 어떤 인물인가?" 전봉준 장군의 답변: "우리나라 정치를 그르친 이가 대원군이다. 인민들은 그에게 복종하지 않는다."

1894년 9월 10일 - 충경대도소忠慶大都所(대접주: 임규호. 충청도·전라도·경상도 일부지역), 항일전에
갑오甲午 궐기하자는 〈방문榜文〉 발송: "근년에 이르자 국운이 비색하고 인도가 퇴폐하여 간신배들이 왜놈과 오랑캐를 불러들여 이 나라를 침범케했다. 북삼도北三道는 오랑캐 땅이 됐고, 남오도南五道에는 왜놈이 가득하다. **왜놈들은 마음대로 궁중에서 병기를 휘둘러 무력으로 온 나라를 겨누고 있다. 아! 우리 동토의 의사들이여! 어찌 피끓는 분발심이 없으랴.**輓近以來, 國運否塞, 人道斁敗, 甚至奸臣, 招禍倭胡, 犯我境界. 在北三道之, 擧爲胡人之域. 南丁五道, 倭賊遍滿. 肆意干城, 動於宮紫, 劒戟多於郊甸. 哀我東土義士, 豈無歷血奮發之心哉."(『주한일본공사관기록』) / 2023년 4월 18일 제20대 대한민국 대통령 윤석열, 〈워싱턴포스트WP〉 인터뷰: *"100년 전 역사 때문에 일본이 무릎을 꿇어야 한다는 생각을 나는 받아들일 수 없다."*

▪9월 10일 - 김인배 순천 영호대접주, 인근지역의 동학농민군 7천여 명을 진주에 보냈다 / 9월 17일 하동 동학농민군 수천 명·진주 인근 수천 명, 진주성에 집결. 각 공해에 도소 설치 / 9월 18일 김인배 영호대접주, 1천여 명 이끌고 진주성 입성(붉은 대형깃발: 輔國安民). 위세 과시 후 철수(19~24일).

▪9월 10일(양 10월 8일) - **전봉준, 전라도 삼례에 대도소**(동학농민혁명군 총본부) **설치**(지도부 토론참석자: 진안대접주 문계팔文季八·김영동金永東·이종태李宗泰, 금구대접주 조준구趙駿九, 전주대접주 최대봉崔大奉·송일두宋日斗, 정읍대접주 손여옥孫汝玉, 부안대접주 김석윤金錫允·김낙철金洛喆, 최경선, 송희옥 등. 『동학관련판결선언서』). 일본군의 **경복궁난입·점령사**건에 대해 일본을 응징코자 제2차 봉기를 의결했다. 항일의병제창 〈통문〉 발함: 각지에 무기와 식량확보 독려. 여러 지역의 동학농민군활동을 하나의 방향으로 제시하는 것이 시급. 삼례집결 촉구.

1894년 9월 10일 - **조선정부**(김홍집친일내각), **동학농민군진압 출병.** 이두황李斗璜(竹山府使·壯
高宗 31년

衛營領官)·성하영成夏永(安城郡守·經理廳領官)을 출병시켜 기호畿湖(경기·충청) 지방의 동학농민군을 진압케 했다 / 9월 21일(양 10월 19일) 조선정부, 양호도순무영兩湖都巡撫營 설치. 호위부장 신정희申正熙를 도순무사都巡撫使로 임명하여 양호(충청·전라도)의 동학농민군 진압토록 하였다 / 9월 26일 장위영정령관壯衛營正領官 이규태李圭泰를 순무선봉장으로 임명하고 청주·공주 등지로 출동케 했다 / 11월 1일(양 11월 27일) 김홍집 내각, 이노우에井上馨 일본공사에게 정식으로 파병요청(조선정부군의 지휘권은 일본군에게 이첩). 그러나 이미 일본군은 도처에서 동학군을 학살하고 있었다 / 1950년 7월 14일 이승만 대통령, 국회동의없이 맥아더 유엔군총사령관에게 한국군 전시작전통제권(전작권) 양도 / 1979년 한미연합사령부(전작권 행사 주체) 창설 / 2023년 전시작전통제권 미환수.

1894년 9월 10일 – 진천의 허문숙許文叔, 300명의 민보民堡를 모아 동학도의 재물을 약탈·학
갑오甲午 살 → 광혜원에 모인 동학군(신재련 접주), 허문숙도당 근거지를 때려부수다(9월 27일).

- 9월 12일 – **삼례 동학창의대회**(~13일. 전국 동학지도부 회의). **항일무장재기 결정. 전주로부터 공주, 서울로의 진격로 결정 → 일본, 적극적 조기 동학토벌정책 입안.**

- 9월 14일(양 10월 12일) – **전봉준, 동학농민군 재무장 촉구.** 대일항전을 위한 사전작업으로 무기와 식량을 확보하기 위하여 농민군 800명을 이끌고 전주성내 군기고에서 무기취득(총 251자루, 창 11자루, 환도環刀 412자루, 철환 9천여 개 등. 김학진 감사 묵인).

1894년 9월 18일(양 10월 16일) – **해월 최시형, 전 동학도인들에게 항일무력봉기 총기포령**(삼례회의
갑오甲午 결의 존중) → 동학농민봉기가 "항일투쟁이며 국권수호운동"의 역사적 사명을 띠고 전국적으로 발흥했다. 전라도에서 김개남·전봉준이 다시 일어났고, 이에 해월이 대접주들을 초유招諭하여 집합한 문바윗골(옥천군 청산면 문암리)에서 토론("벌레같은 왜놈들이 일시적으로 날뛰어 경성을 침범하고 있으며, 임금의 위태로움은 朝夕에 달려있고, 종묘사직의 위태로움이 신하와 백성에게 달려 있으니, 어찌 한심스럽지 않겠습니까? 그러므로 우리 접주들은 힘을 합하여 왜적을 쳐야겠습니다."「보은 동학당에 관한 보고」『주한일본공사관 기록』1권) 끝에 전국 각 포에 총기포령을 내렸다: **"인심이 곧 천심이라. 이 또한 천명天命이다! 누가 옳고 그름을 과히 탓하지 말라." "여러분들은 전봉준과 협력하여 스승의 원한을 풀고 우리 도의 큰 원을 실현하라."** / 황해도 팔봉접주 백범 김구(19세)의 목격담: "선생(해월)은 진노하는 안색에 순 경상도 어조로, **'호랑이가 물러 들어오면 가만히 앉아서**

죽을까! 참나무 몽둥이라도 들고 나가서 싸우자.' 선생의 이 말은 곧 '동원령'이다."(『백범일지』).

1894년 9월 18일 — **전봉준 장군, 관내 도인들에게 기포령.** 10월 초 4천여 명의 호남동학농민군을
갑오甲午 이끌고 논산으로 향했다 / 손화중 대접주, 광주에서 기포.

■9월 20일 — **성두한 청풍 대접주, 호서창의소**湖西倡義所 **설립.** 성두한은 호서창의대장으
로 추대되어 항일전에 대비하여 단양, 제천, 영춘 등 고을을 점령하여 군기와 군량미
확보에 집중했다 / 10월 20일 수천 명의 호서창의소 동학농민군, 평창읍·정선읍 점
령. 동학도들의 보복을 두려워한 이회원 강릉부사, 관군과 일본군 출동요청. 이토오
스케요시 사령관, 일본군 경성수비대 이시모리石森 대위 1개 중대 급파.

1894년 9월(중순) — **친일개화당정부, 동학초멸정책결정.** 도처의 동학군을 제압토록 지방관에게
高宗 31년 토포사·소모사 임명. 그들은 월등한 화기火器로 일본군과 연합하여 동학군과 전투
를 벌이며 동학군을 포살해나갔다. 일본군이 철수한 다음에는 그곳 향리들 중심으로
민보단을 꾸렸다. 민보단은 참빗으로 이잡듯이 은신하고 있던 동학군을 색출하여 학
살하는데 앞장섰다 / 1895년 1월 18일 조선정부, 민보단 해산령 발포.

■9월 20일 — 일본군 용산수비대 1개 소대(지휘: 스즈키 아키라鈴木彰 소위) 서울 출발. 수
원·진위·천안 거쳐 공주감영 도착(10월 8일): *"동학당 근거지 찾아 초멸하라!"*

1894년 9월 22일 — 동학농민군, 상주읍성 점령.
갑오甲午

■9월 22일(양 10월 20일) — **제2차 이토오 히로부미**伊藤博文 **내각, 이노우에 카오루**井上馨
(1836년생)**를 특명전권공사로 조선에 파견**(제1·2차 이토오 내각의 초대 외무대신·내무대
신 역임. 이토오와 이노우에는 정한론征韓論의 주창자 요시다 쇼오인의 제자그룹, 쇼오카손
주쿠松下村塾 동문. 민중전시해 배후인물. 교묘하게 조선정치를 좌지우지했다). 김홍집 내각
에 내정개혁안內政改革案 20개조 제시: 탁지아문度支衙門에서 조세업무 전담, 군제제
정, 형률제정, 일원화된 경찰권 확대, 중앙정부 집권강화, 군국기무처 중앙통제 권력
강화, 각 아문의 외국 고문관 채용(일본인의 내정개입 법제화), 일본유학생 장려 등.

■9월 23일(양 10월 21일) — **이토오 스케요시**伊藤祐義 **일본군 인천 남부병참감**南部兵站監,
본국에 동학토벌군 출동요청 결정 → 히로시마 대본영에 파병요청.

■9월 24일 — 청의포淸義包 동학농민군(대접주: 손천민), 청주성 공격. 실패.

■9월 25일 — 친일개화정부, 대구판관 지석영池錫永(1855년생)을 토포사討捕使로 임명. 동학
군에 의해 점거된 경상도 남서부 일대를 탈환키 위한 조치(종두법種痘法 실시로 민중에게

혜택을 준 지석영의 동상이 연건동 서울의대 교정에 있다. 관립의학교 초대교장) / 10월 5일 고성固城에서 일본군 200여 명 합류 / 10월 10일 하동 금오산金鰲山 전투 / 10월 13일 진주 고성산전투("농민군 186명을 사살했으며 부상입고 도주한 자는 헤아릴 수 없다."『경상감사장계』).

1894년 9월 25일(양 10월 23일) – **동학농민군 3천여 명, 안동 명륜당 집결**. 영남의 유림 서상철徐
갑오甲午 相轍은 영남에 방문을 돌려 일본군의 경복궁난입을 신랄히 통박하고, 팔도의 충의지사는 안동 명륜당을 집결하여 적을 치자고 호소 → 상주 태봉지역 **일본군 병참부 습격** (타케우찌竹內 일본군 대위 타살. 전국 총 36개소의 일본병참부 설치. 병참부마다 1~2소대씩 수비대 명목으로 일본군 5,000여 명 병력 주둔.) / 9월 28일 일본군·관군과 문경지역 접전.

▪9월 25일 – 호서창의소 동학농민군 수천 명, 음죽현陰竹縣 관아 군기고 무기탈취. 진천 관아 공격(29일) / 9월 29일 안성安城·이천利川의 동학군 수만 명, 군기고의 무기와 군량미 취득. 농민군 석방.

▪9월 28일 – **박희인朴熙寅 예의포 대접주, 기포령**. 태안·서산 동학농민군 천여 명 관아 습격(10월 1일. 서산군수 박정기朴錠基 참살·도인구출·무기습득. 창고를 열어 식량을 빈민들에게 분배) / 박인호朴寅浩 덕의포 대접주(천도교 4세 대도주), 기포.

1894년 9월 28일(양 10월 26일) – **이노우에 카오루 일본공사. 이토오 스케요시 남부병참감, 히로**
高宗 31년 **시마 대본영에 동학농민군진압을 전담하기 위한 병력 2개 중대 파견 요청** → 후비보병 독립 제19대대 인천항 도착(10월 9일). 제19대대 병사들은 시코쿠四國의 4개현인 에히메愛媛·코오찌高知·가카와香川·토쿠시마德島현 출신의 후비역後備役 병사들로 편성되었다. 그들은 시코쿠 지역의 최빈곤층이었다(이노우에 카츠오井上勝生 홋카이도北海道대학 교수). 대대장은 미나미 코시로오南小四郞(1842년생) 육군소좌. 미나미 소좌는 쵸오슈우長州번 하급무사 출신으로 이노우에 카오루 일본공사와 함께 명치유신정부의 상비군측에 가담했다. 에도막부를 지지하는 일본민중들의 반란을 가혹하게 진압하여, 메이지정부 출범에 혁혁한 공을 세웠다. 이번엔 조선의 동학농민군초토화 전담부대 총대장으로 발탁되어 인천에 도착했다(10월 9일).

▪9월 29일(양 10월 27일) – **히로시마 대본영(총괄지휘: 메이지 천황), 동학당 학살명령**. 동학농민군의 노도와 같은 항일봉기에 두려움을 느낀 대본영의 카와카미 소오로쿠川上操六 병참총감은 이토오 스케요시伊藤祐義 인천 남부병참감에게 동학당학살을 명령했다: **"동학당에 대한 조치는 엄렬嚴烈함을 필요로 한다. 이제부터는 모조리**

살육하라." → 일본군에 의해 동학농민군 최소 5만 명 학살(1894년 11월~1895년 3월. 이노우에 카츠오井上勝生, 「일본군에 의한 최초의 동아시아 민중학살」, 『世界』 통권693, 2001년 10월호). 동학혁명 진압 후에도 "가담자·부역자 색출" 명목으로 동학농민군 지도자는 말할 것도 없고 동학의 경전이나 명첩名帖과 같은 문서를 소지했다는 일반 동학도인들 역시 체포 즉시 현장에서 학살당했다 / "**개같은 왜적놈을 하늘님께 조화造化받아 일야一夜에 멸멸하고서 전지무궁傳之無窮 하여놓고 대보단에 맹세하고 한의원수 갚아 보세**"(『용담유사, 안심가』) / 1948년 11월 4일 이승만 대통령, 〈여순사건〉에 대한 담화문 발표: "그 중에 제일第一 놀랍고 참혹慘酷한 것은 어린 兒해들이 앞잡이가 되어 총 銃과 다른 군기軍器를 가지고 살인충돌殺人衝突하는데 ··· **男女兒동까지라도 ——히 조사調査해서 불순분자不純分子는 다 제거除去하고 조직組織을 엄밀嚴密히 해서 ··· 앞으로 어떠한 법령法令이 혹或 발발포發布되드래도 전민중全民衆이 절대복 종絶對服從해서 이런 비행이 다시 없도록 방위衛해야 될 것이다. ···**"(『수산경제 신문』, 11월 5일). (1948년 11월~1949년 3월까지 제주도민·여순사건 관련지역 주민이 집중적 으로 학살당했다.)

1894년 9월 30일 – 목천의 이희인·김복용·김화성金化成·김용희金鏞熙 대접주가 이끄는 수
갑오甲午   천의 동학농민군, 세성산細城山·작성산 진지구축 → 세성산 전투에서 일본군과 이 두황李斗璜의 장위영壯衛營 관군에 참패(10월 21일) → 세성산 참패는 동학농민군의 치명적 손실(관군의 남하 견제·호남 – 기호동학농민군의 서울 진격로 확보에 실패했다).

- 9월 30일 – 충청도내 동학농민군, 청주병영 습격.

- 10월 2일(양 10월 30일) – 일본군 후비보병後備步兵 제19대대 3개 중대, 우지나宇品항 출발. 인천상륙(10월 9일).

- 10월 6일(양 11월 3일) – **호서동학농민군**(지휘: 충의포 손병희), **괴산읍槐山邑에서 일본군 2개 분대와 격전**(하라타原田 소위 포함 일본군 5명 사상자). 괴산읍에서 무기와 식량을 보충하고 보은 장내리 도착(7일). 청산 문바윗골 도착(11일).

- 10월 6일 – **황해도 동학농민군 수만 명, 해주 취야장翠野場 집결·폐정개혁요구: "동학을 금단하는 정부의 조치를 해제하라!" "왜병과 더불어 동학도인 100여 명을 살해한 정현석鄭顯奭 황해감사 부자(아들: 鄭憲時)를 응징하자!"** 동학군 살해에 앞장 선 강령현康翎縣 현감과 관원 징벌. 군기탈취 후 해주성 향해 진군 / 10월 11일 해주성 무혈입성. 감사 정현석 문죄 후 쫓아냄. 황해도 동학군, 1개월간 황해감영에서 군정을 펼치다(감사직 총지휘자: 임종현林

宗鉉 수접주) / **11월 1일(새벽)** 일본군 제1군(지휘: 이리에入江 소좌), 재령 동학군 기습 / **11월 7일** 황해도 동학농민군, 정현석 감사를 복직시키고 해주성에서 철수.

1894년 10월 7일 – 이두황이 이끄는 관군, 해미현海美縣에 주둔한 동학농민군 상대로 승전보.
高宗 31년 / **11월 8일** 동학농민군, 매현梅峴에서 이두황의 관군에 패함.

■ 10월 8일 – 일본군 용산수비대 1개 소대(지휘: 스즈키 아키라鈴木彰 소위) 공주성 도착. 충청감사 박제순, 외무아문대신外務衙門大臣 김윤식金允植에게 공주 주둔군(일본군 1개소대)을 계속 주둔시켜달라고 요청(10월 14일). 김윤식 외무아문대신, 이노우에 일본공사에게 협조요청(10월 15일).

■ 10월 8일 – 충청도 동학농민군, 곳곳에서 관군과 격렬한 전투(~21일). 목천의 이희인·김복용·삼로三老(김용희金鏞熙·김성지金成之·김화성金化成. 「동경대전」 목천계미중춘판 간행의 주역)라 일컬어지는 동학지도자와 이두황군과 치열한 전투를 벌였다.

1894년 10월 9일(양 11월 6일) – **일본군 후비보병 독립 제19대대, 인천항 도착.** 후비병後備兵은 상
高宗 31년 비역 7년을 마친 후 다시 5년간 병역에 복무하는 후방경비병력. 이 19대대가 동학군 초멸할 전담병력이다. 후비보병 대대장 미나미 코시로오 소좌는 이날 "동학당정토대총지휘관東學黨征討隊總指揮官"으로 임명되었다(13일 용산 도착) / 이토오 남부병참감의 지론: **"중국대륙침공에 지장이 없으려면 병참로의 안전이 확보되어야 한다. 부산-경성간의 군용전선의 안전을 기하려면 동학당을 박멸해야 한다."**

■ 10월 10일 – 친일개화당정부, 홍주목사 이승우를 초토사로 겸임발령. 치성하는 충청도 서부 동학도(내포동학군: 예의포·덕의포·아산포) 토벌키 위한 조치 / **10월 15일** 박희인·박인호·이창구 대접주, 태안에 집합. 토론: ①관군의 공격을 효율적으로 저지하는 방법 모색. ②**전봉준 장군이 이끄는 호남-기호동학군의 공주성공격을 지원키위해 동학군이 하나로 뭉쳐야 한다** → "10월 20일, 여미벌餘美(女媚)坪 집결"

■ 10월 10일 – **김홍집친일내각의 관군선봉장 이규태군李圭泰軍, 서울 출발.**

1894년 10월 11일 – **해월 최시형, 보은 장내리 총지휘본부 철수.** 보은 장내리에 집결했던 해월
갑오甲午 의 기호동학농민군, 충북 옥천군 청산에 집결(청산대회). 해월 유시諭示: "지금은 앉아서 죽음을 당하기보다 일어나 일체로 용진할 때라."(전봉준 장군이 이끄는 호남동학농민군과 연대 모색) → 손병희로 하여금 각 포를 통솔해서 논산으로 진출하여 북상하는 전봉준의 호남동학농민군과 합류(10월 중순).

■ 10월 12일 – **전봉준 대장, 논산 도착**(동학농민군 1만여 명). 삼례에서 4천여 명이 발진해

서 전주·노성·경천·논산 지역에서 증원되었다. 이유상李裕尙 의병장(공주유생의 거두)도 항일전에 합류 / 동학농민군 주력은 항일전을 위해 대병력을 동원하여 북으로 진격. **1차 목표는 공주**(충청도 감영)**와 청주**(충청도 병영). 공주성공격은 전라우도 동학농민군(전봉준 부대)이, 청주성공격은 전라좌도 동학농민군(김개남 부대)이 담당한다.

1894년
갑오甲午
10월 12일─**해월, 기호동학농민군 편성**(통령: 손병희). 해월은 통령기統領旗를 손병희에게 주면서 기호동학농민군을 이끌고 **"전봉준 대장이 있는 논산으로 가서 합류하라"**고 명을 내렸다. 기호동학농민군 편제. 중군: 손병희 충의대접주. 선봉: 정경수鄭璟洙(안성), 후진: 김규석金奎錫(이천), 좌익: 이종훈李鍾勳(廣州), 우익: 이용구李容九(청주). 기호동학농민군 구성: 충청북도 북부지역, 경기도 남부지역, 강원도 서남부 일부지역 출신이 주류. 전북일부지역 도인 참가 → 손병희와 기호동학농민군, 청산 출발. 논산 도착(14일). 호남동학농민군과 합류.

1894년
갑오甲午
10월 13일─**강원도 홍천 동학군 천여 명, 동창**東倉**에서 기포.** 차기석車箕錫 홍천 내면포 대접주가 동학농민군을 이끌고 동창東倉에서 대동미를 확보했다.

■ 10월 13일(양 11월 10일)─동학농민군, 조·일연합군과 진주 수곡마을 인근 고성산(고승산성) 전투. 일본군의 전투기록: 일본군 부상 3명, 동학농민군 186명 사망, 생포 2명, (노획물) 화약 30관貫, 엽전 6관, 총 136정, 승마 17두頭(일본군. 공식적으로 참전).

1894년
高宗 31년
10월 14일─이토오 스케요시 남부병참감, 미나미 코시로오 제19대대 대대장에게 〈출군훈령〉 하달(三路包圍剿滅作戰): ①동학당의 근거지를 찾아 초멸하라(체포한 동학당 우두머리는 공사관에 이첩). ②파견된 조선군 각 부대의 진퇴와 조달은 일본군 지휘부의 명령에 따르고, 조선군에도 우리 군법을 따르게 하라. ③동학당 거물급 사이의 왕복문서, 정부관리·지방관측과 동학당 사이에 왕복한 문서는 힘을 다해 수집해서 공사관으로 보낼 것. ④세 개의 부대로 편성. 동東로부대(병참선) 제1중대(지휘: 마쯔키松木正保 대위)는 가흥─충주─문경─낙동─대구가도, 서西로부대 제2중대(지휘: 모리오森尾雅一 대위)는 수원─천안─공주─전주가도, 중中로부대 제3중대(지휘: 이시쿠로石黑光正 대위)는 용인─죽산─청주─성주가도로 남하하면서 비질하듯 쓸어 내려가 농민군을 전라도 남해로 내몰아 섬멸하는 전법(조선의 요로장악. 농민군의 진로·연합 사전 차단). 용산출발 남하(15일).
*** 한강이남에 투입된 일본군 총수: 3,371명[5,800명 조선주둔]. 경병: 2,800명. 감영 영병과 민보군 수천 명. *** 노무라식 총의 유효사거리: 500m 이상. 동학군의 화승총: 50m. / 1597년 7월 정유왜란 시, 토요토미 히데요시豊臣秀吉(1537년생)의 작전명령서: **"전라도를 남김없이 모두 쳐부수라."**(조선의 남녀 모두를 죽이고 닭과 개도 남기지 않도록 하라).

1894년
갑오甲午

10월 14일(양 11월 11일) — **이두황의 양호우선봉군, 보은 장내리 도착 보고서:** "지형을 살펴보건대 산천이 험악하나 국국局이 넓어 인가人家가 즐비하고, 새로 커다란 집 한 채가 주산主山(옥녀봉) 아래 있는데 이것이 바로 최법헌崔法軒(최시형)이 살던 곳이라 한다. …"(이두황, 『양호우선봉일기兩湖右先鋒日記』).

1894년
갑오甲午

10월 14일 — **전라좌도 김개남 대접주, 남원에서 전주거처 청주병영으로 출진**(호남좌도북상군. 선봉장:강사원姜士元·안귀복安貴福·이수희李秀希). 보급품을 짊어진 동학군 8천여 명을 영솔하여 전주로 향했다(十四日挐營向全州, 荷銃筒者八千人. 輜重百里不絶. 『오하기문』). (저녁) 민충식閔忠植(민영준의 조카) 임실현감 환대 / 10월 16일 전주성 도착. 남원으로 임지에 가던 신임 남원부사 겸 소모사 이용헌李龍憲의 소지품에서 남원성탈취 계획과 〈동학군 기포譏捕〉 유시諭示 문건발견 / 10월 17일 김개남 대접주, 이용헌을 참斬하라는 명령내리다. 전봉준 대장과 수시로 연락하며 동향 파악(출동이 늦어진 이유가 겨울옷공급 미진) / 11월 5일 김개남 부대, 금산에 출진. 진잠鎭岑에 유진(11월 10일). 유성·회덕(11일), 신탄新灘을 거쳐 청주로 향했다(12일). 청주병영 공격(13일).

1894년
갑오甲午

10월 15일 — **전봉준 대장과 손병희 통령 합류.** 호남동학농민군과 기호동학농민군이 합류하여 수만여 명의 대부대가 되었다(양호창의소兩湖倡義所 설치). 전봉준 대장과 손병희 통령은 서로 얼싸안고 형제의 의誼를 맺었다(『동학사』). 충청감사 박제순에게 "항일의병抗日義兵"에 동참할 것을 호소하는 글을 보냈다(16일). 해월의 총기포령으로 호남-기호연합부대를 이루어 공주감영을 공격하게 된다.

1894년
高宗 31년

10월 15일(양 11월 12일) — **일본군**(동학농민군 토벌대) **용산 출발.** 일본 후비보병 독립 제19대대(총지휘: 미나미 코시로오南小次郎 소좌), 3방면·3부대로 용산龍山 출발. 부산-서울간 전선 가설·보호. 해주·제천 일대에 1개 중대 파견 → **남조선대토벌작전 전개.**

■ 10월 16일 — 이노우에 카오루井上馨 전권공사, 미나미 소좌에 통지: "전라도 삼례에 집합한 적도賊徒는 은진·노성 두 곳에 침입하여 무기를 약탈하고 전진하여 공주에 육박할 위세를 보이고 있다."(『주한일본공사관기록』 1). → **이노우에 일본공사, 동학당토벌대 직접 지휘.**

1894년
갑오甲午

10월 16일(양 11월 13일) — **전봉준 양호창의영수兩湖倡義領袖, 박제순 충청관찰사에게 최후통첩서신.** 전봉준 양호창의영수는 공주진격을 앞두고(40리) 개전서開戰書를 보냈다(논산): "왜구들이 군대를 출동시켜 우리의 군부君父를 협박하고 우리 백성을 소란케 하니 어찌 참을 수가 있겠는가.日寇之搆釁動兵, 逼我君父, 擾我民黎, 寗忍說乎. … 지금 조정대신들은 망령되이 자기 생명만을 구차히 보전하려고 위로는 군부를 협박하고 아래로는 백성을 속인다. 왜놈들과 한패가 되어 남쪽 백성들을 원망스럽게 하고 있다. 함부로 친병을 출동시켜 선왕의 백성을 해치니 이 무슨 짓인가. 무엇을 하려는지 알 수가 없다.目今朝廷大臣, 妄生苟全之心, 上脅君父, 下罔黎民. 連腸於東夷, 致怨於南民, 妄動親兵, 欲害先王之赤子, 誠何意哉. 竟欲何爲. … 지금 내가 하려는 일은 애당초 매우 어려운 일임을 잘 알고 있다. 그러나 죽더라도 일편단심 변함없이 나라의 신하가 되어 두 마음을 품고 있는 자를 쓸어버리겠다. 조선왕조 500년간 길러준 은혜에 보답코자 한다. 합하는 맹렬하게 반성하고 의로써 죽으려 한다면 천만다행이겠다.今生之所爲, 固知其極難. 然一片丹心, 營死不易, 掃除天下之爲人臣, 而懷二心者. 以謝先王朝五百年, 遺育之恩. 伏願閣下猛省, 同死以義, 千萬幸甚."(「宣諭榜文竝東徒上書所志謄書」) / **10월 18일** 공주 주둔군 스즈키 아키라鈴木彰 소위, 이토오 남부병참감 앞으로 〈건의서〉 보냄: "공주 남방 은진과 논산의 농민군이 전라도 농민군(지휘: 전봉준)과 합세하여 공주를 함락시키려고 16일에 〈개전서〉를 보내왔기 때문에 공주에서 철수하지 않고 계속 주둔할 수 있도록 해달라."

1894년 高宗 31년 **10월 20일(양 11월 17일)** − 정의묵鄭宜默 상주소모사尙州召募使, 일본군의 엄호 아래 동학농민군 대량 살육.

■**10월 20일** − 광양 섬거역 전투. 일본군, 섬진강 건너 섬거역蟾居驛 동학농민군 70여 명 학살(섬거역 동학농민군 명단 보존. 마을 입구에 "東學亭" 정자가 현존) / **10월 22일** 섬거역전투가 벌어지는 동안 김인배金仁培 영호도회소 대장은 순천 · 광양의 동학농민군을 이끌고 하동부를 역습하여 관군을 대파했다(하동부 점령. 무기·양곡 습득, 농민군 석방).

1894년 갑오甲午 **10월 21일** − **논산의 양호동학주력부대, 공주를 향해 출동.** 경천점敬川店 도착(22일). 양호동학농민군, 경천점을 전초기지로 삼다(공주에서 남쪽으로 30리 떨어진 곳). 전봉준 병력(1만여 명), 손병희 병력(5천여 명), 인근지역 동학군(1만여 명). 총 2만 5천여 명의 동학농민혁명군 집결.

■**10월 21일** − **목천木川 세성산細城山 전투.** 목천동학농민군 3,000여 명(지도자: 1893년 보은집회 7인동학군대표자 이희인李熙人과 김복용 · 김화성. 후에 총살. 강제징용당한 이희인의 손자 **이호익의 한탄**: "농민전쟁 이후 집안이 겪은 고통은 대부분 일본 때문이다." **생전 할머니의 절규**: "*갑오년 원수를 어떻게 갚나?*"), 장기전 대비 세성산과 작성산에 진지구축(일본군 − 관군의 남하저지 동시에 서울로 향하는 전봉준 − 손병희 부대의 북상로 확보). 이두황군(우선

봉진군)에게 대패 → 양호동학농민군, 공주성 공방에 차질 / "이달 24일에 천안 남
죽거리 김화성金化成과 나채익羅采益, 홍치엽洪致燁, 이선일李善一 등을 체포하여 그
중 김화성을 문초하자 계미년(1883년)에 보은 최시형으로부터 도를 받았으며 목천 복
구정 대접주인 김용희金鏞熙와 김성지金成之가 동심결의하고, 자칭 3로三老라 자칭하
고 동과 서에 각기 포를 설치하여 동학포덕에 힘썼다. 우선 김용희를 비롯하여 포중
包中에서 6천 냥을 모아『동경대전』100권을 간행하였다. 爲先與鏞熙收斂包中, 錢六千鳩
聚後, 開刊東經大全一百卷. 30권은 최시형에게, 70권은 나와 김용희가 반분하였다. 其中
三十卷, 送于崔時亨, 處以七十卷矣, 身與鏞熙半分而以矣."(이두황, 『순무선봉진등록』). → 목천계
미중춘판 『동경대전』(『천도교서』·『시천교종역사』에서는 1,000부 찍었다고 기술).

1894년 10월 21일 — **강원도 홍천 장야촌**長野村 **전투.** 동학군학살로 명성이 자자한 맹영재孟英在
高宗 31년
(지평현감) 관동소모관의 장야촌 전황보고(일성록日省錄): "홍천 장야촌에서 동학군 30
명을 포살하고, 다음날 서석면瑞石面으로 진격해 가니 수천 명이 백기白旗를 꽂고 진을
치고 있어 이에 총을 쏘아 접전하니 탄환에 맞아 죽는 자가 부지기수다. … 放銃接戰,
以丸中殺者, 不知其數." → 서석면 풍암리 "자작고개" 혈전 / "순무사 맹영재는 함부로
죄없는 양민을 살해한다고 해서 이 지방인민이 원망하고 있다. 정부를 원망하는 원인
이 되고 있다. … 맹영재가 거쳐 간 지방에서는 이같은 잔학행위가 극심했다. 처단해주
시기 바란다. 비적의 인명록에도 없는 죄없는 양민을 학살했다."(『주한일본공사관기록』).

1894년 10월 22일(양 11월 19일) — **홍천 진등 자작고개 최후 혈전.** 강원도 홍천군 서석면 풍암리豊
갑오甲午
巖里 자작고개에서 홍천동학농민군이 최후의 혈전을 벌였다: "전사자가 8백에 이르
고 많은 부상자가 있었는데 이들을 모두 이 자리에 있었던 큰 구렁(구덩이)에 쓸어 묻
었다"(동학혁명군위령탑. 1978년. 건립문). 수백 명의 동학농민군의 피로 "자작자작했다"
고 자작고개라고 일컫는다고 한다 / 강릉·양양·원주·횡성·홍천을 통솔한 내면
포 대접주 차기석車箕錫 동학농민군 지도자는 피체되어 효수되었다(11월 22일).

1894년 10월 23일 — **제1차 공주전투**(~25일). 항일동학군(선봉장: 이유상李裕尙 공주 의병장), 이인
갑오甲午
開國 503년 利仁 공격(이인은 공주 우금치로 들어가는 길목). 관군(지휘: 경리청대관 윤영성尹泳成·참모관
구완희具完喜)과 일본군(지휘: 스즈키鈴木 소위) 이인으로 출동. 동학군에 밀려 일본군—
관군퇴각: "적들(동학군)이 산으로 올라가 회선포를 쏘아대자 총알이 비오듯 하
였다. 관군과 일본군도 산으로 올라가 진지를 구축하고 싸우려했으나 동학군이

워낙 많아 황망했다. 병력이 적어 바로 황급히 퇴각했다.賊兵登山, 放回旋砲, 彈下
如雨. 官軍日兵, 亦登山屯結是白乎. 乃但以兵小, 仍爲退守."(『순무선봉진등록』) → 동학군,
공주 이인전투 첫승리.

1894년 갑오甲午

10월 24일 — 양호동학농민군 2만여 명(지휘: 전봉준 양호창의영수), **효포孝浦 방향 총공
격**. 효포장악. 공주로 통하는 능티陵峙일대 공격. 빗속에서 쌍방대치 / "뎐장군(전봉
준)이 대중을 휘동하야 널티板峙로부터 효포를 범할 새 포성은 산곡을 진동시키고 깃발
은 광야를 덮었으니 공주의 위급함이 시각에 있는지라. 효포에 하수하였던 장졸이 이
기세를 보고 놀라 겁내어 ⋯ 곧바로 금강을 도망하매 뎐대장이 거리낌없이 물밀 듯 충
살하여 들어왔다."(이규태, 『순무선봉진등록巡撫先鋒陣謄錄』) / 24일(저녁) 후비대 제2중대(지휘:
모리오森尾雅一 대위) 100여 명과 선봉장 이규태 부대ㆍ안성군수 홍운섭 부대가 공주감영에 속속 당도.

1894년 갑오甲午

10월 24일 — 충청도 서부지역 동학농민군, 승전곡勝戰谷에서 일본군 격퇴 / 충청도 내
포지역 동학군 2만여 명(지휘: 박덕칠ㆍ박인호. 서해안 평야지대를 따라 남하하는 일본군-관
군 저지). 여미벌에 집결(신창, 덕산, 서산, 태안, 홍주, 예산, 면천, 안면도, 해미, 남포, 아산,
온양 등지에서 기포). 이승우 홍주목사, 일본군에 지원요청. 아카마쯔赤松菊封 소위 등
일본군 89명과 관군 34명 출동 / *일본군-관군 격퇴 후 향후 계획토론: ① 해월이 주석하는
법소(청산 문바윗골)로 가자. ② 유진留陣하여 처자학살당하는 것을 막자 / 10월 26일
이승우 홍주목사, 유회군儒會軍 1,000여 명을 거느리고 기습. 동학군 즉각 반격. 일
본군 격퇴 / 10월 28일 내포동학군, 홍주성 공격. 일본군-관군, 조준사격으로 수백
여 명 희생. 동학군 퇴각. **일본군, 동학토벌군에 지시: "동학군을 잡으면 현장에서 타살하라."**
/ 11월 14일 사이토오齊滕 소위, 1개 소대를 이끌고 해미성에 가서 상부지시대로 동학군
50명을 총개머리로 때려죽였다(『주한일본공사관기록』) / **만해萬海 한용운韓龍雲(1879년
생)은 부친이 홍주의 수성군을 지휘하여 동학농민군토벌에 나섰던 일에 늘 번민하여
농민군의 고혼을 위로하기 위하여 출가했다고 한다.

■ **10월 24일 — 운봉 민보군民堡軍 2천 명**(지휘: 박봉양), 남원성 점령 / 10월 27일 담양의 남
웅삼 접주, 남원동학군과 합세하여 남원성 탈환.

1894년 갑오甲午

10월 25일(첫닭이 울자 출동) — 홍운섭洪運燮의 경군京軍 280여 명, 옥천포 동학농민군 배
후 기습공격ㆍ대승. 손병희의 옥천포(충의포) 동학농민군은 한다리大橋(공주에서 동쪽
으로 30리 떨어진 곳)에 진을 치고 남쪽의 전봉준군과 연합하여 공주를 협공하려고

했으나, 관군의 새벽기습을 받고 무산.

1894년 10월 25일(아침) - **전봉준 대장이 직접 지휘하는 동학농민군, 능티陵峙(곰티熊峙) 총공격**
갑오甲午 (효포에서 공주감영으로 넘어오는 고개. 능티만 넘으면 공주다). 능티전투(서산군수 성하영의 관군-모리오 대위의 일본군과 전봉준군의 접전): "서산군수 성하영은 앞으로 쳐들어오는 적과 싸웠다. 적세는 소문처럼 산과 들에 가득하여 그 수를 헤아리기 어려웠다. 수장인 전봉준은 뚜껑달린 교轎를 타고 깃발을 들고 뿔피리를 불며 벌떼처럼 둘러싼 채 오고 있었다. 세 갈래로 진격해서 한나절이나 뒤섞여 싸웠으나 어두워질 때까지 승부가 나지 않았다. … 병사들도 지쳐버려 공주로 군을 철수시켰다. 26일(五更) 적들(동학군)은 어둠을 타서 남쪽 30리 떨어진 경천점으로 돌아갔다."("순무선봉진등록』)
→ 동학농민군, 공주로 넘어가는 능티돌파 실패. 관군, 동학군 위세 파악: "동학군이 아무리 많아도 무엇이 두려우랴. **일본군 1명은 비도 수천 인을 당해낼 수 있으며, 경병 10여명은 비도 수백 명을 당해낼 수 있다. 다름이 아니라 총기의 리불리 때문이다.**日人一名, 可當匪徒數千人. 京兵十名, 可當匪徒數百人. 此無他. 器機之利不利也."(김윤식, 『금영래찰錦營來札』, 1895년 10월 12일).

1894년 10월 25일 - **공주 옥녀봉전투.** 옥천포 동학농민군(지휘부: 손병희·손천민·이종훈·이용구·정
갑오甲午 지택·임학선)이 선봉장 이규태 산하 관군 240명을 옥녀봉으로 후퇴시켰다.

■ 10월 26일 - 충청도 동학농민군, 이승우李勝宇 홍주목사 겸 호연초토사湖沿招討使의 홍주(洪城) 관군을 예산에서 격파 / 을미사변과 단발령으로 분노한 홍주의 지사들(이설李偰·김복한金福漢·안창식安昌植·안병찬安炳瓚·임한주林翰周·이근주李根周)이 항일의병진을 조직해서 거병하려는데, 당시 이승우 전라도 관찰사가 거짓으로 의병진에 가담한 뒤 정부측 관리와 내통하여 지도부가 일망타진되었다. "개같은 왜적놈들"에게 나라가 강탈되는 〈을사늑약〉 체결 직후, 동지로 믿었던 이승우에 대한 깊은 배신감과 울분으로 이설은 곡기를 끊었다.

■ 10월 27일 - 이두황 양호우선봉군. 공주 도착.

■ 10월 28일 - 충청도 서부지역 동학농민군, 홍주성 공격(~29일). 홍주성에는 아카마쯔赤松菊封 일본군 소위가 지휘했다. 일본군의 화력에 동학농민군 패배 / 11월 10일 "홍주를 떠나 병兵을 이끌고 동문을 나서니 좌우민가가 모두 불에 타버렸다. 보기에 참혹하여 사람들에 물어보니 지난달 28일 동도(東徒·동학군)가 성을 포위하고 싸울 때 그들이 불을 질러 이렇게 되었다고 하였다(이승우 홍주목사가 불화살로 민가에 불을 질러놓고

민가방화책임을 희생된 농민군들에게 뒤집어씌웠다). 백 여보쯤 나가니 적(동학군)의 시체가 길가에 널려있고 덤불 숲 속에도 산더미처럼 쌓여 있었다."(이두황, 『양호우선봉일기』).

1894년
갑오甲午 **11월 1일 – 성두한 호서창의대장, 〈격문檄文〉 선포:** "이번 동학도인의 창의는 천도의 신념으로 잘못된 나라를 바로잡아 인민의 생활을 안정시키자는 데 있다. 왜적들이 창궐하여 나라가 위태함이 조석에 달렸으니 생령들은 도탄에 빠져있다.今此東道之倡義, 奉行天道, 輔國安民者也. 倭賊猖獗, 宗社危在朝夕, 生靈坫於塗炭. … 아! 저들 개화당 적신들과 혼탁한 유학자 무리들은 왜적과 손을 잡고 군부를 위협하여 욕되게 하였으며 동학도인을 살해하고 있다. 남쪽의 예천과 동쪽의 강릉에서 많은 이가 모여 그 죄를 묻고자 의기를 들었다. … 이해수(강릉부사 이회원)의 죄악은 하늘까지도 전달되어 하늘님과 사람이 함께 분노한다.惟彼李賊海壽, 罪惡通天, 神人共憤. … 이회원의 머리를 참하여 대진大陣에 보내면 그 공은 높이 살 것이요 그 충의는 드러날 것이다. …"(『韓國思想』12).

■ **11월 3일 –** 해주海州 동학농민군, 취야翠野장터에서 시위: ①민폐개혁. ②동학의 자유 보장 → 해주감영의 응답: "민폐는 즉시 해결. 동학의 금지는 조령朝令이므로 불가." → 동학농민군, 강령현康翎縣 습격. 현감 연금하고 군기탈취하여 해주감영 점령(정현석鄭顯奭 감사 결박·구타) → 임종현林宗鉉 동학농민군 두령, 자진해산(음 11월 7일) → 일본군이 대대적으로 해주지역으로 급파.

■ **11월 4일 –** 고종, 중앙·지방 관리들과 모든 백성들에게 동학농민군 초토화를 목표로 하는 일본군을 적극 도우라는 〈칙유勅諭〉를 전국적으로 포고: "… 지난번에 우리 정부에서 일본 군사의 원조를 요청하여 세 방면으로 진격하여 초멸하려고 하는데, 일본군들은 분발하여 자신을 돌아보지 않고 적은 수로 많은 적(동학농민군)을 격퇴시킨 결과 쓸어 없앨 날이 그리 멀지 않았다. 일본으로서는 절대로 다른 생각이 없고 순전히 우리를 도와 난리를 평정하고 정치를 개혁하며 백성들을 안정시켜 이웃 국가와의 우호 관계를 돈독하게 하려는 호의라는 것을 명백히 알 수 있다.向由我政府, 請日兵相助, 三路進勦, 該兵等奮不顧身, 以少擊衆, 平蕩之期, 計在不遠. 足以明日國之斷無他意, 專欲助我鋤亂, 改政安民, 以敦隣睦之好也.』(『고종실록』 32권) → 이 〈칙유〉문을 피눈물로 읽고 통탄하면서 쓴 전봉준의 답신이 11월 12일에 발표한 〈고시告示경군여영병리교시민〉이다.

■ **11월 5일 –** 호서창의소 동학농민군 수천 명, 평창에서 관군 - 일본군과 혈전. 퇴각 / 11월 8일 일본군, 정선읍 무혈 점거. 동학도인 색출·학살. "여량 등지에 숨어있는 자 및 집에 있는 자들까지도 색출하여 모두 일거에 체포해서 없애버린 다음, 중군단은 포

수와 쟁수 등 100명의 정예요원들을 추려서 정선읍으로 내달렸다. 일본군과 합류하여 동학군을 초토화시켰다."(이회원, 『동비토론東匪討論』. 강릉 선교장 소장). *1880년 해월선생의 부탁으로 『최선생문집도원기서』를 보관하고 있던 정선 도접주 유시헌劉時憲은 이때 간신히 피신했기에 훗날 『최선생문집도원기서』가 세상에 나올 수 있었다.

1894년 11월 5일(양 12월 1일) - 선봉장 이규태, 해미성으로 향하던 이두황군에게 급보: "호남의
高宗 31년 동학농민군(지휘: 전봉준 양호창의영수兩湖倡義領袖)이 논산에 이르렀으니 공주 이인利仁으로 회군하라." / 〈전봉준의 1차공초供招〉 문問: "다시 기포한 것은 무엇 때문인가?"
공供: "들은 즉 귀국(일본)이 개화를 앞세워 한마디 말도 사전에 백성들에게 알리지도 않고 격서檄書도 없이 병사들을 몰고 한양도성에 난입하여 야밤에 왕궁을 격파하여 임금을 놀라게 하였다는 둥, 고로 초야에 묻혀 사는 선비와 백성들은 충군애국하는 붉은 마음이 비분강개하는 마음을 어쩌지 못하고 의병을 규합하여 일본인과 전쟁을 하여 일차적으로 이 엄정한 일에 대해 항의하려고 했다." 문: "그후 다시 어떠한 일을 행하였는가?" 공: "그 후 생각하여 보니 공주감영은 산이 막히고 강이 둘러있어 지리가 형승하기 때문에 거기에 웅거雄據하여 군건히 지키는 계책을 행하면 일본병이 용이하게 쳐들어오지 못할 것을 알고 **공주로 들어가서 일본군에게 정식으로 격서를 발하고 일전을 불사하려고 대기**하려고 했는데 일본병이 이미 먼저 공주에 와서 똬리를 틀고 있었다. 그래서 불가불 전투를 할 수밖에 없었다."

1894년 11월 5일 - 김개남 호남북상군 5천여 명 금산에 출진. 진잠鎭岑에 유진(11월 10일). 유성·
갑오甲午 회덕(11일). 신탄新灘을 거쳐 청주로 향했다(12일).

1894년 11월 6일 - 이도재李道宰 신임 전라감사 겸 선무사, 민종렬 나주목사 겸 호남초토사에게
高宗 31년 〈관문關文〉 통지: "경병 5천 명이 본도에 왔으니 나주 역시 발병하여 초멸하라."(변만기, 『봉남일기鳳南日記』. 변시연가邊時淵家의 산암문고汕巖文庫) / 11월 11일 민종렬 나주목사, 동학군 선제공격. 용진산聳珍山 전투(~13일). 민종렬, 전주소재 일본군 지원요청 / 11월 18일 나주 수성군·민보군 3천여 명, 선제공격. 함평·무안동학군, 고막포古幕浦 전투(~21일. 배상옥 무안대접주 지휘) → 손화중 나주·광주동학농민군, 나주성 공격(11월 22일).

1894년 11월 8일(오후 3시. 양 12월 4일) - **제2차 공주전투**(~11일. 우금치전투·송장배미산자락전투·오
갑오甲午 **실뒷산전투**. 동학군: 3만여 명, 관군-감영군: 1천5백여 명, 일본군: 1천여 명). 동학농민군 수만 명, 공주감영을 향한 총공격. 경천점敬天店의 호남농민군, 판치板峙를 방어하는 관군(구상조 부대)을 효포孝浦와 웅치熊峙의 높은 봉우리로 밀어붙였다. 손병희 휘하의 기호동학농민군 수천 명은 격전 끝에, 관군(성하영의 경리청군 280명)을 10리 후방인

우금치牛金峙산으로 밀어붙였다(이인탈환). → 동학농민군의 승리. 농민군에 포위되었던 이인利仁의 성하영, 일본군증파 요청 / **11월 8일(저녁)** 경군, 월성산月城山과 향봉香峰의 요지에서 동학군 공격에 대비 / **11월 8일(밤)** 일본군 후비보병 제19대대 제2중대(중대장: 모리오森尾雅一 대위), 우금치에서 대비.

1894년 갑오甲午

11월 9일(양 12월 5일) − **공주 우금치牛金峙 최후 결전**(오전 10시~2·3시 경까지 4·50차례 접전). 이인가도와 우금치산 사이로 10리에 걸쳐 1만여 명의 동학농민군(전봉준 지휘)이 우금치 서쪽을 공격했다. 동시에 삼화산三花山 쪽으로 농민군 1만여 명이 오실梧實 뒷산을 향해 공격해왔다(신용하교수. 옥천포 농민으로 추정). (오전 10시 40분경) 동학농민군, 우금치 전방 500미터 산꼭대기까지 접근. 150미터까지 간격이 좁혀지면서 몇 시간동안 농민군과 관군 − 일본군연합군의 치열한 공방전(우금치를 빼앗기면 공주사수불가) → 동학농민군 패퇴. 노성魯城으로 후퇴 / 장위영 참모관 구완희具完喜의 〈공산초비기公山剿匪記〉: "… 우금치의 성하영군成夏永軍이 홀로 감당하기 어렵게 되자, 일본 병관 모리오森尾雅一(제2중대장)는 우금치의 견준봉犬蹲峰(개좆배기) 사이의 능선에 일본군을 배치하고, 공격해 오는 동학농민군을 향해 일제 사격을 가했다(개틀링 기관총과 스나이더 소총 사격). 그리고 능선에서 몸을 감추었다. 일본군의 맹렬한 사격을 받은 동학농민군은 공격을 멈추지 않을 수 없었다(농민군의 무기는 대나무꼬챙이 죽창과 화승총. 화살. 쇠스랑과 몽둥이). 또 적군이 산마루를 넘으려 하면 능선에 올라서 다시 일제사격을 가하고 몸을 감추었다. 이렇게 반복하기를 4~50차례를 거듭하니 적의 시체가 온 산에 쌓여져 있다. …" / "아아! 저들 비류(동학농민군) 몇 만의 무리가 물샐틈없이 4~50리에 걸쳐 에워싸며 몰려왔다. 길이 있는 곳으로 확 몰려오고, 높은 봉우리에 거점을 확보하는데 주력했다. 동쪽에서 함성을 지르면 서쪽에서 열화와 같이 호응하고, 왼쪽에서 번쩍했는데 어느새 오른쪽에서 신출귀몰하게 튀어나왔다. **깃발을 드높이 올리고 북을 둥둥 울리면서, (빗발치는 일본군의 기관총 탄환세례 앞에서도) 죽음을 무릅쓰고 서로 앞을 다투어 수만 명의 농민군들이 우금치 산등성이로 올라왔다. 도대체 저들은 무슨 의리義理와 무슨 담략膽略을 지녔기에 저리할 수 있었단 말인가! 지금 그때 그들의 자취를 기록하려 하니, 생각만 해도 뼛골이 심히 두렵고 마음이 서늘해진다. 噫! 彼匪類之幾萬其衆. 環匝連亙四五十里. 有路卽爭奪. 高峰卽爭據. 聲東趨西. 閃左忽右. 揮旗擊鼓. 拚死先登. 渠何義理? 渠何膽略是! 喩言念情跡, 骨戰心寒是乎所."**(『순무사정보첩巡撫使呈報牒』, 갑오 11월 10일).『순무사정보첩』은 동학농민군 토벌임무를 맡은 순무선봉장巡撫先鋒將 이규태李圭泰가 동학농민군을 진압−토벌하는 과정에서 도순무사都巡撫使 신정희申正熙에게 보낸 보고서(1894년 10월 11일~12월 20일) / "기험하다 기험하다 아국운수 기험하다. 개같은 왜적놈아 너희신명 돌아보라. 너희역시 하륙해서 무슨은덕 있었던고. 전세임진 그때라도"(「안심가」) / 〈전봉준 1차공초〉(우금치 접전 참상 진술): "두 차례 접전 후 1만여 명의 군병을 점고한 즉 남은 자가 불과 3천여 명이요, 그 뒤 또다시 두 차례 접전 후 점고한 즉 5백여 명에 불과하였다." / 1919년 3월 1일 기호동학농민군 총통 손병희 등 민족대표 33인, 〈독립선언서〉 낭독: "오등吾等은 자茲에 아조선我朝鮮의 독립국獨立國임과 조선인朝鮮人의 자주민自主民임을 선언宣言하노라. 차此로써 세계만방世界萬邦에 고告하야 인류평등人類平等의 대의大義를 극명克明하며 차此로써 자손만대子孫萬代에 고誥하야 민족자존民族自存의 정권正權을 영유永有케 하노라." / 1973년 11월 11일 우금치에 〈동학혁명군위령탑〉 건립(제자: 박정희. 안내판: "동학혁명의 정신을 이어받아 5·16 군사정변과 10월유신을 이룩했다"). 만주제국은 자신의 작품이라고 호언하는 키시 노부스케岸信介(1896년생. 아베 신조 총리의 외할아버지)가 한창 만주제국을 경영할 때 타카키 마사오高木正雄(박정희. 1917년생)는 만주국 신경육군군관학교 제2기생으로 일본군국주의 훈련에 매진하고 있었다(1939~1942년) / 동학농민군의 무덤더미화된 승주골 골짜기 인근 마을주민들의 구전: "무르팍으로 내밀어도 나갈 수 있었는데, 주먹만 내질러도 나갈 수 있었는데 그걸 못했다."(실패한 민중혁명에 대한 아쉬움. 동학농민군이 우금치고개만 넘어 일본군을 제압하면 공주점령). 동학농민군의 진압부대는 왜군(일본군)이었다: (구전) "일본군들은 얼마되지도 않았다. 일본군들이 줄지어 계단식으로 앉아 총을 쏘았다. 동학군들은 죽창밖에 없어 총에 맞아 쓰러지고 쓰러지고 하다가 도망갔다." 두리봉 자락의 은골로 도망온 농민군 학살(구전 채록): "은골에서는 마침 메주를 만들기 위해 메주콩을 쑬 적이라, 추위와 배고픔에 허덕이며 피신해온 농민군들이 메주콩을 얻어먹다가 총탄에 맞아 마당에서 즐비하게 쓰러져 죽었다고 한다." "일본군들이 은골에 모인 사람들의 신발을 보며 조사했다고 한다. 검상동 쪽 흙이 빨갛기 때문에 빨간 흙이 묻은 짚신을 신은 사람은 동학군이라고 죽였다고 한다."(1948년 여순민중항쟁시기의 비극 전조) → **일본군, 조선의 군사작전권 완전장악.**

1894년 11월 9일 — 송장배미산자락 전투. 수천 명의 옥천포 동학농민군의 치열한 전투(총지휘: 손병희. 영장領將: 이용구李容九): "피는 내를 이루었으며 시체는 산처럼 쌓여 눈으로는 차마 볼 수가 없었다." / 11월 10일 관군 − 일군연합군과 동학농민군이 공주바깥산줄
高宗 31년

기를 중심으로 대치 / 11월 11일 효포의 동학농민군이 관군의 기습으로 무너지면서 경천·노성·논산으로 퇴각 / 11월 15일 관군 – 일군연합군, 노성탈환. 동학농민군, 전주 쪽으로 퇴각.

1894년
갑오甲午 11월 10일(양 12월 6일) – **김인배**金仁培(1870년생) **영호대접주군軍, 여수 좌수영**左水營 **1차 공격.** 동학농민군의 여수좌수영 공격당위성: ① 일본군의 남해안 상륙 저지. ② 신임 수사水使 김철규金澈圭, 동학농민군 수십 명 포살. ③ 좌수영에서 일본어민을 보호하여 금오도金鰲島·나팔도喇叭島에서 일본어민들이 다량 어획하도록 했다. 김인배 영호동학군 대장은 공격에 앞서 김철규 수사에게, "서로 손잡고 왜병의 발호를 제압하자."(거절 답신: "동학도는 국적國賊이다.") / 11월 16일 덕양역德陽驛 집결. 2차 공격 / 11월 20일 종고산鍾鼓山 점령. 3차 공격(좌수영 공격). 김철규 수사, 통영에 정박하고 있던 일본군함 츠쿠바 함장 쿠로오카黑岡에게 지원 애걸(11월 23일) / 11월 26일 일본육전대(지휘: 미나미南 해군대위·와타和田 해군소위) 100명 상륙. 좌수영 관군과 연합하여 영호동학농민군과 종일격전. 동학군지도부, 순천 영호대도소로 퇴각 / 12월 6일 순천부 겸임 낙안군수·민보단, 순천 영호대도소 습격. 정우형鄭虞炯 영호도집강 등 150여 명 포살砲殺 / 12월 7일 김인배 영호대접주 등 지도부 광양에서 피체 / 12월 8일 김인배와 영호수접주(순천) 유하덕劉夏德이 효수되고 90여 명이 포살되었다. 이날 이후 민보단과 관군이 동학군 100여 명을 색출하여 포살하였다. 그 명단이 남아있다(『광양현포착동도성명성책光陽縣捕捉東徒姓名成冊』) → 영호대도소가 무너지자 경상도 서남부지역과 전라도 남동부지역에서 일본군 – 경군(중앙군) – 영병(지방군) – 민보군들이 연일 동학군을 색출하여 엄청 학살했다.

1894년
高宗 31년 11월 11일 – **스즈키 아키라**鈴木彰 **소위 부대, 해주성 입성.** 스즈키 소위는 초기 공주감영 수성에 지대한 공을 세운 일본군 장교이다. 동학세력("황해도 인구의 3분의 2가 동학당이다.")에 눌려있던 황해도 각 군·현 수재守宰들과 친일보수세력들이 일본군의 출동에 힘입어 반동학세력을 형성했다.

1894년
갑오甲午 11월 12일(양 12월 8일) – **전봉준 동도대장**, 동도창의소東道倡義所 명의로 중앙군·지방군과 백성들에게 국문으로 우리 조선이 왜국이 되지 않게 항일투쟁을 공동으로 펼치자고 호소하는 〈고시경군여영병리교시민告示京軍與營兵吏敎示民〉 발표(충남 노성, 동도창의소): "무타無他라, 일본과 조선이 개국 이후로 비록 인방隣邦이나 누대累代 적국이더니 성상聖上의 인후仁厚하심을 힘입어 삼항三港을 허개許開하여 통상 이후 갑신(1884년) 10월에 사흉

四凶(박영효·서광범·홍영식·김옥균)이 협적俠敵하여 군부君父의 위태함이 조석에 있더니, 종사宗社의 흥복興福으로 간당奸黨을 소멸하고 금년 10월에(1894년 6월 21일 일본군 경복궁 불법점령. 관군 무장해제) 개화간당開化奸黨이 왜국倭國을 체결하여 승야입경乘夜入京하여 군부君父를 핍박하고 국권을 천자擅恣하며 우황 방백수령이 다 개화당소속으로 인민을 무휼하지 않고 살륙殺戮을 좋아하며 생령生靈을 도탄塗炭함에, 이제 우리 동도東道가 의병을 들어 왜적倭敵을 소멸하고 개화를 제어하며 조정을 청평淸平하고 사직을 안보할세. 매양 의병이 일어난 곳의 병정과 군교軍校가 의리를 생각지 아니하고, 나와 접전接戰함에 비록 승패는 없으나 인명이 피차에 상하니 어찌 불쌍치 아니하리요. 기실은 조선끼리 상전相戰하자 하는바 아니거늘 여시如是 골육상전骨肉相戰하니 어찌 애닯지 아니하리요. 또한 공주 한밭大田 일로 논지하여도 비록 춘간春間의 보원報怨한 짓이라 하나 일이 참혹하여 후회막급이며, 방금 대군이 압경壓京에 팔방이 흉흉한데 편벽되어 상전相戰만 하면 가위 골육상전이라. 일변 생각건대 조선사람들끼리라도 도道는 다르나 **척왜斥倭와 척화斥華는 기의其義가 일반이라.** 두어자 글로 의혹을 풀어 알게 하노니 각기 돌려보고 충군忠君 우국지심이 있거던 **곧 의리로 돌아오면 상의하여 같이 척왜척화斥倭斥華하여 조선으로 왜국倭國이 되지 아니하게 하고 동심합력하여 대사를 이루게 하올세라.** 갑오 십일월 십이일 동도창의소"(『선유방문병동도상서소지등서宣諭榜文竝東徒上書所志謄書』).

1894년 11월 13일 **− 김개남 전라좌도 동학농민군 1만여 명**(북상군), **청주성 공격**(중군: 용구동 접
갑오甲午 주 김중화金重華, 선봉: 낙안접주 강사원姜士元·안귀복安貴福, 보성접주 이수희李秀希). 일본군(지휘: 쿠와하라桑原 소위)의 원거리 배후 집중사격에, 일본군과 처음 교전하는 전라좌도 동학농민군 혼비백산 퇴각 / 청주목사의 보고 〈동학란기록〉: "새벽 호남비류湖南匪類 만여명이 성밖 3리 지경에 진격해 와서 영병營兵과 일본군을 출동시켜 격파하여 백여 명을 살상시켰다." / 김개남 장군, 태인 산외면 너되四升 은신(매부 서영기의 집).

■ 11월 − 경재敬齋 강시원 동학 도차주, 청주성 전투에서 피체. 청주병영에서 순도("次道主姜時元과 朴錫奎兄弟는 淸州兵營에서 慘殺되고." 『천도교회사초고』). 해월 대성통곡.

■ 11월 14일 − 남원 동학농민군, 운봉 민보군(지휘: 박봉양) 공격. 혈전(~15일).

1894년 11월 14일(양 12월 10일) − 일본군 히라키白木誠太郎 중위가 지휘하는 교도대와 전북 진안
高宗 31년 군(상조림 천변)에서 동학농민군 수천 명과 접전. 이상래李祥來 옹(진안군 정천면 봉황리)

증언: "동학농민군은 일본군과 관군을 지방의 수성군처럼 과소히 여겼다. 일본군의 신무기 위력을 경험한 적이 없는 동학농민군들은 검은색 군복차림의 일본군을 단번에 조치하려고 달려갔다. 이때 일본군은 엎드려 기관총을 난사하니 많은 사상자를 내고 패주하였다." 용담·진안·고산 접전(~11월 22일). 동학농민군 패전(관군 노획물: 총 2백 자루, 창 3백 자루, 화약 천여 근, 연환鉛丸 10여 두斗. 『순무선봉진등록』).

1894년
갑오甲午
11월 14일(양 12월 10일) ─ 황해도 동학농민군, 황해도 신천군信川郡의 장수산성·수양산성 점령. 옹진군甕津郡 점령(음 11월 15일). 연안부延安府 점령(음 11월 17일). 은율현殷栗縣 점령(음 11월 19일). 배천군白川郡 점령(음 11월 21일) / (음 11월 19일) 신천군 청계동의 안태훈安泰勳 진사, 민병 1백여 명과 포군 70여 명을 이끌고 동학농민군을 격파했다 (동학농민군 영장領將 3명 포살). 이 전공으로 해주감영으로부터 의려소장義旅所長으로 위촉된 안태훈安泰勳 진사는 안중근(1879년생)의 부친이다. 또한 후에 구월산에서 김창수金昌洙(1876년생. 백범 김구) 팔봉접주八峰接主가 이끄는 동학농민군을 제압한 안태훈을 정부에서 황해도 소모관召募官으로 임명했다 / 1895년 2월 김창수, 안태훈 진사의 빈객(조희일 해주감사와 황해도 동학군 화해 덕분)으로 안중근과 일면식: "진사에게는 아들이 셋 있었다. 맏아들이 중근으로, 그때 나이 열여섯이었는데, 상투를 틀고 자색 명주수건으로 머리를 동이고서 돔방총(메고 다니기에 편리하도록 만든 총)을 메고 노인당老人堂과 신상동薪上洞으로 날마다 사냥을 다녔다. 영기英氣가 발발하여 여러 군인들 중에도 사격술이 제일로, 나는 새 달리는 짐승을 백발백중으로 맞추는 재주가 있었다. … 안진사는 8살, 9살인 정근定根, 공근恭根에게는 '글을 읽어라' '써라' 독려하면서도, 맏아들 중근에게는 공부않는다고 꾸짖는 법이 없었다."(『백범일지』).

1894년
高宗 31년
11월 15일(새벽. 양 12월 11일) ─ **모리오森尾 일본군 중대장 지휘하에 노성魯城 협공.** 전봉준 휘하 호남동학군·손병희 휘하 기호동학군, 논산으로 퇴각. 최난선 여산접주 동학군 천여 명이 우금치전투 지원하러 가다가 은진 황화대黃華臺에서 일본군─관군에게 기습당함. 전주로 퇴각(18일). 원평에서 식량문제 해결(김덕명 대접주 실무담당) / 이두황의 『양호우선봉일기』: "관군은 그 뒤를 쫓아 사격하니 천여 명의 적이 이에 맞아 쓰러졌는데 추풍의 낙엽과 같았고 길에 버린 총과 창, 밭두둑가에 널려있는 시체가 눈에 걸리고 잘려진 목이 발길에 채이다. … 秋風落葉. 委道之銃鎗沿疇之屍首, 掛於眼而蹶于足. …(1894년 11월 17일). 인부印符와 대장기大將旗도 빼앗겼다.

1894년
高宗 31년

11월 21일－조선정부, 공문식公文式 한글화 표기 칙령: "법률·칙령은 모두 한글을 기본으로 하고 한문으로 번역을 붙이거나 혹은 국한문으로 혼용한다.法律·勅令, 總以國文爲本, 漢文附譯, 或混用國漢文."(『고종실록』) / 1896년 4월 7일(양) 『독립신문』(국문판·영문판) 창간(~1899년 12월 4일 폐간. 사장 겸 주필: 서재필徐載弼, 국문판의 편집·제작: 주시경周時經) / 1907년 7월 학부 산하 국문연구소 설립(~1910년 8월 29일. 주시경·이능화 등, 〈한글정서법正書法 통일안〉 연구에 매진) / 1912년 조선총독부, 〈보통학교용 언문철자법〉 공지(아래아 표기 소멸 공식화) / 1927년 〈조선어사전편찬회〉 조직 / 1933년 10월 29일 조선어학회, 〈한글맞춤법통일안〉 공포.

1894년
갑오甲午

11월 21일－구교철 대접주, 장흥 우치면 출정기포 / 11월 25일 **이인환 대접주, 장흥 대흥면 출정기포**(김재계씨의 기포광경 구술: "내가 일곱 살 먹던 그해다. 봄부터 우리 마을에는 동학열이 심하여 집집마다 청수단淸水壇을 만들고 낮이나 밤이나 주문소리가 흡사 글방에서 글 읽는 소리 같았다. … 하루는 접주 이인환씨가 거정리ㅌ井里 들판에서 동학군 대모임을 한다고 한다. 어른은 물론이고 부인, 아동까지도 구경을 간다고 한다. 아버지도 가시고 삼촌도 가시고 할머니도 가신다고 한다. 나도 가겠다고 선두에 나섰다. … 얼마 후에 접주 이인환씨가 기포령을 내렸다. 이 기포령이 한번 발하자 어쩐 일인지 사람들이 물끓듯하였다. … 대장기 아래 청수를 모시고 주문을 세 번 고성대독高聲大讀하니 그 웅장한 소리는 저절로 산상 초목이 동하는 것 같았다. 식이 끝나자 나팔소리에 따라 대군은 동한다. 저 건너편 이인환씨 본진에서 행군 나팔을 불고 서로 응성應聲하여 나간다."『천도교회월보』 통권 271호). 회녕진성會寧鎭城 점거 / 11월 27~30일 흥양현 일시 점령(흥양현의 무장해제: 인부印符·병부兵符 탈취) / 12월 1일 이방언 장태장군, 이인환·구교철 부대와 합류 / 12월 4일 벽사역 함락(김일원金日遠 찰방 도주). 금구의 김방서 부대, 화순의 김수근 부대, 능주의 조종순 부대도 합류. 벽사역은 전라도 6개의 역참 중 가장 큰 규모(2,000여 명의 역졸 상주) / 12월 5일 장흥도호부 함락(박헌양朴憲陽 부사 죽음) → 장흥 석대들 동학농민혁명.

1894년
갑오甲午

11월 22일－**손화중·최경선·오권선**(나주)·**이방언**(장흥)·**이은중李殷仲**(함평)·**배규인裵奎仁**(배상옥, 무안)·**국문보鞠文甫**(담양) 접주의 **동학농민군, 나주성 포위**(일－관군 연합군의 후방공격 차단. 호남일대 집강소 농민통치체제 보호. 보수 유생들의 결집 저지) / 11월 23일 나주 북문 밖 함박산咸朴山까지 진출. 갑작스런 강추위로 나주성 공격포기 / 11월 24일 남산촌 전투에서 수성군의 천보총에 밀려 나주·광주동학농민군 퇴각.

1894년 11월 22일 — 공주 남쪽 이인利仁・효포孝浦에서 충청관찰사 박제순朴齊純의 관군과 일
갑오甲午
본군 모리오森尾부대와 6일간 교전 끝에, 동학농민군은 최후의 정천定川격전에서 참
패慘敗했다(29일). 향촌사회 유생들(민보단)이 일본군과 관군과 연합해서 동학농민군
잔여 세력을 토벌하기 시작했다(제주4・3과 여순항쟁시기의 부역자색출・초토화작전과 유
사). 12월까지 관군과 유회원儒會員・민보단은 물론 보부상까지 동학군을 임의로 잡
아 학살하고 재산을 강탈했다 / 박제순 송덕비(1895년[乙未] 설립. 이인면사무소 앞. 민보
단이 주도해서 세운 것으로 추정): "巡察使朴公齊純去思碑(순찰사 박제순님이 가시고 이인사
람들이 그리워하는 비) 福星所照, 我公宣恩(가장 큰 별 목성이 만물에 복덕을 펼치듯, 우리들
의 박제순님이 우리들에게 은혜를 베풀었다). 剿匪救民, 全省賴安(동비들을 초토화해서 백성을
구하여 온전한 보살핌으로 우리 백성들이 편안해졌다). 賚粟移馬, 殘驛復完(굶주린 백성들에
게 곡식을 나누어주고 말들을 충원하여, 전란통에 무너진 이인역참을 다시 복원하였다). 竪石
頌德, 永世不諼(비석을 세워 공의 덕을 찬양하며 영원토록 잊지 않겠다) / 1905년 을사늑약
시 외무대신이었던 박제순, 을사오적乙巳五賊과 경술국적庚戌國賊이 되어 후손들에게
오명汚名을 남겼다: **"할아버지는 대체 왜 자결하지 않으셨는가. 왜 후손들을 이다
지도 욕되게 하는가."**(친손자 박승유朴勝裕 독립운동가의 울부짖음).

■ 11월 23일(양 12월 19일) — 전봉준・손병희 양호동학농민군, 전주성에서 3일간 머물다 금
구군金溝郡 원평院坪으로 후퇴. 금구 원평의 대접주 김덕명(金德明, 龍溪丈)은 동학군
군수물자 조달책이며, 원평은 전략적 요충지이다 / 11월 24일 조・일연합군(후비보병
19대대 대대본부+2・3중대+경군), 전주 인근(무주, 금구, 태인, 장수, 정읍, 천원) 대대적
으로 토벌(~29일).

1894년 11월 24일 — 미나미 코시로오南小四郞 후비보병 제19대대 대대장, 전주입성. 『양호우선
高宗 31년
봉일기』〈갑오. 11월 25일조〉: "… 일본군과 관군이 모두 전주에 회합하였고 미나미 대
대장은 선화당宣化堂의 내아內衙"에 머물며 군을 총지휘하였다." → 동학농민군 진압
의 진두지휘는 일본군.

1894년 11월 24일 — 취야장에 모인 황해도 동학농민군 3만여 명, 해주성 공격. "전투를 벌인 시
갑오甲午
간은 5시간이었으며 이처럼 강경하게 저항하는 것은 동도에게는 흔히 볼 수 없는 일
이다. 그들의 총기는 화승총이었고 인원은 3만이었고 재령, 신천, 문화, 장연, 옹진,
강령 등지에서 온 동도들이었다."(스즈키 아키라鈴木彰 소위, 『황해도동학당정토약기征討略

記』). 이때 참전한 백범 김구의 기술: "도소都所에서 나의 계획이 받아들여졌다. 그런 데 작전을 개시할 무렵 왜병들이 성 위에 올라가 공포 네댓을 쏘았다. 남문으로 향하던 선발대는 이 총소리에 놀라 도주하기 시작했다. …"(『백범일지』) / **11월 25일** 신임 해주감사 조희일趙熙一과 황해도 동학군 지도부와 묵계: "동학농민군을 함부로 죽이지 않겠다."(이도재 전라감사와 상반相反) 친일주구인 평산부사 이창렬만 감사의 방침을 어기고 관내 동학도를 초멸하는데 열을 올리자, 조희일 감사는 이창렬 평산부사를 파직시켰다. 임종현 수접주, 〈도내각포유생등단자〉 발송: "다행히 천운이 돌아와서 이 백성들을 버리지 않았으니 오직 우리 순상이 처음으로 어루만져주시며 거듭 은유하시기를 구폐는 개혁하고 새로운 것을 촉구한다 하시니 감격스럽지 않을 수 없다. 何行天運循環, 不遺斯民. 惟我巡相, 按節之初, 恩維申勤, 改舊促新, 莫不感激."(『황해도동학당정토약기』).

1894년 **11월 25일** ─ 우선봉 이두황군李斗璜軍 전주입성. 이인(11월 14일) → 노성공격(15일 새벽) →
갑오甲午　　황화대 전투 → 노성 · 은진 · 강경 · 용안 · 웅포 · 임피 · 황등 · 삼례(18일~25일) → 전주입성.

■ **11월 25일** ─ 기호 · 호남동학농민군, 원평 구미란전투 패배. 이진호李軫鎬 관군 교도중대 지휘자의 전투기록: "25일 9시에 원평에 도착하여 동학군 1만여 명과 접전하였는데, 오전 9시부터 오후 5시까지 동학군 35명을 사살하여 크게 격파하였다. **획득한 군물은 일본 소대장에게 소속시켰다:** 회룡총 10자루, 조총 60자루, 총알(연환) 7석, 화약 5궤짝, 자포 10좌, 쌀 500석, 돈 3천 냥, 소 3마리, 나귀 2필, 말 9필 등(『순무선봉진등록』). 전봉준 부대는 태인으로 퇴각. 손병희 부대는 태인, 정읍, 고부, 순창의 쌍치 · 산내면을 통해 해월이 있는 임실 갈담시葛潭市로 갔다.

1894년 **11월 26일**(양 12월 22일) ─ 이규태 선봉장 전주입성. 공주를 출발한(음 11월 21일) 이규태군
갑오甲午　　은 노성 · 논산 · 강경 · 여산 · 삼례를 거쳐 전주에 입성.

■ **11월 27일** ─ **호남동학농민군, 태인 성황산에서 최후 항전**(오전 11시~오후 7시). 전봉준 대장은 결사적으로 싸웠으나 일본군의 원거리집중사격으로 패배. 전봉준 주력군 태인에서 해산(28일). 입암산성笠巖山城 피신(29일) / **11월 29일** 손병희 주력부대는 임실 갈담시에서 해월신사 배알. 함께 북상(갈담시 → 새목터 → 오수獒樹 → 장수 → 무주 → 영동).

■ **11월 27일** ─ 황해도 동학농민군, 해주감영 2차 공격.

1894년
갑오甲午 **11월 28일**－박봉양 운봉 민보군 4천여 명, 남원성 공격(동학군 800여 명). 남원을 점령한 박봉양 민보군의 약탈행위: "모두 불에 타 들어갈 집이 한 채도 없었다. 운봉 민병들이 가옥을 불태웠기 때문이다. 민병을 이끌고 들어와서 된장, 남비, 솥, 기타 일체의 주민 재산을 빼앗아 갔다(『주한일보공사관기록』).

- **11월 30일**－전봉준 장군, 백양사白羊寺에 피신(흥덕접주 차치구－차경석 부자가 동행. 차치구는 소살燒殺. 차경석은 후일 정읍 입암면에서 신도 수백만명에 달한 보천교普天敎를 창도했다).

- **12월 1일(양 12월 27일)**－관군 선봉진先鋒陣·일본군, 노령蘆嶺 넘어 장성長城 도착.

- **12월 1일**－손화중군(나주·광주동학농민군), 광주에서 해산 / 장태장군 이방언은 장흥귀향. 재기모색 → 장흥동학혁명군, 6연승 전투: 회령진성 무혈입성(1894년 11월 25일)－흥양현 일시점령(11월 27일~30일)·벽사역점령(12월 4일)·장흥부 함락(12월 5~6일)·강진현 함락(12월 7일)·병영성 함락(12월 10~11일).

- **12월 1일**－김개남, 태인 종송리種松里에서, 피체被逮(지인 임병찬林炳贊의 밀고. 임병찬은 1899년 낙안군수로 임명되었다. 1906년 최익현과 태인의 무성서원에서 항일의병을 일으켰다).

- **12월 2일(양 12월 28일)**－녹두 전봉준 장군 피체. 전봉준은 순창군淳昌郡 쌍치면雙置面 피로리避老里 김경천金敬天 집에 피신했으나, 배신자 김경천은 이웃집 한신현韓信賢에 밀고하고 김영철金永澈·정창욱丁昌昱등 민보군民堡軍이 전봉준 대장을 붙잡아서 일본군 아카마쯔 코쿠호赤松國封 지대支隊에 인계했다(다리골절). 나주 초토영의 감옥에 억류되었다가 서울로 압상(1895년 1월 5일. 진고개 일본순사청[일본영사관 감옥]에 수감. 나주 초토영에서부터 수감되었던 용암 김낙철 부안 대접주가 녹두장군의 형편을 목격한 것을 『용암성도사역사약초』에 기록). 정부의 포상: 한신현(황해도 금천군 군수. 상금 1,000냥), 김영철(300냥), 정창욱(200냥).

- **12월 3일(양 12월 29일)**－미나미 동학군토벌 대대장과 이두황 우선봉장, 남원성 입성 / 이도재 전라감사, 서울로 이송치 않고 전주감영에서 임의로 김개남 장군 참수(이도재의 포악스러운 탄압으로 1895년 5월까지 호남에서만 1천여 명이 불법적으로 학살). 전봉준·손화중과 더불어 동학의 삼걸三傑로 불리우던 김개남은 남원에서 활약하다가 태인 송종리에서 체포되어 전주에서 생을 마감했다 / 1994년 5월 김개남장군추모비건립(전주 덕진공원): *"개남아개남아김개남아 수만군사 어디 다 두고 짚둥우리가 웬말이냐?"*

- **12월 4일**－남평현南平縣 전투. 최경선 부대의 최후항쟁. 오윤술吳潤述이 이끄는 민보단, 동복 벽성碧城에서 최경선(한자표기는 崔景善·敬善·慶善. 본명은 崔永昌) 체포: "157

명을 포살하고 거괴 최경선과 이형백李亨伯, 차괴 장운학張雲鶴, 박건량朴建良, 김중회金中會, 김병혁金丙赫 등 62명을 체포했다. 동학농민혁명군의 작전참모장으로 "전봉준의 팔다리股肱"였던 최경선은 일본군에 넘겨졌고 이형백은 나주 초토영으로 압상하고 장운학과 60명은 읍에서 처형했다."(『오윤술몽전청원吳潤述夢典請願』) / 나주·광주동학농민군은 1894년 4월부터 민종렬 나주목사와 이원우 영장·정석진 수성군 도통장을 제압하기 위해 회유·압력과 무력행사를 9개월간 반복했으나, 11월 24일 나주성 공격에 실패함으로써 혁명의 동력이 상실되었다.

1894년 갑오甲午 12월 4일(양 12월 30일) ─ **장태장군 이방언李邦彦, 장흥長興 벽사역碧沙驛 점령.** 이방언은 장흥으로 귀향하면서 광주·남평·나주·화주·능주 등에서 살아남은 동학농민군들을 대동하여 장흥전투에 참가했다(금구의 김방서 부대, 화순의 김수근 부대, 능주의 조종순 부대 등). 벽사역 찰방察訪(6품) 김일원, 장흥부 장녕성·병영 거쳐 나주로 줄행랑 / 고부동학농민(1894년 1월) 봉기시 고부안핵사로 부임되어가는 이용태 장흥부사가 대동한 **벽사역 역졸 800명**은 고부에서 살인과 분탕질, 부녀자 겁탈 등 그들의 만행으로 동학농민군들의 복수 1호 대상이었다(제주4·3민중항쟁을 진압하기 위해 파견된 육지경찰과 서북청년단을 위시한 우익청년단의 야만적인 소행과 패턴유사). 장흥부사 이용태의 후임이 1894년 7월에 충청도 관찰사로 임명된 박제순이었다. 박제순 후임으로 부임한 장흥부사가 박헌양朴憲陽이다. 박헌양 장흥부사는 갑오년 흉년임에도 불구하고 세금을 혹독하게 거둬 백성들의 원성을 샀다. 특히 동학도인들을 의도적으로 가혹하게 탄압했다(이용태-박제순-박헌양으로 이어지는 역대 장흥부사들은 유별나게 동학도인을 적대시하여 원성을 샀다).

1894년 갑오甲午 12월 5일 ─ **장흥 동학농민군, 장흥도호부長興都護府 점령**(진도군·강진현·해남현 관할) / 12월 6일 박헌양朴憲陽 장흥부사 비롯 수성장졸 96명 전사(박부사는 동문 밖 시장에서 참수斬首. 매천 황현은 장흥부사 박헌양의 죽음을 애도한 〈哀朴長興憲陽〉 시를 짓다. 『매천집』). 96명 순절 장졸을 위한 사당, 영회당永懷堂 건립(1899년) / 7일(새벽) **3만여 명으로 불어난 장흥동학농민군, 강진성 함락**("죄없는 백성과 병졸들은 모두 성밖으로 나오라. 만일 이속과 별포와 뒤섞여 죽을지 모른다."). 이규하李奎夏 강진현감 줄행랑. 동학농민군 토벌대인 강진민보군을 이끌다 전사한 김한섭金漢燮(1838년생, 강진향교 장의掌議)은 장태장군 이방언과 동문수학한 사이. 매천 황현은 김한섭의 죽음을 애도한 시도 지었다.

1894년 12월 6일(양 1895년 1월 1일)—관군, 순천順天 입성.
高宗 31년

■ 12월 7일—광양민보군, 광양光陽읍성 회복 / 12월 8일 김인배金仁培(1870년생) 영호대접
주·유하덕劉夏德 영호수접주 효수(규장각,『光陽縣捕捉東徒姓名成冊』). 김인배 영호대접
주, 처남 조승현趙升鉉(1870~1948)에게 유언: **"장부가 사지死地에서 죽음을 얻는 것은 오직 떳**
떳한 일이요, 다만 뜻을 이루지 못함이 한恨이로다. 나는 공생동사共生同死를 맹세한 동지들과 최후를
같이 할 것이니 그대는 집으로 돌아가서 부모를 봉양하시오." 동학농민군 90여 명 포살(광양읍
빙고등氷庫嶝). 이두황의 장위영군에 의해 또 동학농민군 백여 명 포살. → 일본군—관
군—민보군(친일보수유생들), 곳곳에서 동학농민군 가담자를 색출하는 지속적인 토벌
작전 돌입. 체포·처형(일본군의 구한말 의병투쟁을 박멸하기 위해 벌인 "남한폭도대토벌작전"
과 여순민중항쟁, 제주4·3의 부역자색출과정의 초토화과정과 아주 유사하다) / 나카쯔카 아키
라中塚明 나라奈良여대 명예교수의 사료인용: "당시 일본군에 의해서 희생된 동학군
은 부상자를 포함해서 30~40만 명에 이르며, 그 중 학살당한 동학군은 5만 명 이상
이다." → 일본군의 조선민중 대량학살(임진·정유재란—동학농민군—구한말의병토벌—3·1혁
명 참가자와 독립운동가—만주·연해주 지역의 경신년 학살—관동대지진, 재일조선인 학살).

1894년 12월 9일—**장흥동학농민군, 전라병영兵營 함락**(~10일). 병마절도사 서병무徐丙懋(종2
갑오甲午 품), 전의상실 줄행랑. 병영수성에 참가한 박창현朴昌鉉의 자폭(병영 군수창고 폭발)으
로 동학농민군의 화력이 고갈되었다. "장차 나주로 진격한다!"며 재차 봉기한 장흥
동학농민군은 결국 나주진격을 포기했다. 장흥으로 회군(12일).

■ 12월 9일—손병희·해월 등 동학군 3천여 명, 충북 영동永同 도착. 영동과 황간 점령
(영동군수 줄행랑). 군기·재물 취득.

■ 12월 10일(밤)—일본군 후비보병 19대대·이규태의 좌선봉진(통위영)·이진호李軫鎬의
교도중대, 나주성 입성.

■ 12월 11일—박헌양 장흥부사 참수와 전라병영 함락소식에 즉각 **조·일연합군 부대편성**
(총지휘: 미나미南小四郎 19대대 대대장), **장흥토벌작전에 돌입.** ①이규태의 좌선봉진(통
위영)은 무안 → 목포 → 주룡포 → 남리 → 해남에 이르는 연로를 수색하며 많은 농
민군 학살. ②이두황의 우선봉진(장위영)은 보성에서 장흥 출동. ③19대대 1중대(마쯔
키松木正保 중대장)는 장흥부 동로東路와 북부 차단하고 장흥토벌(본부: 능주). ④19대
대 2중대(모리오森尾雅一 중대장)는 서로西路인 강진병영성을 거쳐 장흥진격. ⑤19대대

3중대(이시쿠로石黑光正 중대장)는 중로中路인 영암 금정을 거쳐 장흥읍으로 진격. ⑥19
대대 본부(경성수비대인 후비보병 18대대 포함)는 중로인 나주 원정면을 거쳐 보림사를
통해 장흥읍 출동. ⑦수산수비대 4중대는 보성에 본부를 두고 장흥부 외곽을 포위.
⑧일본공사관·인천병참사령부, 일본 해군 군함 2척(축파함筑派艦·조강함操江艦)을 장
흥인근 급파하여 해상봉쇄 / 교도중대를 이끈 이진호李軫鎬(1867년생)는 청일전쟁시
평양대 대대장으로 일본군을 도왔다(8월~10월). 곧 이어 교도대를 이끌고 일본군과
함께 동학농민군 초멸에 앞장섰고(10월~12월), 승진하여 훈련대에 있을 때 민중전이
시해당했다(일본망명. 이토오 히로부미 한국통감이 사면하여 귀국). 조선총독부의 학무국장
을 시작으로 일제강점기 내내 부귀영화를 누렸다(1946년 사망. 친일반민족행위자로 등재)
/ 2008년 2월 대한민국 친일반민족행위자재산조사위원회는 이진호 소유의 토지에 대
해 국가귀속을 결정했다.

1894년 12월 11일(양 1895년 1월 6일) ─ 손화중(1861년생) 장군, 전북 흥덕(고창군)에서 피체 / 1881년
갑오甲午 동학입도. 정읍·무장포덕(1883년 3월) ─ 삼례 교조신원운동(1892년 10~11월) ─ 광화문
교조신원운동(1993년 1월) ─ 보은 장내리 대회(1893년 9월) ─ 무장기포·백산기포(1894년
3월) ─ 황토현 전투(4월) ─ 전주성 입성(5월) ─ 나주·광주일대 집강소 폐정개혁안 진두
지휘(6월) ─ 나주성 공략(11월).

- 12월 11일 ─ 용암龍菴 김낙철金洛喆(1858년생)·김낙봉金洛封 부안대접주 형제 등 동학농
민군 32명 피체 / 1890년 6월 동학입도 / 1891년 2월 김영조金永祚(부안)·남계천南啓天
(익산)·손화중(무장)과 함께 해월 최시형 친견(공주) / 1893년 2월 광화문복소 참여 /
1894년 4월 1일 전봉준의 봉기에 호응. 부안 집강소 운영(이철화李哲化·윤시영尹時榮 전현
직 부안현감과 소통) / 1894년 9월 2차 항일기포 / 1895년 1월 3일 함께 체포된 32명의 농
민군이 나주초토영에 도착 즉시, 수성군·관속 100여 명이 몽둥이·가죽채찍·쇠몽
둥이로 2시간동안 난타(32명 중태. 3명 석방) / 1895년 1월 6일 김낙철 형제만 일본군순사
청에 수감. 나머지 동학농민군 27명은 처형 / 1895년 1월 12일 서울 압송. 진고개 일본
영사관 순사청에 수감 / 1895년 3월 21일 4~5차례 심문, 석방 / 1895년 5월 이도재李
道宰 전라감사의 토포령(석방되었던 보성의 박태로, 금구의 김방서, 장흥의 이방언 등 불법적
으로 포살). 김낙철형제 피신 / 1898년 1월 4일 김낙철, 원주 전거론에서 해월 대신 체
포당함 / 1908년 구암 김연국과 시천교 참여 / 1917년 시천교 탈퇴, 천도교 합류. 『용

암성도사약사약초龍菴誠道師歷史略抄』는 김낙철의 친필수기(1890~1917)로 부안 천도교 호암수도원이 소장하고 있다(표영삼 발굴).

1894년
高宗 31년 12월 11일 – 조·일연합군 천여 명, 장흥부 – 전라병영지구 총공격령(~12월 25일) / 12월 12일 장흥 유치면 조양촌朝陽村 전투. 후비보병 19대대 3중대와 경군 교도중대는 조양촌에서 아침 먹다가 동학농민군에게 기습을 당했다: "일본군대가 문씨 종가집에서 조식을 하던 중 기습하여 일본군대의 총을 빼앗아서 많이 물리쳤으나, 일본군이 홧김에 종가집을 태워버렸다."(구전) / 12월 12일 장흥인근 부동면 건산전투(쿠스노키楠美代吉 상등병이 쓴 〈일청교전 종군일지〉에서 건산乾山전투 상세기록) / 12월 13일 장흥 부내면 남외리 전투(남문 밖 전투) / 12월 13일 장흥인근 부산면 유앵동有鶯洞 전투(후비보병 19대대 1중대 1소대. 소대장 등 하사관 4명, 상등병 11명, 병졸 42명 등 상훈. 동학농민군 희생 심대: "싸워 크게 이를 격파하여 시체가 산을 이루었다. –스즈키鈴木安民 부산수비대 4중대장").

1894년
갑오甲午 12월 11일 – **기호동학농민군**(손병희 부대), **영동 용산장龍山場 전투에서 승리**(~12일). 청주관군 – 부상배 – 옥천민보군 450여 명, 충북 영동 용산장龍山場 장터에서 기호동학농민군 수천 명과 접전 끝에 줄행랑. 청산으로 후퇴. 보은까지 후퇴했다가 겨우 청주로 쫓겨 왔다. 일본군 추격소식에 이동(청산→원암→보은→북실도착. 17일 저녁).

■ 12월 14일 – **장흥 석대혈전石臺血戰 3만 명의 동학농민군이 모였다**(~15일. 동학농민혁명 최후전투, 최후격전지, 최후항쟁, 석대들전투로도 불리워짐. 이인환·이방언 대접주 지휘). "수만의 농민군이 공격해온다. … 동쪽 논밭을 내려다보니 하얀 옷의 농민군이 마치 흰 눈이 쌓인 것처럼 물결을 이루며 대지를 진동했다. … 서남쪽으로 농민군을 추격하여 타살한 자 수가 48명, 부상으로 생포한 자가 10명이었다. 생포한 자는 고문을 한 다음 소살燒殺했다."(쿠스노키楠美代吉, 〈일청교전 종군일지, 12월 14일〉) / 12월 15일 **동학농민군, 재차 장흥부 장녕성 탈환하기 위한 기습공격.** 일본군·관군 원군으로 패전(15일). "15일 장흥읍에 도착하여, … 부대를 주둔하고 다리를 잠시 쉴 때에 뜻하지 않게 비류 수 삼만 명이 남으로는 높은 봉우리 밑에서부터 북으로는 뒷산기슭의 주봉主峯에 이르기까지 산과 들에 가득하여, … (동학군은 어느 전투에서나 산봉우리를 점령하고 함성을 질러 그 위세를 과시하였다.) … 15일 오시午時(오전 11시~오후 1시) 경에 적도 수만 명이 다시 모여 사방으로 에워쌀 때 일본병사와 교도소의 군대가 뜻밖에 들어와 힘을 합쳐 진군하여 200여 명을 총살하고, 나머지 무리는 전세가 다하고 힘이

다하여 끝내 도망갔습니다."(『순무선봉진등록』 12월 21일). 14일 강진동학농민군을 진압하고, 15일 아침 장흥에 들어온 부대의 지휘관이 이진호李軫鎬 교도중대장과 일본군 19대대 2중대장 모리오森尾雅一였다. / **12월 16일 장흥 고읍면 옥산玉山전투**(죽천장竹川場 전투. 김학삼 장군 지휘): "동학군과 일본군은 고읍천古邑川을 사이에 두고 3~4시간 싸우다가 동학군이 패했다. 총소리에 놀란 옥산 주민들은 뒷산으로 피신하여 온 산이 백산이 되었다. 일본군은 이들에게 총격을 퍼부어 무고한 주민들이 많이 사살되었다."(증언: 손동옥孫東玉. 채록: 표영삼. 1991년 10월). 부산수비대, 장흥 웅치면 오류촌五柳村 토벌. 웅치면 보춘동普春洞 토벌(18일) / **12월 18일 장흥 대흥면 월정月亭전투**(총지휘대장: 이인환). 대흥면 동학농민군은 장흥농민군 중에서도 최강을 자랑하는 부대이니만큼 조·일연합군이 대거투입 되었다. 전투종결 이후 살육자행(일본공사와 일본군 수뇌부의 방침): "**장흥·강진 부근 전투 이후로는 많은 비도를 죽이는 방침을 취했다. 훗날에 재기할 가능성을 제거하기 위해 다소 살벌하다는 느낌을 살지라도 그렇게 하라는** (이노우에 카오루) **공사와** (이토오 스케요시) **사령관의 명령이 있기 때문이다.**"(미나미 코시로오南小四郎, 『동학당정토약기』) → 장흥동학농민혁명 과정에서 실명이 확인된 전사자가 357명, 무명전사자 1,290명. 장흥토벌에 참여했던 당시 조선의 관료·군관들과 민간인들은 대부분 친일반민족행위자들이 되었다. / 12월 20일 이두황 우선봉군, 장흥입성. 즉각 토벌작전 돌입(해남, 강진, 장흥, 나주, 함평, 무안, 영암, 광주, 능주, 담양, 순창, 운봉, 장성, 영광, 무장 등 호남지역이 동학토벌대상이었다). 친일주구親日走狗 이두황의 특기는 부역자색출하여 처결하기 / 12월 27일 미나미 코시로오 동학당토벌대장, 이두황 우선봉장에게 서신: "**이소사李김史를 나주로 압송하라.**" / 1895년 1월 1일 이두황의 답신: "(장흥거괴 체포자 이소사는) 소모관에게 넘어가 매를 맞는 문초를 당해 살과 가죽이 진창이 돼 있어 … 압송을 늦추겠습니다."(미나미의 구술기록: "그 여자가 압송돼 나주성에 도착했을 무렵에는 거의 송장상태였다.") / 1895년 3월 5일(양)『코쿠민신문國民新聞』: "**동학당에 여장부가 있다.** 동학당의 무리 중에 한 명의 미인이 있는데 나이는 꽃다운 23살로 용모는 빼어나기가 경성지색의 미인이라 하고 이름은 이소사라 한다. 오랫동안 동학도로 활동하였으며 말을 타고, 장흥부가 불타고 함락될 때 그녀는 말 위에서 지휘를 했다고 한다." / 1895년 4월 25일 남도장군 이방원, 외아들(성호聖浩)과 함께 벽사역에서 총살형.

1894년
갑오甲午 12월 15일(양 1895년 1월 10일) — 이두황 우선봉군右先鋒軍 낙안樂安 입성. 김개남의 선봉
장 이수희李秀希, 민보군에 의해 효수됨(25일).

■ 12월 17일 — **일본군·관군·민보군, 보은 북실鍾谷里의 호서동학농민군 심야 기습**(~18일
새벽 4시까지 피아간 공방). 일본군 38명(지휘: 미야케三宅 대위), 민보군(지휘: 김석중) 230명
/ 12월 18일(아침 8시) 호서동학농민군(지휘: 손병희) 1만여 명은 함성을 지르며 거세게
반격을 개시했다. 화약과 총알 소진, 퇴각. 동학농민군 393명 전사(17일 밤), 18일은
2,200여 명 전사(屍山血海. 민보군 대장 김석중金奭中의 과장된 기록: "爲亂砲所斃者,
二千二百餘人. 夜戰所殺, 爲三百九十三人." 『토비대략討匪大略』. 일본군 기록엔 전체 동학군 전사
자를 3백 명으로 비정) / 1948년 4월 16일 조병옥趙炳玉 미군정 경무부장은 제주4·3 항
거민중을 진압키 위해 향보단鄕保團을 조직(만18세~55세 남성)하여 경찰보조 임시기
구로 운용하다가 원성을 사서 해산했다(5월 22일). 그러나 "동학농민군토벌"이 연상
되는 민보단民保團으로 부활시켜(8월) 제주도민을 더욱 참혹하게 탄압했다.

1894년
갑오甲午 12월 18일 — 해월가족(손씨부인, 딸 최윤 등) 피체. 옥천 민보군의 두령 박정빈朴正斌에 붙
잡혀 옥에서 모진 고문을 당했다(당시 반역죄인의 가족은 참형을 당하거나 노비로 전락).
박정빈은 동학토벌의 공을 인정받아 청산군수 자리를 꿰찼다. 『시천교역사』: "17살
어린 딸(최윤)은 청산군 지인知印인 정주현鄭周鉉에게 강제로 데려가 살라고 주어버렸
다."(늑가勒嫁) → 외손자: "어린이 운동가" 정순철.

1894년
갑오甲午 12월 18일 — 해남의 동학농민군 수천 명, 해남성밖에서 통위영군統衛營軍과 접전(김신영
金信榮 남리역 대접주 피체). 관군 이규태 좌선봉장, 해남입성. 다수 부역자 색출·학살.

■ 12월 24일(양 1895년 1월 30일) — **호서동학농민군의 되좌니 전투.** 충북 음성군 금왕읍 되
좌니都辱里에서(손병희·해월 지휘) 마지막 격전 후 탄환이 소진되어 패주. 군대 해산.
해월은 손병희孫秉熙·손천민孫天民·김연국金演國·손병흠·홍병기·임학선과 함께
강원도 홍천으로 피신 → 인제군 남면 느릅정楡木亭의 최영서崔永瑞 집에 기거(1895년
1월) → 최우범崔禹範 집 기거(6월) → 원주 치악산 수례촌水禮村(~1896년 2월 초) → 경
상도 상주군 은척리銀尺里(1896년 8월) → 강원도 원주 송동松洞(1898년 1월). 4월 5일
피체. 1898년 6월 2일 교수형.

1894년
高宗 31년 12월 25일 — 전남 흥양현 유복만劉福滿 대접주 등 지도부 수십 명 체포·포살. 당시 울
쩍한 민중들에게 불려진 동요: **"복만아! 복만아! 너 군사 어데 두고 젯당 위에서**

홀로 쟁을 치느냐" / 일본군－관군, 광양·고흥·낙안 지역의 동학군을 수차례 반복적으로 색출·학살. **동학농민군을 조선침략·대륙진출의 가장 큰 장애로 파악한 일본군은 철저하게 동학농민군을 학살하는 데 열을 올렸다** / 1592년 4월 14일 "싸울래면 싸우자.戰則戰矣. 싸우지 않으려면 길을 비켜라.不戰則假道"며 기고만장한 코니시 유키나가小西行長(1558~1600)에 대한 동래부사 송상현宋象賢(1551~1592년 4월 15일 전사)의 위풍당당한 응수: "싸워서 죽기는 쉽지만 길을 비키기는 곤란하다.戰死易, 假道難."

/ 일제강점기(1917·1935·1938년) 일본의 대륙진출 목적으로 〈한일해저터널〉 구상.

/ 1981년 문선명文鮮明(1920년생) 통일교 총재, 〈국제하이웨이 한일터널〉 구상.

/ 1986년 10월 큐슈九州 사가현佐賀縣 가라쓰唐津 해저터널 기공식.

/ 2013년 아베 신조 총리: "도쿄에서 런던으로 연결되는 신칸센新幹線을 같이 꿈꾸자."

/ 2021년 2월 1일 김종인金鍾仁(1940년생) 국민의힘 비상대책위원장, "부산 가덕도와 일본 큐슈를 잇는 한일해저터널 건설을 적극 검토하겠다."

/ 2023년 4월 11일 윤석열정부, "한미일 군사협력" 기정사실화.

1895년 을미乙未 1월 1일(양 1월 27일)－**금구대접주 용계장龍溪丈 김덕명金德明(1845년생) 장군, 금산면에서 피체.** 김덕명 장손 김병일金昞壹의 증언: "굵은 몽둥이를 어깨 뒤에 가로대고 양팔을 벌리게 한 다음 십자형으로 꽁꽁 묶고 앞을 보지 못하게 상투는 풀어 뒤로 제쳐 동여매고 끌고 갔다."

1895년 高宗 32년 1월 16일(양 2월 10일)－**조선정부**(김홍집친일내각), **각 군현의 유명인물 체포령.** 동학농민혁명의 봉기 발상지의 발본색원 조치(김제金堤: 송태섭宋台燮·강문숙姜文淑·송양선宋良先·주문상朱文尙·황경삼黃敬三·장화숙張化叔·김경수金景秀·김막동金莫童. 금구金溝·정읍井邑·태인泰仁·만경萬頃 지역 인물들 망라되었다). / "갑오동학농민혁명은 일본군의 참전으로 좌절되고 20만 이상의 동학농민군과 무고한 백성들이 희생되었다."(이돈화,『천도교창건사』. 박은식의『한국통사』는 30만여 명. 오지영의『동학사』는 30~40만 명으로 유혈참극 기술).

1895년 을미乙未 1월 18일－중국북양함대 정여창 제독, 항복·자결(일본해군, 산동성 위해威海 접수).

■ **1월 24일(양 2월 18일)－동학농민군의 고산현高山縣 대둔산大芚山 최후 항전**(조선의 마사다요새 참상): "… 적군은 세 곳 정면의 총격에 응사하느라 배후에서 공격해오는 일본군의 침입을 알아채지 못했다. 위기에 몰린 동학농민군은 절벽아래로 뛰어내리기도 하고 바위틈에 숨기도 했다. 이들은 모두 포박되었는데 뒤를 이어 사다리를 타고

올라온 관군들이 이들을 모두 죽여버리고 한 어린 소년만을 남겼다. 이 소년으로부터 들은 바에 의하면 이곳에 25~26명이 있었는데 대개 접주接主 이상의 위치에 있는 사람들이었다. 이 가운데 28~29세쯤 되는 임신한 부인이 있었는데 총에 맞아 죽었다. 또 접주 김석순金石醇은 한 살쯤 되는 여아를 안고 천길이나 되는 절벽아래로 뛰어내리다가 암벽에 부딪치어 즉사했다. 그 참상은 이루 형언할 수 없다. 오후 2시 적의 소굴을 모두 함락시키고 그 집도 불태웠다. 천황폐하 만세를 삼창하고 산을 내려왔다. 이 때가 오후 3시였다."(토벌대장 타케우찌武内眞太郞 특무조장의 기록) / (1894년 11월 중순) 공주 우금치에서 패주한 동학농민군(최학연崔鶴淵・최공우崔公雨・김재순金在醇・김석순金石醇・진수환陳秀煥・강태종姜泰鍾 등 진산동학농민군), 대둔산大芚山(고산과 진산의 경계)에 집결. 산상에 도소都所 마련. 천연의 요새였기에 장기항전태세로 3개월간 웅거雄據(현 주소: 전북 완주군 운주면 산북리 산 15-1번지. 해발 715.1m).

1895년 開國504년 1월 27일 − **연산連山 염정동廉貞洞 최후항전.** 대둔산에서 탈출한 최공우 등 진산동학농민군은 연산관내 염정동에서 막강한 일본군의 화력에도 결코 쫄지않고 재기포 준비에 들어갔다. 박제순 충청감사의 동학군을 초멸하라는 명을 받은 문석봉 양호초모사는 사전에 도소를 기습하여 초토화시켰다 / 낡은 왕조의 신분제를 극복하고 인간 평등 사회 건설을 위해 보국안민의 깃발 아래 목숨 걸고 일본 침략세력을 물리치는 싸움에 나서서 최후까지 끈질기게 항쟁한 동학농민군들의 숭고한 발자취는 면면이 이어지고 있다 / 2021년 1월 18일 무디스(국제신용평가사), 한국ESG(환경・사회・지배구조) 1등급 평가(미국・영국・프랑스는 2등급, 중국・일본・러시아는 3등급).

1895년 을미乙未 1월 − **해월, 강원도 인제군 잠거潛居.** 손병희・손병흠・손천민・김연국・이종훈은 해월을 모시고 인제군 남면 느릅정 최영서 집으로 피신. 해월은 12월 초까지 이곳에서 머물고, 원주 수레너미로 이주(12월 5일).

■ 1월 27일 − 민종렬 나주목사, 미나미 코시로오 소좌에게 〈서장書狀〉을 보내다: "을미년 정월 27일 민종렬이 배수拜手하며 올립니다. 군사의 위세가 멀리 떨치매 적의 기세가 점차 수그러졌습니다. 공이 가신 뒤에 산은 가볍고 멀리 티끌을 바라보니 공의 생각이 납니다. 봄날이 추운데 전란의 와중에 객지에서 편안하신지요. 거느리고 있는 수하의 군사는 행군의 여독에서도 별다른 손실은 없는지요. 멀리 공을 향해 그리는 마음은 때로 깊지 않음이 없습니다.遠外馳溯無時不深."(『미나미 고시로 문서』, 동학농민혁명신국역총서5).

1895년 을미乙未 2월 3일(양 2월 27일) − **녹두 전봉준 장군 압송 사진 촬영.** 일본영사관 순사청 감옥에서

법무아문으로 압송될 때, 우찌다 일본영사의 허락하에 무라카미 텐신村上天眞(일본영사관 전속사진사)이 찍었다(그 찰나의 주체적 포즈는 강렬하게 역사에 각인됐다).

1895년
高宗 32년

2월 9일(양 3월 5일) – 전봉준 1차 심문. 심문자: 우찌다 일본영사. 2차(11일), 3차(19일), 4차(3월 7일), 5차(3월 10일). 총문항 275개 / **3월 29일** 법무아문권설재판소法務衙門權設裁判所(법무아문대신: 서광범徐光範, 협판: 이재정李在正, 참의: 장박張博, 주사: 김기조金基肇·오용묵吳容默, 회심會審: 우찌다 사다쯔찌內田定槌 일본영사), 전봉준·손화중·최경선·김덕명·성두환(한) 사형선고(그 행위는 『대전회통大典會通』의 추단조推斷條에, "군복軍服을 입고 말을 타고서 관문官門에서 변란을 일으킨 자는 때를 기다리지 말고 목을 베라"고 한 명문明文에 비추어 사형에 처한다. 『판결선고서』). **전봉준의 외침:** "나는 바른 길을 걷고 죽는 사람이다. 그런데 역률逆律(반역죄)을 적용한다면 천고에 유감이다. 어찌 나를 이 컴컴한 도둑소굴에서 남몰래 죽이느냐? 종로거리에 내놓고 피를 뿌려라!" "내 백성을 위해서 힘을 다하였는데 사형에 처하여야 할 이유가 있는가!"(손화중).

1895년
을미乙未

2월 11일 – 전봉준 2차공판시 발언: "동학은 수심守心하여 충효를 근본으로 삼고 보국안민하는 것이다. 동학은 수심경천의 도道였다. 때문에 나는 동학을 극히 좋아한다."

■ (양 3월 6일) – 『동경조일신문東京朝日新聞』〈동학수령과 합의정치合議政治〉 보도. 일본영사관 경찰의 질문: "만일 동학군이 서울에 입성하여 일본군을 몰아내는데 성공했더라면 어떠한 정치를 하려고 했는가?" 전봉준 장군 왈: "서울에 입성하여 일본군을 몰아내고 간악한 관리들을 쫓아낸 다음에는 **국사國事를 들어 한 사람의 세력가에게 맡기는 것은 폐해弊害가 있는 것을 알기 때문에, 몇 사람의 명사에게 협합協合해서 합의법合議法에 따라 정치를 담당하게 할 생각이었다.**" → 동학의 민주적 사회정치기구의 설치 모색.

■ (양 3월 17일) – 『대판조일신문大阪朝日新聞』 보도: "북접법헌으로 불리우는 최시형과 전녹두 세력 하에 있는 충청도 동학당의 수령 성두환도 우리군에 의해 체포되어 어제 서울로 호송되었다."

■ 3월 23일(양 4월 17일) – **청·일강화조약**(下關條約). 청국측: 이홍장 북양통상대신·이경방李經方 전 주일본공사, 일본측: 이토오 히로부미 내각총리대신·무쯔 미네미쯔陸奧宗光 외무대신. **〈조약내용〉:** ① 조선국이 완전무결한 독립자주국임을 승인하고 중국에 대한 공헌전례貢獻典禮 등은 폐지한다. ② 요동반도, 대만과 부속도서, 팽호열도를 할양한다.

■ 3월 29일 – 삼국간섭(러시아, 독일, 프랑스), 요동반도 할양반대 / 4월 6일(양 4월 30일) 일본, 요동반도 포기각서 서명.

1895년 3월 30일(새벽 2시. [양] 4월 24일) ─ **전봉준**(41세)·**손화중**(35세)·**최경선**(37세)·
高宗 32년
김덕명(51세)·**성두한**成斗漢(48세. 청풍포대접주·호서창의소 대장), **교수형 최초 집행**(일본
『時事新報』). 전봉준 장군의 유시遺詩: "**時來天地皆同力** 때가 되어 〈보국안민·척양
척왜〉의 기치를 드높이 올려 온 백성이 모두 하나로 힘을 모았건만, **運去英雄不自**
謀 붙잡힌 몸이 되어 생을 마감하는 영웅은 스스로 앞일을 도모하지를 못하게 되었네.
愛民正義我無失 우리백성을 아끼고(安民) 의를 바르게 하는데(輔國) 나는 한시도 떠
난 적이 없건만, **爲國丹心誰有知** 나라를 위하는 나의 충정을 어느 누가 알아줄꺼나."
/ *녹두綠豆 동요: "새야 새야 파랑새야 전주, 고부 녹두새야 댓잎 솔잎 푸르다고 봄철인
줄 알지마라 백설이 휘날리면 먹을 것 없다. 새야새야 녹두새야 웃녁 새야 아랫녁 새야
전주, 고부 녹두새야 함박 족박 딱딱 후여. …" / "동학접주 성두한은 뒤에 서울에서 처형
당했다. 그러나 두한은 일개 어리석은 농사꾼이지만 모든 백성들이 그를 존경했다. 接主成斗漢, 後斬京師.
斗漢者, 一介愚氓也. 然民皆尊之."(『갑오일기甲午日記』) / 동학농민혁명군 동도창의대장군 전봉
준全琫準 장군의 묘: "將軍天安全公之墓"(실묘추정. 정읍시 옹동면 수암리 비봉산 기슭.
2020년 11월 28일 발굴. '아니다'로 판정). 동학농민혁명군 총관령摠管領(부대장) 김개남金
開南 장군의 묘(가묘假墓. 정읍시 산외면 동곡리 669-1). 동학농민혁명군 총관령摠管領
(부대장) 손화중孫華仲 장군의 묘(가묘假墓. 정읍시 상평동 산 134). 동학농민혁명군 영솔
장령率將(작전참모장) 최경선崔景善 장군의 묘(실묘實墓. 정읍시 칠보면 축현리 31-1).

1895년 (양 5월 11일) ─ **『동경조일신문**東京朝日新聞』, **"남접**南接·**북접**北接**" 기사화**. "서장옥徐章
을미乙未
玉(서인주)을 최시형의 제자라 하였으며 또 서장옥의 제자로 전봉준과 김개남, 손화중 등이 있
는데 이들은 최시형보다 서장옥의 능력이 위에 있다고 믿고 따름으로서 마침내 남접이라 부르
게 되자 이에 자극을 받은 최시형의 제자들이 최시형에게 권하여 북접이라고 부르기에 이르렀
으며, 이를 계기로 동학의 남접, 북접의 이름이 생겨났다."(남접·북접의 유래. 오보誤報).

1895년 5월 17일 ─ 고종, 갑오개혁 무효선언 / (윤 5월) ─ 전국에 콜레라 유행. 수천 명 사망.
高宗 32년
■ 7월 ─ 제3차 김홍집내각 성립(친미친러파 우세) / 8월 민영환閔泳煥, 주미공사에 취임.

■ 8월 20일(양 10월 8일) ─ **을미사변**乙未事變. 미우라 고로오三浦梧樓(1846년생 長州출생) 신임
일본공사와 일본낭인·군인들이 경복궁에 난입하여 민중전을 야만적으로 시해했다.
고종과 민중전이 베베르 러시아 공사와 도모한 "인아거일引俄拒日" 정책은 하루아침에
분쇄되고 친일내각 부활 / 1896년 2월 김창수(백범 김구의 원명), 안악군 치하포에서 쓰
치다土田讓亮 보복 살해: "국모보수國母報讐의 목적으로 이 왜인을 죽이노라"(치하포사건)

／ 2021년 11월 16일 『아사히신문』 희귀자료 보도: "… 진입은 내가 담당하는 임무였다. 담을 넘어 … 간신히 건물안쪽에 들어가 왕비를 시해했다. … 생각보다 간단해 오히려 매우 놀랐다."(조선 공사관 영사보였던 호리구찌 주마이찌가 민중전 시해 다음날인 1895년 양력으로 10월 9일 니가타현의 친구에게 보낸 편지. 1896년 1월 일본 육군장교 8명, 히로시마 군법회의에서 무죄판결. 호라구찌 등 관련자 48명도 히로시마 지방재판소에서 증거불충분으로 석방).

1895년 **11월 15일(양 12월 30일)** — 단발령斷髮令 실시 → 의암毅菴 유인석柳麟錫(1842년생), 제자들
高宗 32년 과 함께 의병봉기의 당위론〈처변삼사론處變三事論〉구체화: ① 거의소청擧義掃淸(의병을 일으켜 왜적을 소탕함), ② 거지수구去之守舊(국외에서 화맥華脈의 대의를 홀로라도 지킴), ③ 자정치명自靖致命(스스로 목숨을 끊음) → 김백선金伯善(평민 의병장) 등, 원주군 안창리에서 의병의 깃발을 올렸다(1895년 11월 26일) → 호좌창의진湖左倡義陣 출범(12월 20일).

1895년 **11월 17일(양 1896년 1월 1일. 연호: 건양建陽)** — 양력시행.
高宗 32년 (이후의 연표 연도는 양력을 전면으로, 음력은 괄호로 표기).

1895년 **(음 12월 5일)** — 해월, 원주 치악산 수레너미로 이거.
을미乙未
■ **1896년 2월 3일(음 1895년 12월 20일)** — **강원도 영월에서 호좌창의진**湖左倡義陣 **출범**(창의대장: 의암毅菴 유인석柳麟錫).〈격고팔도열읍檄告八道列邑〉·〈격고내외백관檄告內外百官〉전국 발송 → 을미의병 전국적으로 봉기. 민중전시해·단발령시행에 반발. **쫓겨다니던 동학농민군들도 양반의병장들의 견제를 받으며 을미의병에 주섬주섬 대거 가담**(의병부대에 동참한 동학군지칭용어: 甲午東匪餘黨, 東匪舊黨, 甲午東匪之漏網者, 甲午匪類).

■ **1896년 2월 11일(음 1895년 12월 28일)** — **아관파천**俄館播遷. 일본으로부터 신변의 위협을 느낀 고종과 왕세자, 경복궁에서 러시아 공사관으로 옮김(이범진李範晉·이완용李完用 등 친러파 주도). 고종, 을미사적(총리대신 김홍집·내부대신 유길준·농상공부대신 정병하·군부대신 조희연)으로 규정하고 지시: "잡아 죽이라!" 김홍집金弘集(1842년생) 초대 총리대신은 매국친일당의 두목으로 몰려 광화문에서 친러파 군인들과 군중들에게 뭇매맞고 죽다: "일국의 총리대신으로서 백성에게 죽는 건 천명이오. 남의 나라 군인의 도움까지 받아서 살고 싶지는 않소!" 대한민국 초대 부통령 성재省齋 이시영李始榮의 장인. 매천의 평가: "수장으로서 살고 수장으로서 죽음을 선택했다." ／ 1897년 2월 25일(양) 고종, 경운궁(덕수궁)으로 환궁.

1896년 2월 17일(음 1월 5일)-**해월, 손병희에게 의암義菴의 도호를 내리다**: "그대의 절의는 천
병신丙申
하에 미칠 자가 없다." 손천민에게 송암松菴을, 김연국에게 구암龜菴의 호를 각기 내
렸다(11월, 『천도교서』) → 동학의 삼암三菴. 해월의 당부: "세 사람이 마음을 합하면 천
하가 이 도를 흔들고자 할지라도 어찌하지 못하리라." → 3인 집단지도체제.

1896년 2월 17일(음 1월 5일)-**호좌창의진 의병 만여 명, 충주성 점령**(~3월 6일). 김백선 선봉장
建陽 1년
은 일본통역관 출신으로 충주부 관찰사가 된 김규식金奎軾을 죽이고, 일본군이 애지
중지하는 전선을 끊어버리는 등 전과를 올렸다. 양반 의병장 안승우가 겁을 먹고 약
속한 후원부대로 오지않아, 일-관군연합군의 반격으로 제천으로 퇴각할 수밖에 없
었다(약속위반한 안승우의 군율적용을 거칠게 요구하는 김백선이 도리어 군율로 참형을 당했다).

1896년 (음 2월 17일)-**해월, 14개월 만에 가족과 해우.** "2월 초순이 되자 손병희가 사람을 보
병신丙申
내어 아뢰기를 큰댁 가족들을 충주 내서촌 등지에 옮겼다."(『해월선생문집』) / 1897년 9월
14일 차남 동호東昊 출생(원주 전거론).

- (음 3월)-의암 · 구암 · 송암의 집단체제 운용. 〈경통敬通〉 3인 연서 후 발송.

- 1896년 4월 6일-제1회 근대 올림픽대회 개최(~15일, 아테네).

- 4월 7일-서재필, 『독닙신문』 창간(독립협회 기관지. 순한글체 3면·영자체 1면. 필진: 이상재,
주시경, 유길준, 윤치호 등) / 7월 2일 서재필徐載弼 · 윤치호尹致昊 등 30여 명, 독립협회
결성 / 1897년(초) 독립협회 산하 시민사회단체로 〈만민공동회〉 출발 / 1897년 10월 17일
독립협회, 토론회 개최(주제: 한글사용의 장려) / 1897년 11월 20일 대한독립문 준공(공사
비는 백성들의 기부금으로 충당) / 1898년 11월 4일 정부, 독립협회 탄압 / 1899년 12월 4일
『독닙신문』 폐간. 제278호.

- (음 5월)-**해월, "천지부모天地父母" · "밥 한그릇" 설법**(하늘은 사람에게 의지하고,
사람은 밥에 의존한다. 이 세상의 진리는 밥 한그릇에 있다. 天依人, 人依食. 萬事知, 食一碗).
충북 음성군 동읍리東邑里 창곡倉谷 이춘택의 집에 기거할 때 찾아오는 도인들에게
법설을 펼쳤다.

1897년 3월 29일-경인철도 기공식 / 1899년 9월 18일 개통식.
정유丁酉
- 5월 6일(음 4월 5일, 득도기념일)-**해월 향아설위向我設位 설법**: "天이 我에 在하엿나니
어찌 我를 捨하고 他를 拜하리오. … 先師를 爲함은 我가 我를 爲함이니 故로 向我

設位는 神人合一의 表象인저하시다."(『천도교서』). 수운선생 득도일 맞아 제례를 행할 때(創道記念式) 향벽설위向壁設位 아닌 향아설위로 행했다(경기도 음죽군 앵산동鶯山洞. 현 이천군 설성면 수산리樹山里 / 신택우申澤雨 동학접주의 집. 첫 번째 손씨부인과의 둘째딸의 시 댁. 외손자: 신태호). **문**: "나를 향하여 위를 베푸는 이치는 어떤 연고입니까?" **답**: "나의 부모는 첫 조상으로부터 몇만대에 이르도록 혈기를 계승하여 나에게 이른 것이요, 또 부모의 심령은 하늘님으로부터 몇만대를 이어 나에게 이른 것이니 부모가 죽은 뒤에 도 혈기는 나에게 남아있는 것이요, 심령과 정신도 나에게 남아있는 것이니라. 그러 므로 제사를 받들고 위를 베푸는 것은 그 자손을 위하는 것이 본위이니, 평상시에 식 사를 하듯이 위를 베푼 뒤에 지극한 정성을 다하여 심고하고, 부모가 살아계실 때의 교훈과 남기신 사업의 뜻을 생각하면서 맹세하는 것이 옳으니라."

1897년 5월 29일 – 서울 종현鍾峴성당(명동성당), 낙성식(1892년 중림동 약현藥峴성당 건립).
정유丁酉
- (음 5월) – 해월, "심신회수心信回水" 4글자를 써서 각 포의 접주들에게 보내다. 교단의 재건으로 활기를 띠기 시작할 때, "마음과 믿음을 수운선생의 마음과 믿음으로 되돌 리라"는 동학의 근본정신을 일깨우기 위한 것이다 / 1897년 7월 황해도와 평안도 포덕 이 확장되다(접주와 육임발행 급증). 북접법헌北接法軒 명의 발행을 폐지하고, "용담연 원龍潭淵源"으로 발행(『해월선생문집』).
- 1897년 6월 – 미국·하와이 합병조약 발효 / 1959년 8월 21일 하와이, 미합중국 50번째 주로 편입.
- 9월 16일(음 8월 20일) – **해월, 원주 전거론全巨論에 거주**(~1898년 1월. 현, 경기도 여주군 강천면康川面 도전리道全里. 임순호 접주의 집). 손병희·김연국·손병흠·김낙철·김낙 봉·신현경·염창순·이용한·이춘경·임도여·김용근 등과 한동네에 기거.
- 10월 10일 – 평양 숭실학교 개교. 선교사 배위량裵緯良, William M. Baird박사가 자택에 생도 13명을 모아 가르쳤다 / 1908년 대한제국 학부로부터 정식 인가(대학부·중학부) → 평양이 "한국의 예루살렘"으로 급전환.

1897년 10월 12일 – 대한제국 선포식(경운궁慶運宮). 명성황후 국장거행(11월 22일).
光武 원년
/ 1900년 1월 덕수궁 돌담길 완공.

1897년 11월 22일(음 10월 28일) – **해월, 수운 탄신제례 주관**(여주 전거론全巨論). **이천식천以天食天**
정유丁酉
법설: "天은 人에 依하고 人은 食에 依하니 이것은 以天食天의 下에 立한 吾人은 心

告로써 천지만물의 融和相通을 得함이 어찌 可치아니랴." 천어天語 법설: "天語人語
의 구별은 바로 正邪의 兩端뿐이니 正心으로써 邪心을 治케 되면 무엇이 天語가 아
님이 잇스리오." 후천개벽後天開闢 법설: "先天은 物質開闢이요 後天은 人心開闢이
니. …"(『천도교서』). (인간중심에서 생명중심으로 생태학적 전환. 경천敬天·경인敬人·경물敬
物). 문: "어느 때에 현도顯道가 되겠습니까?" 답: "산이 다 검게 변하고 길에 다
비단을 펼 때요, 만국과 교역을 할 때이다." 문: "어느 때에 이같이 되겠습니까?"
답: "때는 그때가 있으니 마음을 급히 하지 말라. 기다리지 아니하여도 자연히 오리니,
만국병마가 우리나라 땅에 왔다가 후퇴하는 때이니라."(『해월신사법설』「開闢運數」).

1897년
정유丁酉 1898년 1월 16일(음 1897년 12월 24일) — **해월, 도통연원을 의암 손병희에게 전수**(원주 전
거론): "汝等3인(의암 손병희·구암龜菴 김연국金演局·송암松菴 손천민孫天民) 중에 주장主張
이 不無할지라. 故로 義菴으로써 (北接)大道主를 삼노라."(『천도교서』, 『천도교창건사』).
의암 손병희, 3세 교조敎祖로 직무에 임함(대도주) → 손병희 중심의 단일체제.

1898년
무술戊戌 1월 25일(음 1월 4일) — **군졸들, 원주 전거론 해월의 집 포위**(부안 대접주 김낙철金洛喆, 최시형
법헌 대신 위장체포 당하다). 탈출. 지평군砥平郡 갈현葛峴 → 홍천군 서면 제일동濟日洞·
동면 방량골 → 원주군 송골松洞 원덕여元德汝의 집에 은거(양력 1898년 2월 28일).

▪ 4월 21일(윤 3월 1일) — 나용환羅龍煥·나인협羅仁協·이두행 등 평남 성천 동학도인, 해월
배알. 〈기미독립선언서〉 민족대표 33인 나용환·나인협은 해월의 말을 기억한다:

> "원로에 평안히 오신 것을 기쁘게 생각합니다.
> 서북에 포덕이 많이 난다는 소식을 들으니 더욱 기쁩니다."

▪ 5월 23일(음 4월 4일) — 해월, 제자들에게 귀가종용. 해월은 수운득도제례를 모시기 위
해 모인 손병희·김연국·임순호·손병흠·신현경 등에게 말했다: "군등은 각각 집
으로 돌아가 향례를 지내라." "내 생각한 바 있으니 명命을 어기지 말라."

1898년
무술戊戌 5월 24일(음 4월 5일) — **2세 교조 해월 신사, 강원도 원주군 호저면好楮面 고산리高山里
송골松洞에서 피체**(2014년 勞謙 김지하 모심(1941~2022), 〈수묵산수 갑오리〉
전시: "甲午年 甲午이가 갑옷입고 한마디 하는 날의 好楮, 그녀의 고향. 甲午里). 해월이
포박되어 문막참文幕站에 이르자, 황영식黃泳植이 자진체포 당해, 후에 장 100대와
징역형을 선고받다 / 1990년 4월 12일 원주 송골 피체지에 무위당无爲堂 장일순張壹淳,

〈해월선생 추모비〉 건립. 상단오석: "모든 이웃의 벗 崔보따리 선생님을 기리며"

하단대리석: "天地卽父母요 父母卽天地니 天地父母는 一體也니라"

/ "걷는 동학" 장일순(1928년생)은 해월의 우주·생명 사상을 실천하며 1970년대부터 김영주·김지하 등에게 영향을 주며 함께 한살림·생명운동을 펼쳤다.

1898년 5월 - 정암正菴 이종훈李鍾勳(기호동학농민군의 좌익대장, 33인 민족대표), 옥졸 통해 서소문
무술戊戌
감옥에 수감중인 해월에게 상신. 해월의 답신: "··· 여러분의 안부를 몰라 궁금했노라.
문도門徒들에게 안심수도安心修道하라는 훈사訓辭를 내리시고 또 갈으되 내의 차변
此變은 다 천명天命이니 제군諸君은 낙심落心하지말고 오만년五萬年 대운大運을
정성으로 지키라. 그리고 긴요히 쓸 곳이 있으니 엽전 50냥을 넣어달라."(50냥으로
떡을 사서 감옥에서 굶주림과 추위에 떨고 있는 가없은 많은 수인들에게 나누어주며 위로했다).

1898년 7월 18일(음 5월 30일) - **법헌法軒 해월 최시형, 교수형 판결.** 고등 재판소 재판장에서
光武 2년
"피고 최시형은 대명률大明律 제사편祭祀編 금지사무사술조禁止師巫邪術條 일응一應 **좌**
도난정지술左道亂正之術 혹은장도상소향집중惑隱藏圖像燒香集衆 야취효산양수선사
夜聚曉散伴修善事 선혹인민위수자율扇惑人民爲首者律로 **교교絞에 처處한다.**"(음 5월 11일
~29일까지 공평동 평리원平理院 고등재판소에서 10여 차례 재판진행. 서소문 감옥에서 큰칼차
고 왕복). 고등재판소 재판장: 법부대신 겸 평리원재판장 조병직趙秉稷. 수반검사首班
檢事 윤성보尹性普. 판사: 주석면朱錫冕(법부협판法部協判 겸 수반판사)·**조병갑趙秉甲**(평
리원 재판장·전 고부군수). 예비판사: 권재운權在運·김택金澤. 주사主事: 김하건金夏鍵.
해월 최시형의 최후진술: "나 죽은 10년 후에는 주문呪文 읽는 소리가 장안長安에 진
동하리라."(『천도교창건사』) / 7월 19일 조선정부 형집행명령 하달.

1898년 7월 20일(음 6월 2일 하오 5시) - 경성감옥서 교형장(종로 단성사 뒷편)에서 "處絞罪人東學
무술戊戌
布德 39년
魁首崔時亨 처교죄인동학괴수최시형"**교형絞刑 순도殉道.** 파블로프 러시아공사 사진촬
영. 이종훈·옥졸 김준식金俊植, 광희문光熙門 밖 해월시신 수습(음 6월 5일). 이종훈·
손병희·김연국·박인호, 경기 송파 이상하李相夏의 집 뒷산 안장(6월 6일). 여주 원
적산圓積山 천덕봉天德峰(천왕봉)에 이장(음 1900년 3월 12일. 여주군 금사면 주록리 천덕산)
/ 1907년 7월 26일 법부法部의 훈령을 받아 죄안罪案 원본 삭제 → **수운·해월 신원伸寃.**

1898년 9월 8일 - 경부철도부설권, 일본에게 허가(이토오 히로부미의 입김. 일본, 대륙진출의 교두보).
光武 2년
■ 12월 20일 - 미국·스페인전쟁 평화조약 체결(파리). 스페인은 쿠바의 독립을 인정(쿠

바는 1902년까지 미군정시대). 미국에게 괌과 카리브해의 푸에르토리코를 할양. 필리핀을 2,000만 달러에 미국에게 넘겨야 했다 → **미국의 태평양·대서양의 새로운 제국건설.**

1898년
무술戊戌

12월 27일(음 11월 15일) - **무술농민봉기 발발**(~30일. 전북 흥덕). 임용현林鎔炫 흥덕군수의 탐욕스러운 부정행위가 원인으로 홍낙관(천민부대 두령)·이화삼李化三 영학英學회장이 주도하여 봉기를 일으켰다. 흥덕관아를 점령한 농민군은 만민공동회 스타일로 민회를 개최하여 토론 끝에 임용현 흥덕군수를 흥덕군 경계밖으로 추방했다. 이화삼은 "공의公議"를 중시하는 〈만민공동회〉 회원 / 12월 30일 광주관찰부, 순검대巡檢隊를 흥덕에 파견하여 진압. 이화삼 체포(종신형에서 15년으로 감형).

1899년
기해己亥

5월 14일(음 4월 5일) - **의암 손병희, 박인호**朴寅浩(1855~1940)**에게 "춘암**春菴**" 도호를 내리다**(덕의포 대접주·동학지하재건운동 맹활약) → 천도교 4세 대도주 춘암상사.

■ 5월 27일(음 4월 18일) - **기해정읍농민봉기**(~6월 1일. 정읍 입암면 왕심리). 손화중포의 동학수장 최익서崔益瑞·김문행(김개남포의 대접주)·김낙철(부안 대접주)·차경석(흥덕 대접주 차치구의 아들)이 이끄는 전라도 서남부지방의 농민 1,000여 명이 봉기했다(흥덕관아 진격·무장관아 진격-고창성 패퇴-고부군 알뫼卵山에서 사상자 다수. 체포된 농민군은 17개군의 2백여 명): "**벌왜벌양**伐倭伐洋! **보국안민**輔國安民!" → 정읍농민봉기는 일본의 침략으로 위기에 처해있는 나라를 구하자는 민중의 구국항쟁으로 갑오동학농민혁명의 맥을 이은 민중의 거사였다.

1899년
기해己亥

(음 9월) - **동학재건운동**(~1900년 3월). 김준홍金準弘(임피)·류춘산柳春山(강경)·고문선高文詵(여산)·김경재金敬哉(익산)·강문숙姜文淑(김제)·홍경삼洪敬三(고부)·김낙철金洛喆(부안)·손광현孫光鉉(은진) 등이 김준홍을 동학의 새 접주로 추대하고 배산盃山에서 1900년 4월 8일에 "척양척왜·보국안민"의 기치를 높이 올리려는 계획을 준비했다 / 1900년 2월 14일 고문선 피체(18일 전주감옥 옥사). 임피에서 김준홍·류덕장柳德長·이관동李關東(해월 보필)·이용구李龍九 등 주동인물 피체(3월).

1899년
光武 3년

11월 2일 - **청나라 의화단**義和團**운동 발발**(~1901년 9월 7일). 의화단의 구호: "청나라를 도와 서양세력을 멸하자扶淸滅洋!"(반외세. 반제국주의. 반기독교) / 1900년 8월 14일 8개국연합군(영국, 프랑스, 러시아, 독일, 미국, 오스트리아-헝가리제국, 이탈리아, 일본), 북경점령 / 1900년 9월 7일 신축조약辛丑條約(북경의정서) 체결 → 서양열강의 반식민지화 → 신해혁명(1911년 10월 10일) → 중화민국 성립 선포. 손문孫文, 중화민국 임시 대총통 취임(1912년 1월 1일) → 청나라 마지막 황제 부의溥儀 퇴위(1912년 2월 12일) → 원세개, 중화민국 대총통 취임(3월 10일). 중화제국황제 즉위·공화국 파기(1915년 12월. 1916년 6월 졸).

1900년 경자庚子

5월 1일(음 3월 12일) ─ **의암 손병희, 해월신사 분묘 이장移葬**(경기도 여주군 금사면金沙面 주록리走鹿里 산96-19. 천덕산天德山). 참석자: 박인호朴寅浩·손병흠孫秉欽·손천민孫天民·이종훈李鍾勳·홍병기洪秉箕·김명배金冪培·이용구李容九.

■ 7월 20일 ─ **종통설법식宗統設法式 행례行禮**(경북 풍기현). 박인호朴寅浩·손병흠孫秉欽·손천민孫天民·이종훈李鍾勳·홍병기洪秉箕·김명배金冪培·이용구李容九·김연국金演局·김낙철金洛喆·김낙봉金洛鳳·박희인朴熙寅·홍기조洪基兆 등 30여 명 참석. 의암 손병희가 예복 대종주관복大宗主冠服을 입고 법대도주法大道主가 되어 예석禮席에 나아가 예식을 거행한 후 송암松菴 손천민孫天民을 성도주誠道主, 구암을 신도주信道主, 춘암春菴을 경도주敬道主로 임명했다.

■ 9월 21일 ─ 송암 손천민, 순도殉道: "선사先師 몸소 순도하였으니 내 어찌 구구히 살기를 도모하여 몸을 피하리오. 내 반드시 도를 순殉하여 선사를 쫓으리라." 청주군 산외면 서상옥의 집에서 피체되어 교수형(9월 20일 호남동학군을 일군 서장옥과 함께 평리원에서 교형 판결) / 구암 김연국, 피체. 무기징역 판결.

■ 10월 25일 ─ 울릉도와 독도는 울진군에서 분리, 울릉군으로 칭함.

1901년 신축辛丑

1월 5일 ─ **이용태**(전 장흥부사·고부군 안핵사), **미국특명전권공사 부임** / 5월 30일 주일 공사에 임명(민중을 사익추구수단으로 보는 탐관오리가 초창기 미국·일본공사 취임).

■ 2월 3일 ─ **의암 손병희, 〈외유경통外遊敬通〉 발송.** 신변안전도모와 문명대세를 관찰하기 위하여 미국에 유람할 뜻을 각지 도인들에게 알렸다.

■ 3월 ─ 의암 손병희, 손병흠과 이용구李容九(1868년생)와 함께 출국. 일본에 머물다가 상해로 건너가 손문孫文과도 교유交遊했다. 다시 일본으로 돌아온 의암(이상헌李祥憲으로 별명)은 당시 망명하고 있던 권동진權東鎭·오세창吳世昌·조희연趙義淵·이진호李軫鎬·조희문趙義聞·박영효朴泳孝·양한묵梁漢黙 등과 시국을 논했다(갑오년 동학농민군 진압에 혁혁한 공을 세운 교도대장 출신 이진호와 조희연·조희문은 천도교에 입교했지만, 후일

또다시 친일의 길로 갔다[친일반민족행위자로 등재]) / **1905년 12월** 권동진權東鎭·오세창吳世昌·양한묵梁漢默, 천도교 입교. 〈천도교대헌天道敎大憲〉 제정 → 기미독립선언 주도세력이 되다(독립선언 조선민족대표 33인).

1901년
신축辛丑

5월 28일 − 제주도 대정군에서 제주도민과 천주교도 충돌, 수백 명 사상자 발생(신축제주민중의거). 가렴주구를 일삼던 제주도 봉세관과 이와 결탁한 천주교인들에 대한 제주도민의 원성이 폭발. 〈격문〉: "천주교도들이 살생, 폭행, 재물탈취를 일삼아 민폐를 짓고 있으니 저 무뢰배들을 토멸하자." 남편과 아들들이 옥에 갇힌 제주도 여인들의 진압관군들을 향한 울부짖음: **"너희들은 왜놈의 병정과 같구나. 백성을 살리러 온 것이 아니고 죽이러 왔느냐~!!"** / **10월 10일** 이재수李在守·오대현吳大鉉·강우백姜遇伯 교수형 집행 / **1961년(신축년)** 대정유림, 〈대정삼의사비〉 설립.

■ **10월** − 의암 손병희, 원산을 통해 서울로 환국. 포교에 주력, 황해도·관서지역 교세확장: **"집집마다 동학이요, 사람마다 주문소리라."**

1902년
임인壬寅

1월 30일 − 영·일군사동맹 성립. 영국이 일본의 조선침략 인정.

■ **3월** − **의암 손병희, 일본유학 적극장려.** 정광조鄭廣朝·오상준吳尙俊 등 학생 24명을 직접 인솔하여 일본 경도京都 관립중학에 입학시켰다. 또다시 본국에서 이광수李光洙·이관영李寬永·김승운金勝運·백종흡白宗洽·서윤경徐允京·박종경朴宗卿·장경락張景洛·최창조崔昌朝 등 40명의 일본유학생을 모집하여 동경東京에 유학시켰다(1904년 3월) → **2·8동경유학생독립선언의 토대.**

1903년
계묘癸卯

4월 − 의암 손병희, 새로운 교단조직에 관한 〈경통敬通〉을 발하다. 수청대령水淸大領(십만 명의 장長): 이만식(이용구), 해명대령海明大領(오만 명의 장): 박용구朴容九·문학수文學洙, 의창대령義昌大領(만 명의 장): 이겸수李謙洙·나인협羅仁協.

1904년
光武 8년

2월 8일 − **러일전쟁 발발**(~1905년 9월 5일). 일본군, 선전포고도 없이 여순旅順항 기습공격 → 청일전쟁 발발과 동일한 "무도無道한" 패턴.

■ **2월 9일** − 일본군, 대한제국의 중립선언 무시. 서울 진주 / **2월 23일** 〈한일의정서〉 강제체결 → 일본군의 병참기지로 전락 → 대한제국 식민지화의 서막.

1904년 (음 2월)－동경에서 세계정세를 관망하던 의암 손병희, 국내 민회民會운동 전개 구체
갑진甲辰
布德 45년 화 → 대동회大同會(만민평등과 유무상자有無相資의 동학정신) → 중립회中立會로 개명(7월)

→ (손병희·권동진權東鎭·오세창吳世昌·조희연趙羲淵 등이 토론하여) 진보회進步會로 개명

(회장: 이용구李容九. 부회장: 권종덕) / 진보회 4대강령: ①황실을 존중하고 독립기초를

공고히 할 것. ②정부를 개선하여 백성의 자유권을 얻을 것. ③군정軍政·재정財政을

정리할 것. ④인민의 생명·재산을 보호할 것 → 갑진혁신운동(대한제국을 輔國한다).

- **7월 16일**－『대한매일신보』 창간(사장: 베델. 총무: 양기탁).
- **7월 18일**－외국유학생 이상헌(손병희의 필명), 『황성신문』에 투고: ①국회를 구성할 것.
  ②종교의 신앙 자유를 허용할 것. ③재정을 정리할 것. ④정치를 개선할 것. ⑤해외
  유학을 장려할 것. (「기서奇書」).
- **7월 28일**－주한일본군사령관, 군용전선·철도보호에 관한 포고문 발표 / **9월 21일** 일
  본군 군용철도 파괴혐의로 체포된 김성삼金聖三·이춘근李春根·안순서安順瑞, 마포에
  서 일본군에 의해 처형(현장사진 보존).
- **8월 20일**－**매국노 송병준**宋秉畯(1858년생), **친일단체 일진회**－進會 **결성**. 일제의 비호
  를 받아 결성한 유신회維新會 후신으로 일심진보一心進步에서 일진회 명칭이 생겼다(진
  보회 전열을 흐트려놓기 위한 친일단체) / **12월 2일** 진보회(동학조직)와 통합. 전국 최대규
  모의 결사조직 / 1907년 송병준, 이완용내각 농상공부대신에 입각. 정미칠적丁未七賊
  으로 오명을 날리며 경술국치庚戌國恥에도 앞장섰다. 친일반민족행위자.
- **8월 22일**－〈한일외국인 고문용빙顧問傭聘에 관한 협정서〉 체결. 일본, 대한제국의 재
  정과 외교장악.

1904년 9월 14일－**경향각지에 진보회 조직을 독려하는 〈진보회 통문〉 발송**(회장: 이용구. 부회
갑진甲辰
  장: 권종덕): "… 일제히 분발하여 기약에 본회로 내도하여 **당당한 정론으로 정부에 헌의
  하여** 우리 강토를 보전하고 우리 생민을 구활함을 천만옹축하노라." / 〈9개 세칙〉:
  ①회명은 진보회로 칭할 사. ②본월 회말로 일제히 개회할 사. ③독립을 보전할 사.
  ④정치의 개혁을 헌의할 사. ⑤인민의 생명재산을 보전할 사. ⑥군정을 감액할 사.
  ⑦재정을 정리할 사. ⑧동맹국 군사상에 보조할 사. ⑨회원은 일체 단발할 사 → 흑
  의단발黑衣斷髮한 진보회 회원들 활동전개.

1904년 9월 20일－**진보회원을 동학으로 인식한 정부**(고종), **각도 관찰사에게 동학도인 체포**
갑진甲辰

하달: "동학을 엄히 금집케 하라."(동학잔당들의 두목을 즉석에서 처형하라) / 각 관찰사의 엄포: "칙령을 어기고 개회하는 진보회를 모두 동학으로 취급하여 다스리겠다."

1904년
갑진甲辰

10월 8일(음 8월 29일) — **전국에서 일제히 진보회 창립대회 개최.** 정부의 단속방침에도 불구하고 민회운동 강행. **흑의단발黑衣斷髮한 진보회 회원들 수십만 명은 전국도처에서 궐기** / 진보회를 부활한 동학당으로 인식한 정부는 도처에서 진보회원을 극심하게 탄압했다.

1904년
光武 8년

10월 26일 — "각도 각군에서 혹 동학당이라 도칭하며 혹 민회라 도칭하여 병기를 부리며 인명을 살해하니 급속히 각 진위대에 신칙하여 파병하여 초토화·학살하라(飛報軍部, 剿討砲刑事)."(『대한매일신보』)

- 11월 1일(음 9월 24일) — **정부, 일진회의 구명운동으로 구속된 진보회원 방면지시** / 일진회 창건자 송병준은 강화도조약(1876) 당시 접견사 수행원으로 일본 특명전권대신 쿠로다 키요타카黑田淸隆 일행을 접대한 경력부터 승승장구타가 일본 야마구찌현山口縣(長州)에서 양잠업을 했다. 러일전쟁 발발로 병참감 일본육군 소장 오오타니 키쿠조오大谷喜久藏의 군사통역으로 귀국하여 일본을 등에 업고 대한제국 정계의 거물로 재등장 했다 / **송병준의 도움을 받아 방면된 이용구 진보회 회장은 일진회**→**進會(회장: 윤시병尹始炳)에 회유되어, 짱짱한 진보회 조직이 쫄쫄한 일진회에 흡수통합되었다** → 동학의 보국안민 정신으로 태어난 진보회가 하루아침에 친일단체로 전락.

- 11월(초) — 주한일본주차군駐韓日本駐箚軍이 파악한 진보회 규모(전국적으로 80여 군에 조직. 회원수는 117,735명).

- 12월 2일(음 10월 26일) — **진보회, 송병준의 일진회와 통합**(진보회 회장 이용구는 일진회의 13도총회장에 취임) → 해방공간에서 중앙의 미미한 세력에 불과했던 이승만집단이 기반이 단단한 전국적인 네트워크를 장악한 백범 김구의 조직과 통합하면서 "대한독립촉성국민회"(1946년 2월 8일)로 발족했다. 점차 김구는 소외되고(신익희 이탈) 이승만의 사적인 거대세력이 되었다. 이승만정권을 창출하는 과정과 너무도 유사하다.

1905년
을사乙巳

2월 22일 — 일본, 독도 강탈. "타케시마竹島"라 명하고 시마네현島根縣에 편입.

- 4월 3일 — 이용익李容翊, 수송동에 보성학교普成學校 설립(고려대학교 전신). 인쇄소 보성사 설립. 〈한일의정서〉 조인에 적극 반대하다가 관직박탈 당하고, 일본으로 강제압송.

10개월간 연금당했다.

1905년 7월 29일 — **가쯔라·태프트 밀약**The Katsura-Taft Agreement. 가쯔라 타로오桂太郎
을사乙巳
일본 내각총리대신과 윌리엄 하워드 태프트 미국 전쟁부 장관이 만나(7월 27일), 일
제의 한국식민지배와 필리핀에 대한 미국의 식민지배를 상호간 승인한다는 밀약을 맺
었다(1924. 미국의 역사학자 타일러 데네트Tyler Dennett에 의해 알려짐).

1905년 8월 20일 — 손문孫文, 중국동맹회中國同盟會 결성(동경) → 신해혁명(1911년 10월 10일) →
光武 9년
중화민국 성립 선포(1912년 1월 1일).

- 9월 5일 — **러·일 포츠머스 강화조약**(제2조): "러시아제국은 일본국이 한국에 대해 정
치와 군사 및 경제적인 우월권이 있음을 승인하고, 일본정부가 한국에 대해 관리, 감
독, 보호 조치를 할 수 있음을 승인한다."

- 11월 5일 — **일진회 회장 이용구 외 100만 회원, 〈일진회선언서〉 발표**: "… 우리는 일심 동기와
신의로써 우방과 교류하고 성의로써 동맹에 대하며, 그 지도 보호에 의지하여 국가의
독립과 안녕, 그리고 행복을 영원무궁하게 유지하고자 여기에 감히 선언한다."("한국
이 일본의 보호를 받아야 한다."『황성신문』, 6～7일) → 동학교단까지도 친일매국집단으
로 인식 / 우금치 전투에서 손병희 통령 휘하에서 호서동학농민군의 우익을 이끈 이
용구는 결국 일진회 회장이 되어 한말 의병토벌에도 앞장섰고, 이완용과 함께 한일
병합도 적극 지지했다(한일병합을 해서 양반-상놈의 신분차별을 없애는 일을 일본이 해결해
준다는 약속을 굳게 믿었었다. 결국 일본에게 속았다는 것을 깨닫고, 작위거절. 1912년 사망).

1905년 11월 17일 — **을사늑약乙巳勒約 체결**(제2차 한일협약. 한일 외교권 위탁 조약안). 박제순 대
光武 9년
한제국 외무대신과 하야시 곤스케林權助 일본특명전권공사 서명(직인도용職印盜用):
"대한제국의 외교권·재정권 박탈 및 통감부 설치" → 대한제국은 대외적으로 존재
치 않는다. 각국 영사관 철수.

1905년 11월 20일 — 장지연, "시일야방성대곡是日也放聲大哭"을 『황성신문』에 게재 → 폐간.
을사乙巳
- 11월 30일 — 민영환 할복 순국.

- (포덕 46년) 12월 1일 — **손병희 천도교 대도주, 동학을 천도교로 대고천하**大告天下. "천도
교"로 교명 개칭(道雖天道. 學則東學. 「동학론(논학문)」) → 동학을 일진회와 분리시키는
작업 착수(고육지책苦肉之策). 천도교 이름으로 개명함으로써 동학 합법화. 권동진權東
鎭·오세창吳世昌·양한묵梁漢默, 천도교 입교. 〈천도교대헌天道敎大憲〉 제정.

1905년 12월 21일 — 메이지 일왕, 초대 한국통감 이토오 히로부미 임명.
을사乙巳

1906년 1월 28일 — **손병희 천도교 대도주, 권동진·오세창과 함께 환국**(활자 등 인쇄시설 구입).
병오丙午 부산도착. 환영인파 4만여 명 / 1월 30일(오후 2시) 의암 대강연회 개최(서대문 독립관).
수천 명 운집 → 연일 "뉴스메이커."

- 2월 1일 — 대도주 손병희, 〈종령宗令 제1호〉 공포. "천도교의 포덕은 천리와 인사에 부
  합한 것이며 … **근대적 종교제도를 갖출 것이다.**" / 12월 26일 〈종령 제60호〉 공포
  → 종령(대도주 명의로 발표되는 공식적인 공문)을 통해 시스템 구축.

- 2월 7일 — 의암 손병희, 〈종령 제4호〉 공포. 교당건축을 위한 신분금身分金·성미제誠
  米制 제도화. 모든 도가는 매일 아침·저녁으로 밥지을 때 식구 수에 따라 한 숟가락
  씩의 밥쌀을 떠서 매월 두차례 교당에 바친다.

- 2월 10일 — 손병희 대도주, 중앙총부 임직원 선임(육임제 계승. 성도사: 김연국, 교장: 박인
  호. 교수: 이용구·오세창, 도집: 홍병기·권동진, 집강: 이종훈·양한묵·조동원, 대정: 엄주영·권병
  덕·이병호·임순호·이겸제. 중정: 송병준·김현구·한기준).

- 2월 16일 — 〈종령 제5호〉 "천도교대헌天道敎大憲"(총36장 부칙) 공포.

1906년 2월 16일 — **의암성사, 수운대신사와 해월신사의 신원청원**伸冤請願 **제출**(이용구 맹활약).
병오丙午 / 1907년 7월 11일 조선정부, 죄안해제罪案解除 의결. 관보에 게재(7월 17일) → **천도교 종교로 공인.**

- 2월 23일 — 천도교, 교세 확장: "천도교는 7개소의 전도실을 배치하고 천도를 선포하
  여 '시천주 조화정 영세불망 만사지'를 가가家家에 좌송坐誦하니 한국 인민은 천도국天
  道國 인민으로 승차陞差하였나."(『대한매일신보』 1906년 2월 23일. 주필: 신채호).

- 2월 27일 — 천도교, 박문사博文社 인쇄소 설립 → 보문관普文館(5월. 관장: 홍병기洪秉箕)
  / 6월 17일 천도교 기관지 『만세보』 발행(사장: 오세창. 주필: 이인직).

1906년 3월 16일 — **천도교 전국에 72개 대교구 설치**(종령 15호). **대교구가 관할하는 교구가 전**
병오丙午 **국단위로 설치 → 3·1독립만세운동의 전국화되는 토대.**

- 4월 — **면암 최익현, 태인 무성서원에서 거병.** 호남 각지에서 일제히 항일의병 호응: 장
  성의 기우만奇宇萬(1846년생), 남원의 양한규梁漢奎(1844년생), 광양의 백락구白樂九, 창평
  의 고광순高光洵(1848년생) 등. 태인은 전봉준·김개남·최경선·손화중 동학접주의 텃밭.

- 6월 — **『해월선생문집』 출간.** 구암 김연국 그룹의 증언을 토대로 정리된 기록.

1906년 9월 5일 - 〈종령 41호〉: 교회와 일진회(민회)를 분리하는 교정분리敎政分離 원칙 천명.
병오丙午
- 9월 18일 - 〈종령 45호〉: "모든 교인은 일진회에서 탈퇴하여 천도교로 복귀하라."
- 9월 21일 - 이용구·송병준 등 일진회를 추종하는 두목급 배교친일분자 60여 명 출교黜敎처분(출교자 명단: 『만세보』 1906년 9월 23일. 주필: 이인직).
- 10월 - 보재 이상설, 서전서숙瑞甸書塾 설립. 북간도 용정에 세워진 최초의 신학문 교육기관. 이동녕·이준·정순만·**박정서** 등과 함께 산술·역사·지리·국제공법·헌법학·한문을 가르치면서 철저한 반일민족교육을 실시했다(~1907년 폐교) → 명동학교(초대 교장: 박정서朴禎瑞) → 간도지역의 촌촌村村마다 조선학교 설립 붐(독립의식 고취).
- 11월 - **이용구 일파, 친일종단 시천교侍天敎 설립.** 종단의 재정을 담당했던 엄주동嚴柱東도 시천교로 붙는 바람에 천도교는 궁핍해졌다.
- 12월 - 천도교 전국 72개 대교구에서 23개 대교구로 개편.

1907년 7월 2일 - 독립협회 결성.
정미丁未
- 7월 14일 - 이준, 헤이그에서 순국. 고종 강제퇴위(7월 20일).

1907년 7월 24일 - **정미7조약(韓日新協約) 조인**(이토오 사택에서. 내각총리대신 이완용과 이토오 히로
光武 11년
부미 한국통감후작이 체결): 〈제1조〉 한국정부는 시정施政개선에 관해 통감의 지도를 받을 것. 〈제2조〉 한국정부의 법령 제정 및 중요한 행정상의 처분은 미리 통감의 승인을 거칠 것. 〈제3조〉 한국의 사법사무는 보통 행정사무와 이를 구분할 것. 〈제4조〉 한국 고등관리의 임명은 통감의 동의에 의해 이를 집행할 것. 〈제5조〉 한국정부는 통감이 추천하는 일본인을 한국관리에 임명할 것. 〈제6조〉 한국정부는 통감의 동의없이 외국인을 용빙하지 말 것. 〈제7조〉 1904년 8월 22일 조인한 한일외국인고문용빙에 관한 협정서 제1항을 폐지할 것 → 일본인에 의한 차관정치次官政治 실시 → **이토오 한국 통감, 대한제국의 국권 완전장악** / 1909년 일본인 고용통계: 고등관高等官 466명. 판임관判任官 1,614명. 순사 1,548명.
- 7월 26일 - **수운·해월 신원伸寃.**
- 7월 31일 - **대한제국 군대해산** → 의병·독립운동가로 투신.
- 8월 - **한국통감부 간도파출소 설립**(~1909년 11월 1일. 용정龍井). 고조선 - 고구려 - 발해 영역인 간도 땅을 대한제국의 영토로 간주했기에 일본 내무성은 간도파출소를 용정에

세울 수 있었다. 용정은 한인들이 집단적으로 거주하여 형성된 도회지 / 1909년 9월 4일 **청·일 간도협약間島協約**. 일본은 남만주의 철도 부설권(안봉선安奉線) 이권을 챙기고, "간도는 대한제국의 영토"라는 종래의 주장을 철회 / 1909년 11월 2일 **일본 간도 총영사관 설립**(~1945년 8월 15일. 용정. 국자가·두도구·백초구에 영사관 분관 설립). 영사관은 외무성의 관할. 간도를 청나라 땅으로 인정.

1907년
정미丁未
10월 ─ **천도교중앙총부,『동경대전』간행**(발문: 해월·의암·구암 김연국). 보문사 간행 (신연활자본新鉛活字本: 문선文選[납활자] → 식자植字 → 지형紙型 → 연판鉛版 → 인쇄).〈통문〉·〈통유〉·〈포덕식〉 등 누락.

- 10월 17일 ─ 수운의 유해, 가정리 산 75번지로 이장. 시천교에서 단독으로 주관.

- 1907년 ─ **손병희,〈인내천人乃天〉첫 언급**: "대신사는 오교吾教의 원조라. 그 사상이 박博으로 종從하여 약約에 지至하니, 그 요지는 인내천이라."(양한묵,『대종정의』) / 1916년 6월 의암 대설법: "吾教의 人乃天 旨"

- 1907년 ─ 지강芝江 양한묵梁漢默,『동경연의東經演義』출간(『동경대전』을 해설한 교리서).

1908년
무신戊申
隆熙 2년
1월 ─ **천도교 대도주 구암龜菴 김연국金演局(1857~1944), 시천교로 이적** / 1901년 체포되어 무기징역형을 살다가 김용구의 도움을 받아 1904년에 풀려난 구암 대도주는 해월이 처음 의도했던 3인집단체제에서 소외되었다. 손병희의 일본유학생 중심의 고위직 인사에 반발하여 1908년 이용구의 시천교 대례사大禮師로 이적했다. 이용구 사후 시천교총부를 종로구 가회동에 새로 분립했다(1913년) / 1922년 구암 김연국, 계룡산 신도안에 시천교 교당 건립. 상제교上帝教로 교명 개칭(1925년. 상제교의 도통론: 제세주濟世主 수운 → 대신사 해월 → 대법사 구암) / 1960년 천진교天眞教로 교명 개칭.

1908년
무신戊申
3월 23일 ─ 장인환·전명운, 스티븐슨 저격(샌프란시스코). 스티븐슨(한국정부 외교고문)의 망언유포: "을사조약은 한국인을 위해 취해진 당연한 조치이며, 한국민족은 독립할 자격이 없는 무지한 민족이다."

- 6월 21일 ─ **매헌梅軒 윤봉길尹奉吉 예산禮山에서 출생**. 덕의포 천도교 4대 대도주(춘암 박인호)의 고향. 동학의 훈습을 받고 교육통한 농민운동(윤봉길의 장인 배성선裵成善은 충청도 내포 홍주성 전투에 참전한 열렬한 동학도인이었다. 윤봉길은 배용순裵用順과 혼인한 15세부터 척양척왜·보국안민에 대한 결의를 굳게 다져왔다) / 1932년 4월 29일 매헌 윤봉길, 상해 홍구공원 의거. 조선청년의 기백에 세계가 놀랐다. 일본제국주의의 수뇌부가

상해사변(1932년 1월 28일) 전승축하연과 일왕 히로히토裕仁의 생일축하연으로 감격하여 눈물 흘릴 때, 도시락폭탄을 투하했다(개선장군 시라카와白川義則 육군대장 절명, 일본해군 제3함대사령관 노무라野村 중장·육군 제9사단장 우에다植田 중장·주중공사 시게미쯔重光葵 등 중상). "보국안민"의 기치아래 일본군의 총에 스러져간 수십만 동학농민들의 고혼을 위로했다. 윤봉길 의사는 동학농민혁명군 황해도 팔봉접주 백범 김구가 결성한 한인애국단의 멤버였다.

1908년 10월 28일 − 천도교, 대신사·해월신사 등 수십만 순도자 합동위령제 거행. 동학 창도(1860년)
무신戊申 이후 순도한 수십만 교인들의 이름을 기록하여 남대문 밖 영수산靈壽山에서 제를 지냈다.

1909년 2월 − 시천교, 『동경대전』 간행(발문: 구암 김연국).
기유己酉
　■ 9월 1일 − 한국통감부, 남한폭도대토벌작전 돌입(～10월 30일). 호남의병세력에 편입된 동학농민군까지도 초토화시키려는 최대규모의 군사작전(호남지역에서 안규홍安圭洪 등 103명의 의병장과 4,138명의 의병을 살육·체포했다. 일진회가 자위단自衛團을 조직하여 의병토벌에 앞장섰다) / 당시 전라도관찰사로 의병살육작전에도 혁혁하게 공을 세운 자가 **이두황李斗璜**(1858~1916)이다. 장위영 대관으로 우선봉진을 이끌고 동학농민군을 초토화시킨 일등공신. 이토오 히로부미의 총애를 받았다.

1909년 10월 26일 − 대한의군참모중장 안중근安重根(1879년생, 본명 안응칠安應七), **동양평화의**
기유己酉 **교란자 이토오 히로부미 초대 한국통감을 처단하다** / 10월 30일 안중근 의사, 결행이유 진술: "①이토오는 지금으로부터 십여 년 전 그의 지휘하에 조선의 왕비를 살해했다. ②지금으로부터 5년전 이토오가 군대를 동원하여 체결한 5개조의 조약은 한국에 대단한 불리한 조약이다. ③3년 전 이토오가 체결한 12개조의 조약은 모두 한국에 있어서 군사상 매우 불리한 내용이었다. ④이토오는 기어이 조선의 황제를 폐위시켰다. ⑤한국의 군대는 이토오에 의해 해산됐다. ⑥이런 조약체결에 대해 분노한 우리 국민들이 의병을 일으켰는데, 이토오는 이에 대해 우리의 죄없는 많은 양민들을 학살했다. ⑦한국의 정치 및 그 밖의 권리들을 빼앗았다. **⑧한국에서 그동안 사용하던 좋은 교과서들을 이토오의 지휘하에 모두 불태웠다.** ⑨한국국민의 신문구독을 금지했다. ⑩이토오는 충당시킬 돈이 전혀 없는데도 불구하고, 한국국민 몰래 못된 한국 관리들에게 돈을 주어 결국 제일은행권을 발행하고 있다. ⑪한국국민의 부담으로 돌아갈 국채 2300만 원을 모집하여, 이를 한국민에게 알리지도 않고 관리들 사이에서 분배하거나 토지약탈을 위해 사용했다던데, 이 또한 한국에 대단히 불리한 사건이다. ⑫이토오는 동양의 평화를 교란했다. 왜냐하면 일러전쟁 당시부터 동양평화 유지라는 명목하에, 한국 황제 폐위 등 당초의 선언과는 모두 반대되는 결과를 초래하여 한국의 이천만 국민 모두가 분개하고 있기 때문이다. ⑬한국이 원하지도 않았는데, 이토오는 한국 보호라는 명목으로 한국정부의 일부 인사와 내통하여 한국에 불리한 정치를 하고 있다. ⑭지금으로부터 42년 전 이토오는 현 일본황제의 부군父君인 분을 살해했는데, 이는 한국국민 모두가 알고 있는 사실이다. ⑮이토오는 한국국민이 분개하고 있음에도 불구하고, 일본 황제와 세계 각국에 한국은 별 일 없다고 속이고 있다. **이상의 죄목에 의해 나는 이토오를 살해했다.**"(제1차 안응칠 신문조사).

1909년 12월 4일 — **시천교**(이용구) · **일진회**(송병준), 〈**정합방상주문**政合邦上奏文〉 발표. 이완용
기유己酉   내각과 한국통감부에 한일합병을 청원하는 성명서를 발표해 합병여론을 조성했다.

■ 12월 9일 — **의암**, 『대한매일신보』에 "**광제창생**廣濟蒼生" 발표. 이용구의 성명서를 반박하고 일진회와 시천교를 성토하였다. **전국은 일진회 성토로 들끓고 "남쪽에서 전봉준 장군이 일본군과 전쟁을 벌였다가 순국했다"**는 소식을 듣고 산포수에서 독립군으로 변신한 북청의 홍범도부대가 함경도에서 일진회 척결에 앞장섰다. 봉오동 · 청산리 대첩을 이끈 위대한 독립군부대가 되었다.

1910년 4월 — 천도교중앙총부, 음력으로 지내던 기념일을 양력으로 지내기로 결정(천일天日[수
경술庚戌   운 득도일]: 4월 5일, 지일地日[해월 승통일]: 8월 14일, 인일人日[의암 승통일]: 12월 24일).

■ 8월 15일 — 천도교기관지, 『천도교회월보』 창간.

■ 8월 22일 — 내각총리대신 이완용과 통감 자작子爵 테라우찌 마사다케寺內正毅, 〈한일합병조약韓日合拼條約〉 조인(제1조: 한국 황제폐하는 한국 전부에 관한 일체의 통치권을 완전하고 영구히 일본국 황제폐하에게 양여한다. 제2조: 일본국 황제폐하는 앞 조항에 열거한 양여를 수락하고 한국은 완전히 일본제국에 병합함을 승낙한다). * 병합조약체결을 논의하는 어전회의御前會議 참석자 9명(내각총리대신 이완용 · 내부대신 박제순 · 탁지부대신 고영희 · 농상공부대신 조중응 · 궁내부대신 민병석 · 친위부장관 이병무 · 시종원경 윤덕영 · 황족대표 이재면 · 중추원의장 김윤식) 전원은 반대의견을 제시하지 않았다.

■ 8월 29일 — 한일합병조약문 공포. 국치일國恥日.

    일본이 대한제국을 병탄하고, 다시 조선으로 개칭.

1910년 9월 7일 – 매천 황현, 자정치명自靖致命. 절명시: "아 참으로 이 세상에서 지식인 노릇
경술庚戌 하기 어렵구나! 이제는 더 이상 어찌할 도리없네! 難作人間識字人, 今日眞成無可奈."

■ 9월 – 의암 손병희, 경영난에 처한 보성전문학교·보성사(인쇄소)를 인수(1905년 이용익
李容翊 설립) / 1932년 3월 김성수金性洙(재단법인 중앙학원), 경영인수 / 1946년 8월 고려
대학교로 발족.

1911년 5월 – 의암 손병희, 용담성지 순례. 중앙총부의 간부진 10여 명(오세창 현기관장, 나용환
신해辛亥 공선관장, 권동진 전제관장, 오지영 감사원장, 양한묵 법도사 등)과 보성학생들과 교직원 등
240여 명 합류. 당시 천도교는 300만 교도로 추정.

■ 12월 – 동덕同德여자의숙, 설립자 손병희·교장 조동식趙東植(1887년생) 취임.

1914년 4월 – 오응선吳膺善·이계화 황해도 해주 천도교인, 용담정 복원 / 1922년 7월 구암龜
갑인甲寅 菴 김연국金演局 시천교 대법사, 3칸 기와 용담정 재건 / 1931년 최윤崔潤 해월따님이
"용담할머니"로서 동학성지를 가꾸며 용담정에서 수도생활을 했다(~1956년) / 1960년
천도교부인회에 의하여 용담정 중건 / 1988년 10월 28일 용담정 입구에 최제우대신사
동상 설립(大神師水雲崔濟愚像).

1915년 – 시천교, 『시천교종역사侍天敎宗歷史』 간행.
을묘乙卯

1917년 4월 8일 – 방정환, 의암 손병희의 셋째 사위로 가회동집에 합류. 방운용(방정환의 아들)
정사丁巳 의 회고: "방정환 있는 데 정순철 있고, 정순철 있는 데 방정환 있다. 정순철은 방정
환의 그림자다." 경성청년구락부 결성. 『신청년』 발간.

1918년 2월 – 천도교 교리연구부 설치.
무오戊午
■ 4월 4일 – **천도교 중앙대교당 건축공사 시작.** 독립운동 기금모으기 위한 명목사업. 교
인들은 논밭과 황소를 팔아 교당건축성금으로 약 1백만 원 모금(대교당과 중앙총부
건축비 소용: 27만여 원. 나머지 73만여 원은 3·1독립만세운동과 독립운동 군자금으로 유용)
/ 1921년 2월 완공 / 1945년 11월 황해도 팔봉접주 백범 김구, 중앙대교당에서 환국 연설:

"천도교가 없었다면 3·1운동이 없었고, 3·1운동이 없었다면 중앙대교당이 없고, 중앙대교당이 없었다면 상해임시정부가 없고, 상해임시정부가 없었다면 대한민국의 독립이 없었을 것이다."

1918년
무오戊午 8월 14일 ― 지일地日기념일(해월신사 도통전수일) 의암성사 설법: "인여물개벽人與物開闢" 전국 37개 대교구 등사기 1대씩 구입 지시 → 전국 〈기미독립선언서〉 동시 유포 실현.

1918년
무오戊午 10월 ― 국내 스페인독감(1918년 인플루엔자) 대유행(무오년독감). 742만 2,113명 환자 발생. 그 중 13만 9,128명 사망 / 전 세계 5억2천5백만 명이 독감에 감염. 최소 2500만 명에서 1억만 명이 사망한 것으로 추정(미국은 당시 1억500만 인구 중 28% 감염. 67만5천만 명 사망) / 2020년 6월 2일 코로나19(COVID-19) 팬데믹 글로벌 현황: 확진자 6,328,712명. 사망자 377,399명. 발생국 214나라(대한민국: 확진자 11,541명. 사망자 272명. 미국: 확진자 1,859,323명. 사망자 106,925명) / 2020년 12월 15일 코로나19(COVID-19) 팬데믹 글로벌 현황: 확진자 73,191,319명. 사망자 1,628,176명. 발생국 219나라(대한민국: 확진자 44,364명. 사망자 600명. 미국: 확진자 16,942,822명. 사망자 308,089명) / 2021년 1월 23일 전 세계 확진자: 98,707,041명. 사망자: 2,114,624명 / 2021년 2월 15일 전 세계 확진자: 109,197,920명. 사망자: 2,407,208명 / 2021년 3월 3일(오후12시) 전 세계 확진자: 115,288,941명. 사망자: 2,560,312명(미국: 확진자 29,370,705명. 사망자 529,214명. 대한민국: 확진자 90,816명. 사망자 1,612명. 중국: 확진자 89,933명. 사망자 4,636명. 영국: 확진자 4,188,400명. 사망자 123,296명. 프랑스: 확진자 3,783,528명. 사망자 87,220명. 일본: 확진자 435,016명. 사망자 8,026명) / 2021년 8월 4일 전 세계 누적 확진자: 2억30만 명. 사망자: 4,250,000명(미국: 확진자 3600만 명. 사망자 63만 명. 인도: 확진자 3170만 명. 사망자 42만 명. 브라질: 확진자 1990만 명. 사망자 55만 명. 한국: 203,926명. 사망자 2,106명).

1919년
기미己未 1월 5일 ― 천도교중앙총부, 국권회복을 위한 49일 특별기도 전국적으로 실시(～2월 22일). 전체 교인들 술·담배 금하고 매일 오후 9시에 촛불 밝혀 기도식 봉행 / 1월(말경) 최린은 의암·권동진·오세창과 협의한 독립선언서 취지를 최남선에게 전달. 최남선 독립선언서 초안작성(2월 중순). 천도교 의암·권동진·오세창 검토 후 함태영 통해 기독교측에 보내 동의를 받다 / 2월(상순) 최린 보성학교(천도교 재단) 교장은 송진우 중앙고등보통학교 교장과 교사 현상윤과 최남선과 뜻을 함께 하기로 합의 → 이승훈 오산학교 설립자 통해 기독교 합작모색(2월 24일 합의). 불교계 한용운·백용성 스님 합류.

1919년 2월 8일 − 2·8동경유학생독립선언. 일본유학생학우회 총회에 참석한 일본 동경유학생
기미己未 3백여 명, 기습적으로 "조선청년독립단"으로 변칙 발표하고 〈선언문宣言文〉 낭독 후
독립만세를 절규하였다(동경 YMCA회관. 몽양 여운형이 주도한 신한청년당의 지도하에 독립
선언). 〈선언문〉 낭독: "朝鮮靑年獨立團은 我二千萬民族을 代表하여 正義와 自由의 勝利를 得한
世界萬國의 前에 獨立을 期成하기를 宣言하노라. … 日本이 만일 吾族의 正當한 要求에 不應할진
대 吾는 日本에 對하여 永遠히 血戰을 宣하리라. …"(작성: 이광수李光洙. 이광수는 정작 이날 행
사장에 불참하여 연행을 모면했고. 연행자 중 와세다대학 고등사범부학생 송계백宋繼白은 옥사
했다. 송계백은 1919년 1월, 국내에 밀파되어 현상윤玄相允·송진우宋鎭禹·김성수金成洙·권동진
權東鎭·최린崔麟·오세창吳世昌 등 국내 지도자들과 정보를 긴밀히 상론하여 3·1민족항쟁의 심
지를 제공했다). 서명자 11명(재일본동경조선청년독립단 대표: 최팔용崔八鏞·윤창석尹昌錫·김
도연金度演·이종근李琮根·이광수李光洙·송계백宋繼白·김철수金喆壽·최근우崔謹愚·백관수白寬
洙·김상덕金尙德·서춘徐椿) / 2월 12일 이달李達 등 100여 명의 유학생, 동경 히비야日比
谷 공원에서 독립시위를 벌였다. 13명 체포.

1919년 2월 24일 − 천도교(최린崔麟·박인호朴寅浩·노헌용盧憲容)·기독교(이승훈李昇薰)·불교(한용
기미己未
檀紀4252년 운韓龍雲·백용성白龍城)·학생층(현상윤·송진우는 학생지도 담당), 합동추진만세운동에 합
의. 그 당시 동학의 맥을 이은 천도교는 전국적인 조직망·자금과 투철한 항일의식이 있어서 3·1만
세운동의 지도부가 될 수 있었다. 의암 손병희 지도하에 독립운동의 3대원칙으로 일원화
一元化·대중화大衆化·비폭력화非暴力化로 최종합의 / 2월 28일 〈선언서〉 33인 선정 완료:
손병희孫秉熙(천도교측 대표)·길선주吉善宙(장로교 대표)·이필주李弼柱(감리교 대표)·백
용성白龍城(불교 대표. 이후 가나다순)·**김완규**金完圭·김병조金秉祚·김창준金昌俊·**권
동진權東鎭·권병덕權秉悳·나용환羅龍煥·나인협**羅仁協·양전백梁甸伯·**양한묵梁漢
默**·유여대劉如大·이갑성李甲成·이명룡李明龍·이승훈李昇薰·**이종훈李鍾勳·이종일**
李鍾一·**임례환林禮煥·박준승朴準承**·박희도朴熙道·박동완朴東完·신홍식申洪植·신
석구申錫九·**오세창吳世昌**·오화영吳華英·정춘수鄭春洙·최성모崔聖模·**최린崔麟**·한
용운韓龍雲·**홍병기洪秉箕·홍기조洪基兆**(*고딕체는 천도교측 대표. 그 중 9명이 동학농민
군 출신: 손병희, 이종훈, 나용환, 나인협, 박준승, 홍병기, 홍기조, 임예환, 권병덕).

■ 2월 27일(오후 6시~10시) − 〈선언서〉(대표집필: 최남선崔南善) 21,000매를 보성사普成社(사

장: 이종일李鍾一. 이용익 설립. 천도교 인수)에서 인쇄(조판은 최남선이 경영하는 신문관新文館에서 완성). 이종일, 천도교·기독교·불교학생 대표들에게 3,000매씩 배포(소파 방정환도 그 중 한 명) / 인쇄인 이종일의 비망록『옥파비망록』: "독립선언서를 인쇄한 것은 27일 밤이라고 답변했으나 실은 2월 20일경부터 서서히 찍기 시작한 것이다. 그리하여 2월 24, 25일 먼 지역의 천도교 교구에는 우선적으로 발송하였다."(3월 11일). "25,000매를 1차로 인쇄 완료하여 천도교본부로 운반하였다."(2월 25일). "2월 27일에 2차로 1만 매를 더 인쇄하였다."(3월 11일).

1919년 2월 28일 − **의암성사**義菴聖師, **춘암상사**春菴上師 **박인호 대도주에게 〈유시문**諭示文**〉을**
기미己未 **내렸다:** "… **惟 座下는 幹部諸人과 共히 敎務에 對하여 益益勉勵하여 小勿妄動하고 我 五萬年 大宗敎의 重責을 善護進行할지어다."** → 의암 손병희가 죽음을 각오하고 독립운동에 투신할 결심. 수운이 해월에게 준 "고비원주高飛遠走"의 변주곡.

■3월 1일 (정오) − 평양 장대현章臺峴 교회(담임목사: 길선주. 민족대표 33인), 독립선언식 거행 / 평양 산정현山亭峴 교회 초대목사 번하이셀Charles F. Bernheisel(1874년생. 한국이름: 편하설片夏薛. 1900년 한국파송. 1906년 1월 장대현교회에서 분립. 산정현교회를 설립. 찬송가 291장 "요단강 건너가 만나리" 번안)의 증언: "산정현교회 전도사로 있는 정일선이 연단에 올라서서 '읽어서 알려드려야 할 중요한 것이 있다'고 말했다. 그는 오늘이 평생에서 가장 행복하고 영광스러운 날이며, 내일 죽는 한이 있더라도 이것을 읽지 않고는 못 배기겠다고 말했다. 청중들은 굉장한 박수갈채를 보냈다." "연설이 끝날 때 즈음에 몇 사람이 태극기를 한 아름씩 건물에서 가지고 나와서 사람들에게 나누어주었다. 커다란 태극기 하나가 연단에 걸리자 군중들은 만세를 부르기 시작했으며 태극기가 물결쳤다."

■3월 1일(토요일 오후 2시 명월관明月館의 인사동 지점 태화관. 현 태화빌딩) − **의암 손병희·권동진·오세창·양한묵 등 천도교인 15명 포함 33인 〈기미독립선언문〉 발표**(기독교측 16인중 4명 불참: 길선주·유여대·김병조·정춘수). 독립선언서를 직접 인쇄·배포한 이종일, 〈선언서宣言書〉 낭독(공약3장 선창: 한용운): "吾等은 玆에 我 朝鮮이 독립국임과 朝鮮人의 自主民임을 선언하노라. 此로써 세계만방에 告하여 인류평등의 大義를 克明하며, 此로써 子孫萬代에 誥하야 民族自存의 正權을 永有케 하노라. … 朝鮮建國四千二百五十二年三月 日 朝鮮民族代表." 손병희孫秉熙 등 민족대표 29명, 종로경찰서(정무총감부)로 연행. 일본측 "48인 사건"으로 지칭: 민족대표 33인과 관련자 16명(송진우·현상윤·최남선·

함태영咸台永·강기덕康基德·김원벽金元璧·**박인호**朴寅浩·**노헌용**盧憲容·**김홍규**金弘奎·김도태金道泰·임규林圭·안세환安世桓·김경섭金景爕·김세환金世煥·정노식鄭魯湜·김지환金智煥) 체포. **내란죄·보안법 위반**으로 고초를 당함 / (오후 2시) 5천여 명의 군중들이 종로 파고다 공원에 운집한 가운데, 정재용(鄭在鎔, 경신儆信학교 졸업생)이 중앙 팔각정 단상에서 선언서를 낭독했다. "조선독립만세!" 우렁찬 젊은 함성이 천지를 진동케 했다: "塔洞공원에 會在하였던 학생이 朝鮮獨立萬歲를 提唱하면서 手舞足蹈하고 風蕩潮湧의 勢로 長安을 貫中하니 …"(『조선독립신문』 보성사 刊). 학생들은 휴교하고, 노동자는 파업하고, 관리는 조퇴하고, 상가는 철시해서 한마음으로 독립을 열망하여 절규하는 애국적·거족적 시위가 전국방방곡곡, 해외만방으로 노도와 같이 번졌다(**장·노년이 된 동학농민군** 포함 국내만세 참가자: 2,051,448명. 사망자 수: 7,509명. 부상자 수: 15,850명. 피감자: 46,306명. 1919년 4월 30일까지 전국 232개 部府·군郡 중 218개 부·군에서 1,542건의 항일시위가 벌어졌다. 박은식의 『한국독립운동지혈사』) / 2019년 2월 20일 **김희중**金喜中(1947년생) **대주교, 한국 천주교 100년만의 참회.** 3·1운동 100주년 담화문 발표: "정교분리 내걸어 독립운동을 금지하고 침략전쟁·신사참배까지 권고했다." / 2021년 3월 1일 대한민국정부 수립 후, 독립유공자 서훈을 받은 선열이 총 1만5천여 명. 이 중 후손이 확인되지 않아 훈장도 전하지 못한 분이 2021년 3월 현재 6,228명이다(국가보훈처 보관). 그 중 한 분인 제주출신 이갑문은 동덕여자고등보통학교 4학년 재학중이던 1931년 7월, 서울시내 중등학교 동맹휴업에 참여해 격문 2300여매를 제작 배포했다(출판법위반으로 징역 6개월. 집행유예 4년). 동덕여학교의 설립자가 의암 손병희이다(1911년 12월).

1919년 기미己未 3월 2일 — **하세카와**長谷川好道 **조선총독, 조선군사령관에게 "만세시위자들"을 향한 발포명령 하달.** 하세카와(1850년생)는 일찍이 청일전쟁에 참전, 여순항 점령에 지대한 공을 인정받아 남작이 되었다. 조선주둔일본군사령관으로 임명되어(1904년 9월) 육군원수·백작으로 승작된 직후 제2대 조선총독자리에 올랐다(1916년 10월 14일).

■ 3월 17일 — 국내외 임시정부수립운동 활발(동학의 "보국안민·광제창생"의 정신이 계승되어 **"민주공화국"**수립으로 암묵적 합의도출) / 3월 17일 대한국민의회정부(러시아 연해주 지역. 대통령: 손병희. 부통령: 박영효. 국무총리: 이승만. 내무총장: 안창호. 군무총장: 이동휘. 산업총장: 남형우. 탁지총장: 윤현진. 참모총장: 유동열. 강화대사: 김규식) / 4월 1일 대한민간정부(기호畿湖지역 대통령: 손병희. 부통령: 오세창. 국무총리: 이승만. 내무부장관: 이동녕. 외무부장

관: 김윤식. 학무부장관: 안창호. 재무부장관: 권동진. 군무부장관: 노백린. 법제부장관: 이시영.
교통부장관: 박용만. 노동부장관: 문창범. 의정부장관: 김규식. 총무부장관: 최린) / **4월 9일** 조
선민국임시정부(서울지역 정도령正都領: 손병희. 부도령 겸 내각총무경: 이승만. 외무경: 민찬
호. 내무경: 김윤식. 군무경: 노백린. 재무경: 이상. 학무경: 안창호. 법무경: 윤익선. 식산무경: 오
세창. 교통무경: 조용은) / **4월 10일** 대한민국임시정부(상해지역) / **4월 17일** 신한민국정부
(평안도지역) / **4월 23일** 한성임시정부(서울 종로).

1919년 1919년 4월 6일 ─ 인도의 마하트마 간디, 비폭력저항운동(사티아그라하Satyagraha) 시작
기미己未 / 4월 13일 재인도 영국군, 반영집회민중에게 발포(인도민중 1,600여 명 사상).

■ **4월 10일 ─ 의암 손병희 재판**(경성지방법원). 예심판사 심문: "피고는 앞으로도 독립운
동을 할 것인가?" 손병희 답변: *"기회만 있으면 독립운동을 하려는 내 뜻을 관철하고
자 한다."* 서대문형무소 52호 독방수감(양한묵. 서대문형무소에서 고문으로 옥사. 1919년
5월 26일) / 1919년 11월 28일 의암 손병희, 지속적인 가혹한 고문으로 옥중 뇌일혈 졸도.
병보석 불허 / 1920년 6월 12일 전신불수된 채 의식불명. 보석신청, 총독부 보석기각
/ 10월 14일 의암 손병희 중태. 보석(1920년 10월 22일).

■ **4월 10일 ─ 대한민국임시정부 수립**(상해). 임시의정원 의장: 이동녕李東寧. 임시국무원
국무총리: 이승만李承晩. 내무총장: 안창호安昌浩. 외무총장: 김규식金奎植. 재무총장:
최재형崔在亨. 교통총장: 문창범文昌範. 군무총장: 이동휘李東輝. 법무총장: 이시영李
始榮. 국무원비서장: 조소앙趙素昻. 〈선언문〉 발표: "… 동포국민同胞國民이여 분기奮起
할지어다. 우리의 류流하는 일적一適의 혈血이 자손만대子孫萬代의 자유自由와 복락福
樂의 가價요, 신神의 국國의 건설建設의 귀貴한 기초基礎이니라. 우리의 인도人道가 마
침내 일본日本의 야만野蠻을 교화敎化할 것이요, 우리의 정의正義가 마침내 일본의 폭
력을 승勝할지니 동포여 기起하여 최후最後의 일인一人까지 투쟁鬪爭할지어다." 〈정강
政綱〉 ① 민족평등 국가평등 등 인류평등의 대의大義 선전宣傳함 → 수운의 따스한 평
등사상과 보국안민輔國安民 깃발 아래 스러져간 수십만 동학농민군의 흘린 피가 결코
헛되지 않았다.

1919년 4월 11일 ─ 대한민국임시정부, 〈대한민국 임시헌장〉 공포. 제1조: 大韓民國은 民主共和
기미己未 制로 함. 제3조: 대한민국의 人民은 男女 貴賤 및 貧富의 계급이 無하고 일체 平
等임 → 바로 〈대한민국 임시헌장〉이 동학을 포덕한 수운의 궁극적 가치였다. 신분

제사회인 조선왕조가 이 때문에 동학금령을 발한 것이고, 이에 부화뇌동한 기득권 세력인 보수유생들이 벌떼같이 일어나 동학을 탄압한 것이다.

1919년 4월 23일 — 국내13도 대표, 한성정부漢城政府 조직(집정관: 이승만, 총리: 이동휘李東輝, 외무
기미己未 총장: 박용만朴容萬, 내무총장: 안창호安昌浩, 군무부총장: 노백린盧伯麟, 재무총장: 이시영李始榮, 법무총장: 신규식申圭植, 학무총장: 김규식金奎植, 교통총장: 문창범文昌範, 참모총장: 유동열柳東說, 내무차장: 조성환曹成煥, 외무차장: 김규식金奎植).

1919년 5월 3일 — 신흥무관학교 개교(교장: 이시영李始榮. 교관: 이청천李靑天. 만주 통화현 소
檀紀4252년 재) → 신흥무관출신들이 봉오동·청산리대첩의 혁혁한 공을 세운다(1920년).

■ 5월 4일 — **조선총독부, 3·1독립만세운동의 진원지로 천도교 지목. 천도교 간부 전원 검거** / 5월 23일 명월관 소실燒失 / 6월 30일 보성사普成社 소진燒盡.

■ 5월 4일 — 중국 5·4운동 발발. 북경대 학생들이 촉발한 항일운동: "21개조협약무효廢除二十一條" "산동성 권리회복收回山東權利" / 8월 2일 일본, 산동성 반환.

■ 8월 21일 — 대한민국임시정부, 기관지『독립獨立』창간(편집·발행: 춘원 이광수). 추후에『독립신문獨立新聞』으로 개칭. 1925년까지 발행.

■ 9월 2일 — **천도교청년교리강연부 창립.** 소파 방정환(의암 손병희의 셋째사위)·정순철(해월 최시형의 외손자)·소춘 김기전·현파 박래홍(4세 대도주 춘암 박인호의 아들)이 주도하였다. 정순철은 "엄마앞에서 짝짜꿍~" "빛나는 졸업장을 타신 언니께~" 작곡했다(작사: 윤석중). 이돈화·정도준·박달성·신태련·김옥빈 등 참여 → 천도교청년회(1920년 4월 5일) / 1923년 9월 2일 천도교청년당 창당. 천도교청년회를 발전적으로 해체한 후 이돈화·김기전·박사직·조기간·박래홍 등의 발의로 창당했다.

■ 9월 6일 — 대한민국임시정부 내각 개조(대통령: 이승만, 국무총리: 이동휘). 상해임시정부의 재정과 시스템의 초석을 놓은 도산 안창호는 이승만을 대통령, 이동휘를 국무총리로 해서 각부의 장을 한성정부의 제도대로 해야 분열을 방지하고 통일을 도모할 수 있다는 신념에 따라 이승만 – 이동휘체제에 반발하는 소장파들을 설복하여 관철시켰다.

1919년 9월 10일 — 조선총독부, 문화정책 공포.
기미己未

■ 9월 11일 — 이승만李承晚(1875년생), 대한민국임시정부 임시 대통령으로 추대(~1925년 3월 23일 탄핵).

■ 10월 10일 — 손문孫文, 중국국민당 창당.

1919년 11월 9일 — 약산若山 김원봉金元鳳 등 13명, 의열단義烈團 결성(만주 길림吉林).
기미己未

1920년 6월 25일 — 천도교청년회 창립.
경신庚申
- 6월 25일 — **천도교청년회 편집부, 개벽사 설립**(사장: 최종정, 편집인: 이돈화, 발행인: 이두성, 주필: 김기전, 인쇄인: 민영순). 월간지 『개벽開闢』 창간호 발행 → 신문화운동의 주역 / 천도교청년회는 육임제의 정신을 이어 포덕부·편집부·체육부·지육부·음악부·실업부의 6개부서로 조직되었다 / 8월 방정환, 『개벽』(3호)에 "어린이의 노래 – 불켜는 이" 발표 → 방정환의 "천진난만"의 의미를 부여한 "어린이" 용어탄생.
- 9월 28일 — 유관순柳寬順(1902년 목천생), 서대문형무소에서 옥사.
- 10월 30일 — 〈기미독립선언서〉 조선민족대표 33인, 복심법원 언도공판. 징역 3년 구형: 손병희·권동진·오세창·이종일·최린·이승훈·한용운.

1921년 2월 28일 — 천도교 중앙대교당 낙성식.
신유辛酉
- 4월 5일 — 춘암 박인호 대도주, 『천도교서天道敎書』 발행. 천도교 교리연구부의 성과물.
- 5월 1일 — 천도교청년회 포덕부, 천도교소년회 창립. 전국에 어린이운동 보급 → 어린이 문화운동과 어린이 인권운동(어린이 마음 속에도 하느님이 있다는 생각).
- 12월 28일 — 조선총독부, 재단법인 보성전문학교 설립인가.

1922년 4월 1일 — 천도교 종학원宗學院 대학과정 신설.
임술壬戌
- 4월 27일 — **천도교주 박인호 취임** 축하회.
- 5월 1일 — 〈어린이의 날〉 선포. 김기전·방정환·구중회·차상찬·박달성 등 천도교소년회 지도위원이 주관.

1922년 5월 12일 — 의암 손병희, 권동진·오세창·최린 3인에게 마지막 당부: "道에 대하여서는
임술壬戌
춘암 박인호가 있으니 염려할 바 없거니와 군君 등 3인이 춘암교주를 보좌하여 나간다면 교내교외사를 물론하고 염려할 바 없으리라." / 5월 19일(새벽 3시) 의암 손병희 환원. "孫秉熙氏絕望 – 가족과 신도의 옹위중에 위독 둘째딸의 斷指로 소생을 기도"(『동아일보』 제629호).
- 5월 20일 — 〈孫秉熙先生을 弔하노라〉: "… 종교적 성적成績은 그 기격氣格이 마호멧트에 근사近似하나 철저徹底치 못하며, 정치적 기점起點은 진승陳勝·유방劉邦과 방불髣

髣하나 완전치 못하며, 교육상으로 그 공헌貢獻이 불소不少하나 교육가의 성격性格을 발견發見할 수 없도다. 요컨대 선생은 억강부약抑强扶弱(강한 자를 누르고 약한 자를 돕는)의 특질特質을 가진 군중群中의 대자大者며, 극단極端으로 정열情熱을 발휘發揮하는 비범非凡한 인물이라 하겠도다. …"(『동아일보』 1면 사설, 제630호) / 보성전문·동덕학교·종학원, 하루 휴학.

1922년 6월 2일 — 춘암 박인호 천도교주, 교내 내분으로 사직.
임술壬戌
■ 6월 20일 — 개벽사, 『부인婦人』 창간.

■ 12월 31일 — 최동희(해월의 아들)·오지영吳知泳, 천도교연합회 창설(만주 집단이주).

1923년 3월 16일 — **소파 방정환, 색동회 조직.** 방정환의 하숙집(일본 동경 센다가야온덴千駄谷穩田
계해癸亥 101번지)에서 발족했다(출석: 방정환方定煥·강영호姜英鎬·손진태孫晉泰·고한승高漢承·정순철鄭淳哲·조준기趙俊基·진장섭秦長燮·정병기丁炳基·윤극영尹克榮). 취지: "동화 및 동요를 중심으로 하고 일반 아동문제까지 연구한다." 후에 최진순·마해송·정인섭·이헌구 가입.

■ 3월 20일 — 『어린이』 잡지 창간(3월 1일 창간 예정. 검열로 지체). 개벽사에서 아동문예 잡지 출간 / 방정환의 소회: "짓밟히고 학대받고 쓸쓸스럽게 자라는 어린 혼을 구원하자! 이렇게 외치면서 우리들의 약한 힘으로 일으킨 것이 소년운동이요, 각지에 선전하고 충동하여 소년회를 일으키고 또 소년문제연구회를 조직하고 한편으로 『어린이』 잡지를 시작한 것이 그 운동을 위하는 몇가지의 일입니다." 윤극영의 〈반달, 1924〉, 이원수의 〈고향의 봄, 1926〉 등 창작동요 발표 / **1934년 7월** 일제의 매서운 탄압으로 폐간(통권122호) / **1948년 5월** 복간(~ 1949. 12월).

1923년 5월 1일 — **색동회·천도교소년회 주관으로 〈어린이날〉 제정·기념식**(천도교 중앙대교당)
계해癸亥 → 세계어린이날 발상지. 〈어린이선언문〉 발표(소년운동의 기초조건): ①어린이를 재래의 윤리적 압박으로부터 해방하여 그들에 대한 완전한 인격적 예우를 허하게 하라. ②어린이를 재래의 경제적 압박으로부터 해방하여 만 14세 이하의 그들에게 대한 무상 또는 유상의 노동을 폐하게 하라. ③어린이 그들이 고요히 배우고 즐거이 놀기에 족할 각양의 가정 또는 사회적 시설을 행하게 하라. / 소파 방정환, 〈어린이날 어른과 아이들에게 드리는 글〉 기고(『동아일보』 5월 1일). *** **어른에게 드리는 글**: __. 어린이를 내려다보지 마시고 치어다 보아주시오. __. 어린이를 늘 갓가히 하사 자조 이야기하여 주시오. ──. 어린이에게 敬語를 쓰시되 늘 보드럽게 하여주시오. ──. 理髮이나 沐浴, 衣服가튼 것을 때마춰하도록 하여주시오. ──. 잠자는 것과 運動하는 것을 充分히 하게 하여주시오. ──. 散步나 遠足가튼 것을 각금각금 식혀주시오. ──. 어린이를 책망하실 때에는 쉽게 성만 내지마시고 자세자세히 타일러주시오. ──.어린이들이 서로모히어 질겁게 놀만한 노리터나 機關가튼 것을 지어주시오. ──. 大宇宙의 腦神經의 末梢는 늙은이에게 잇지아니하고 절믄이에게도 잇지아니하고 오즉 어린이 그들에게만 잇는 것을 늘 생각하야 주시오. *** **어린동무들에게:** ──. 돗는해와 지는해를 반드시 보기로 합시다. ──. 어른에게는 물론이고 당신들끼리도 서로 존대하기로 합시다. ──. 뒷간이나 담벽에 글씨를 쓰거나 그림가튼 것을 그리지말기로 합시다. ──. 길가에서 떼를 지어 놀거나 류리가튼 것을 버리지 말기로 합시다. ──. 꽃이나 풀을 꺽지말고 동물을 사랑하기로 합시다. ──. 뎐차나 긔차에서는 어른에게 자리를 사양하기로 합시다. ──. 입은 꼭 다물고 몸은 바르게 가지기로 합시다.

/ 1938년 조선총독부, "어린이날" 행사 전면 금지 / 1946년 어린이날 부활.

1923년 9월 1일 ─ 개벽사, 『신여성』 창간.
계해癸亥
- 9월 2일 ─ 천도교청년당 창당. 유소년 · 청년학생 · 여성 · 농민 · 상민 · 노동 부서를 두고 활동.

- 10월 5일 ─ 개벽사, 『농민』 창간 / 1972년 7월 폐간(통권 95호).

1924년 4월 5일 ─ 천도교내수단 창립(천도교여성회) / 1994년 『천도교여성회 70년사』: "천도교
갑자甲子
여성운동의 기본정신은 「시천주」를 연원으로 한 동학의 평등사상에서 출발하는 것이며, 이러한 평등사상은 주자학적 가치기준으로 통념화된 전통적 차별관을 혁파하고 이 나라에 외래사상에 의해서가 아닌 우리의 사상에 의해서 우리 민중들 스스로가 자생적으로 여성운동을 유도 발전시킴으로써 여성의 지위향상에 주체적 역할을 담당, 근대화에 크게 기여했다고 말할 수 있다."

1926년 3월 1일 ─ 천도교청년회 편, 『학생』 창간.
병인丙寅
- 3월 23일 ─ 천도교중앙종리원(신파, 최린계열)과 천도교중앙위원회(구파, 오영창계) 양립(춘암상사의 제4대 대도주 승통 인정여부에 따라 불인정이 신파, 인정이 구파로 갈린다). 독자적인

운영체계로 청년・여성단체도 분립.

1926년 4월 1일-신파 중앙종리원, 『신인간』 창간호(발행인: 이돈화) 발행. 청년당 당두: 김기전.
병인丙寅
신파의 자치운동.

■ 4월 2일-구파 중앙종리원, 제1회 정기의회 개최. 종법사 6인 선출: 오영창・권동
진・오세창・이병춘・박준승・박용태. **청년동맹**(구파), **6・10만세운동 주도**(박래원・박
래홍), **신간회운동에 적극 참여**. 발기인: 권동진(2대 회장)・이종린・박래홍(총무간사. 춘
암상사의 양자. 북경대 출신. 홍명희와 주도적으로 신간회 창립).

■ 6월 6일-6・10독립만세운동 계획탄로(종로서에서 천도교회 급습. 박래홍 등 200여 명 검거.
권오설權五卨・박래원朴來源・민창식閔昌植 등, 치안유지법・출판법 위반으로 송치) / 6월 8일
종로서, 이화동梨花洞에서 〈격고문〉과 인쇄기 압수 / 6월 9일 만해 한용운・송세호,
6・10독립만세운동을 계획한 혐의로 선학원禪學院에서 검거. 사전압수수색으로 6월
10일에 살포되지 못한 〈격고문檄告文〉: 우리는 벌써 民族과 國際平和를 위하여 1919년 3월
1日에 우리의 獨立을 宣言하였다. 우리는 歷史的 國粹主義를 반복하려는 것은 아니다. 우리의 恒
久的 國權과 自由를 恢復하려 함에 있다. 우리는 결코 日本 全民族에 대한 敵對가 아니요 다만 强
盜 日本帝國主義의 野蠻의 統治로부터 脫退코자 함에 있다. 우리의 獨立의 要求는 實로 正義의 決
定으로서 平和의 표현인 것이다. 兄弟여 姉妹여, 速히 나와서 日本帝國主義와 싸우자. 그리하여
完全한 獨立을 恢復하자. ① 朝鮮獨立萬歲. ② 朝鮮은 朝鮮人의 朝鮮이다. ③ 橫暴한 總督政治를
驅逐하고 日帝를 打倒하자. ④ 學校의 用語는 朝鮮말로, 學校長은 朝鮮사람이어야 한다. ⑤ 日本人을
朝鮮의 領域으로부터 驅逐하자. ⑥ 朝鮮의 大學專門學校는 朝鮮人으로 하자. ⑦ 東洋拓殖會社를
撤廢하자. ⑧ 日本人의 植民地를 撤廢하자. ⑨ 一切 納稅를 拒絶하자. ⑩ 日本人 物品을 排擊하자.
⑪ 朝鮮人 官吏는 一切 退職하라. ⑫ 工場의 勞動者는 總罷業하라. ⑬ 8時間 勞動制를 實施하라.
⑭ 下獄 革命志士를 전부 釋放하라.

1926년 6월 10일 (오전 8시 30분)-6・10독립만세 애국학생운동발발. 순종의 운구가 종로 단성
병인丙寅
사를 지날 때, 이선호李先鎬(중앙고보생)의 선창으로 40여 명의 학생들이 일제히 "대
한독립만세"를 목터지게 부르짖으며 격문 1,000여 매를 뿌리고 태극기를 펼쳤다.
〈격문〉(이병립李炳立 연희전문 작성): "二千萬 同胞야! 원수를 몰아내자! 피의 값은 자유이다,
大韓獨立萬歲!" 조철호趙喆鎬 중앙고보 교사와 중앙고보학생 58명, 세의전문교생 8명,
보성전문교생 7명, 권오상權五尙 등 연희전문교생 42명, 황정환黃廷煥 등 중동고보생

6명, 양정고보생 등 210여 명이 종로서와 동대문서에 분산 구속되었다. 이후 항일단체가 조직되어 지속적으로 한민족의 기개가 발양된다 → 신간회(1927년 2월 15일)·근우회(5월 27일) → 나주–광주학생항일운동(1929년) / 2020년 12월 6·10독립만세운동, 국가기념일로 지정.

1926년
병인丙寅
7월 10일 – 〈동아일보〉 조선 종교현황 기사: 천도교인 200만 명, 기독교인 35만 명, 불교인 20여만 명.

■ 8월 1일 – 조선총독부, 『개벽』 폐간(통권 72호). 6·10독립만세운동을 주도한 천도교에 대한 탄압.

■ 12월 20일 – 정순철, 〈동요집 갈닙피리〉(편집 겸 발행) 출판. 〈우리애기 行進曲〉: "엄마앞헤서 짝짝궁 압바압헤서 짝짝궁 엄마한숨은 잠자고 압바주름살 펴저라." → 〈짝자꿍〉(작사: 윤석중)으로 개명되면서 전국적으로 대유행 / 1927년 동덕여고 음악교사 재직(~1938년) / 1946년 〈졸업식 노래〉 작곡(작사: 윤석중): "빛나는 졸업장을 타신 언니께 꽃다발을 한아름 선사합니다. 물려받은 책으로 …" / 1948년 성신여고 교감근무 중 납북(1950년 10월). 차응렬의 정순철 평가: "교육자로서 1920년부터 납북되기까지 여성교육과 음악교육에 힘쓰시고 우아하고 옥구슬 같은 동요작곡을 통하여 겨레와 어린이들에게 밝고 고운 명곡을 남기신 선생이시다." → 외할아버지 해월의 동학사상을 실천.

1930년
경오庚午
4월 3일 – 신파 중앙종리원, 최린을 도령으로 선출.

■ 12월 23일 – 천도교 신구파 합동대회(중앙대교당) / 10월 신파의 최린이 구파의 권동진을 방문하여 신구파분규의 주요 원인이었던 춘암상사의 제4세 대도주 승통에 대해 이를 인정하고 1월 18일을 승통기념일로 한다는 전제 아래 구파에 대해 합동을 제안함으로 돌파구 마련.

1931년
신미辛未
2월 16일 – 청년당(신파)·청년총동맹(구파) 합동대회 개최(중앙대교당). 양당 해체선언 후 **"천도교청우당**靑友黨"으로 개칭.

■ 3월 16일 – 천도교 여성단체 내수단(신파)·여성동맹(구파) 합동대회. "천도교내성단內誠團"으로 개칭.

■ 9월 18일 – 만주사변 발발. 일본관동군, 동북3성 장악.

1931년 – **최윤**(최시형의 딸·정순철의 엄마), **경주 용담정으로 이주**(~1956년). 25년간 "용담할매"
신미辛未
로 불리며 용담정을 홀로 지키다 타계. 수운대신사 묘역에 안장: "**근수당경주최씨최윤
지묘謹守堂慶州崔氏崔潤之墓**"(1878~1956).

1932년 4월 2일 – 천도교 교단 신구파 2차 분규(~1940년) → 청우당(천도교청년당/천도교청년동맹)
임신壬申
과 내성단도 다시 분립 / 1945년 천도교 청우당 재건(50만여 명).
   ■ 5월 – 김기전金起田 집필, 『조선급국제조약집朝鮮及國際條約集』 간행.

1933년 11월 21일 – 이돈화 집필, 『천도교창건사』 간행. 수운의 양녀 주씨의 증언 참조로 대신사
계유癸酉
의 초상화 게재.

1934년 12월 24일 – 천도교청년동맹 인일기념대강연회 개최. 연사: 이종린·여운형·서춘·최
갑술甲戌
현배.

1936년 8월 14일 – **춘암 박인호 상사**上師, 〈**무인멸왜**戊寅滅倭**기도운동**〉 전개. 도인들로 하여금 매
병자丙子
일 아침저녁 「안심가」 구절을 외우며 독립의 의지를 굳건히 하게 했다: "**개같은 왜적놈
을 하늘님께 조화**造化**받아 일야**一夜**에 멸멸하고서 전지무궁**傳之無窮 **하여놓고 대보단**大
報壇**에 맹서하고 한의원수 갚아보세.**" / 1938년 8월 황해도 "반일멸왜反日滅倭" 기도사
건. 교인 다수 체포당하다.

1937년 (포덕 78년) 3월 – **일제, 포덕연호 사용금지. 모든 공문서에 소화**昭和**연호사용 통고.**
정축丁丑
   ■ 7월 7일 – 중일전쟁 발발. 일본관동군, 중국관내 침입.

1939년 4월 3일 – 천도교청년당(신파) 해체 / 4월 4일 천도교청년회(구파) 해체.
기묘己卯

1940년 2월 3일 – 현법사 이돈화(신파), 대종사장 이종린(구파)에게 무조건 합동하자고 제의. 춘
경진庚辰
암상사의 법통문제 기술과 관련하여 『천도교창건사』·『천도교체계약람』 폐기하는 등
합의도출.

1940년 4월 3일(오후 3시 15분)─춘암상사 환원: "만사는 다 때가 있는 것이다. 교회가 이제 합
경진庚辰 　동이 된다니 내가 영계에서 스승님을 뵙기가 떳떳하게 되었다. 제군들은 일심협력하
여 교회일을 잘 맡아보라. 나는 제군들만 믿는다."(4월 3일 아침 신구파합동 병문안시 유
언) / **4월 4일(오후 1시)** 제2차 신구파 합동대회 개최(중앙대교당). 천도교총부의 임원 선
출(장로: 권동진·오세창·최린. 상주선도사: 정광조·최준모·이돈화·이종린. 교령: 이종린. 부교
령: 최안국).

- 11월 15일─오지영, 『동학사東學史』 출간. 이돈화의 『천도교창건사』와 함께 초기 동학연
구에 쌍벽을 이루었다(초창기 동학연구의 초석을 놓았지만 두 책 다 오류가 적지 않다. 그래서
시정하는데 많은 어려움이 따른다고 한다).

1941년 4월 23일─**조선총독부, 『천덕송』**(1931년 4월 5일 발행) **전량 압수.** 현행 『천덕송』(1939년
신사辛巳 　4월 5일 재판발행)의 〈안심가〉(3절. 6절), 〈몽중노소문답가〉 전편과 〈대신사탄생기념
가〉 전편을 강제로 삭제토록 했다: **"기험하다 기험하다 아국운수 기험하다 개같은 왜적
놈아 너희신명 돌아보라."**(「안심가」). **"십이제국十二諸國 괴질운수 다시개벽 아닐런가.
태평성세 다시정해 국태민안 할것이니. 개탄지심慨歎之心 두지말고 차차차차 지
내스라."**(「몽중노소문답가」).

- 12월 8일─일본, 미국 하와이 진주만 공격(미국 아시아태평양함대). 태평양전쟁 발발 →
요시다 쇼오인의 "대동아공영권" 구상이 한층 더 증폭.

1945년 4월 15일─일본총독부, 천도교중앙대교당을 강제징발 / 8월 17일 대교당 회수.
을유乙酉
- 8월 15일─일본천황, 연합군에 무조건 항복선언 / 9월 2일 미군정 실시(~1948년 8월
15일).
- 9월 15일─천도교총부, 〈교발教發 제1호〉 발표: "신미신원운동辛未伸冤運動(1871년), 갑
오혁명운동(1894년), 갑진개화운동(1904년), 기미독립운동(1919년) 등 보국안민을 위하여
신성상사神聖上師(해월·의암·춘암) 이하 80만의 생명을 희생하면서 부단히 분투를 계
속해온 우리 교단은 조국의 독립을 맞아 앞으로 신국가의 건설, 신정부의 수립, 신생
활의 창조와 더불어 이에 대응할 새로운 준비가 있어야 한다." / 10월(말) 천도교청우
당, 정책정당으로 부활(위원장: 김기전).

1945년
을유乙酉

10월 25일 ─ 천도교총부, 임시전국대의원대회 개최(~29일). 장로 최린에 대한 출교문제로 신구파갈등 재현. 신파계열(의장 김달현金達鉉)이 퇴장한 가운데 박완朴浣 부의장이 회의를 진행시켜 친일행위(중추원참의·매일신보사장 역임)한 최린을 출교처분하였다 / 1948년 9월 22일 국회, 〈반민족행위처벌법〉 제정 공포. 최린(1878년생), 포승줄에 묶여 반민특위에 체포되어 가다. 3차례 공판에서 참회: "민족대표의 한 사람으로 잠시 민족독립에 몸담았던 내가 이곳에 와서 반민족행위로 재판을 받는 그 자체가 부끄러운 일이다. 광화문 네거리에서 소에 사지를 묶고 형을 집행해달라. 그래서 민족에 본보기로 보여야 한다." 6·25전쟁 때 납북(1958년 졸).

▪ 10월 31일 ─ 천도교청우당 부활을 위한 전당대회 개최(중앙대교당. 지방대표 1,000여 명 참석. 전국적으로 회원이 50만여 명). 위원장: 김기전, 부위원장: 이응진李應辰. *강령: ① 민족자주의 이상적 민주국가의 건설을 기함. ② 사인여천事人如天정신에 맞는 새 윤리의 수립을 기함. ③ 동귀일체同歸一體의 신생활이념에 기초基한 경제제도의 실현을 기함. ④ 국민개로제國民皆勞制를 실시하여 일상보국日常輔國의 철저를 기함 / 11월 25일 천도교청년회 부활.

▪ 11월 25일 ─ 천도교 핵심인사, 백범 김구 귀국환영인사. 정광조·이단·손재기 등 천도교 총부임원단과 청우당의 김기전·이응진 위원장단이 백범의 숙소를 방문했다 / 11월 27일 이승만 박사 방문.

▪ 11월 27일 ─ **천도교총부, 〈성명서〉 발표: "임시정부를 절대 지지한다."** "환국한 임시정부 영수領袖들을 중심으로 전민족적 총력을 집중통일하여 민족자주의 완전한 정권을 수립하도록 하자." "금일에 있어서 각 정당, 각 단체는 각자의 주의주장을 당분간 초월하고 독립완성의 일선에 총집결하기를 바란다."

1945년
을유乙酉

12월 20일 ─ **조선독립촉성종교단체연합회 결성**(중앙대교당). 6개종단(천도교·기독교·불교·유교·천주교·대종교) 대표와 각계인사 2천여 명이 모여 조국독립을 촉진하는데 노력하기로 했다. 축사: 백범 김구·이승만·미군정 하지 사령관·아놀드 소장.

▪ 12월 24일(인일人日) ─ **천도교총부, 임정요인 귀국환영회 개최**(중앙대교당). 김구 주석 답사: "『용담유사』에 왜적은 불구대천의 원수라는 구절(1893년 3월 16일 발송된 해월의 보은 장내리 동원촉구 〈통유문〉)을 읽고 크게 감동되어 그것을 마음의 신조로 지켜 오늘에 이르렀다." "해월·의암 선생의 유지를 받들어 도덕의 기초 위에 문화가 높은 새

국가를 건설하자."

1945년 12월 27일—한반도에 대한 신탁통치 발표(『동아일보』 오보).
을유乙酉
■ 12월 29일—**탁치반대국민총동원위원회 조직**(위원장: 천도교 장로 권동진). **임시정부 주**

도하에 반탁운동 치성. 천도교 적극 참여.

1946년 1월 1일—『개벽』 복간발행(발행인: 김기전).
병술丙戌
■ 2월 8일—북조선임시인민위원회 결성(위원장: 김일성, 부위원장: 김두봉).

■ 2월 8일—대한독립촉성국민회 발족(총재: 이승만, 부총재: 김구·김규식).

■ 2월 8일—**북조선 천도교청우당 결성**(위원장: 김달현金達鉉, 부위원장: 박윤길·김정주).

■ 3월 30일—평안북도 정주 오산학교 천도교학생접 결성(대표: 김준수金濬洙, 총무: 방덕균

方德均, 조직부: 백기원白基元, 선전부: 임운길林雲吉, 문화부: 백낙순白樂淳) / 1947년 정주군

내의 학교에 천도교학생접 파급. 천도교인 선생을 일방적으로 휴직발령하는 공산당

원 교장선생과 좌익계 선생에 대한 항의시위로 정주천도교학생접 급성장 → 정주의

천도교세력이 북조선인민위원회의 견제대상이 되었다.

■ 4월 2일—천도교 전국대회 개최 예정. 무산. 북한 5도 대의원 400여 명이 서울중앙대

교당에 참석하려고 평양에 모였으나, 소련군정에서 상경불허.

■ 4월—이돈화, 『천도교 요의要義』 출간. 북한전역에 경이적인 교세확장.

■ 5월 23일—신구파 3차분규. 총부사무실 반분사용(신파는 천도교총본부로, 구파는 천도교

총부로 각기 현판을 달았다).

■ 6월 3일—이승만의 정읍발언: "남방만의 임시정부 혹은 위원회 조직이 필요하다." →

단독정부 수립 주장.

■ 7월 25일—좌우합작위원회 출범(~1947년 10월 6일). 백범 김구, 좌우합작 지지표명:

"8·15이후 최대의 수확이다." / 10월 7일 〈좌우합작7원칙〉 발표: ① 3상회의결정에 따른

남북좌우합작으로 민주주의임시정부수립. ② 미-소 공동위원회 속개요청 공동성명.

③ 토지개혁실시, 중요산업 국유화, 사회노동법령, 지방자치제 확립. ④ 친일파 민족반

역자를 처리할 조례추진. ⑤ 남북의 정치운동자 석방, 테러적 행동제지 노력. ⑥ 입법기

구의 기능과 구성방법 운영 방안 모색. ⑦ 언론·집회·결사·출판·교통·투표 등 자유

절대보장 / **천도교청우당, 여운형·김규식이 발표한 〈좌우합작7원칙〉 적극 지지.**

1946년
병술丙戌
8월 28일 – 북조선로동당 창립대회(위원장: 김두봉, 부위원장: 김일성·주영하).

■ 9월 1일 – 청우당 건당 27주년 기념식(중앙대교당, 천여명 참석). 〈결의문〉 채택: "민족통일을 방해하는 반역도배를 소탕하고 애국적 각층세력을 집중조직하여 생활의 민주화, 사상의 민주화에 노력하고, 미소공동위원회의 재개를 촉진하자."

■ 11월 14일 – **천도교청우당, 미소공위속개위원회 발기**(공동회장: 여운형·김규식).

■ 12월 12일 – 남조선과도입법의원 개원(~1948년 5월 20일. 민선 45명, 관선 45명. 의장:김규식, 부의장: 최동오). 천도교측 이응진·최동오·정광조·신숙 참여. 이승만의 독립촉성국민회와 한민당계열이 적극참여하여 암암리 단독정부 수립을 노골적으로 획책(신탁통치 반대안 가결. 1947년 1월). 미소공동위원회의 재개도 반대.

1947년
정해丁亥
1월 24일 – **천도교청우당, 〈성명서〉 발표**: "탈선한 입법의원은 단연 해체하라." "입법의원을 악용하여 남북통일과 임시정부수립을 방해하는 입법의원을 해체하고 새로운 의원을 재조직하라." → 민족자주의 통일정부를 지향하는 민전(민주주의민족전선. 1946년 2월 15일 결성)과 연대하여 이승만의 단정수립획책을 견제 → **미군정과 이승만계와 한민당, 천도교 탄압 증폭.**

■ 1월 – **이돈화**(천도교총부)·**김기전**(청우당), **평양 도착.** 교세가 확장된 북한에도 총부와 같은 기능을 수행할 수 있는 단일중앙기관 설치가 바람직하다는 결론을 갖고 서울 천도교 중앙에서 두 사람을 파견한 것이다 → 천도교 북조선종무원(평양. 1947년 2월 11일) 발족. 종학원 고문: 이돈화·김기전·나인협·임예환 / 6월 북한의 천도교활동이 체계화. 103개의 시·군 종리원 조직. 교호수는 32만 5천여 호. 교인수는 169만여 명. 1948년 3월까지는 서울중앙총부에 성미誠米와 성금誠金을 올려보냈다 / 1950년 3월 **북한의 천도교 현황: 교호수 666,591호. 교인수 2,866,342명.**

■ 3월 1일 – 제주민전, 〈제28주년 3·1기념 제주도대회〉(제주북국민학교). 안세훈 대회장의 기념사: "**3·1혁명정신을 계승하여 외세를 물리치고, 조국의 자주통일 민주국가를 세우자!**" 제주시 관덕정 앞 응원경찰의 발포로 민간인 6명 사망(8명 부상) → 제주4·3사건의 도화선(~1954년 9월 21일 한라산 금족 해제. 7년 7개월동안 제주도민 3만여 명 희생).

■ 3월 12일 – 미국, 〈트루만 독트린〉 선언 → 미·소 냉전의 서막.

1947년 7월 19일 ─ **동학의 훈습을 받은 몽양 여운형**(1886년생), **혜화동 로타리에서 피살.**
정해丁亥
- 7월 20일 ─ 해공海公 신익희申翼熙(1892년생), 한국독립당 탈당. 이승만 진영 합류.
- 8월 11일 ─ 미군정 수도경찰청, 남로당·민전 산하단체에 대해 대대적인 검거 단행(수
  백여 명 체포). 청우당 반미투쟁위원회 관계자와 청우당의 박우천·계연집 등 체포.

1947년 12월 22일 ─ **김구, 남한단독정부수립 반대성명 발표.** 남북 외국주둔군 철수 후 자유선거 주장.
정해丁亥

1948년 1월 8일 ─ 유엔한국임시위원단 남조선 입국 / 1월 9일 북조선 지도부, 유엔한국위원단
무자戊子
   입국 거부 → 북한의 남북총선거 거부.
- 2월(초) ─ **천도교 남측지도부, 통일정부수립을 위한 남북한 천도교의 역할에 대한 토론.**
  최린·김광호·전의찬·이응진·최단봉·김지수金智洙·오근吳根 등이 명륜동 최린
  자택에 모였다: "단정수립을 반대하고 남북총선거를 통한 통일정부 수립을 위해 천도교 포교망과
  청우당 조직을 동원하여 남북한에서 기미년 3·1정신을 계승하여 평화적 방법으로 동시에 일대 시위
  운동을 전개하자."
- 2월 7일 ─ 북한의 천도교와 청우당에게 보내는 지령문(명의: 천도교총본부 김완규 도령) 전
  달키 위해 유은덕劉恩德(오근 부인)·박현화朴炫嬅(김지수 부인) 밀파.
  / 2월 13일 박현화 밀사, 김일대金一大(전 청우당 평남도당 위원장)에게 지령문 전달(선언
  문 공약: ①우리는 우리의 자유의사에 의거치 않는 어떤 정치체제, 어떤 경제구조도 단호히 이를
  배격한다. ②우리는 국내외를 막론하고 국토통일과 민족단결을 저해하는 모든 세력의 준동을 봉
  쇄한다. ③우리는 유엔의 결의를 성실히 준수하여 유엔한국임시위원단의 입국을 환영한다. ④우
  리는 남북통일정부가 수립되는 최후 일각까지 이 운동을 계속한다. ⑤우리는 이 운동을 비폭력
  무저항주의로 일관한다.) / 2월 14일 김덕린 연원회 상무, 이근섭 북조선종무원 종무원장
  에게 전달. 김기전·김달현·이근섭·김덕린, 지령문에 대해 토론 후 이돈화 연원회
  의장과 토론 후 최종 결정에 합의 / 2월 17일 평남 강동 봉명각鳳鳴閣 수도원 회의(참
  석자: 이돈화·김기전·김덕린·이근섭·김명희·김달현 등). 시위운동의 당위성 모두 공감. 김
  달현 위원장의 우려: "아무리 명분이나 당위성이 있다고 해도 시위운동을 강행하게
  되면 교인들의 엄청난 희생만 따를 뿐 성공할 수 없다." 김덕린·김명희의 강경어조:
  "우리들이 조국통일을 위해 죽을 각오만 되어 있다면 성공할 수 있다." → 천도교 교
  회는 청우당과 무관하게 연원중심으로 운동강행 결정(김일대·김명희·김덕린·주명득, 각

지역에 급파) / **2월 19일** 김일대 체포. 김일성정권 천도교시위계획 사전 탐지. 북한전역 천도교인 검거선풍(2월 25일).

1948년 **2월 8일** - 조선인민군 창건 열병식(초대 인민군 총사령관: 최용건, 부사령관 겸 문화부사령
무자戊子 관: 김일, 포병부 사령관: 김무정).

- **3월 1일** - **북한 천도교인들의 "3·1재현운동."** 남북한 동시다발적으로 봉화를 올리려던 계획은 사전발각으로 무산되었는데도 북한 전지역에서 수만 군중이 모여 연호하며 시위: **"미·소군은 물러가라!" "유엔감시하에 남북한 총선거를 실시하여 통일정부를 수립하자!"** / **3월 25일** 북한 전역 천도교인 검거선풍. 17,000여 명의 교인체포 (남북통일운동이 엉뚱하게 "김일성암살계획"으로 날조되어 유은덕 밀사·김일대·김덕린·주명득은 사형당하고, 4년~15년 징역과 전재산을 몰수했다. 김일성정권은 6·25동란으로 평양에서 후퇴할 때 복역중인 천도교인 700여 명을 산속에서 학살했다) → "하나된 조국건설 속에서 민족평화를 희구한" 제주4·3민중과 여순민중의 희생과 유사한 상황이 남북분단을 조장하는 남과 북의 정치모리배들에 의해 동일하게 자행 / 국토분단을 막기 위한 남북분열저지운동을 벌이는 천도교인들을 북조선인민위원회에서 극심하게 탄압 → 북조선청우당 집행부, 친북로당정책으로 선회(4월. 제2차 전당대회). "유엔의 조선에 관한 결정과 남조선 단정단선單政單選을 반대하는 결의문" 채택.

- **3월 12일** - 김구·김규식·김창숙·홍명희·조소앙·조성환·조완구, 〈7거두성명〉 발표: "통일독립을 위해 여생을 바칠 것이다. 남한만의 단독선거에 참여하지 않겠다."

- **3월 16일** - **소춘小春 김기전金起瀍(1895년생), 돌연 행방불명.** 대규모 "3·1재현운동"의 여파로(북한의 천도교 세력이 막대한 것에 대한 염려) 북한 보안국의 획책 / **10월 야뢰夜雷 이돈화李敦化(1884년생)도 돌연 행방불명.**

- **3월 28일** - 영우회靈友會(천도교인 비밀결사), 통일정부 수립을 위한 남북을 아우르는 반공투쟁 도모 / 1950년 3월 영우회 회원 325,000여 명. 검거선풍(4월). 핵심교도 165명 평양감옥 수감. 6·25전쟁으로 후방으로 이동시켜 평안남도 순천順天 신창新倉 탄광 도착. 방공호로 165명 전원을 밀어넣고 집중학살(이재전·임시을·문의삼 등 5명 구사일생으로 탈출) → 1·4후퇴시 수십만 교도 월남.

1948년 **4월 19일** - 제1차 남북협상. 전조선제정당사회단체대표자연석회의(~27, 평양 모란봉극
무자戊子 장). 남북한 46개 정당·사회단체에서 선출된 545명 대표자 참석(천도교청우당 대표:

김병제·김병순·박우천·백낙영·이석보 등. 천도교학생 대표: 허경일)

/ 4월 27일 4김회담(김구, 김규식, 김일성, 김두봉). 〈공동성명〉발표: ①미·소군 즉시 철수. ②남북불가침. ③ 4단계 통일정부 구성안: 전조선정치회의 소집 → 임시정부수립 → 총선(입법기관) 탄생 → 헌법제정과 통일정부수립. ④남한의 단선·단정 반대 → 김구·김규식, 이승만과 완전 결별.

1948년 5월 4일 ─ **천도교청우당 해산** / 1949년 11월 17일 이승만정권, 청우당의 정당등록 취소.
무자戊子
- 5월 5일 ─ 월간 『어린이』 잡지 복간발행(발행인: 이응진. 편집인: 고한승. 인쇄: 보성사). 1949년 12월호까지 발행 후 폐간.

- 5월 6일 ─ 김구·김규식, 〈귀경 공동성명서〉 발표: "남한의 단독선거·단독정부 수립을 반대한다." → 전국적으로 단독선거 반대 동맹휴학.

- 5월 10일 ─ 대한민국 제헌국회의원 선거(제주도 2개 선거구탈락). 제1당: 대한독립촉성국민회(총재: 이승만. 55석). 제2당: 한국민주당(수석총무: 김성수. 29석). 무소속 의원(김구·김규식의 팔로어들. 85석) / **천도교인 제헌국회 입성**(선산군: 이종린李鍾燐, 창녕군: 구중회具中會).

- 5월 10일 ─ 제주 제9연대 제주도초토화 토벌작전 돌입.

- 7월 17일 ─ 제헌국회, 대한민국 헌법 및 정부조직법 공포: **"대한민국은 기미 3·1운동으로 건립된 임시정부의 법통을 계승한 민주공화국이다."** / 〈제1장 제1조〉 대한민국은 민주공화국이다. 〈제2조〉 대한민국의 주권은 국민에게 있고 모든 권력은 국민으로부터 나온다 → 동학농민군의 "보국안민輔國安民·광제창생廣濟蒼生" 절규가 헌법으로 명문화되었다.

- 7월 20일 ─ 제헌국회 국회의원, 대통령(이승만)·부통령(이시영) 선출 / 7월 24일 대한민국 초대 정·부통령 취임식.

- 8월 15일 ─ 대한민국 정부수립 국민축하식 및 광복3주년 기념식. 존 하지 중장, 미군정 종식선언.

- 9월 1일 ─ 북한 총선.

1948년 9월 8일 ─ 북조선 최고인민회의, 조선민주주의인민공화국 사회주의헌법 공포.
무자戊子
- 9월 9일 ─ 조선민주주의인민공화국 수립 선포식(초대 내각 수상: 김일성).

- 9월 22일 ─ 〈반민족행위처벌법〉(법률 제3호) 제정 공포 / 1949년 8월 31일 이승만의 집요

한 방해로 반민특위 무산.

- **10월 14일** — 국군 제14연대(여수 신월리 소재), 제주토벌출동거부(자국민토벌 명령에 정의로운 항명시위). 제주토벌출동거부병사위원회, 〈애국인민에게 호소함〉 발표: ① 동족상잔 결사반대. ② 미군 즉시 철퇴 → 여순민중항쟁(~1955년 4월 1일 지리산 입산 금지. 6년 6개월 동안 지리산 일대의 무고한 민간인 희생자 2만여 명).

1949년 기축己丑 **6월 26일** — 동학 황해도 "팔봉접주" 백범 김구(1876년생), 서대문 경교장에서 피살.

- **6월 30일** — 조선로동당 출범(중앙위원회 위원장: 김일성. 부위원장: 박헌영·허가이). 남로당이 북로당에 흡수 → 김일성체제 구축.

- **8월 10일** — **천도교 남조선 지하청우당 음모사건. 이승만정권 최초의 북한간첩조작 사건.** 백만 남북천도교인들이 단정수립을 반대하고 통일정부 수립을 지향하여 이승만정권에 미운털이 박힌 천도교인 김병순金炳淳 등 30여 명이 전격적으로 체포되었다(9월 6일 육군본부 정훈감실 보도).

1950년 경인庚寅 **1월 20일** — 북조선천도교청우당 제3차 전당대회 개최. 초청강사: 김일성 내각수상. "조선로동당의 선두로 하여" 문구, 〈결정서〉에 채택(청우당, 김일성체제에 적응).

- **6월 25일** — 한국전쟁 발발(~1953년 7월 27일).

- **7월 14일** — 천도교 지도자 최린·최동오 납북.

1952년 임진壬辰 **12월 24일(인일기념일)** — **천도교부활대회 개최.** 위원장: 서영모. 부위원장: 최병제·곽훈. **문화부장: 표영삼表暎三.**

1953년 계사癸巳 **1월 20일** — 12만 명의 북한출신 전쟁 포로 중에서 천도교 반공포로는 3,354명(평북 정주 오산학교 천도교학생접 선전부장을 역임한 임운길 교령과 지암 이범창[현 천도교 도서관장] 포함).

- **8월 14일** — 지일기념식 거행(중앙대교당).

1955년 을미乙未 **1월 17일** — 천도교 임시대회 개최(의장: 최창기崔昌基). 교헌教憲 개정(교령제 채택). 천도교총부에서 "천도교중앙총부"로 개칭. 천도교중앙총부 체제: 교령사教領司(教領·副教領·典書), 4관(教化觀·教務觀·經理觀·宗學觀), 감사원監查院(7인), 종의원宗議院(의장단 4인 / 상임종의원 11명. 종의원 42명).

- **10월 9일** — 천도교학생회 부활 / 11월 『신인간』 복간(통권 205호, 계간).

1956년 병신丙申 布德 97년 **4월 26일** — **교서편찬위원회**(위원장: 공진항孔鎭恒) **구성.** 『동경대전』의 한글번역과 주해연구 / 8월 14일『동경대전』에 한글로 된 토와 한글번역 및 주해를 붙인『천도교경전』 출판·보급. 〈머릿말〉: "동경대전의 한글역에 있어서는 해방이후로 교회에서 두차례 나 된 일이 있지마는 아직 불완전한 점이 없지 않어 오다가 이번에 교회로서 느낀바 있어 편찬위원회를 조직하고 이에 새로운 한글역 편찬을 하게 되었다. 위원들은 우 이동에 있는 의창수도원에 뭉이어 모든 정성을 드리며 건엄한 수도와 재계 가운데 에서 이 책이 이루어진 것이다. 주해에 있어서는 주로 지암 정환석씨의 집필에 의 했고 위원회로서는 다소의 수정을 가했을 따름이다. 그동안 교회에는 여러 가지 환 란을 치루는 동안에 뜻아니한 과오가 많은 지라 이제 새로운 경전출판을 함으로써 과거의 잘못을 뉘우치는 표적을 삼으려 하노라. 포덕 97년 7월. 교서편찬위원회 위 원장 공진항."

- 12월 9일 – 천도교청년회 주최, "포덕기념 대강연" 개최(연사: 공진항 교령·황의돈黃義敦 역사가). 1천여 명이 중앙대교당에 운집.

1958년 (단기4291년) 7월 10일 – **한국사상사연구회 발족**(회장: 박종홍朴鍾鴻): "근세한국의 사상적
무술戊戌 연구자인 최수운선생의 「보국안민, 포덕천하, 광제창생, 지상천국건설」의 민족적
이상을 실천하기 위한 기초작업에 헌신하려는 것입니다."

1959년 4월 8일 – **의암손병희선생기념사업회 발기총회 겸 창립총회 개최**(중앙대교당). 명예회
기해己亥 장: 이승만 대통령, 회장: 조동식趙東植, 부회장: 이응준李應俊·유진오俞鎭午. 고문:
布德 100년 국회의장 이기붕李起鵬, 부통령 장면張勉, 대법원장 조용순趙容淳, 33인 유족회 회장
檀紀 4292년 이갑성李甲成, 전부통령 함태영咸台永, 전대법원장 김병로金炳魯, 내무부장관 최인규崔
仁圭, 문교부장관 최재유崔在裕.

1959년 8월 12일 – **한국사상편집위원회 편,『韓國思想』(1·2 講座) 출간**(한국사상연구 편집원: 최
동희, 신일철, 표응[영]삼, 지민진, 박춘억, 이인수). 조지훈의 창간호 기고: "최제우는 한국사상에
있어서 최대의 인물. … 동학의 연구는 현대 한국사상연구에 가장 중요한 과제가 된다." / 1998년
8월 14일『韓國思想』(특집: 해월신사 순도 100주년 기념), 통권 24집으로 정간.

- 12월 1일 – 49일 특별기도 실시(~1960년 3월 14일). 창도 100주년 맞아 전교인, "보국안
민·포덕천하·광제창생" 기원 기도 실행.

1960년
경자庚子

4월 24일 – 천도교중앙총부, 〈성명서〉 발표: "청소년 학도들이 4·19운동에서 피흘리며 쓰러지던 참경慘景을 보고 우리들은 지난날 3·1운동을 상기하게 된다." → 이승만정권하에서 농림부장관직을 역임한 탁암濯菴 공진항孔鎭恒(1900년생) 교령 사임(재임: 1955년 1월~1960년 5월).

■ 6월 30일 – 천도교부인회 주관, 경주 용담정 중건 낙성식.

1961년
신축辛丑

4월 5일 – 천도교중앙총부, 천일기념식 거행. 고려대 조지훈趙芝薰(1920년생. 경북 영양 일월산 주실마을) 교수 기념강연: "**한국사상의 전형으로서의 동학**"

■ 4월 6일 – 천도교중앙총부 새로운 임원진 구성. 교령: 신용구申鏞九, 교화관장: 박응삼朴應三, 교무관장: 장기운張基云, 교무부장: 방응선方應善.

■ 5월 17일 – **천도교중앙총부, 5·16군사쿠데타 지지성명 발표:** "… 5·16군사혁명에 대한 우리들 천도교의 입장과 지지성원의 태도를 천명하는 동시에 민족자주적 자유민주한국의 통일독립을 갈망하는 우리는 그 실현을 위하여 백만신도와 더불어 이 교회의 모든 힘을 바쳐 주저함이 없을 것을 다짐하는 바이다."

1963년
계묘癸卯

10월 3일(오후 3시) – **갑오동학혁명기념탑 제막식**(전북 정읍시 황토현전적지). 갑오동학혁명기념탑건립추진위원장: 가람嘉藍 이병기李秉岐, 비문작성: 김상기金庠基 박사. 대통령권한대행국가재건최고회의 박정희 의장 참석. 치사致詞: "… **70년 전 제폭구민척양척왜의 기치 아래 궐기한 동학혁명군의 정신과 내 자신 2년 전 5·16혁명을 일으킨 혁명정신과 이념은 똑같다.** … 내 자신 동학군의 아들로서, 선친께서 동학혁명 당시 앞장서 싸우다가 체포되어 사형선고를 받았으나 요행히 살아남았기에 내가 태어날 수 있었다."("동비東匪의 난亂"으로 치부되었던 일제강점기로부터 시작된 식민사학의 동학연구가 박정희군부독재정권의 정치적 의도에 또다시 종속·변형되었다). 〈갑오동학혁명기념탑명문銘文〉: "제폭국민除暴救民과 보국안민輔國安民과 척왜斥倭를 기치旗幟로 동학교문東學教門의 대혁명가 전봉준선생의 영도아래에서 일어난 갑오동학혁명은 우리 민족의 진로에 커다란 광명을 비춰주었다. 전봉준선생은 동학의 조직망을 통하여 농민대중을 안아들여 우리 역사상에 처음보는 대규모의 민중노선을 이룩하고 위국위민爲國爲民의 뚜렷한 지도이념밑에서 줄기차게 싸웠던 것이니 그의 의의와 영향은 진실로 지대한 바가 있다. 이 혁명은 우리 농민대중에게 정치적 의식을 깨우쳐 주었으며 고루固陋하고 불합리한 봉건체제의 낡은 권위를 뒤흔들어 국민생활의 근대화를 촉진시켰고 제국주의 일본의 침략에 민족

전선으로서 항전하여 우리의 민족정기를 현양顯揚시켜 뒷날 3·1운동의 선구를 이루었다. 이 갑오동학혁명의 거룩한 업적과 숭고한 정신을 그 뉘라서 추앙追仰치 아니하며 찬양讚揚치 아니하랴. 갑오동학혁명이야말로 깊이 세계역사위에 빛날 것이다."

1963년 11월 17일 – **천도교중앙총부, 순도선열합동위령식 거행**(중앙대교당). 3·1운동이후 순도순
계묘癸卯 국한 선열들을 위한 위령제 → 매년 3월 10일을 "순도선열합동추모일"로 정례화(1967년).

1964년 3월 21일 – **수운 최제우 대신사 동상 제막식**(대구 달성공원). 김인金仁 경북도지사 〈축사〉:
갑진甲辰 "백년전 경상감사는 수운선생을 혹세무민이라 하여 대구에서 처형하였지만 백년
후 오늘같은 자리에서 도지사인 본인은 선생의 동상제막식에 축사를 드리게 되
었다." / 1965년(을사乙巳) 7월 25일 – 천도교청년회결성대회.

1966년 5월 19일 – **의암 손병희 성사聖師 동상 제막식**(서울 종로 탑골 공원). 동상건립문(이은
병오丙午 상 지음): "여기는 민족의 얼이 깃든 곳이다. 민족의 피가 끓는 곳이다. 민족의 횃불이 들
린 곳, 민족의 함성이 울린 곳이다. 의암 손병희 선생의 일생을 통하여 가장 빛나는 행적은
3·1운동을 선구했던 일이요 또 그날 만세를 처음 외쳤던 곳이 여기라. 이 터에 그의 동상
을 세워 우리들의 자손만대에 그 뜻과 사실을 전하려 한다." 원래 이승만 동상이 있던 자
리. 4·19혁명 때 학생들의 의해 이승만동상이 쓰러지고 밧줄로 묶인채 종로거리에
끌려다녔다고 한다. / 2023년 윤석열정부, 대대적인 〈이승만 기념관〉 건립추진.

1967년 4월 4일 – 최덕신 교령 취임(~1975년 4월 6일. 납북된 최동오[독립운동가·천도교인]의 아들. 황
정미丁未 포군관학교 출신·육군 중장예편) / 1977년 11월 미국 망명 / 1986년 9월 최덕신·류미영
布德 107년 부부, 북한 영구 귀국. 조선천도교청우당 중앙위원장으로 활동(1989년 사망). 청우당은
조선로동당에 이은 제2정당으로 당원은 1만2천 명으로 추산된다 / 2000년 8월 15일
류미영(납북된 독립운동가·천도교인 류동열의 딸) 이산가족 방문단 북측 단장, 서울방문
/ 2019년 7월 6일 최인국(최덕신의 차남) 평양행.

■1967년 – **갑오동학농민혁명계승사업회 창립**(최현식 선봉) / 1980년 5월 11일(정읍농고운동
장) 황토현전승기념일축제에 김대중 축사. 전두환 신군부에 의해 강제 해산 / 1994년
정읍지역의 농민회, 청년회, 노조, 전교조, 문화단체 회원들이 한마음으로 재건.

1968년 4월 26일 – **제1회 갑오동학혁명기념문화제 개최**(정읍농고 및 정읍여고 교정). 정읍시의
무신戊申 선도적인 동학혁명선양사업.

1969년 2월 9일 – 낙원동 수운회관 기공식 / 1970년 6월 25일 『개벽』지 창간 50주년 기념 『개
기유己酉   벽』지 58권 전질 영인본으로 출간 / 1971년 4월 5일 수운회관 낙성식(지하 1층. 지상
15층. 연건평 3,520평).

1970년 3월 – **고려대학교 철학과에 한국사상강좌 개설**(신일철·최동희 교수 담당). 천도교중앙총
경술庚戌   부는 한국사상으로서의 동학을 대외에 널리 알리고 학문적으로 정립하기 위해 고려
대학교에 후원하여 한국사상강좌가 개설되었다.

■ (음)5월 5일 – 가평 화악산華嶽山 수도원 건립 낙성식.

■ 10월 – 『**동경대전**』(경주계미중하판) **목활자본 원본, 천도교중앙총부가 소장.** 누대로 물려
받은 문용익文龍翼씨가 기증(1969년).

1971년 10월 28일 – 최수운 유허비 "天道敎祖大神師水雲崔濟愚遺墟碑**천도교조대신사수운최제우
신해辛亥   유허비**" 제막식(경북 월성군 현곡면 가정리 315번지). 제자: 박정희 대통령, 유허비문: 이
선근李瑄根 박사: "… 그러나 구미산이 변함없고 용담수가 흘러서 오대양이 상통하
듯 대신사께서 가르치신 천도교의 큰 진리는 어느덧 온 겨레의 신념과 용기를 북돋
아 싱싱한 새나라 대한민국을 세우고 그 개벽의 영광을 억조창생의 머리 위에 빛나게
하였으니 얼시구 좋다 좋을시구 천만년 갈수록 이 터전 더욱 빛나리라." / 1843년 2월
수운생가 소진燒盡.

1972년 5월 20일 – 구미용담성지 40만 평, 시천교 소유에서 천도교로 편입 / 1906년 9월~11월
임자壬子   송병준·이용구 일진회 회장 등 교인 60여 명 출교처분·시천교 설립 와중에, 구미산
일대를 포함하여 천도교 교회재산 대부분이 시천교 소유로 넘어갔다.

■ 9월 11일 – 천도교중앙총부, 남북적십자회담과 조국통일의 성공을 기원하는 특별기도
를 전국적으로 실시(~17일).

■ 10월 1일 – 최덕신 교령, 원불교중앙총부(김대거金大擧 종법사) 방문 → 천도교–원불교
교류 / 1974년 8월 14일 원불교 대산 종법사, 천도교중앙총부 답방.

1973년 11월 11일 – **공주 우금치 동학혁명군위령탑 제막식** / 1월 이창덕李昌德 공주교구장의 위령
계축癸丑   탑건립제의(200만 원 성금) / 6월 천도교중앙총부, 동학혁명군위령탑건립위원회 구성
(위원장: 이선근 박사. 부위원장: 이항녕 홍익대 총장·곽훈 종무원장·변신영 종의원의장) / 9월
21일 건립기공식. "東學革命軍慰靈塔" 제자題字: 박정희 대통령(건립위원회 명예회장).

1975년 1월 4일 – 구미용담성역화추진위원회 결성 / 4월 8일 용담정 건립기공식 거행. 1천여
을묘乙卯

명 참석. 교인들의 우렁찬 주문소리가 구미산 골짜기에 메아리쳤다 / 10월 28일 용담정과 수도원 낙성식. 5,000여 명 교인 참석. 박정희 대통령 친필(현판글씨): "龍潭亭 **용담정**" "龍潭修道院 **용담수도원**" "布德門 **포덕문**" "聖化門 **성화문**" 박종홍朴鍾鴻의 용담정 중건기: "이곳은 天道敎 水雲大神師의 祖父 宗夏께서 당시에 이름 높은 隱士 李嵋窩에게 자손이 공부할 곳을 택하여 달라고 청하니 이 자리를 정하고 말하기를 '장차 이곳에서 龍과 같은 인물이 날 것이라'하여 臥龍庵이라 命名되었다. …" / 1914년 오응선吳膺善 · 이계하李啟夏 황해도 도인 용담정 중건 / 1931년 최윤崔潤여사, 용담정 수도생활 / 1960년 천도교부인회 용담정 중건.

1978년
무오戊午 4월 4일 — 『**최선생문집도원기서**崔先生文集道源記書』(1879년 초고, 필사본), 『**중앙일보**』에 **기사화.** 계룡산 신도안의 김덕경金德卿(구암 김연국의 아들, 천진교天眞敎 대종사大宗師) 비장(1977년 10월 공개). 자료를 건네받고 검토한 신용하愼鏞廈(1937년생) 교수를 통해 학계에 처음 알려졌다: "지금까지 구전에 의존했던 초창기의 동학성립과정이 밝혀질 한국근세사상사의 획기적 자료이다." / 2021년 신용하 교수, "유럽으로 간 고조선 문명" 연재(『중앙SUNDAY』, 4월 4일 종료).

1981년
신유辛酉 — 천도교중앙총부, 『천도교백년약사天道敎百年略史』(상권) 간행 / 2006년 1월 25일 『천도교약사天道敎略史』 발행(교서편찬위원장: 윤석산尹錫山).

■ 11월 28일 — 전봉준 고택(정읍시 이평면 장내리 458-1 조소마을) 국가문화재 지정(사적 제293호).

1988년
무진戊辰 2월 20일 — 대신사 태묘, 천도교유지재단에 귀속. 구미산 기슭 임야 2,700평이 시천교유지재단이 해체되면서 천도교에 귀속되었다 / 1989년 석암石菴 오익제吳益濟(1929년생, 평남 성천) 교령 취임(~1994년 6월 15일. 23·24대) / 1997년 8월 15일 조선민주주의인민공화국으로 망명(8월 18일 출교처분).

1990년
경오庚午 4월 5일 — 천도교 대학생단(단장: 김창석), 포덕 131년 천일기념 대강연회 개최(중앙대교당, 1000여 명 운집. 김지하 참석). "수운과 해월의 생각을 말한다"(연사: 도올 김용옥) / 1991년 영화 〈개벽〉 개봉(감독: 임권택, 각본: 김용옥, 촬영: 정일성, 출연: 이덕화 · 이혜영 · 김명곤).

1994년
갑술甲戌 3월 3일 — **동학농민혁명유족회 창립대회**(회장: 김영중. 순천영호대접주 김인배의 후손. 부회장: 임영섭, 함평동학농민군 임경윤林京允의 증손. 장소: 충정로 동아일보사옥 17층). 유족 증언록(『다시 피는 녹두꽃』 · 『전봉준과 그의 동지들』) 출간 / 5월 16일 동학농민군명예회복과 서훈문제를 담은 "겨레에게 드리는 호소문" 각계에 발송.

■ 4월 28~30일 – 창무극 〈天命천명〉 공연. 〈동학혁명 1백주년 기념〉 예술의전당 오페라극장, 동아일보 주최(원작: 김용옥, 연출: 손진책, 작곡: 박범훈, 안무: 국수호, 창: 안숙선·왕기석) / 4월 29일 정읍 말목장터, 갑오동학혁명100주년행사 〈역사맞이굿〉 펼침 / 4월 30일 전주, 동학농민혁명 100주년 기념대회 개최 / 10월 30일 공주, 동학농민군 위령제 / 1998년 10월 10~13일 창무극 〈天命천명〉 앵콜공연. 국립중앙극장 장충동 개관 25주년기념 특별기획공연(공동주최: 국립중앙극장·동아일보, 후원: 천도교중앙총부) / 2004년 동학농민혁명 제110주년 기념 〈황토현의 횃불, 천명〉재공연(주최: 정읍시, 장소: 황토현 특설무대, 주관: 갑오농민혁명계승사업회).

2000년 6월 15일 – **김대중 대통령·김정일 국방위원장, 〈6·15 남북공동선언〉 발표**(평양):
경진庚辰 〈1〉 남과 북은 나라의 통일문제를 그 주인인 우리민족끼리 서로 힘을 합쳐 자주적으로 해결한다.

2004년 2월 9일 – **〈동학농민혁명 참여자 등의 명예회복에 관한 특별법〉**(약칭: 동학농민예회복법)
갑신甲申 **국회통과** / 3월 5일 공포·제정(동학농민혁명 정의: "1894년 3월에 봉건체제의 개혁을 위하여 1차로 봉기하고, 같은 해 9월에 일본의 침략으로부터 국권을 수호하고자 2차로 봉기하여 항일무장투쟁을 전개한 농민중심의 혁명이다.") / 2019년 7월 2일 시행령(대통령령 제29950호) 공포.

2007년 10월 4일 – **노무현 대통령·김정일 국방위원장, 〈10·4 남북공동선언〉 발표**(평양):
정해丁亥 〈4〉 남과 북은 현 정전체제를 종식시키고 항구적인 평화체제를 구축해 나가야 한다는데 인식을 같이하고 직접 관련된 3자 또는 4자 정상들이 한반도지역에서 만나 종전을 선언하는 문제를 추진하기 위해 협력해 나가기로 하였다.

2007~2015년 – 동학농민혁명참여자명예회복심의위원회·동학농민혁명기념재단 편. **『동학
정해丁亥~을유乙酉 농민혁명 국역총서』**(총 13권) **발간** / 동학농민혁명기념재단 편. **『동학농민혁명 신국역총서』**(총 13권) **발간.**

2009년 – 이상훈, **『동경대전』 인제경진초판본**(목활자본) **독립기념관에 기증.** 대대로 강원도
기축己丑 영월에 세거한 이상훈의 백부 이철용 소장.

2010년 2월 24일 – **문화체육관광부, 동학농민혁명기념재단**(이사장: 이이화李離和. 1937년생) **인가**
병인丙寅 / 동학농민예회복법 제9조: "동학농민혁명을 기념하고 그 정신을 계승하기 위한 사업을 행함으로써 민족의 대화합과 통일, 민주주의의 발전에 기여한다."

■ 3월 – 일본 야마구찌현山口縣(=長州) 현립문서관, 미나미 코시로오南小四郎 동학문서 공

개(동학농민혁명신국역총서5[南小四郎文書]). 미나미 코시로오(1842~1921) 소좌는 동학농민군을 진압하기 위해 1894년 10월 초순(음력)에 조선으로 파병된 후비보병 독립 제19대대의 대대장이다(일본군 동학당토벌대 대장).

2016년 11월 25일 – 전국농민회총연맹, 트랙터 동원 청와대 진격 상경투쟁. 광화문 촛불집회
병신丙申 동참. 〈전봉준투쟁단〉 성명발표: **"목이 잘릴지언정 의를 세우고 나라를 지켜온 사람이 이땅에서 흙묻히며 땀흘리며 살아온 농민이다. 그가 바로 전봉준이다. 우리의 말과 우리의 깃발은 승리할 때까지 전진한다. 〈전봉준투쟁단〉은 막히면 뚫을 것이고, 잡혀가면 또 다른 전봉준이 나설 것이다. 마침내 농민 손으로 박근혜 정권을 끌어내리고 나라다운 나라를 반드시 세울 것이다."** / 2017년 5월 10일 촛불혁명정부 출범.

2017년 5월 12~13일 – 제50회 황토현동학농민혁명기념제 50주년 특별기획공연. 정읍 황토
정유丁酉 현전적지 특설무대에서 창무극 〈천명天命〉 공연(극본: 도올 김용옥, 작곡: 박범훈, 예술감독: 조통달, 제작감독: 왕기석, 연출: 류기형). (주최: 전라북도 정읍시. 주관: 동학농민혁명계승사업회) / 2020년 5월 9일 제53회 〈황토현동학농민혁명기념제〉 개최. 제10회 동학농민혁명대상 수상자: 도올 김용옥(제1회 수상자 추증: 김대중 대통령).

■ 6월 27일 – 문화재청 문화재위원위원회 심의, "동학농민혁명 기록물"(175건, 1만2,000쪽)과 "4·19혁명 기록물"을 유네스코 세계기록유산Memory of the World (세계의 기억)등재 신청 대상선정 / "등재권고" 판정(2023년 4월).

2018년 4월 24일(음 3월 30일) – 녹두장군 전봉준 동상 제막식(종로구 영풍문고 앞). 123년전 이날
무술戊戌 새벽 2시에 김덕명·손화중·최경선·성두한·전봉준 장군이 함께 순국하셨다.

■ 4월 27일 – 문재인 대통령·김정은 국무위원장, 〈4·27 남북공동선언〉 발표(판문점. 남측 평화의 집): 〈1〉남과 북은 남북관계의 전면적이며 획기적인 개선과 발전을 이룩함으로써 끊어진 민족의 혈맥을 잇고 공동번영과 자주통일의 미래를 앞당겨 나갈 것이다 / 5월 26일 – 〈2018년 제2차 남북정상회담〉 개최(공동경비구역 북측 통일각).

■ 6월 12일 – 북미정상회담 개최(싱가포르). 〈북미정상회담 합의문〉 발표: "트럼프 대통령은 북한에 안보 보장 제공을 약속했으며, 김정은 위원장은 한반도의 완전한 비핵화를 향한 확고하고 흔들림없는 약속을 재확인 했다."

2018년 9월 18일 – 문재인 대통령, 서해직항로를 통해 평양방문(~20일, 2018년 제3차 남북정
무술戊戌 상회담). 〈9·19 평양공동선언〉 합의문 서명 / 능라도 5·1경기장에서 문재인 대통

령, 15만 평양시민 앞에서 대중연설: "시민 여러분, 동포 여러분 우리민족은 우수합니다! 우리민족은 강인합니다! 우리민족은 평화를 사랑합니다! 그리고 우리민족은 함께 살아야 합니다! 우리는 5,000년을 함께 살고 70년을 헤어져 살았습니다. 나는 오늘 이 자리에서 지난 70년 적대를 청산하고 다시 하나가 되기 위한 평화의 큰걸음을 내딛자고 제안합니다. 김정은 위원장과 나는 8,000만 겨레 손을 굳게 잡고 새로운 조국을 만들어나갈 것입니다. 우리함께 새로운 미래로 나아갑시다." "백두에서 한라까지 아름다운 우리 강산을 영구히 핵무기와 핵 위협이 없는 평화의 터전으로 만들어 후손들에게 물려주자고 김정은 위원장과 확약했습니다."

/ 9월 26일 문재인 대통령, 제73차 유엔총회에서 기조연설: "남·북·미는 정상들의 상호신뢰를 바탕으로 한걸음씩 평화에 다가갈 것이다. 나는 국제사회가 길을 열어준다면, 북한이 평화와 번영을 향한 발걸음을 멈추지 않으리라 확신한다." / 2021년 9월 15일 남과 북, 탄도미사일 시험발사 / 2022년 2월 윤석열 대선후보, 대북 선제타격론.

2018년
무술戊戌 12월─그레타 툰베리Greta Thunberg(2003년생, 스웨덴 기후운동가), 제24차 유엔 기후변화협약 당사국총회(COP24) 참석·발언: "당신들은 자녀를 가장 사랑한다 말하지만, 기후변화에 적극적으로 대처하지 않는 모습으로 자녀들의 미래를 훔치고 있다."

/ 2019년 3월 15일 90여 개국 2천여 도시의 청소년 주최, "기후를 위한 학교파업 시위."(대한민국 서울 대학로에 등교를 거부하고 "적극적인 기후변화 대응을 촉구"하는 청소년들로 거리를 꽉 메웠다) / 2020년 12월 10일 문재인 대통령, 〈대한민국 2050 탄소중립 비전〉 선언. 청소년들은 "지금 필요한 것은 모든 경제부문에서의 즉각적인 배출량 감축"을 요구하고 있다 / 2021년 3월 19일 세계 68개국 청소년들, 금요일 등교거부시위. SNS: "더이상 공허한 약속은 그만# NoMoreEmptyPromises" / 3월 21일 온실가스 전지구 측정치 평균: 414.43ppm(미국 국립해양대기청. 2011년 390.23ppm. 산업화 이전 280ppm. 350ppm 안전. 450ppm되면 회복불가한 기후변화 초래). 415.38ppm(9월 6일) / 8월 유엔 기후변화에 관한 정부간 패널(IPCC) 보고서: 〈지구온난화의 돌이킬 수 없는 영향〉 / 9월 11일 천주교 수원교구, 2040 탄소중립 선포 미사(이용훈 주교): "지구의 울부짖음에 응답하기 위해 2030년까지 교구 222개 본당에서 사용할 전력의 100%를 신재생에너지로 전환하고 2040년까지 100% 탄소중립을 이루겠다." / 9월 13일 석유부국(세계 15위 산유국) 노르웨이, 기후총선. "탈석유 이슈" 돌풍에 정권교체 / 2023년 5월 11일 광주시의회, 기후위기 역행 윤석열정부 〈국가 탄소중립 녹색성장 기본계획〉 규탄 성명발표.

2019년 2월 19일 − 문화체육관광부(장관: 도종환), 동학농민혁명 기념일 5월 11일을 국가기념
기해己亥 일로 제정 통지 / 1894년 5월 11일(음 4월 7일) 동학농민군, 정읍 황토현에서 최초로
승리했다 / 2018년 10월 17일 국가기념일선정 심의위원회 선정이유: "황토현 전승일은
전봉준, 손화중, 김개남 등 동학농민군 지도부가 조직적으로 관군과 격돌해 최초로
대승한 날로, 이날을 계기로 농민군의 혁명열기가 크게 고양됐다. … 이후 동학농민혁
명이 전국적으로 전개될 수 있는 중요한 동력이 됐다는 점에서 가치를 높게 평가했다."

2019년 5월 11일 − 제125주년 동학농민혁명기념식 · 제1회 국가기념일 동학농민혁명 기념식
기해己亥 거행(서울 광화문 광장): 〈다시 피는 녹두꽃, 희망의 새 역사〉. 국무총리 이낙연李洛淵(1952년
생)의 기념사: "동학농민혁명은 3·1운동으로 이어졌고, 3·1운동은 10년 후 광주학생독립운동
으로 계승됐습니다. 해방 이후의 4·19혁명도, 5·18민주화운동도, 6월항쟁도 동학정신에 뿌리를
두었다고 저는 믿습니다. 2016년 겨울부터 이듬해 봄까지 계속된 촛불혁명도 잘못된 권력을 백
성이 바로잡는다는 동학정신의 표출이었습니다."

■6월 1일 − 무명의 동학농민군 지도자, 113년만에 전북 전주동학농민혁명 녹두관에서
영면. 1906년 일본군에 의해 처형. 1995년 일본 북해도대학 표본창구에서 발견(기
록): "메이지 39년(1906년) 진도에서 효수한 동학당 지도자의 해골, 시찰 중 수집."

■6월 30일 − 남북미정상회담(공동경비구역, 남측 자유의 집).

2020년 8월 15일 − 정읍시 주최, 동학농민혁명 126주년 기념 학술대회 〈전투로 살펴 본 동학
경자庚子 농민혁명〉 − 황토현 전투의 전개 과정과 역사적 의의. −황룡전투와 이춘영 장군. −공주전투 시기
남접과 북접농민군의 동향. −장흥의 동학농민혁명과 석대들 전투의 전개과정. −완주에서의 동학농민
혁명. 주관: (사)동학농민혁명계승사업회 · 동학역사문화연구소.

2021년 3월 16일(아침) − 문재인文在寅(1953년생) 대한민국 제19대 대통령, 국무회의에서 "LH 사태"
신축辛丑 대국민사과: "국민께 큰 심려를 끼쳐드려 송구한 마음입니다. 특히 성실하게 살아가는 국민
들께 큰 허탈감과 실망을 드렸습니다." 한국토지주택공사 임직원 신도시 투기의혹에
공분을 느끼는 국민들의 허탈한 마음에 진정성 있게 응답할 것이다. 사과로만 끝나지
않겠다며 **부동산 적폐 청산**"의 의지를 표명했다("LH투기방지3법" 국회통과. 3월 24일)
/ 21대 국회의원(300명) 4명 중 1명 농지소유. 중앙정부 공직자 절반이상 토지소유

(759명 중 388명. 2021년 3월). 고위공직자 농지소유현황(2020년 10월 기준): 정부공직자윤리위원회 관할 정기재산변동사항공개대상자 1862명 중 719명(38.6%), 중앙부처(장차관급 고위공직자) 748명 중 200명, 지방자치단체 재산공개대상자 1,114명 중 512명(46.5%)이 비농업인으로 농지를 소유하고 있다 → 임차농지비율이 51.4%(2017년). 그 중 40%는 비농업인이 소유한 농지비율이다(부재지주). 절대농지가 신도시 조성·공단부지·도로·상업지역·무분별한 태양광 등등의 명목으로 형질변경 되었다. 최근 해마다 감소되는 농지면적은 1만5천 헥타르(4,537만 평)로 여의도의 50배다. **현재 우리나라의 식량자급률은 21.3%이다**(OECD 국가 중 최하위. 유전자변형 농수산물GMO 1등 수입국).

2021년
신축辛丑

7월 5일 — 2차 동학농민혁명 참여자 서훈 촉구 피켓시위: "2차 동학농민혁명 참여자를 독립유공자로 서훈하라! 을미의병 서훈과 똑같이!"(양반 을미의병: 독립유공자 120명 서훈. 2차 항일동학농민혁명: 독립유공자 0명).
/ 8월 27일 〈일제와 싸운 최시형, 전봉준 등 2차 동학농민혁명참여자 서훈촉구 국민연대〉, 국회 앞에서 발족식.
2차 동학농민혁명의 재봉기(1894년 6월 21일 이후)는 결연한 "항일국권수호무장투쟁"이었다 / 2022년 4월 12일 이정문 의원 등, 국회의원 60인 〈독립유공자예우에 관한 법률 일부개정법률안〉 발의.

■ 10월 8일 — 도올 김용옥·소빈 박진도·백낙청·정우성 등 발기인 59명(전국추진위원 2천여명), 〈국민총행복과 농산어촌 개벽대행진〉 출범선언 기자회견(한국 프레스센터 20층) / 10월 26일 **전국 8개도 18개 시·군 지역 대행진**(~12월 15일. 도올TV 매회방영): 전남 해남·곡성 – 전북 김제·완주·익산 – 충북 옥천·괴산 – 경기 수원·파주 – 경북 영천·안동 – 경남 창원·진주 – 충남 아산·공주·홍성 – 강원 평창·춘천 / 2022년 1월 19일 서울전국대행진 (한국 프레스센터 20층 국제회의장). 〈농어촌·농어민에게 희망을! 국민에게 희망을!〉. 3강 6략 공동정책제안(대선후보 초청 정책전달식): *"농정대전환으로 모두가 행복한 나라"*
〈3대강령〉: ① 기후위기 대응, 농어촌으로! ② 먹을거리 위기 대응, 농어촌으로! ③ 지역위기 대응. 농어촌으로!
〈6대방략〉: ① 농어민 공익수당과 공익직불 확대 ② 먹을거리 기본권 보장과 순환체계 구축 ③ 지속가능한 지역 농어업 실현 ④ 지방정부·중앙정부 협력해 농어촌주민수당 도입 ⑤ 지역 농어촌주민의 행복권 보장 ⑥ 농어촌 주민자치와 민관협치농정 실현. → 농어촌문제에 대해 시민 모두가 힘과 자금을 모아 전국을 순회하며 민회를 개최한 것은 동학혁명이후 처음이다.

2022년
임인壬寅

5월 4일 — **무안동학접주 김응문金應文 일가一家, 참수 128년 만에 위령제 거행.** 〈동학 농민 혁명지도자 김응문·김효문金孝文·김자문金子文·김여정金汝正 현창비〉 제막식(전남 무안군

몽탄면 다산리 차뫼마을) / 1894년 4월 나주 김씨 장손 김응문은 둘째동생 효문, 막내동생 자문, 큰아들 여정과 함께 동학농민혁명에 투신. 무안 고막포 전투(11월 17일~21일)에서 체포. 무안관아에서 김응문·자문 참수(12월 8일. 이튿날 아들 여정. 12일 효문 참수). 대를 잇기위해 가사를 돌보던 셋째동생 윤문은 고문 후유증으로 사망(1895년 11월). 나주 김씨 유족들은 김응문의 머리유골을 천신만고 끝에 모셔와서 선산(몽탄면 봉명리 앞산 구월정 둔덕)에 애기묘처럼 해서 몰래 안장했다.

2023년
계묘癸卯
3월 20일 — 천주교 정의구현사제단, 〈윤석열정권 퇴진촉구〉 시국미사봉헌(전주 풍남문 광장. 전국 13개교구 사제·수도자 150여 명과 시민 1,000여 명 운집): "**매판매국 굴욕굴종 검찰독재 윤석열, 퇴진을 명령한다.**" 사제단 비대위(위원장: 송년홍 신부), **4월 10일부터 광복절까지 매주 〈친일매국 검찰독재 정권퇴진과 주권회복을 위한 월요시국기도회〉** 전국순회 시국미사 결정(4월 10일: 서울교구, 서울광장. 4월 17일: 마산교구, 창동사거리. 4월 24일: 수원교구, 성남동성당. 5월 1일: 광주교구, 5·18민주광장. 5월 8일: 춘천교구, 애막골성당. 5월 15일: 광주교구, 국립5·18민족민주열사묘역. 5월 22일: 의정부교구, 주교좌의정부성당. 8월 15일 서울에서 전국적 시국미사 봉헌. 매회 오마이TV 생중계).

2023년
계묘癸卯
5월 11일 — 문체부, 제129주년 동학농민혁명기념식 주최. 〈**1894, 그날을 기억하다**〉 (장소: 정읍 동학농민혁명기념공원. 주관: 동학농민혁명기념재단).

연표: 통나무 편집부장
김 인 혜

【동학연표 참고문헌】

동학농민전쟁100주년기념사업추진위원회 편. 『동학농민전쟁사료총서』(총 30권). 서울: 사예연구소. 1996년.

동학농민혁명참여자명예회복심의위원회 · 동학농민혁명기념재단 편. 『동학농민혁명 국역총서』(총 13권). 2007〜2015년.

동학농민혁명기념재단 편. 『동학농민혁명 신국역총서』(총 13권). 2007〜2015년.

천도교중앙총부 편. 『천도교경전』. 서울: 천도교중앙총부경리관. 1956년(포덕 97년).

천도교사편찬위원회 편. 『천도교백년약사』. 서울: 천도교중앙총부 교사편찬위원회. 1981년.

천도교중앙총부 편. 『천도교경전』. 서울: 천도교중앙총부출판사. 포덕 157년(2016년).

천도교중앙총부 교서편찬위원회 편. 『천도교약사』. 서울: 천도교중앙총부출판사. 포덕 147년(2006년).

박인호 저작 겸 발행. 『天道敎書』. 서울: 천도교중앙총부. 1921년.

이돈화 編述. 『천도교창건사』. 서울: 천도교중앙종리원. 1933년.

박하선 지음. 『대선생주문집』. (규장각본)

김상기 역. 『수운행록』. 서울: 고려대학교 아세아문제연구소. 1964년.

최현식. 『갑오동학혁명사』. 전주: 신아출판사. 1994년.

한국사상연구회(회장: 최동희, 부회장: 신일철) 편. 『韓國思想』(12호, 崔水雲誕生150周年紀念論集). 서울: 圓谷文化社. 1974년.

한국사상연구회 편. 『韓國思想』(제20집, 수운대신사의 생애). 서울: 천도교중앙총부출판부. 1985년.

한국사상연구회 편. 『韓國思想』(제24집, 특집: 海月神師 殉道 100周年紀念崔水雲誕生150周年紀念論集). 서울: 景仁文化社. 1998년.

동학천도교인명사전연구회 개벽라키비움 기획, 이동초 편. 『동학천도교 인명사전』(제2판.
　　10만 명 이상 인명수록). 서울: 모시는사람들. 2019년.

표영삼 지음. 『동학1-수운의 삶과 생각』. 서울: 통나무. 2004년.

표영삼 지음. 『동학2-해월의 고난 역정』. 서울: 통나무. 2007년.

표영삼 지음. 『동학3-해월과 갑오농민전쟁』. 서울: 통나무. 2021년.

표영삼 지음, 신영우 감수. 『표영삼의 동학혁명운동사』. 서울: 모시는사람들. 2018년.

최옥 지음 · 최동희 옮김. 『근암집』. 서울: 창커뮤니케이션. 2005년.

신일철 지음. 『동학사상의 이해』. 서울: 사회비평사. 1996년.

김범부 지음. 『풍류정신』. 서울: 정음사. 1987년.

윤석산 주해. 『동경대전』. 서울: 동학사. 1996년.

천도교중앙총부. 『용담유사 쉽게읽기』. 2015년.

윤석산 저. 『용담유사 연구』. 서울: 동학사. 1987년.

양윤석 역주. 『용담유사』. 서울: 모시는사람들. 2016년.

윤석산 지음. 『동학교조 수운 최제우』. 서울: 모시는사람들. 2019년.

윤석산 지음. 『일하는 한울님-해월 최시형의 삶과 사상』. 서울: 모시는사람들. 2014년.

윤석산 역주. 『초기동학의 역사 道源記書』. 서울: 신서원. 2000년.

최동희 · 이경원 지음. 『새로 쓰는 동학-사상과 경전』. 서울: 집문당. 2003년.

도종환 지음. 『정순철 평전』. 충북: 옥천군 · 정순철기념사업회. 2011년.

천도교여성회본부 편저. 『천도교여성회 70년사』. 서울: 천도교중앙총부출판부. 1994년.

박맹수 지음. 『사료로 보는 동학과 동학농민혁명』. 서울: 모시는사람들. 2009년.

박맹수 · 정선원. 『공주와 동학농민혁명-해설 · 자료집 · 연표』. 공주시, 2005년.

성주현 저. 『동학과 동학농민혁명』. 서울: 도서출판 선인. 2019년.

성주현 지음. 『천도교에서 민족지도자의 길을 간 손병희』. 서울: 역사공간. 2012년.

유한철 지음. 『유인석의 사상과 의병활동』. 충남: 독립기념관 부설 한국독립운동사연구소.
　　1992년.

조성운 지음. 『소년운동을 민족운동으로 승화시킨 방정환』. 서울: 역사공간. 2012년.

황현黃玹 지음 · 이민수 역. 『동학란東學亂』(東匪紀略). 서울: 을유문화사. 1985년.

박종근 지음 · 박영재 역. 『청일전쟁과 조선-외침과 저항』. 서울: 일조각. 1989년.

동학역사문화연구소 편.『사발통문과 동학혁명모의탑』학술용역보고서. 전북: 정읍시. 2018년.

(사)동학농민혁명계승사업회 · 동학역사문화연구소 편.『기해농민봉기에 대한 재조명』〈기해 농민봉기 120주년 기념 학술대회〉. 전북: 정읍시. 2019년.

(사)동학농민혁명계승사업회 · 동학역사문화연구소 편.『전투로 살펴 본 동학농민혁명』〈동학 농민혁명 126주년 기념 학술대회〉. 전북: 정읍시. 2020년.

문규현 신부 씀.『민족과 함께쓰는 한국천주교회사 1, 2』. 서울: 빛두레. 1999년.

최덕수 외 지음.『조약으로 본 한국 근대사』. 서울: 열린책들. 2010년.

신지영 지음.「3 · 1운동 시대 보성전문과 언어문학: 김기전, 방정환, 박승빈을 중심으로」 〈3 · 1운동 100주년 기념학술회의―1919년 보성전문, 시대 · 사회 · 문화〉. 주최: 고려대학교 법학전문대학원, 2019년.

이만열 지음.『한국독립운동의 연표』. 충남: 독립기념관 한국독립운동사연구원. 2009년.

조광렬 지음.『승무의 긴 여운 지조의 큰 울림: 아버지 趙芝薰―삶과 문학과 정신』. 서울: 나남. 2007년.

김구 지음.『백범 김구 자서전 백범일지』. 서울: 서문당. 1989년.

이이화 지음.『이이화의 동학혁명사』(3권). 서울: 교유서가. 2020년.

이사벨라 버드 비숍 지음 · 이인화 옮김.『한국과 그 이웃나라들』. 서울: 살림. 2001년.

송재소 저.『다산시 연구―부附 다산연보』. 서울: 창작사. 1986년.

강상중 · 현무암 지음, 이목 옮김.『기시 노부스케와 박정희』. 서울: 책과함께. 2013년.

아사오 나오히로 외 엮음 · 이계황, 서각수, 연민수, 임성모 옮김.『새로 쓴 일본사』. 서울: 창비. 2017년.

데오도르 햄버그 지음 · 노태구 옮김.『洪秀全―太平天國의 기원』. 서울: 새밭. 1979년.

김세진 글.『요시다 쇼인 시대를 반역하다』. 부산: 호밀밭. 2018년.

조병한 편저.『太平天國과 중국의 농민운동』. 서울: 人間. 1981년.

이구한 지음.『이야기 미국사』. 서울: 청아출판사. 서울: 1998년.

제니퍼 라이트 지음 · 이규원 옮김.『세계사를 바꾼 전염병 13가지』. 서울: 산처럼. 서울: 2020년.

박도 엮음.『개화기와 대한제국』. 서울: 눈빛출판사. 2012년.

이기웅 옮겨 엮음.『안중근 전쟁 끝나지 않았다』. 서울: 열화당. 2000년.

愼鏞廈 지음.『東學農民革命運動의 社會史』. 서울: ㈜지식산업사. 2005년.

인모흘먹느□보고 느씨ㅊ미되고흔고
느너셩공이라□어셔흔ㅊ밧비흘조그
러그러다흔갈ㅼ□이번이느쳐번이느
ㅊㅊㅊㅊ풀닌마음□조조히셔조조보
고기질히셔고쳐ㅼ너□다른늘다시보
느흔소구리러히시면□여흔업시이울
풍을엇지이리불법흥고□이런일으로
다흔도운수느기러지고□조가튼잠시
로다셩각고셩각흐소□연포흐흔조흐남

속의무궁흔뇌아닌가

기두어조색어신들□ㅇ풍은불기라도
그말이민망흐다□장인이불급흐야아
니보면엇지흐리□그말쳐말다흠즈니
말도만코글도만아□약간약간괴로흥
니여ㅊ우여ㅊ라□이글보고져글
보고무궁흔그니치를□불연기연살펴
니야부야흥야비희보편□글도역시무
궁흐고말도역시무궁이라□무궁흔이살
펴니야무궁의아라쓰면□무궁흔이울

용담유사 동

癸未仲秋
北接新刊

101

리니근놈주취분뜻ᄒᆞ다○지각업다지
자업다이니사람지각업다○쳐군너겨
빅남거비가엿지덜러져셔○만단의아
둘즁음의가마귀ᄂᆞᆫ라가셔○죽셔파혹
흥엿더니지각업다지각업다○미ᄂᆞᆫ
람지각업다녑쥬더겪잇단말을○조세
이도드러셔니지각업다게각업다○이
닉사람지각업다포식양거도야쓰니○

일고두모리ᄂᆞᆫ산뛰보조○쳐군듯기다
덩의○진심갈력지은글을여코ᄂᆞ니허
무ᄒᆞ다○뎐수만바릭다가만코만은그

문장군이너아니낭구즁의현인달소○
닉말잠깐드러보쇼함기덕아락쓰니○
무위이화아지마ᄂᆞᆫ그러ᄂᆞ조고급금
소소상수ᄒᆞᆫ다히히도조져연원안일넌
○범연간과ᄒᆞ기말고숙덕상미ᄒᆞᆫ엿스
랑퀄팔쇠글을비와심잠젹구ᄒᆞᆫ여ᄂᆞ
○얼일이거울희셔야흥야ᄒᆞ엿스니
야○청운꾜낙수교의입신양명ᄒᆞ리맘
음○사람마다잇지마ᄂᆞᆫ집고집혼져울
음○

수런가○원취의일이잇셔가게드면닉
이다가○이니마음마칠긴된그아ᄂᆞ운
링씨히도○허운수니가몰ᄂᆞ종종이단
작시면○멋무ᄒᆞ기닷시업ᄂᆞ다이가조
뉴로○삼일유과긱장ᄒᆞ다이일져일볼
사람의○멋멋치참예히셔양악원뒤풍
무ᄒᆞ다○뎐수만바릭다가만코만은그
가니코○아니가면히가되야불일발졍

희다가셔○즁노의셩각ᄒᆞ니길은쳡쳡
머러지고○집은종종셩각ᄒᆞ니졍녕못
혼만단의아○비회노상셩각ᄒᆞ니엇덜
이알작시면○이거름을가지마ᄂᆞᆫ엇덜
넌고엇덜넌고○도로회경ᄒᆞ엿더니져
사람용녈등교○글네주발져니야만모
소젹소연ᄒᆞ다○아훕걸표산ᄒᆞᆯ쩌그마
음오작ᄒᆞᆯ가○당초의먹은셩각과불굽
될가히셔○먹고먹고다시먹고오인뉵

97

님지ᄉ갓즌ᄂᆞᆫ편그아니ᄂᆡ을인ᄆᆞ이
러므로셰상일이ᄂᆞᆫ지이유이ᄒᆞᆯ고ᄆᆞ이
지이ᄂᆞᆫ인듈을셔닷고ᄉᆞ다ᄅᆞᆯ가ᄆᆡᆼᄆᆡᆼ
ᄒᆞᆫ이운수ᄂᆞᆫ다가쳐발지마ᄂᆞᆫᄋᆞ엇던ᄉ
람쳐러리촌탁각각ᄆᆞᆼ운분ᄆᆡᆼᄒᆞ다ᄋᆞ의리
촌탁켜려ᄒ촌탁각각ᄆᆞᆼ운분ᄆᆡᆼᄒᆞ다ᄋ
아잇ᄂᆞᆫ그ᄉ사람은던고쳥비ᄆᆞ문ᄌᆞᄅᆞᆯᄋ
궁ᄉᆞ떡득ᄒᆞ여ᄂ니야ᄭᅦ소위추리라고
셩각ᄒᆞᆫᄂ니이ᄉᆞᆫ이오그런고로평셩소위

ᄋ일뿐은피수ᄒᆞ고일뿐은가쇠로다
ᄒᆞᄂ늘님이노푸시ᄂᆞᆫ쳥비ᄆᆞ문ᄌᆞ겁을ᄂᆡ셔
ᄋ말은비록아니ᄒᆞᆷ심ᄉᆞ를소겨ᄂᆡ야
ᄋᆞ미운수가엇더ᄒᆞᆯ지탁ᄆᆞᆼ이ᄂᆞᆫᄋ여보
죠ᄋ모든친구유인ᄒᆞ야훈연티졉ᄒᆞᆷᄂᆞᆫ
둣다ᄋ아쳐라ᄉᆞ람은네가비록암ᄉᆞ
ᄒᆞᆫᄂ니ᄒᆞᄂ늘님도모리실가그듕의몰각
주ᄂᆞᆫᄋ조쳑지우잇다마ᄂᆞᆫ업ᄂᆞᆫ것구히
가며ᄋ온포지ᄝ착실ᄒᆞ야소위통졍ᄒᆞ

ᄂᆞᆫ말이ᄋ셩운셩덕우리도유어ᄉᆞ이당
ᄒᆞ거ᄂᆞ와ᄋ심지샹통아ᄂᆞᄒᆞᆯ가뭇ᄌᆞᄂᆞᆫ
그말이며ᄋ쳥찬은그소리을둑둑터러
다ᄒᆞ조ᄂᆞ니ᄋ그모양오작ᄒᆞᆯ가ᄆᆡ수ᄒᆞᆫ졔
ᄉᆞ럽은ᄋ조ᄒᆞᆫ다시둣고안ᄌ주가
ᄂᆞᆫ말이ᄋᄂᆡ복인가엇지이조ᄒᆞᆫ운수그던버
ᄂᆡ복인가ᄋᄂᆡ복인가ᄂᆞᆫ복인ᄆᆞᆯ세가
럼셔ᄂᆞᆫ고ᄋ령협되고조ᄒᆞᆫ말은귀밧
그로다바리고ᄋ그듕의불미지ᄉᆞ달졔

100

먼쳐우ᄂᆞᆫ그김셩은ᄋ희아지심두게드
지기단안일넌ᄆᆞᄋ이ᄋ이왼일고이왼일고
심업시안ᄌ作가ᄋ말초의희가미쳐막
희가뉴쟝이라ᄋ둥긔ᄒᆞ고오조ᄒᆞ니의
ᄅᆞᆫᄒᆞ고오ᄂᆞᆫ김셩ᄋ이ᄉᆞ세상풍쇽되미음
졍분도잇ᄂᆞᆫ둣ᄒᆞ고ᄋ이셰상풍쇽되미음
못희뎌ᄂᆞᆫ가ᄂᆞᆫᄋ삼복염즁쳠문날의소
듯고모아니야ᄋ홍듕의가득ᄒᆞᆫ뎐ᄆ지
면소리희기셧밧기오ᄋᄋ이왼일고이왼

악간마음용심이는역시고운이오말
흘고웃는거슨이는역시도화로세그
리는흘눌님윤이지공무슨호신마음불
틱션악호신누님이효박호이세상을동
귀일톄호단말가요순지셰의도토척
이잇셔거든이호물며이세상의악인음
회업단말이공조지셰의악인지셜
셔스닝우리역시이세상의악혼되갓
피홀로샤아수심졍긔흥여뉘얄안의례

지디겨두고군조말슴본바다셩경
이슷지겨닉야현황고례일웃느니그
엇지혐의되며이씨간오린발불법의인
셩지강이로셔일졔마즈밍씨혼니그
엇지혐의멀뵤셩현의가라치미일불
킹을셤흥며목불시악식이리여지다
졔군들은이이런말슴불불바단이나잇
조밍세히셔야일심이로겨니면도셩
인덕도려니와이번복록두겨디면이

눈역시역니조오물몸고폐띠거디면
이는역시비류조오헛말노유인호면
이는역시후씨조오안이된불뱍호면
것포로쇼떠니면이이번역시고련조라
뉘라셔분간홀러이가쳐아니말면
외지심묘슈을고졍명슌리호단말가
허다혼씨상악졍물앙조효도얏스니
그이코두려오떠이세상인심으로물
욕졔거흥여니야마고쳔션도얏스니

홍뎌가 계회

셩경이잇못지킨가일일이못본사람
상수지회업슬소낭두어귀언문가사
트론다시외아니야졍심수도홍을후
의잇더말고셩강흥묘

싱운벌가벌가흥니기흥물윈이라야
암혜본는거슬어걸벅업지마는이는
도시사람이오부지언은이로다목젼
지소수이알고십냐업시호며가셥을말

흐오는세샹말이뎐의인심갓다ᄒ고
뎡슈두뎍패의ᄂ촉지귀신이오되
한의이른도ᄂ명명기덕ᄒ여ᄂ니야○되
어지션안일년ᄂ명명기덕ᄒ여ᄂ니야○되
명지위셩이오솔셩지위도오○수도되
위교라ᄒ야셩경이ᄉ발쳐두고○아동
방현인달ᄉ도도군조이룸ᄒᄂ○무지
흐셰샹ᄉ람아ᄂ비뎐다라도○경외지
심업셔ᄉ나아ᄂ거시무어시명명뎐샹

90

【▣ 퇴…】
의샹케님이옥경뎍계시다고보ᄂ다
시말을듯니음양리치고【▣ 솟…】
지설안일년가ᄒᄂ라무꾜ᄉ가○아동
방젼히와셔집집이위ᄒ거시○명셕마
다귀신일셰이런지각귀경ᄒ손○뎐디
역시귀신이오귀신역시음양잇줄이
가치몰ᄂ스니경쳔살펴무어슬ᄆ도
와덕을몰ᄂ스니현인군조엇지말니
금셰ᄂ이러ᄒ니ᄌ고셩현흥신말솜○

뎌인은여뎐디ᄒ긔덕ᄆ일위합ᄒ긔명
여귀신합긔길흉이라이가치발쳐니야
○영셰무궁뎐희스니몰몰ᄒᄂ지각조ᄂ
○옹총망총ᄒᄂᄂ말이지금몰몰ᄒ인라
○영험도스업거니와몹슬ᄉ람부귀ᄒ
꾜○어진ᄉ름궁박다고ᄒᄂ말이이샌
이오○야간엇지수신흐뎐지벌보고가
셰보아○추셰희셔ᄒᄂ말미이아모ᄂ지
벌도조거니와○문필의위ᄒ여흐니도덕

【▣ 또뎍가】 四十五
군조분명ᄒ타고○모몰몸쳐튀판ᄒ니우
슙다쳐ᄉᄉ람은○지벌이무어시게군조
를비유ᄒᄆ○문필의무어시게도덕을
의논ᄒ노○아셔라너의ᄉ람보조ᄒ니
욕이되고○말ᄒᄌ니번거ᄒ되ᄂ도쏘
흐이셰샹의○양의ᄉ샹품그희셕신톄
발부바다니양○근보가셩ᄉ십뎡셩포
의흔소싼이라도○뎐리야몰몰소낙시
랑의수족동뎡○이ᄂ역시귀신이오션

전반 85:

호고괴수 묘초안지ᄂᆡᆯ 언젼의부모듀은후의 ㅇ신션엄다 일ᄅᆞᆷ
ᄂᆞ셤유원속수무삼일고 ㅇ부모업ᄂᆞᆫ혼
령혼ᄇᆡᆨ젼ᄂᆡᆼᄉᆞ나잇다 유독잇섬ㅇ상뎡낭고
무엇ᄒᆞᆫ며어린소리 만ᄅᆞ스라 ㅇ그말젼
말다던디 ㅛ풍ᄂᆞᆫᄂᆞᆷ왼정공ᄂᆞ면ㅇ 아동
방삼년피달쥰을염ᄯᅥᆳᄉᆞ술소냐 ㅇ셩무
훈녀의풍속댯고ᄂᆞ니 젼창이오 ㅇ보믜
ᄂᆞ니기탄인ᄉᆞ니 덕ᄉᆞ심평ᄉᆞ의ᄒᆡᅌᅳᆷ

업시지ᄂᆡ ᄂᆞ니 이께야 이세상의 ㅇ혼젼
이ᄉᆡᆼ각ᄒᆞᄂᆡ시운이둘녀던가 ㅇ만고업
눈무곡되도이세상의창젼ᄒᆞᄂᆡ ㅇ의모
역시시운이라 일ᄉᆞ시먹ᄂᆞᆷ음식 ㅇ셩
영이ᄲᅵ엣디켜ᄂᆡ 양ᄒᆞᆷᄂᆞᆷ을ᄭᅳᆷ경ᄒᆞᆷ면 ㅇ
조아시잇던신ᄲᅳᆷ몬약종효안일넌ᄆᆞ ㅇ
가등초게우환업셔일던삼ᄲᅳᆯ믁심일넌ᄆᆞ
ㅇ일조가치지ᄂᆡ가니편우신쵸안일던
가 ㅇ쵸쵸쵸쵸쳔츙혈을ᄃᆡ 원ᄒᆡ시ᄯᅥᆫ편멍

전반 87:

ᄒᆞ다 ㅇ어화세상ᄉᆞ람들아 이ᄂᆡ경계을
ᄂᆞᆫ말ᄉᆞᆷ ㅇ세ᄭᅵ명찰ᄒᆞ온후의잇다말고
지켜ᄂᆡ야 ㅇ셩졍우셩명졍ᄒᆡ ㅎᆞᆯ넘넘
만셩각ᄒᆞᄂᆞ쇼 ㅇ궈조불녀효유ᄒᆞ고영세
불망ᄒᆞ옛스라 ㅇ아동방년면고담인물
상ᄒᆡ안일넌가 ㅇ노소ᄒᆞ이세상의편
답ᄲᅮ류ᄒᆞ다가셔 ㅇ어딘수ᄅᆞᆷ만ᄂᆞ거든
시운시변의논ᄒᆞ고 ㅇᄇᆡᆨ년신ᄭᅵ말ᄒᆞ거
든이글주걸의ᄒᆡ 셤ㅇ봉우유신ᄒᆞ야

四十三

보세우믹훈이ᄂᆡ말ᄉᆞᆷ ㅇ잇다말고셩각
ᄒᆞ쇼우조쳔러고가운딕 ㅇ필유일득되
게드면그아니덕일넌가운수판계ᄒᆞ
ᄂᆡ일을곤고금의업ᄂᆞᆫ고로 ㅇ졸필졸문디
어니야모몰염치젼형쥬ᄂᆞ ㅇ이글보고
웃디말고흠진훈ᄉᆞᄒᆞ옛스라

도덕가 임슐

텬디음양시판후의빅쳔만물화ᄒᆡᄂᆞᆫᄉᆞ
ㅇ디우지 금수오최령졔ᄉᆞ람이 라 ㅇ쳔

듄군중동긔일톄훙엿던가○어렵도다
어렵도다만ᄂᆞᆫ긔도어렵도다○방방곡
곡츠ᄌᆞ들어만ᄂᆞᆫ긔만날던닭○흉풍등
의픔은회포다른홀말밧○이업고○수문
수답ᄒᆞᆫ온후의당당졍나발펴니아야일
셰상취인물이도탄듕안인엇디ᄒᆞᆯ쇼○이
수디츌셩들아보국안민졍ᄉᆞᆺ던안일년가
불시풍우원망ᄒᆞ야도임슌호던안일년가

○삼황오졔셩현들도졍령슌던안일년
가○효박호니이셰상의불고졍령명ᄒᆞᆫ단말
가○당평강종만은ᄉᆞ람ᄒᆞᆫ놀냄을우러
러셕○묘화등의셩덕ᄉᆞ니운덕은꼬스
고고○군본쵸ᄎᆞᆺ이즐소냐가련호셰상
ᄉᆞ람○각ᄌᆞ위심호단말가졍령슌던호
엿ᄉᆞ라○효박호니이셰상의불망기본들
엿ᄉᆞ라○임군긔러공경ᄒᆞᆫ만츙신열ᄉᆞ
안일년○부모님게공경ᄒᆞᆫ만효ᄌᆞ효

부안일년가○슬푸다셰상ᄉᆞ람ᄌᆞᆺ셰보
꼬풍졍ᄒᆞ쇼○누도ᄯᅩ흥츌셰후의묘실
부모안일년가○졍셩끗ᄒᆞᆯ졍셩드려ᄉᆞ
젹부모안일년가○누도ᄯᅩ흥츙령손이
쵸야의즈라ᄂᆞ냐○군신유의몰ᄂᆞ스니
득죄군왕안일년가○허송셰월디니냐
니거연수십도얏더라○ᄉᆞ십공셩이쎤
인가무가니라흐고졍업ᄂᆞᆫ○향원갑졍신
년의졍히오ᄂᆞ셰상말이○요망ᄒᆞ녀셔양

젹이듕국을침범희셕○견ᄒᆞ의편만ᄒᆞ니
워거요위흐도도를○젼ᄒᆞ의므릇말을
가요졀창안일년가○증젼의○남녀노소아동방어린ᄉᆞ람례
꼼꼼인심각ᄒᆞ녀○아동방어린ᄉᆞ람례
의오룬디바리고○남녀노소아동듀졸
졍군취당극셩듕의○허숑셰월ᄒᆞᆫ단말
을보든다시드러오너○무단이흐날님
게두고간비ᄂᆞᆫ말이○삼십삼텬옥경
의ᄂᆞ듁거든ᄭᅡ게ᄒᆞ쇼○우숩다졉ᄉᆞ람

77

스람들아이○만고풍상겻군촌이노린호닌
장지어보세○만고풍상겻군일을산수
만닌소창호고○만고풍상겻군일을산수
리디여소창호니○어린즈식고향성각노
숙독상미항엿스라○이글보고웃지말고
람스룸마두이러호은문가
소노릭마두이러홀ㅇ귀귀즈즈살펴
너야력력히외셔○춘삼월호지졀
외놀고보고먹고보세○강산구경다던

저긔인심풍속살펴보너○부즈유친군
신유의부부유별장유셔○붕우유신
익지마노인심풍속고이항다○셰상구
경몽둥인성출성이후쳡이로다○싱장
훈이닉곳에인심풍속흔탄희셔○불고
가산발켬호여방방곡곡츄즈외셔○
미스스살펴보닉허다훈남녀스룸○미
람마두낙치셜고인심풍속호눈거동○
미미스스눈의거쳐라도파관안일던ㅇ

몽듕가

○이닉좁은소젼의로호풍호속보라흐
고○어진친구조흔벗즐일표이벌호당
말가○어산수풍경다던지고동디셧말셜
호풍의○춘촌젼졍호다가셩일순일쪄
흐여보세○어화셰상스람틀아셰상풍
속보르거든○닉꼿풍속살펴보쇼이도
덕시시운이라○무가닉라홀깁업수펴
속강산아닉호면○인심풍속이런주물
아닉보고엇지알쇼○딕젹인잔빅쳔만

도덕가

80

소보고늬흔이업늬○즈고급금촌탁
호니요순셩씨그딕라도○일던디흐마
눈스람스람마다요순일셰○원회가쳐
둘닌눈은수수원수구안일넌가아모리
이셰상도럽인군즈잇지마눈○진토동
의무친옥셕누리섬분잔흠펴○안빈낙
도흔지마눈뉘리셕지도홀고○셰운을
의논희도일셩일소안일넌가외운이
지극훈편셩운이오지마눈○쳔츅훈모

은ㅇ명명ᄒᆞᆫ이운수는다가치발지마는
ㅇ엇던사람군ᄌᆞ되고엇던사람겨려ᄒᆞ
고ㅇ인의의여다시운ᄌᆞ를망창ᄒᆞᆫ겻소전
의의무어럽아잔말고력력ᄀᆞ록ᄒᆞ
ㅇ거울가치컨ᄒᆞ쥬니ᄌ세보고안심ᄒᆞ
야ㅇ졍심수신ᄒᆞᆫ율ᄒᆞ루의남과가치수도
서ㅇ불숭ᄒᆞᆫ그른거동남의이목살펴수
ㅎ소ㅇ뒤저세상인도ᄃᆞᆼ의미들신슷ᄌᆞ
쟝일세ㅇ뒤ᄒᆞᆼ부의긔범졀신업시먼어

[ᄒᆞᆫᄉᆞ]

됸ᄂᆞ며ㅇ상강오란발군법은레업시먼
어덕ᄂᆞ며ㅇ뒤쟝부지혜범졀염치등의
잇셔스니ㅇ우습다져사람은조포조기
모로고셔ㅇ모몰염치잡는ᄒᆞ니이눈역
시눈도조오ㅇ소쟝못ᄒᆞᆫ츠궤도법궤혼
조아라스니ㅇ이눈몃신는법조라는법
눈도ᄒᆞ눈ᄉᆞ름ㅇ날볼나치무어신고이
가치아니말면ㅇ졔신슈가련ᄒᆞ고이니
도터럼피니ㅇ주소간ᄒᆞ눈걱졍이박게

다시업다ㅇ로불변ᄒᆞ면니셩군
조안일년가ㅇ귀귀조조살며니야졍심
수도ᄒᆞ며두면ㅇ춘삼월호시졀의쏘다
시만ᄂᆞ볼가

권학가   임술

노류ᄒᆞ담무ᄉᆞ긱이팔도강산다발바셔
ㅇ젼라도은젹암의환세츠로노일ᄒᆞ니
ㅇ무졍ᄒᆞᆫ이세월의놀고보고먹고보세
ㅇ호호망너른던디쳥녀를버슬삼아

[권학가]

ㅇ일신으로비겨셔젹세만물동ᄒᆞᆷ여보
니ㅇ무ᄉᆞᄒᆞᆫ이니회포부칠곳바이업셔
ㅇ말노ᄒᆞ며글을지어숑구영신ᄒᆞ여보
셰ㅇ무졍ᄒᆞᆫ이세월이엇디이리무졍ᄒᆞ
고ㅇ어화세상사름들아인간칠십고리
ㅎᄂᆞᆫㅇ만고유젼안일년고무졍ᄒᆞ이세
원ㅇ로력력히혜여보니광음가튼이세
상의ㅇ부유가튼력인셩을쳔신만셩쳥
찬ᄒᆞ야ㅇ드물희조젼탄말ᄆᆞ어화셰상

三十七

69

셩입덕무어신ᄃᆡ○나도득도너도득도
효박ᄒᆞᆫ이세상의○불슌ᄒᆞᆫ져ᄉᆞ름은엇
디져리불슌ᄒᆞᆫ고○어디다모든버즌ᄌᆞ
세보고안심ᄒᆞ소○위가미덥다못ᄒᆞ면
아리가의심ᄒᆞ며○위가공경치못ᄒᆞ면
아리가거만ᄒᆞ니○이런일을본다ᄒᆡ도
척지원수안일넌가○이ᄂᆞᆫ역시그러ᄒᆡ
도수신제가아니ᄒᆞ고○도셩입덕무어
시며삼강오륜다바리고○현인군ᄌᆞ무

70

어시며가도화슌ᄒᆞᄂᆞᆫ법은○부인의게
관계ᄒᆞ니가장이엄숙ᄒᆞ면○이런빈치
왜잇스며부인경계다바리고○져도역
시고이ᄒᆞ니졀통ᄒᆞ고의달ᄒᆞ다○유시부
유시쳐라ᄒᆞᄂᆞᆫ도리업다마ᄂᆞᆫ○현슉ᄒᆞᆫ
모든버즌ᄎᆞᄎᆞᄎᆞᄎᆞ경계ᄒᆞ셔○안심안
도ᄒᆞ여주소너가역시수치ᄒᆞ면○저방
ᄒᆞᆫ자너드른불미디ᄉᆞ안일넌가○판기
동정ᄒᆞ다말고션던미효유ᄒᆡ셔○이

71

너수치씨셔주면고아니셩덕인가○남
의ᄉᆞ장되ᄂᆞᆫ법은너ᄎᆞ불거안일넌가○
가르치기위유ᄒᆞ너그밧게무어시며○
남의졔ᄌᆞ되ᄂᆞᆫ법은ᄇᆡᆨ년편의ᄒᆞᆫ온ᄒᆞᆫ의
○공경이바든문ᄌᆞ호말인들변ᄒᆞᆯ소냐
○츌등ᄒᆞᆫ졔군ᄌᆞᄂᆞᆫ비비유지ᄒᆞ다ᄒᆡ도
○작디ᄉᆞ작디졔라ᄉᆞ문셩덕안일넌가
○ᄌᆞ고셩현문도도를ᄇᆡᆨ가시셔외와너
야○연원도통직ᄒᆞᆷ너셔공부ᄌᆞ이긴도

72

덕○가장더옥발겨너야쳔추의젼ᄒᆞ오
니○그아니깃블소냐너역시이세상의
○무극ᄃᆡ도닥가너야오ᄂᆞᆫᄉᆞ람효유ᄒᆡ
셔○삼칠ᄌᆞ젼ᄒᆡ쥬니무위이화안일넌
가○우미ᄒᆞᆫ세상ᄉᆞ람ᄌᆞ됸지심다던지
고○조시더벽무삼일고ᄉᆞ문의업ᄂᆞᆫ법
을○ᄒᆞᆫᄌᆞ만ᄌᆞ지며너나쳔추의업ᄂᆞᆫ법
을○어ᄃᆡ가셔본을보며입도ᄒᆞᆫᄉᆞ오삭
의○엇디그리속셩인고이달다져ᄉᆞ람

65

○풍운가치모아드니 낙동우락안일년
가이뇌표분소건으로교법교도함
가셕○불과일년디 년후에 망창함이뇌
거름○불일발정함존흐뇌 각취의모든
버즌○편언척조바이업고세쇄수정못
미쳐뇌○양협함이뇌소건수천리밧게
안조이이쾌야세닷고셔말을홍꺼글을
지엿○천리고향젼히주뇌어질고어딘
버즌○미몰함이뇌사람부터부터갈디

말고○셩경이엇디 켜뇌야츳츳츳다
가뇌면○무극디도안일년가시호시호
굿디오면○도셩입터안일년가어디다
모든버즌우미함이뇌사람잇디말고
셩각향소○셩졍현젼샴파시뇌연원도
통아지마는○수당수랑여반는
거시연원이오○그듕의가장놉흔신통
뉴여도통일셰○공부지어던도덕일관
으로일음히도○삼던쩨지고가운디신

동뉴여멋멋쳔고○칠십이인도통히셔
젼쳔추후쳠추의○일관으로켠츳히도
일쳔년닷못디니셔○쳔조방단목이뇌
법논도동역시뇌○그안이슬풀소닛어
리순수향엿스라○심년을공부히셔도
셩입덕되게더면○속셩이라흐다마는
무극함이뇌도는○삼년불셩되게더면
그아뎌헛말인가○급급함케드른인

도수사

숀흐아뇌닥고○런명은바라오뇌죨부
귀불상이라고○만고유젼안일년가수인
ᄉ디런땅은○조세이도아디마는엇디
그리급답함고○인지지딜가려뇌야샹
둥흥지엇다마는○양협함이뇌소견할
달동현인군조에셰샹을탄식히신망
의쵹함는비을○의심업시타뇌뇌입
도함고 가온디○몰몰함다각즛느말노
듯고입도히셔○입을빈와두문업디도

61

덕이라도ㅇ부죡언이라ㅎ청듕의품은회
포ㅇ일시의타파ㅎ고허위오다가
셔ㅇ금강산상상봉의잠간안즈쉬오다
가홀연이잠디드니몽의우의편젼일
도스가ㅇ효유희셔ㅎ는말이만학쳔봉
쳡쳡ㅎ고ㅇ인젹이젹젹ㅎ듸잠장기ㅎ
무숨일고ㅇ수신졔가안히ㅎ고편답강
산ㅎ야단말가ㅇ효박ㅎ셰상스룸간간불러
시무어시며ㅇ가련ㅎ셰상스룸미지궁

62

궁챵눈말을ㅎ우실거시무어시먼불우
시다ㅎ탄말고ㅇ셰샹구경ㅎ여스라송
즁가가아라스되ㅇ이지궁궁엇디알고
텬문이둘티시니ㅇ군심말고도라가셔
운회신운구경ㅎ소ㅇ섭이졔국괴달운
수다시기뻑안일변ㅇ평평셩셰다시
쳥희국틴민안ㅎ르거시니ㅇ긔단지십두
지말고초초초디닛셔라ㅇ효원잡지
니거든상원갑호시졀의ㅇ만고업는무

63

극딕도이셰샹의날거시니ㅇ너는쏘흔
연쳔히셔엄묘챵셩마는빅셩ㅇ티평곡
격양가를불구의볼거시니ㅇ이셰샹무
극딕도젼디무궁안일넌가ㅇ텬의인심
네가알셕ㅎ늘님이쏘즐두면ㅇ금수가
튼셰샹수람얼푸시알아니ㅇ네ㅇ너는쏘
혼신심이라이졔볼고ㅇ네볼고ㅇ참
쏘흔쳔분이잇셔ㅇ너고초초졸셕ㅇ참
을돌느살펴보니불쳔기쳐도얏더라

64

은도죵사   신유
광틴흔이런디에겸취업시발젼ㅎ니ㅇ
울울로호이뇌회꿈붓칠곳바이업셔ㅇ쳥
더를벗슬삼아여챵의몸을비겨ㅇ련젼
반측공다가셕홀연이셩각ㅎ니ㅇ노도
쏘흔이셰상의련은이망극ㅎ야ㅇ만고
업는무극딕도여몽여각바다니야ㅇ귀
미용담모흔풍경안빈낙도ㅎ니야ㅇ
불과일년닌ㅎ우에원취군쳐어딘션비

거임진왜ᄂᆞᆫ되ᄂᆞᆫ 이 지숑숑ᄒᆞ며 잇ᄆᆞ○
이후 동국 참셤 취ᄒᆞ려 들펴 ᄒᆞᄂᆞᆫ말이○이
숩다세 상수럽 보너 무가 니라 ᄒᆞᆯ쇠업닉○우
풍속살펴보너 무가 니라 ᄒᆞᆯ쇠업닉○인심
업다바리고 팔도강산다발 바섭○취 조산
가득ᄒᆞ되 아ᄂᆞᆫ수 람 권여업셔○흉둥의
간란식ᄒᆞ니 울울ᄒᆞ고 회ᄯᆞᆫᄂᆞᆫ○주소
불군신불신 파부 불 부ᄌᆞ불ᄌᆞ로○군
평성의 ᄒᆞᄂᆞᆫ군심 효박ᄒᆞ이세상의○군

오 지국이 비범ᄒᆞᆷ지 지 거 과 긴ᄒᆞ니○
ᄒᆞ다○십세를 지니ᄂᆞ니 춍몡ᄋᆞᆫ 수광이
셤○무불동디ᄒᆞ며니ᄂᆞ니 성이어디 디 방ᄆᆞᆯ
더라○팔세에 입학ᄒᆞ니 셩ᄃᆞᄒᆞᆫ만 권시
지라○그러 지니ᄂᆞᆫ니 오륙세 도얏
월년가○얼풀은 판옥이 외풍쳐ᄂᆞᆫ두뚝
져잇셔○아들의 기탄 셩ᄒᆞ니 귀 남 ᄌᆞ안
외금강의 두세번딘 동ᄒᆞᆯ 세ᄒᆞᆯ반 이산
은집가온딕○운무가 조옥ᄒᆞ며 금김

상은요 순지 치라 도○부족시오 공밍지
ᄉᆞ세라 젼졍이만 낙로 다○아셔라 이세
라가 섭빅가 시셔 외와 보셔○니ᄂᆞᆫ 히십
시 리 팔도구 궝둔다 고 고 향이ᄂᆞᆫ도
이 일 일시 시 그 뿐 일 네 아 셔시라 아 셔
이넝 올코 네 그 징이 시 비 분분ᄒᆞᆫᄂᆞᆫ말
은셔혹의 입도ᄒᆞ셔○각 조 위십ᄒᆞᄂᆞᆫ
초ᄎᆞ가 고○혹은 만 쳠 산 둠 트러 가 고혹
궁이라○풍편의 ᄯᅳ인 조 도옥은 궁궁촌

궁이오○우리 것식펴 가 조도 일십은 궁
궁이오○쳔 곡 쓰 인 부 쳠 다 도 일 심 은 궁
엿ᄃᆞ닉○믹 짠 믹 작 셰 도 도 일 심 은 궁
라스니○우리도 아셰상의 이지 궁궁홀
다강○이셰 망 국 홍온 후의 셰 상 수 람 아
ᄂᆞᆫ○망 뎐 조ᄂᆞᆫ 호 야 라 고 허 츅 방 호 ᄒᆞᆯ 엿
셤○셩 활 다 계 ᄒᆞ 여 보 셔 딘ᄂᆞ 라 녹 도 셤
○어 화 셰 상 수 람 들 아 이 런 일 을 본 바 둥
가 산 졍 쥬 셔 젹 셔ᄂᆞᆫ 이 지 가 가ᄒᆞ 엿 더 ᄂᆞ

二十九

강 일텬디ㅎ 명승디로 만흔 쳔봉괴암
괴셕 산마다 이러ㅎ며 억됴창싱 마는
흘시고 이ㄴㅅ신명 조홀시고 귀미 잔수
이러ㅎ며 ㄴ이아니면 이런산수 아동방
잇ㅅㄴ냐 ㄴ도됴흔 신션이라 비상텬
긔어렵도다 쳔만년 지ㄴ온들 아니잇

불공ㅎ다 가면두ㄹ 근의 마조안ㅈㅇ단
원감이ㅅ상의 늠녀간 ㅈ셕업셩ㅇ산졔
삼각산은 양됴우ㅅ빅년ㅈ넌후의 ㅇㅎ
도명산다 더지고 련송디 안일년강
암괴셕됴흔경 일만이쳔 안일년강팔
곤류산 일지믹의 됴션국 금강산이ㅇ고
ㅇ몽듕노소문답가   신유
기의달듕다
자명셰의 도ㅇ무심흔 귀미ㅛ답뎡디ㅛ

식ㅎㅛ는 말이 우리도 이ㅅ상의ㅇ명
명흔텬디운수 남과가치 타ㄴㅅㅇ고
궁흔이ㄴ팔ㅈ일쳠혐우업단말강우
아ㅅ라ㅈ고 급금공덕으로 ㅈ식비러
후ㅅ를이운 ㅅ람말 노듯 ㅛㄴ으로보니
ㅇ우리도 이ㅅ상의 공덕이ㄴ닥가보셰
ㅇ탕진가산ㅎ여ㄴ 야일십졍 다시
고 팔도불젼시쥬ㅎ고 지셩으로 산케

포티되얏더라 십삭이임의되 민일일
쇼안일년가 오그러디ㄴ 니운신
가러ㄴ야 ㅇ수간초옥일협곡의구목위
다더지고 금강산ㅊㅊ드러 용세좌항
보셰ㅇ명괴ㄴ 필우명산ㅎ 타팔도강산
상말이ㅇ인걸은 ᄃ령이라승디의ㅅ라
말이ㅇ 지셩감련안일년 가공덕이ㄴ닥
히셕ㅇ빅빅축원 양텬ㅎ며 듀소간비는

수음아지마난입신양명못ᄒᆞ시고○귀
미산ᄒᆞ일졍각ᄋᆞᆯᄯᆡ담이라이름ᄒᆞ고○
산림쳐ᄉᆞ일포의로후셰여젼단말ᄀᆞ
가련ᄒᆞ다가련ᄒᆞ다이ᄂᆞᆫ가운가련ᄒᆞ며○
○남도됴ᄒᆞᆫ츌셰후로득죄부모안일ᄂᆞ
가○불효불효못면ᄒᆞ다ᄀᆞ거연ᄉᆞᆷ
○인간만ᄉᆞ행ᄒᆞᆯᄯᆡ허송셰월ᄒᆞᆯ
엿구ᄂᆞ○불우시지남아로셔허송셰월ᄒᆞ
되얏더라○ᄉᆞ십평셩이뿐인가무가니

라ᄒᆞ션업당○귀미용담초ᄌᆞ오니ᄒᆞ르
ᄂᆞ니물소리오○노푸ᄂᆞ니산이로셰좌
우산쳔둘너보니○산수ᄂᆞᆫ의구ᄒᆞ고셰초
목은함졍ᄒᆞ니○불ᄒᆞ러묘ᄅᆞ
니슬풀소냐○오작운니라드러묘ᄅᆞ
한ᄂᆞᆫ듯고○송벅이웅이니마음비감회심졀
뎌니○불효흔이ᄂᆞᆫ부친여졍언들
노는다○가련ᄒᆞ다이니부친여졍언들
업슬소냐○쳐ᄌᆞ불너효유ᄒᆞ고이러그

러지니ᄂᆞᄂᆞ○련운이망국ᄒᆞ야경신ᄉᆞ
월로초오일의이글노엇지긔록ᄒᆞ며말노
엇지셩언ᄒᆞᆯ가○만고업ᄂᆞᆫ무극ᄃᆡ도여
몽여각득ᄒᆞ도편ᄒᆞ니○긔장ᄒᆞ다긔장ᄒᆞ다
이니운수긔장ᄒᆞ다○긔장ᄒᆞ다신말슴
ᄂᆞ도됴ᄒᆞ후○노이무공ᄒᆞ야가
기뿍후오만년의○ᄒᆞ니가도흔침의로다
셔너를만ᄂᆞᆫ셩운ᄒᆞᆯ넘ᄒᆞ신말슴
득의너의집안운수로다○이말슴드른

후의심독희주ᄂᆞ로다○어화셰상ᄉᆞ람
들아무극지운다쳔유ᄅᆞᆫ엇지알
가보냐긔장ᄒᆞ다긔장ᄒᆞ다○이니운수
긔장ᄒᆞ다귀미산수표흔승덕○무극ᄃᆡ
도닥가니오만년지운수로다○만셰
일ᄃᆡ장부로셔조흘시고○조흘시고○이
ᄂᆞ신명조ᄒᆞ시고귀미산수조흔풍경
○디ᄇᆞ법업조흔파영슨낙지안일ᄂᆞ
물ᄒᆡᆼ으로셩겨ᄂᆞ가이니운수마쳣도다

45

ᄒᆞ여보세 용ᄇᆡᆨ가튼 이ᄂᆡ졀기 ○ 금셕으
로셰울주를 셰상스룸뉘가 알쏘 ○ 의달
디져인물이 눌노디 힝 ○ 히움힉한 노 ○ 요악
혼쳐인물이 눌노디ᄒᆡᆼ 져말ᄒᆞ노 ○ ᄒᆞ눌
님이ᄂᆡᆨ몸ᄂᆡ셔 안국운수 보젼ᄒᆞᄂᆡ 그
말쳐말듯지 말고 거록ᄒᆞᄂᆡ 집부터 ○ 군
심말고 안심ᄒᆞ소 이가소 외와ᄂᆡ 셧 ○ 춘
삼월호시 졀의 틱평가 불너보세

용담가 경신

국호ᄂᆞᆫ 됴션이오 읍호ᄂᆞᆫ 경쥬로다 ○ 셩
호ᄂᆞᆫ 월셩이오 슈명은 문슈로다 ○ 긔즈
ᄯᅵ왕도로셔 일쳔년 안일넌가 ○ 동도ᄂᆞᆫ
고 국이오 호양은 신부로다 ○ 아동방 셩
긴후의 이런왕도 쏘잇ᄂᆞᆫ 가 ○ 슈셰도조
거ᄂᆞ와 산긔도 죠홀시고 ○ 금오ᄂᆞᆫ 남손
이오 귀미ᄂᆞᆫ 셔손이라 ○ 봉황ᄃᆡ노 문봉
은 봉거ᄃᆡ 공ᄒᆞ야 잇고 ○ 첨셩ᄃᆡ 노푼 탑
은 월셩을 지켜잇고 ○ 쳥옥쳡 황옥쳡은

47

쟝읭으로 지켜잇고 ○ 일쳔년 신라국은
소리를 지켜ᄂᆡ더 ○ 어화 셰상스룸들ᄋᆞ
이런승디구 경ᄒᆞ소 ○ 동읍 삼산 본ᄅᆞ좌시
면신션업기고 이ᄒᆞ다 ○ 셥읍쥬산 잇셔
스니 츄로지풍 염슬소냐 ○ 어화셰상스
람들아 명현달스 아닌눌가 ○ 인걸은디구
령이라 명현달스 아닌눌가 ○ ᄒᆞ물며구
미산은 동도지쥬산일쎄 ○ 문룬산일지
명은 중화로 버럿잇고 ○ 아동방 귀미산

은 소듕화 싱겨쥬ᄂᆞ ○ 어화셰상스람들
아ᄂᆞ도 쏘한 출셰후의 ○ 도 강산 지켜
ᄂᆡ셔 셰셰유젼 안일넌가 ○ 긔장ᄒᆞ다긔
쟝ᄒᆞ다 귀미산긔 긔쟝ᄒᆞ다 ○ 거록ᄒᆞᆯᆫ가
암최씨복덕산 안일넌가 ○ 귀미산셩긴
후의 우리션죠 나셧구ᄂᆞ ○ 산음인가수
음인가 위국충신 괴쟝ᄒᆞ다 ○ 가련ᄒᆞ다
가련ᄒᆞ다 우리부친 가련ᄒᆞ다 ○ 귀미용
담조흔 승디 도덕문명 ᄃᆞᆨ가녁야 ○ 산음

호소○기가튼쌔 젹놈이 젼셰임진왓다

흐고○거록ᄒᆞᄂᆡ집부터 ᄌ셰보고안심

게비닉○ᄂᆞᆫ라무슨운수그다지 괴험

드른○ᄒᆞᄂᆞᆯ님게복녹졍ᄒᆡ수명을ᄂᆞ

닉○무병지는지닉ᄒᆞ후의 ᄉᆞ라ᄂᆞᆫ인싱

○ᄂᆞ도쏘 ᄒᆞᆫᄒᆞᆫ ᄂᆡ게옥신보젼봉명ᄒᆞ

옥신보젼뉘구흐고아국명 ᄒᆞᆫ다시업ᄂᆞ

셰임진그ᄯᅥ라도 오졍흐음업셧시면

역시상륙히셔무슨 덕엣셧단고○젼

튼쌔 젹놈아녀의신 둘라보라○너의

다긔험흐다아 국운수긔 험흐다○기갓

다시와셔국 ᄐᆡ민안되지마ᄂᆞᆫ○괴험흐

질운수다시기벽안일 년가○요순셰계

년교 이빅수십안일년가○심이졔국괴

다아국운수 ᄀᆞ련흐다○

만셰명인ᄂᆞ 쌀이다○ᄀᆞ련흐

편작이다시와 도○이니션약당흐로소냐

놀님이 듀실는가○듀시기만흘센시면

쳔안의공 터비를노피셰워○만공유젼

ᄉᆞ람눌노되허이말흐노○우리젼도험

일셰일언 것졈 ᄆᆞ로고셔○요맘흐셰상

각혈교ᄂᆞ니쵸리갓고○붓고ᄂᆞ니박손

고홍의원슈갑흐보셰 ○ᄯᅳᆨ혼흐한의비

젼지무궁흐며노코○일야의 ᄯᅥᆯ흐교셔

ᄒᆞᄂᆞᆯ님게조화바다○기가튼쌔 젹놈을

야비상젼흐단 ᄒᆞᆯ히도○

닉집부터긔장흐다○닉ᄀᆞ쏘흔신션도

상음히다흐더라○긔장흐다

이락봉명히도○이런고십다시업다셰

진무슴일고○ᄂᆞ도쏘 흔흐놀님게신션

무슴일고○ᄂᆞ도쏘흔신션으로이런풍

험흐다○불과삼삭만칠거로팔면지쳬

스면○이런일이 웨잇슬교소신참소긔

다○만고충신김덕녕이그쌔발셔ᄉᆞ라

줄○셰상ᄉᆞ람뉘가알쇼그 덕시원수로

가셔○술쌘일못힛다고 쇠술노안먹는

37

람드시라ㅇ셩풍도골너안인마조흘시고
조흘시고ㅇ이닉신명조흘시ㅁ불노불
셩숑단말ㅁ만승뎐것딘시황도여신
의누어잇고ㅁ호무폐승노반도우숨바
탕도얏더라ㅇ조흘시ㅛ단말마조
신명죠흘시고ㅇ영케무궁호단말마조
흘시고조흘시고ㅇ금을준들박굴소냐
은을준들박굴소냐ㅇ긴시황흔무폐가
무엇엄셔죽어느고ㅇ닉가굿뎌느셔쓰

〈몽즁노소문답가〉

면불슈약을슌의들고ㅇ도롱만샹흉을
거슬늣기느니흔이로다ㅇ조흘시고조
흘시고이닉신명조흘시고ㅇ그모르느
셰샹샹품흐당듯고두당듯고ㅇ비들비
틀흐는말이쳐리되여신션인강칙칙
리아라뎐고답답히도흘씰업도ㅇ도
흔셰샹샹람승긔즈시려흘즁ㅇ엇지고
쏘흔흐놀님게분부바다그린부를금
수가튼너의몸의불슈약이미츌소냐ㅇ

〈안심가〉

가소롭다가소롭다너의음히가소롭다
ㅇ신무노범느샌이다면무참식너가알
가ㅇ의달흘다의달흘너의음히익달
흐다ㅇ우리야거럴던두머것는셰월의
도ㅇ꾀달발밀졍이업다ㅇ뒤고보고죽
보셰ㅇ요약흔고민물이할말이바이업
셔ㅇ셔흑이라이름호고ㅇ원동늬웨는말
이ㅇ슈망면졉인물이셜합의느것지팔
가ㅇ그모르는셰샹샹람그거로슷말이

40

〈도슈가〉

라고ㅇ취쳐들고흐는말이용담의는뎡
인늬셔ㅇ범도되고용도되고셔흑의는
용려라고ㅇ죵죵거름치느말의력력히
못흘노다ㅇ거록흔늬집부너이글보고
안심호소ㅇ소위흐흑호는스람암만봐
도뎡인업딕ㅇ셔흑이라이름호고닉몸
팔쳔늬렷던마ㅇ초야의무션스람낫도
ㅅ도흔원이로다ㅇ흐놀님게바든지주만
뎡회츈되지마는ㅇ이닉몸발쳔되면호

용담유사

○공등등의셔외는쇼리던디가던동호던
○집안스사람거동보쇼 경황실셩공는말
이이의고의고냐팔조야무슴일이러
호고○의고의고볼쥭시면조방머
말호고○ 경황심셩우는조식구어마다
볼ㅁ○ 쳠쳠쳔약겨문밤의눌노디히이
셰여잇고○ 덕의거동볼죽시면조방머
리힝조쳐마○ 업퍼지며잡박지며죵죵
거룸호쳐호되셩○ 공등등의셔외는쇼리물

34

네ㅁ엇자알가보냐○호련금겹상뎨님을
구물공호엿스라○호런금겹상뎨님을
이리될쥴알앗던ㅁ○기벽시국초일을
만지장션니리시고○십이끼국다비리
고아국운수먼켜홍네○그럭쳐러창황
실셕졍신수습되얏더라○그럭쳐러창황
등달아빅지펴라분부호니○창황실셕
혼셜업셕빅지펴고붓술드ㅁ○신젼못
문물혼힝부ㅁ됴의우에완연더라○신젼못

35

시졍신업셔쳐조불보ㅁ는말이ㅁ○이원
일고이원일고쳐런부터러본가○조식
의호는말이아바님이원일고○졍신수
습호입소셔빅지펴고붓술드ㅁ○물형
부잇단말슴고도신호혼미로다○아
의고어마님아우리신명이원일고○아
바님거동보쇼쳐런말슴어디잇쇼○모
조ㅁ마묘안조식파동꼬혼창홀앙
눈님호신말슴지간업뇨인셩들앙삼

36

신산불슈약읍스럼마다볼ㅁ보냐○미
런호이인셩아네가다시그런닉쉬○그
롯안의살아두끠넝수일비떠다ㅁ셩
일장단부호엿스라이말슴드른후의
밧빈한장그러낙아물의타셔먹어보니
○무셩무취다시업고무지미지득심이
라ㅁ○그럭쳐펄픈운부가수별장이되얏
더라○쳘판삼ㅁ닉ㄴ가는몸이굴긔
지고○검던낫쳐희여지ㄱ이화셰상슈

시스람이편셩각호고셩각호니가

안심가 경인

ㅇ현숙호니집부너이굴보고안심호쇼ㅇ
뒤쳐셩힝군쥼싱ㅅ싱지쳔안일년ㄱ
ㅇ호물더만물지간유인이최령일네ㅇ
누도쏘호호놀님셰명복바다춤졔호니
ㅇ즛아시지닌일을럭렴히혜여보니
쳡쳡이험호일을당호고누고셩일네ㅇ
이도역시쳔졍이라무가니라호엿쓰라

ㅇ그모로난쳐즈드룬유의유셕귀공즈
름ㅇ효효희쳐공눈말이신션인가사람
인가ㅇ일런지ㅎ셩긴몸이엇지쳐리갓
즈는고ㅇ양뎐탄셩호눈말을보고ㄴ
호눈말이오ㅇ둇고ㄴ누눈물이라니역시
호숨이오ㅇ이뎐금편돈상졔님도불텬
간드러셔라ㅇ죠죠졍공졍이ㅎ호눌
션약공신다닉ㅇ부귀즈논공경이오빈
님셰명복바다ㅇ

쳔즈눈빅셩이랑ㅇ우리쏘논빈쳔즈로
초야의즈라논셔ㅇ유의유식귀공즈논
앙망불급안일년ㅇ부녹을언ㄷ바리고
구졀양화무삼더라ㅇ죨부귀불샹이라
만고유젼안일년ㄷ ㅇ공부죵신말슴
안빈낙도닉안인ㄱㅇ우리라무손팔즈
고진감닉업슬소냐ㅇ흥진비릭무졉더
라호눈탄말고지닌보셰ㅇ이러그러지닉
누니거연ㅅ십되얏더라⊕슈십평싱이

뿐인가무가니라호일업니ㅇ가련호다
우리부친귀미산졍지을쎡예ㅇ놀줄논
고지엇던가효쇨업쉬무가니라ㅇ뎐불
셩무록지인이라이말인가ㅇ픔
곰이셩각호니이도역시쳔졍일네ㅇㅎ
놀님이졍호시니반수기양무졉더라
무졍셰월여류과라쳘말삭지닉누니ㅇ
ㅅ월이라초오밀의숨일년ㄱ잠일년ㄱ
ㅇ뎐디ㅁ아득ㅎ시쳑신수슴못홀너라

25

됴형 궤그 가운디도 셩입덕 작각이라 ○

쩍져 세상 수품즁의 접습잇 눈그 수 탐은

○어진 수품분 명 ᄒᆞᆫ 너 작심으로 본을 보

고 ○ 졍셩공경업단 말가 인 달 ᄒᆞᆫ 다 너의

둘은 ○ 츌등 ᄒᆞᆫ 현인 들은 바림 줄 아니로

되 ○ 수품의 아뤼 되 고 도 덕 의 못 미 츠 면

○됴작 지열 이라 도 ᄂᆞᆫ 또 훈 ᄒᆞᆫ 도 덕 이 로 다

○운수야 됴거 너 악 덕 가 야 도 덕 이 라 ○

너 의 라 무 순 팔 ᄌᆞ 불 노 ᄌᆞ 두 되 단 말 가 ○

허음업는 이 것 들 아 날 노 밋고 그 러 ᄒᆞ 야

○ ᄂᆞ 눈 도 시 밋 디 말 고 ᄒᆞ 눌 님 을 미 덧 셔

라 ○ 네 몸 의 모 쳐 시 너 수 근 취 원 ᄒᆞ 단 말

가 ○ 너 역 시 바 라 기 눈 ᄒᆞᆫ 눌 님 만 젼 여 밋

고 ○ 허 몽 못 ᄒᆞᆫ 덟 은 셔 쳑 은 아 죠 폐

코 ○ 수 도 ᄒᆞ 기 힘 쓰 기 눈 그 도 ᄒᆞᆫ 도 덕

이 라 ○ 문 쟝 이 고 도 덕 이 고 귀 어 허 수 될

가 보 다 ○ 열 셰 ᄌᆞ 지 국 ᄒᆞᆫ 면 만 권 시 셔 무

엇 ᄒᆞ 며 ○ 심 학 이 란 ᄒᆞ 여 스 니 불 망 기 의

27

ᄒᆞ 엿 셔 라 ○ 현 인 군 ᄌᆞ 될 거 시 니 도 셩 입

덕 못 미 쳘 가 ○ 이 가 쳐 수 운 도 를 ᄎᆞᆺ 포 ᄌᆞ

기 ᄒᆞ 단 말 가 ○ 인 달 다 너 의 수 롬 도 를 ᄎᆞᆺ 지 고

리 미 물 훈 고 ○ 탄 식 ᄒᆞ 기 괴 롭 토 다 요 순

가 튼 셩 현 들 도 ○ 불 초 조 식 두 엇 시 니 ᄒᆞ

ᄒᆞ 흘 거 시 업 다 마 ᄂᆞᆫ ○ 우 션 의 보 ᄂᆞᆫ 도 리 울

울 ᄒᆞᆫ 이 니 회 포 ⊕ 금 ᄎᆞ ᄒᆞ 눈 감 아 오 두

됴 ᄒᆞ 니 의 달 ᄒᆞ 셔 ○ 강 작 ᄒᆞ 지 은 문 ᄌᆞ 계

귀 ᄌᆞ ᄌᆞ 살 펴 ᄂᆞ 야 ○ 방 탕 지 심 두 지 말 고

이 닉 경 계 바 다 니 야 ○ 셔 로 만 놀 고 시 졀

의 팔 목 상 되 되 게 드 면 ○ 질 겁 기 뇨 교 수

ᄒᆞ 고 이 닉 집 안 콘 운 수 라 ○ 이 글 보 고 기

과 ᄒᆞ 야 놀 본 다 시 수 도 ᄒᆞ 라 ○ 부 딕 부 딕

이 글 보 고 남 과 가 ᄎᆞ ᄒᆞ 엿 스 라 ○ 너 의 역

시 그 러 타 가 말 ᄂᆞ 지 수 불 민 ᄒᆞ 면 ○ 놀 노

보 고 원 망 홀 가 니 역 시 이 글 젼 ᄒᆞ 오 효 험

업 시 되 게 드 면 그 역 시 수 쳐 로 다 ○ 너 의 역

말 헷 말 되 되 면 그 역 시 신 슈 쳐 라 ᄒᆞ 고 ○ 이 닉

21

떤흘르소냐 ○ 흘물며 이니집은 파문지취
안일번 ○ 아쳐라 이니신 명운수도밋
지마는 ○ 감당도 어려오되 남의 이문살
펴두고 ○ 이가 치아니 말 떤세상을 능멸
한듯 ○ 판장을 능멸흔 듯 무가니 라흘실
업니 ○ 무궁흔 이니 도는 너 아니 갈으쳐
도운수 잇는 그 수름은 ○ 차차 차차 도당
다가 ○ 차차차차 가르치니 여수 도당
형일세 ○ 형장을 차러니 여수 천리를 경

영흐니 ○ 수도흐는 수람마다 성지우셩
흐다마는 ○ 모의 미셩너의 드를 엇지흐
고 가진말고 ○ 이길도리젼 허여서 만든
효유흐지마는 ○ 초마못흔 이니 회포일
지소지흐여 쓰라 ○ 그려 노흘깁업서일
교분리도 앗더라 ○ 멀고먼 ㄱ는 길의성
각는 이너의로다 ○ 킈더의 외로안즈 엇
턴 섯 노셩각 노셔 ○ 너의 수도흐는 거동
귀에도 정정흐며 ○ 눈의도 슴슴흐며어

던 섯는 셩각노셔 ○ 일소위 법을 씻쳐
눈의도 거살치 면 ⊕ 켜의도 둘니 듯
마도 너의 거동 ○ 일소위 법을 셰명
명흔 이운수는 ○ 원흔다 고 이러흐며 바
란두 고 이러흔 가 ○ 아셔라 의 거동아
니봐도 보는 듯다 ○ 부조 유천 잇게 마는
운수조 차 유천 이며 ○ 형께일선 잇게마
는운수조 차 일신인 가 ○ 너의 역시 수룹
이면 남의 수도흐도 법을 ○ 응당이보지

24

흥비가

마는 엇지 그리 민물흔 고 ○ 지각 업는 이
것드라 놈의 수도 본을 바다 ○ 셩디우성
공경히 셔 정심 수신 흐엿시 라 ○ 아무리
그러 히도 이너 몸이 일이 되니 ○ 은덕이
지는 졍셩 이 오흔 가지노 ○ 수룹 이관 ○ 부
야 잇지마는 도셩 업탁흐는 법은 ○ 흔가
모의 가라 처를 아니 듯고 ○ 낭구흐면 ○ 부
수의 ㅁ직흐고 조흥 즈지 안 일번 ○ 우
숨 다너의 수룬 노는 도시 모룬 너라 ○ 부

표셩그다지시기신고 ○ 오날수참말인
지여팡여취쳐양반을 ○ 간곳마다 (씨)라
가셔지딜후고고셩을 ○ 눌노뎌허고말
이며그줌의집에들면 ○ 장담가치후는
말이그수룸도고 수룸도 ○ 고셩이무어
신고이녀팔주뵤룰진뎐 ○ 희락온벗을
삼고고셩은희락이라 ○ 잔말말고셔라
가셰공노후느니아니라 ○ 녀역시어쳑엄
셔얼궄을앤이보며 ○ 풍침의흔슙지여

18

이쪅지지번일은 ○ 다름이아니로다인
물뎌졉후는거동 ○ 셰상수룸아니뜻고
취조의게후드는거동 ○ 이녀진졍지국후
니런은이잇거드면 ○ 뇨흔운수회복할
줄느도쏘흔알아십늬 ○ 일소일파후온
니다 통기등문후여두고 ○ 그럭쪄럭지
후의불슝기양되얏더라 ○ 오늘수람
마라치니불슝감당되얏더라 ○ 현인군
쯔모아드러명명기덕공여니 ○ 셩운

셩덕분명후다그모르는셰상수람 ○ 승
긔조시러홀쓸무군결화지어니양 ○ 뜻
지못한그말이뎌보지못한그소리룰 ○
○슬푸다셰상수람닉운수조춍후니 ○
비운수가런후흘흘네엇지아잔말고 ○
가런후다경쥬향즁무인지졍분명후다
어진수람잇게므면디런말이웨잇스
며 ○ 향듕풍속다뎐지고이닉문운구런

흥다 ○ 아도못흔흉언피졀남보다가빈
느흥며 ○ 육쳔이무삼일고원슈가쳐디
졉흥며 ○ 슬부지수잇셔뎐 엇지그리
원슈런고 ○ 은원업시다닌수룸그죵의
삿잡피셔 ○ 쏘역시웟수되니조결위학
이안인가 ○ 아무리그리히도죄업시면
그쌘일씨 ○ 아무리그리후느도셰상
스름으로 ○ 무단이수죄업시모훔즁의
드단말가 ○ 이운수안일너면무죄후들

13

쥴미가엇지아잔말고○그런쇼리마라
셔라낙지이후침이로다○착훈운수둘
너노고포텨지수졍히너야○조아시조
라눌셔어눈일을너모로며○젹씨만물
흥눈범과뵉쳔만슈형옹기를○비비
의시겨시너쥴둥인물흥눈이눈○표화즁
유지안일넌가지각업눈이셰상슈롬○원
훈두시향눈말이아무눈이셰상의○져
숭뵉떡안일넌ㅅ세젼산업랑ㅁ씅고○

쳐쳐가라치치면○무궁묘화다던지포
도훈뎟시라○시간딍로시힝허셔쳐쳐
비ㅁ알가○그런셩각두지말고령심수
일넌ㅁ○이말쳐말붕등혼도너가야지
너양안빈낙도훈단말은가소쳡창안
도○쳐조보뎡보료고셔ㅁ졍지업지겨
예셩상슈룸훈뎌셕겨아유구용훈다히
아다가도모를너라ㅁ눈호텨셰졍의
셕여용담일졍각의불츌산외훈뇨쓰즌

덕텬훈홀거시너○츠케도범그뿐일셰
법을졍고글을지어○입도훈셰상슈룸
그눌부텽군조도야○무위이화될거시
너다상신션비아너냐○이말슴드른후
의심독희조부로다○그직야이날부텀
부쳐가마됴안쳐○이말쳐말다훈후의
희회낙담그뿐일셰○이쩨눈조셔닛도쇼
미닉몸이이리되너○조소시훈뎐작눈
여광여취안일넌ㅁ○닉역시훈뎐말어

헷말이올케되너○남아역시츌셰후의
장눈도훈거시오○헷말인들아너훌가
조닉마음엇더헌고○노쳐의거동보소
문눈말은딍답잔코○무릅안고입다시
며셰상소리셔너마딕고군군이쇼러닉
여쳔장안살피면셔○숨일넌ㅁ잡일넌
룸우미복이이러훌가ㅎ날넘도훈눌
넘도이리될우리신명○엇더압날지넌

만고를○력력히싱각히도글도업고말
도업니○되저성령만은수람수람업셔
이러호○유도불도누쳔련의운이역
시수히썬가○윤회가취둘니운수뉘가
엇지바다스며○억조창싱만은수람뉘
가엇지잇놉호스며○일씨상업논수람뉘
가엇지잇셧던고○쑴수다가바다던가
즈다구어티던고○

측낭치못홀너라○수람을가려스던누

만못혼수람이떠○지짐을가려스면누
만못혼진질이며○만단의아두지마는
홀노님이졍호시니○무가러라홀길업
닉싱양지심잇지마논○어셔가셔수양
의호○떠문의편언쳑조업노법을○어듸그셔
본올볼쇼묵부답싱각호니○고쳔쥬
호방불호고어린두시안즈스니○고업
이름분명호다그력젹력홀길업셔○

눈쳥신가다드머호눌님셰알외오니○
호눌님호신말숨녀도역시수람이라○
무어슬알아스며억조창싱마논수람
○동귀일체호논쥴을수심졍셩아라씨냐
○우숩다즈니수람박쳔만수힝홀셰노
○무슨뜻을그러호떠논무슨뜻을그러호
○조호인음비논말은무슨뜻을그려빌
고○소위입츈비논말은복녹은아녀빌
고○무슨경뉸포부잇셔셰간등인부동

12

귀라○의심업시지어니아완연이부쳐
두니○씨상수룸귀경홀셰즈니마음엇
더뎐고○그런비위어디두고마고업논
무국더도○바다노코마고만고아니
기조호강○셰상수람도라보고만고만
은고수룸의○인지지질구려뇌여총명
노둔무어시며○씨상수룸젹리호야의
아뎐식무어신고○남만못혼수람인쥴
비가엇지알앗스며○남만못혼수람인쥴

눈말이○되쟝부ᄉ십평성히움업시계
너ᄂᆞ이○이케야할길업ᄂᆞᆫ조호이름다
시지여○불출산외령세ᄒᆞᄂᆞ기의심쟝
안일넌가○운산은고ᄉᆞ흥ᄭᅩ븨모님비
아라쓰면○운산은고ᄉᆞ흥ᄭᅩ븨모님비
바튼셰엄○근력긔중ᄒᆞ여쓰면악의악
식면처마는○경눈이ᄂᆞᆫ잇ᄂᆞᆫ다시효박
ᄒᆞ디계상의○혼조안져탄식ᄒᆞ고그력
켜력ᄒᆞ다가셔○탕픽산업도야쓰니원

망도쓸디업고○호탄도쓸디업ᄂᆞ니여필
종부안일넌가○조셔역시조아시로호
의호식ᄒᆞ턴말을○일시도아니말면부
화부슌무어시며○강보의어린조식불
인지ᄉ안일넌가○그말켜말다던지고
ᄎᆞᄎᆞᄎᆞ지ᄂᆞ보셔○쳔셩만민ᄒᆞ여쓰
니필슈지직할거시오○명셔지던ᄒᆞ여
시니죽을염녀웨잇시며○하ᄂᆞᆯ님이ᄉᆞ
롭널엄시녹업시눈아ᄂᆞ너네우리라무

7

손팔조ᄀᆞ다지ᄀᆡ혐홀쇼고○부ᄒᆞ고귀ᄒᆞ
ᄉᆞ람디젼시졀빈쳔이오○빈ᄒᆞ고쳔ᄒᆞᆫ
ᄉᆞ람오ᄂᆞᆯ시졀부귀로셰○던운이슌환
ᄒᆞᆫᄉᆞ무왕불복ᄒᆞ신ᄂᆞ니ᄀᆞ에셔
연이라여경인들업슬소냐○조젼조시고
창훈모음일케말고직켜ᄂᆡ셔○안빈낙
도ᄒᆞ온후의슈신ᄋᆡ가ᄒᆞ여보셰○아무
리셰상ᄉ룸비방ᄒᆞ고원망말을○쳥이

불문ᄒᆞ여두고불의지ᄉᆞ흥ᄒᆞ빈출○시
지불젼ᄒᆞ여두고어린조식효유ᄒᆞ셔○
민미ᄉᆞᆺ포훈ᄒᆞ여어진일을본을바다
○가졍지업직혀ᄂᆡ면그아니낙일넌가
○이러그러안심회켜칠팔삭지ᄂᆞ니
○쑴일넌가줌일넌가무극디도바다ᄂᆡ
야○졍셤슈신ᄒᆞ온후의다시안조셩각
ᄒᆞ니○우리집안여졍인구슌환지리회
복인가○엇지아니망국ᄒᆞ고편만ᄒᆞᆯ고

용담유사

팔훈가　경신

◎ 팔훈가

왈이즈딜아희들아 경슈ᄒᆞ셔ᄒᆞ여스라

○너희도이셰상의 오힝으로ᄉᆞᆼ겨ᄂ셔

○삼강을법을삼고 오륜의참예ᄒᆞᆯ셔

이십삼졋라ᄂ너ᄂ의거동보고ᄂ니경ᄉ로다

병슈업ᄂᆞᆫᄂ너ᄋ의검문고ᄂ니일희일비안일

○소업십길워ᄂ너ᄂ일희일비안일년

가ᄋᄂᆞ역시이셰상의ᄌ아시지년일을

◎ 팔훈가

○력력히성각ᄒᆞᆫ나뎌쳐인간빅쳔만ᄉ

○힝코ᄂ너그샌이오력고ᄂ너고성일

셰ᄋ그듬의훈가지도소업셩용바이업

ᄉᆞᄋ흥등의품은 회포일요일과흥논후

의ᄂᄋ이너신명도라보ᄂ니이임의소십

이오ᄋᄲ셰상풍속도라보ᄂ니여ᄂ츄우

여츄라ᄋ아셔라이너신명이밧기다시

업다ᄋ귀미용담슛ᄌᄃ러들호밈셰ᄃ

시ᄒᄶᄀᄋ부쳐가무ᄎ안ᄌ탄식ᄒᆞ고ᄒᆞ

용담유사

【계미중추북접신간癸未仲秋北接新刊】

(1883년 8월)

찾아보기

인명 · 지명 · 도서명
(동학연표는 색인 제외)

동경대전 2 – 우리가 하느님이다

2021년 4월 11일 초판 발행
2021년 4월 19일 1판 2쇄
2021년 4월 28일 1판 3쇄
2021년 10월 31일 1판 4쇄
2023년 6월 15일 1판 5쇄

지은이 · 도올 김용옥

펴낸이 · 남호섭

편집책임 _김인혜
편집 _임진권 · 신수기
제작 _오성룡
표지디자인 _박현택
인쇄판출력 _토탈프로세스
라미네이팅 _금성L&S
인쇄 _봉덕인쇄
제책 _우성제본

펴낸곳 · 통나무
서울특별시 종로구 동숭동 199–27
전화: 02) 744-7992
출판등록 1989. 11. 3. 제1–970호

ISBN 978-89-8264-150-3 (04150)
ISBN 978-89-8264-148-0 (전2권)